A VIDA NO MUNDO ESPIRITUAL

ESTUDO DA OBRA DE ANDRÉ LUIZ

A VIDA NO MUNDO ESPIRITUAL

ESTUDO DA OBRA DE ANDRÉ LUIZ

Coordenação
Geraldo Campetti Sobrinho

Copyright © 2012 by
FEDERAÇÃO ESPÍRITA BRASILEIRA – FEB

1ª edição – 9ª impressão – 1 mil exemplares – 4/2024

ISBN 978-85-7328-705-9

Todos os direitos reservados. Nenhuma parte desta publicação pode ser reproduzida, armazenada ou transmitida, total ou parcialmente, por quaisquer métodos ou processos, sem autorização do detentor do *copyright*.

FEDERAÇÃO ESPÍRITA BRASILEIRA – FEB
SGAN 603 - Conjunto F - Avenida L2 Norte
70830-106 – Brasília (DF) – Brasil
www.febeditora.com.br
editorial@febnet.org.br
+55 61 2101 6161

Pedidos de livros à FEB
Comercial
Tel.: (61) 2101 6161 - comercial@febnet.org.br

Adquirindo esta obra, você está colaborando com as ações de assistência e promoção social da FEB e com o Movimento Espírita na divulgação do Evangelho de Jesus à luz do Espiritismo.

Dados Internacionais de Catalogação na Publicação (CIP)
(Federação Espírita Brasileira – Biblioteca de Obras Raras)

C195v   Campetti Sobrinho, Geraldo (Coord.), 1966–

A vida no mundo espiritual: estudo da obra de André Luiz / Coordenação de Geraldo Campetti Sobrinho. – 1. ed. – 9. imp. – Brasília: FEB, 2024.

752 p.; 23 cm

Contém resumo dos livros e dos capítulos, minibiografias dos personagens citados nas obras, coletânea de orações, índice geral consolidado, glossário, previsões científicas e tecnológicas na obra de André Luiz e referências.

Inclui referências

ISBN 978-85-7328-705-9

1. Espiritismo – Obra de referência. 2. Coleção A vida no mundo espiritual – Estudo. I. Xavier, Francisco Cândido, 1910–2002. II. Federação Espírita Brasileira. III. Título.

CDD 030
CDU 030
CDE 00.05.08

[...] Quando o servidor está pronto,
o serviço aparece. [...]
(NL, cap. 26)

Sumário

LISTA DE SIGLAS E ABREVIATURAS 10

APRESENTAÇÃO 11

PREFÁCIO 15

INTRODUÇÃO 17

1 – RESUMOS DOS LIVROS E CAPÍTULOS 23

    NOSSO LAR 25

    Resumo dos capítulos 27

    OS MENSAGEIROS 73

    Resumo dos capítulos 75

    MISSIONÁRIOS DA LUZ 103

    Resumo dos capítulos 105

    OBREIROS DA VIDA ETERNA 129

    Resumo dos capítulos 131

    NO MUNDO MAIOR 155

    Resumo dos capítulos 157

    LIBERTAÇÃO 179

    Resumos dos capítulos 181

    ENTRE A TERRA E O CÉU 209

    Resumo dos capítulos 211

    NOS DOMÍNIOS DA MEDIUNIDADE 233

    Resumo dos capítulos 235

AÇÃO E REAÇÃO	273
Resumo dos capítulos	275
EVOLUÇÃO EM DOIS MUNDOS	295
MECANISMOS DA MEDIUNIDADE	297
SEXO E DESTINO	299
Resumo dos capítulos	301
E A VIDA CONTINUA	345
Resumo dos capítulos	347
2 – MINIBIOGRAFIAS DOS PERSONAGENS CITADOS NAS OBRAS	367
PERSONAGENS	369
3 – COLETÂNEA DE ORAÇÕES	507
4 – ÍNDICE GERAL CONSOLIDADO	579
5 – GLOSSÁRIO	695
6 – PREVISÕES CIENTÍFICAS E TECNOLÓGICAS NA OBRA DE ANDRÉ LUIZ	733
7 – REFERÊNCIAS	741

LISTA DE SIGLAS E ABREVIATURAS

AR Ação e Reação
CX Chico Xavier
EDM Evolução em Dois Mundos
ESDE Estudo Sistematizado da Doutrina Espírita
ESP Especial
ETC Entre a Terra e o Céu
EVC E a Vida Continua...
FEB Federação Espírita Brasileira
INTIT Intitulado
LI Libertação
MÉD Médio
ML Missionários da Luz
MM Mecanismos da Mediunidade
NDM Nos Domínios da Mediunidade
NL Nosso Lar
NMM No Mundo Maior
NUM Numerado
OM Os Mensageiros
OVE Obreiros da Vida Eterna
PRIM Primeira
PT Parte
QT Quantidade
SD Sexo e Destino
WV Waldo Vieira

Apresentação

O nobre Espírito André Luiz é o moderno argonauta que venceu os pélagos vorazes do mundo espiritual, vivenciando as experiências iluminativas com humildade e resignação, acumulando incomparáveis tesouros de sabedoria para trazê-los de maneira prudente e equilibrada e ofertá-los aos viandantes da retaguarda física domiciliados na Terra.

Utilizando-se da técnica narrativa em forma autobiográfica, conseguiu decodificar as complexas informações do mundo espiritual, em linguagem acessível a todos, convidando-nos a profundas reflexões em torno do binômio: existência carnal e realidade imortal.

Com a necessária imparcialidade, iniciou a sua revelação expondo-nos tormentos que o surpreenderam após a desencarnação, assim como relatando o processo de soerguimento espiritual havido por meio da inefável misericórdia de Deus.

Espírito comprometido com a verdade, não se detém em lamentação ou permitiu-se desarvorar, quando as dores o assaltaram, assim descobrindo que o único recurso de que podia dispor para a libertação era o trabalho em favor do próximo, por consequência, de si mesmo.

Empenhou-se no mister e transferiu-se de campo de atividade, com a ajuda de abnegados benfeitores desencarnados que se lhe afeiçoaram aos sentimentos incorruptíveis, passando a fazer parte das equipes de servidores do bem, em favor da humanidade, na faina incansável da autoiluminação.

Lentamente compreendeu a gigantesca tarefa que tinha pela frente e empenhou-se por estudar, perquirir, amealhar conhecimentos, tornar-se digno de desempenhá-la com grata satisfação.

Tornou-se um repórter sábio das ocorrências no mundo causal, e decidiu-se, por amor e compaixão, a advertir, assim como a orientar os viandantes carnais acerca do próprio comportamento durante a vilegiatura orgânica, tendo em vista o futuro que a todos nos aguarda.

Cuidadosamente, e com critério de verdadeiro missionário desbravador do desconhecido, passou a descrever os cenários e acontecimentos em torno da vida além da indumentária carnal.

Não se permitindo atitudes que produzissem pavor, desvelou com naturalidade as regiões de sofrimento e de desespero construídas pelos desavorados Espíritos que se entregaram à revolta e à desobediência aos soberanos códigos da vida.

Demonstrou a existência nas regiões espirituais de verdadeiros infernos, purgatórios e vales de expiação, todos eles, porém, transitórios, necessários ao processo de despertamento das consciências obnubiladas ou desvairadas, teimosamente vinculadas ao mal e à perversidade.

Nada obstante, não se deteve exclusivamente nos relatos afligentes, mas também abordou com elegância as conquistas superiores dos Espíritos fiéis e diligentes, assim como as regiões de bênçãos em que habitam, onde se desenham os elevados programas de construção do futuro da humanidade terrestre.

Abordou, como dantes ainda não havia sido feito com a mesma clareza, as organizações sociológicas e éticas, culturais e estéticas, científicas e filosóficas, artísticas e religiosas, nas quais se preparam os missionários da sabedoria para o desempenho das tarefas no futuro terrestre.

Estudando com profundidade os mecanismos das leis de causa e efeito, confirmou as informações contidas na Codificação do Espiritismo, pelo egrégio mestre de Lyon Allan Kardec, sem lhes alterar os conteúdos.

Fiel aos ensinamentos ditados pelos Espíritos superiores e insertos nas obras básicas da Doutrina Espírita, ampliou-os, detalhou-os, aplicou as técnicas do conhecimento contemporâneo, demonstrando-lhes a exatidão, a proficiência e a grandeza do insuperável missionário da Terceira Revelação judaico-cristã, eleito por Jesus para trazer à Terra o Consolador que Ele prometera.

Raciocínio claro, inteligência lúcida e percuciente, penetrou o bisturi da análise investigadora nos mecanismos da mediunidade, nos processos lamentáveis das obsessões, nos programas das reencarnações, nas preparações dos missionários do bem e da caridade, revelando os complexos programas de socorro em favor da humanidade.

Através do tempo, participou de momentosas atividades ao lado dos instrutores sábios de considerável elevação, encarregados de velar e desenvolver o progresso dos seres humanos e do planeta, apresentando os esquemas de iluminação e de devotamento a que todos nos devemos ajustar, a fim de contribuirmos em favor da obra santificante dirigida por Jesus.

Em todo o seu trabalho jamais se permitiu fantasias ou delírios objetivando atemorizar os seres humanos, sempre considerando a qualidade sublime de Deus-amor, ultrapassando os tradicionais textos religiosos das doutrinas ortodoxas a respeito do Deus-pavor, que reaparece na atualidade de alguma forma severo e cruel, inclusive, em algumas informações ditas do Além-túmulo...

Em toda parte existe ordem, mesmo no denominado caos, e a lei de amor é soberana em tudo incessantemente, porque provém do Pai amantíssimo.

As narrações a respeito de acontecimentos reais, nas programações dos renascimentos físicos de diversos Espíritos, assim como sobre a desencarnação dos mesmos e de outros, são ricas de ternura e de informações iluminativas.

As análises e os estudos científicos em torno de diversos temas hodiernos encontram respaldo nas ciências que se encarregam dos mesmos, sempre demonstrando que o Espiritismo estuda as causas, enquanto as ciências estudam os efeitos, conforme acentuou Allan Kardec.

Podemos dividir os períodos que dizem respeito ao desdobramento das revelações espíritas a respeito do mundo transcendente em antes e depois de André Luiz, embora tenha havido contribuições valiosas de outros médiuns no exterior e no Brasil, assim como de excelentes teólogos preocupados com o esclarecimento dos seus paroquianos.

Ninguém, até este momento, depois de apresentado o Espiritismo, conseguiu ser mais fiel e profundo, nas informações em torno da vida no corpo e fora dele, que o digno esculápio desencarnado que optou pelo anonimato, criando o pseudônimo pelo qual se tornou conhecido, a fim de não criar qualquer constrangimento à família ou fazer proselitismo de arrastamento...

Estudar a fantástica obra do mensageiro espiritual é dever de todo aquele que deseja compreender a vida e os fenômenos em torno da morte, assim como da sobrevivência do Espírito à disjunção cadavérica, adquirindo conhecimento e propondo-se a viver de maneira consentânea com as lições aprendidas com esse dedicado e humilde servidor de Jesus.

Os ensinamentos, porém, do emérito educador não são dirigidos exclusivamente aos espíritas, mas a todas as pessoas sinceras que se interessem por interpretar os enigmas existenciais e as grandes interrogações a respeito da vida e da morte.

Esse manancial de bênçãos, que são as suas obras mediúnicas, através da dedicação exemplar do venerando médium Francisco Cândido Xavier, que soube transformar o ministério em sacerdócio incomum, alcançando o estágio de mediunato, retorna agora aos leitores sintetizado no presente livro, ensejando amplas possibilidades de consultas, reflexões, pesquisas e conhecimentos edificantes...

Respeitando os esforços gigantescos da equipe de coligidores dos relevantes ensinamentos e a maneira como o Espírito André Luiz e o médium Francisco Cândido Xavier souberam sintetizá-los, suplicamos aos Céus que os abençoem no serviço da iluminação de consciências.

Aos respeitáveis missionários André Luiz e Francisco Cândido Xavier, o médium de que se utilizou, a nossa mais profunda gratidão e a súplica ao Senhor da vida para que os conduza pelos infinitos caminhos da Espiritualidade em clima de harmonia e plenitude.

MANOEL PHILOMENO DE MIRANDA
(Página psicografada pelo médium Divaldo Pereira Franco, na manhã de 25 de outubro de 2009, na Mansão do Caminho, em Salvador, Bahia.)

Prefácio

A vida no mundo espiritual: estudo baseado na obra de André Luiz é resultado de um projeto elaborado inicialmente em 1994. A ideia foi apresentada à época ao então presidente da FEB, Dr. Juvanir Borges de Souza, que considerou a relevância do trabalho. Todavia, com a análise de outros confrades, surgiu a preocupação de que o material publicado em formato de livro pudesse substituir a leitura dos originais ditados pelo Espírito André Luiz ao médium Francisco Cândido Xavier. Foi necessário o tempo para amadurecer o entendimento sobre a questão...

Algumas publicações foram lançadas por outras editoras e várias foram ofertadas para análise da Federação sobre o valioso conteúdo da série de obras que ficou conhecida como *Série André Luiz* e, mais recentemente, coleção *A vida no mundo espiritual*.

Esta obra representa mais um recurso auxiliar de pesquisa ao precioso acervo doutrinário contido nos 13 livros que compõem a mencionada coleção, cujo objetivo é facilitar o estudo e o entendimento das informações e revelações apresentadas por André Luiz nos relatos sobre suas experiências no plano espiritual.

Trata-se, portanto, de uma obra de referência que pode acompanhar a leitura integral e o estudo dos originais de André Luiz, insubstituíveis em seu conteúdo, sempre oportuno e atual.

O trabalho está estruturado em sete partes: resumos dos livros e capítulos; minibiografias dos personagens citados nas obras; coletânea de orações; índice geral consolidado; glossário; previsões científicas e tecnológicas na obra de André Luiz; e referências das edições adotadas.

Na esperança de que este trabalho possa beneficiar o leitor, facilitando o estudo e a compreensão da matéria doutrinária que o Espiritismo nos faculta, cumpre-nos agradecer jubilosos a abençoada oportunidade de servir na seara de Jesus como modestos colaboradores para a construção de um mundo melhor.

Brasília (DF), 29 de setembro de 2009.

GERALDO CAMPETTI SOBRINHO

Introdução

Prezado leitor,

Se você é um facilitador do ESDE, palestrante, articulista ou mesmo escritor, ao pretender expor sobre a vida no mundo espiritual, tal como foi revelada pelo Espírito André Luiz, pela psicografia do médium Chico Xavier, encontrará neste livro minuciosas informações com riqueza de detalhes, contendo resumos das obras e dos capítulos e minibiografias dos personagens dos livros e de personalidades citados no texto. Encontrará, ainda, uma coletânea de orações feitas em momentos de inefável alegria ou de angustiosa penúria, um índice geral das obras do médico de Nosso Lar, um glossário contemplando termos não muito usuais, e uma lista das antecipações tecnológicas encontradas nas obras do referido autor.

RESUMO DOS LIVROS E CAPÍTULOS

Tecnicamente, resumo é uma apresentação concisa dos pontos relevantes de um texto, elaborado com o objetivo de fornecer uma noção rápida e clara do seu conteúdo. Não é feito para substituir a leitura do texto original, mas para evocar o conhecimento já adquirido e recapturar os dados que interessam no momento.

Para a elaboração dos resumos foram feitos os seguintes questionamentos sobre o texto: — Qual o seu objeto? — Qual o seu objetivo? Qual a metodologia adotada pelo autor e qual ou quais as conclusões a que chegou? Obedecendo a esse método, os resumos alcançaram um razoável grau de padronização, em que a essência dos textos foi apreendida de forma metódica, para atender à exigência do leitor e à finalidade desta obra. Neles você encontrará as principais informações de caráter mediúnico e doutrinário; circunstâncias em que as ações e reações dos Espíritos encarnados e desencarnados se conjugam; e inestimáveis ensinamentos morais e científicos.

Dos 13 livros que compõem a coleção *A vida no mundo espiritual*, aqueles que apresentam os relatos advindos do plano espiritual de forma romanceada foram resumidos no todo e em cada capítulo. *Mecanismos da mediunidade* e *Evolução em dois mundos* foram resumidos no todo, dispensando-se o resumo de cada capítulo, tendo em vista suas características peculiares, temática especializada e estrutura de apresentação.

MINIBIOGRAFIAS DOS PERSONAGENS CITADOS NAS OBRAS

Quando leu o original de uma das obras de André Luiz, certamente você gravou na memória o nome da personagem de uma história bastante ilustrativa ou o de uma entidade que ofereceu ensinamentos lapidares sobre determinado tema, e que gostaria de recuperá-los para citar na palestra que vai proferir, mas não sabe em qual delas... Busque na seção *Minibiografias dos personagens citados nas obras* e lá encontrará o que necessita para fazer a citação correta e completa da fonte consultada. Além disso, a seção informa, resumidamente, quem foi o tal ou qual personalidade citada no texto. Quer saber quem foi o Mentor ou Instrutor de André Luiz em tal ou qual obra e o seu companheiro de aprendizado? Interessa saber quem foi Maxwell, Pasteur, Faraday, Papa Urbano VIII? Consulte esta seção.

COLETÂNEA DE ORAÇÕES

Para que serve uma coletânea de orações? Allan Kardec quando publicou a sua em *O evangelho segundo o espiritismo*, o fez com a intenção de oferecer modelos que ajudassem os incipientes na prática de se dirigir às forças do Alto, mas sem a pretensão de propor suas orações como fórmulas destinadas a tal ou qual fim, com resultados garantidos, já que a eficácia da oração depende de vários fatores, entre eles o sentimento sincero e a fé robusta de quem a profere.

Aqui, apresentamo-las como indizíveis peças literárias nascidas com o gemido da alma, no estertor de seu sofrimento, ou da alegria do Espírito, por ter alcançado a paz de consciência, ou ainda, pelo ser imortal que reconhece e agradece ao Criador o Seu imensurável amor na aplicação da justiça e a magnanimidade de sua misericórdia.

Cada oração é antecedida do contexto, das circunstâncias em que foi proferida, permitindo ao leitor identificar sua razão e o seu objetivo. Aquele que tem boa memória poderá usá-la no encerramento de sua palestra ou em quaisquer outras situações em que se enquadre.

ÍNDICE GERAL CONSOLIDADO

Nesta seção o leitor encontra uma lista detalhada dos assuntos, em ordem alfabética — nomes de pessoas, nomes geográficos, acontecimentos e expressões da terminologia espírita citados nas obras andreluizianas —, com indicação do livro onde se localiza o conteúdo e a respectiva página.

A finalidade do índice é recuperar, de forma rápida e precisa, a informação desejada e sua localização em um livro ou em coletânea, por meio de um termo ou expressão, em versal, denominado *descritor*, seguido de um ou mais *detalhamento*, que dá opção ao consulente de ser objetivo na sua busca, escolhendo o ângulo de abordagem que deseja para o referido *descritor*. Mas o índice não tem apenas essa utilidade. Lido na vertical, é um rol de sugestões para o leitor se entusiasmar ao saber a posição dos Espíritos sobre tal ou qual assunto, enriquecendo, assim, o seu conhecimento.

Localizado o descritor, o leitor deve escolher o detalhamento que lhe interessa e, logo a seguir, encontrará a abreviatura da obra em minúsculas e o número da página onde está a informação que deseja.

Nesta seção, oferecemos ao leitor tabelas de correspondência de capítulo e páginas da edição de cada livro adotada neste trabalho (formato especial), e do formato médio (o tradicional) para que possa localizar, com facilidade, o detalhamento em outras edições.

GLOSSÁRIO

A coletânea ditada por André Luiz vai desde a narrativa simples de situações e ambientes até os mais complexos ensinamentos sobre a mediunidade e sua aplicação espírita pelos homens, passando, ainda, pelas revelações sobre "[...] a rota de nossa multimilenária romagem no tempo [...]", por isso a necessidade de se inserir este glossário para facilitar a leitura.

Foram selecionadas palavras de cunho científico e outras não muito usuais, em razão do tempo em que foram ditadas as obras e também pela riqueza vocabular do autor, proporcionando segurança e entendimento preciso de quem as lê, diminuindo, consideravelmente, a consulta ao dicionário.

Será de muita ajuda no Estudo Sistematizado da Doutrina Espírita, onde sempre se encontram aqueles que estão se iniciando no conhecimento da terminologia espírita.

PREVISÕES CIENTÍFICAS E TECNOLÓGICAS NA OBRA DE ANDRÉ LUIZ

O codificador, em *O livro dos médiuns*, q. 293, it. 25, afirma que "A ciência terrestre é bem pouca coisa, ao lado da ciência celeste." Os Espíritos concordam com essa assertiva quando ensinam que tudo o que nasce pelo esforço dos homens, para benefício da humanidade, tem a sua origem no plano espiritual.

A pesquisa não é definitiva e o trabalho não está acabado, mas o apresentado nesta seção não deixa dúvida que muitos equipamentos das áreas de comunicação, informática, transporte e saúde, que o homem vem construindo, já são adotados no mundo espiritual, bem antes de nós.

REFERÊNCIAS

Esta seção objetiva atender ao estudioso ávido de informações sobre o conteúdo da obra andreluiziana. Para ele, a indicação das fontes utilizadas, incluindo a primeira edição de cada obra da coleção, é registro histórico que tem muito a dizer: o número de edições, os anos em que foram editadas e suas tiragens fazem de um determinado livro a sua história, podendo-se, a partir daí, buscar as razões de sua preferência nos diversos estratos da sociedade.

Brasília, 25 de setembro de 2009.
Waldehir Bezerra de Almeida

1
Resumos dos livros e capítulos

Resumo do livro

NOSSO LAR

Revela a existência de uma colônia espiritual denominada "Nosso Lar", um local palpitante, pleno de vida e atividades, organizado de forma exemplar, onde Espíritos desencarnados passam por estágio de recuperação e educação espiritual supervisionado por Espíritos superiores. Notícias semelhantes já existiam em algumas obras espiritualistas, mas foi *Nosso Lar* quem abriu as portas, efetivamente, a uma visão ampla e detalhada da realidade espiritual além-túmulo, revelando em pormenores a vida que segue para além da morte do corpo físico. Dividido em cinquenta capítulos, é o primeiro livro de uma série que ficou conhecida como *A vida no mundo espiritual*, o qual marca a estreia do Espírito André Luiz como repórter do Além. O autor descreve sua escalada espiritual, desde as regiões umbralinas em que foi lançado e vagueou durante oito anos, logo após sua desencarnação, e sua gradativa recuperação na referida cidade espiritual, tomando conhecimento de que "A vida não cessa. A vida é fonte eterna e a morte é o jogo escuro das ilusões." Superando seu orgulho cultivado na Terra, quando na condição de médico, André Luiz, socorrido pelo ministro Clarêncio, que estava internado em Nosso Lar, passa a trabalhar humildemente como enfermeiro auxiliar nas Câmaras de Retificação. Lá aprende sobre si e os outros de forma totalmente inovadora, sepultando aos poucos o *homem velho* que ainda trazia em si, estuda para adquirir a nova visão do homem trino — espírito, periespírito e corpo —, pergunta sobre o que lhe parece imponderável, luta contra suas tendências, e supera-se no sincero propósito de renovação íntima, abrindo caminho para o futuro médico de almas em que se transformaria. Estuda temas de expressivo valor para quem deseja conquistar, ainda na Terra, a paz no mundo espiritual, tais como o suicídio inconsciente, a aflitiva vida no Umbral, a importância da oração, o amor como alimento das almas, a valorização do lar e o culto do Evangelho em família. Como desfecho surpreendente, consegue, afinal, licença de seus superiores para voltar à casa terrena, no intuito de rever os filhos e a esposa muito amada. Ao chegar, percebe profundas mudanças no antigo lar e, ao saber que a esposa havia contraído novas núpcias, fica profundamente abalado, desespera-se, não querendo acreditar no que vê e ouve, e descobre, para maior angústia, que ninguém o ouve, nem registra sua presença, seu amor e sua saudade, constatando que está morto para o mundo e para a querida companheira de outrora. Diante, porém, da enfermidade do novo marido de Zélia e presumindo que sua desencarnação pode estar próxima, apoia-se no que aprendera sobre amor ao próximo, tolerância e compreensão, desfaz-se do seu desencanto momentâneo e dá testemunho de sua renovação, passando a considerar todos do seu antigo lar como irmãos necessitados de seu amparo. De imediato, procura auxiliar Ernesto, o novo esposo de Zélia, mas sente-se enfraquecido, debilitado, compreendendo então o valor do amor e da amizade, alimentos confortadores absorvidos em Nosso Lar. Em prece, clama o auxílio de Narcisa, sua grande amiga das Câmaras de Retificação. Juntos dirigem-se à natureza exuberante, dali retirando os elementos curativos à enfermidade do doente. Recuperado o enfermo, e restituindo a alegria à antiga morada, André Luiz retorna a Nosso Lar, sentindo-se jubiloso e renovado. Mas, ao chegar, imensa surpresa o aguarda: Clarêncio, em companhia de dezenas de amigos, vêm ao seu encontro, saudando-o, generosos e acolhedores. O bondoso velhinho se adianta, e, estendendo-lhe a mão, diz comovido: "Até hoje, André, você era meu pupilo na cidade; mas, doravante, em nome da Governadoria, declaro-o cidadão de Nosso Lar."

Resumo dos capítulos

1. NAS ZONAS INFERIORES

Narra os dramáticos primeiros anos de André Luiz nas zonas inferiores do plano espiritual. Relata que não tem noção de tempo e espaço, mas está certo de ter morrido e sente-se joguete de forças irresistíveis, amargurado, cabelos eriçados, coração aos saltos e, com medo, grita loucamente, implora piedade. Ouve lamentos, gargalhadas sinistras; vê formas diabólicas, expressões animalescas. A paisagem é banhada apenas de uma luz alvacenta, e ele foge sem saber para onde vai... Lembra-se de que perdera o raciocínio logo que se desprendera do corpo físico já em plena sepultura.

Quando chora sente alívio e dorme, mas logo é atormentado pela presença de seres monstruosos e irônicos, que o fazem sair em debandada. Repassa pela mente traços de sua existência terrena e reconhece que não fora religioso; que somente deu importância aos estudos intelectuais, considerando ser o suficiente, embora cogitasse existir algo acima de tudo, chegando a folhear o Evangelho, mas sem lhe dar a devida importância. Não fora um criminoso, é certo, mas um extremado imediatista que somente valorizou os títulos universitários e compartilhou os vícios da mocidade.

Lembra-se das conquistas econômicas, garantindo-lhe uma vida sem dificuldades; dos pais generosos que lhe facilitaram os estudos; da esposa e dos filhos que os prendera nas teias rijas do egoísmo, esquecendo pequenos deveres da fraternidade para com a família humana. Percebe que perdera tempo gozando a vida sem nada lhe retribuir. Descobre não ter se adestrado para a vida espiritual e sente-se como um aleijado, que necessita atravessar um rio, mas tem que se entregar à correnteza das águas, ou como um mendigo em pleno deserto, a mercê de impetuosos tufões. Adverte os amigos da Terra: "Buscai a verdade, antes que a verdade vos surpreenda. Suai agora para não chorardes depois."

2. CLARÊNCIO

Revela o momento em que o irmão Clarêncio se apresenta a André Luiz e o resgata das sombras do Umbral. Desesperado, André ouve acusações de ser um suicida e criminoso! Gargalhadas o levam ao paroxismo da cólera. Sente fome e sede; a barba cresce e a roupa se esfrangalha, vê-se em abandono total. As vozes atormentam-no: "Que buscas, infeliz! Aonde vais, suicida?". Ele considera as incriminações indébitas. Argumenta consigo mesmo que lutara contra a morte, internado na Casa de Saúde, sofrera a cirurgia dos intestinos, padecera todos os procedimentos desagradáveis de quem esteve frente à morte, lutando contra ela... Não entendia a pecha de suicídio... Lembra a esposa e os três filhos contemplando-lhe os últimos momentos de vida e ele sentindo o terror da separação, para depois despertar em local úmido e escuro... Chora, extravasa o coração, mas não sabe a quem recorrer. Sabe que não está louco, pois se reconhece consciente, percebendo-se como sempre se sentiu; sente todas as necessidades fisiológicas, sendo castigado pela fome e pela sede, mas não chega à exaustão total como deveria acontecer... Alimenta-se de verduras agrestes e sacia a sede em pequenos filetes d'água ou suga a lama da estrada... Vez ou outra tem que se defender de manadas de seres animalescos. Começa a pensar que existe um Autor da Vida e, embora não sendo religioso, à forma da Igreja que conheceu, sente a necessidade do místico. O negativismo do médico materialista começa a ceder e lhe destruir o amor-próprio, filho do orgulho. Vencido, roga ao Senhor Deus forças para reerguer-se, e lhe pede que estenda as mãos paternas... Abre seu coração e ora por tempo indefinido, as lágrimas lavam o seu rosto e reconhece que somente o sofrimento, a humilhação, a extrema desventura o fez compreender as misteriosas belezas da oração... A escuridão se dissipa e ele vê um velhinho simpático que sorri paternalmente e lhe diz: "Coragem, meu filho! O Senhor não te desampara." O diálogo tem início entre ele e o benfeitor que se apresenta como Clarêncio. Dois enfermeiros se aproximam e, com um alvo lençol, improvisam uma maca e conduzem o resgatado para a colônia espiritual Nosso Lar.

3. A ORAÇÃO COLETIVA

Descreve a chegada de André Luiz em Nosso Lar e sua participação na oração coletiva. Transportado, à maneira de ferido, André se depara à frente de um grande portal e, ao atravessá-lo, observa a beleza da luz solar, as construções e os jardins da colônia. Os padioleiros adentram o hospital e ele é colocado em leito de emergência e depois acomodado em confortável aposento, ricamente mobiliado. É informado que está em dependência da esfera espiritual vizinha à Terra, e o Sol que ele vê com tanta admiração é o mesmo da Crosta. Serve-se de um caldo que não sabe se é alimentação ou remédio, e toma água fresca, que o reanima de forma inesperada. Melodia divina lhe fere os tímpanos e fica comovido, no momento em que o seu acompanhante o esclarece que é chegado o crepúsculo em Nosso Lar, quando todos os setores da colônia se ligam em prece. Solicita participar do evento e se ampara no braço do companheiro, vencendo dificuldades orgânicas. Da abóboda do enorme salão vê-se guirlandas penduradas, no fundo uma enorme televisão reflete um esplendoroso cenário. Sentado em lugar de destaque, encontra-se um ancião coroado de luz, vestido de túnica alva e, em plano inferior, 72 entidades, entre elas Clarêncio. Informa que todos, em Nosso Lar, naquele momento, oram com o Governador pela visão e audição a distância. Os hinos geram vibrações de paz e, no alto do salão, um imenso coração azulado se desenha, representando as vibrações mentais dos habitantes da colônia, ao mesmo tempo em que flores azuis se derramam e atingem a todos, transferindo-lhes energias. De volta ao aposento, André Luiz sente que não é o doente de antes: a primeira prece coletiva opera nele considerável transformação, enchendo-o de novas esperanças.

4. O MÉDICO ESPIRITUAL

Conceitua o que significa ser suicida inconsciente. No dia imediato à oração coletiva, André tenta levantar-se e percebe que sem a cooperação magnética do enfermeiro não consegue seu intento. Clarêncio se apresenta acompanhado do irmão Henrique de Luna, do Serviço de Assistência Médica da colônia, que examina o novo paciente, sorri e diz que lamenta tenha vindo pelo suicídio. Insistindo que há um engano no julgamento, relata seu sofrimento no hospital, durante quarenta dias com a oclusão intestinal, lutando contra a morte... Henrique de Luna esclarece que a oclusão tem raízes em causas profundas, e aponta no seu corpo perispiritual pontos que testemunham suas leviandades quando adquiriu a sífilis, assumindo características graves pela ausência, nele, de princípios de fraternidade e de temperança: conviveu exasperado, sombrio, colérico, sem autodomínio; atraiu forças negativas emanadas daqueles a quem ofendeu sem refletir; agravou seu estado físico, e o fígado e os rins foram maltratados e esquecidos pelas suas ações irrefletidas. Informa, ainda, que o tempo para a tarefa que a ele foi confiada pelos Maiores da Espiritualidade superior foi desperdiçado e as reservas do corpo físico foram gastas com o excesso de alimentação e bebidas alcoólicas, e a sífilis devorou-lhe as energias essenciais, consumando-se o suicídio incontestável. André Luiz reflete nas oportunidades perdidas, surpreende-se que episódios simples da vida, considerados naturais do ponto de vista humano, eram ali evidências de desregramento e causas de seu sofrimento; percebe que o sistema de verificação de faltas ali aplicado não condena, não censura, mas lamenta as fraquezas de forma amiga e paternal. Envergonhado e com o rosto entre as mãos, chora qual menino contrariado e infeliz. Admite, finalmente, que é um suicida e sofre em descobrir que perdeu preciosa oportunidade da experiência humana. Clarêncio afaga-lhe os cabelos e lhe assegura que ele é um *suicida inconsciente*, como centenas de outros que se ausentam da Terra nas mesmas condições; que aproveite os tesouros do arrependimento, guarde a bênção do remorso e esqueça a aflição que nada resolve, e termina: "Sossega a alma perturbada, porque muitos de nós outros já perambulamos igualmente nos teus caminhos."

5. RECEBENDO ASSISTÊNCIA

Descreve encontro de Lísias com André Luiz e as condições lastimáveis de muitos Espíritos que chegam à colônia Nosso Lar. Lísias, assistente de Henrique de Luna, apresenta-se a André, colocando-se à disposição para cooperar na enfermagem e necessidades de socorro. Informa que há muitos nas condições dele, pois a amplitude dos trabalhos é grande; que naquela seção existem mais de mil doentes espirituais, sendo aquele edifício um dos menores do parque hospitalar. Examina André Luiz, que se mostra envergonhado do seu estado e do mal que fizera a si mesmo, e Lísias o consola dizendo que presta assistência a 80 enfermos por dia e que 57 se encontram nas mesmas condições dele; que muitos chegam mutilados dos membros do corpo porque usaram-no para a criminalidade; que outros se apresentam com as órbitas vazias, por terem usado os olhos para o mal, e os que cometem aberrações sexuais, são colhidos em avançada loucura. Acrescenta que Nosso Lar não é uma estância de Espíritos vitoriosos, mas todos são felizes porque ali têm o trabalho que o Senhor não lhes negou. André acredita que aquele ambiente é um departamento celestial dos eleitos, e Lísia diz que não, lembrando que muitos são chamados e poucos escolhidos; que as religiões no Planeta convocam as criaturas para o banquete celestial, mas raríssimos são os que atendem ao chamado; que o homem comum agrava o seu destino, desviando-se do bem, alimentando caprichos e desgastando seu corpo físico, retirando-se do mundo em doloroso estado de incompreensão. A morte do corpo não nos conduz a planos sublimes, pois se temos débitos na esfera terrena, é necessário que lá voltemos para saldá-los, desatar as algemas do ódio e substituí-las pelas do amor, e lembra: "Caso dos muitos chamados, meu caro. O Senhor não esquece homem algum, todavia, raríssimos homens o recordam." André se diz perverso, lembra do que deveria fazer na Terra e não o fez. Lísias pede que medite no trabalho a fazer e, em seguida, aplica-lhe passes magnéticos e faz curativos na zona intestinal. Observa que ele não está fazendo o tratamento da zona cancerosa, e o adverte que, não obstante o socorro que recebe, o trabalho de cura é peculiar a cada um; que acredita que ele será um dos melhores colaboradores de Nosso Lar, mas as causas dos seus males persistirão até que ele se desfaça dos germes da perversão da saúde, os quais agregou no seu corpo sutil por querer gozar mais que os outros. Diz que a Terra, onde abusamos, é o local bendito para realizar frutuosos labores, e o enfermo recém-chegado chora e ouve do amigo: "Quando as lágrimas não se originam da revolta, se constituem em remédio depurador."

6. PRECIOSO AVISO

Adverte sobre os efeitos nefastos das queixas constantes das nossas dores. Clarêncio visita André Luiz, que faz uma série de queixas, e comenta sobre as dores na zona intestinal que o aniquila... O ministro ouve atenciosamente a uma série de perguntas, de preocupações com os filhos amados, com o progresso material do primogênito, com a esposa Zélia, que acredita estar sofrendo de saudades; revela seu pessimismo em relação à vida; considera a sua dor a maior de todas sofrida pelos homens; reclama que padeceu muito depois da morte; que a vida sempre foi um colar de misérias, decepções, doenças, incompreensões... Clarêncio o adverte que se ele deseja a cura espiritual que aprenda a não falar excessivamente de si mesmo, nem comentar a própria dor, pois lamentação é enfermidade mental de tratamento difícil; que discipline os lábios, pois quanto mais fale das coisas dolorosas no círculo da personalidade, mais duros se formarão os laços que o prendem a lembranças mesquinhas; que deve ter a família como sagrada construção, sem esquecer que ela é apenas parcela da família universal, sob a direção divina... Assegura que está disposto a resolver suas dificuldades presentes e cooperar na estruturação de seu futuro, mas não dispõe de tempo para ouvir lamentações. Informa que todos na colônia têm o compromisso do trabalho mais áspero como bênção de realização, e se ele deseja ali permanecer, deve aprender a pensar com justeza. Diante das advertências, André assume outra atitude, e Clarêncio continua dizendo que no mundo ele disputou as boas situações e estimou os recursos lícitos para estender benefícios aos entes amados; interessou-se pela remuneração justa para atender à família com o conforto e a segurança que lhe devia; na Terra a garantia monetária, aqui as aquisições definitivas do espírito imortal; a dor aqui constitui possibilidade de enriquecer a alma, e a luta é caminho divino para a realização espiritual... As almas fracas, ante o serviço, se queixam, as fortes o abraçam como patrimônio sagrado para o caminho da perfeição. A saudade é sentimento justo e sublime, mas o pranto de desesperação não edifica o bem. Se ama a família, adquira bom ânimo para lhe ser útil, e finaliza, sorrindo: "Então, como passa? Melhor?", e André Luiz, agora confortado, responde: "Vou melhor, para melhor compreender a vontade divina."

7. EXPLICAÇÕES DE LÍSIAS

Demonstra que o Espírito ao se dirigir ao Criador, de coração aberto pela oração, recebe o socorro de que necessita. André Luiz afirma que se sente cada vez mais saudável, no entanto as recordações dos acontecimentos físicos provocam-lhe angústias. Contempla feliz a natureza mais resplandecente, observa os pomares, os jardins, os edifícios graciosos, as pequenas casas com muros vegetais, as aves de plumagem policroma, e se admira ao ver animais domésticos e inúmeras outras formas de vida semelhantes às da Terra... Lísias esclarece que há regiões distintas para os desencarnados, assim como há para os encarnados no planeta, pois a morte do corpo não conduz o homem a planos miraculosos. André sente falta das visitas de amigos que o precederam na viagem ao mundo espiritual, principalmente de sua mãe, que até então não deu notícias... O enfermeiro responde que desde que ele se acamou no hospital sua mãezinha esteve presente e o ajudando; que durante os oito anos de sua permanência nas esferas inferiores, ela sempre cooperou, intercedendo junto às autoridades de Nosso Lar, com o apoio de Clarêncio, para resgatá-lo... Lembra que o Ministro sempre esteve ao lado dele, querendo ajudá-lo, mas somente no momento em que orou com o coração aí, então, conseguiu vê-lo. O Pai não precisa de nossas penitências, mas nós necessitamos delas, porque nos fazem bem, intensificam nossas vibrações e nos fazem receptivos à ajuda do Senhor da Vida. Informa que sua mãe não vive entre eles, habita esferas mais altas, onde se dedica a muitos necessitados. Assegura que virá vê-lo logo mais, já que desejando, ardentemente, alguma coisa, estamos a caminho de sua realização; durante oito anos pelas regiões inferiores ao mentalizar, com ardor, a necessidade de receber auxílio divino, dilatou o padrão vibratório e alcançou o socorro. Diante da decisão do enfermo de investir no seu propósito de receber a visita de sua genitora, Lísias o adverte: "Convém não esquecer, contudo, que a realização nobre exige três requisitos fundamentais, a saber: primeiro, desejar; segundo, saber desejar; e, terceiro, merecer, ou, por outras formas, vontade ativa, trabalho persistente e merecimento justo."

8. ORGANIZAÇÃO DE SERVIÇOS

Descreve os aspectos arquitetônicos e urbanísticos de Nosso Lar e revela a história da sua fundação. André Luiz, em companhia de Lísias, admira-se com as ruas e as avenidas ornamentadas de árvores frondosas, sente a atmosfera pura e a tranquilidade reinante entre os transeuntes, que demonstram estar ligados a alguma responsabilidade. O enfermeiro informa que as casas, os edifícios e as residências daquela área pertencem ao Ministério do Auxílio, cujo ministro é Clarêncio, e todos aqueles que por ali transitam são operários, servidores e orientadores ligados ao Ministério. Ali se ouve as rogativas, selecionam-se as preces, preparam-se as reencarnações e se organizam turmas de socorro destinadas ao Umbral e à Crosta. Nosso Lar — continua Lísias — tem um governador espiritual auxiliado por 72 ministros dos 6 Ministérios existentes. Quatro Ministérios se aproximam das esferas terrestres, sendo eles o da Regeneração, onde se realizam os serviços mais grosseiros, o do Auxílio, o da Comunicação e o do Esclarecimento; dois se ligam ao plano superior, sendo eles o da Elevação e o da União Divina, que realiza os serviços mais sublimes da colônia. Conta que Nosso Lar foi fundado no século XVI pelos portugueses que desencarnavam do Brasil, e, ao chegarem ao plano espiritual, encontraram enormes extensões de potencial inferior que passaram a trabalhar, misturando os nobres edifícios, copiados dos europeus, com os casebres simples dos silvícolas; consta que, tanto no plano material quanto no plano espiritual, houve exaustiva luta para civilizar os antigos habitantes, com a diferença de que, no mundo material, usou-se de violência e de escravidão, enquanto aqui se deu o serviço perseverante, a solidariedade fraterna, o amor espiritual. Tudo teve início na praça onde está a Governadoria, que é o ponto convergente dos seis Ministérios, todos começando nele. O governador recebe colaboração de três mil funcionários, sendo ele o servidor mais fiel e infatigável. Seu pensamento abrange todos os círculos de serviço e está em Nosso Lar há cento e catorze anos. Só é visto nas assembleias da oração coletiva e, raramente, em festividades. Os ministros excursionam em outras esferas e demais trabalhadores são aquinhoados com viagens de entretenimento, mas ele se mantém sempre em serviço.

9. PROBLEMAS DE ALIMENTAÇÃO

Historia a luta do governador de Nosso Lar para implantar uma alimentação sóbria, compatível com a condição espiritual dos seus habitantes. Lísias esclarece que o abastecimento em Nosso Lar é feito pela Governadoria, e que há um século o Governador enfrentou sérias dificuldades para que os habitantes da colônia se libertassem do hábito de alimentação semelhante à que estavam habituados na Terra, exigindo mesa lauta e bebidas excitantes. Técnicos de regiões superiores vieram ensinar a se fazer a absorção dos princípios vitais da atmosfera pela respiração; líderes contrários à moderação do alimento foram esclarecidos sobre as vantagens das mudanças, enquanto o Ministério do Auxílio ficava superlotado de enfermos que se confessavam vítimas do novo sistema de alimentação deficiente... Aos mais radicais foram dadas oportunidades de excursões em planos mais elevados, para aprendizagem, ganhando-se, assim, mais adeptos às mudanças. Após vinte anos de perseverante demonstração das vantagens de uma alimentação sóbria que diminui a expressão física e se ganha em coeficiente de espiritualidade, o Ministério da Elevação aderiu à ideia, mas o do Esclarecimento manteve-se irredutível, em razão da grande quantidade de matemáticos lá residentes, presos, ainda, às concepções da imprescindibilidade de proteínas e carboidratos para os veículos físicos. Espíritos menos elevados realizaram manifestações públicas, provocaram cisões nos setores de Nosso Lar, dando oportunidade a que entidades umbralinas invadissem a cidade, havendo tráfico de alimentos com regiões inferiores... O governador, sempre respeitoso com pareceres contrários, solicitou audiência com o Ministério da União Divina e, a partir de então, toma sérias providências necessárias ao bem coletivo: fecha o Ministério da Comunicação, isola os recalcitrantes em calabouços, proíbe o auxílio às regiões inferiores, ordena a ligação das baterias das muralhas da cidade, para disparos de petardos magnéticos, e, por seis meses, a alimentação da cidade foi reduzida à inalação de princípios vitais da atmosfera pela respiração, e a água foi misturada a elementos solares, elétricos e magnéticos. Passada a crise, o Ministério do Esclarecimento reconheceu o seu erro e passou a cooperar, e o público aderiu com regozijo às novas medidas, voltando tudo à normalidade. O alimento que lembra a Crosta é adotado apenas nos Ministérios da Regeneração e do Auxílio, em razão do grande número de necessitados ali albergados, nos demais setores, ele é bastante sóbrio. "A colônia ficou, então, sabendo o que vem a ser a indignação do espírito manso e justo."

10. NO BOSQUE DAS ÁGUAS

Informa sobre o valor da água em nossas vidas e sobre a importância que ela tem para a colônia Nosso Lar. André Luiz e Lísias se dirigem ao grande reservatório de água a bordo do aeróbus, carro comprido, suspenso a cinco metros do solo, que se desloca em alta velocidade, durante quarenta minutos. Descreve o Bosque das Águas como uma das mais belas regiões de Nosso Lar, com estradas largas, bancos confortáveis, luzes e árvores frondosas, muito visitado pelos que vão tecer promessas de amor e fidelidade, em vésperas de novas experiências na Terra. O Rio Azul, de grandes proporções, desliza em leito com margens bordadas com grama viçosa. Informa que a água é de pouquíssima densidade e que sua distribuição é feita pelo Ministério da União Divina, dada a importância espiritual que ela tem para os habitantes da colônia, sendo em Nosso Lar empregada como alimentação e remédio. Lamenta que entre os encarnados o valor da água ainda não é devidamente reconhecido como um poderoso veículo para os fluidos de qualquer natureza. Lembra que o Ministério da União Divina, de maior padrão espiritual, magnetiza as águas do Rio Azul para que sirvam a todos os habitantes de Nosso Lar, e que, muito além da zona de sua atuação, o rio continua sua trajetória carregando as qualidades espirituais recebidas. Relembra o significado da água para a vida e diz que o mar promove o equilíbrio do planeta, que ela constitui grande parte do corpo físico, fala da chuva e das cidades que se organizam em função dos rios... Um dia os humanos compreenderão que a água absorve, em cada lar, as características mentais de seus moradores. É nociva em mãos perversas e útil em mãos generosas; em movimento, espalha bênçãos de vida e absorve amarguras, ódio, ansiedades, purificando a atmosfera íntima.

11. NOTÍCIAS DO PLANO

Fala das relações amistosas que existem entre colônias espirituais e descreve como se processa a ascensão do trabalhador em Nosso Lar. Lísias informa que as colônias existentes no plano espiritual se distinguem pelas suas origens e pelos fins a que se propõem; que cada colônia se coloca em degrau diferente na escada da ascensão espiritual; que os pioneiros abnegados de Nosso Lar buscaram inspiração na colônia Alvorada Nova, uma das mais importantes nas circunvizinhanças da Terra; que lá a divisão administrativa é por Departamento, mas em Nosso Lar foi substituída por Ministério, considerando ser a palavra mais expressiva como definição de espiritualidade, e que muitas outras organizações buscam o concurso de Nosso Lar quando no seu começo. Aqui — continua o enfermeiro — o respeito à hierarquia é rigoroso, não há favoritismo. Até hoje, somente quatro companheiros, no curso de dez anos, ingressaram com responsabilidade definida no Ministério da União Divina, e a maioria dos que vivem em Nosso Lar voltam a reencarnar para o resgate e o aperfeiçoamento. Os que chegam das zonas inferiores e desejam cooperar e receber cooperação vão para o Ministério do Auxílio, se refratários, vão para o Ministério da Regeneração, e depois serão aproveitados em outros setores. Poucos chegam ao Ministério da Elevação e raríssimos os que alcançam o da União Divina. De modo geral, as tarefas são laboriosas e complicadas, exigindo da cada um segundo o ministério em que esteja atuando: responsabilidade individual, capacidade de trabalho e valores intelectuais, renúncia e iluminação, conhecimento justo e sincera aplicação do amor universal. A Governadoria é responsável pela distribuição do alimento, da energia elétrica, do trânsito e do transporte. A lei do trabalho e do descanso é observada rigorosamente, sendo a única exceção em repouso o próprio governador, que somente se ausenta do seu gabinete em ocasiões que o bem público exige, ou em visitas semanais no Ministério da Regeneração, para cooperar com seus ministros, dada a sintonia dos que ali são albergados com entidades de zonas inferiores, tornando as questões mais complicadas. André ouve suave melodia ao se aproximar do hospital e é esclarecido que ela vem das oficinas de trabalho de Nosso Lar, considerando que a música intensifica o rendimento do serviço em todos os setores do esforço construtivo.

12. O UMBRAL

Informa o que é o Umbral, a natureza de seus habitantes e suas relações com os encarnados. Respondendo à indagação de André Luiz, Lísias informa que o Umbral é a zona obscura que começa na Crosta terrestre, onde vivem os desencarnados que ainda não se decidiram cumprir os deveres sagrados. Acrescenta que o Espírito ao reencarnar promete dar cumprimento a um programa de serviços ao Senhor, mas, sob o peso da carne, esquece o prometido e se mantém alimentando o mesmo ódio e as mesmas paixões. É como retornar ao plano terreno com a roupa espiritual repleta de imundície, com propósito de limpá-la, mas, ao regressar se apresenta com ela mais suja do que antes, não sendo possível se manter no ambiente de onde partiu, por estar em piores condições vibratórias, aí se mantém no Umbral o tempo necessário para se livrar do excesso de sujeira adquirido na sua última existência. É, portanto, uma região que deve interessar aos encarnados, pois nela vivem aqueles que não objetivam uma vida superior, estando em constante intercâmbio com os encarnados, permutando formas-pensamentos. Os habitantes do Umbral são companheiros imediatos dos encarnados, separados apenas pela lei das vibrações. O Umbral caracteriza-se como região de grandes perturbações, já que alberga Espíritos infelizes, sofredores, malfeitores, vagabundos, verdugos e vítimas, exploradores e explorados, revoltados e desesperados, os sedentos de poder, os decepcionados por não encontrarem o Criador a sua disposição, para satisfazer seus caprichos, os quais foram alimentados na Terra por religiões formalistas e dogmáticas, e por filosofias materialistas, todos vivendo sem uma organização social como a que conhecemos em Nosso Lar. Como todo Espírito é um núcleo radiante de forças que criam, transformam e destroem, o clima fluídico no Umbral é pesadíssimo em virtude da constante emissão dessas forças. Os benfeitores, em missão de esclarecimento e resgate, encontram sérias dificuldades para a consecução de suas tarefas que só a renúncia lhes dá forças para se manterem equilibrados. Não obstante tanta desorganização e sofrimento, a proteção divina não está ausente, e permite o Senhor que se erijam colônias de socorro espiritual como a que vivemos. André expressa o desejo de servir no Umbral, e Lísias, bondosamente lhe pergunta: "Será que você se sente com preparo indispensável a semelhante serviço?".

13. NO GABINETE DO MINISTRO

Enfatiza a importância de se cooperar com o próximo e de auxiliar aquele a quem se ama. André Luiz sente a necessidade do trabalho construtivo, mas reconhece que seus conhecimentos adquiridos em livros e seus títulos pouco valem diante dos enfermos dos quais ouve os gemidos nos apartamentos adjacentes; sabe que a medicina espiritual começa no coração e se exterioriza em atos de amor e de fraternidade. Lísias sugere que procure a orientação do ministro Clarêncio. Na manhã seguinte, é recebido no gabinete do seu benfeitor e, ao ser chamado, entra acompanhado de uma senhora idosa, vindo a saber que a metodologia de serem atendidas duas pessoas ao mesmo tempo visa ganhar tempo, aproveitando-se o parecer de um para o outro. A irmã pede autorização para seus dois filhos no plano terreno, que vivem exaustos e sobrecarregados de infortúnios, embora reconheça os justos desígnios do Pai, mas, na condição de mãe, deseja cooperar com eles. Clarêncio diz que se ela reconhece a Justiça de Deus, ele não poderá ir além. Ela informa que já soma com seu trabalho na colônia 304 *bônus-hora* e, para sua decepção, ouve do Ministro um minucioso relatório de suas atividades, desde que chegou a Nosso Lar, há mais de seis anos. É lembrada que trabalhou em diversos setores e que sempre reclamou das condições e da natureza das tarefas a ela oferecidas: na Turma de Vigilância no Ministério da Comunicação, o serviço era intolerável; junto aos Irmãos da Suportação, os apartamentos estavam repletos de pessoas imundas que falavam palavrões; na Enfermagem dos Perturbados, argumentou que somente os santos poderiam suportá-los; nos Gabinetes de Investigações e Pesquisas do Ministério do Esclarecimento, enfadou-se com as providências e se recolheu aos Campos de Repouso... Enfatiza que trabalho e humildade são as margens do caminho do auxílio, e que é indispensável estabelecer correntes de simpatia para amparar os que amamos; que para servir ao Doador universal temos, muitas vezes, de ferir o coração, enfrentar dificuldades... Conclui que não duvida de sua dedicação aos filhos, mas na condição atual vai se apresentar a eles como uma mãe paralítica, já que para auxiliar os entes queridos necessitamos daqueles que tenhamos auxiliado. Quem não coopera não recebe cooperação. Aconselha a voltar aos Campos de Repouso e a refletir, para depois o assunto ser examinado novamente.

14. ELUCIDAÇÕES DE CLARÊNCIO

Enfatiza o valor inestimável da atividade profissional quando exercida na intenção de servir ao Senhor da vida. Diante da energia serena com que Clarêncio tratou a senhora que o antecedeu na audiência, André Luiz pondera se deve solicitar oportunidade de trabalho como médico ou submeter-se a qualquer outra tarefa... Pede, então, qualquer trabalho útil que o tire da ociosidade. O Ministro diz que, na realidade, André Luiz sente saudades dos clientes e gostaria de atuar como médico, mas lembra que ele não honrou a confiança do Pai, quando na Terra, no exercício da profissão; viveu cercado de facilidades, não soube nem mesmo o preço dos seus livros e, formado, se viu logo dentro de uma clínica que não lhe exigiu esforços para construí-la; cometeu abusos quando moço e sadio, e precipitou-se em direção à morte... Continua o benfeitor: toda profissão na Terra é convite do Alto para que o homem penetre os templos divinos; sua ficha médica indica ação circunscrita apenas na esfera do corpo físico, e não me autoriza a transformá-lo em médico de Espíritos enfermos. "Que me diz de um botânico que alinhasse definições apenas com o exame das cascas secas de algumas árvores?" Infelizmente a maioria dos médicos, na Crosta, estaciona em diagnósticos e terminologias acadêmicas, se aprisionam aos gabinetes movidos pela vaidade, não conseguem sobrepor-se aos preconceitos comuns, e que ele não fugiu à regra, não se preparou convenientemente para os serviços espirituais. André Luiz submete-se a qualquer serviço e o Ministro informa que as intercessões da genitora e de quinze, dos seis mil pacientes que ele receitou gratuitamente, mesmo por troça, são atos meritórios que o levam a dar-lhe a oportunidade de aprendiz, e conclui, sorrindo: "Aprenderá lições novas em Nosso Lar e, depois de experiências úteis, cooperará eficientemente conosco, preparando-se para o futuro infinito."

15. A VISITA MATERNA

Demonstra a perenidade dos laços de amor materno e sua sublimação a favor dos planos do Senhor da vida. André Luiz reflete sobre as observações de Clarêncio a respeito da reencarnação e conclui que ele não soube mesmo valorizar sua existência como médico. Sente saudades do lar terreno, mas não se anima em pedir concessões para uma visita sem o devido merecimento. Resignado, se recolhe para dentro de si, chamado pela própria consciência. Lísias anuncia a visita materna e ela entra sorridente e, mãe e filho se abraçam demoradamente entre palavras de carinho e lágrimas, até que ela se contém e diz: "Vamos, filho, não te emociones tanto assim! A alegria também, quando excessiva, costuma castigar o coração." A veneranda senhora se apresenta tal como ele a conheceu na vida material, de vestido e de meias de lã, matilha azul, cabelos com fios brancos, de rugas e com o olhar doce e calmo. O filho, ao sentir o afago e a segurança que a genitora lhe oferece, desaba em lamentações dolorosas, esquecendo os conselhos experientes de Lísias e de Clarêncio, acreditando, como antes, que as mães devem sempre ouvir as lamentações dos filhos e oferecer-lhes consolo e soluções. Carinhosamente sua mãe lembra o que ele já ouviu sobre o prejuízo que as queixas íntimas causam, e pede para agradecer a bênção da reaproximação, dizendo-lhe que nem sempre soube orientá-lo como devia, mas que as lágrimas dele não devem fazê-la regressar à paisagem dos sentimentos humanos, fazendo-a sentir como antes, desejando tudo para ele como se fosse a melhor criatura do universo; que tal atitude não se coaduna com as novas lições da vida que aprendera, e que é indispensável, antes de tudo, atender ao Criador. Exorta-o a que aproveite o tempo sem lamentações, trabalhe incessantemente, modifique a atitude mental, porque ela não pode e nem deve retroceder nas suas experiências. André se ergue respeitoso, após ouvir as sábias palavras de sua mãe, e planta-lhe um beijo na fronte, vendo-a mais bela e mais amorosa que nunca.

16. CONFIDÊNCIAS

Informa sobre a situação espiritual dos familiares de André Luiz. Após ouvir os conceitos expelidos pela sua mãe sobre trabalho, dores e dificuldades, André a interroga acerca do mundo em que vive, na crença de que seja de contemplação venturosa, e ela assegura que "A esfera elevada [...] requer, sempre, mais trabalho, maior abnegação." Informa que desde que retornou da Terra trabalha intensamente pela sua renovação espiritual para conquistar o direito de ajudar aos que ama. Sobre Laerte, seu esposo, diz que perambula no Umbral há doze anos, em razão da vida de aparências que levou: não se fez digno da religião católica que cultuava com fervor, e envolveu-se com ligações amorosas fora do lar e, ao desencarnar, encontrou-se com as desventuradas criaturas a quem fizera muitas promessas. Quis reagir ao envolvimento, buscou encontrá-la, mas não foi perseverante; ela estava muitas vezes ao seu lado, mas ele não registrou a sua assistência nem a dos outros amigos nossos. Viciara a visão espiritual, restringindo-a ao padrão vibratório com o qual se afinou na convivência com os habitantes umbralinos; quando ela consegue inspirá-lo ao bom caminho, as irmãs infelizes subtraem-lhe as suas sugestões. Já buscou amparo em cinco núcleos de assistência espiritual, inclusive em Nosso Lar, mas nem Clarêncio conseguiu atrair seu esposo para o Ministério da Regeneração. "Não é possível acender luz em candeia sem óleo e sem pavio." Oferece notícias sobre as filhas Clara e Priscila, que também se encontram no Umbral. Acrescenta que, de início, recebeu a cooperação da filha Luísa, que desencarnara cedo, mas diante da grande perturbação de familiares, ela reencarnou entre eles na esperança de poder ajudá-los. Lembra que as mulheres que perseguem seu pai são irmãs doentes, ignorantes e infelizes, filhas de nosso Pai, e que tem feito intercessões, não somente por Laerte, mas também por elas. André pergunta sobre sua esposa, Zélia, e as crianças, acreditando que estejam sofrendo com sua ausência, e sua mãe esboça um sorriso triste e diz que os netos vão muito bem e, quanto ao resto, há questões que é necessário entregar ao Senhor antes de trabalhar na solução que elas requerem. Despede-se para se encontrar com Clarêncio e se munir de recursos fluídicos para o regresso.

17. EM CASA DE LÍSIAS

Informa sobre a constituição de um lar na zona do Ministério do Esclarecimento. Henrique de Luna considera encerrado o tratamento de André Luiz e ele é convocado pelo ministro Clarêncio, que o autoriza a fazer observações nos diversos Ministérios, exceto os de natureza superior: o da Elevação e o da União Divina. Depois o parabeniza e entrega-lhe uma caderneta, que é o passaporte para que ingresse nos Ministérios autorizados, e o aconselha a se instruir, lembrando a importância de se aproveitar bem o intervalo entre as reencarnações. Lísias pede ao Ministro autorização para hospedar o companheiro em sua casa, no que é atendido, merecendo os agradecimentos do novo hóspede. Em agradável construção, André é recepcionado por dona Laura, mãe de Lísias, que o acolhe com muita simpatia e carinho, assegurando que será para ele uma irmã com funções maternais. O interior da casa descreve o ambiente simples e acolhedor. André observa os quadros na parede, com pinturas de significação espiritual, um piano de grande proporção e, em cima dele, uma harpa... Durante as apresentações, fica sabendo que a família do amigo viveu no Estado do Rio de Janeiro e que moram com ele as duas irmãs Yolanda e Judite. Visita a biblioteca da casa, com a observação de dona Laura de que, felizmente, os escritores de má-fé, que estimam o veneno psicológico, não se adaptam em Nosso Lar e são logo conduzidos para as zonas umbralinas. André manuseia os compêndios e se admira com a arte fotográfica nas páginas; logo depois conhece a sala de banhos, notando a simplicidade combinada com o conforto. Chega o momento da oração das seis da tarde e todos se acomodam em torno da mesa. Um grande aparelho é ligado e se ouve música suave e uma pequena tela reflete a paisagem já conhecida dele, quando no hospital, e olhando o coração azul desenhado ao longe, sua alma se sente ajoelhada no templo interior, em sublime transporte de júbilo e reconhecimento por tudo o que vem recebendo.

18. AMOR, ALIMENTO DAS ALMAS

Tece considerações sobre a alimentação no mundo espiritual segundo o estágio evolutivo do Espírito. Após a oração crepuscular, é servida a refeição na casa de Lísias, composta de caldo e de frutas, que mais parecem concentrados fluídicos, indispensáveis ainda aos moradores da zona do Ministério do Auxílio, que despendem grande quantidade de energias. Informa dona Laura que em todos os ministérios o alimento se faz presente, variando sua densidade, como é o caso no Ministério da Elevação, onde se toma apenas sucos, e no da União Divina, que é de substância inimaginável. Acrescenta que a densidade do alimento é simples questão transitória, a alma em si se nutre de amor e que, à medida que o Espírito se eleva, dispensa paulatinamente o alimento físico. O verme no subsolo se alimenta de terra e o homem colhe o fruto do vegetal e o transforma segundo sua exigência de paladar. Os desencarnados necessitam de substâncias suculentas, aproximando-se do elemento fluídico. O amai-vos uns aos outros não visa somente à prática da caridade, mas também à alimentação uns dos outros no campo da fraternidade e da simpatia. No futuro o homem encarnado saberá que a conversação amiga, o gesto afetuoso, a confiança mútua, o interesse fraternal se constituem em alimento para a vida em si. Lembrando as teorias do sexo como alimento das almas, dona Laura adverte que o sexo é manifestação sagrada que entre os casais espiritualizados permanece acima da união física, e que a permuta magnética estabelece o ritmo à manifestação da harmonia entre eles. Judite acrescenta que a vida terrestre se equilibra no amor, que as almas se reúnem em pares ou grupos, amparando-se umas às outras, buscando o equilíbrio no plano da redenção, notando-se que muitos sucumbem na ausência de seu par. Durante a conversa, chegam os amigos de Lísias — Polidoro e Estácio —, que buscam a companhia de suas irmãs para uma excursão no Campo da Música. André Luiz fica em companhia de dona Laura, que deve cuidar da neta recém-chegada da Terra, ainda convalescente. Ao saírem todos, dona Laura diz ao seu novo morador: "O amor, meu amigo, é o pão divino das almas, o pábulo sublime dos corações."

19. A JOVEM DESENCARNADA

Analisa as condições espirituais da recém-desencarnada, neta de dona Laura, e a forma como é tratada. Dona Laura informa que a neta não faz a refeição à mesa porque ainda está inquieta e neurastênica, emite fluidos pesados e venenosos que se misturam aos alimentos; que permaneceu no Umbral por quinze dias; que foi vitimada por uma tuberculose e sente dificuldade de adaptação, prejudicada pela educação religiosa que recebeu; que os sintomas da enfermidade retornam quando se lembra da mãe e do noivo, com complexo de culpa por ter transmitido a doença para a mãe enquanto foi assistida por ela durante oito meses, e por ter deixado o noivo Arnaldo desesperado. André busca reanimar a recém-desencarnada e ela cai em lamentações. Dona Laura diz à neta que não deve se enganar quanto ao noivo, pois ele, ao saber que a morte seria inevitável para ela, começou a flertar com a amiga Maria da Luz. Adianta que ele é homem comum e que ainda não está preparado para compreender um sentimento puro como o dela; que a neta não pode mudá-lo, mesmo que o ame muito, devendo deixar que ele viva as experiências de que necessita. Pede que não condene a amiga, antes pense que é melhor confiar Arnaldo a Maria da Luz, pois outra poderia dificultar--lhe o acesso, no futuro, ao coração dele. Assegura que o pranto, nesses casos, nasce do egoísmo e da vaidade milenares, que ainda conservamos. Longe da recém-desencarnada, a irmã Laura diz que a neta enredou seu coração nas teias do amor-próprio, e que deveria estar em algum hospital de Nosso Lar, mas, graças à intercessão do assistente Couceiro, está aos seus cuidados, à espera da mãe, que não deve demorar. "Um pouco de paciência e atingiremos a solução justa. Questão de tempo e serenidade."

20. NOÇÕES DE LAR

Desenvolve considerações sobre o lar na Terra e no plano espiritual, e distingue o papel da mulher e do homem na instituição doméstica. Dona Laura ensina que na colônia as mulheres assumem obrigações fora do lar e se preparam para ascender a esferas superiores; que no lar terrestre os cônjuges ainda cultivam a vaidade, o ciúme e o egoísmo, e ela, ao chegar em Nosso Lar, se desfez das ilusões que alimentava, após ouvir uma palestra onde aprendeu que, no plano da evolução, o lar é comparado ao vértice de um ângulo reto, em que a linha vertical representa o sentimento feminino, que busca as inspirações criadoras do Alto, e a linha horizontal é o sentimento masculino, preocupado com as realizações do progresso comum. Lembra que na Terra existem os movimentos intelectuais que apregoam a derrocada da instituição doméstica e os que clamam pela sua regeneração, mas, com raras exceções, os lares não estão baseados na harmonia e nos direitos iguais para os consortes; que eles vivem a indiferença ou o egoísmo exacerbado. Observa que as vidas dos cônjuges não convergem para formarem o ângulo reto do lar, quando os interesses de cada um são distintos: enquanto a mulher pensa nos filhos e na modista, o marido se entretém nos negócios e nas dificuldades no trabalho, sem que um escute o outro. Admite que no futuro, consequência da luta e do sofrimento, o homem e a mulher da Crosta compreenderão que o lar é uma instituição divina. Lamenta que as criaturas, com raras exceções, ao atravessarem a alameda do noivado, já não se encantem com as coisas triviais que lhe dizem respeito, que não há tolerância nem fraternidade na convivência. "Apaga-se a beleza luminosa do amor, quando os cônjuges perdem a camaradagem e o gosto de conversar." Assegura que na Terra são raras as uniões de almas gêmeas, poucas as de almas afins e a grande maioria consiste em união de almas algemadas para o resgate. Apregoa que a mulher deve aprender a ser mãe, esposa, missionária e irmã, e não se filiar ao feminismo desesperado, competindo com o homem nas suas profissões, mas adotar as que melhor se adéquam a sua feminilidade e conduzir a doçura do lar para os labores ásperos do homem. Dona Laura informa que a atividade maternal é bastante valorizada em Nosso Lar, pois, ao cuidar de crianças, o serviço é contado em dobro, e que se dedica oito horas em tarefas de enfermagem, durante seis dias na semana, e que na sua casa todos trabalham no interesse da coletividade.

21. CONTINUANDO A PALESTRA

Informa sobre o regime de propriedade em Nosso Lar e de como se processa a recordação de vidas passadas. Dona Laura relata que a compra da moradia é feita com bônus-hora e que cada família somente pode adquirir uma casa; que as construções são patrimônio comum controlado pela Governadoria. Narra que o seu esposo, Ricardo, de retorno à colônia com 30 mil bônus-hora, adquiriu o lar que hoje acolhe toda a família. Lembra que, na condição de viúva, a luta foi árdua, mas reconhece que os testemunhos difíceis, o empenho em oferecer aos filhos os valores morais que detinha e a luta no trabalho, para ter o mínimo necessário, livraram-na das tentações mundanas, favorecendo a que não estacionasse no Umbral, encontrando-se com o marido na colônia. Ela e Ricardo cooperaram com os familiares na Crosta, os quais vieram ter com eles, ficando todos no mesmo teto. Esclarece que as lembranças do passado remoto surgem paulatinamente, à medida que o Espírito vai se despojando das impressões físicas, pois, se vierem à tona de uma vez, o sofrimento é muito grande: se culpado, o Espírito vai se sentir o maior criminoso do universo; se vítima, se considera o mais desventurado das criaturas. Acrescenta que, de início, as recordações surgem em lampejos e causam perturbações, por isso, ela e o esposo foram encaminhados ao Ministério do Esclarecimento e tiveram acesso aos seus arquivos de até trezentos anos atrás, e os leram durante dois anos. Depois de informados, foram submetidos a operações psíquicas para penetrarem os domínios das emoções, adquirindo a memória integral do período informado e, após recordarem o passado, resolveram retornar à Terra para resgatar parte de seus débitos. Dona Laura conclui que Ricardo reencarnou há três anos e que ela retornará à Crosta em poucos dias, depois da chegada de sua irmã Teresa para substituí-la no comando do lar e nas tarefas do Ministério do Auxílio, podendo partir sossegada.

22. O BÔNUS-HORA

Informa sobre o sistema monetário em Nosso Lar e a remuneração do trabalho pela sua natureza. Informa a mãe de Lísias que em Nosso Lar todos têm direito ao alimento e ao vestuário estritamente necessários, distribuídos pela Governadoria. O Espírito operoso pode adquirir bens de consumo além dos oferecidos pela Governadoria e até mesmo comprar uma casa. O ocioso fica nos Campos de Repouso, conformado com o mínimo, ou nos parques de tratamento, sob a intercessão de amigos. O trabalhador oferece, no mínimo, oito horas de serviço e, se desejar, mais quatro de esforço extraordinário, atingindo o limite permitido de setenta e duas horas semanais. Nos serviços sacrificiais, a remuneração é duplicada ou até triplicada, segundo sua natureza. Na Terra, a questão da natureza do serviço é complicada: há os que se valem dos títulos e das posições de comando administrativo para exigirem altas remunerações sem fazerem jus a elas, desconhecendo que todo ganho externo do mundo é lucro transitório, e que 70% dos administradores terrenos não pesam os deveres morais que lhes competem. Governos e empresas pagam profissionais que *matam* o tempo, esquecendo-se de que pagarão caro pelo descaso. Acrescenta que em Nosso Lar se tem Bônus-hora-Regeneração, quando o trabalhador despende esforço a benefício de si mesmo; e Bônus-hora-Esclarecimento, que torna o servidor mais sábio. No entanto, todos trabalham para adquirir experiência, educação e enriquecimento de bênçãos divinas. Elucida que o trabalhador pode usar seu bônus-hora para interceder a favor de amigos e de seres amados, e para assegurar auxílio das organizações do Nosso Lar a seu favor quando na Terra. A transferência do bônus-hora de um para outro não é permitida, sendo o montante revertido ao patrimônio comum, mas a família herda o lar adquirido pelo antecessor. "Compreendemos, aqui, que nada existe sem preço e que para receber é indispensável dar alguma coisa."

23. SABER OUVIR

Explica porque em Nosso Lar não é permitido que seus habitantes tenham notícias radiofônicas da Terra. André se encanta com a beleza do luar, que incide sobre as flores belas e perfumadas do jardim da casa de Lísias, e sente inefável sensação de paz. Diante de um aparelho radiofônico, busca saber se em Nosso Lar se recebe notícias da Terra, para saber dos familiares e do que se passa por lá. O filho de dona Laura esclarece que a preocupação é com a atualidade da colônia: notas da Espiritualidade superior, ensinamentos e música elevada; que nos círculos terrestres o homem sofre de hipertrofia de sentimentos, mas sempre pelos familiares, e esquece de cultivar a fraternidade com a família universal, exercendo a solidariedade somente com aqueles que considera *seus*. Lísias lembra que, nos primórdios de Nosso Lar, seus moradores viviam em constante intercâmbio radiofônico com a parentela terrena e todos viviam nervosos, ansiosos, desde o Ministério da Regeneração até o da Elevação, mas há dois séculos a Governadoria foi compelida a mudar a situação, considerando que "A bondade desviada provoca indisciplina." As notícias das dificuldades em que viviam os afeiçoados da Terra e dos desastres coletivos geravam na colônia verdadeiras calamidades públicas, comparando-se Nosso Lar a um departamento do Umbral, em vez de local de refazimento e instrução. Então o Governador valeu-se do ensinamento de Jesus, que manda os mortos enterrarem seus mortos, e proibiu que se tivesse notícias radiofônicas dos encarnados, entendendo que, raramente, o desencarnado está preparado para saber que um ente amado na Crosta está sendo caluniado ou que está caluniando, ou, ainda, que está sendo encarcerado como um criminoso... O intercâmbio com os encarnados deve ser no sentido de ajudá-los, mas o Espírito deve se preparar sentimentalmente para auxiliar com justiça e equilíbrio a quem ama, pois a maioria dos irmãos terrestres flutua nas ondas dos interesses materiais, favorecendo a que o desencarnado caia nas malhas das vibrações inferiores. Conclui que o habitante de Nosso Lar quando tem vontade de visitar um ser querido, em merecendo e sendo oportuno, é contemplado com a visita, já que o superior pode descer ao inferior, devendo se observar, no entanto, a regra que exige se compreenda os que se encontram em zonas mais baixas, sabendo falar e ouvir, para não perturbar e não cair em perturbação.

24. O IMPRESSIONANTE APELO

Demonstra a preocupação dos Espíritos sobre as guerras na Crosta planetária e seus efeitos nas zonas umbralinas. Na casa de Lísias ouve-se melodia sublimada, que é interrompida pela chamada do repórter da Emissora Posto Dois, de Moradia, colônia ligada às zonas inferiores que se debate com as consequências da guerra (Segunda Guerra Mundial: 1939-1945). A chamada solicita voluntários para somar energias a favor do equilíbrio moral na Crosta, com algumas horas de trabalho no Umbral, para fazer frente às falanges do mal que incentivam a guerra na Ásia contra as nações europeias. Lísias elucida que o apelo é feito pela radiofonia porque, de modo geral, a maioria dos desencarnados não prescinde da forma idiomática para se expressar; que os patrimônios nacionais e linguísticos permanecem condicionados às barreiras psíquicas, e que poucos se comunicam pelo pensamento. A emissora volta ao chamamento e informa que forças tenebrosas do Umbral vão em todas as direções, respondendo aos apelos mesquinhos do homem terreno; que benfeitores lutam a favor de um acordo internacional, mas nem todos os governantes oferecem apoio de natureza espiritual para o intento... Invoca o amparo das poderosas Fraternidades da Luz, que presidem os destinos da América... E insistem que os desencarnados são a parte invisível da humanidade terrestre; que rios de sangue e lágrimas ameaçam as comunidades europeias... Lísias discretamente emocionado afirma que os terrestres pagarão terríveis tributos de sofrimento, porque a humanidade devorou, com excesso, substâncias no banquete comum, nutrindo-se de orgulho criminoso, vaidade e egoísmo feroz, tendo necessidade de vomitar os venenos letais.

25. GENEROSO ALVITRE

Elenca as orientações dadas a André Luiz para melhor aproveitar sua visita ao Ministério da Regeneração. Dona Laura oferece a André Luiz algumas sugestões, produto de sua experiência, para que melhor aproveite a oportunidade que lhe foi concedida por Clarêncio na visita ao Ministério da Regeneração: que não seja um mero curioso, já que a curiosidade, mesmo sadia, pode ser interessante para o espírito desassombrado e leal, mas perigoso para quem é indeciso e inexperiente; que medite no trabalho, mas se atire nele na primeira oportunidade e não se limite apenas em observá-lo; que construa seu círculo de simpatias e não se prenda a investigar sem espírito de serviço, que deve ser priorizado; que muitos fracassos advêm da pesquisa a respeito das coisas alheias sem testemunho no bem, devendo ele observar e realizar; que o Ministério da Regeneração se localiza na região mais baixa da colônia, de onde saem turmas para os serviços mais árduos, sendo bom que atenda às tarefas humildes, pois Jesus não desdenhou o serrote pesado de uma carpintaria; que visite, conheça e analise, mas converta tudo em tarefa útil; que, no capítulo da especialização, é possível que lhe neguem o ingresso em determinada tarefa, mas não será impedido de ofertar o espírito de boa vontade, pelo prazer de servir em qualquer setor. Dona Laura, diante da emoção e agradecimentos de André Luiz, diz que não é por acaso que ele está em sua casa; que voltará à Terra em breve, mas que estarão ligados pelos laços de amizade, e que continue trabalhando animado e confiante em Deus, e finaliza lembrando: "A ciência de recomeçar é das mais nobres que o espírito pode aprender."

26. NOVAS PERSPECTIVAS

Relata o encontro de André Luiz com o ministro Genésio, com vistas ao ingresso no trabalho. Recebido pelo ministro Genésio no Ministério da Regeneração, André era esperado sob as recomendações do ministro Clarêncio e de dona Laura. O visitante esclarece que espera o apoio e a compreensão do Ministro para ajudá-lo a transformar seu estágio de observação em oportunidade de serviço a bem do próximo. Lembra ter sido recolhido no Ministério do Esclarecimento sob a intercessão de sua bondosa mãe e que, por isso, deseja reverter os benefícios recebidos servindo em qualquer frente de trabalho; que não tem as pretensões de outrora, na condição de médico orgulhoso e egoísta, encarcerado nas opiniões próprias... Genésio louva os seus propósitos e diz: "Quando o servidor está pronto, o serviço aparece." Acrescenta que na vida material admira-se o homem pelo seu sucesso financeiro e projeção social conquistada, mas no plano espiritual estima-se a compreensão, o esforço próprio e a humildade sincera. André é apresentado ao servidor Tobias, que o conduz às Câmaras de Retificação, atravessando vários edifícios que se destinam à preparação de sucos, de tecidos e de artefatos diversos, onde trabalham mais de cem mil criaturas em busca de regeneração e iluminação, concomitantemente. Informa que as Câmaras de Retificação ficam nas proximidades do Umbral e que aqueles que chegam para nelas estagiarem não suportam, de início, a luz nem a atmosfera que vêm do alto.

27. O TRABALHO, ENFIM

Descreve as emoções dos primeiros momentos em que André Luiz abraça o trabalho humilde no Ministério da Regeneração. Nas Câmaras de Retificação, diversos espaços ligados entre si comportam verdadeiros despojos humanos, que se apresentam esquálidos, gemem, soluçam e falam a esmo... Tobias é informado de que muitos auxiliares se juntaram aos samaritanos em serviço emergencial no Umbral. O enfermo Ribeiro se aproxima e pede socorro, e Narcisa adianta que ele piorou: sente sufocação porque ainda não tem força mental para rechaçar os pensamentos sombrios dos familiares encarnados; que logo cedo ele saiu em disparada dizendo que exigiam sua presença no lar e que a esposa e os filhos estavam desesperados. Tobias comenta que a família dele necessita de severas preocupações para deixar o parente em paz, e promete providências. Esclarece que Ribeiro deixou-se empolgar por numerosas ilusões e hoje encontra o que amontoou em vida terrena. No ambiente das câmaras, há desagradável odor oriundo das emanações mentais dos enfermos e, muitos deles, pedem alimento, reclamam da dor atroz que lhe arrancam gemidos. Tobias adverte que não se veja ali somente sofrimento, pois aqueles enfermos já se livraram das malhas do Umbral e estão sendo socorridos e se preparam para o serviço regenerador; são *contrabandistas da vida eterna*: se preocuparam demasiadamente em acumular riquezas materiais, se revoltaram contra a lei e impuseram seus caprichos, foram negociantes imprevidentes, pois não amealharam valores que sirvam para serem negociados no plano espiritual. Em câmara isolada, em leitos baixos, 32 homens inertes: os *crentes negativos*, vassalos do egoísmo, que admitiam o nada, a imobilidade e a vitória do crime, sem qualquer ideia do bem, só lhes restando dormir por longos anos em pesadelos sinistros. Tobias aplica-lhes passes magnéticos e eles começam a expelir pela boca substância negra, viscosa, com odor cadavérico, fluidos venenosos que se espalham pelo ambiente. André, instintivamente, passa a cooperar e trabalha durante todo o dia, agradecendo o abençoado suor e sentindo que ali se dá o recomeço da educação de si mesmo, numa enfermagem rudimentar.

28. EM SERVIÇO

Anota a boa vontade de André Luiz de trabalhar com espírito de servir e revela as razões da presença de Narcisa nas Câmaras de Retificação. Em plena atividade, André ouve os samaritanos informarem, via rádio, que resgataram vinte e nove irmãos dos abismos da sombra, que chegarão ao início da madrugada e solicitam providências. Tobias esclarece que os Espíritos resgatados no Umbral têm os corpos perispirituais ainda muito densos, necessitando serem transportados como um ser humano qualquer na Crosta. Diante da falta de servidores para a jornada da noite, André se oferece para dobrar o seu turno e Tobias esclarece que o máximo de trabalho permitido é o de doze horas, mas que aceita sua disposição porque se está vivendo um momento especial; organiza a escala de serviços e toma outras providências para a recepção dos novos hóspedes das câmaras, considerando que chegarão em estágio de alienação mental. Diante das tarefas e da oportunidade de trabalhar com espírito de servir, André se lembra de sua mãe, do ministro Clarêncio e de todos que intercederam a seu favor, e se sente feliz em estar correspondendo às expectativas a seu respeito. Narcisa oferece sua maternal assistência a todos os enfermos que dela se aproximam ou que rogam o seu auxílio; conta a André que deseja encontrar Espíritos amigos na Terra e que, por bondade da ministra Veneranda, ali estará por mais três anos, dos dez exigidos para merecer a bendita oportunidade, tempo considerado necessário para que possa corrigir desequilíbrios dos sentimentos, resultantes dos desvios de conduta no passado. Narcisa conclui que reconheceu ser a exigência em seu próprio benefício e aceitou resignada, e, hoje, se sente mais equilibrada e mais humana para viver uma futura experiência na Terra.

29. A VISÃO DE FRANCISCO

Demonstra o sofrimento de um desencarnado que se apegou demasiadamente ao corpo físico. A senhora Laura, por telefone, entusiasma André Luiz a se apaixonar pelo trabalho. Narcisa se esforça para acalmar Francisco, um enfermo que pede socorro para livrá-lo do monstro que o persegue e dos vermes que o devoram, e ela o fortalece com palavras de incentivo e diz que somente ele pode se ajudar naquela situação, fortalecendo-se mentalmente; aplica-lhe passes e lhe oferece água magnetizada, ele se acalma e repousa em seu leito. Revela que Francisco foi muito apegado ao corpo e desencarnou em um desastre por imprudência dele. Na sepultura, não admite a morte e perde muito tempo se esforçando para erguer o próprio cadáver, não assimila o socorro que lhe é oferecido pelas esferas superiores e, não mais suportando o ataque dos vermes, afasta-se da sepultura e peregrina pelas regiões inferiores do Umbral... Seus genitores, com créditos espirituais, intercedem a seu favor, e os samaritanos o trazem ali, não podendo sair tão cedo. Aduz que o pai está em arriscada missão, distante de Nosso Lar, e quando veio visitar Francisco verificou que ele não o reconheceu. Emocionado, transmitiu-lhe fluidos vitais, orou e chorou copiosamente... Depois desse dia, Francisco vem melhorando: tem poucas crises e se apresenta mais lúcido. O monstro que o persegue é a visão mental do próprio corpo em estado cadavérico, tal como acontece com todos os que cultuam a veste carnal e lutam desesperadamente para conservá-la após a desencarnação. Conclui que o sono é profundo na maioria dos Espíritos, mas que "A crisálida cola-se à matéria inerte, mas a borboleta alçará voo [...]".

30. HERANÇA E EUTANÁSIA

Adverte os pais que muito se preocupam em acumular riquezas materiais para a família, descuidando-se da formação moral dos filhos. A irmã Paulina adentra o pavilhão cinco das Câmaras de Retificação para visitar o pai enfermo, com fortes desequilíbrios. Senhor idoso, marcado pelo ódio, acusa o filho Edelberto de ter sido o causador de sua morte e roga-lhe pragas. Paulina lembra que a família é a experiência que Deus concede a todos para que aprendamos a perdoar; que paternidade e maternidade são oportunidades para se exercitar a fraternidade; que os lares na Terra são cadinhos de purificação e a família é uma só sob a tutela de um Pai único, e que Edelberto é apenas o filho leviano, necessitando de esclarecimento. Paulina lamenta que a mãe tenha enlouquecido e que as irmãs, Amália e Cacilda, estejam litigando judicialmente contra os irmãos, Edelberto e Agenor, salientando que tudo se deve à fortuna que o pai acumulou, e que em nada contribuiu para a felicidade dos familiares, por não ter entendido o que é benefício real no capítulo da riqueza transitória, e que ele não soube ensinar aos filhos a conquistar a felicidade com o trabalho honesto. Tece profundas considerações sobre a irresponsabilidade daqueles que não sabem ser mordomos fiéis dos bens que a vida lhes confia. Recorda que ele e a esposa se sacrificaram para acumular riquezas e se esqueceram de educar os filhos em atividades úteis, estimulando-os a se tornarem perdulários, preguiçosos, egoístas e gozadores dos prazeres materiais. Paulina sente que o pai está irredutível e se despede angustiada. Narcisa esclarece que Edelberto, na condição de médico irresponsável, apressou o desenlace do pai por razões financeiras, aplicou no genitor, quase moribundo, a chamada *morte suave*, e conclui que, com raras exceções, a questão de herança gera sérias desavenças entre os familiares.

31. VAMPIRO

Movido pelos gritos no pavilhão onze, André é impedido por Narcisa de se aproximar, sendo informado que ali estão os desequilibrados do sexo, cujo quadro doloroso é por demais forte para ele no momento. Justino, trabalhador humilde da vigilância, solicita a presença de Narcisa no grande portão para atender uma senhora que pede entrada na colônia... No portão, a bondosa servidora constata a existência de pontos negros no corpo periespiritual da mulher que busca amparo e recorre ao irmão Paulo, diretor das sentinelas das Câmaras de Retificação, que examina atentamente a pedinte e confirma que ela não pode entrar, pois se trata de perigoso vampiro, devendo ser entregue à própria sorte... Diante da peremptória negativa, Narcisa se coloca à disposição para ajudá-la e o irmão Paulo diz que os cinquenta e oito pontos negros representam o mesmo número de crianças que ela matou a golpes rudes ou por asfixia; que foi profissional de ginecologia, sendo sua situação espiritual pior que a dos suicidas e homicidas que, por vezes, têm fortes atenuantes para seus atos tresloucados. A colega de André insiste e argumenta que também já errou muito na vida e que poderia ajudá-la, e o diretor dos vigilantes põe à prova o desejo sincero do vampiro em receber socorro e lhe diz que "[...] é preciso aceitar o sofrimento retificador." O diretor lembra que ela impediu frágeis criaturas a reiniciarem suas novas experiências na Terra, em nome de Deus... E a mulher, até então humilde a lamuriosa, pisa firme e retruca que sua consciência está tranquila, que foi caridosa, crente, boa e pura; que não está ali em busca de remédio e de serviço, mas sim do paraíso que lhe fora prometido. Paulo ensina aos dois servidores que nas Câmaras de Retificação estão aqueles que já receberam a bênção do remorso, que reconhecem seus erros e que desejam se melhorar. Busca acalmá-los, assegurando que em algum momento aquela mulher será atendida pela Bondade divina, e que eles fiquem atentos, pois "É imprescindível tomar cuidado com as boas e as más aparências."

32. NOTÍCIAS DE VENERANDA

Oferece dados biográficos da ministra irmã Veneranda e relata os benefícios prestados por ela à colônia Nosso Lar. André Luiz fica sabendo que os denominados *salões verdes* estão em todos os recantos de Nosso Lar e que servem para a realização de conferências, encontros de visitantes e visitas do Governador para conversar com os trabalhadores e com os Ministros. Narcisa informa que foi a ministra Veneranda a intelectual do projeto de aproveitamento da natureza no processo educativo, iniciado há quarenta anos, com a campanha do aproveitamento dos parques, surgindo os *salões naturais*. No Ministério do Esclarecimento, construiu um castelo de árvores em forma de estrela, onde cada ponta é um salão, e no centro um enorme aparelho cinematográfico permite projeções distintas, simultaneamente, para as cinco pontas. Os bancos e as poltronas dos *salões naturais* são esculturados na substância do solo, cobertos de relva perfumada e macia. O salão do Governador é decorado no estilo helênico antigo, atendendo ao seu gosto, onde faz suas palestras e encontros com os Ministros. No mês de dezembro, a irmã Veneranda reserva a mais preciosa decoração, porque a cidade recebe os mais belos pensamentos e as mais fortes promessas dos encarnados na Terra, quando reafirmam suas esperanças e serviços às esferas superiores, em homenagem a Jesus. Informa ser a irmã Veneranda a entidade com maior número de horas de serviço na colônia; que é o Espírito mais elevado da colônia e, com exceção do Governador, e a única que viu Jesus nas esferas resplandecentes. As Fraternidades da Luz, que regem os destinos cristãos da América, homenagearam-na com a Medalha do Mérito de Serviço, sendo a primeira em Nosso Lar a recebê-la, por ter prestado um milhão de horas de trabalho útil sem interrrupções, reclamações e esmorecimentos, por mais de duzentos anos. Humilde, entregou o troféu aos arquivos da cidade e solicitou que encerrassem as homenagens seguintes. Há mais de mil anos trabalha pelo grupo de corações bem-amados que demoram na Terra, e espera com paciência.

33. CURIOSAS OBSERVAÇÕES

Relata a chegada dos samaritanos, vindos das regiões umbralinas, esclarecendo as razões do meio de transporte e dos recursos adotados para a viagem. André Luiz caminha em direção ao grande portão das Câmaras para presenciar a chegada dos samaritanos e reflete sobre os ensinamentos que lhe são oferecidos, mas questiona o silêncio em torno de seus familiares; reconhece que, embora tenha dedicado muito carinho à esposa e aos filhos, nada criara de sólido e útil em seus espíritos; que, embora sendo um náufrago da vida, não estava abandonado e que devia todo o desastre a si mesmo. Próximo ao portão vê, ao longe, dois grandes vultos, de cujos pés e braços pendiam filamentos estranhos, e da cabeça um longo fio luminoso... Assusta-se e busca esclarecimentos com a irmã Narcisa, que lhe diz serem Espíritos encarnados, extremamente espiritualizados, que muito cooperam nas missões redentoras no plano espiritual. Descreve a chegada dos samaritanos em seis grandes carruagens, auxiliados por cães farejadores, que facilitam o trabalho nas regiões umbralinas, por muares, que suportam humildemente as cargas, e por aves íbis, que devoram as formas mentais odiosas e perversas dos umbralinos. Conclui Narcisa que o meio de transporte adotado se impõe porque o aeróbus não consegue volitar na atmosfera densa do Umbral, assim como o avião não voa dentro d'água, e que um submarino poderia ser a solução, mas traria transtornos para os habitantes das regiões inferiores, não sendo adotado por espírito de caridade.

34. COM OS RECÉM-CHEGADOS DO UMBRAL

Descreve as providências tomadas com os enfermos libertos das zonas umbralinas e adverte sobre os cuidados que se deve ter em oferecer ensinamentos a quem não tem condições de assimilá-los. Os servidores das Câmaras se movimentam para acomodar os Espíritos resgatados em seus leitos, quando uns se apresentam calmos e resignados e outros, irritados e exigentes. André atende a uma senhora idosa que se benze e agradece por ter sido resgatada do purgatório, pelos anjos celestiais, graças às missas que deixou encomendadas a seu favor. Diz que foi dona de escravos, muito religiosa e caridosa; que muitas vezes castigou os escravos e separou os filhos de suas mães, mas tudo a bem da ordem e da disciplina; que se confessava com o padre Amâncio e era sempre absolvida, ficando com sua consciência tranquila. André, na intenção de doutriná-la, esclarece que os escravos são também nossos irmãos perante o Pai eterno e que merecem o nosso entendimento fraterno, mas a velhota, irritada, retruca que o padre Amâncio sempre lhe ensinara que os africanos eram as piores criaturas do mundo, perversos filhos de Satã; que até os bispos tinham escravos e que a escravidão era uma instituição necessária para que o serviço pesado fosse feito pelos negros. Adianta que sua morte fora precipitada, em maio de 1888, pelo ato afrontoso da princesa (Isabel), que libertou os filhos de Satã. Narcisa interrompe a conversação e lembra que o enfermo dementado fala demasiado, e aquele que o ouve gasta interesse espiritual e a ele se assemelha. Informa que se deve atender aos perturbados, oferecendo o que eles podem assimilar e, em seguida, dirige-se à senhora convidando-a ao descanso, considerando seu demorado gasto de energias nas regiões purgatoriais, e aconselha a não comentar o mal que lhe sucedeu.

35. ENCONTRO SINGULAR

Revela o reencontro de André Luiz com Silveira, uma vítima de sua vaidade e de seu egoísmo, e demonstra a necessidade e importância da busca do perdão daqueles a quem ferimos. Nas Câmaras de Retificação, Silveira, um dos samaritanos, reconhece André Luiz e o chama pelo nome. Surpreso, ao vê-lo, em poucos segundos André Luiz reconstitui o passado sombrio em que seu pai, frio negociante, despojara aquele irmão de todos os seus bens, em razão de uma dívida; que não se condoeu com as rogativas da esposa para que levasse em consideração o estado doentio do marido e dos filhos e que ele, André Luiz, incentivara o pai a dar cumprimento no que fora acordado; que sua mãe fora austeramente repreendida por ter se intrometido, pedindo tolerância... Soube depois que a família Silveira mudou-se para humilde cidade do interior, não tendo dela mais notícias e, por tudo isso, admite que aquele irmão alimentasse ódio contra sua família. Silveira, no entanto, pede notícias do pai de André Luiz e ele, desapontado, informa que ainda não o encontrou. Envergonhado, busca o apoio moral de Narcisa, que o incentiva a pedir desculpas ao irmão, que aproveite o tesouro da reconciliação, pois "Toda vez que oferecemos raciocínio e sentimento ao bem, Jesus nos concede quanto se faça necessário ao êxito." Humildemente André pede a Silveira compreensão para ele e para seu pai, pelo modo como agiram, quando na Terra, pois estavam cegos para as virtudes espirituais. Silveira o interrompe e lhe diz que o pai dele foi seu benfeitor, pois ao subtrair-lhe as possibilidades materiais, forçou ele e os filhos a buscarem as possibilidades espirituais. André despede-se pensativo, admitindo que em seu coração se acendeu uma divina luz para sempre.

36. O SONHO

Relata o sonho de André Luiz com sua mãe ensinando-o a avaliar verdadeiramente o trabalho no bem. Nas Câmaras de Retificação, André recebe, pela manhã, as visitas dos amigos, que o felicitam pelo serviço prestado, e ele se confessa cansado e com sono. Narcisa prepara um leito nas Câmaras e ele relaxa e dorme. Descreve o sonho com sua mãe e diz que viajou em um barco que se movimenta em ascensão e chega a uma paradisíaca região, onde as flores retêm a luz, promovendo um espetáculo de cor e perfume, e lá se encontra com sua mãe. Esclarece que o sonho é diferente dos que se dão quando na matéria, pois ele tem a nítida noção de que deixou o veículo inferior no leito e de que está em plano diverso. Lembra o que a mãe lhe disse sobre o valor espiritual do serviço útil e do trabalho como tônico divino para o coração; que muitos retornam ao plano espiritual e se mantêm ociosos, tal qual na Terra, e discordam de como devem cooperar e servir; sobre a importância espiritual dos pequenos gestos de amor, como a oferta da sopa, do agasalho, do olhar de compreensão ao culpado, da palavra de encorajamento e de esperança, lembrando que a maior alegria está em dar do que em receber; que ele pratique o bem em todos os sentidos, dando de si mesmo a tolerância construtiva, o amor fraternal e a divina compreensão, tal como Jesus, que deu de si para o engrandecimento dos homens mais do que todos os milionários do Planeta; que o bônus-hora é apenas um critério adotado em Nosso Lar, para o valor externo do serviço prestado, mas que seu verdadeiro valor somente Deus mensura, pois há uma correspondência direta entre o servidor e as Forças divinas da Criação; que ele olvide o quanto puder o entretenimento e se dedique à tarefa do bem.

37. A PRELEÇÃO DA MINISTRA

Ensina sobre as leis do pensamento como força criadora e adverte que nos submetamos a elas para mais rápida ascensão espiritual. André Luiz submete a Tobias a noção do que aprendera sobre o valor do bônus-hora, no sonho com sua mãe, de que a real compensação do trabalho está afeta a Deus. O interlocutor informa que os administradores de Nosso Lar levam em consideração o mérito do trabalhador, mas o valor essencial do aproveitamento justo somente as Forças divinas sabem dar, pois há os que gastam tempo sem empregar dedicação espiritual, o que valerá, realmente, na computação final. "Cada filho acerta contas com Pai, conforme o emprego da oportunidade, ou segundo suas obras." Os dois se dirigem ao salão natural para ouvir a conferência da ministra Veneranda, na companhia de mais de mil pessoas, onde vinte delas se assentam em local destacado para interpelarem a Ministra, por serem conhecedores do assunto a ser tratado, evitando-se os questionamentos fundamentados apenas em opinião pessoal, sem base justa. Diz Veneranda que muitos ficam surpresos ao encontrarem no mundo espiritual formas semelhantes às da esfera terrena, tal como habitação, utensílios e linguagem, porque não estão informados de que a criação mental é quase tudo em nossa vida; que o pensamento é a base das relações espirituais dos seres entre si, mas não se deve esquecer que somos milhões de almas dentro do universo, submissos ainda às leis universais, vivendo nos caprichosos *mundos inferiores* do eu; que não basta admitir o poder do pensamento para se libertar da condição inferior, pois cem anos na carne é período curto para alcançarmos posição divina; que cursamos as diversas escolas religiosas do mundo, mas vivemos no terreno das afirmações verbais, sem perceber que não se atende ao dever apenas com palavras. Cada Espírito é obrigado a nutrir as suas criações mentais: a ideia criminosa cria gerações mentais semelhantes, e as elevadas obedecem à mesma lei; o pensamento é força viva que envolve o Pai e os filhos, a causa e os efeitos, em todo o universo. Nas comunicações mediúnicas a afinidade de pensamento é essencial, pois elas se dão de pensamento a pensamento, e a expressão verbal será sempre a do receptor. Nosso Lar é cidade espiritual de transição que prepara a ascensão de alguns e o retorno de muitos às experiências redentoras na Terra. Conclui a Ministra rogando que "Compreendamos a grandiosidade das leis do pensamento e submetamo-nos a elas, desde hoje."

38. O CASO TOBIAS

Tece considerações a respeito dos tipos de casamento do ponto de vista espiritual, e exorta a necessidade dos cônjuges de se libertarem do ciúme inferior. André visita Tobias e conhece a sua esposa Hilda e a irmã Luciana, e fica sabendo que as duas foram casadas com o amigo no plano terreno. Tobias informa que há milhões de pessoas nos círculos da Terra em segundas núpcias, e que somente será possível viver em fraternidade, após a morte, considerando que o Espírito é imortal e vencendo-se o monstro do ciúme, para ser possível uma convivência fraternal. Esclarece que um segundo casamento, para quem fica na viuvez, ainda se faz necessário para aquele que ainda não alcançou a angelitude e que está, a duras provas, conquistando a convivência fraterna. Hilda conta que ela e Tobias se casaram por amor e viveram muito felizes, mas a morte os separou por ocasião do nascimento do segundo filho. Desencarnada, manteve-se ao lado dele e dos filhos, atormentando e atormentando-se, ao perceber que as crianças necessitavam de quem lhe desse amor e cuidados... Tobias desposa Luciana um ano após a desencarnação de Hilda, e esta, na sua ignorância, passa a lutar contra a segunda esposa, não vendo o bem que ela fazia ao ex-esposo e aos filhos. A avó de Hilda, desencarnada há anos, a visita no Umbral e, carinhosamente, lhe pergunta o que faz dos ensinamentos religiosos que recebera e se ela era uma leoa ou uma alma consciente de Deus? Fez lhe ver a importância de Luciana cuidando da casa, de Tobias e dos filhos amados... Envergonhada e arrependida, abandona o antigo ambiente doméstico e é conduzida para Nosso Lar, onde estuda e aprende a trabalhar pela sua reforma íntima e a cooperar com Tobias, na organização de sua nova família. Em Nosso Lar reencontram-se e vivem em fraterna alegria. Luciana agradece a Hilda pelo tanto que aprendeu com ela, ajudando-a a se libertar do ciúme, favorecendo a que construíssem um novo lar, na base da fraternidade legítima, compreendendo que na Terra há casamento de amor, de fraternidade, de provação e de dever. Tobias acrescenta que o casamento, em Nosso Lar, se dá pela afinidade plena, e que o casamento dele com Luciana foi de uma união fraternal, mas que ela demorou a reconhecer essa verdade, padecendo inquietação e tristeza, mas agora está em pleno noivado espiritual, cujo noivo já retornou ao corpo carnal e ela seguirá no próximo ano, prevendo-se o encontro dos dois em São Paulo.

39. OUVINDO A SENHORA LAURA

Informa sobre as condições em que o lar de Tobias se estrutura, e adverte sobre a necessidade do exercício da fraternidade na conquista da paz espiritual. Impressionado e reticencioso com a situação conjugal de Tobias, vivendo no mesmo lar com as duas ex-esposas, André Luiz busca esclarecimentos com dona Laura, e ela assegura que existem inúmeros casos semelhantes em Nosso Lar e em outras colônias espirituais, e que a situação não pode ser compreendida apenas pelo ponto de vista humano; que se deve observar a sequência evolutiva do ser, em que a animalidade ainda não desapareceu entre os homens, impedindo que penetre o sentido elevado de organização doméstica como a de Tobias, Luciana e Hilda, onde predomina atmosfera de compreensão, que nem todos conseguem aceitar. Dona Laura esclarece que o exemplo dele não é uma regra absoluta, pois muita gente tem afeição, mas não tem compreensão, sendo o caso uma vitória da fraternidade legítima. Nas regiões umbralinas, a maioria dos que lá vivem não resistem a essa prova, pois ainda alimentam ciúme destruidor, ódio, sentimento de posse exacerbado e, sofrendo o império da mentira, padecem por longos anos, sem alívio espiritual, porque se esquivam ao exercício da fraternidade. A Misericórdia divina os abençoa com o esquecimento do passado e retornam à carne para receberem, nos laços da consanguinidade, os que consideram seus adversários, na esperança de se reconciliarem enquanto caminharem juntos na senda redentora, lembrando que o problema do perdão é coisa muita séria, pois não é simples questão de palavras, mas de esquecimento pleno do passado. Acresce que, não somente a experiência matrimonial, mas toda experiência sexual, principalmente para quem já recebeu alguma luz do espírito, afeta profundamente a vida da alma em si mesma, mas, aqueles que erram, contam com os caminhos da retificação. Por tudo isso, o entendimento fraterno precede a qualquer trabalho salvacionista e toda caridade para ser divina precisa apoiar-se na fraternidade.

40. QUEM SEMEIA COLHERÁ

Confirma o ensinamento de que toda experiência sexual afeta profundamente a vida da alma em si mesma, lembrando que a semeadura é livre, mas a colheita é obrigatória. André Luiz, em companhia de Narcisa e Nemésia, visita o departamento feminino das Câmaras de Retificação e descreve o ambiente e as condições de muitas irmãs que se assemelham a frangalhos humanos, realçando dor, angústia e desespero. No pavilhão número sete, uma senhora amargurada, quase cega, é por ele reconhecida e se lembra tratar-se de Elisa, que na sua juventude foi doméstica em sua casa. Recorda-se, envergonhado, que manteve com ela intimidades, acreditando fosse um episódio fortuito, próprio da mocidade, sem maiores consequências. Solicita orientação de Narcisa sobre o que fazer naquela situação embaraçosa, e ela o encoraja a que se aproxime da irmã sofredora e a reconforte, lembrando que sempre encontramos os frutos do bem ou do mal que semeamos. André se aproxima de Elisa com palavra confortadora, e ela se identifica e diz que está ali há três meses, aos cuidados de Nemésia; que foi uma daquelas mulheres que trocam o pão do trabalho bendito pelo fel das ilusões; fala de sua experiência com o filho de um rico comerciante, onde iniciou suas experiências dolorosas, entregando-se ao prazer e ao luxo, preocupando-se apenas com o conforto material; veio a sífilis e foi por todos abandonada em um leito de hospital, até que a morte a levou para o Umbral onde muito sofreu, mas a Virgem Maria atendeu suas rogativas e a resgatou, para ali aprender a perdoar os que a iniciaram no mundo das ilusões, considerando que a responsabilidade deve ser repartida entre eles e ela. André chora discretamente ao ouvir Elisa pronunciar o seu nome e de seus pais, tendo a confirmação do que sentia. Comovido, se oferece para adotá-la como irmã, já que em Nosso Lar não tem propriamente uma família, e ela, emocionada lhe diz: "Que Jesus lhe abençoe."

41. CONVOCADOS À LUTA

Descreve os efeitos moral e social das vibrações da Segunda Guerra Mundial em Nosso Lar, e conclama todos a se manterem calmos e confiantes, dignos das bênçãos do Senhor. Em setembro de 1939, Nosso Lar sofre as consequências das vibrações inferiores originadas pela confrontação bélica entre a nação japonesa e os países europeus. Tobias informa que os Espíritos superiores consideram as nações agressivas como desordeiras e buscam reprimir suas atividades criminosas; que o país que inicia a guerra paga um preço doloroso pelas vitórias temporárias que lhes agravam a ruína; transformam-se os agressores em núcleos de atração de forças do mal, onde suas coletividades se convertem em autômatos do mal, dominadas pelas legiões infernais. Logo após os primeiros bombardeios da Polônia, ouve-se o clarim convocando os moradores de Nosso Lar aos serviços de socorro à Terra, lembrando a urgente necessidade de se preservar o Novo Mundo. No céu se observam vários pontos luminosos, revelando que o apelo vem dos Espíritos Vigilantes de elevada expressão hierárquica. Tobias e André ouvem rumores em zonas mais altas da colônia e se deslocam para saber o que se passa e observam vários grupos de moradores caminhando em direção ao Ministério da Comunicação, a procura de notícias. Acompanhando-os, percebem que estão preocupados com o aumento de trabalho no Ministério do Auxílio e no da Regeneração. Um dos transeuntes assegura ao companheiro que o aumento de trabalho é uma bênção, e que a "Doença é mestra da saúde, o desastre da ponderação." Uma jovem teme que seu ex-marido desencarne logo em função da guerra, e que ela tenha que aceitá-lo novamente ao seu lado, e sua companheira assegura que ele será barrado no Umbral, por ter sido um marido imprudente e perverso. No Ministério da Comunicação, ouve-se, pelos alto-falantes, a palavra do Governador rogando a todos não se entregarem ao desespero, para serem dignos do clarim do Senhor, e adverte que "A aflição não constrói, a ansiedade não edifica."

42. A PALAVRA DO GOVERNADOR

Descreve a realização de um culto visando à preparação de novos servidores. A pedido do Governador, realiza-se um culto ao Evangelho no

Ministério da Regeneração, com o objetivo de organizar a preparação de novas escolas de assistência, priorizando os exercícios contra o medo, considerado como um dos piores inimigos do homem, que lhe ataca as forças mais profundas da alma e, como doença contagiante, merece, na atual circunstância, prioridade frente às lições de enfermagem. No salão natural, ornamentado para o Governador, ouve-se o grande coro do Templo da Governadoria, com os meninos cantores, que entoam o hino "Sempre Contigo, Senhor Jesus", tendo o apoio de duas mil vozes ao mesmo tempo. O nobre administrador se apresenta com seus cabelos brancos, demonstrando sabedoria de velho e energia de moço; ternura do santo e serenidade do administrador justo; alto, magro, vestido de túnica alva, olhos penetrantes, apoiado num cajado, mas caminhando com prumo jovial... O coral infantil o recepciona com o hino "A Ti, Senhor, Nossas Vidas" e, em seguida, ele abre o *Evangelho segundo Mateus* no capítulo 24, versículo 6, lê o ensinamento e faz uma oração invocando as bênçãos do Cristo. Saúda as delegações ali presentes e os trabalhadores do Ministério da Regeneração. Exorta a que se eleve o padrão de coragem e de espírito de serviço, no momento em que as sombras agravam as dificuldades das esferas inferiores; roga a cooperação de todos aqueles que atuam naquele ministério para o serviço defensivo, dizendo necessitar de trinta mil voluntários para atuação nas fronteiras vibratórias da colônia, em trabalho preventivo contra as forças do mal, considerando que Nosso Lar possui mais de um milhão de criaturas devotadas aos desígnios superiores, e que não podem ficar reféns de milhões de Espíritos desordeiros, pois a colônia é patrimônio divino. Roga que todos se preparem para esclarecer e consolar, mas que será necessário organizar uma legião especial de defesa que garanta as realizações espirituais nas fronteiras da colônia... O evento é encerrado com as crianças entoando o hino "A grande Jerusalém".

43. EM CONVERSAÇÃO

Historia os acontecimentos da guerra, nos planos visível e invisível, e enfatiza a importância da religiosidade na conquista da paz. Centenas de companheiros, após ouvirem o apelo do Governador, se inscrevem para os trabalhos na defensiva das fronteiras umbralinas. André Luiz informa a Tobias da sua pretensão de se matricular e seguir com os demais, mas é aconselhado a não se precipitar, pois assumiu recentemente uma tarefa nova nas Câmaras de Retificação. Relata o que o ministro Benevenuto presenciou na sua estadia na Polônia, o trabalho de socorro espiritual nos campos de batalha, e que o sofrimento coletivo é dos jamais visto por ele; que os abnegados servidores espirituais apresentam extraordinária capacidade de resistência no amparo diuturno; que no plano invisível se cria um ambiente infernal, de proporções indescritíveis, vendo-se os recém-desencarnados fugirem apavorados dos missionários, chamando-os de *fantasmas da cruz*; que os fluidos venenosos das metralhas somam-se às emanações pestilentas do ódio entre os humanos... Lamenta que seja impossível esclarecer e consolar os que desencarnam e se apresentam enlouquecidos, sendo racional que se entreguem aos precipícios das trevas para que sejam compelidos ao reajuste pelos pensamentos dignos que advirão com a dor. Assegura que os conflitos na Terra têm como base a falta de preparação religiosa para iluminar o raciocínio das inteligências apuradas; que a igreja é santa, mas o sacerdócio não é divino, enquanto não cuida da Verdade de Deus, sem se envolver com a política partidária. Revela que, não obstante o Espiritismo já ter aflorado na América e na Europa há mais de cinquenta anos, ele marcha com lentidão, pois a maioria dos homens não possui *olhos de ver*, e que grande porcentagem deles aproxima-se da Revelação divina para tirar proveitos. Os médiuns são cobaias dos estudiosos, e os seguidores acreditam mais na doença do que na saúde, preocupam-se em materializar os Espíritos, enquanto nós lutamos para espiritualizá-los.

44. AS TREVAS

Informa qual a localização das trevas e tece considerações sobre a tentação. Lísias, em sua residência, dedilha a cítara e André se emociona ao ouvir velhas canções e melodias da Terra. O músico fala da importância do ambiente criado pelas pessoas em qualquer local do universo; que nas reuniões fraternas colhe-se esperança, amor e alegria, mas nas assembleias inferiores, onde predominam o egoísmo, a vaidade e o crime, todos saem envenenados pelas vibrações destrutivas. Esclarece a diferença entre as trevas e o Umbral, informando que, além dos Espíritos que descobrem a essência divina em si mesmos, existem os que estacionam e demoram séculos recapitulando experiências: são os milhões de seres que perambulam no Umbral. Mas, além desses, há os que caminham egoisticamente, que estacionam e caem no fundo do abismo moral por tempo indeterminado, mergulhado nas trevas, as regiões mais inferiores já conhecidas. Adianta que a precipitação nas furnas do mal não se dá apenas entre os encarnados, mas, também, entre os desencarnados, embora nas esferas espirituais as defesas sejam mais fortes, mas a intensidade da culpa é bem maior. Assegura que a tentação é problema complexo, pois os homens na Terra cometem atrocidades sob frondosas árvores, nos campos primaveris e à luz do luar, que são manifestações divinas, convidando-os à prática do bem; que muitos exploram os mais fracos após ouvirem as revelações da verdade superior. Quanto à localização das trevas, esclarece que a vida palpita na profundeza dos mares e no âmago da terra, e que há princípios de gravitação que submetem os Espíritos como se dá com os corpos materiais. A Terra é organização viva, possui certas leis que escravizam o homem ou o liberta segundo suas obras; corrige o culpado ou dá passagem ao vitorioso para a vida eterna.

45. NO CAMPO DA MÚSICA

Tece comentários sobre o noivado e apresenta uma das atividades sociais de Nosso Lar. André Luiz vai com Lísias ao Campo de Música e, a caminho, o enfermeiro revela sobre seu noivado com Lascínia, assegurando que o noivado na espiritualidade é muito mais belo, sem ilusões, já que o amor eterno se radica na alma e não no corpo físico, quando o convertemos em paixão que nos leva ao desastre sexual. Confessa que suas quedas no pretérito foram causadas por não compreender devidamente as leis do planeta, que favorecem o homem no campo sexual e são rigorosas com as mulheres, e que só é verdadeiramente livre quem sabe obedecer. Adianta que ele e Lascínia logo mais se unirão em um lar na colônia, até retornarem à Terra dentro de, aproximadamente, trinta anos. Informa que Lascínia estará acompanhada de duas irmãs e pede a André que faça as honras de cavalheiro, não devendo se constranger por ser um homem casado, compromissado com Zélia, já que a sua condição esponsalícia não impede que ele seja social, comportando-se como irmão... Lísias paga o ingresso com bônus-hora e entram no Campo, onde se observa um coreto com pequena orquestra, que executa músicas populares ao gosto dos que ouvem, mas no centro do campo a música é de natureza universal e divina, concentrando-se ali a maioria dos visitantes que representam a nata da sociedade da colônia. Tudo sem luxo, mas de bom gosto e beleza indescritível. As mulheres aparecem adornadas sem exagero, revelando bom gosto individual, sem trair a simplicidade divina. Casais conversam afetuosamente nos caminhos floridos, grupos mantêm diálogo animado e construtivo sobre amor, cultura intelectual, pesquisa científica, filosofia edificante, sem qualquer atrito de opinião. Jesus é citado constantemente e sempre com alegria, fugindo-se às vibrações negativas da tristeza inútil, considerando ser Ele o supremo orientador das organizações terrenas. Lísias diz que grandes compositores terrestres são levados ali, quando se inspiram e elaboram, com o gênio que possuem, músicas elevadas para encantar os ouvidos humanos.

46. SACRIFÍCIO DE MULHER

Informa sobre o projeto de reencarnação da mãe de André Luiz objetivando amparar seu ex-esposo e as mulheres que o perseguem nas regiões umbralinas. Um ano de trabalho nas Câmaras de Retificação e André Luiz se sente jubiloso e confiante. Sente vontade de fazer uma visita ao lar terreno, mas admite que se a merecesse, ministro Clarêncio o haveria avisado. Nos festejos de Natal, ele lhe disse que não estava longe o dia de acompanhá-lo na visita ao ninho familiar, mas já é setembro de 1940 e nada acontecera... Sua mãe o visita e lhe diz que retornará à Terra, para ajudar Laerte, que se mantém um cético de coração envenenado, correndo o risco de mergulhar nas trevas; diz que pode ajudá-lo como Espírito, mas isto significa apenas estender-lhe as mãos de longe. Como residir num palácio e relegar os filhinhos à intempérie? Informa que a reencarnação drástica do ex-marido está em andamento, sem que ele saiba quem o beneficiou, pois a liberdade de escolha nós a perdemos a partir do momento em que contraímos um débito, assumindo o compromisso de resgatá-lo; na condição em que se encontra, o uso do livre-arbítrio é substituído pela Misericórdia divina; que as irmãs que o perseguem quase lhe subtraem a oportunidade da reencarnação, não fosse a proteção de nossos guardas espirituais. A mãe de André Luiz solicita a ajuda dele enquanto estiver em Nosso Lar, e o surpreende ao revelar que as mulheres que perseguem seu pai serão filhas dela daqui a alguns anos, já que ninguém ajuda eficientemente sem amar. Esclarece que elas suportam pesados fardos na lama da ignorância e da ilusão, e por isso serão colocadas em seu regaço materno e, quem sabe, retornará a Nosso Lar, cercada de outros sacrossantos afetos, para uma grande festividade...

47. A VOLTA DE LAURA

Descreve a despedida social de quem vai reencarnar e a atenção que recebe dos amigos pelos créditos espirituais que tem a seu favor. Na casa de Lísias estão presentes vários amigos e representantes dos Ministérios do Auxílio e da Regeneração para homenagear dona Laura, que se despede da colônia rumo a uma nova experiência na carne. A candidata à reencarnação informa que já recebeu as aplicações do serviço de preparação e que, não obstante saber-se preparada, alimenta certas dúvidas, já que a reencarnação é sempre uma decisão de magna importância para o Espírito. O ministro Genésio lembra que ela tem a seu favor milhares de horas de serviço prestadas em Nosso Lar, por isso não deve pensar em fracasso, e que não estará sozinha e nem tão distante, vibracionalmente falando. Dona Laura confessa que, beneficiada com o esquecimento temporário, teme ceder às tentações do mundo, vindo a recapitular o passado, já que não conta com as vibrações elevadas dos amigos da colônia, receando ser vencida pelo egoísmo; que as feridas do passado foram saradas, mas as cicatrizes ainda permanecem... O Ministro orienta para não valorizar as influências das zonas inferiores, armando o inimigo para lhe atacar; que trabalhe no campo das ideias, pois toda luz acesa na Terra se manterá iluminada sempre, sem que as paixões humanas apaguem-na; é preciso aniquilar o mal sem lhe dar a importância que exige de nós. Adianta que ela tem a seu favor, além dos créditos, as recomendações do Ministério do Auxílio aos técnicos encarregados de sua reencarnação para não deixá-la demasiadamente sujeita aos ascendentes biológicos dos pais. Mais tranquila, após se despedir de todos, convida André Luiz para o culto da noite seguinte, quando estará presente seu esposo, Ricardo, após se libertar do sono, sendo este o momento da despedida final.

48. CULTO FAMILIAR

Descreve a realização do culto familiar com o objetivo de invocar o Espírito encarnado a Nosso Lar. Na casa de Lísias acomodam-se mais de 30 pessoas para o culto da noite, quando se espera a visita de Ricardo, ex-esposo de dona Laura. Em um globo cristalino de, aproximadamente, dois metros de altura, acoplado em alto-falantes, o reencarnado, desdobrado pelo sono, se apresentará para um colóquio com os membros de sua futura família no plano terreno. Informa que o globo é de cristal, material que isola o visitante das vibrações emotivas que podem perturbá-lo, pois ainda se encontra encarnado na fase de infância. Acrescenta que o fenômeno é possível porque nem todos os encarnados se agrilhoam ao solo da Terra, e que muitos vivem entre os dois mundos. No início da madrugada, quando os pais de Ricardo dormem, Clarêncio pede homogeneidade de pensamentos e sentimentos para favorecer a invocação. A família de dona Laura forma um pequeno coro e entoa uma canção, com acompanhamento de piano, harpa e cítara, dedicada ao chefe da família, em que oferece afeto e devoção, roga para que não se perturbe e que venha até eles enquanto dorme para orarem juntos. Ricardo surge na substância leitoso-acizentada do globo de cristal, com aparência de homem maduro, fala da alegria que o momento lhe proporciona, graças ao culto doméstico do Evangelho, e se diz feliz por estarem juntos a caminho das esferas superiores. Agradece o fato de encontrar-se com dona Laura e com todos os filhos; pede que roguem ao Senhor para que ele não disponha de facilidades na Terra. Clarêncio ora sensibilizado e informa a André que pela manhã acompanhará a irmã Laura à esfera carnal e o convida para que vá junto, pois conta com horas de trabalho extraordinário suficientes para que lhe seja concedida uma semana de folga, devendo aproveitá-la para rever a esposa e os filhos amados.

49. REGRESSANDO À CASA

Descreve o reencontro de André Luiz com sua família, que passa a compreender que ela não se limita à esposa e aos filhos. A caravana que acompanha dona Laura para os preparativos de sua reencarnação chega ao Rio de Janeiro e, junto com ela, André Luiz, que se despede de todos e caminha célere para sua antiga residência. Cruza o portão e revê alegre e saudoso o jardim e os arbustos cultivados por ele e por Zélia, mas, ao entrar, se surpreende com o ambiente totalmente alterado: não vê os antigos móveis nem os retratos e quadros conhecidos seus. Zélia sai do quarto acompanhada de um médico, que lhe faz recomendações sobre Ernesto, o enfermo que está em seu antigo quarto... Descobre decepcionado que sua esposa casara-se novamente e que o segundo esposo está com pneumonia, assediado por entidades inferiores que lhe agravam os padecimentos. Tem o ímpeto de odiar, ao ver Zélia preocupada com o doente acariciando-o com a ternura que fora sua em outros tempos, mas se lembra dos ensinamentos do Senhor sobre o amor e a fraternidade... Na sala, a primogênita diz acreditar que o pai está vivo em algum lugar e que, naquele dia, sente uma saudade imensa dele, mas suas lembranças são rechaçadas pela mãe, advertindo-a que Ernesto não quer ouvir falar do falecido, e a filha mais nova ironiza a irmã pelas ideias malucas, e responsabiliza o Espiritismo pelas tolices que tem na cabeça. Retruca a filha mais velha que ela está falando de amor e não de religião, e que se o pai estivesse entre eles o irmão não estaria cometendo tantas loucuras. André se angustia com toda aquela situação e chora amargamente, e entende porque seus amigos em Nosso Lar adiaram tanto aquela visita. Clarêncio se apresenta e diz a André que não tem diretrizes novas para o caso, e lembra a recomendação de Jesus de amar a Deus sobre todas as coisas e ao próximo como a nós mesmos... André pondera o alcance da recomendação evangélica e se coloca no lugar de Zélia: considera suas necessidades de mulher que necessita de um companheiro que lhe facilite a vida; que ele talvez fizesse o mesmo se fosse o viúvo; e conclui que sua família não é apenas a esposa e os filhos, mas todos os enfermos nas Câmaras de Retificação, e sente que a "linfa do verdadeiro amor começa a brotar das feridas benéficas que a realidade lhe abrira no coração".

50. CIDADÃO DE NOSSO LAR

Relata a transformação íntima de André Luiz e sua consequente dedicação ao próximo, trabalhando pela recuperação da saúde de Ernesto e pela alegria de Zélia. Na segunda noite de estadia em seu antigo lar, André Luiz sente-se fatigado pela falta da alimentação espiritual que encontrava nas Câmaras de Retificação, na presença dos amigos, na água magnetizada, no ar puro, no trabalho amigo... Medita nas palavras de Clarêncio e admite que não é proprietário de Zélia nem dono dos filhos, e que eles são companheiros de luta redentora. Recorda a lição de sua mãe, que voltará à Terra para receber as mulheres que perseguem seu pai como filhas; da ministra Veneranda, que trabalha há séculos pelo grupo mais diretamente ligado ao seu coração; de Narcisa, obtendo créditos nas Câmaras para poder regressar ao mundo ao lado dos entes amados; da senhora Hilda, que vencera o dragão do ciúme inferior... Aceita que Zélia e Ernesto se amam e que lhe compete ajudar o esposo de Zélia para que ela não fique mais uma vez viúva. Reconhece suas dificuldades, fraqueza e inexperiência para esclarecer os Espíritos infelizes, então ora e roga auxílio, a inspiração da irmã Narcisa e, após vinte minutos de ligação mental, ela se apresenta, atendendo seu apelo. Narcisa aplica passes e afasta os irmãos infelizes; busca a natureza e, em local de frondosas árvores, chama alguém com expressões distintas e surgem oito entidades espirituais — servidores comuns do reino vegetal —, e indaga sobre a existência de mangueira e eucaliptos, lembrando que, não somente os homens, mas também as forças naturais recebem e oferecem fluidos. Durante toda a noite, Ernesto recebe aplicações das substâncias das folhas de eucalipto e de mangueira manipuladas por Narcisa. O médico, pela manhã, constata, admirado, a melhora do enfermo. André se rejubila com alegria e renovação de esperanças do casal e reconhece, naquele momento, que rompeu vigorosos laços de inferioridade, e retorna ao Nosso Lar volitando, acompanhado de Narcisa. Ela esclarece que na colônia a maioria pode volitar, mas se abstém de usar o processo em via pública. A partir de então, André Luiz faz o percurso de sua casa ao Nosso Lar volitando sem dificuldade, para cuidar de Ernesto e, no final da semana, os cônjuges reconquistam a alegria plena e ele retorna às Câmaras de Retificação totalmente modificado. Mais de 200 companheiros formam uma comitiva e vão ao seu encontro para saudá-lo e, surpreendido, o ministro Clarêncio surge à frente de todos e declara: "Até hoje, André, você era meu pupilo na cidade; mas, doravante, em nome da Governadoria, declaro-o cidadão de Nosso Lar."

Resumo do livro

OS MENSAGEIROS

Relata a segunda viagem de André Luiz à Crosta, onde aplica os conhecimentos adquiridos em Nosso Lar a serviço do próximo, e enaltece a importância da renovação mental que conduz o Espírito ao trabalho construtivo no sentido do Bem. É o segundo volume da coleção *A vida no mundo espiritual*, composto de 51 capítulos, cujas páginas, no entendimento do Espírito Emmanuel,

> Constituem o relatório incompleto de uma semana de trabalho espiritual dos mensageiros do Bem, junto aos homens e, acima de tudo, mostram a figura de um emissário consciente e benfeitor generoso em Aniceto, destacando as necessidades de ordem moral no quadro de serviço dos que se consagram às atividades nobres da fé.[1]

Dá notícias da sua visita ao Centro de Mensageiros, em Nosso Lar, onde são preparados os médiuns que retornam à Terra, com a missão de exemplificar o Evangelho de Jesus, e relata as histórias dos médiuns que fracassaram vencidos pela vaidade, ambição, medo, personalismo e descrença, focalizando os casos comoventes dos médiuns Otávio, Acelino, Ernestina, Joel e dos doutrinadores Belarmino e Monteiro. Na viagem à Crosta, a equipe composta de André Luiz e seu amigo Vicente, sob a liderança do instrutor Aniceto, pernoita no Posto de Socorro de Campo da Paz, instituição dirigida

---

1 N.E.: Prefácio da obra *Os mensageiros*.

por Alfredo, que oferece internamento aos Espíritos dementados, alienados que se julgam ainda no corpo físico, com as mentes fixas nos antigos problemas materiais, e dá assistência à colônia espiritual Campo da Paz, em região mais adensada, próxima à Crosta. Fala da agonia dos que permanecem em profundo sono eterno, vivendo angustiosos pesadelos resultantes de crenças religiosas dogmáticas e materialistas. Vivencia e narra as agruras dos efeitos das tempestades magnéticas no plano espiritual próximo à superfície terrena em razão dos tormentos da Segunda Guerra Mundial, e aprende como o Posto de Socorro se defende dos ataques dos Espíritos revoltados e perversos. Participa da vida social daqueles que mourejam em zonas vibratórias inferiores a Nosso Lar, fazendo referência aos habitantes de Campo da Paz, posto que sofre intensamente com as influências deletérias das mentes encarnadas e desencarnadas que vivem na superfície da Terra. Na Crosta, a equipe se dirige ao lar de dona Isabel, considerado uma oficina de Nosso Lar na Terra. Durante a permanência de uma semana no plano físico, André Luiz pratica as lições recebidas em Nosso Lar, atuando como passista e atendente fraterno na referida oficina. Observa o efeito nefasto da mente enferma dos humanos, produzindo nuvens de bactérias que se conjugam a larvas mentais dos Espíritos ignorantes e perturbados. Conhece a vida espiritual no campo e aprende sobre os recursos que a natureza oferece ao homem, tais como o vento, a luz solar e o nitrogênio, sem que ele saiba corresponder dignamente. Revela como se processa uma reunião mediúnica nos dois planos da vida e qual a visão dos Benfeitores espirituais em relação aos sofredores encarnados que não sabem pedir. Descreve como se processa a desencarnação no corpo físico de quem viveu escravo das sensações e de quem não recebeu formação religiosa, e informa o destino dos recém-desencarnados que ficam entregues a si mesmos. Louva a perfeição e a importância do corpo físico, como bênção divina, para que o Espírito possa com ele evoluir em direção ao Criador.

Resumo dos capítulos

1. RENOVAÇÃO

Demonstra a importância do trabalho-amor na reforma íntima do Espírito. André Luiz reflete sobre sua condição atual e reconhece o quanto lhe foi difícil esquecer a paisagem doméstica; admite o quanto a dor contribuiu a favor da sua renovação mental e reconhece sua transformação na medida em que considera os adversários como seus benfeitores. Não mais encara o segundo marido de sua esposa como intruso e não vê seus filhos como sua propriedade. Liberto das mentalizações inferiores que o prendiam às atividades terrestres, reconhece que não mais se tortura com as reminiscências da vida humana e nem se interessa pelos assuntos de ordem menos digna. Não se considera mais um simples hóspede enfermo de Nosso Lar e resolve aceitar a sugestão de Narcisa de que, além do trabalho nas Câmaras de Retificação, deve fazer cursos no Ministério da Comunicação, objetivando prestar concurso na Terra, nos dois planos da vida.

2. ANICETO

Reafirma o valor do trabalho no aprimoramento do ser e na conquista da felicidade. André Luiz revela a Tobias sua intenção de se preparar para servir na Terra, acreditando, assim, reconquistar a felicidade espiritual por meio da cooperação ao próximo. Tobias o apresenta ao instrutor Aniceto, do Ministério da Comunicação, que intercede junto ao ministro Genésio, sendo aceito sem restrições. Aniceto oferece uma série de instruções, levando André a compreender a importância do serviço de socorro aos encarnados, e adverte que o serviço administrado por ele não visa apenas criar obrigações para os outros, mas, antes de tudo, melhorar e educar cada um a si mesmo; que ninguém exige expressão nominal, mas todos respondem por qualquer erro cometido no desenvolvimento da tarefa. André passa a integrar o quadro de voluntários coordenado por Aniceto, sendo encaminhado ao Centro de Mensageiros para as devidas providências e estudos iniciais.

3. NO CENTRO DE MENSAGEIROS

Descreve as funções do Centro de Mensageiros em Nosso Lar e adverte sobre as causas do fracasso de muitos médiuns e doutrinadores. Detalha a arquitetura e o paisagismo do Centro de Mensageiros; Tobias fala da natureza e da importância do trabalho realizado pela instituição, que prepara cartas vivas, ou seja, os médiuns e os doutrinadores enviados à Terra com missões específicas. Acrescenta, ante a admiração do novo colaborador, que a redenção da humanidade necessita de planejamento, pois as puras manifestações ritualísticas dos homens nada resolvem. Mesmo assim, muitos que saem preparados do Centro fracassam porque, na Terra, em plena atividade, passam a interpretar as dificuldades como punições, e buscam delas se livrar. Raros triunfam, já que todos estamos ainda ligados ao passado delituoso, que deforma nossa personalidade. Aniceto recepciona André Luiz e informa que ele irá se juntar a Vicente, formando a única dupla de aprendizes médicos no Centro de Mensageiros.

4. O CASO VICENTE

Registra o encontro dos médicos André Luiz e Vicente no Centro de Mensageiros. Os dois colegas trocam informações de experiências profissionais e comentam as dificuldades vividas na Terra, seduzidos pelas ilusões.

André Luiz confidencia sua vida conjugal e não esconde suas emoções ao falar da ex-esposa Zélia, por ela ter casado novamente, muito embora esteja conformado. Vicente o consola, dizendo que viveu uma história mais dolorosa. Sua esposa Rosalinda respondeu à desvairada paixão do cunhado, seu irmão Eleutério, e acatou a sugestão de encurtar-lhe a vida no plano terreno, envenenando-o com uma cultura microbiana e se casou com ele... Somente em Nosso Lar, já restabelecido, Vicente sabe de toda a verdade. Conclui dizendo que não cogita vingar-se, "pois o mal é simples resultado da ignorância e nada mais."

5. OUVINDO INSTRUÇÕES

Informa sobre a constante e antiga atuação espiritual da colônia Nosso Lar na Terra, enaltecendo a importância dos que mourejam na área da comunicação no plano carnal. No salão do Centro de Mensageiros, o instrutor Telésforo se dirige aos irmãos que faliram como médiuns e doutrinadores e adverte os que se preparam para as provas daquela natureza. Enfatiza a urgente necessidade da disseminação de ensinamentos novos e de socorro aos enfermos na Crosta. Lembra das forças contrárias que todos enfrentamos quando nos propomos atuar no sentido do bem e do esclarecimento. Adverte sobre as investidas das correntes de incompreensão, da ação da ignorância e da perversidade; da movimentação de algumas escolas espiritualistas, da Igreja e da Reforma Luterana... Lembra que, para agir diante dos enfermos e criminosos nas zonas visíveis e invisíveis do Planeta, não bastam o culto externo, o ato de fé ou a mera afirmação da vontade, é necessário oferecer instrumentos adequados às retificações espirituais. Finaliza dizendo que "a comunicação não comporta perda de tempo nem experimentação doentia, sem grave prejuízo dos cooperadores incautos."

6. ADVERTÊNCIAS PROFUNDAS

Elucida sobre a intransferível responsabilidade dos médiuns e doutrinadores na Terra. No Centro de Mensageiros, o instrutor Telésforo conscientiza todos sobre as dificuldades que enfrentam aqueles que ali se preparam, com vistas à missão nos campos da mediunidade e da doutrinação. Desenvolve significativa preleção e faz advertências quanto aos riscos que todos corremos naquela tarefa. Informa que, até então, Nosso Lar não alcançou resultados desejáveis na disseminação de valores educativos na Terra, pois a ignorância vem dominando a maioria das consciências encarnadas. Ressalta que a Terra é grande oficina redentora e não um vale tenebroso destinado a quedas lamentáveis, concluindo que a causa geral dos desastres mediúnicos é a ausência de noção de responsabilidade. Vicente mantém conversação sadia e edificante com André, considerando-a como valioso trabalho.

7. A QUEDA DE OTÁVIO

Enfatiza a extensão das responsabilidades mediúnicas e adverte sobre as consequências danosas para o médium que prefere a ociosidade ao trabalho dificultoso com a mediunidade. Grupos de amigos conversam no pátio do Centro de Mensageiros, entre eles as irmãs Isaura e Isabel, André Luiz, Vicente e Otávio. Este relata as razões de sua queda como médium: após trinta anos de preparação em Nosso Lar, reencarna com plano de se manter solteiro para se dedicar plenamente ao programa estabelecido, ou seja, usar a mediunidade para consolar criaturas e adotar seis crianças órfãs, mas se deixa vencer pelas ambições materialistas e pelo desejo desmesurado do sexo... Casa-se *por violência*, esquecendo o compromisso com seus mentores de que o consórcio não estava no seu programa naquela existência. As constantes revoltas, queixas e lamentações o sintonizam com as sombras e, então, acomoda-se em duvidar e criticar a atuação e o amparo dos invisíveis. Esposa e filho passam a atormentá-lo. Vencido pelo álcool, desencarna acometido de sífilis aos quarenta anos, sem nada fazer de bom. Desesperado e arrependido no plano espiritual, ouviu de sua mãe Isaura: "Jesus não nos falta com a bênção do tempo. Tem calma e coragem."

8. O DESASTRE DE ACELINO

Adverte quem transforma a faculdade mediúnica em fonte de renda material, programando um futuro doloroso ao desencarnar. No

Centro de Mensageiros, Acelino narra sua história de médium falido: despede-se de Nosso Lar para o plano físico no final do século XIX, dotado de saúde física e equilíbrio mental para o exercício da mediunidade de vidência, audiência e psicografia, mas descumpre todas as realizações que prometera. Casa-se com Ruth, colaboradora prometida que o fortalece nos momentos de desânimo, mas transforma suas faculdades em fonte de renda material e deixa as mensagens de cunho superior, a confraternização e o serviço do Evangelho em segundo plano na sua vida. As correntes mentais inferiores encarceram-lhe a mente e transformam sua mediunidade em fonte de palpites materiais e de baixos avisos. Desencarna e estagia nas zonas de remorso e amargura por onze anos. Acelino encerra sua narrativa, acreditando-se indesculpável e sem merecimento de perdão, já que não lhe faltaram esclarecimento e assistência espiritual na sua última existência na carne.

9. OUVINDO IMPRESSÕES

Exorta os médiuns para o trabalho sem reclamações e sem medos, e alerta sobre a necessidade de se estabelecer relações amistosas com os familiares na execução da tarefa mediúnica. André Luiz participa de vários grupos de conversação e registra casos interessantes para estudo e reflexão daqueles que encontram empecilhos vários no exercício nobre da mediunidade. Mariana culpa a força dos laços de família; outra lembra a irritação que lhe causava a indiferença dos familiares pelos seus serviços espirituais e confessa sua intolerância frente a qualquer ideia religiosa contrária a sua. Lembra as discussões frequentes com o marido que a impediam de realizar trabalho de elevação espiritual. Em outro grupo, Ernestina cita o medo e a desconfiança nos Espíritos como causa de sua bancarrota pessoal. Mais além, um irmão confessa sua falência depois que a esposa morreu, porque perdeu a coragem de prosseguir. Sua segunda esposa, ligada a entidades malfazejas, arrasta-o para a prática de perversões sexuais, e ele conclui que o futuro ser-lhe-á muito difícil sem a companheira bem-amada.

10. A EXPERIÊNCIA DE JOEL

Adverte o médium possuidor de percepções dilatadas, que desvenda o seu passado e dos que com ele convivem. Ainda no salão do Centro de Mensageiros, Joel, médium em convalescença, tratando-se de vertigens e alucinações bizarras, narra a André Luiz as razões do seu fracasso como doutrinador. A sensibilidade mediúnica a ser usada para o conhecimento da extensão dos seus débitos, objetivando definir roteiro de vida, fixar perigos e vantagens na caminhada, é utilizada para satisfazer sua curiosidade. Descobre sua anterior existência e se compraz na identificação daqueles que lhe foram contemporâneos, fazendo-os seus reféns. Esquece a tarefa de benemerência com Jesus e perde o interesse pela doutrina consoladora. No plano espiritual amarga perturbações psíquicas dolorosas. Confessa: "Com meu erro a mente desequilibrou-se e as perturbações psíquicas constituem doloroso martírio. Estou sendo submetido a tratamento magnético de longo tempo."

11. BELARMINO, O DOUTRINADOR

Analisa a grave missão de quem se dedica à prática e ao estudo do intercâmbio mediúnico e à tarefa de doutrinador. Alerta para os riscos da vaidade e do excessivo apego à posição de comando da Casa espírita. Belarmino lembra Jesus como Doutrinador divino e confessa que não o soube seguir. Relata ter sido preparado em Nosso Lar, com o endosso do ministro Gedeão, para, na Crosta, veicular luzes evangélicas entre os irmãos dos dois planos da vida e amparar organizações mediúnicas espíritas. Reencarnado, assume o comando de uma instituição destinada à divulgação do Espiritismo, mas se envaidece com a posição, passando a exigir que médiuns e Espíritos estejam a serviço do seu caprichoso cientificismo, não levando em conta a verdadeira finalidade do intercâmbio mediúnico. Dominado pelo negativismo, pede respostas lúcidas e objetivas dos desencarnados e, não as obtendo, passa a desacreditá-los impiedosamente. Enverada pelo caminho da politicalha, enriquece financeiramente e desencarna em lamentável condição espiritual.

12. A PALAVRA DE MONTEIRO

Analisa a força da influência do meio na missão do doutrinador, quando no corpo físico, e adverte a quem valoriza mais o raciocínio na cabeça do que o sentimento no coração. Monteiro lembra que mereceu a intercessão da ministra Veneranda para seu retorna à carne, visando colaborar na iluminação de companheiros encarnados e desencarnados, e elenca as razões do seu fracasso: transforma as sessões mediúnicas em palco para expressão de sua vaidade e apego às manifestações exteriores; fascinado pela sua cultura religiosa, trata os obsessores com ironia, arrogância e falsa pureza; na condição de comerciante, não concilia o amor que prega aos obsessores no tratamento com seus clientes devedores; passa a controlar os médiuns como se fossem máquinas de intercâmbio com o mundo espiritual; apega-se às manifestações e vive o Espiritismo a seu modo. Desencarna em profunda perturbação, ironizado pelos Espíritos zombeteiros. Recolhido em Nosso Lar, busca explicações da irmã Veneranda sobre seu sofrimento e dela ouve: "Monteiro, meu amigo, a causa de sua derrota não é complexa, nem difícil de explicar. Entregou-se, você, excessivamente ao Espiritismo prático, junto dos homens, nossos irmãos, mas nunca se interessou pela verdadeira prática do Espiritismo junto de Jesus, nosso Mestre."

13. PONDERAÇÕES DE VICENTE

Pondera sobre o uso da profissão como sacerdócio para servir ao próximo. Vicente enumera para André Luiz os vários setores do Centro de Mensageiros destinados à preparação de Espíritos falidos, na esperança de novas experiências na paternidade, na medicina, na administração e em diversos campos de trabalho. Lembra ser uma bênção do Senhor o estágio em Nosso Lar, considerando saber que dois colegas seus se encontram em zonas inferiores, perseguidos pelos que o acusam de irresponsabilidade médica. Ressalta o fato de a colônia possuir o Ministério da Elevação e da União divina, cuja influenciação favorece a elevação de pensamento dos que ali vivem, ao contrário de muitas outras em regiões inferiores.

14. PREPARATIVOS

Relata os preparativos para a viagem de André Luiz e Vicente à Crosta, onde passarão a primeira semana a serviço ativo a bem do próximo. O instrutor Aniceto orienta os médicos quanto à necessidade de melhor preparo para a viagem, devendo buscar o contributo da oração, no verdadeiro sentido espiritual. No Gabinete de Auxílio Magnético às Percepções, André e Vicente têm a audição e a visão expandidas para melhor cooperar, devendo enxergar, nas situações de dor e sofrimento, não apenas os efeitos, mas, antes de tudo, as causas. Aniceto organiza a equipe, distribui tarefas e informa que o caminho entre a colônia e a Crosta será a via natural, sem nenhum privilégio para eles, quando passarão por regiões tenebrosas objetivando o aprendizado.

15. A VIAGEM

Descreve as paisagens espirituais entre Nosso Lar e a Crosta e relata as dificuldades do percurso. A certa altura da viagem, em zona de vibrações mais densas, a volitação se torna difícil, sendo adotada a locomoção. Pela primeira vez André Luiz e Vicente percebem que irradiam luz própria. Fala de paisagens misteriosas, aves horripilantes, vegetação estranha. Diante do espanto frente àqueles quadros naturais cheios de surpresas, Aniceto lamenta o avanço do homem devassando o infinito e aumentando seu conhecimento no campo da Astronomia, medindo as distâncias entre os astros, suas relações e os fenômenos que neles se realizam; vai, também, ao microcosmo e analisa a materialização da energia e o movimento dos elétrons, vendo apenas os aspectos exteriores da vida, enquanto desconhece coisas tão próximas dele e que muito influem em sua vida. À medida que a caminhada se torna mais difícil, a equipe divisa um dos postos de socorro de Campo da Paz.

16. NO POSTO DE SOCORRO

Relata a chegada da equipe no Posto de Socorro de Campo da Paz. André Luiz demonstra sua admiração diante de um castelo de estilo europeu da Idade

Média naquela região do Planeta. Aniceto aciona a quase imperceptível campainha, considerando a dificuldade de seus pupilos transporem a muralha, e é atendido por dois servidores da casa. No interior do Posto, arvoredos, pomares e grupos de homens e mulheres trabalhando. Observa que a natureza é amena e reflete o estado mental dos seus habitantes. A equipe é apresentada a Alfredo, administrador do Posto de Socorro, que está em companhia de Ismália, sua ex-esposa. Um quadro de Florentino Bonnat na parede do castelo expande luminosidade e chama a atenção de André Luiz. Alfredo informa ser aquele o quadro original pintado por Bonnat, antes de reencarnar na França, sendo o do Panteão de Paris uma cópia resultante do esforço de um verdadeiro gênio que soube ver, ouvir e sentir.

17. O ROMANCE DE ALFREDO

Estuda os danos causados pelo ciúme e pela impulsividade delituosa, e chama a atenção para a prudência a ser observada diante de acusações feitas ao próximo. Comenta os efeitos das tormentas vibratórias que atingem a região do Posto de Socorro em razão dos conflitos na Crosta. Assinala o aumento do número de assistidos pelo Posto, enquanto escasseiam alimentos e remédios. Alfredo, o administrador do Posto, narra a história de sua união com Ismália e o motivo de estarem separados, embora se amem. Na veste humana, aceita as falácias e armadilhas do seu sócio apaixonado por Ismália, mas não correspondido, e, enciumado, acredita na infidelidade da esposa e a expulsa do lar, vindo a falecer tuberculosa, vencida pelo martirológio moral a que foi submetida. Sabe da verdadeira história pelo sócio moribundo... Arrependido e desesperado, desencarna em triste condição espiritual. Hoje necessita do esforço e da solidão para conquistar a companhia de Ismália, que reside em estância superior.

18. INFORMAÇÕES E ESCLARECIMENTOS

Elucida como os conflitos na Crosta repercutem no plano espiritual e esclarece sobre a união das colônias espirituais na administração desses conflitos. Tormentas magnéticas oriundas do plano físico se aproximam do Posto de Socorro de Campo da Paz, resultantes das batalhas sangrentas da Segunda Guerra Mundial (ano de 1944). Alfredo relata o esforço dos Espíritos na preservação da saúde humana, ameaçada pelos efeitos mortíferos de focos pestilenciais de origem transcendental dos pensamentos atormentados. Informa que colônias espirituais da Europa se valem do apoio de colônias americanas, tendo em vista o grande número de desencarnados naquele continente. Assegura que o intercâmbio é necessário; que a neutralidade é um mito e o insulamento é uma ficção. Aniceto ilustra o poder da oração em momentos de crise e conta que Bristol, na Inglaterra, estava sendo bombardeada, mas, dentro de uma Igreja, cristãos se mantinham preservados enquanto cantavam hinos em louvor a Deus.

19. O SOPRO

Informa sobre as qualidades magnéticas do sopro curador. Alfredo solicita que Aniceto, André Luiz e Vicente pernoitem no Posto, não seguindo viagem à Crosta naquela noite, para cooperarem no serviço assistencial pelo sopro curador aos irmãos internos, e esclarece sobre as propriedades magnéticas do sopro como calmante, revigorador, estimulante e curativo. Adianta que há necessidade de condições físicas e morais ideais a quem pretenda aplicá-lo a serviço do bem. Informa que a técnica é usada em Nosso Lar e no Posto por irmãos que se exercitam longamente, adquirindo experiências a preço alto. "No plano carnal, toda boca, santamente intencionada, pode prestar apreciáveis auxílios, notando-se, porém, que as bocas generosas e puras poderão distribuir auxílios divinos, transmitindo fluidos vitais de saúde e reconforto."

20. DEFESAS CONTRA O MAL

Ensina como se defender do mal sem agressividade, mantendo o inimigo a distância. Descreve a visão exterior do Posto de Campo da Paz, com seus fossos, torre de vigia, cisternas, seteiras (abertura na muralha para se atirar setas), paliçadas e barbacãs (antemuro), canhões magnéticos e uma enorme bandeira da paz... Informa que as organizações do mal, que atacam a instituição, são repelidas com bombardeios magnéticos que assustam os Espíritos perversos, causando-lhes medo irracional de morrer. Esclarece que na Terra os homens lutam pela dominação econômica, pelas paixões desordenadas, mas que ali no plano das sombras há cooperativas do mal, sistemas econômicos de natureza feudalista que não exploram as forças da natureza e sim os desequilíbrios da mente e os desvios dos sentimentos. Com relação ao aparato de defesa, narra a fábula da serpente venenosa, que foi aconselhada a não matar, mas manter o perverso a distância, mostrando os dentes e emitindo os silvos, sem feri-lo. Lembra Alfredo: "Enquanto não imperar a lei do amor, é indispensável persevere o reinado da justiça."

21. ESPÍRITOS DEMENTADOS

Estuda a condição mental de Espíritos presos aos interesses materiais e que ainda se julgam na vida material. Em região próxima ao Posto de Socorro de Campo da Paz, centenas de entidades se reúnem em vastos albergues, onde residem inúmeros Espíritos enfermos, mais desequilibrados que propriamente maus. Lá se realiza intenso trabalho assistencial com a ajuda de técnicos do sopro curador, enquanto Alfredo realiza o atendimento fraterno aos que buscam soluções para problemas relacionados com a herança, reintegração de posse de terras, desentendimentos familiares... Dentre eles se encontram tiranos, lesadores de parentes e assassinos. Alfredo adverte sabiamente que "No círculo carnal, seriam todos absolutamente normais; no entanto, aqui, são verdadeiros loucos."

22. OS QUE DORMEM

Analisa os efeitos psicoespirituais nos que perseveram na negação absoluta da vida após a morte. Demonstra como se realiza o auxílio aos Espíritos que dormem o mau sono, magnetizados pelas próprias concepções negativas, adquiridas na vida física. Afastando-se de Campo da Paz, Alfredo e Ismália conduzem a equipe de socorro a imenso pavilhão onde estão os que dormem, num total de 1980 desencarnados, que recebem alimento e medicação uma vez por dia. Fazendo uso de um aparelho de sinalização luminosa, dá um toque e se faz luz no ambiente, onde se veem leitos ocupados por entidades mergulhadas em profundo sono, como se fossem múmias. Alfredo informa que conta com apenas 80 auxiliares para o serviço, devendo cada um atender a 5 dormentes e que, daquele total, apenas 400 captam o auxílio vibracional, por estarem mais suscetíveis ao despertamento, e que 2/3 dos 400 recebem passes magnéticos e, poucos, o sopro curador. Esclarece que ali estão os que perseveram em negação absoluta, que nada veem além da carne, nem desejam qualquer conhecimento espiritual.

23. PESADELOS

Chama a atenção sobre a inflexibilidade do tribunal da consciência e de como ele atua na correção de nossas faltas. Aconselha a prática da indulgência com os erros alheios. No pavilhão dos dormentes, André Luiz usa suas faculdades perceptivas expandidas para análise do que se passa na mente de uma senhora que dorme o mau sono. Concentra-se e visualiza o local onde ela tira a vida do amante e ouve ao, mesmo tempo, o diálogo entre os dois, quando ela recusa o perdão a sua vítima e o pedido de clemência em nome do Criador e exclama rancorosa: "Deus não existe! Deus não existe! Morrerás, infame!" Comovido, constrói pensamentos fraternos, procura encontrar as razões do desespero e do ato insano daquela irmã, evitando não ser juiz de sua causa. Aniceto registra os sentimentos de André e lhe diz: "Não precisamos comentar qualquer episódio dessas existências vividas em oposição à vontade Deus. Bastará lembrar sempre que a dívida, em toda parte, anda com os devedores."

24. A PRECE DE ISMÁLIA

Demonstra o efeito da prece intercessória e a capacidade de doação de cada um. Orienta como acompanhar uma prece para se alcançar a concentração e se obter dela melhor resultado. No Posto de Socorro, no pavilhão dos adormecidos, é dada a eles a assistência espiritual. Alfredo orienta que todos repitam mentalmente as palavras da prece de Ismália, para melhor cooperar com a sintonia, sendo acompanhada por numerosos Espíritos dedicados à fraternidade. Descreve a intensidade de luz que cada um emite enquanto a oração é proferida. Flores caem do alto acompanhadas de flocos de luz. Diz Aniceto: "Na prece encontramos a produção avançada de elementos-força. Eles chegam da Providência em quantidade igual para todos os que se deem ao trabalho divino da intercessão, mas cada Espírito tem uma capacidade diferente para receber."

25. EFEITOS DA ORAÇÃO

Relata os efeitos da prece intercessória nos desencarnados adormecidos. Enquanto Ismália profere a oração, o ambiente se ilumina de claridade serena; flocos de luz partem dos que acompanham a rogativa da ex-esposa de Alfredo e caem sobre os corpos inanimados, enquanto a claridade se expande num espetáculo prodigioso. Bolhas de luz são dirigidas aos irmãos dormentes e se observa que alguns se movem, outros gemem e dois se levantam assustados e, demonstrando não saberem o que se passa, saem correndo como loucos. Diante da intenção de André em socorrê-los, Alfredo esclarece que naquele momento eles não devem ser notificados de que estavam dormindo como verdadeiras múmias, que ficarão nos limites das fortificações do Posto e serão assistidos no momento oportuno. Concluindo suas apreciações sobre os efeitos da oração intercessória, diz Alfredo que o Alto concede a força de auxílio aos que pedem em porções iguais, mas, cada um espalha de acordo com suas possibilidades e colorações individuais.

26. OUVINDO SERVIDORES

Elucida quanto à inconveniência de o Espírito desencarnado visitar a família material sem o devido preparo mental e emocional. Apresenta o caso de Alonso, colaborador do Posto de Socorro, que busca notícias de sua viúva e dos filhos e insiste com Alfredo na solicitação de uma visita aos familiares na Crosta, o que lhe é negado, considerando ser necessário ampliar a separação, até que o ambiente doméstico se harmonize. Para se fazer melhor compreendido, o administrador do Posto relata o caso de um irmão que foi intempestivamente autorizado a visitar os familiares e não retornou, vencido pelo sentimentalismo doentio, assegurando, fraternalmente, que ainda não é o momento de Alonso visitar a família na Crosta, pois poderá trazer prejuízos para as duas partes. Ensina que a desordem doméstica após a partida de um dos cônjuges é situação que se faz necessária para o aprendizado de todos.

27. O CALUNIADOR

Examina os prodígios espirituais que se originam do perdão. André, acompanhado de Aniceto, visita uma construção isolada, onde mora Paulo, um doente a caminho da melhora, que já chora e padece com as recordações do passado triste. André amplia sua visão mental e vê as imagens de Ismália e Alfredo se movimentando; mulheres e perseguidores blasfemam contra Paulo e o atormentam. Aniceto esclarece que se trata do personagem que arruinou o lar de Alfredo, incitando-lhe o ciúme infundado, e desencarnou sob intensa vibração de ódio e desesperação, mas, com a ajuda de Ismália, desvencilhou-se das baixas vibrações de rancor, chegando a perdoá-lo. Ensina que a conquista da verdadeira fraternidade não é muito simples e tem seus passos: primeiro a reconciliação; depois a atitude caridosa; em seguida o sentimento de piedade; e, finalmente, o experimento da simpatia. Exemplifica a conquista da fraternidade com a história do louco Paulo, o caluniador que arruinou a vida conjugal de Alfredo e Ismália e que foi por eles socorrido em Campo da Paz.

28. VIDA SOCIAL

Descreve a vida social dos Espíritos, em zonas próximas à Crosta, e como eles se relacionam fraternalmente. Irmão Bacelar, diretor da colônia Campo da Paz, chega em companhia de sua esposa e duas filhas jovens ao Posto de Socorro, em carruagem puxada por dois cavalos, lembrando a época de Luís XV, na França. Alfredo informa serem eles moradores de região mais próxima da Crosta e sobre a vida naquela colônia, e acrescenta que Bacelar é responsável pela assistência aos irmãos do círculo carnal que desenvolvem atividade socorrista. Tece considerações a respeito da medicina que os encarnados não valorizam, fugindo a ela logo surja a primeira melhora; detestam a dor que restabelece o equilíbrio. Comenta sobre o desculpismo daqueles que retornam à carne para cooperar na seara do Senhor e se acomodam ou retrocedem diante das dificuldades naturais da vida: os moços se declaram muito jovens para cultivar as realidades sublimes, os idosos confirmam-se inúteis, os casados alegam a presença da família e os solteiros lamentam a ausência dela...

29. NOTÍCIAS INTERESSANTES

Compara as condições espirituais e o modo de vida dos moradores da colônia Nosso Lar com as de Campo da Paz. Cecília — filha do casal Bacelar — informa a André ter visitado a colônia Nosso Lar e que lá os sofredores estão na busca de realizações nobres; que melhoram progressivamente porque o ambiente elevado os favorece; que a maioria vive com a bondade, e se a maldade existe é numa minoria que tende a desaparecer, enquanto em Campo da Paz há muita gente que se revolta, obsessores ainda se mantêm insensíveis, ignorantes e perversos. Lamenta que a influência mental dos terrenos cause tantos transtornos em Campo da Paz, dada a sua proximidade com a Crosta. Oferece subsídios sobre sua fundação realizada há dois séculos, com a finalidade de abrigar os que desencarnam em estado de profundo sofrimento, por ignorância ou culpa, e que o pai, o senhor Bacelar, foi socorrido naquela colônia há meio século. Finalizando, Cecília diz que está à espera de alguém que ainda se encontra na Terra.

30. EM PALESTRA AFETUOSA

Estuda as condições morais e as dificuldades administrativas das colônias espirituais próximas da Crosta. Ainda no encontro social no Posto de Socorro, trocam-se ideias em torno das diferenças administrativas e do clima espiritual entre Nosso Lar e Campo da Paz. Aldonina informa que Isaura, sua irmã, se casou em Campo da Paz e hoje vive em Nosso Lar, e o esposo é funcionário do Ministério do Esclarecimento; que ela já visitou a colônia quando ganhou o prêmio de assiduidade e bom ânimo em Campo da Paz. Lembra que lá a existência dos Ministérios da União Divina e da Elevação favorece a recepção de influência superior, o que não acontece na colônia onde vive, quando as condições vibratórias inferiores impõem que seus habitantes saiam em grupo para se defenderem dos obsessores que lá proliferam. Registra a falta de cooperadores para acompanhar os reencarnados que saem de Campo da Paz até os sete anos de idade. Informa a existência de vários postos de socorro próximos à Crosta para atendimento aos recém-desencarnados, e que lá também são realizados matrimônios.

31. CECÍLIA AO ÓRGÃO

Demonstra o interesse pela música elevada no mundo espiritual. Em ambiente simples e confortável, denominado Salão de Música, tem prosseguimento a reunião confraternativa dos habitantes de Campo da Paz com os do Posto de Socorro, quando se apresenta um coral de 80 crianças do Posto, que tangem instrumentos de corda e cantam, embevecendo os circunstantes. Cecília executa ao órgão a Tocata e Fuga em Ré Menor, de Bach, acompanhada pelo coral infantil. Emocionada, ela se lembra do seu amado Hermínio, que vive em zona espiritual inferior, sabendo que não poderá contar com ele por muito tempo... E ouve de Ismália a confortadora expressão: "Devotar-se não é crime, minha boa Cecília. O amor é luz de Deus, ainda mesmo quando resplandeça no fundo do abismo."

32. MELODIA SUBLIME

Demonstra os efeitos que a música elevada promove no cantor, nos ouvintes e no ambiente. Ismália canta uma oração de louvor a Deus e André Luiz registra a sublimidade da melodia pela acústica da alma, chegando às lágrimas. No ambiente, luzes jorram do alto sobre a fronte da cantora; flores são emitidas do seu coração, alcançando todos os presentes, que se extasiam diante do espetáculo. Bacelar confessa que se sente energizado para prosseguir na execução do trabalho que o espera em Campo da Paz. Aniceto explica que Ismália, ao cantar, distribui os tesouros que as traças não corroem, amealhados por ela ao longo de sua jornada de amor ao próximo.

33. A CAMINHO DA CROSTA

Relata os percalços enfrentados pela equipe chefiada por Aniceto na viagem rumo à Crosta, a partir do Posto de Socorro. Inicialmente, para se locomover, a equipe usa uma espécie de automóvel com asas, movido a fluido elétrico, oferecido por Alfredo, dirigido por um dos seus cooperadores, que levou os viajantes até próximo à Crosta. A partir dali o grupo adota a caminhada por via escura e nevoenta, onde monstros estranhos fogem assustados com a sua presença. Aniceto faz observações sobre a diversidade de caminhos existentes que ligam Nosso Lar à Crosta, tece comentários sobre a visão diferenciada que se tem do Sol em Nosso Lar, na Crosta, em Júpiter, em Vênus e em Saturno. Chegando à zona de influenciação direta da Crosta, a equipe pratica a volitação e Aniceto explica aos seus pupilos que eles se orientarão pelo pensamento para chegar a um determinado local na superfície da Terra. Após quatro horas de viagem, chegam, finalmente, à cidade do Rio de Janeiro.

34. OFICINA DE NOSSO LAR

Revela a existência de uma residência que representa a colônia Nosso Lar na Crosta. André Luiz, com a visão dilatada, descreve o panorama espiritual das ruas do Rio de Janeiro, onde desencarnados caminham abraçados aos encarnados, envolvendo-os em sombras. Observa grupos de Espíritos sombrios que vagueiam pelas ruas, em quantidade superior a dos chamados vivos. Junto com Vicente sentem dificuldades de respiração em razão da atmosfera sufocante do meio urbano, e Aniceto recomenda bom ânimo e conservação da fortaleza mental. A equipe chega à oficina do Nosso Lar e é fraternalmente recepcionada pelos cooperadores espirituais que ali se abrigam. Descreve o ambiente material da oficina e as características dos Espíritos que ali colaboram. Aniceto apresenta André e Vicente ao companheiro Isidoro, que coordena os trabalhos do lado espiritual e relata sobre a origem da oficina. Informa que a viúva de Isidoro, dona Isabel, tem visão parcial do que se passa no plano espiritual e justifica o motivo da limitação da sua vidência para ver apenas cinco centésimos do que se passa no plano invisível.

35. CULTO DOMÉSTICO

Demonstra a efetiva e intensa participação da Espiritualidade no culto do Evangelho no lar e a importância que tem para a união familiar. Esclarece sobre a dificuldade de certas crianças participarem do culto, tendo em vista sua origem e a natureza espiritual. Aniceto informa que as meninas, filhas de dona Isabel, são entidades amigas de Nosso Lar, já o menino procede de região inferior, observando-se que não se reveste de substância luminosa e resiste ao convite para participar das orações. No culto, além do texto evangélico relacionado à fé, a filha mais velha de dona Isabel, Joaninha, lê a notícia de um jovem, vítima de suicídio. No Evangelho de Mateus, foi lido que o reino dos Céus é semelhante ao grão de mostarda que o homem tomou e semeou no seu campo. Benfeitores espirituais participam do momento e o irmão Fábio Aleto, cooperador espiritual, influencia a viúva a tecer comentários sobre os temas da noite: fé e suicídio. Terminado o culto, dona Isabel contempla os filhos e fala: "Procuremos, agora, conversar um pouco."

36. MÃE E FILHOS

Analisa a interpretação que o médium faz do pensamento emitido pelo Espírito no momento do intercâmbio, em conformidade com sua capacidade receptiva. André Luiz observa que as interpretações da passagem evangélica feitas pelo Espírito Fábio foram além da capacidade receptiva de dona Isabel, que captou somente parte delas, e Aniceto explica que cada um recebe a luz espiritual conforme seu potencial, e acrescenta que muitos Espíritos ali tiveram mais dificuldades de entendimento do que as crianças. Após o culto do Evangelho, dona Isabel conversa com seus quatro filhos sobre a riqueza, a pobreza e a bondade de Jesus, que está sempre presente, ao lado dos resignados, e que não falta com sua proteção. "Não devemos, filhinha — diz ela —, subordinar todos os pensamentos às necessidades do estômago." André Luiz enaltece o valor de dona Isabel ao se relacionar com os filhos, ora como amiga, ora como instrutora sensata e ponderada.

37. NO SANTUÁRIO DOMÉSTICO

Demonstra como o lar, onde se cultua o Evangelho, se transforma em fortaleza contra as investidas das entidades inferiores, sendo isolada com barreiras magnéticas, e como os Espíritos amigos participam do culto do Evangelho no lar. Dona Isabel, após o culto, faz um frugal lanche com os filhos e, no plano espiritual, Isidoro e os demais cooperadores também se alimentam de algo, cuja analogia com o alimento terreno é impossível. Após as vinte e três horas, passeando pelo jardim, André relata que uma menina do plano espiritual recolhe um cravo perfumoso e, ao retirá-lo da haste, a parte material do cravo murcha. A mãe, irmã Emília, que estava distraída, repreende a filha, ensinando que não se deve perturbar a ordem das coisas. Aniceto comenta sobre os efeitos da prece, o significado do vento, da pressão atmosférica em nosso Planeta e o intercâmbio espiritual durante o sono, acrescentando que Emília espera o esposo, liberto pelo sono, para conversarem. Informa que os Espíritos, ainda presos às sensações grosseiras dos sentidos físicos, buscam abrigo ao perceber que se aproxima uma tempestade, em casas de diversão ou em residências com portas abertas e que não tenham defesa vibratória que a oração em família constrói. Dona Isabel, desdobrada pelo sono, inicia excursão de aprendizado com seu marido, Isidoro, e deixa os filhos aos cuidados de entidades amigas na oficina de Nosso Lar. Conclui a Aniceto: "A felicidade divina se manifesta no sono dos justos."

38. ATIVIDADE PLENA

Anota o que acontece com o Espírito desdobrado, durante o sono físico, e adverte sobre os cuidados que se deve ter ao dormir. Aniceto informa como os encarnados desdobrados pelo sono são atendidos na oficina de Nosso Lar, onde forças superiores, não contaminadas com matéria mental inferior, favorecem o trabalho assistencial. Esclarece quanto à dificuldade do Espírito encarnado se comunicar com os desencarnados, em razão da muralha vibratória existente entre os dois planos da vida, caso contrário, se de tudo se lembrassem, poderiam cair no parasitismo, contando sempre com as orientações do plano invisível. Enfatiza que a limitação da visão e da audição do encarnado, quando em desdobramento pelo sono, dificultando a lembrança dos acontecimentos ao despertar, é providencial. Analisa o sonho de Nieta, que acredita ter vivido o que ouviu, dando vida à simbologia adotada pela sua avó desencarnada, na conversação que teve com ela. Comenta a tese da teoria do sonho segundo Freud e as obsessões oníricas, e conclui dizendo: "Ainda são poucos, relativamente, os irmãos encarnados que sabem dormir para o bem...".

39. TRABALHO INCESSANTE

Enaltece a importância que tem a oficina de Nosso Lar no serviço de esclarecimento e consolação aos encarnados e desencarnados. Telésforo se apresenta a Aniceto e informa que seu objetivo é o combate a uma cooperativa de congregados ao mal e revela a existência de outros núcleos, como a oficina de Nosso Lar em outras cidades do país. Fala do recrutamento de Espíritos ignorantes e sofredores realizado pelos cooperadores da oficina, para o estudo evangélico à noite, tomando-se o cuidado de não atrair entidades ociosas, irônicas ou com intenções inferiores, mesmo que sejam aqueles a quem dedicamos quota maior de simpatia e amor. Nem todos que necessitam de ajuda estão preparados para reflexões sérias e elevadas, podendo causar transtornos no recinto. Finaliza Aniceto: "Ninguém está impedido de ajudar, querer bem, interceder; todos podemos auxiliar os que amamos com os recursos que nos sejam próprios, mas a palavra dever tem aqui uma significação positiva para quem deseje caminhar sinceramente para Deus."

40. RUMO AO CAMPO

Comenta sobre o clima mental produzido pelos encarnados e desencarnados nas vias públicas e faz comparações com o clima do campo e o da floresta. Aniceto alega necessidade de repouso e convida André e Vicente para uma excursão no campo, onde o clima é mais favorável ao descanso. Comenta sobre as nuvens de bactérias produzidas pelo corpo doente dos humanos e de larvas mentais produzidas pela mente enferma dos desencarnados que os acompanham pelas ruas, atraindo seres monstruosos, para lhes fazer companhia, confirmando que a matéria mental tem vida própria. Enaltece a importância da luz solar combinada com o magnetismo terrestre no combate à flora microbiana de ordem inferior, permitindo ser possível a vida no Planeta. Conclui: "[...] enquanto os homens, herdeiros de Deus, cultivarem o campo inferior da vida, haverá também criações inferiores, em número bastante para a batalha sem tréguas em que devem ganhar os valores legítimos da evolução".

41. ENTRE ÁRVORES

Discorre sobre a atividade espiritual no campo e adverte o homem da urgente necessidade de preservar a natureza. Aniceto informa que somente um terço dos desencarnados fica em atividades diurnas; os demais não prescindem do repouso pela sua condição espiritual. Ensina que o campo é o mais abundante e vigoroso reservatório de princípios vitais, ao contrário da floresta, onde o vento é impedido de circular livremente, em virtude da alta densidade vegetal; que no centro urbano a atmosfera é compacta em razão da densidade mental e o ar se torna sufocante. Lembra que Espíritos prestimosos reencarnam para cooperar exclusivamente nos reinos inferiores. A equipe percebe um ajuntamento de encarnados e desencarnados e, ao chegar ao local, se depara com um acidente em que o carroceiro recebeu um coice da mula que o conduzia. O superior hierárquico, responsável pela segurança da região, interroga Glicério, Espírito responsável pelo trecho daquela estrada, e este declara que o dono do animal o maltratou demais e não lhe foi possível evitar o desastre. Aniceto instrui que "[...] ninguém desrespeita a natureza sem o doloroso choque de retorno, a todo tempo."

42. EVANGELHO NO AMBIENTE RURAL

Adverte os homens a preservar a natureza e lamenta que eles somente explorem seus recursos sem nada oferecerem em troca. Aniceto, André Luiz e Vicente realizam culto do Evangelho no campo, a céu aberto, e o instrutor comenta o capítulo 8 da *Epístola aos romanos*, versículos 19 a 21. Bovinos, muares e aves são atraídos pelas vibrações amorosas e se quedam tranquilos, participando do sublime momento, ouvindo-se apenas a voz leve e branda do vento. Em seus comentários enaltece a natureza e lembra que ela está à espera da compreensão dos homens que a exploram sem nada devolver-lhe; que a criação geme pedindo a luz do raciocínio dos humanos. Concentra sua fala no significado do nitrogênio para a vida no Planeta, ressaltando que se o homem conseguisse fixar no organismo dez gramas do nitrogênio que respira estaria alimentado, espontaneamente, pelas forças atmosféricas.

43. ANTES DA REUNIÃO

Considera a sessão de trabalhos espirituais uma atividade delicada a ser conduzida com responsabilidade e devotamento de quem dela participa. Descreve a movimentação espiritual que antecede uma reunião mediúnica no lar de dona Isabel, com estabelecimento de faixas magnéticas, limitando a zona de influenciação dos sofredores nas dependências físicas da oficina, e a manutenção de vigilantes em seu derredor e, até mesmo, a magnetização do ar. Fala da aparência dos Espíritos que ali chegam, lembrando a simbologia evangélica de uma reunião de "coxos e estropiados". Aniceto acredita que se o homem terreno visse plenamente uma assembleia de Espíritos desencarnados, em perturbação e sofrimento, sem dúvida modificaria sua atitude na vida normal. Diante da presença de somente desencarnados com aspectos doentios, cadavéricos, enfaixados e com ataduras, Aniceto adianta que "[...] o santuário familiar de Isidoro e Isabel não está preparado para receber entidades deliberadamente perversas". Quanto à forma como se apresentam os enfermos, diz que estão ali os que cultivam com certa volúpia a sua enfermidade e estimam a atenção dos médicos, pois "A morte física não significa renovação para quem não procura renovar-se."

Resumo do livro OS MENSAGEIROS

44. ASSISTÊNCIA

Ensina como deve proceder aquele que se dedica à assistência espiritual aos sofredores encarnados e desencarnados. André Luiz inicia seu trabalho assistencial direto e faz atendimento fraterno com aplicação de passes, seguindo a orientação de Aniceto: "Ao pé do enfermo o melhor remédio é a renovação da esperança." Aproxima-se de uma senhora desencarnada muito abatida, que diz nada ver, que é infeliz e que acha que vai *morrer*. Inicia a aplicação de passe, fala de Jesus, pronuncia palavras de animação e a senhora grita espantada que está enxergando novamente. Deslumbrado com o efeito positivo do primeiro atendimento, chega às lágrimas, mas, em tempo, é alertado pelo seu instrutor de que "[...] a excessiva contemplação dos resultados pode prejudicar o trabalhador", já que todo bem procede do Senhor. Continua na tarefa assistencial, atende vários desencarnados em sofrimento com pensamentos e palavras de bom ânimo. Observa que nas atividades de socorro alguns são curados, outros encontram a melhora, mas a maioria permanece nas mesmas condições. Aprende que o trabalhador do Cristo deve interessar-se unicamente pela semeadura do bem, e que a maioria dos padecimentos tem origem na falta de educação religiosa íntima e profunda de cada um.

45. MENTE ENFERMA

Estuda o conteúdo da Doutrina Espírita, fazendo comparação com as teorias metapsíquicas e experiências humanas constantes do Velho Testamento. Em continuação ao trabalho assistencial na oficina de Nosso Lar, no plano físico, o Dr. Fidélis — pesquisador de superfície e animista ferrenho — apresenta-se ao senhor Bentes, colaborador da casa, dizendo, com a intenção de desmoronar as assertivas espíritas, que Allan Kardec fora superado por Charles Richet com a metapsíquica; que se faz necessário um movimento racional para ajustar os fenômenos a critérios adequados... Bentes lhe responde que a metapsíquica contribuiu para corrigir voos da imaginação; que o Espiritismo é um conjunto de verdades dirigidas, de preferência, ao coração humano; que os Espíritos fazem a revelação de forma parcial e, no momento oportuno, não impede que o homem realize sua parte; que não se deve imputar toda a responsabilidade doutrinária aos médiuns, desmerecendo-os com a tese animista, já que as verdades divinas não são patrimônios de alguns homens, e que a decantada infalibilidade científica nada sabe sobre a origem das coisas mais simples, como a de uma semente. Aniceto conclui: "O Dr. Fidélis é um desses enfermos que ainda não se dispuseram a procurar o alívio, pelo demasiado apego à sensação."

46. APRENDENDO SEMPRE

Adverte quanto à responsabilidade e ao bom senso que deve ter os Espíritos no atendimento às solicitações dos encarnados. No lar de Isidoro e Isabel, 35 encarnados se preparam para a tarefa da noite, enquanto, no plano espiritual, quarenta cooperadores se movimentam para atender mais de duas centenas de Espíritos sofredores. Providências especiais são tomadas para controle do *séquito de perturbados* que acompanham, sem serem recrutados, os que buscam socorro. Orienta quanto aos critérios adotados para o atendimento às solicitações de receituário, conselhos médicos, orientações, assistência e passes. Instrui quanto à cautela que se deve ter para orientar quem já sabe o que vai ouvir, devendo-se recorrer, muitas vezes, ao silêncio como sendo o melhor no momento. Lembra que alguns Espíritos estimam oferecer palpites e se convertem em meros escravos de mentalidades inferiores encarnadas na Terra. "Muitos solicitam a cura do corpo, mas somos forçados a estudar até que ponto lhes podemos ser úteis, no particularismo dos seus desejos [...]".

47. NO TRABALHO ATIVO

Revela como se comportam encarnados e desencarnados em uma reunião mediúnica de assistência espiritual. Confirma a dificuldade de concentração de muitos humanos nas reuniões mediúnicas. No lar de dona Isabel, encarnados com pensamentos instáveis perturbam a sintonia mediúnica, porque estão ansiosos, preocupados e desinteressados... Aniceto assegura que, sem vida reta e esforço constante de reforma íntima, impossível se alcançar elevação mental de um momento para outro. Colaboradores espirituais se esforçam para obter resultados concretos no receituário repassado por dona Isabel, tendo que vencer as correntes mentais impeditivas dos humanos. Pedidos surgem nos dois planos da vida dirigidos ao mentor Isidoro, responsável direto pela atividade mediúnica de dona Isabel. A mãe implora para se comunicar com a filha, mas não é atendida em vista do inconveniente grave para ela e para a filha naquele momento; colaborador desencarnado solicita receituário para um parente, mas fica sabendo que o enfermo já recebera cinco orientações médicas e não deu cumprimento a nenhuma delas... Aqui estamos lidando com um material sagrado, que é o tempo, não se podendo conviver com os que estimam a brincadeira. "Além disso, não será caridade o ato de dar aos que não querem receber."

48. PAVOR DA MORTE

Esclarece por que determinados Espíritos necessitam ser assistidos em ambiente com a presença de encarnados e outros não. Aniceto diz que a maioria dos desencarnados sofrem da *doentia saudade do agrupamento* e, por isso, se sentem mais confortáveis em contato com as forças magnéticas humanas. Assemelham-se aos animais que têm *saudade do rebanho*, por isso o serviço de socorro se torna mais eficiente nessas condições. Nessas reuniões, mesmo o preguiçoso, dorminhoco e invigilante são úteis, pois, vindo receber, oferecem calor magnético e irradiações vitais aos desencarnados. Em visita a um necrotério, analisa a situação de uma jovem recém-desencarnada, já desligada dos laços fisiológicos, que insiste, apavorada, em se manter jungida ao cadáver, porque vê o noivo desencarnado ao seu lado e pensa que é um pesadelo, por não admitir que esteja morta. Magnetizada por Aniceto, é induzida a se afastar dali e é conduzida nos braços do noivo. Assegura Aniceto que, pela sua bondade natural, ficará livre de provas purgatoriais, e conclui: "A ideia de morte não serve para aliviar, curar ou edificar verdadeiramente. É necessário difundir a ideia da vida vitoriosa."

49. MÁQUINA DIVINA

Mostra o interior do corpo físico de um agonizante em processo desencarnatório. André observa um agonizante e vê que a alma se retirava lentamente, se libertando de determinados pontos orgânicos, e passa a estudar as razões da demora do desligamento do enfermo em coma, e vislumbra um foco de luz no centro do crânio do moribundo. Aniceto informa que é a mente algo ainda indefinível para nós, e que ela não possui "[...] tão somente o caráter, a razão, a memória, a direção, o equilíbrio, o entendimento; mas, também, o controle de todos os fenômenos da expressão corpórea." Louva o corpo físico como tabernáculo e bênção divina para habitação temporária do Espírito. O médico de Nosso Lar observa que todos os órgãos funcionam subordinados ao pensamento, enquanto Aniceto compara o corpo físico com a máquina moderna. Relata a invasão microbiana no corpo do moribundo sem que haja anticorpos para o combate em defesa da vida, e a desencarnação se processa em processo parcial. Aniceto conclui: "A falar verdade, este nosso amigo não está desencarnando, está sendo expulso da divina máquina, onde, pelo que vemos, não parece ter prezado bastante os sublimes dons de Deus."

50. A DESENCARNAÇÃO DE FERNANDO

Registra o auxílio espiritual para acelerar o processo desencarnatório de quem se prendeu na vida às sensações e está, ao mesmo tempo, sendo atraído pela força magnética dos parentes aflitos. André Luiz analisa o corpo de Fernando, com a potencialidade de um raio X, observando as minúcias do sistema ósseo, o sangue, os tecidos, os humores. Para apressar a desencarnação de Fernando em coma, que tem dificuldade para se libertar do corpo físico em razão da força magnética dos familiares, a equipe de Nosso Lar provoca uma melhora súbita e o médico dá a notícia alvissareira, liberando a família para merecido descanso. Livre das correntes magnéticas dos familiares, o desligamento do corpo espiritual se processa a partir dos calcanhares e termina na cabeça. Aniceto manifesta sua preocupação com o acompanhante de Fernando, para que não fique entregue a si mesmo, correndo risco de perambular por zonas inferiores em companhia de Espíritos vagabundos, que já se apresentavam com menosprezo pelo agonizante, mas a genitora estava presente e tudo controla.

51. NAS DESPEDIDAS

Registra as reflexões de André Luiz sobre seu aprendizado durante uma semana sob a orientação do instrutor Aniceto e na companhia do seu colega Vicente. No lar de dona Isabel e de Isidoro, o trio de Nosso Lar continua na prestação de serviço aos Espíritos enfermos que ali são levados e, enquanto não chega a hora da partida, todos se manifestam agradecidos pelo tempo que ali permaneceram, aprendendo e crescendo. Chega o momento de regresso a Nosso Lar, e os membros da equipe chefiada pelo instrutor mantêm conversação com dona Isabel, desdobrada pelo sono, e Aniceto faz a oração de agradecimento.

Resumo do livro

MISSIONÁRIOS DA LUZ

Oferece exemplos da atuação intercessória dos benfeitores espirituais a favor dos encarnados e desvenda os mecanismos da reencarnação desde o planejamento nas esferas espirituais até o momento da ligação do reencarnante à matéria. É o terceiro volume da coleção *A vida no mundo espiritual*, composto de 20 capítulos. Emmanuel, na sua apresentação, assegura que "Na consecução da tarefa superior, congregam-se encarnados e desencarnados de boa vontade, construindo a ponte de luz, através da qual a humanidade transporá o abismo da ignorância e da morte". Por essa razão, André Luiz, sob a orientação do instrutor Alexandre, realiza estudos em instituições espíritas na Crosta, e passa a conhecer os intricados processos da comunicação mediúnica pela psicografia, psicofonia e materialização, acrescentando aos estudos a análise do corpo físico do médium como grande laboratório de forças vibrantes, em particular o cérebro, onde a epífise assume importante papel, favorecendo a ligação do médium ao plano espiritual. Registra as dificuldades a serem vencidas pelos encarnados candidatos ao desenvolvimento mediúnico, em vista dos seus desregramentos sexuais, excesso de alimentação e abuso na ingestão de bebidas alcoólicas, quando seus organismos são atacados por larvas microscópicas, espécie de bacilos psíquicos, que invadem os sistemas orgânicos com assombroso poder de destruição. Informa a origem, os sintomas e o contágio do vampirismo espiritual, e demonstra o poder da oração no seu combate e na defesa do lar. Mostra os cuidados especiais que têm os Espíritos para realizar uma reunião de materialização, fazendo a ionização da atmosfera, oferecendo recursos magnéticos ao organismo do médium e isolando magneticamente um participante que abusou do álcool. Relata casos de socorro espiritual que acontecem, em grande parte, à noite, tendo como voluntários grupos de entidades especializadas que atendem pedidos como o da mãe de Antônio, que, vitimado por uma trombose, é socorrido e recebe mais cinco meses de vida física; e o preparo para o comovente encontro da viúva Ester, durante o sono, com o marido que se suicidou. No capítulo da obsessão, faz observações assustadoras sobre o conúbio prazeroso entre obsessor e obsidiado, demonstrando, em seguida, a eficácia do passe magnético na cura das enfermidades psicofísicas. Noticia a realização de palestras sobre psiquismo e mediunidade no mundo espiritual, próximo à Crosta, com a presença de Espíritos encarnados desdobrados pelo sono físico, e os obstáculos que eles encontram para serem assíduos, em razão de suas ligações com entidades de condições menos dignas. Em Nosso Lar, no Departamento de Planejamento das Reencarnações, estuda os mapas de projeto de futuros corpos e aprende que *Espírito completista* é aquele que aproveita todas as oportunidades de evolução oferecidas pelo corpo material. Revela, com detalhes, a reencarnação de Segismundo (capítulos 13, 14 e 15), e possibilita ao leitor conhecer o complexo processo de renascimento, desde a reconciliação entre o reencarnante e seu futuro pai, até o momento da fecundação sob a direção de Alexandre, cooperando na união da célula sexual feminina com a masculina. Relata, ainda, a assistência durante a gravidez da futura mãe. Em contrapartida, André Luiz relata um dramático caso em que a mãe, pela terceira vez, provoca um aborto indireto pela prática de excessivas leviandades. Narra o ambiente espiritual onde seis entidades ministram passes nos encarnados, enfatiza o conhecimento especializado e suas condições morais e psíquicas, e lembra que os encarnados de boa vontade que cooperam com o passe deverão se esforçar para imitá-las. Em Nosso Lar, Alexandre se despede de seus pupilos, partindo para esfera mais alta, solicitando a todos que os sentimentos que unem as pessoas não devem algemá-las umas às outras.

Resumo dos capítulos

1. O PSICÓGRAFO

Estuda o complexo mecanismo da comunicação mediúnica pela psicografia. Em um grupo mediúnico, o instrutor Alexandre disserta para dezenas de Espíritos sobre o intercâmbio mediúnico, sendo 18 encarnados que participam atenciosos, emitindo raios luminosos que se expandem a sessenta centímetros do corpo físico, os quais são aproveitados para os Espíritos infelizes. Seis entidades são designadas para se comunicar naquela noite, mas adverte o Instrutor que nem todos conseguirão, pois algumas levam semanas, meses, anos para alcançar o intento. Chama a atenção de André os cuidados que tem a Espiritualidade com a saúde física do médium, dando importância ao seu preparo espiritual e ao auxílio magnético oferecido pelos Espíritos. Observa que os Espíritos dedicam atenção aos sistemas nervosos central e autônomo, ao coração, à epífise e às glândulas suprarrenais, visando aumentar a produção de adrenalina. Alexandre diz que "A transmissão da mensagem não será simplesmente *tomar a mão*." Alexandre indica o comunicante Calixto e pede para considerar o interesse geral na sua preleção, tendo em vista que somente ele poderá usar o médium. Calixto envolve o médium com o braço esquerdo e, com a mão direita, toca-lhe o centro da memória, quando se observa a fusão das irradiações mentais do médium e do Espírito. Alexandre coloca a destra sobre o lobo frontal do medianeiro para evitar, o quanto possível, suas interferências na comunicação.

2. A EPÍFISE

Estuda as funções da epífise, ressaltando sua importância no crescimento mental do homem e no enriquecimento dos valores da alma. André Luiz, em plena reunião mediúnica, observa que o brilho da epífise do medianeiro é mais intenso do que os dos demais encarnados. Anota que, no entendimento da medicina terrena, aquela glândula encerra sua atividade inibidora de impulsos sexuais no início da puberdade. Alexandre revela que ela é um verdadeiro laboratório da vida mental, e no início da juventude deixa de ser válvula de controle para ser fonte criadora a presidir aos fenômenos nervosos da emotividade, quando o homem se entrega à recapitulação da sexualidade pela força dos hormônios do sexo, e acrescenta: a glândula pineal segrega *hormônios psíquicos* ou *unidades-força* e controla os impulsos sexuais com seu potencial magnético. Afirma que a epífise conserva ascendência sobre todo sistema endócrino, comanda as forças do subconsciente, efetua os suprimentos de energias psíquicas, controla as emoções e assume condição básica na experiência sexual. Disserta sobre a viciação das energias sexuais em que os desregramentos dão origem aos dolorosos fenômenos da hereditariedade fisiológica, advertindo sobre a necessidade da renúncia, continência sexual, disciplina emotiva, elevação pelo sacrifício como providências de teor não meramente religioso, mas como princípio científico na preservação da saúde física e espiritual. Lamenta que os materialistas, ao reconhecerem o risco da acumulação das forças nervosas ou secreções elétricas da epífise, na juventude, tenham prescrito apenas a prática do esporte para higiene e aformoseamento do corpo, sem perceberem que é necessário direcionar, também, as energias psíquicas para o engrandecimento do Espírito imortal.

3. DESENVOLVIMENTO MEDIÚNICO

Analisa as causas físicas e espirituais da dificuldade apresentada pela maioria dos candidatos ao desenvolvimento mediúnico. Numa reunião dedicada ao adestramento da faculdade mediúnica, Alexandre informa que ali os desencarnados aproveitam melhor a cooperação espiritual e são mais beneficiados do que os encarnados. Lamenta que estes se sintam insatisfeitos com os resultados demorados de suas experiências, mas é que nem sempre se submetem ao princípio de que "[...] toda edificação da alma requer disciplina, esforço e perseverança." André observa as condições de um jovem, cuja epífise irradia pálida luz e apresenta os órgãos genitais e urinários invadidos por larvas vampirizadoras em razão do excesso dos prazeres sexuais; em outro irmão, vê o aparelho gastrintestinal com severas anormalidades, tendo o fígado e o baço comprometidos pela ingestão abusiva de bebidas alcoólicas; em uma senhora candidata à mediunidade de incorporação, registra as deformidades do estômago por excesso de alimentação... Alexandre adverte sobre os prejuízos causados pelos excessos, em todos os sentidos, e relembra que o Espiritismo é a revivescência do Evangelho de Jesus e que, por ele, se deve acionar as melhores possibilidades de colaboração aos companheiros terrestres e finaliza: "[...], são bons companheiros de luta, aos quais estimamos carinhosamente, não só como nossos irmãos mais jovens, mas também por serem credores de reconhecimento pela cooperação que nos prestam, muitas vezes inconscientemente."

4. VAMPIRISMO

Introduz os conceitos de *vampiro* e *vampirismo* nas relações psicofísicas entre encarnados e desencarnados. Descreve a natureza dos bacilos que sugam as energias psíquicas do homem e analisa o vampirismo oriundo da relação doentia entre os Espíritos e os encarnados, enumerando as diversas enfermidades do corpo físico, seus agentes microbianos e as patogenias da alma originadas pela cólera, intemperança, desvarios sexuais e outras viciações alimentadas pelas almas conturbadas. Revela as origens das enfermidades psíquicas, seus sintomas e contágios, acrescentando que elas surgem na razão direta da semeadura, e lembra que o homem tem sido campeão do endurecimento e perversidade contra suas próprias forças vitais, promovendo as moléstias do corpo e da mente. Disserta sobre a caminhada do Espírito que se afasta perversamente dos princípios religiosos e cultua demasiadamente os conhecimentos intelectuais em prejuízo de si mesmo e dos filhos a ele tutelados. Adverte que o vampirismo ainda é bastante considerável em razão da promiscuidade entre encarnados e desencarnados que, magneticamente, sugam suas energias vitais por meio da absorção das larvas psíquicas resultantes da degenerescência dos hábitos humanos. Observa que nossos hábitos alimentares se assemelham ao vampirismo quando transformamos vísceras e tecidos musculares em iguarias; quando cevamos aves e mamíferos, submetendo-os a condições extravagantes para atender aos caprichos de nosso paladar. Explica que o homem ainda vive à mercê do vampirismo criado e alimentado por ele mesmo, pois jamais soube educar e proteger os seres inferiores que o Pai lhe confiou; por essa razão, não pode exigir atenção especial de superiores para a solução de problemas de forma imediata; assegura que a solução reside em acordar a própria consciência para a responsabilidade coletiva, já que a missão do superior é a de amparar e educar o inferior.

5. INFLUENCIAÇÃO

Desenvolve comentários sobre a força do processo de influenciação contínua entre encarnados e desencarnados e demonstra que o intercâmbio de pensamento é movimento neutro e livre no universo. Alexandre e André Luiz registram os comentários otimistas e as demonstrações de reconhecimento dos participantes após o encerramento da reunião de desenvolvimento mediúnico, mas lamenta o Instrutor que haja muito entusiasmo e pouco esforço persistente. Reconhece, no entanto, que são bons para os outros e menos para si mesmos, pois não aplicam a luz evangélica à vida prática. O Instrutor e seu pupilo acompanham os irmãos que saem da reunião e comparam a diferença do clima psíquico do ambiente interno, onde o pensamento elevado, a oração e o trabalho espiritual sublimam a atmosfera, com o ar sufocante da rua, repositório de pensamentos antagônicos, contaminado pelas bactérias de mentalizações inferiores dos transeuntes encarnados e desencarnados. Observa os Espíritos que foram impedidos de adentrar no salão, dada a singularidade dos serviços da noite, mas que acompanham o rapaz fortemente atacado pelas inquietações sexuais. Nota a mudança drástica de pensamento e de sentimento do grupo familiar do rapaz candidato ao desenvolvimento mediúnico, o qual descamba para o desânimo e queixas sobre sua insatisfação com o matrimônio, confessando sua fraca vontade em vencer a si mesmo, sendo fortalecido mentalmente pelas entidades afins que lhe fazem companhia. A senhora, mãe dos jovens, na condição de quem cultiva velhos sofrimentos, é fortemente influenciada pelo ex-esposo, que viveu egoisticamente um casamento para atender apenas a união corporal e conveniências da experiência humana. A jovem, fortemente influenciada por Alexandre, diz ao irmão que, antes de desenvolver a mediunidade, ele deve se preparar espiritualmente para ter o que oferecer aos seus adversários, armar o coração com a luz do amor e da sabedoria. Alexandre adverte sobre as consequências da leviandade contumaz, criando laços com entidades ainda presas às sensações inferiores da carne. Finaliza afirmando que o Espiritismo é manancial de consolação, mas que se deve adquirir com ele a fortaleza moral para crescer espiritualmente, já que os benfeitores espirituais não caminharão por nós.

6. A ORAÇÃO

Ensina que a oração sincera e reta é o mais forte antídoto para se combater o vampirismo espiritual e que o homem encontra a cura das suas enfermidades em si mesmo. André Luiz reconhece que, como médico terreno, diante dos sintomas que o rapaz apresenta, não sabe como ajudá-lo... Alexandre informa que o vampirismo se manifesta nas regiões inferiores do plano invisível, onde se reúnem criminosos, aleijados de caráter, doentes voluntários, teimosos e recalcitrantes fazendo permutas magnéticas de baixo teor, e afiança que, entre os encarnados, as expressões mentais dependem do equilíbrio do corpo, assim como a música depende do instrumento, pois cada célula física é instrumento de determinada vibração mental, e que todos estamos criando, renovando, aprimorando ou destruindo alguma coisa. Diz que, para o combate ao vampirismo, no plano espiritual, há vários processos saneadores e curativos, mas é bom lembrar "[...] que cada filho de Deus deve ser o médico de si mesmo." Próximo à casa do rapaz sexólatra, as entidades vampirizadoras recuam, e Alexandre esclarece que a esposa, Cecília, tem o hábito da oração fervorosa e reta que lhe protege o lar. Alexandre bate à porta e é atendido pela esposa desdobrada pelo sono, e trocam palavras de ânimo enquanto o marido se acomoda no leito, cuidando para não acordá-la. Cecília, ainda desdobrada, ora fervorosamente ao lado do marido e André Luiz observa que os micróbios vampirizadores que se alojavam no corpo do esposo são paulatinamente destruídos pelos raios luminosos emitidos pela esposa amorosa, e ele dorme tranquilo. Alexandre tece considerações em torno do poder dos raios emitidos pela oração como sendo o mais eficiente antídoto do vampirismo, e esclarece sobre os bilhões de raios cósmicos que a cada minuto atingem o ser humano, oriundos do solo, da água, dos metais, dos vegetais, dos animais, das colônias espirituais que circundam a Terra, do Sol e das mentes dos próprios semelhantes. Instrui que o marido recebeu auxílio da esposa por *acréscimo de misericórdia*, mas que sua cura dependerá dos seus esforços para se livrar, definitivamente, do vampirismo destruidor.

7. SOCORRO ESPIRITUAL

Descreve a vida noturna de grupos de Espíritos que se movimentam na sombra, e de outros iluminados que caminham em direção a tarefas nobilitantes. Alexandre informa que à noite a cooperação dos desencarnados é mais eficiente, pois os raios solares diretos desintegram certos recursos da cooperação espiritual. Justina, mãe extremada, solicita ajuda de Alexandre para seu filho Antônio, que agoniza no leito, lamentando que suas criações mentais se transformem em torturas para ele. O instrutor encontra Antônio, viúvo de 70 anos, vitimado pela trombose, à beira da desencarnação, e pede-lhe cooperação para receber a ajuda de que necessita, porque suas preocupações excessivas desorganizam-lhe o cérebro. Inicia complicadas operações magnéticas e roga a prece de André Luiz, enquanto invoca o grupo do irmão Francisco, para auxiliá-lo na tarefa de recuperação do moribundo. O grupo do irmão Francisco, composto de quatro homens e quatro mulheres, dedicado aos enfermos agonizantes, se apresenta ao instrutor Alexandre, que solicita a presença de Afonso, Espírito encarnado, mentalmente equilibrado, em condições para doar seus fluidos ao doente. A transfusão fluídica de Afonso para Antônio se faz com ajuda de Alexandre, que desfaz o coágulo e o enfermo se recupera pouco a pouco, notando-se que seu corpo espiritual se ajusta, célula a célula, ao corpo físico. Informa que existem muitos grupos, como o liderado pelo irmão Francisco, dedicados à cooperação, principalmente à noite, vinculados a instrutores do Nosso Lar, com tarefas específicas. Revela que os desastres circulatórios se processam, na maioria das vezes, à noite, em razão do excesso de pensamentos preocupantes;

que, durante o dia, os raios solares destroem parte das criações mentais inferiores, porém, à noite, o magnetismo da Lua favorece as criações mentais indistintamente. Tece considerações sobre os efeitos da enfermidade intransigente, favorecendo a renovação íntima e conclui: "A Bondade divina é infinita e, em todos os lugares, há sempre generosas manifestações da Providência paternal de Deus, confortando os tristes, acalmando os desesperados, socorrendo os ignorantes e abençoando os infelizes."

8. NO PLANO DOS SONHOS

Revela a dificuldade do homem comum em manter os propósitos elevados da vigília quando liberto pelo sono. Encarnados, livres pelo sono, são esperados para uma reunião de esclarecimentos sobre mediunidade e psiquismo no centro de estudos de uma casa espírita que dá assistência aos humanos necessitados e sofredores. Lamenta que o centro de estudos conte com trezentos associados e que somente trinta frequentem os encontros. Informa que, embora a maioria deles não guarde plena recordação do que aprende, o benefício permanece, porque despertam experimentando alívio, repouso e esperança, em razão dos novos valores educativos amealhados. Com relação ao local próprio para cada reunião, lembra a preferência que Jesus deu ao lar para suas pregações, iniciando pela casa de Pedro e passando pelas residências de pecadores confessos. Prega que no futuro da humanidade haverá igrejas-escolas, igrejas-hospitais e igrejas-orfanatos oferecendo arrimo, esclarecimento, remédio, luz do saber, amparo e esperança. Registrada a ausência dos encarnados Vieira e Marcondes, Alexandre solicita a Sertório que verifique o que aconteceu, e este, acompanhado por André Luiz, diz que a maioria dos encarnados, durante o sono, sai em busca de emoções frívolas e menos dignas, lembrando que Jesus ensina que muitos são chamados e poucos escolhidos, mas que a escolha não é uma graça divina, e sim consequência do esforço de cada um no sentido de se melhorar. Vieira é encontrado em cruel pesadelo, tendo ao seu lado um velho amigo desencarnado, irritado e querendo explicações das calúnias a ele imputadas. Não entrando num acordo para se afastar, Sertório sacode Vieira, que acorda apavorado, acreditando ter sonhado com seu amigo Barbosa, colocando a responsabilidade do pesadelo no jantar da noite, furtando-se à realidade da sua maledicência. Em um apartamento, Marcondes, parcialmente desligado do corpo, é surpreendido ao lado de três entidades femininas em condições deprimentes. Ensaia algumas desculpas a Sertório, enquanto as irmãs, irritadas, dizem que foram chamadas por ele e que não irão se afastar. O mensageiro de Alexandre diz que ele se demorará naquela situação para que, ao despertar, lembre-se de tudo e sinta-se envergonhado, podendo aproveitar a lição.

9. MEDIUNIDADE E FENÔMENO

Disserta sobre a necessidade de o candidato às atividades mediúnicas se munir de valores morais, espirituais e intelectuais, para não estacionar na embriaguez da fenomenologia. Alexandre se dirige a dezenas de encarnados e desencarnados e explana sobre as dificuldades de natureza psicofisiológica no desenvolvimento da mediunidade e adverte que, antes de tudo, é necessário corrigir atitudes mentais diante da vida humana, acrescentando que não se atinge os fins sem atender os princípios; que o templo da fé viva não se ergue tão somente ao preço de palavras e de promessas brilhantes, e lembra que "A edificação do reino interior com a luz divina reclama trabalho persistente e sereno." Compara o desenvolvimento da mediunidade com o mais modesto serviço de natureza terrestre, que exige escolha do material, esforço de aquisição, planejamento, experimentação, demonstração de equilíbrio, firmeza e harmonia; que, para se desenvolver a percepção mediúnica, é necessário o candidato alcançar disciplina e construtividade, aprender a ver, ouvir e servir, e dominar os impulsos inferiores, pois a mediunidade não é simples expressão fenomênica. Quanto ao intercâmbio mediúnico, lembra que a desencarnação não expressa santificação, pois muitos Espíritos sabem menos do que o próprio médium, sendo natural não estarem todos em condições de beneficiar, orientar e ensinar. Alexandre insiste que o despreparo do médium proporciona as manifestações inferiores na esfera mediúnica, acrescentando que somos uma infinita comunidade de vivos, separados, apenas, por campos vibratórios distintos, e que, para receber a revelação da verdade divina, é necessário desenvolver valores celestes. Concorda que a experimentação, a pesquisa intelectual e a curiosidade respeitável são necessárias, mas é forçoso observar que a informação não é tudo, pois catalogar valores não significa vivê-los, e que o argumento do fenômeno mediúnico para conversão do incrédulo não procede, já que os fenômenos permanentes da natureza, na Crosta, são suficientes para favorecer a concepção da existência de Deus nas almas adormecidas, e conclui: "A paixão do fenômeno pode ser tão viciosa e destruidora para a alma, como a do álcool que embriaga e aniquila os centros da vida física!"

10. MATERIALIZAÇÃO

Estuda a delicadeza e a complexidade da reunião de materialização, enfatizando as dificuldades oferecidas pelos encarnados para sua realização, e os riscos consequentes para o médium de efeitos físicos. Alexandre adverte que a materialização de Espíritos é serviço de elevada responsabilidade e exige a colaboração consciente dos encarnados e de grande número de desencarnados, pelos riscos oferecidos à organização mediúnica, por isso não há presença de sofredores, devendo se isolar o prédio por um cordão de trabalhadores espirituais. Informa ser indispensável preservar a pureza do material ectoplasmático oferecido pelos encarnados, em especial pelo médium, para que não seja contaminada com princípios mentais de origem inferior, criados pela falta de preparo moral dos encarnados e pela ausência de homogeneidade de intenção, considerando que alguns atraem seus obsessores, que ameaçam o resultado da tarefa. Ensina que é necessária a ionização da atmosfera do ambiente onde os Espíritos, quase sempre ligados à Crosta, se materializam, mas que os organizadores da reunião são entidades que possuem muitos conhecimentos e alto grau de responsabilidade. Revela o uso de equipamento espiritual para condensação do oxigênio de toda a casa, objetivando aumentar o teor de ozônio para funcionar como bactericida e exterminar larvas mentais e outras entidades microscópicas de atividade inferior, pois o ectoplasma oferecido pelo médium não pode ser infectado. Cooperadores espirituais chegam com substância luminosa extraída das plantas e das águas para reduzir o número de vibrações, favorecendo a materialização de Alencar, Espírito que exerce considerável controle sobre a jovem médium, sendo auxiliado por Verônica, ex-enfermeira na Crosta, que submete o aparelho mediúnico a operações magnéticas para socorrer-lhe os processos de nutrição, circulação, metabolismo e ações protoplasmáticas. Entidades colocam as mãos em forma de coroa sobre a fronte da médium e vigoroso afluxo magnético se projeta sobre o estômago e o fígado, concentrando-se no plexo solar e espalhando-se pelos sistemas nervoso e vegetativo, resultando em maior segregação de sucos digestivos. São expelidos os resíduos escuros alojados nos centros vitais, e todas as glândulas mais importantes passam a brilhar intensamente. A chegada de um irmão que exala princípios etílicos pela boca, nariz e poros provoca um choque de vibrações, exigindo que ele seja insulado em redoma vibracional. A médium é conduzida à cabine e é proferida uma oração, mas a curiosidade, as solicitações pessoais, os sentimentos egoístas dos encarnados dificultam a harmonia. Tem início a reunião em ambiente iluminado apenas com a luz de uma lâmpada vermelha, e a médium inicia a exteriorização do ectoplasma. Registra-se uma perturbação vibratória no ambiente e Calimério solicita que cantem ou que façam música de outra natureza. Alexandre manipula o ectoplasma exteriorizado pela boca, narinas e ouvidos da médium e confecciona uma garganta, por ela se dirigindo aos encarnados: "Meus amigos, a paz de Jesus seja convosco! Ajudem-nos, cantando! Façam música e evitem a concentração!..." Esclarece a André Luiz que qualquer toque em Alencar, materializado, repercute na organização mediúnica e vice-versa; que ele fica sob a influenciação positiva de Calimério; que as formas materializadas são *filhos provisórios* da força plástica da intermediária, e que qualquer violência ou descuido resulta em funestas consequências para ela.

11. INTERCESSÃO

Oferece exemplo de como funciona o serviço de intercessão dos Espíritos a favor dos encarnados e desencarnados, demonstrando que estes convivem com os humanos, alimentando-se, dormindo e participando ativamente de suas vidas. A senhora Etelvina, desdobrada pelo sono, busca a ajuda de Alexandre para sua prima Ester, que perdera o marido em condições trágicas, acreditando-se em suicídio, mas a esposa entende que foi assassinato e, para acalmar seu coração, pede para sonhar com ele e saber a verdade. Alexandre resolve ir até à casa de Ester para examinar o assunto, pois "[...] o serviço intercessório, para ser completo, exige alguma coisa de nós mesmos." Observa que o lar é habitado por seis desencarnados de condição inferior, os quais participam do almoço, absorvendo pelas narinas as emanações dos elementos. Esclarece que os encarnados recebem setenta por cento de sua alimentação dos princípios atmosféricos pelos condutos respiratórios, e que os alimentos desintegrados pelo cozimento são aproveitados pelos vampirizadores, atraídos pelos pensamentos doentios dos encarnados para aquele ambiente. Adverte sobre o cuidado com o pensamento e as conversas durante as refeições, salientando que as queixas e lamentações são vibrações negativas que atraem companhias espirituais mergulhadas no mesmo clima mental. Ester, à mesa, conta fragmentos do sonho que teve com o marido, dizendo-se animada e esperançosa. André Luiz, interessado em esclarecer os vampiros, ouve de Alexandre que as cristalizações mentais deles, cultivadas há muitos anos, não se desfazem com esclarecimentos verbais de um dia. Em seguida, conversa com entidade amiga em visita ao lar de Ester, o qual informa não ter sido possível evitar o sequestro de Raul pelo bando de entidades delinquentes. Alexandre ensina que o suicida acarreta absoluta incapacidade de sintonia mental com os elementos superiores, enquanto a vítima de assassínio segrega corrente de força que atrai o auxílio superior, não sendo possível socorrer a todos que buscam o sofrimento por deliberação própria. Alexandre concentra-se e localiza Raul em um matadouro, totalmente alienado, prisioneiro de vampiros que disputam famélicos as energias do plasma sanguíneo dos bovinos. Lamenta que o alimento animal ainda seja uma necessidade para muitos dos encarnados, mas compreende que "Cada coisa, cada ser, cada alma permanece no processo evolutivo que lhe é próprio." Raul, após ser resgatado, é conduzido a um hospital espiritual na Crosta e, despertado magneticamente, volta ao momento do suicídio e começa a sofrer desesperadamente, confessando-se infeliz, permanece assim por três dias. Parcialmente recuperado, menos aflito e confiante, narra sua história, confessando que se apaixonou por Ester quando foi a ela apresentado pelo noivo, seu amigo Noé. Enlouquecido, envenenou o amigo e conquistou sua ex-noiva, mas, após alguns anos, o remorso passou a lhe consumir a paz e acreditou que a morte seria a solução. Planejou o suicídio para que desse a aparência de um assassinato. Diante do entendimento de André Luiz de que a viúva deve ficar sabendo o que aconteceu, Alexandre diz: "Somente são dignos da verdade plena os que se encontram plenamente libertados das paixões." Romualda, Espírito esclarecido, é indicada para ajudar Ester, buscando solução para amenizar suas dificuldades financeiras e prepará-la espiritualmente para seu encontro com o Raul, o qual é orientado a se manter equilibrado psíquica e emocionalmente, enquanto estiver com sua ex-esposa, para que ela adquira a paz que tanto almeja. Durante a visita, Alexandre ajuda Raul magneticamente, que consegue consolar Ester, recomendando-lhe paciência, confiança em Deus e cuidados com os filhos. Ela se reanima e roga que vá ajudá-la, mesmo separados pela sepultura... Ele promete cooperar, mas não revela como se deu a sua morte. Ao despertar, ela recorda, com ajuda magnética de Romualda, o sonho que teve com o marido e com seu tio, irônico, e pergunta se ele revelou a forma de sua morte... Compreendendo o descaso, inspirada, responde: "Em nossa preocupação de punir culpados, iremos ao absurdo de desejar ser mais justo que o próprio Deus?" Dentro do programa de auxílio promovido por Romualda, surge o primeiro efeito: uma dama da alta sociedade vai até a Ester e lhe oferece emprego de costureira, coisa que ela bem sabia fazer! E Alexandre conclui: "Quando os companheiros terrestres se fazem merecedores, podemos colaborar em benefício deles, com todos os recursos ao nosso alcance, desde que a nossa cooperação não lhes tolha a liberdade de consciência."

12. PREPARAÇÃO DE EXPERIÊNCIAS

Estuda os diversos processos de reencarnação, descrevendo as providências tomadas no seu planejamento. Herculano, companheiro de Alexandre, solicita cooperação para a reencarnação de Segismundo e narra a história do triângulo amoroso em que Adelino, marido de Raquel, fora assassinado por Segismundo, para tomar-lhe a esposa e, desencarnados, padecem em zonas inferiores, calcinados pelo ódio. Os antigos cônjuges retornaram à carne com a promessa de receber Segismundo como seu segundo filho, na tentativa de santificar o amor e apagar o ódio que lhes promoveram a queda desastrosa, mas Segismundo sente-se desventurado e sem forças para reparar o mal diante dos pensamentos de ódio de Adelino. Alexandre orienta André a fazer um estágio em Nosso Lar, no Planejamento de Reencarnações, para poder acompanhar o caso, acrescentando que "Em toda edificação verdadeiramente útil, não podemos prescindir da base." Adianta que a maioria das reencarnações obedece a um padrão que atende apenas as manifestações evolutivas, e que uma minoria se enquadra num processo individual e mais complexo. Em Nosso Lar, André, acompanhado do assistente Josino, estagia no Planejamento de Reencarnações e analisa os mapas das formas orgânicas que são conduzidos pelos interessados na sua reencarnação, ou por entidades intercessoras, na busca de ajudar amigos e afetos. Aprende que a lei de hereditariedade fisiológica sofre a influência do Espírito em obediência ao seu grau evolutivo e à natureza do seu trabalho na Crosta; que o planejamento de reencarnação se dá em todos os núcleos espirituais superiores; que os Espíritos que estagiam em zonas inferiores recebem a cooperação de benfeitores situados em posições mais altas ou recebem a bênção da *intercessão* de amigos e afetos. Descreve os modelos de corpos humanos dos sexos masculino e feminino, dotados de todos os seus elementos. Em companhia de Manassés, conversa com Silvério, reencarnante que teme contrair novos débitos em sua nova experiência, já que não se lembrará do passado, e fica sabendo que reencarnará com defeito na perna para ajudá-lo a vencer a vaidade e o amor-próprio excessivo que lhe induziram à queda. Manassés informa sobre os Espíritos *completistas*, os que aproveitam todas as possibilidades construtivas, usando o corpo físico para conquistas de direitos expressivos no plano espiritual, dizendo que eles, ao retornarem à Terra, solicitam corpos menos graciosos, mas com resistência para uma vida sadia, e fogem de experiências que o possam distrair no caminho da realização da vontade divina. Desenhos de órgãos que comporão o corpo humano, atendendo às necessidades redentoras de cada interessado, são examinados por André Luiz. Foca a história de Anacleta, que voltará ao plano físico para receber seus ex-filhos que se encontram há quarenta anos em regiões inferiores, porque delinquiram em razão de sua excessiva meiguice em educá-los, e que, agora, retornarão paralíticos e débeis mentais. Uma senhora se aproxima de Manassés e pede que interceda a seu favor, pois prefere a fealdade corpórea para não cair na sedução da carne outra vez. André Luiz conclui: "A vida é uma sinfonia perfeita. Quando procuramos desafiná-la, no círculo das notas que devemos emitir para a sua máxima glorificação, somos compelidos a estacionar em pesado serviço de recomposição da harmonia quebrada."

13. REENCARNAÇÃO

Estuda o processo reencarnacionista desde o planejamento do corpo e dos respectivos órgãos no mundo espiritual, e demonstra o momento da fecundação do óvulo maternal. No lar de Adelino, Segismundo se apresenta triste porque seu futuro pai não o perdoa na condição de seu assassino, em vida passada, e é orientado por Alexandre que perdoe primeiro, que se coloque no lugar do ofendido. Adelino, taciturno, responde laconicamente às perguntas de Raquel, que sonda a razão de sua tristeza, e ele relata um sonho recorrente, no qual uma sombra se aproxima e estende-lhe a mão, como se fosse um mendigo, mas acredita que tudo vai melhorar se voltar à prática da oração. À noite, o primogênito Joãozinho e os pais oram acompanhados por Espíritos amigos interessados no retorno de Segismundo. O futuro pai, desdobrado pelo sono, se defronta com Segismundo e, temeroso, ensaia retornar ao corpo, mas Alexandre o convida a socorrer quem lhe estende as mãos e pede ajuda; apresenta-lhe seu ex-assassino e, após breve exortação, os dois se abraçam e Adelino perdoa sinceramente seu futuro filho, ficando nimbado de luz. O futuro pai retorna ao corpo e o reencarnante sorri resignado e confiante, mesmo sabendo que enfrentará problemas cardíacos na maturidade, em consequência do ato cometido, mas confia no *acréscimo de misericórdia*. Alexandre informa que todas as providências tomadas no caso de Segismundo, com relação aos pais, tiveram o propósito de não violentar o livre arbítrio de Adelino, já que o pensamento de ódio intoxica a cromatina da bolsa seminal, aniquilando as células criadoras ao nascerem (esterilidade), e que "Somente o amor proporciona vida, alegria e equilíbrio." Lamenta que a união sexual entre a maioria dos terrestres se aproxime da manifestação dos irracionais e que, em planos elevados, ela se traduz como permuta de energias perispirituais; ensina que a procriação é serviço a ser realizado por aquele que ama, entendendo-se o sexo como qualidade positiva ou passiva da alma, devendo-se substituir o termo *união sexual* por *união de qualidade*. Amplia o conceito de paternidade e de maternidade, informando que a fecundação física dá origem à forma, e que a fecundação psíquica produz no domínio da virtude, da ciência ou da arte. Os Espíritos construtores chegam ao lar de Adelino, na véspera da ligação de Segismundo à matéria, para cooperar na formação do feto. Herculano estuda os mapas cromossômicos, com vistas a oferecer os recursos magnéticos apropriados à organização das propriedades hereditárias, e adverte quanto aos cuidados com a condição energética do Espírito reencarnante, pois medo, pessimismo e extenuação oferecem complicações no gravíssimo processo, que não deve comportar fracasso, devendo o reencarnante cooperar com seu desenvolvimento fetal, mentalizando sua melhor condição, confiando no apoio da mãe e dos intercessores espirituais. Informa que a maioria dos Espíritos retorna à carne inconsciente do que lhe acontece, conduzidos ao templo maternal como crianças adormecidas, quando a mãe e os amigos espirituais ficam responsáveis pela conformação fetal, mas o desenvolvimento e a modelagem do embrião obedecem às leis físicas naturais. Revela que a união sexual nos *lares em bases sólidas* é inviolável, do ponto de vista espiritual, mas se há desregramento dos cônjuges, as entidades vampirizadoras induzem-nos a dolorosas viciações; quando a esposa é fiel sem a contrapartida do esposo, ela garante a privacidade à custa de abnegação e sacrifícios. Elucida que o reencarnante, após sua ligação fluídica com os futuros pais, vai se exaurindo, perdendo pontos de contado com os veículos que consolidou na esfera espiritual, devolvendo determinados elementos adquiridos com a alimentação e hábitos no plano espiritual; que tais elementos são eliminados com auxílio magnético dos Espíritos construtores. Alexandre ordena que Segismundo mentalize a sua organização fetal, que se faça pequeno como uma criança e ele alcança a forma sugerida. Comenta que os processos de reencarnação diferem ao infinito, havendo Espíritos que dispensam cooperação de Espíritos abnegados, mas há reencarnações muito difíceis, onde o esforço de colaboração é dispendioso, já que monstros das sombras perseguem os filhos nascituros, favorecendo a sucumbência dos que vêm em provas retificadoras, o que explica certos fenômenos teratológicos e enfermidades congênitas. Assegura que nem todos estão devidamente preparados para a reencarnação, mas que a Crosta é escola divina oferecida a todos, e que o retorno de Segismundo obedece a diretrizes comuns, pois ele pertence à classe média dos que habitam a Terra. Expõe que o reencarnante é acompanhado de perto por entidade superior até os sete anos de idade, quando se consolida a reencarnação, porque "[...] o corpo perispiritual, que dá a forma aos elementos celulares, está fortemente radicado ao sangue [...]."; que somente a partir daquela idade, o Espírito preside, por si mesmo, ao processo de formação do sangue, que antes obedecia à força vegetativa do corpo físico. Declara que a criatura terrena não está subordinada à força hereditária, herda tendências e não qualidades; que as primeiras cercam o homem desde cedo, não só em seu corpo transitório, mas no ambiente em que viverá, e que as segundas serão resultantes do seu labor individual. A noite da ligação de Segismundo à matéria se dá em ambiente festivo no lar de Adelino, com a presença de uma centena de entidades amigas do reencarnante. Alexandre informa quanto à futura forma física de Segismundo e assegura que não será exatamente a que manteve no mundo espiritual, oriunda da existência anterior, pois vários fatores influirão para seu novo contorno anatômico, entre eles os cromossomos dos pais, a influência mental de Raquel e do reencarnante, e a contribuição dos Espíritos construtores. Complementa que o plano reencarnacionista prevê a forma física, a paisagem doméstica, o ambiente social e o concurso fraterno, bem como as principais dificuldades a serem vencidas, e que muita gente confunde *plano construtivo* com *fatalismo*; que não existe *destino fixado*, pois todos reencarnam com independência relativa. Raquel, desdobrada pelo sono, recebe Segismundo nos braços, e Alexandre faz uma oração, enquanto a forma perispiritual do reencarnante se liga magneticamente à sua futura mãe. O Instrutor seleciona o espermatozoide mais apto, injeta-lhe recurso energético e faz com que ele fecunde o óvulo, dando início a vida material com a divisão celular. A forma reduzida de Segismundo é ajustada ao corpo perispiritual de Raquel, e Alexandre conclui sabiamente: "Não se esqueça, André, de que a reencarnação significa o recomeço nos processos de evolução ou de retificação."

14. PROTEÇÃO

Revela o trabalho dos Espíritos construtores na organização fetal do reencarnante, durante os primeiros vinte um dias da gravidez, considerando as alterações físicas e psicológicas da gestante nessa fase, e das providências tomadas pelos benfeitores, para que a reencarnação não venha a falhar. Esclarece que o plano espiritual cuida para evitar o aborto natural, consequente da leviandade de muitas mães, mesmo quando a reencarnação se dá em vasos maternos menos dignos. Informa que muitos casais ficam impossibilitados de terem filhos porque anulam as próprias faculdades geradoras pelo mau uso que fazem delas na vida atual ou pretérita. Ensina que o homem se alimenta de formas mentais, valendo-se da capacidade de absorção do organismo perispiritual, e que a absorção da forma perispiritual do reencarnante pelo corpo perispiritual da mãe se dá, relativamente, da mesma forma. Ensina que a possibilidade da escolha do elemento masculino para a fecundação do óvulo não há em todos os casos e que, não havendo escolha deliberada por entidade espiritual, o processo obedece à sintonia magnética do espermatozoide com o óvulo, que, às vezes, por força do seu *individualismo magnético*, exerce atuação na eleição do elemento que o fecundará, não se desprezando os problemas espirituais das tarefas, missões ou provas necessárias. Instrui sobre os cuidados dos primeiros vinte e um dias, quando o embrião atinge a configuração básica, não podendo mãe e filho, antes disso, receberem visitas de Espíritos amigos, já que a alegria é uma comoção. Compara a reencarnação com uma reunião de materialização de Espírito, cujos cuidados com a mãe (médium), com o reencarnante (Espírito que se materializa) e com os circunstantes se assemelham, devendo se considerar a grande diferença de tempo para cada um dos eventos. Examina em detalhes a formação celular do corpo do reencarnante, e observa que, ao final de vinte e um dias, o organismo humano tem a forma de um peixe mergulhado no líquido amniótico.

15. FRACASSO

Narra o caso de uma gravidez interrompida por invigilância da gestante, que não quis renunciar aos prazeres da vida a favor da maternidade. André Luiz se inclui na equipe de Apuleio para cooperar no renascimento de Volpini, cuja mãe não responde aos esforços desenvolvidos pelos Espíritos construtores, já tendo provocado duas vezes o aborto inconsciente, em razão de seus desregramentos. No lar de Cesarina, três entidades inferiores planejam o terceiro aborto de Volpini, para que a mãe continue livre, favorecendo-lhes a satisfação dos seus desejos nefandos. Ensina que o processo reencarnatório exige inauditos esforços dos Espíritos construtores, pois as entidades malignas desintegram os elementos magnéticos de cooperação quando a mãe se afasta completamente do bom relacionamento espiritual. Informa que o pai de Cesarina, desencarnado, tentou ajudá-la, mas sofreu demais e foi submetido, pelos amigos, a um tratamento magnético de esquecimento, para não se prejudicar e complicar, mais ainda, a situação da filha. Os Espíritos construtores lamentam não poder assistir Volpini, pois a mãe vem se entregando aos desregramentos sexuais e alcoólicos, comprometendo o sucesso do renascimento. Revela as condições de um feto em que o colo maternal não oferece nenhuma proteção, favorecendo a invasão de entidades microscópicas que nadam no líquido amniótico e invadem o cordão umbilical, devorando o alimento destinado ao reencarnante. Dona Francisca, amiga de Cesarina, influenciada por Apuleio, tenta persuadi-la a não ir a uma festa de aniversário, programada para aquela noite, sentindo que ela está correndo perigo, mas não logra sucesso. Apuleio dispensa seus colaboradores da tarefa de assistência à mãe irresponsável. Na festa de aniversário, em meio aos alcoólicos e às vibrações inferiores de encarnados e desencarnados, Apuleio encontra Volpini desesperado, abraçado a sua futura mãe, e com recursos magnéticos, promove o seu desligamento do feto e o conduz a uma organização de socorro. No dia seguinte, Cesarina é recolhida a uma casa de saúde em estado grave, dando à luz uma criança morta.

16. INCORPORAÇÃO

Estuda o processo da comunicação pela psicofonia e mostra as dificuldades que enfrenta o Espírito comunicante para obter os resultados esperados pelos encarnados. Em reunião mediúnica de atendimento a Espíritos sofredores, Euclides solicita intercessão de Alexandre para que Dionísio Fernandes, ex-colaborador daquele grupo, recém-desencarnado, se comunique para atender ao desejo de seus ex-colegas e familiares. O Instrutor pondera que ele não se adaptou ainda ao plano espiritual, estando recolhido em casa de socorro bem próxima da Crosta, e que a racionalidade do grupo e a ansiedade da família dificultarão o processo, trazendo-lhe prejuízo emocional... Mas a insistência de Euclides o fez ceder, e Dionísio é informado e orientado de como se preparar para a comunicação mediúnica, alertando-o sobre as dificuldades a serem vencidas e quanto aos cuidados a ter com o aparelho neuromuscular da médium Otávia. Dionísio diz que, quando na carne, sempre acreditou estar sendo vítima de embuste, e agora era a sua vez de experimentar o julgamento dos encarnados. No dia da reunião, é levado por Euclides à casa da médium que lhe proporcionaria o intercâmbio. Relata as dificuldades encontradas pela médium para cumprir com sua tarefa, que enfrenta o marido ignorante e endurecido, transformando o jardim do lar em canteiro de espinhos. Otávia prepara-se para a reunião pela oração e Dionísio se liga a ela por laços fluídicos, dizendo-lhe, mentalmente, da sua esperança e das dificuldades... Leonardo chega embriagado e diz a Otávia que ela não vai à reunião. André Luiz indaga da possibilidade de um substituto e é esclarecido de que a tarefa mediúnica exige planejamento e que o médium escolhido para recepcionar um Espírito não pode ser substituído de um instante para outro sem prejuízo dos resultados. Quanto à luta enfrentada com o cônjuge, diz que a mediunidade, ativa e missionária, não é incompatível com o bem-estar, pois que os detentores de tranquilidade tendem a se manter mais preocupados consigo mesmos que com o trabalho benemérito, lembrando que "O sofrimento, quando aceito à luz da fé viva, é uma fonte criadora de asas espirituais." Euclides, para desfazer o impedimento imposto a Otávia, busca a ajuda de Georgina, tia de Leonardo, inspirando-a a fazer uma visita inesperada, que, tomando pé da situação, adverte o sobrinho que seu procedimento não ficará impune, ao querer impedir que a esposa cumpra com sua tarefa mediúnica. O esposo reconsidera sua decisão e libera a seareira. No Centro, providências são tomadas para minimizar os efeitos negativos da disfunção gastrointestinal que a médium sofreu durante o dia, não podendo se alimentar com regularidade, tendo dificuldade de se harmonizar psiquicamente. A incorporação se dá com suas características próprias em que o comunicante, sofrendo influência natural da médium, que se mantinha vigilante, filtrando o que Dionísio dizia sob forte emotividade. Após quarenta minutos de fala, oferecendo os possíveis elementos de identificação pessoal, amigos e familiares chegam à conclusão de que não se trata do velho e conhecido Dionísio, pois não se referiu em particular a cada um deles, em especial aos familiares, admitindo que a médium foi vítima de uma mistificação, sendo envolvida pelos desvarios emotivos, ou que dera um mergulho no seu subconsciente, tal como previne Charles Richet em sua metapsíquica. Alexandre, após ouvir tolerante, conclui: "Quase todas as pessoas terrestres, que se valem de nossa cooperação, se sentem no direito de duvidar. É muito raro surgir um companheiro que se sinta com o dever de ajudar."

17. DOUTRINAÇÃO

Adverte os pais que impõem uma carreira profissional ao filho, não lhe respeitando a vocação, forçando a que assuma uma carreira para a qual não está preparado espiritualmente. Entidade espiritual busca a cooperação de Alexandre para doutrinar seu filho Marinho, que há mais de dez anos se mantém prisioneiro das sombras, assegurando que observa nele sinais de transformação interior. Alexandre esclarece que a doutrinação de Espíritos recalcitrantes em ambiente dos encarnados não é recurso imprescindível, mas que o magnetismo humano concorre intensamente para beneficiar o necessitado, e que a oportunidade é também usada para proporcionar ensinamentos vivos aos terrestres, pois doutrinando se doutrinam. Adverte quanto aos agravantes da queda daquele que recebe tarefa de natureza religiosa, que honra Jesus valorizando a grandeza da oferenda como se a fizesse a Júpiter; ergue templos majestosos, esquecendo o templo vivo do próprio espírito. Quando se erra por ignorância, no plano espiritual enfrenta corajoso e humilde a desilusão, mas o orgulhoso precipita-se nos campos inferiores e organiza grupos de almas rebeldes, com os quais temos que lutar. Lembra que o Espírito ao retornar à carne programa assumir a tarefa que melhor atenda ao seu desiderato, mas poderá sofrer a pressão do orgulho e da vaidade dos pais, não lhe respeitando a vocação, induzindo, ou mesmo forçando, a que assuma carreira para a qual não está devidamente preparado. Este foi o caso de Marinho, que deveria seguir a carreira de filósofo espiritualista e foi conduzido pela mãe, que ora nos pedindo ajuda ao sacerdócio jesuíta e lá interpreta, a seu modo, os ensinos do Mestre Jesus. O ex-jesuíta é encontrado em região das sombras, em uma Igreja de construção antiga, entre centenas de outros padres cristalizados nas suas funções sacerdotais, formando uma organização onde tem origem muitos males praticados na Terra. Rememora os atos de ignorância dos encarnados que, mesmo depois da visita do Nazareno à Terra, mantiveram guerras em seu nome e, ao desencarnar, mudam apenas de indumentária, mantendo-se em organizações inferiores, em situação de parasitismo, usufruindo da economia psíquica dos encarnados que os acolhem em seus lares. Necésio, colaborador de Alexandre, sonda o íntimo de Marinho para com ele dialogar, convence-o a participar da reunião onde poderá receber ajuda para tirá-lo daquele estado de melancolia. Mostra o cenário de uma reunião de desobsessão, em que desencarnados de mãos dadas formam um círculo em torno da mesa de trabalho, criando uma cadeia magnética destinada a proteger o ambiente das investidas de mentes perversas. Marinho, colocado dentro do círculo, juntamente com outros sofredores que serão atendidos naquela noite, tenta se afastar, dizendo-se enganado. Otávia recebe recursos magnéticos para atender, sem prejuízo físico e psíquico, o sacerdote revoltado que, com seus fluidos desequilibrados, deixa a médium um tanto confusa. Alexandre inspira o esclarecedor encarnado, enquanto auxiliares recolhem as energias plásticas mentais emitidas pelos presentes e pelo organismo mediúnico, para que os benfeitores se façam visíveis ou para construir quadros indispensáveis ao reavivamento da emotividade do atendido. O doutrinador encarnado, inspirado por Alexandre, mantém o diálogo com Marinho, incorporado em Otávia, o qual se mantém recalcitrante, enquanto os cooperadores manipulam as energias humanas e torna a sua mãe visível, arrancando-lhe um grito de espanto, e ela passa a doutriná-lo amorosamente... Demonstra o uso do magnetismo para convencer um negociante da sua desencarnação, mostrando-lhe à distância seus despojos em estado de putrefação; o uso da energia plástica recolhida no ambiente, para manipulação de quadros transitórios, que favoreçam a emotividade do atendido, e de outros apetrechos, como o de um esqueleto humano que foi apresentado a uma entidade que ameaçava agredir os médiuns, deixando-o acovardado, decidindo manter-se quieto.

18. OBSESSÃO

Relata a intimidade de uma reunião de desobsessão com reduzido número de encarnados, com vistas a diminuir a heterogeneidade das vibrações mentais. Alexandre informa que o obsidiado é um médium de energias perturbadas e um enfermo que exige atenção, prudência e carinho, não se devendo, a título do otimismo necessário em toda ação de amparo, prometer a cura, pois ela depende muito mais dele. Dos cinco obsidiados presentes à reunião, somente uma jovem apresenta possibilidades de melhora, buscando a restauração das forças psíquicas por si mesma, mobilizando os recursos da prece, do autodomínio e da meditação. Acrescenta que existem casos em que perseveram as situações expiatórias, e outros em que o obsidiado está satisfeito na posição de desequilíbrio, devendo-se esperar, pacientemente, o término da sua cegueira. A reunião se compõe, no plano material, de dois médiuns, seis colaboradores e cinco enfermos; no plano espiritual, Alexandre conta com a ajuda de dois intérpretes de condição inferior, que são percebidos pelos obsessores com a função de intermediarem o diálogo. No invisível, antes de tudo, tem lugar o diálogo esclarecedor entre os cooperadores e os obsessores e, após demoradas tentativas doutrinárias, diz Alexandre: "O trabalho de esclarecimento espiritual, depois da morte, entre as criaturas, exige de nós outros muita atenção e carinho." Analisa a condição física e psíquica dos enfermos e destaca o caso de uma senhora vítima de completa possessão que, quando solteira, no ambiente de proteção dos pais consegue se livrar do assédio dos seus cobradores, mas que, depois de casada, ao receber o primeiro filho, cai em prostração intensa e passa a experimentar pesadas provas como resposta às suas maldades como senhora de escravos em existência passada. Colaboradores desencarnados manipulam as energias benéficas do ambiente para assistir aos obsessores e obsidiados, e observam que entre estes somente a jovem resiste à influenciação dos seus algozes, encontrando tranquilidade e confiança na melhora. "Apenas o doente convertido voluntariamente em médico de si mesmo atinge a cura." O doutrinador inspirado se dirige ao obsessor com palavras simples e nimbadas de sentimento quando Alexandre lembra que, para ensinar com êxito, é necessário vivenciar a lição e que o contágio pelo exemplo é fato científico nas manifestações magnético-mentais. Lamenta que muitos obsidiados estimem viver com seus obsessores, e que noventa por cento das obsessões constituem problemas dolorosos e intrincados, em que o obsidiado padece de lastimável cegueira em relação a sua enfermidade. Adverte que diante da obsessão não se focaliza apenas o obsessor, com a intenção de afastá-lo, pois é quase impossível separar seres que se agarram um ao outro por razões de foro íntimo, e, nos casos raros de libertação quase imediata, devemos considerar o fim do processo redentor ou a autoviolência do obsidiado, a fim de abreviar a cura necessária. Pondera que os resultados alcançados na tarefa de assistência aos obsidiados nem sempre são satisfatórios, mas que ninguém de bom senso e com amor no coração abandona o doente pré-agônico, admitindo que não tenha cura. André Luiz examina os quadros clínicos dos obsidiados em atendimento e registra perturbações no cérebro, nervos lombares e sacros e no sistema glandular; intoxicações no fígado e nos rins; e desequilíbrio do coração e pulmão... Alexandre fala sobre as consequências físicas da obsessão demorada no obsidiado, enfatizando que o afastamento do verdugo não significa a conversão da vítima e o término do seu sofrimento, pois "O eventual afastamento do perseguidor nem sempre significa a extinção da dívida."

19. PASSES

Narra o ambiente espiritual de uma reunião onde seis entidades espirituais ministram passes nos encarnados, enfatizando a necessidade de conhecimentos especializados para quem se dedica à fluidoterapia. Informa que os passistas necessitam de elevação mental contínua, domínio de si mesmos, espontâneo equilíbrio de sentimento, amor aos semelhantes, alta compreensão da vida, fé vigorosa e profunda confiança no poder de Deus. Assegura que os encarnados interessados em servir na tarefa do bem são aceitos pela Espiritualidade com muita alegria, já que sua boa vontade supre essa ou aquela deficiência, devendo, no entanto, possuir equilíbrio no campo das emoções; excluir a mágoa excessiva, a paixão desvairada e a inquietude obsedante; controlar as necessidades biológicas e evitar excesso de alimentação e ingestão de alcoólicos. Ensina que, em situação na qual o servidor não detenha as condições mínimas para o trabalho específico do passe, os benfeitores espirituais levam em consideração o "[...] merecimento nos que sofrem e a boa vontade nos que auxiliam [...]", beneficiando com relativa eficiência. André Luiz diagnostica variados problemas físicos e psíquicos apresentados pelos pacientes que vão em busca do socorro do passe, e constata a sua eficácia imediata. Narra o caso de um encarnado, renitente na invigilância, que, após ser atendido por dez vezes, é deixado entregue a si mesmo, para ser socorrido após adotar a resolução da reforma íntima... Esclarece Alexandre: "Nossa missão é de amparar os que erraram e não de fortalecer os erros"... E as instruções superiores são as de que aquele que, por dez vezes consecutivas, não aproveite a benemerência espiritual seja entregue a sua própria obra, podendo ser aliviado, mas nunca libertado.

20. ADEUS

Narra os acontecimentos da reunião de despedida do instrutor Alexandre rumo a planos superiores. André Luiz recebe um convite de Alexandre para a festa de sua despedida de Nosso Lar, e reage egoisticamente à condição de ficar sem a companhia e orientação do seu querido instrutor, a quem tanto se afeiçoara, mas Lísias o faz sentir diferente, considerando ser merecida a promoção do amado amigo e orientador. Na colônia espiritual onde mora, André Luiz pondera as razões de Alexandre ser tão amado e respeitado pelos seus pupilos: "Superior sem afetação, humilde sem servilismo, orientador sempre disposto, não somente a ensinar, mas também a aprender [...]". No iluminado salão em Nosso Lar, os discípulos de Alexandre — 53 homens e 15 mulheres —, esperam ansiosos a sua entrada, e quando ele chega se dirige particularmente a todos, falando paternalmente. Expressa as razões de sua despedida, naquele momento, e fala do sentimento recíproco, que construiu laços de sincera amizade, e avisa que ele não deve absorver o lugar de Jesus nas vidas dos seus alunos. Observa que o amor sem jaça nas condições evolutivas em que nos encontramos é difícil e, por isso, o risco da idolatria; adverte que os sentimentos que unem as pessoas não devem algemá-las umas às outras; que na relação entre discípulo e professor é imprescindível o momento em que este deva se afastar para que aquele desenvolva seus valores, experimentando e agindo sozinho, evitando se estabeleça dependência que venha criar o cativeiro do Espírito, e acrescenta: "Respeitemo-nos mutuamente, na qualidade de irmãos congregados para a mesma obra do bem e da verdade, mas combatamos a idolatria [...]".

Resumo do livro

OBREIROS DA VIDA ETERNA

Comprova os princípios revelados pela Doutrina Espírita sobre a existência do mundo espiritual, para onde vão as almas dos homens. Assegura que ninguém morre e que o Espírito desencarnado prossegue na busca de seu aperfeiçoamento, experiencia uma nova vida e prepara-se para novo retorno à Terra. Revela os detalhes do processo desencarnatório e demonstra que ele se dá de maneira diferente para cada alma. É o quarto livro da série *A vida no mundo espiritual*, composto de vinte capítulos com substanciais e novos ensinamentos doutrinários. Relata o trabalho de uma expedição socorrista que se desloca da colônia espiritual Nosso Lar para auxiliar na desencarnação de cinco Espíritos dedicados ao bem, sendo dois espíritas, um católico romano, um livre pensador espiritualista e um evangélico protestante. A equipe liderada pelo instrutor Jerônimo, a caminho da Crosta, pernoita na Casa Transitória de Fabiano, instituição situada em tenebrosa zona umbralina, que tem a finalidade de preparar a reencarnação dos Espíritos que vivem em um local chamado *abismo*, próximo a ela. Zenóbia, sua administradora, com auxílio especial da clarividente Luciana e do padre Hipólito, resgata um Espírito rebelde, denominado Domênico, que fora figura exponencial da Igreja na sua última existência. Descreve a assombrosa atuação do fogo purificador que varre a região, desintegrando os resíduos mentais deletérios produzidos pelos habitantes do *abismo*, o que força a Casa Transitória a se transferir de local por meio de forças mentomagnéticas. Descreve os cuidados prévios que recebem determinados Espíritos próximos à desencarnação, e detalha a atuação magnética dos Espíritos superiores nas três regiões orgânicas fundamentais do moribundo, para favorecer o desligamento do Espírito, atuando, primeiramente, no centro vegetativo ligado ao ventre, sede das manifestações fisiológicas; a seguir, no centro emocional, zona dos sentimentos e desejos, sediada no tórax, e, finalmente, no centro mental, o mais importante, situado no cérebro. Relata a gradual formação do novo corpo perispiritual durante o desligamento do Espírito do seu corpo material, e adverte quanto à necessidade da oração e da conversação elevada durante o velório, para favorecer o desligamento definitivo do Espírito dos seus despojos físicos, pelo rompimento do fio prateado. Ensina que a desencarnação pode ser adiada, recebendo o Espírito mais algum tempo de existência na Terra, em obediência à intercessão de um encarnado ou desencarnado, cuja rogativa é analisada pelos Espíritos superiores, que consideram os benefícios que advêm da moratória, como foi o caso de Adelaide, que recebeu mais tempo no corpo físico, já que o seu falecimento causaria forte abalo no organismo de sua filha Loide, em adiantado estado de gravidez, podendo provocar um aborto de uma entidade que vinha à Terra com programa de cooperar na divulgação do Evangelho. Assegura que o processo desencarnatório varia conforme se vive, e que alguns Espíritos desligam-se do envoltório físico com espantosa facilidade, enquanto outros necessitam de ingente esforço e de procedimentos complexos dos obreiros do Senhor, em razão do apego à vida física ou do medo da morte, consequente de uma formação religiosa dogmática. Ensina que, na prática da eutanásia, o corpo *morre*, mas o Espírito não *desencarna*, ficando preso, por tempo indefinido, às células neutralizadas do veículo físico, que não permite a sua libertação, prolongando-lhe o sofrimento.

Resumo dos capítulos

1. CONVITE AO BEM

Explana sobre o dever daqueles que já alcançaram boas condições espirituais de cooperar com a ascensão dos irmãos que se debatem *no mundo da sombra e da morte*. Em Nosso Lar, no Templo da Paz, o assistente Jerônimo, André Luiz, o padre Hipólito e a enfermeira Luciana ouvem, ao lado de inúmeros colaboradores, a palestra do instrutor Albano Metelo, que discorre sobre a necessidade da cooperação daqueles que já alcançaram condições de compreensão e paz às entidades infelizes, nas regiões inferiores que circundam a Crosta terrena. Informa que as zonas purgatoriais se multiplicam ao redor dos encarnados de forma assustadora, onde a ignorância e a dor atormentam a mente humana, mas os que já aspiram voos em direção à luz, na busca de santidade e justiça, não podem esquecer os que se debatem nas sombras, disputando gratificações dos sentidos animalizados. Confessa que já pensou, egoisticamente, em usufruir a felicidade ao se distanciar das angústias da Terra, mas ficou sabendo que Jesus visita, vez em quando, os que erram nas trevas do mundo, e percebeu que estaria praticando o crime de usura, esquecendo aqueles com os quais adquirira o roteiro destinado à sua própria ascensão. Lembra que grandes orientadores da humanidade mediram sua grandeza pela capacidade de regressar aos círculos da ignorância e exemplificar o amor e a sabedoria, a renúncia e o perdão aos semelhantes. Solicita dos presentes ajuda para os que perambulam nas sombras, e lembra que muitos colaboradores encarnam com propósitos elevados, mas, quase todos, presos às sensações da carne, passam a emitir seus *pontos de vista* nas questões de ciência, filosofia e religião, assegurando que a grande maioria dos que revisitam o campo de trabalho do plano espiritual pincelam suas visões e experiências com as tintas de suas inclinações e de seus estados psíquicos, condicionados pelas limitações do próprio eu. Em um globo de substância leitosa, exibe, com som e minúcias anatômicas, cenas observadas pelo instrutor Albano Metelo nas regiões inferiores, onde prestou serviço colaborativo, vendo-se desfilar monstros de variadas espécies, assemelhando-se aos descritos pela mitologia... Após duas horas de trabalho, organizam-se grupos com tarefas específicas, e André Luiz, o padre Hipólito e Luciana integram a equipe chefiada pelo assistente Jerônimo, a qual permanecerá por trinta dias na Crosta com a finalidade de atender a cinco colaboradores fiéis de Nosso Lar prestes a desencarnarem.

2. NO SANTUÁRIO DA BÊNÇÃO

Tece considerações em torno da força magnética da palavra e da conversação em nossas vidas. Analisa a teoria psicanalista de Freud sob o prisma da reencarnação e as origens das enfermidades mentais. No Santuário da Bênção, templo consagrado à busca do auxílio dos governantes de planos mais altos, dirigido pelo instrutor Cornélio, três equipes de expedicionários destinados à tarefa de auxílio na Crosta recebem instruções de entidades do Mais Alto. O instrutor informa que os grupos a serem atendidos são selecionados conforme a natureza das suas tarefas, objetivando-se o aproveitamento máximo do tempo. Desenvolve considerações em torno da importância da palavra, sua força e atuação em nossas vidas, advertindo que devemos primar pelo seu aproveitamento, proferindo-a no momento adequado, pois "a palavra dita a seu tempo é maçã de ouro em cesto de prata." Lamenta que na Terra se dê tão pouca importância ao poder do verbo, o qual vem sendo desmoralizado cada vez mais entre os homens, desconhecendo que a fala cria formas que passam a ter vida atuante em nossas vidas de maneira considerável. Informa que o Templo possui registros vibratórios que assinalam a natureza das palavras ali proferidas, identificando os infratores e impedindo-lhes a entrada na Câmara de Iluminação, onde se realizam as orações. O assistente

Barcelos, interessado pela psiquiatria sob novo prisma, fala da loucura como sendo campo doloroso de redenção humana e afirma que, com raras exceções, as anomalias de ordem mental derivam dos desequilíbrios da alma e que, em razão do grande número desses doentes e da reduzida quantidade de colaboradores do plano espiritual para socorrê-los, ficam eles a mercê da Providência divina. Acrescenta que as obsessões e possessões deságuam na loucura, quando cúmplices e personagens de crimes nefandos viciam os centros de forças de encarnados "[...] relaxando-lhes os nervos e abreviando o processo de extinção do tônus vital, porque têm sede das mesmas companhias junto às quais se lançaram em pleno abismo." Tece considerações sobre as teorias de (Sigmund) Freud, em que a psicanálise é ferramenta para a diagnose dos *complexos* de *inferioridade*, do *recalque*, da *libido* e das *emersões do subconsciente*, mas que, sem o contributo da certeza das vidas múltiplas, não chega às verdadeiras causas, já que a subsconsciência é o porão de nossas lembranças, repositório de emoções, desejos, impulsos e tendências, não somente de uma existência em um corpo de carne, mas a estratificação de experiências múltiplas gravadas no corpo perispiritual, onde estão as verdadeiras causas dos distúrbios nervosos, resultantes das deficiências de natureza moral, e conclui que as teorias de Freud são valiosas porque descobrem as feridas, mas incompletas porque não oferecem o bálsamo curativo. Informa que vem desenvolvendo esforços no sentido de orientar indiretamente o médico terreno bem-intencionado para que melhor auxilie o provável alienado, a tempo, com palavra confortadora e carinho restaurador. Acrescenta que as cinco classes de psicose definidas pelos tratadistas terrenos somente possuem o recurso de diagnosticar o mal havendo necessidade de se divulgar o conceito moralizador da personalidade congênita em processo de melhoria gradativa; que se fazem necessários novos enunciados que penetrem o coração do enfermo, e que somente as noções reencarnacionistas renovarão a paisagem da Crosta terrena, e adverte que o reencarnado que recorda, mesmo que parcamente, seu passado, candidata-se à loucura.

3. O SUBLIME VISITANTE

Demonstra a forma como entidades sublimadas se manifestam em plano espiritual inferior para oferecer instruções e apoio a trabalhadores da Seara de Jesus. No Santuário da Bênção, Cornélio entra em pequena câmara e faz preleção dirigida às equipes de trabalho que irão à Crosta, convida seus membros à responsabilidade do momento, para receberem a visita de entidade de elevada hierarquia espiritual com o objetivo de oferecer instruções para as tarefas a serem desenvolvidas junto aos encarnados. Solicita a projeção de forças mentais sobre tela cristalina para a criação de vigorosa árvore e de um lago tranquilo, ficando ele, Cornélio, responsável pela mentalização do tronco, os chefes das missões, pela criação do lago, os demais colaboradores, pela veste da árvore e da vegetação circundante. Sugere procedimentos para a concentração e formação do quadro solicitado, que deverá servir de plano para homenagear o sublime visitante. André Luiz se emociona ao perceber que imprimiu no quadro, com seu pensamento, as gramas e as flores muito semelhantes às que ele e sua esposa cultivavam quando na experiência terrena. Cornélio suplica a presença do mensageiro celeste que, assumindo a forma humana, assemelhando-se a um sacerdote, surge na paisagem formada de substância mental e abençoa todos com gesto simples. Trata-se de Asclépios, entidade pertencente a comunidades redimidas do Plano dos Imortais que, ainda mesmo fazendo parte do nosso Planeta, somente nele reencarnará em missão de grande benemerência, com intervalos de cinco a oito séculos entre as reencarnações. André Luiz confessa ser impossível a tradução fiel de sua palavra, tal a magnitude de sua elevação espiritual e do alto poder magnético de sua voz. Asclépios coloca-se à disposição dos colaboradores solicitando que apresentem suas dúvidas quanto às tarefas que assumiram. Todos pedem orientação quando, finalmente, Cornélio humildemente pergunta o que fazer para conservar alegria no trabalho, perseverança no bem e devotamento à verdade, e o mensageiro sorri com simpatia, aprovando-lhe a pergunta e responde: "Regozijai-vos sempre."

4. A CASA TRANSITÓRIA

Revela a existência de instituições nas zonas inferiores do plano espiritual, destinadas ao amparo de recém-desencarnados e de Espíritos sofredores mergulhados nas sombras da ignorância e da revolta. A equipe chefiada por Jerônimo caminha por regiões inóspitas do mundo invisível, em sentido horizontal, em direção à Casa Transitória de Fabiano, fundada por Fabiano de Cristo e dedicada ao recolhimento de almas em estado de perturbação após a desencarnação.

André descreve a natureza espiritual onde se instala a Casa, enfatizando sua importância no amparo aos Espíritos sofredores que perambulam aturdidos em zonas inferiores, sujeitos ao sequestro por entidades perversas. Irmã Zenóbia, administradora da Casa, recepciona os visitantes e pede ajuda para assistência à coletividade sofredora de abismo próximo. Jerônimo aceita o convite e apresenta a irmã Luciana, informando que sua presença é providencial, tendo em vista sua especialização na vidência, podendo penetrar com mais segurança nos refolhos da mente dos assistidos para melhor ajudar. Zenóbia reconhece a importância da especificidade de Luciana e diz: "Não podemos edificar todas as qualidades nobres de uma só vez. Cada trabalhador fiel ao seu dever possui valor específico, incontestável. A Obra divina é infinita." Enquanto Jerônimo estabelece a dinâmica de trabalho para o seu grupo, surge o aviso de que entidades cruéis se aproximam da Casa e, a mando da administradora, enormes holofotes se acendem na esperança de que a horda de ignorantes se desvie. Ouve-se rugidos, vozerios, silvos, guinchos de macacos, gritos estridentes e explosões de petardos magnéticos arremessados pelos desvairados. Quando Zenóbia autoriza a emissão de raios de choques fulminantes, a horda invasora se desvia noutro rumo. Descreve a estafante atividade da irmã Zenóbia para manter a instituição em padrões de eficiência, atendendo aos vários pedidos de cooperação às expedições em tarefa na Crosta. Chega a notícia de que os desintegradores etéricos do plano superior passarão por ali com o fogo purificador para queimar os resíduos mentais deletérios da região, havendo necessidade de transportar a instituição para outra área. Heráclio, colaborador da Casa, informa a André Luiz a especificidade do material leve com o qual é construída a Casa, podendo ser transportada para qualquer outro lugar com muita facilidade.

5. IRMÃO GOTUZO

Revela as dificuldades encontradas pelo desencarnado para se adaptar ao mundo espiritual quando não preparado devidamente pela religião. Comenta a diferença dos trabalhos reencarnacionistas entre os planos espirituais que já alcançaram a luz e as regiões purgatoriais. André Luiz é apresentado ao irmão Gotuzo, ex-médico que vagou muitos anos em regiões sombrias e que ainda sente muita saudade do lar e dos familiares, estando, por isso, muito preso ao plano terreno.

Desencarnara com a promessa de fidelidade da esposa, Marília, mas, após vagar semiconsciente por dez anos, volta ao lar e encontra a esposa consorciada com o primo Carlos e os filhos gerenciando negócios desonestos. Lamenta que, até então, não consegue se libertar da mágoa que tem de Marília, que lhe jurou fidelidade, mas se consorciou com o primo, que agiu com segundas intenções por ser interesseiro e desonesto. Tentando consolá-lo e conduzi-lo à tolerância, André conta o seu caso, que muito se assemelha ao dele, mas não encontra resposta positiva. Gotuzo, na Casa Transitória, demonstra seu interesse pelo trabalho e pelo estudo do corpo perispiritual, mantendo em seu gabinete mapas e imagens do corpo humano, com destaque para o sistema nervoso. Expõe sua compreensão a respeito da definição de céu e inferno, da origem do ser humano como descendente dos primatas e da teoria criacionista, concluindo que a ciência e as religiões da Terra não preparam convenientemente o homem para enfrentar o Além-túmulo, e lamenta aqueles que desejam a morte física na esperança do encontro com o paraíso, sem saberem o que realmente lhes aguarda no mundo espiritual. Discorre, ainda, sobre o volume de tarefas da Casa Transitória e do revezamento de sua direção a cada ano entre a irmã Zenóbia e o irmão Galba, para que possam usufruir, em planos superiores de estudo e enriquecimento espiritual, e acrescenta que a ele é somente permitido o descanso na Crosta, onde pode respirar oxigênio mais leve, nos pomares e jardins silvestres, já que o da Casa Transitória é contaminado com resíduos dos pensamentos humanos. Fala ao médico de Nosso Lar dos trabalhos reencarnacionistas realizados em zonas purgatoriais, onde se dão as reencarnações expiatórias nos quais as mães repelem os filhos, chegando ao aborto criminoso; filhos que nascem com moléstias indefiníveis, sendo perseguidos pelos seus inimigos, causando dramas sombrios para eles e para os seus progenitores, e ressalta que, nos planos de luz, a reencarnação não exige tanta complexidade e sacrifícios dos que com ela colaboram. Segreda que reencarnará brevemente no ambiente doméstico, com a bênção do esquecimento, para aprender a amar e compreender os que não tem amado e compreendido suficientemente.

6. DENTRO DA NOITE

Descreve a zona espiritual na qual está situada a Casa Transitória como sendo "[...] região onde a matéria obedecia a outras leis, interpenetrada de princípios mentais extremamente viciados." Tem início a jornada ao abismo pela expedição composta de vinte e cinco integrantes, sob a condução de Zenóbia, levando faixas de socorro, redes de defesa e lança-choques, para se defenderem dos ataques de entidades perversas. Em direção ao abismo, andam silenciosos, ouvindo gritos selvagens, pedidos de socorro e gemidos pungentes; avistam aves monstruosas enquanto caminham entre arbustos de aspecto bizarro e triste. O grupo, afugentando figuras animalescas com raios elétricos emitidos pelos pequenos aparelhos portáteis, chega a um local semelhante a um oásis no tenebroso abismo, onde a conversação é permitida entre seus componentes. Irmã Zenóbia informa que muitos Espíritos que ali vivem recebem o auxílio da influenciação retificadora da Casa Transitória, mas dela fogem, voltando para o charco. Avisa que se aproxima o momento do resgate do padre Domênico, a quem ela muito deve, acrescentando que ele está ali porque "Aproveitou-se das casas consagradas à fé viva para concretizar propósitos menos dignos, conspurcando a paz de corações sensíveis e amorosos." Acrescenta que ele necessita de reencarnação expiatória, mas, antes, deve conquistar melhor condição vibratória a fim de não aniquilar o organismo da futura mãe. Conta, naquele momento, com a vidência dos registros em sua consciência por Luciana para conduzi-lo à reflexão, e com o amor da sua ex-mãe, irmã Ernestina, que se apresentará para complementar o trabalho de resgate. Em local predeterminado, Zenóbia se aproxima de Domênico, semiconsciente, e o chama, orando para que ele recupere a audição e possa ouvir a palavra de Deus. Em seguida, padre Hipólito se dirige ao ex-colega, que prauqeja, exigindo direitos que lhe foram conferidos na condição de sacerdote na Terra, e lhe diz: "Possivelmente envergaste a batina fiel à crença, mas desleal ao dever." Tem início o longo processo de esclarecimento e doutrinação daquele Espírito equivocado.

7. LEITURA MENTAL

Exemplifica a técnica de doutrinação com uso da leitura mental do passado delinquente do Espírito revoltado, que nega as razões de seu sofrimento. Luciana, clarividente, doutrina o padre Domênico e fundamenta seus contra-argumentos na leitura que faz na mente do sacerdote, não deixando que ele continue enganando a si próprio, acreditando-se injustiçado por Deus, porque lhe foram negados, após a morte, os privilégios que a Igreja lhe concedera. O ex-sacerdote alega que se confessou com o monsenhor Pardini e que foi por ele absolvido dos seus pecados, não entendendo o porquê do seu sofrimento... Luciana esclarece que a absolvição não extingue de nossa consciência os resíduos mentais produzidos pelas nossas faltas; lembra o que ele fez na derradeira noite de existência carnal, quando foi envenenado por um marido traído por ele; fala do seu desespero no Além-túmulo, desejando denunciar o criminoso sem que ninguém o ouça e, depois do sepultamento, sua permanência no corpo em decomposição, sentindo fome, sede e dor... E que certa mulher lhe visita no sepulcro e o resgata do corpo disforme e ele foge a praguejar. Para fazê-lo compreender que não está sendo injustiçado pelas Leis divinas, Luciana narra os quadros que lê em sua mente: a) jovem tresloucada, por ele seduzida e grávida, busca a sua ajuda e ele propõe seu casamento com um dos seus servos, e ela, desesperada, não aceita a proposta e comete suicídio; b) seu pai, moribundo, entrega-lhe um testamento dividindo sua fortuna com alguns filhos ilegítimos, rogando a ele as providências cabíveis para que não lhes falte o necessário, mas ele dá sumiço ao documento; c) velho pároco, de quem ele tomou a paróquia por razões egoístas, morre alimentando inflexível ódio; d) mulher doente com uma criança tuberculosa solicita ajuda para o filho de quem ele é o pai, e que o abandonou aos seus cuidados, unicamente, e ele os enxota de sua residência, deixando os dois na penúria, vindo ela a morrer jurando vingança... Vencido pelas revelações que foram interrompidas a pedido de Zenóbia, Domênico chora amargamente, e o padre Hipólito se aproxima e faz comovidas considerações em torno da missão do sacerdote, da cobrança inexorável da consciência, da justiça e da bondade divinas. Aproxima-se, então, a irmã Ernestina, mãe de Domênico, que ao identificá-la joga-se nos seus braços como criança desamparada e pede-lhe ajuda. A genitora fala do seu amor, de suas lembranças e da necessidade de sua renovação interior, incentivando-o: "Tem coragem e levanta-te intimamente para o novo dia." Aconselha-o a não se considerar um criminoso, mas antes um enfermo como todos os caídos na ilusão, e que Jesus é o divino Médico que vem em nosso socorro; que supere os obstáculos da recordação do passado delinquente e pense no futuro, onde poderá saldar as dívidas morais com os seus credores, munindo-se de fé, esperança e vontade de se arrojar no trabalho do bem. Domênico, já mudado nos seus sentimentos, roga-lhe que o faça esquecer o homem cruel que foi. Ernestina faz prece e o filho repete palavra por palavra, como criança dócil interessada em aprender a lição. Após a oração, ele faz referência a Zenóbia como tendo sido o seu grande amor e que, não sendo por ela correspondido, ingressou no sacerdócio, acreditando que assim poderia esquecê-la. Ernestina adverte-o que não a julgue, pois ela sacrificou seus ideais a bem de todos, submetendo-se às circunstâncias, casando-se com um viúvo rico rodeado de filhos. Em seguida, abraça Domênico e o conduz em direção à Crosta planetária.

8. TREVA E SOFRIMENTO

Relata as dificuldades encontradas para o resgate de Espíritos subjugados por verdugos implacáveis em região abismal. Diante da perquirição a respeito do sofrimento dos habitantes do abismo, Zenóbia esclarece que "Os padecimentos que sentimos (ali no abismo) não se verificam à revelia da Proteção divina." Seus moradores recebem constantes visitas dos trabalhadores do Senhor, convocando-os à renovação íntima, mas a grande maioria retrai-se revoltada e endurecida, mantendo-se onde estão. Ordena que se acendam os holofotes, e a luz provoca a revolta de muitos, ouvindo-se blasfêmias, ironias, condenações... Padre Hipólito lê no evangelho de Lucas a parábola do homem rico que se revestia de púrpura e negava migalhas aos pedintes, e ouve imprecações e afirmações de que todos ali são felizes, e atiram bolas de substâncias negras nos servidores da Casa Transitória. Zenóbia ordena que se estendam as redes de defesa e isola o grupo das agressões, permitindo que o sacerdote continue a sua pregação. Apresentam-se criaturas de forma grotesca, lembrando figuras mitológicas e dantescas, esclarecendo-se que elas assim se apresentam pelo cultivo da negação, do ódio e da revolta contra Deus. A preleção do padre sensibiliza, também, os prisioneiros do abismo que se calam respeitosos e manifestam o desejo de se render, mas um grande fosso os separa do grupo de Zenóbia, e eles são vigiados pelos algozes que os impedem de se renderem ao convite de resgate. Padre Hipólito dialoga com um dos verdugos que oprimem a massa de sofredores, e lhes diz que poderão se libertar se deixarem de crer nas ilusões oferecidas pelas religiões antropomórficas e acreditarem nas promessas de Jesus. André Luiz sente revolta contra os que impedem os sofredores de se entregarem, mas Jerônimo o adverte para não assumir o papel de crítico, lembrando que "Ninguém auxilia por intermédio da irritação pessoal." Vários Espíritos de diversas denominações religiosas, inclusive uma senhora que se identifica como espírita e que afirma ter conhecido Bezerra de Menezes, pedem socorro ao grupo de resgate, mas são impedidos pelos algozes que os chicoteiam e eles saem em debandada.

9. LOUVOR E GRATIDÃO

Apresenta o fenômeno da incorporação de um Espírito em outro, comunicando-se com os presentes pela psicofonia. Ainda no abismo, Zenóbia avalia o trabalho desenvolvido e assegura que a semeadura das verdades eternas foi feita com êxito, não obstante não se ter realizado nenhum resgate de prisioneiros, mas que muitos refletirão no que ouviram, colocando-se em condições vibratórias de serem amparados pela Casa Transitória futuramente. Dá-se o encontro de encarnados, libertos pelo sono, com seus afetos na Casa Transitória, e destaca-se o procedimento de uma criança desencarnada que conduz sua mãe ao interior da instituição. Diante de imensa tela de matéria fluídica, Zenóbia se reúne com seus colaboradores e pronuncia comovente prece de louvor e agradecimento ao Senhor da vida pelos resultados alcançados e pela proteção recebida; confessa as dificuldades que todos temos de caminhar seguros e roga força e coragem para nossa libertação dos vícios milenares que nos dificultam a caminhada evolutiva. Da tela são expelidos raios azulíneos que atingem a todos, insuflando-lhes energia. Luciana, usando a clarividência, diz que na tela vê um ancião se dizendo Mensageiro da Casa Redentora de Fabiano, e é identificado por Zenóbia como sendo o irmão Bernardino, o qual se desculpa por não se tornar visível a todos, no momento, e profere palavras de ânimo. Em seguida, na mesma tela, uma irmã com ramalhete de flores, cujo perfume se evola pelo ambiente, diz chamar-se Letícia, desencarnada há trinta e dois anos e que foi mãe de Gotuzo, desejando falar com ele pela faculdade (psicofônica) de Luciana que, em seguida, apresenta rosto transfigurado com um sorriso envolvente. Após as saudações e a conversa amorosa com seu filho, pede a ele que exclua de seu coração a mágoa e o desânimo e que agregue ao seu louvável trabalho, na Casa Transitória, o desejo de avançar cada vez mais em direção ao Criador. Informa que intercedeu junto aos irmãos do Mais Alto para que retorne ao grupo doméstico, o mais depressa possível, para dar continuidade à tarefa a seu favor. Em seguida, pede-lhe a aquiescência, já que ele estava na condição de usar o seu livre-arbítrio, acrescentando que a ex-esposa seja sua avó e o seu primo Carlos, o seu avô, aos quais ele deverá perdoar e aprender a amá-los. Emocionado, Gotuzo diz que está pronto e é apresentado a Marília. Os dois se abraçam num gesto de sincera reconciliação, por parte de Gotuzo, que se esforça por libertar-se do ciúme e da mágoa, por ter ela casado com seu inimigo gratuito, o primo Carlos. Pede-lhe perdão, lhe dirige palavras de consolo, prometendo voltar em breve ao convívio dos familiares. Zenóbia, a pedido de Letícia, fica encarregada de tomar as providências para o retorno de Gotuzo à nova experiência na Terra.

10. FOGO PURIFICADOR

Descreve a atuação do fogo purificador nas regiões trevosas e a consequente mudança da Casa Transitória para outro local de trabalho. Padre Hipólito informa a André Luiz que: a) instituições socorristas como a Casa Transitória alçam voos de grande distância para estagiar em outras localidades; b) as leis da matéria conhecidas pelo homem da Crosta não são as mesmas da matéria quintessenciada; c) as descargas elétricas do átomo etéreo fogem à concepção humana; d) nos círculos carnais, somos prisioneiros dos sentidos físicos, vendo, ouvindo e sentindo dentro de limites muito estreitos. Zenóbia toma providências para a urgente mudança da Casa Transitória, tendo em vista a passagem próxima do fogo purificador, e esclarece que os sofredores do abismo que buscarem o amparo da instituição somente deverão ser recolhidos se apresentarem, em torno de si, círculos luminosos identificando-lhes a sinceridade de suas rogativas. Os desintegradores etéricos destinados a queimar os resíduos mentais inferiores se aproximam com relâmpagos, trovões e tremores nas bases do abrigo de Fabiano, provocando movimento inusitado de trabalhadores para fortalecer a vigilância exterior, que deve filtrar a entrada dos sofredores que dela se aproximam em busca de socorro, ouvindo-se ensurdecedora algazarra com pedidos de socorro. Muitos dos que se aproximam exibem círculos negros com intensidades variadas, estando entre eles o verdugo que provocou a revolta em André Luiz, o qual ajoelha-se e pede ajuda, sentindo-se ameaçado mas não convertido, pois apresenta forte manto negro em torno de si. Surge um grupo de sofredores, de mãos entrelaçadas, que canta louvores ao Senhor e apresenta auréolas de luz, e chega a volitar por cima dos que lhe pretendem interromper a marcha em direção ao abrigo, chegando extenuados, sendo socorridos em macas pelos abnegados enfermeiros. Durante quatro horas, a tempestade se mantém ativa, conjugando todas as forças da natureza, que parece se revoltar contra a criatura, mas, na verdade, é o apelo à renovação endereçada por Deus a todos indistintamente. A instituição é preservada de qualquer dano, junto com todos os seus trabalhadores e os que nela se recolheram. Zenóbia informa que, além dos aparelhos elétricos, para seu melhor desempenho no voo de saída, a Casa Transitória necessita de emissões magnético-mentais e lê, na Bíblia, o Salmo 104, em voz alta e solene. O abrigo de Fabiano se movimenta em sentido vertical, depois toma o sentido horizontal para, mais além, descer e se fixar em região de substância densa, mas menos pesada e menos escura, preparando-se todos para novas e complexas atividades benemerentes.

11. AMIGOS NOVOS

Descreve a realização de uma reunião preparatória na Casa Transitória de Fabiano com os Espíritos desencarnantes. Jerônimo informa que os processos desencarnatórios obedecem à lei, e que ela não privilegia ninguém, esclarecendo que se um colaborador do plano maior demonstra boas qualidades no desempenho de sua tarefa, torna-se ele merecedor de atenção especial daqueles que o superintendem. Lamenta que o homem ainda não compreenda a natureza do amparo divino, quando muitos ainda pensam que podem negociar privilégios com o Criador. Quanto ao sofrimento do bom servidor, esclarece que ele não fica isento do testemunho imprescindível ao seu crescimento espiritual ou acerto de contas com a contabilidade divina. Jerônimo e André visitam os desencarnantes, e resumem a condição de cada um: a) Dimas, médium que dedicou suas faculdades a serviço dos necessitados e sofredores, acamado em modesto quarto, apresentando radiosos eflúvios, faz-se credor do amparo no momento da desencarnação pela capacidade de renúncia no exercício de seu ministério; b) Fábio, que luta contra avançada tuberculose, há muitos anos se consagra ao estudo das questões transcendentais da alma, livre de sectarismo, é um excelente administrador de energia magnética, colabora com a assistência oculta administrada pela espiritualidade, e, "Em virtude da perseverança no bem que lhe caracterizou as atitudes, sua libertação ser-lhe-á agradável e natural."; c) irmã Albina, que sofre de insuficiência cardíaca, é filiada a organizações superiores de Nosso Lar, atua na esfera da evangelização de jovens e crianças, e pertence aos círculos evangélicos protestantes. André Luiz anota que a fraternidade universal não busca títulos religiosos ou sociais, e observa que, ao contato espiritual de Jerônimo, Albina buscou a Bíblia e lê no evangelho de João, capítulo 11, *A Ressurreição de Lázaro*, e diz a Eunice, sua filha, que "A palavra do Senhor dá contentamento ao espírito [...]."; d) irmão Cavalcante, católico romano devotado ao serviço do bem ao próximo, saiu de Nosso Lar há mais de setenta anos, encontra-se abandonado pela família em razão do seu desprendimento pelas coisas materiais e do forte apego às práticas religiosas, depara-se, hoje, vitimado por diversos problemas no aparelho gastrointestinal, hospitalizado na área dos indigentes de um hospital público, sob os cuidados do benfeitor espiritual Bonifácio. Cavalcante fica alheio à influência de Jerônimo e de André Luiz, porque sua educação religiosa não valoriza o intercâmbio espiritual. Bonifácio informa que parentes desencarnados o assediam, deixando-o intranquilo e, não tendo se preparado para o desenlace, fica muito ligado aos que ama na Terra. O Instrutor esclarece que "A deficiência de educação da fé, ainda mesmo nos caracteres mais admiráveis, origina deploráveis desequilíbrios da alma, em circunstância como esta."; e) irmã Adelaide, médium dedicada aos enfermos e aos órfãos, internada em instituição espírita, é assistida pelo venerável Espírito Bezerra de Menezes e, ao identificá-lo pela vidência, confessa que sabe ter chegado a hora, mas se preocupa com os parentes, os amigos e os órfãos aos seus cuidados. O Médico dos Pobres aconselha a que aceite resignada a vontade do Criador e pede que "Entregue parentes e afeições a Jesus e medite, agora, na humanidade, nossa abençoada e grande família."

12. EXCURSÃO DE ADESTRAMENTO

Relata as providências tomadas pelos Espíritos superiores em benefício daqueles que se preparam para a desencarnação por meio de enfermidade prolongada. O lar coletivo de Adelaide passa a ser o ponto de apoio da equipe de Jerônimo, composta de padre Hipólito, Luciana e André Luiz, para providenciar ajuda aos irmãos em processo desencarnatório, por ser um refúgio de fraternidade legítima, sem a presença de criaturas perversas do mundo invisível, não obstante os sofredores que ali penetram com prévia autorização dos vigilantes. Descreve o ambiente material e espiritual do lar coletivo de Adelaide, destacando o local de reuniões públicas, o qual necessita de constante assepsia, dada a impregnação dos pensamentos dos frequentadores emanados dos apelos em favor dos seus enfermos. Irene, colaboradora do lar de Adelaide, comenta o trabalho de evangelização realizado por aquela instituição espírita e compara sua metodologia de trabalho com a das Igrejas católicas e protestantes, deduzindo que ali o ensinamento não fica preso aos dogmas obsoletos nem à letra dos conceitos evangélicos, e ressalta a importância do amparo material, simbolizado pelo pão e pela sopa, nos moldes do cristianismo primitivo, e cita, como exemplo, a Casa do Caminho, dirigida pelo apóstolo Pedro. Manifesta admiração pelas casas de assistência social na Terra, e enfatiza que a missão delas deve ser a de inundar os beneficiários com a luz do Evangelho de Jesus, e adverte para se evitar que a benemerência avance sem a luz divina e se transforme em personalismo devastador. À noite, Fábio, Cavalcante e as irmãs Adelaide e Albina são conduzidos à Casa Transitória para o primeiro encontro de aprendizado e adestramento para o desenlace próximo. Jerônimo informa que os enfermos com moléstias prolongadas têm facilidade de se libertar do corpo, durante o sono, para serem conduzidos a planos espirituais, onde são preparados para o desligamento definitivo. Na Casa Transitória, Jerônimo antecipa aos desencarnantes que o retorno ao corpo físico, na situação em que se encontram, é doloroso, já que o remédio para a alma ali recebido irá intensificar os males da carne e que, por isso, sentirão mais tristeza, mais angústia, inquietude no coração e desejo de se libertar o mais depressa possível; aconselha que deem solução aos derradeiros problemas terrestres e intensifiquem a confiança na Proteção divina. André Luiz observa que as interpretações feitas pelos moribundos do ambiente em que estão variam de acordo com a ideia de cada um a respeito da dinâmica da vida e das suas crenças filosóficas e religiosas. Cavalcante acredita estar no Céu; Albina pensa estar na Casa do Senhor, conforme descrição do primeiro livro dos Reis, no capítulo 8; Adelaide e Fábio oram, compreendendo o que se passa; Dimas pergunta se ali é uma dependência venturosa de Marte. Jerônimo esclarece: "O plano impressivo da mente grava imagens dos preconceitos e dogmas religiosos com singular consistência." Os enfermos retornam aos seus leitos, cada um relatando suas recordações segundo suas concepções.

13. COMPANHEIRO LIBERTADO

Descreve o processo de uma desencarnação do ponto de vista espiritual. Informa que há tempo próprio para reencarnar e desencarnar, mas sem dia e hora determinados, considerando como cada criatura usa seu equipamento físico. Jerônimo adianta que Dimas desencarnará antes do tempo previsto, mas não pode ser considerado um suicida inconsciente, pois na infância e na juventude teve uma vida muito sacrificada e, adulto, torna-se fiel servidor do Cristo, e se dedica demasiadamente aos sofredores, não tendo, por isso, horário para se alimentar corretamente nem para dormir, perdendo, quase integralmente, o conforto social; foi vítima de choques constantes da dor alheia e alojou vibrações destrutivas no fígado, cujas congestões se convertem, agora, em cirrose, que o leva ao leito de sofrimento. "Segundo observamos, há existências que perdem pela extensão, ganhando, porém, pela intensidade." Por essa razão, conclui o Instrutor, o cuidado dispensado a Dimas na sua volta ao mundo espiritual, não havendo, portanto, consideração descabida da parte da Espiritualidade superior. Ao lado do moribundo, Espíritos amigos velam por ele e buscam amenizar-lhe as agitações psíquicas em virtude das preocupações com a família, sendo, ao mesmo tempo, envolvido por uma teia de fios cinzentos, emitidos pela esposa angustiada, tudo lhe dificultando o transe. Passes longitudinais são aplicados para libertá-lo da rede magnética que lhe envolve o corpo, enquanto os órgãos vitais vão, passo a passo, se omitindo de suas funções, permitindo que a fauna microscópica devore internamente o corpo físico. A equipe espiritual providencia, com passes longitudinais, melhoras fictícias para afastar as preocupações dos parentes e amigos e favorecer o desligamento definitivo. O paciente se recupera e conversa com os familiares; o médico diagnostica a recuperação, suspende alguns medicamentos e solicita que se recolham todos, para que Dimas tenha um sono reparador. Padre Hipólito e Luciana, para defender o paciente de vibrações inferiores, tecem rede fluídica protetora em sua volta; sendo despertado por Jerônimo e, inspirado, se dirige a Jesus e Maria e roga a presença de sua querida mãe naqueles momentos derradeiros. Ela surge iluminada e coloca a cabeça do filho no colo, enquanto Jerônimo, com ajuda de André Luiz, desenvolve procedimentos magnéticos para o desligamento final, e informa que há três regiões orgânicas fundamentais que demandam extremo cuidado naqueles instantes: o centro vegetativo, o centro emocional e o centro mental, sendo este o mais importante, sediado no cérebro. O desligamento se inicia pelo plexo solar e termina no centro mental, enquanto substância leitosa se desprende do desencarnante e se mantém ao seu lado, até que uma chama violeta-dourada se desprende do cérebro e promove a aglutinação da substância expelida, dando forma ao corpo perispiritual de Dimas, morto para os encarnados, mas ainda preso aos despojos por um cordão fluídico, que o mantém assim até o dia seguinte, considerando que ele não está devidamente preparado para um desenlace mais rápido. A mãe de Dimas vela pelo filho para que amigos apaixonados e inimigos gratuitos não lhe perturbem o repouso merecido.

14. PRESTANDO ASSISTÊNCIA

Revela as situações diversas dos recém-desencarnados, antes do sepultamento do corpo físico, e faz advertências quanto ao comportamento dos encarnados durante o velório. André Luiz visita a residência do recém-desencarnado Dimas, durante o velório, e observa que ele, em companhia de sua dedicada mãe, ainda está ligado ao seu cadáver pelo cordão fluídico prateado e protegido por diversas entidades amigas. Fabriciano, Espírito amigo do falecido, informa que o médium verdadeiramente dedicado a sua tarefa com amor, renúncia e responsabilidade, fica ligado a *comissões de colaboração* e, naquela situação, recebe considerável apoio, mas que o trabalhador da Seara, que não se distingue no esforço perseverante do bem, não se faz merecedor de qualquer concessão, podendo até ficar à mercê das circunstâncias, embora não lhe falte o amparo divino mínimo necessário. Dimas, ainda enfraquecido, se liberta, aos poucos, dos resíduos que o ligam ao cadáver, sendo prejudicado, no entanto, pelas vibrações do pranto descontrolado dos parentes e da falação desrespeitosa mantida pelos circunstantes, as quais lhe perturbam o sono reparador, inspirando-lhe pesadelos. André Luiz lamenta que as pessoas não consigam manter conversação digna por mais de cinco minutos, e que tal dificuldade é muito prejudicial nos velórios onde os comentários sobre o desencarnado e anedotas irreverentes provocam-lhe constrangimento e dor. Certo cavalheiro relata um caso de assassinato testemunhado por Dimas e que, pelas condições dos envolvidos, ele achou melhor guardar segredo, para que o escândalo não vitimasse outras pessoas. A narrativa atrai o homicida, já desencarnado, que, desesperado, invoca a testemunha e pede-lhe ajuda desesperado, mas Fabriciano entra em ação e intensifica a proteção do seu amigo, acrescentando que a invasão se deu porque Dimas descuidou-se de incentivar a prática metódica da oração em família, ficando a residência à mercê da visitação de qualquer um, embora ele seja merecedor de proteção individual, não chegando a ver nem ouvir o irmão desventurado pedindo-lhe socorro, mas, assim mesmo, ainda recebe os choques vibracionais por estar ligado aos despojos. A esposa em desespero se aproxima do corpo, chamando repetidamente pelo marido, e Dimas se desprende do colo da mãe e, cambaleante, vai em direção à companheira, mas ela recebe de Fabriciano energia de prostração e desmaia, e Dimas retorna ao colo da mãe. Fabriciano lamenta a condição atual dos amigos da esfera carnal diante da morte e conclui: "É por isso que, por enquanto, os mortos que entregam despojos aos solitários necrotérios da indigência são muito mais felizes."

15. APRENDENDO SEMPRE

Descreve o que se passa no cemitério na visão espiritual, antes e durante um sepultamento. Duas horas antes do enterro, o cordão fluídico que ainda liga Dimas ao seu corpo é desligado e ele desperta e procura a esposa, querendo saber o que se passa, mas é advertido pela sua mãe que não se preocupe com os que ficam, pois também estão aos cuidados de Deus. André Luiz observa que até o rompimento do cordão havia um fluxo e refluxo dos princípios vitais em readaptação entre o cadáver e o Dimas desencarnado, fazendo com o corpo esperasse para iniciar a sua decomposição. Dimas é apresentado pela sua genitora ao instrutor Jerônimo e informa que em breve deverá acompanhá-lo para um merecido repouso em estância espiritual, mas o filho reage, não desejando dela se separar. Ela o consola e garante que o visitará, sempre que possa e, em seguida, enumera alguns procedimentos a serem adotados por ele para conquistar a tranquilidade e segurança de que necessita: silenciar, orar, não reclamar, não questionar, não se lastimar. Ao contemplar o corpo que lhe serviu durante muitos anos, agradece e se detém em pranto, tal como a mulher e os filhos. Sua mãe lhe diz que não se demore e considere que os prantos não traduzem a verdade dos fatos, pois "Nunca houve adeus para sempre, na sinfonia imorredoura da vida." Dimas sente dificuldades para orar e Jerônimo o inspira, favorecendo a que encontre conforto após a súplica dirigida ao Alto. O cortejo, acompanhado por vinte entidades espirituais, inclusive Dimas, chega ao cemitério e encontra considerável multidão de Espíritos vagabundos em estrondosa gritaria, endereçando pilherias aos encarnados, mas se contêm, de súbito, ao perceberem que o féretro está sob proteção de amigos espirituais. Padre Hipólito informa que nos cemitérios malfeitores atacam as vísceras cadavéricas, para subtrair-lhes resíduos vitais, sendo esta uma das razões porque os amigos de Dimas o acompanham até o sepultamento de seu corpo. Antes da inumação, Jerônimo aplica passes longitudinais e extrai os últimos resíduos de vitalidade do cadáver de Dimas e os dispersa na atmosfera, para que entidades inferiores não se apropriem deles. André Luiz tem sua atenção chamada para uma senhora que, no túmulo ao lado, chora desesperada e pede socorro. Após ouvi-la, observa que ela está ligada pelo fio fluídico que lhe sai da cabeça e se aprofunda solo a dentro, mas sem a luz prateada, e ela reclama que sente o corpo desfazer-se. Ele se preocupa em ajudá-la, mas é advertido por um Espírito que colabora naquele campo-santo, advertindo-o que ela não pode ser libertada ainda, pois se mantém tal qual viveu, preocupada com os prazeres da vida material e distante das coisas espirituais, alimentando ódio e revolta, e que se voltar ao lar destruirá o que encontrar a sua frente. Mais adiante observa um senhor de idade avançada, sentado em cima da sua sepultura, preocupado com sua fortuna, gritando para que ele se afaste. Diante do espanto de André Luiz, esclarece o servidor que outros, em piores condições, furiosos e perversos, se precipitam para as esferas *subcrostais*, nas trevas pesadas, tal o estado deplorável de suas consciências, concluindo que "[...] se há alegria para todos os gostos, há também sofrimentos para todas as necessidades." Dimas se despede da genitora e diz que ainda guarda integral impressão do corpo físico e que, ao desejar ficar com os seus entes queridos, volta a experimentar as dores que o fizeram sofrer; que tem os cinco sentidos em perfeito funcionamento e que sente fome e sede, mas que não sofre por isso. Jerônimo intervém e diz que, não havendo duas desencarnações exatamente iguais, "o plano impressivo depende da posição espiritual de cada um."

16. EXEMPLO CRISTÃO

Relata a desencarnação do fiel colaborador Fábio e demonstra a facilidade do processo para quem se preparou devidamente para a morte do corpo físico. Internado na Casa Transitória, Dimas ainda apresenta os sintomas de antes e tenta fugir à influência benéfica dos companheiros como se estivesse enlouquecido. Jerônimo esclarece que Dimas não aprendeu a se libertar da saudade doentia dos familiares; não preparou a si e nem a família para o momento da separação pela desencarnação; que embora ter sido fiel e bondoso discípulo do Evangelho, não aproveitou, integralmente, as lições recebidas; prendeu-se exageradamente aos laços domésticos sem maior entendimento, conferindo excessivo carinho aos familiares, e não proporcionou à família o esclarecimento de que dispunha para libertá-la da incompreensão, sendo atingido agora pelas vibrações de angústia que dela advêm. "Gastará, desse modo, alguns dias para edificar a resistência." No lar de Fábio, André Luiz toma conhecimento da fragilidade física do moribundo e das enfermidades contraídas por ele durante a infância e juventude, e busca saber as razões, tendo em vista a sua tarefa benemérita. O Espírito Silveira revela que, ao desencarnar, veio saber por que seu filho Fábio recebera um organismo tão delicado, não obstante a missão de servir à causa do bem com muito sacrifício; revela que na sua última existência fora muito negligente com a saúde dos escravos da família, exigiu deles muita disciplina e não lhe proporcionou condições de alimentação e morada dignas, por isso viveu situações semelhantes. Jerônimo e Aristeu aplicam passes em Fábio e o inspiram a tomar um banho morno, e fluidificam a água com propriedades para absorver da sua pele as substâncias nocivas emergidas pelos passes, proporcionando-lhe melhora fictícia para que participe, ainda no corpo físico, do último culto do Evangelho com seus familiares. Sentado à mesa com sua esposa, Mercedes, e os filhos, abre o Novo Testamento na 1 Coríntios 15.43: "Semeia-se corpo animal, ressuscitará corpo espiritual. Há corpo animal, e há corpo espiritual." Inspirado pelo pai Silveira, desenvolve comoventes comentários, ressaltando seu retorno ao mundo espiritual, encoraja a esposa à luta sem a sua presença, não exigindo dela fidelidade absoluta, por ser cruel opressão, reconhece que é merecedora de um companheiro digno e leal irmão, e que Jesus providenciará para que não fique sozinha e, com a intenção de convencê-la, diz: "Nossos corações, Mercedes, são como as aves: alguns já conquistaram a prodigiosa força da águia; outros, contudo, guardam, ainda, a fragilidade do beija-flor." Depois do culto, Fábio recebe as primeiras aplicações magnéticas de Jerônimo destinadas a lhe proporcionar o desligamento, começando pelo plexo solar, passando pelo coração e chegando ao cérebro, quando desata o nó vital, permitindo a Fábio ficar completamente afastado do seu corpo, para, uma hora depois, sentir-se livre completamente, com o rompimento do apêndice luminoso. O pai do desencarnado inutiliza os derradeiros resíduos vitais do cadáver, eliminando o abuso de entidades inconscientes e perversas, enquanto o recém-desencarnado, tranquilo e confiante, é conduzindo para a Casa Transitória.

17. ROGATIVA SINGULAR

Relata um caso da prorrogação de vida de uma senhora prestes a desencarnar, visando beneficiar uma criança órfã com a missão de cooperar na difusão do Evangelho. Na Casa Transitória, Dimas se recupera mais facilmente de sua instabilidade, como recém-desencarnado, influenciado pelo exemplo de resignação e serenidade de Fábio que, embora saudoso, não alimenta tristeza nem amargura. Como prêmio, o ex-turbeculoso recebe a visita de Mercedes, que lhe dá notícias dela e dos filhos frente à nova fase de suas vidas; informa que já está trabalhando e garante o sustento do lar; que deixa sempre uma cadeira vazia para dele se lembrar, dando-lhe demonstração de amor e carinho. Fábio afiança que tem notícia de seu aproveitamento em tarefa redentora, dando-lhe oportunidade de continuar sua ascensão espiritual e que, em breve, retornará ao lar para, em Espírito, cooperar com os entes queridos e respirar o mesmo ar. Mercedes, emocionada, perde forças e, por isso, retorna ao lar em companhia de Jerônimo e André; desperta feliz e recorda o sonho venturoso com o marido. Jerônimo é convocado à instância de Nosso Lar e retorna noticiando que a irmã Adelaide, por ordem superior, permanecerá na Terra por tempo indeterminado, enquanto perdurar a causa que o motiva, esclarecendo que somente Deus detém poderes absolutos e que o futuro de cada um de nós é calculado em linhas gerais, sem condições de prejulgar a interferência divina. Revela que a solicitação aceita em planos superiores não partiu dos seus alunos nem de suas filhas, pois com eles já havia saldado seus compromissos, mas, sim, do menino João, órfão de oito anos, que fora abandonado à porta da serva fiel e criado por sua filha Loide; e que João é um abnegado servo de Jesus, reencarnado com proposta de cooperar na difusão do Evangelho de Jesus; está ligado à família há alguns séculos, e a partida de Adelaide provocaria muito sofrimento e angústia em Loide, que está grávida de uma menina, futura esposa de João, correndo-se, assim, o risco de um aborto e a necessidade de profundas mudanças na missão evangélica do garoto.

18. DESPRENDIMENTO DIFÍCIL

Descreve a desencarnação difícil de um Espírito que em nada favorece o processo, por não ter sido educado para a morte, condicionado a princípios dogmáticos de sua religião. Cavalcante, o bondoso e fervoroso católico, agoniza no hospital e seu organismo exala desagradável odor que, na observação cruel do padre que o assiste, *está apodrecendo em vida*. Reflete sobre sua vida conjugal, admitindo que a esposa o abandonou por ter sido ele muito rigoroso com os deveres da Igreja, esquecendo-se de ser tolerante e dedicado companheiro, sendo considerado por ela um *padre sem batina*. Suas reflexões o levam à juventude, quando tudo fizera na prática do bem e em nome de Jesus, que sempre o viu ao lado dos famintos e sofredores e não enclausurado nos altares dos templos de pedra; esquecera, sim, o lar para se dedicar plenamente aos irmãos do mundo, não se preocupou demasiado com os bens terrenos e, por isso, aborreceu até os sacerdotes, a esposa e os familiares. Ao lado da enfermeira que o atende, incomodada com o mau cheiro, Cavalcante roga a presença da ex-esposa para uma reconciliação; manifesta o desejo de revê-la para lhe pedir perdão e, assim, morrer em paz. Busca, naquele momento, uma certeza do destino além-túmulo, mas suas crenças dogmáticas não lhe permitem admitir a vida no mundo espiritual semelhante à da matéria, e pensa somente no purgatório, para onde acredita que vai, mas o teme. Por isso, debate-se na dor, com medo de morrer; faz questionamentos mentais quanto à sua vida marital, seu compromisso com a Igreja, seus enganos, seus acertos e a necessidade de reconciliação com a ex-esposa e, até mesmo, com o seu atual marido; permanece, no entanto, cego para o outro lado da vida, sendo mesmo refratário ao auxílio magnético e pensamentos fraternos da equipe de Jerônimo, que tenta minimizar seus sofrimentos. Bonifácio revela que a consorte desencarnara há um ano e Jerônimo resolve que Cavalcante deve ser libertado o mais depressa possível, pois teima em se fixar à carne apodrecida, e pede para trazer a companheira desencarnada à presença dele. André Luiz descreve o ambiente da enfermaria, onde entidades vampirizantes infligem padecimentos atrozes aos doentes, sugando-lhes as forças vitais, atormentando-os e perseguindo-os, e teme que Cavalcante, ao se libertar, se defronte com aquele quadro dantesco, vindo a se desequilibrar. Jerônimo elucida que de nada adiantará, da parte deles, qualquer iniciativa de afastar aquelas criaturas, pois que os enfermos, por ausência de educação mental, atrairiam novamente os verdugos para sua companhia, e que compete a cada um de nós "[...] irradiar boa vontade e praticar o bem, sem, contudo, violar as posições da cada um". O corpo de Cavalcante, enfraquecido demasiadamente, abre a porta da percepção do mundo espiritual e ele vislumbra o quadro já descrito por André Luiz, e, horrorizado, relata para os enfermeiros suas visões e eles, penalizados, admitem que tudo não passa de alucinações de um moribundo. Desvairado, recebe dos amigos espirituais recursos energéticos e se aquieta. Bonifácio entra com a ex-esposa desencarnada e Cavalcante, ao vê-la, agradece a Deus pela oportunidade e lhe pede desculpas por não ter sido o marido que ela esperava; ela, de joelhos, também lhe pede perdão por não tê-lo compreendido a tempo como leal amigo e dedicado marido e, se afasta sob rogos de Cavalcante para que ali permaneça. Jerônimo solicita medidas drásticas para que Cavalcante retorne ao mundo espiritual, não obstante sua resistência causada pelo medo da morte, tendo em vista a intenção do médico de lhe aplicar anestésico fatal, mas o moribundo não aceita o auxílio magnético dos irmãos espirituais, para lhe favorecer o desenlace, e é vitimado pela chamada *injeção compassiva*, que o deixa incapacitado de se libertar do casulo físico, em razão do torpor generalizado, e passa a não responder a qualquer esforço da equipe, sendo libertado vinte horas depois, no necrotério, sonolento, apático, desmemoriado, sendo levado à Casa Transitória.

19. A SERVA FIEL

Informa sobre o preparo de amigos e familiares para cooperarem mentalmente na desencarnação de um Espírito. Jerônimo esclarece que todo medicamento possui princípios elétricos que afetam diretamente as células perispirituais, também saturadas de energia de mesma natureza e que, por essa razão, o anestésico aplicado em Cavalcante o deixou impossibilitado de receber ajuda magnética para sua imediata libertação. O recém-desencarnado, na Casa Transitória, insiste que permanece no corpo físico e aceita, somente do padre Hipólito, qualquer tipo de ajuda pela palavra ou pelos passes. Preso ainda aos ensinos dogmáticos da Igreja, interroga o padre Hipólito sobre as mais infantis questões, tais como a localização do céu, do inferno e do limbo; pede notícias dos santos da Igreja e quer saber do valor dos sacramentos da Igreja Católica, chegando mesmo a pedir uma audiência com Deus, provocando a irmã Zenóbia que, humorada, comenta: "Nossa Igreja Romana [...], é, de fato, na atualidade, grande especialista em *crianças espirituais*." Adelaide, liberta parcialmente do corpo, conversa com o venerável Bezerra de Menezes, que lhe insufla ânimo para o desenlace próximo, aconselhando-a, tal como ele fizera, a cerrar os ouvidos aos chamamentos do sangue, libertar a mente dos elos que a ligam às pessoas, acontecimentos, coisas e situações da vida terrena, para afastar-se do corpo grosseiro sem obstáculo algum. À noite, Adelaide, na Casa Transitória, dialoga com Zenóbia e confessa que suas derradeiras dificuldades para o retorno à vida espiritual são a forte ligação à obra e aos amigos no círculo carnal, mas que, no íntimo, sente-se preparada, mesmo reconhecendo a complexidade e a extensão dos impedimentos mentais dos parentes e amigos, a rogarem sua permanência, embora o seu corpo não suporte mais as exigências da tarefa de tantos anos. Lembra que "A morte é o melhor antídoto da idolatria" e que tomará providências para reunir, na véspera de sua partida, os seus colaboradores, quando libertos pelo sono, para lhes pedir compreensão e ajuda mental, facilitando seu desligamento. À noite, amigos e cooperadores da obra dirigida por Adelaide, desenfaixados do corpo, são conduzidos ao grande salão de reunião pública da instituição, sendo a maioria mulheres, que se apresentam com pensamentos de súplicas, espalhando-se fluido harmonioso no ambiente. Irmã Adelaide se apresenta e, no momento da prece, luz azul celeste é expelida de suas mãos, atestando sua grandeza espiritual. Zenóbia solicita aos convidados que não mais detenham a bondosa serva no cativeiro do corpo físico, esquecendo-se do *faça-se a sua vontade* nas rogativas que dirigimos ao supremo Senhor; que tenham em mente que a ação individual da amiga no campo do bem deverá servir de exemplo a ser seguido por todos; que combatam o impulso à idolatria a que nos entregamos, impensadamente, e não confundamos carinho e reconhecimento com dependência. Enfatizou que a obra benemérita pertence a todos, e que ela é apenas um instrumento digno e fiel do Mais Alto, cujo peso da glória deve ser repartido com todos os servos sinceros das boas obras e, conclui rogando: "Libertemo-la, pois, oferecendo-lhe pensamentos de paz e júbilo, partilhando-lhe a esperança na esfera mais elevada." Adelaide retorna ao corpo, se sente muito mal em razão de ter-se robustecido energética e mentalmente durante a reunião para o desligamento, e sente angústia ao contato com os órgãos doentes. Já fora do corpo, ela mesma tenta a desencarnação dos laços mais fortes, durante horas, mantém-se ativa na tarefa complexa do desligamento no plexo solar e na região do coração, intervindo Jerônimo, somente no último instante, para desatar o apêndice prateado, ficando Adelaide livre completamente. Após a costumeira visitação ao féretro, ela acompanha a inumação de seus despojos, consolando e recebendo consolações.

20. AÇÃO DE GRAÇAS

Relata os últimos momentos da equipe de Jerônimo na Casa Transitória de Fabiano. André Luiz confessa a saudade que sente da vida harmoniosa e bela em Nosso Lar e reconhece, agradecido, a oportunidade do serviço nas regiões inferiores que lhe proporcionou experiência, sabedoria, equilíbrio e aquisições eternas. Os moradores da colônia Nosso Lar não disfarçam a alegria do retorno para casa, após o dever cumprido, e esperam a chegada da irmã Zenóbia para as despedidas, enquanto Dimas, Cavalcante, Adelaide e Fábio conversam, exprimindo agradecimentos e abordando problemas transcendentais do destino e do ser. Zenóbia se apresenta e abraça a todos, extravasando estima e carinho pela equipe e pelos recém-libertos, e comenta a beleza das obrigações de fraternidade. Solicita a Adelaide que pronuncie a oração de agradecimento, o que ela faz profundamente inspirada e comovida e, ato contínuo, pede ajuda dos auxiliares e entoa hino de agradecimento à Terra, a qual os irmãos libertos acabavam de deixar. Após os abraços de despedida, ruma a equipe de Jerônimo em direção ao Nosso Lar, conduzindo os recém-desencarnados.

Resumo do livro

NO MUNDO MAIOR

Demonstra a laboriosa atuação da Espiritualidade superior no combate à loucura. É o quinto volume da coleção *A vida no mundo espiritual*, narrado em vinte capítulos no estilo já conhecido, trazendo-nos mais conhecimentos, ensinamentos e revelações. Desta feita André Luiz aborda a complexidade da mente humana e suas inclinações, felizes e infelizes; oferece informações valiosas sobre as causas do desequilíbrio da vida mental. Temas como a mente, o cérebro, a epilepsia, a alienação mental, a esquizofrenia, o mongolismo, a mediunidade torturada, os desequilíbrios do sexo, as psicoses afetivas e as estranhas enfermidades são analisados à luz da *psiquiatria iluminada* pelo resplendor da Doutrina Consoladora. No capítulo A Casa Mental, encontramos subsídios de profundo teor para a análise e compreensão da angústia e do desespero daqueles que estão no limiar da loucura ou dos que já foram por ela vencidos. No referido capítulo, o instrutor Calderaro divide o cérebro em três regiões distintas, como se fora um castelo de três andares. No primeiro, situa-se a residência dos impulsos automáticos (subconsciente); no segundo, o domicílio das conquistas atuais (consciente); e, no terceiro, a casa das noções superiores (superconsciente), indicando as eminências que nos cumpre atingir. Ainda no citado capítulo, em um hospital, prestam assistência a um internado sob o domínio de deplorável entidade. Diante do intrincado processo obsessivo, esclarece que, para se compreender os Espíritos perseverantes no mal, é imprescindível compreender "a perversidade como loucura, a revolta como ignorância e o desespero como enfermidade". Exemplo de amparo fraternal o leitor encontrará no comovente drama de Cândida (capítulo 6), hospitalizada e prestes a desencarnar, e de sua filha Julieta, que, não tendo recursos financeiros para custear o tratamento médico da mãezinha, se envolve em atividades menos dignas junto a Paulino e fica com a saúde mental alterada pelas aflições que a consomem. Durante o sono, sob a intervenção carinhosa de Cipriana, Paulino é chamado a assumir suas responsabilidades junto a Julieta, o que realmente se concretiza e Cândida desencarna em paz. Revela que a administração de ajuda aos Espíritos encarnados se opera quase sempre em atendimento às rogativas das preces intercessórias, independentemente da religião professada pelas criaturas. Apresenta o caso de uma criança de oito anos com aparência simiesca, paralítica, muda, surda, que não se senta e enxerga muito mal, mas psiquicamente sensível, ali aprisionada por ter decretado, em outra existência, a morte de muitos compatriotas em uma insurreição civil, aproveitando-se para vingar-se de desafetos pessoais, semeando sofrimento e ódio. Tece preciosos comentários sobre mediunidade, animismo, aborto criminoso, suicídio, alcoolismo, leviandade, ódio e desilusão. Em visita a um hospital psiquiátrico no mundo material, Calderaro informa a André Luiz que, "excetuados os casos puramente orgânicos, o louco é alguém que procurou forçar a libertação do aprendizado terrestre, por indisciplina ou ignorância." Em região de intenso sofrimento no mundo espiritual conhecido como *as cavernas*, dá-se o comovente reencontro de André Luiz com seu avô Cláudio, que lá se encontra há quarenta anos em grande desequilíbrio mental, vitimado pelo apego excessivo às riquezas materiais. Na instituição dirigida por Cipriana, tem lugar o encerramento da semana de proveitosos estudos feitos por André Luiz sob a tutela do instrutor Calderaro, em que o discípulo se despede emocionado do mestre e dos demais, envolvidos pelas vibrações da oração proferida pela abnegada mensageira, assim iniciada: "Senhor Jesus,/ Permanente inspiração de nossos caminhos,/ Abre-nos, por misericórdia,/ Como sempre,/ As portas excelsas/ De tua providência incomensurável..."

Resumo dos capítulos

1. ENTRE DOIS PLANOS

Relata a chegada de André Luiz e Calderaro a uma instituição próxima à Crosta, com o objetivo de aprender sobre a psiquiatria iluminada. Os dois viajam rumo a uma instituição posicionada em zona intermediária, onde são atendidas almas situadas entre as esferas inferiores e superiores, sendo ela administrada pelo instrutor Eusébio. Calderaro, eminente orientador especializado em psiquiatria iluminada, tem como missão o socorro imediato a entidades infelizes, com a finalidade de evitar, quanto possível, a loucura, o suicídio e os desastres morais. Na instituição, em plena natureza terrestre, André Luiz se extasia com o recinto iluminado de claridades inacessíveis à faculdade receptiva do humano, e observa a presença de centenas de companheiros libertos pelo sono. Naquela madrugada, o instrutor Eusébio falará para estudantes espiritualistas de correntes diversas, candidatos a serviço de vanguarda, não filiados às escolas de fé. Mil e duzentas pessoas esperam o momento do encontro com Eusébio, sendo 80% aprendizes de templos espiritualistas, em seus ramos diversos, que nutrem aspirações em colaborar no plano divino. Ainda vacilantes, hesitam no caminho das provas, exigindo particular cuidado da Espiritualidade, pelos seus testemunhos na obra espiritualizante. São futuros instrumentos para o serviço de frente, que, libertos pelo sono, recebem amparo fraterno. A comunidade da instituição, diz Calderaro, trabalha pela manutenção do equilíbrio mental sem imposição, acreditando no fruto do tempo, do esforço e da evolução, e acrescenta que o progresso material atordoa a alma do homem, a civilização puramente científica é um Saturno devorador; as necessidades de preparação do espírito intensificam-se num ritmo assustador; para que o homem físico se converta em homem espiritual, se faz necessária a colaboração do plano espiritual. Eusébio adentra o salão acompanhado de seis assessores; o silêncio se faz e ele ora pedindo as bênçãos do Senhor da Vida. O ambiente se ilumina com chuva de partículas prateadas e André Luiz não contém as lágrimas e agradece, em silêncio, as dádivas do Céu.

2. A PRELEÇÃO DE EUSÉBIO

Descreve a preleção do instrutor Eusébio dirigida aos Espíritos pertencentes a diversas escolas espiritualistas da Terra, objetivando orientá-los no combate ao sectarismo. O instrutor Eusébio fala aos Espíritos libertos pelo sono que, enfastiados das repetidas sensações no plano grosseiro, intentam pisar outros domínios, solucionar enigmas da vida, esquecendo-se de iluminar o coração, e lembra que somos aves livres em limitados céus, criando liames e libertação para nós mesmos; que na Crosta planetária somos os mesmos atores do drama evolutivo, onde cada milênio é um ato. Lamenta que milhões de almas desfrutem bons ensejos de reajustamento, mas milhões de outras choram a própria derrota, advertindo que não se refere aos missionários heroicos que suportam testemunhos angustiosos, e sim as multidões de almas indecisas, presas na dúvida, almas formadas à luz da razão, mas escravizadas à tirania do instinto. Descreve o roteiro feito pelas almas escravizadas aos instintos, que aprenderam com Krishna, com Sidarta Gautama, com os mandamentos de Jeová, com os ensinamentos dos filósofos gregos, mas continuaram matando, sacrificando, saqueando e vivendo para os prazeres ilusórios da matéria. Lamenta que, mesmo depois da mensagem do divino Crucificado, tenhamos continuado agindo da mesma forma, alimentando sectarismo, fazendo mártires, confundindo religião com política mundana, criando um reino de fantasias, benzendo baionetas para mais habilmente ferir os irmãos considerados inimigos. Fala da incoerência do homem que combate as enfermidades enquanto arrasam populações indefesas, com bombas mortíferas, e adverte para a ameaça das moléstias da alma que solapam a estabilidade da Terra. Garante que o trabalho salvacionista não é exclusividade da religião, é ministério comum de todos, mas cada um deve fazer sua própria luz. instrutor Eusébio diz que o reconhecimento da sobrevivência da alma e o intercâmbio com outros planos da vida não garante por si a salvação; que o plano superior não se interessa pelos devotos famintos de paraíso beatífico;

que a salvação é conquistada pelo trabalho incessante de cooperação como o Pai Altíssimo; que o espiritualismo não pode restringir Deus entre paredes de um templo. Aconselha alimentar a esperança renovadora e não invocar Jesus para justificar anseios de repouso indébito, e que não nos mantenhamos presos às convenções efêmeras. É urgente a necessidade de se praticar a fraternidade. Ao final, André Luiz é apresentado a Eusébio, que sugere a Calderaro conduzi-lo ao serviço de assistência às cavernas.

3. A CASA MENTAL

Estuda o cérebro humano do ponto de vista da evolução espiritual, objetivando demonstrar que ele é o órgão de manifestação das atividades espirituais. André Luiz reflete sobre as condições especiais da colônia espiritual onde vive (Nosso Lar), do intenso trabalho, do entretenimento, dos lares harmoniosos, da natureza aconchegante, dos templos etc.; que lá recebeu a oportunidade de crescer espiritualmente, e se interroga o que acontece com os milhões, que após a morte do corpo, ficam presos à crosta da Terra. Calderaro informa que tais criaturas contam com o amparo dos Espíritos superiores no desenvolvimento de suas faculdades e nas providências para reencarnações imediatas de alguns, impossibilitados de se manterem no aprendizado e serviços iniciais. Acrescenta que há os criminosos conscientes, que se mantêm inúmeros anos entre a revolta e o desespero até que sejam tocados pelo remorso, pois o arrependimento é caminho para a regeneração e não passaporte para o Céu. André Luiz fala dos muitos sofredores que conhecera, mas os daquela região são perturbadores, dissipadores da energia anímica, odeiam a luz e têm traços fisionômicos monstruosos. Calderaro diz que, para auxiliar os Espíritos sofredores, deve-se entender que perversidade é loucura, revolta é ignorância e desespero é enfermidade. Convém estudar o cérebro do homem encarnado e do desencarnado, por ser o órgão de manifestação da atividade espiritual, e aprender sobre a loucura no âmbito da civilização. Em um hospital, examina os cérebros do enfermo encarnado e do desencarnado, e constata a semelhança das irradiações emitidas por eles. Calderaro ensina que o homem tem o cérebro inicial, onde estão arquivadas todas as experiências e os menores fatos da vida; na região do córtex motor há o cérebro desenvolvido, usado pela mente para as manifestações no atual momento evolutivo, e os lobos frontais guardam materiais de ordem sublime, concluindo que temos um cérebro só, mas dividido em regiões distintas. Afirma que o Espírito possui em si o passado, o presente e o futuro, e compara o cérebro com um castelo de três andares, onde no primeiro moram o hábito e o automatismo; no segundo residem as conquistas atuais, o esforço e a vontade; e no terceiro, estão as noções superiores, o ideal, a meta a ser atingida, ou seja, o subconsciente, o consciente e o superconsciente. Elucida sobre as moléstias da alma e da existência dos *vermes mentais* com gênese na tristeza e na inconformação, asseverando que o cérebro do desencarnado também adoece. Anota que os dois enfermos, encarnado e desencarnado, estão imantados porque detestam a vida, se odeiam, guardam ideais de tormento, de aflição e de vingança. Estão loucos.

4. ESTUDANDO O CÉREBRO

Estuda os estágios do cérebro e esclarece o mecanismo da obsessão do ponto de vista fisiológico e mental. Calderaro revela as razões do processo obsessivo do enfermo hospitalizado e revela que, há vinte anos, o obsessor fora assassinado pelo obsidiado, que roubou parte de sua fortuna e tudo fez para que o crime ficasse impune. Com o dinheiro roubado o assassino fez grande fortuna, mas não se liberta do remorso, porque sua vítima liga-se a sua organização psíquica, insuflando-lhe o complexo de culpa. Desposa uma jovem de alma elevada, que lhe dá cinco filhos queridos; depois cai em depressão e vive assaltado por estranhos pesadelos. A presença constante do verdugo, fixado na região intermediária do cérebro em razão do remorso, não lhe permite acesso à esfera superior do organismo perispirítico, onde moram os princípios nobres do ser, que poderiam lhes favorecer. No passado, somente encontrou calma trabalhando sem cessar, até a exaustão do corpo; buscava o repouso, se levantava cansado de tanto duelar com seu perseguidor invisível, chegando ao caos orgânico. Calderaro afirma que "O cérebro real é o aparelho dos mais complexos, em que nosso *eu* reflete a vida", e acrescenta que o cérebro perispiritual de um selvagem é diferente daquele do homem civilizado pelas vibrações de pensamentos que emitem. O Instrutor prossegue nas considerações em torno dos neurônios e da mente, os quais orientam todo o universo do corpo humano. Ensina que existe a química fisiológica e a química espiritual que tem início no cérebro; e que ainda é impossível se afirmar dogmaticamente onde termina a matéria e começa o espírito. Faz digressão sobre o princípio espiritual e sua evolução, assegurando que desde sua criação ele caminha sempre para frente. Elucida que o homem encarnado não se recorda do seu passado pleno, em razão da ascendência do perispírito sobre o corpo, pois os desencarnados, em relativa condição de espiritualidade, não têm a lembrança integral do seu trajeto ao longo do tempo, mas todos conservam tendências e faculdades, equivalentes a efetiva lembrança do passado. Refere-se ao enfermo e ao obsessor como tendo suas mentes fixadas no andar dos instintos primários, que outra seria a situação se houvessem se perdoado, pois o perdão não é "[...] mera virtude, senão princípio científico de libertação do ser, de progresso da lama, de amplitude espiritual: no pensamento residem as causas." Aplica recursos magnéticos no enfermo, fazendo-o dormir e afasta o seu verdugo, que se mantém indiferente ao lado do leito. Esclarece que não se propõe a socorrê-los com palavras esclarecedoras, porque no momento eles necessitam muito mais de amor fraternal do que de raciocinar, e que, sabendo de sua incapacidade para o caso, solicitou a presença da irmã Cipriana, portadora do divino amor fraternal.

5. O PODER DO AMOR

Demonstra a eficácia do amor na doutrinação, objetivando quebrar as algemas de ódio entre duas vítimas de si mesmos. Irmã Cipriana aproxima-se do enfermo e do obsessor, se põe em atitude de oração silenciosa e, aos poucos, vai se iluminando e se transfigurando "[...] qual se fora a materialização da madona de Murilo, em milagrosa aparição." Os desventurados, magnetizados, olham-se com respeito e temor, sem saber o que está acontecendo, e a benfeitora espiritual toca-lhes os olhos e eles passam a ver tudo e acreditam estar diante da Mãe de Jesus, pela beleza e luz que irradia a benfeitora. Pedro, o enfermo, ajoelha-se e, em lágrimas, implora piedade e confessa ter matado um homem, e ela responde que já sabe e amorosamente lhe diz: não se equilibra a vida provocando a morte. Diz, ainda, que eliminar o corpo daquele que se fez incompreensivo e duro somente trouxe o tormento para sua consciência: a Lei cobra tributos altos a quem se antepõe aos seus ditames sábios e soberanos. A irmã lembra que ele buscou a fuga pelo trabalho, mas esqueceu de orar e rogar o perdão de sua vítima. Ela afirma também que nunca é tarde para levantar o coração, pois quando apelou para a Misericórdia divina foi ouvido, e está aqui para ajudá-lo, estimular-lhe a regeneração, já que ninguém pode condenar ninguém, porque muitos de nós, em outro tempo, cometemos os mesmos desatinos. Cipriana o aconchega no coração, dizendo-lhe ser sua mãe espiritual, em nome de Deus. Calderaro, em lágrimas, diz: "Praza a Deus, André, possamos também aprender a amar, adquirindo o poder de transformar os corações." Dirige-se a Camilo, o perseguidor, e o adverte sobre o futuro daquele que passa a viver no cultivo do ódio para fazer justiça; que a condição de vítima não lhe confere a santidade; que ele, como pai de família e se apresentando como homem prudente e reflexivo, não encontrou uma réstia de piedade para quem agiu num momento de insânia. Camilo, diante das palavras enérgicas e cheias de amor, vacila entre a inflexibilidade e a capitulação. Sem demora, Cipriana solicita a Calderaro e André que a ajude a conduzi-los ao lar de Pedro. Lá, Camilo observa o comportamento amistoso de todos, com fé e esperança de que o pai retorne sadio para o lar que construiu com amor. Na busca de sensibilizar Camilo, a benfeitora mostra que o seu assassino construiu uma família trabalhando atabalhoadamente para esquecer o seu ato nefando, e tem, hoje, o reconhecimento da companheira e dos cinco filhinhos. Após falar das alegrias que o perdão outorga, Camilo argumenta que deseja ser bom, mas Deus o deixou ao desamparo. Cipriana, diante das expressões de incompreensão quanto ao sofrimento, conta a história de sua última existência, quando perdeu seus dois filhos para a guerra, suas duas filhas para os prazeres do mundo e, quando pensava ter no esposo o companheiro, ele a abandonou porque ela contraiu a lepra. Mas nunca lhe faltou a fé e a esperança, a certeza de que Deus não a abandonara em momento algum. Emocionado, Camilo beija-lhe a mão e lhe diz: "Não são vossas palavras que me convencem... senão o vosso sentimento que me transmuda!" Pedro é reconduzido ao corpo e Camilo é levado por Cipriana para dar início a sua restauração. A esposa de Pedro o visita no hospital e o encontra renovado, com novo brilho no olhar, e ele conta que sonhou com a Mãe santíssima, que lhe estendeu as mãos transbordantes de luz.

6. AMPARO FRATERNAL

Descreve o conflito mental de Julieta, causando-lhe sérios distúrbios orgânicos, e demonstra a importância da intercessão espiritual em nossas vidas.

André Luiz observa em Cândida a extinção do tônus vital em seu organismo debilitado. Ao lado da filha de 20 anos, a enferma revela suas preocupações com relação a sua vida quando ficar sozinha, não tendo a quem recomendá-la, e pergunta pelo amigo Paulino, que não vê há tempo. Reitera seus conselhos e pede que a filha tenha cuidado com os homens maus, que se aproveitam das jovens incautas, devendo ela se manter sempre à custa do trabalho honesto e digno, e submeter-se aos desígnios de Deus. Julieta não revela à mãezinha que seu trabalho com a costura já não é suficiente para as despesas com a casa e com os medicamentos, e que foi forçada a aceitar trabalho numa casa de diversão noturna, cantando e dançando, e que Paulino surgiu na sua vida dando-lhe a proteção de que necessita. Calderaro esclarece que ela vive aflita, desalentada e se culpa por não ter seguido a vida tal como a mãe exemplificou e recomenda, por isso tem a saúde abalada. Embora se desculpando por estar agindo assim para ajudar a mãe querida, não se sente encorajada a orar como em outros tempos. André Luiz nota que os pensamentos torturantes da jovem se apresentam por vibrações pesadas e de cor escura, que atingem seu pulmão e o coração, e se esvaem pela corrente sanguínea, causando-lhe sérios distúrbios orgânicos, caracterizando-se por encefalite letárgica. Calderaro esclarece que "decidindo-se Julieta por um gênero de vida que lhe provoca violentos e contínuos conflitos na mente, passou a despedir energias fatais sobre ela mesma." Sua mente desceu ao porão dos impulsos instintivos com extrema dificuldade para subir ao andar das noções superiores, e não ora por se sentir indigna, mas, tendo em vista as razões de sua queda, a Misericórdia divina vem ao seu encontro. O instrutor oferece-lhe recursos magnéticos, mas adianta que ela não deverá ficar bem totalmente para que não saia para as atividades costumeiras, tendo em vista o encontro, à noite, com Cipriana e Paulino, no lar de Cândida, quando desligados pelo sono. Na casa da enferma, às duas da madrugada, Cipriana chama Paulino à responsabilidade do casamento com Julieta, lembrando que ele não se interessou por ela por acaso; que laços de outras vidas os unem. Ele tenta se justificar, julgando-a pela forma como a conheceu, mas é advertido de que analise a vida que leva e conclua se tem o direito de reprová-la. Ele promete fazer o que a mentora pede. Às oitos horas da manhã, o médico anuncia a morte próxima de Cândida. A filha se apresenta em companhia de Paulino, visivelmente comovido, e os dois se ajoelham ao lado da venerável senhora e, diante das preocupações da moribunda com relação à filha, o jovem a tranquiliza e assegura que se casarão o mais depressa possível. Cândida, amparada por Cipriana, une as mãos dos jovens num gesto simbólico e, poucos minutos depois, cerra as pálpebras para sempre, ficando demonstrado o valor da intercessão espiritual em nossas vidas.

7. PROCESSO REDENTOR

Relata o caso de uma criança vítima de males congênitos e elucida as razões de seu sofrimento. Calderaro esclarece que o principal objetivo de seu esforço é o de impedir a consumação dos processos tendentes à loucura, não incluindo os casos puramente fisiológicos, mas, sim, aqueles resultantes dos dramas íntimos da personalidade, vítima dos fenômenos de involução, das tragédias passionais e acrescenta que é imprescindível amparar a mente humana na Crosta planetária. Assegura que Deus confiou à religião a tarefa de zelar pelo desenvolvimento da alma humana, mas ela tem se revelado incapaz, nos últimos tempos, por falta de pessoal adequado e porque vem sendo enfraquecida pela sua constante subdivisão, por isso o esforço da Espiritualidade em torno da mente humana é extenso e múltiplo. O auxílio não se dá indiscriminadamente, mas atende à força da intercessão que vem de zona superior ou do fundo do vale, em forma de prece, não se levando em conta o emblema sectário. Em residência simples, uma criança de oito anos, paralítica de nascença, que não fala, não anda, não chega a sentar-se, vê muito mal e quase nada ouve da esfera humana, cumpre severa pena por ela mesmo lavrada: aproveitou-se de uma insurreição civil e decretou a morte de seus desafetos, que o perseguiram ao longo do tempo, restando apenas os dois que estão ao seu lado, que ainda não o perdoaram. A mãe ligada a ele, por séculos, está com a razão ameaçada. Ele debate-se, no campo consciencial, com suas reminiscências torturantes. Por mais de cem anos, seu perispírito foi atingido com choques de desintegração emitidos por suas vítimas, sendo impedido de acessar o *castelo das noções superiores*; em vão se debateu no *campo do esforço presente*, sendo impedido pelo ódio de seus inimigos e, por isso, estacionou a mente nos impulsos automáticos, no império dos instintos. "Os abusos da razão e da autoridade constituem faltas graves ante o eterno Governo dos nossos destinos." Retardou sua caminhada em virtude dos seus nefandos atos e, por isso, sofre agora suas consequências. Seus dois inimigos renascerão como seus irmãos, que um dia beijarão o velho inimigo com muito afeto. Um dos vingadores toca no cérebro do paralítico e emite estrias negras, levando-o a se lembrar dos seus crimes, afligindo-se e contorcendo-se. Elucida que durante dois séculos ele foi atingido por aqueles raios que paralisam os centros da fala, dos movimentos, da audição, da visão, cronificando a situação ora presenciada. Calderaro tece considerações em torno do comportamento subumano do enfermo; sobre o esforço da psiquiatria moderna, merecendo a atenção das autoridades espirituais, e sobre a maneira como a loucura era tratada no passado. A genitora do enfermo entra no quarto e faz sua oração banhada em lágrimas e, em seguida, questiona a razão de Deus lhe ter dado um filho naquelas condições, tão distante dos seus sonhos, e Calderaro coloca as mãos sobre seus lobos frontais e lhe responde intuitivamente, deixando-a tranquila e conformada. Encerrada a assistência, o Instrutor lamenta que alguns médicos insensatos acreditem que a solução para aquele drama seja a *morte suave*.

8. NO SANTUÁRIO DA ALMA

Oferece novos conhecimentos com referência ao desequilíbrio da alma e prescreve qual o melhor medicamento para a cura. André Luiz e Calderaro visitam Marcelo, acometido de surtos epilépticos provocados pelas recordações dos dramas de vidas passadas. Durante o culto doméstico, inúmeros desencarnados participam. Marcelo agradece aos seus pais as orações e os passes e reconhece que o culto vem lhe proporcionando melhoras consideráveis. Calderaro revela que o jovem, em vida passada, deteve poderes e títulos intelectuais, mas não soube usá-los a serviço do bem, abusou do poder e criou em torno de si inúmeros inimigos que o esperaram além-túmulo para a vingança; vaga em zonas infernais, durante muito tempo, e tem sua organização perispiritual seviciada por suas vítimas. Roga ajuda, mas ela não o alcançava porque o remorso o mantinha sintonizado com seus credores. Explica-se, assim, o fenômeno epileptóide, que raramente ocorre por alterações do encéfalo traumatizado, sendo enfermidade da alma, na maioria das vezes. Marcelo foi amparado por seu orientador espiritual, que lhe providenciou a reencarnação com o compromisso do concurso espiritual na Crosta, para resgatar seus débitos. Durante os primeiros sete anos, devidamente protegido, ficou tranquilo, mas, aos catorze anos de idade, plenamente identificado com o invólucro fisiológico, passa a rememorar o passado e sofre convulsões epilépticas, mas se encontra na *residência dos princípios nobres*, pelo hábito da oração, pelo entendimento fraterno, pela prática do bem e pela espiritualidade superior, dispensando, por isso, a terapêutica dos hipnóticos ou dos choques, sendo o médico de si mesmo, única forma do enfermo encontrar a própria cura.

Liberto pelo sono, Marcelo dialoga com os benfeitores espirituais e fala dos seus planos para difusão do Espiritismo, quando duas entidades infelizes se aproximam e o rapaz empalidece, arregala os olhos e volta rapidamente para o corpo: eram seus inimigos, cuja presença o faz temer o retorno ao sofrimento nas zonas inferiores, sendo o casulo físico o único refúgio que tem, mas, mesmo lá, se mantém perturbado. Calderaro aplica-lhe fluidos magnéticos e ele adormece. Esclarece que ele se perturbou com a presença das entidades porque o fenômeno está relacionado com a teoria dos reflexos condicionados de Pavlov: o seu organismo perispirítico tem arquivadas as lembranças dos atritos experimentados quando perambulou pelas zonas inferiores e, ao se reaproximar de velhos desafetos, sofre violentos choques psíquicos, desorientando-se mentalmente. Faz considerações sobre os métodos dos fisiologistas no tratamento das perturbações mentais, sobre a confirmação das teorias dos reflexos condicionados e do uso de medicamentos e tratamentos com choques e duchas. Marcelo retorna ao plano espiritual e Calderaro o orienta que não opte pelos hipnóticos, pois já tem a consciência acordada para a Espiritualidade superior e que o remédio eficaz para ele é a fé positiva, a autoconfiança, o trabalho digno e os pensamentos enobrecedores, e conclui: "Os elementos medicamentosos podem exercer tutela despótica sobre o cosmo orgânico, sempre que a mente não se disponha a controlá-la, recorrendo aos fatores educativos."

9. MEDIUNIDADE

Estuda a complexidade do intercâmbio mediúnico e comprova os erros de avaliação de sua produção quando reduzida à tese animista. Calderaro esclarece que a tese animista é respeitável e nasceu para coibir abusos da imaginação, devendo ser usada como elemento educativo e não como instrumento para julgar e torturar os médiuns, reclamando deles a precisão absoluta no intercâmbio, esquecendo-se os críticos que qualquer faculdade nobre requer burilamento demorado. Lembra que nos reflexos condicionados de Pavlov, os animais dotados, apenas, de uma *consciência fragmentária*, memorizam fatos por associações mentais espontâneas, e que a mente do homem, que vai muito além, cede, não a meros reflexos, mas às emissões de outra mente humana e, por essa razão, deve o intermediário crescer em valor. Compara o médium com uma ponte entre duas esferas que se diferenciam na matéria pelo teor vibratório, e que para ser instrumento exato é necessário devoção à felicidade do próximo, ser fraterno e sereno nos atritos com a opinião alheia e manter-se na *morada dos princípios superiores*. A mediunidade edificante exige que o médium se alimente de energias do santuário mais alto da personalidade. Comenta sobre as falhas de Moisés na condição de médium e apresenta Jesus como o médium que sempre se manteve em contato com o Pai, e conclui que, na mediunidade comum, o colaborador serve com a matéria mental que lhe é própria. Distingue a mediunidade sem espírito de ordem e disciplina da mediunidade aceita pelo cooperador e mobilizável em qualquer situação para o bem geral. Em visita a um grupo consagrado ao serviço da oração e do desenvolvimento mediúnico, aponta as dificuldades apresentadas pela médium Eulália ao Espírito médico, que, para se comunicar por seu intermédio, tem que abrir mão dos seus conhecimentos e da linguagem própria, devendo baixar o nível de suas vibrações para se fazer entendido pela intermediária. Observa que os médiuns em posição receptiva durante a comunicação psicográfica absorvem a emissão mental do comunicante, mas cada um a seu modo, enquanto outros, envolvidos pelas suas preocupações particulares, nada registram e somente Eulália responde aos apelos do Espírito comunicante. Feita a análise da mensagem, os participantes concordam que ela é edificante, mas não foi ditada pelo referido médico que a assinou, pois o vocabulário não demonstra ser de um profissional da área, e concluem ser resultante do animismo, citando os estudiosos Richet, Pierre Janet, Aksakof e outros animistas. A médium fica amargurada com os comentários descaridosos e Calderaro lhe fala ao tímpano da alma, enaltece sua colaboração e solicita que não desanime. Eulália fica serena e se fixa mentalmente na região cerebral mais alta que lhe é possível, revigorando-se pela fé e humildade.

10. DOLOROSA PERDA

Relata o drama de um aborto criminoso, em que a oportunidade de reajuste entre mãe e filho é desperdiçada, gerando amargas consequências. No plano espiritual, mãe desesperada busca o instrutor Calderaro e pede amparo para sua filha que pretende fazer um aborto criminoso. Por oportuno, Calderaro narra a história de Cecília, que foi criada com mimos excessivos, vivendo na ignorância do trabalho e da responsabilidade. Há oito anos, a mãe, que ora nos procura, desencarnou e ela precipitou-se aos desvarios mundanos, assumindo a condição de mãe solteira, que deseja esconder do pai e da sociedade. O reencarnante que ela pretende matar com drogas venenosas foi seu comparsa no pretérito, estando ligados pelas algemas do ódio, mas ele fez a promessa de se redimir com a oportunidade da reencarnação que lhe foi concedida. Cecília colheu de sua leviandade o extremo recurso capaz de retificar-lhe a vida. Descreve o quadro fisiológico da enferma demente e as súplicas comovedoras do filhinho imaturo para não lhe subtrair aquela oportunidade de renovação pelo trabalho e pelo exercício do amor. Diante das convulsões em que se debate, a mãe ordena que os procedimentos abortivos sejam realizados naquela noite, mas Calderaro inspira a enfermeira Liana a lhe prescrever um sedativo. Desprendida parcialmente do corpo, Cecília se vê diante da mãe, que lhe aconselha desistir da ideia infeliz, pois aquela é a oportunidade de que necessita para reajustar o seu destino ao lado do filho. Oferece-lhe palavras de encorajamento para enfrentar os preconceitos da sociedade e a incompreensão do pai, para ser merecedora das bênçãos do Pai de todos. Cecília contesta e acusa sua mãe de nunca lhe permitir trabalhar, fazendo-lhe crer em posição mais elevada que a das outras criaturas, e que jamais a preparou para enfrentar situações como a que agora vive. A mãe reconhece sua participação indireta no presente infortúnio da filha e lhe pede perdão, mas a enferma, após ouvir os apelos da genitora, regressa, irredutível, ao corpo em gritos e ordena à enfermeira a fazer o aborto imediatamente, falando de um pesadelo com a mãe, que lhe pedia paciência e caridade. Liana admite que seria um aviso providencial e que Cecília deveria ponderar sua decisão, mas, insensível a qualquer apelo, autoriza o aborto, que foi assistido pelos irmãos espirituais, em extrema comoção, enquanto as duas mentes se digladiam: a da mãe expressa palavras de repúdio e desprezo; e a do filho, juras de vingança ao extremo. Começa a emitir raios escuros contra a genitora assassina, estabelecendo completa desarmonia orgânica, e um fluxo hemorrágico assume proporções imprevistas, levando a enfermeira a pedir socorro, escondendo os vestígios de sua participação na cena. Calderaro ora em silêncio, invoca seus auxiliares e solicita que cuidem da mãe desventurada, que desencarnará em poucas horas. Tece comentários sobre a força do ódio, que vem destruindo a paz em todos os tempos, e prevê que aquelas duas almas rolarão na esteira do tempo, ligadas pela obsessão recíproca, com amargas consequências, cuja extensão não se pode imaginar.

11. SEXO

Examina a conduta sexual do homem e a considera como uma das principais causas da loucura. André Luiz e Calderaro, num centro de estudo no plano espiritual, ouvem de um palestrante que a devastação promovida pelo sexo desvairado ultrapassa, de muito, a promovida pela *peste de Justiniano*, que eliminou quase 50 milhões de seres humanos no século VI, na Europa e na Ásia... E que os enigmas do sexo não se limitam a simples fatores fisiológicos, pois a inquietude sexual é fenômeno peculiar ao psiquismo humano, em marcha para superiores zonas da evolução. Guerras sangrentas têm sido alimentadas em nome de princípios regeneradores, no entanto, no campo sexual, milhões de criaturas continuam a ele escravizadas. A sede do sexo não se acha no corpo grosseiro, e sim na alma. Na Terra, masculinidade e feminilidade são distinguidos por sinais orgânicos, mas no plano espiritual em que vivemos, prepondera, ainda, o jogo das recordações da existência terrena, porém, em regiões mais altas, as diferenças sexuais constituem características das almas acentuadamente passivas e francamente ativas. Nenhuma exteriorização do instinto sexual na Terra, qualquer que seja sua forma de expressão, será destruída, senão transmudada no estado de sublimação. Desejo, posse, simpatia, carinho, devotamento, renúncia, sacrifício constituem aspectos dessa jornada sublimadora. O êxtase do santo foi, um dia, mero impulso. O instinto sexual há que dobrar-se aos imperativos da responsabilidade, mas não devemos entender com essas conclusões que devemos induzir o homem a programas de santificação compulsória no mundo carnal e reclamar dele, em evolução mediana, a conduta do santo. A incompreensão sexual conduz ao crime e determina estranhos e perigosos processos de loucura. Milhões de nossos irmãos se conservam semiloucos nos lares e nas instituições. O ciúme, a insatisfação, o desentendimento, a incontinência e a leviandade geram terríveis fenômenos de desequilíbrio. Nesse particular, a contribuição da ciência é indispensável quando socorre as células, mas não sana as lesões do pensamento. É erro supor-se que só a perfeita normalidade sexual, conforme as convenções humanas, possa servir de templo às manifestações afetivas. Deve-se fugir às aberrações e aos excessos, mas é imperioso reconhecer que os seres nasceram no universo para amar e serem amados, entendendo que a construção da felicidade real não depende do instinto satisfeito: a troca de fluidos combinados, de forças simpáticas e de vibrações sintonizadas entres os que se amam, pairam acima de qualquer exteriorização tangível de afeto. O cativeiro das tormentas do sexo é questão da alma, que demanda processo individual de cura, não podendo ser resolvido pela literatura. Comenta as teorias dos psicólogos terrestres a respeito dos distúrbios da alma, valorizando os impulsos sexuais, a aquisição do poder e a busca da superioridade. A psicologia analítica de Freud e de seus colaboradores avançou e resolveu certos enigmas do psiquismo humano, faltando-lhe, no entanto, a chave da reencarnação para não ficar apenas na descoberta dos complexos, sem os remediar.

12. ESTRANHA ENFERMIDADE

Trata de um caso de esquizofrenia, demonstrando que sua origem reside no corpo perispiritual, revelando o passado delituoso do enfermo. Calderaro e André Luiz visitam o velho Fabrício em sua confortável residência e o encontram em aposento ricamente decorado. Humilde entidade informa que ele está melhor, mas continua angustiado, aflito. O Instrutor informa que Fabrício sofre de esquizofrenia originada de sutis perturbações do organismo perispirítico. André observa que o cérebro apresenta anomalias estranhas e nota que o enfermo se detém em ouvir o passado, e conclui que ele está duelando consigo mesmo, já no limiar da loucura. Narra Calderaro que Fabrício prometera ao pai, no leito da morte, cuidar dos seus três irmãos menores, mas não cumpriu a promessa: expulsou-os do lar, valeu-se de advogados desonestos e apossou-se indebitamente de toda a herança. Com dinheiro fácil e boa saúde, buscou o divertimento e os prazeres materiais da vida, procurando encobrir de si mesmo o crime cometido. Avançada a idade, corpo debilitado e saúde fragilizada, fez a *viagem de volta ao próprio eu* e viu-se acusado pelo pai e pelos irmãos, perdendo o ânimo pela vida. Buscou encontrar os irmãos, na tentativa de corrigir o seu erro, mas descobre que todos haviam morrido muito cedo, em situação de miséria. A partir de então, acusado constantemente pela consciência, adquire fobias lamentáveis: acredita que todo alimento a ele oferecido está envenenado; desconfia de quase todos os familiares e não tolera as antigas relações de amizade, fixando-se mentalmente nas zonas mais baixas do ser, perde as ambições nobres e os ideais sadios. Assegura que não há esperança para o seu reequilíbrio, pois deverá ser o médico de si mesmo, sofrerá muito e se reajustará com a Justiça divina. Não obstante, lhe será dada a assistência espiritual para que tenha uma morte digna. Esclarece que a esposa de Fabrício é uma mulher sublime, merecedora do amparo celestial; deu a ele três filhos, dois professores e um médico, dedicados ao trabalho pelo bem coletivo. As preces da companheira e dos filhos garantem-lhe uma *boa morte*. Calderaro aplica-lhe passes longitudinais, preparando o acesso à trombose pela calcificação de certas veias, como providência compassiva, indispensável à felicidade do enfermo e de seus familiares, que não mais presenciarão seus sofrimentos. O neto do enfermo entra no quarto e o abraça carinhosamente, mantendo-se um diálogo afetuoso, e o avô pergunta se Deus perdoa um homem que trai a confiança do pai e rouba os irmãos, e o neto responde que Deus perdoa sempre. Calderaro apresenta a criança como sendo o pai de Fabrício, que voltou pelas portas benditas da reencarnação, devendo, no futuro, assumir os bens que lhe pertenceram, porque a Lei não dorme.

13. PSICOSE AFETIVA

Demonstra como o fracasso nas relações amorosas pode desequilibrar uma alma bondosa, a ponto de querer suicidar-se. Calderaro entra em residência humilde e apresenta Antonina a André Luiz, jovem mulher desesperada e em prantos, que planeja suicidar-se à noite. Órfã de pai desde muito cedo, aos 8 anos de idade começou a trabalhar para sustentar a genitora e a irmãzinha. Não teve os sonhos da infância nem tempo para as ilusões da juventude. Aos 20 anos, a mãe desencarna e ela passa a cuidar da irmã até esta casar-se e, somente a partir de então, começa a se preocupar com a própria vida. O cunhado logo se revela um alcoólatra e passa a maltratar física e moralmente a esposa, cabendo a Antonina cuidar e assistir aos sobrinhos. Logo depois, conhece um rapaz necessitado de arrimo, mantendo-se no estudo com muito esforço. Identifica-se com ele e passa a ajudá-lo, assumindo-o como um irmão e, assim, afugenta sua solidão e o ajuda a formar-se médico. Gustavo se valeu da cooperação de Antonina e, formado, escarnece de sua benfeitora, trocando-a por uma jovem rica da alta sociedade. Desesperada e desiludida, planeja ingerir uma dose de veneno hoje à noite. André ausculta-lhe os pensamentos e registra suas indagações, produtos de seu desespero: seria crime amar alguém com tal ternura? Sonhar com um matrimônio digno e desejar edificar um modesto lar? Teria valido a pena sofrer tantos anos, perseguindo uma realização que se lhe afigurava, agora, impossível? Não obstante a fé que lhe alentava o coração, preferia morrer e enfrentar o desconhecido... Calderaro, seguindo instruções superiores, magnetiza Antonina de modo tão intenso que ela não resiste e entra em *hipnose profunda*, ficando em repouso completo por mais de meia hora. Duas entidades aureoladas de intensa luz se apresentam como sendo dona Mariana, a ex-genitora de Antonina, e Márcio, ligado a ela desde muitos séculos. Desprendida do corpo físico, Antonina vê a mãe e fica encantada, e roga para não voltar à Terra, onde tudo lhe é adverso. Márcio se aproxima e Antonina o contempla admirada, tendo a certeza de que o conhece, e ele faz uma série de interrogações com o propósito de levá-la à reflexão sobre a infinita Bondade para com aqueles que sofrem e sobre a necessidade que todos temos de passar pela *porta estreita*. Márcio insiste para que ela aproveite o momento e fale, abra seu coração, e Antonina se diz exausta. Antonina, então, diz sonhar com um lar, viver para um homem que a auxilie a levar a existência e receber de Deus alguns filhinhos, mas esses sonhos não se realizam, enfraquecendo suas esperanças. O interlocutor lhe diz que a humanidade é nossa família e as crianças desedardadas, nossos filhinhos; que inquietações do sexo se avultam dentro dela e lembra que ele não é a fonte exclusiva do amor. Ao final de longa exortação à vida e à conquista da felicidade, fazendo feliz o próximo, ela promete mudar de atitude, e é levada para uma excursão no plano espiritual. Ao retornar pela manhã em companhia da genitora, é auxiliada por Calderaro a voltar ao corpo, recebendo, antes, emanações fluídicas anestesiantes para esquecer as particularidades do sonho. Ao despertar, o sobrinho de cinco anos a chama para ver as novas flores do jardim e ela, feliz, responde: "Espera! já vou, meu filho!"

14. MEDIDA SALVADORA

Relata o caso de uma medida drástica aplicada a um alcoólatra, objetivando ajudá-lo pela enfermidade. Calderaro é solicitado a prestar amparo a Antídio, que novamente está vinculado a perigosos elementos da sombra, entregue ao vício do álcool. Informa o solicitante que o alcoólatra, semiliberto do corpo por força da embriaguez, sofre pesadelos, agravados por atuação perversa das entidades que o seguem e dele se aproveitam. Calderaro adianta que não lhe restituirá o equilíbrio orgânico, como das outras vezes, e que fará o contrário, admitindo que a enfermidade retifica sempre. Os benfeitores penetram em uma casa noturna, de ambiente sufocante, onde os pares dançam imitando os trejeitos sugeridos pelas entidades espirituais infelizes, conturbadas e viciosas, que dançam com os encarnados. Movimentam-se com atitudes simiescas e, por vezes, gritos histéricos, sob o ritmo de música inferior. André busca a razão daquele conúbio dos dançarinos com aqueles Espíritos inferiores e seu instrutor ensina que "o ato de dançar pode ser tão santificado como o ato de orar, pois a alegria legítima é herança de Deus." Mas ali, a dança é retorno aos estados primitivos, com agravantes viciações dos sentidos. Os dançarinos são trânsfugas sociais, dignos de piedade que merecem o amparo fraterno, mas, de certa forma, estão sendo beneficiados, pois poderiam estar cometendo desatinos fora daquele ambiente. Em saleta à parte, cavalheiro quarentão apresenta-se trêmulo e não consegue manter-se de pé, com o suor a lhe escorrer pela fronte, desfere gritos de terror. Quatro entidades sugam-lhe as emanações alcoólicas ao nível do gástrico. É Antídio que, semiliberto do corpo físico por força da embriaguez, entra em sintonia com o psiquismo dos vampiros e assimila as lembranças que eles têm do período em que vagaram pelas zonas inferiores. Antídio grita pedindo socorro, aponta para a parede apavorado e afirma que vê morcegos e víboras querendo lhe sufocar. Calderaro, após fazer considerações em torno da situação grave do enfermo, diz que, em atenção às intercessões da esposa e dos filhinhos do alcoólatra, usará um recurso drástico, já que o desventurado tem se revelado imune aos processos de auxílio. Ele conhecerá a prisão do leito durante alguns meses. Em seguida deu início a complicado serviço de passes ao longo da espinha dorsal, e o enfermo aquietou-se para receber eflúvios luminosos sobre o coração, o qual sofre uma parada súbita e, sentindo muita dor, geme e pede socorro, sendo conduzido ao hospital acometido de uma nevrose cardíaca, devendo suportá-la por dois ou três meses, sem alívio da dor, para que possa estabelecer a harmonia psíquica; experimentará muita angústia que lhe acordará os sentimentos para a nobreza do ato de viver.

15. APELO CRISTÃO

Relata a preleção do instrutor Eusébio dirigida a centenas de encarnados católicos romanos e protestantes das Igrejas reformadas, libertos pelo sono, advertindo-os com relação ao sectarismo. Calderaro informa que não é a confissão religiosa que interessa naquela ocasião, senão a revelação de fé viva, a atitude positiva da alma na jornada de elevação. Enfatiza que, constituindo o Espiritismo evangélico prodigioso núcleo de compreensão sublime, é razoável seja considerado como uma escola cristã mais elevada e mais rica. O instrutor Eusébio enfatiza que o patrimônio da fé religiosa representa o indiscutível fator de equilíbrio mental do mundo; que ser cristão, outrora, simbolizava a escolha da experiência mais nobre, com o dever de exemplificar o padrão de conduta consagrado pelo Mestre divino; que ante o moloque do Estado Romano, convertido em imperialismo e corrupção, os seguidores do Evangelho não se expunham a polêmicas mordazes; que os companheiros do Cristo disputavam a oportunidade de servir, mas, na atualidade, procuram as mínimas ocasiões para serem servidos; que Jesus fundou a religião do Amor universal, e os sacerdotes políticos dividiram-na em várias escolas orientadas pelo sectarismo injustificável; que Jesus não impôs aos seus seguidores normas rígidas de ação; pedia-lhes amor e entendimento, fé sincera e bom ânimo para os serviços edificantes: aproximando-se de Madalena, visitando Zaqueu, dirigindo-se à mulher samaritana e convivendo com cegos e leprosos, não lhes reclama a transferência do depósito espiritual da crença veneranda, o que Jesus pede de cada um de nós é o espírito de crença, o aproveitamento das bênçãos celestiais. Terminada a reunião, André observa que os encarnados, sob o amparo de colegas das atividades socorristas, não se afastaram animados e otimistas, porque muitos deles, compreendendo, talvez com mais clareza, fora do veículo denso da experiência física, os erros da crença transviada, se retiravam cabisbaixos, soluçando.

16. ALIENADOS MENTAIS

Analisa casos de loucura com base na reencarnação e conclui que são almas que se rebelaram contra a disciplina e a libertação pelo aprendizado. Calderaro e André Luiz visitam grande instituto consagrado ao recolhimento de alienados mentais, na Crosta, e comenta que o louco é alguém que procurou forçar a libertação do aprendizado terrestre por indisciplina ou ignorância; são homens e mulheres que desde os círculos terrenos padecem, encovados em precipícios infernais, por se haverem rebelados aos desígnios divinos. Analisa vários casos e observa que, em quase todos, são criaturas que abdicaram a realidade, atendo-se a circunstâncias do passado sem mais razão de ser. São irmãos nossos, revoltados ante os desígnios superiores que os conduziram a recapitular ensinamentos difíceis. Enfatiza que, para se efetuar a jornada iluminativa do espírito, é indispensável deslocar a mente, revolver as ideias, renovar as concepções e modificar, invariavelmente, para o bem maior o modo íntimo de ser. Aponta uma senhora idosa que se diz marquesa, com poderosos inimigos na Corte, mas que o Imperador está interessado no seu caso e irá punir os culpados; mais à frente, veem um infeliz, que em encarnações anteriores abusara do magnetismo pessoal, sendo ali objeto de práticas hipnóticas de implacáveis perseguidores, fazendo-o sentir-se, ora um leão, ora uma bananeira. Adverte Calderaro que, se a criatura não faz da existência um sacerdócio do trabalho construtivo que nos cumpre na Terra, os fenômenos senis do corpo são mais tristes para a alma. Acentua que, em verdade, na alienação mental começa a descida da alma às zonas inferiores da morte, e acrescenta que, seja nos mecanismos da hereditariedade fisiológica ou fora de sua influência, a mente, encarnada ou não, revela-se na colheita do que haja semeado. Ponderando a lição da manhã, abandonam o campo de observação, a fim de, mais tarde, visitarem as cavernas, em missão de amor e de paz.

17. NO LIMIAR DAS CAVERNAS

Descreve a paisagem no limiar das cavernas e retrata as condições espirituais dos seus habitantes. Uma comissão socorrista, composta de sete entidades, dirigida pela irmã Cipriana, se destina a operar nas cavernas de sofrimento. A mentora da equipe lembra que o instrutor Eusébio indicou André Luiz para a visita aos abismos purgatoriais, tendo em vista o interesse de obter informes da vida nas esferas inferiores, para relatá-los aos companheiros encarnados, e concorda com a sugestão do instrutor Eusébio, em se tratando de observações preliminares no Baixo Umbral. No entanto, não tendo o indicado o curso de assistência aos sofredores nas sombras espessas, solicita a Calderaro que permaneça com o irmão no limiar das cavernas, que passa a descrever a enorme planície pantanosa do limiar, onde numerosos grupos de desencarnados se perdem de vista. Observa que funcionam, naquela região, inúmeros postos de socorro e variadas escolas onde muita gente pratica a abnegação, e que as regiões inferiores jamais estarão sem enfermeiros e sem mestres. Diante de seres inferiores e perversos volitando baixo, esclarece Calderaro que a volitação depende, fundamentalmente, da força mental, e que os voos altíssimos da alma somente são possíveis quando à intelectualidade se alia o amor sublime; que muitos irmãos sofredores são altamente intelectualizados e esclarecidos, mas, sem réstia de amor que lhes sublime o coração e, por isso, erram de obstáculo a obstáculo, de pesadelo a pesadelo. Prisioneiros de si mesmos, fecham o entendimento às revelações da vida e restringem os horizontes mentais. Relata que autoridades mais graduadas no plano espiritual, atendendo a imperativos superiores, improvisam tribunais com funções educativas, cujas sentenças, ressumando amor e sabedoria, culminam sempre em determinações de trabalho regenerador, através da reencarnação na Crosta terrestre. Ante o desejo de confabular com um grupo de Espíritos constituído de antigos negociantes terrenos, André Luiz é orientado pelo assistente Calderaro que seria inútil, impossível mesmo, reajustar tantas mentes em desequilíbrio cruel, no momento, apenas com palavras.

18. VELHA AFEIÇÃO

Relata o comovente encontro de André Luiz com seu avô em região de sofrimento, demonstrando que os laços de amor jamais se desfazem. Ainda no limiar das cavernas, Calderaro e André Luiz observam um grupo de velhinhos, manipulando substância lodosa, atracando-se a ela, cochichando que aquilo era o ouro que possuía: eram usurários desencarnados há muitos anos, apegados à fortuna material transitória. Menosprezaram direitos alheios, escarneceram das aflições dos outros, armaram ciladas a companheiros incautos para sugar-lhes as economias e, então, a matéria mental das vítimas, em maléficas emissões de vingança e de maldição, lhes impôs etérea couraça ao campo das ideias: assim, atordoadas, fixam-se estas nos delitos do pretérito transformando-se em autênticos fantasmas da avareza. Entre os anciães avarentos, um deles pergunta se não estão todos ali sendo vítimas de um pesadelo, o que chama a atenção de André Luiz, que acredita conhecê-lo e, ao ouvir um deles chamá-lo de Cláudio, não tem dúvida que é o seu avô paterno. Descobre, então, a razão de ser enviado para estudo naquela região. Depois de ouvir as memórias do velho, que cita o nome do neto querido, dizendo que era a luz de seus olhos, e fala da ajuda financeira dada pelo avô para que ele se tornasse médico e viesse ajudar à coletividade, André Luiz o abraça comovido e extravasa numa torrente de pranto irreprimível, revelando-se o neto de que fala. Sustenta o avô nos braços, como se transportasse, louco de alegria, precioso fardo que lhe era doce e leve ao coração.

19. REAPROXIMAÇÃO

Narra os esforços desenvolvidos pela irmã Cipriana para cooperar na reencarnação do irmão Cláudio, objetivando seu reajustamento. De retorno, André Luiz narra à irmã Cipriana o seu reencontro com o avô Cláudio e sua comoção, solicitando-lhe ajuda. Após analisar a situação e auscultar o velhinho, ela informa que é necessário interná-lo em alguma instituição próxima, já que não se encontra em condições de respirar atmosfera mais elevada. Decide que ele, para melhorar com mais rapidez e eficiência, deverá retornar à experiência carnal em atividades reparadoras, sem projeção nos interesses coletivos. Após ouvir o avô de André Luiz com relação à expulsão da própria irmã Ismênia para ficar com sua herança, Cipriana alega conhecer dois pontos essenciais para os serviços que lhe competem: a necessidade da reaproximação com a irmã e o imperativo da pobreza extrema, com trabalho intensivo, para que reeduque as próprias aspirações, mas, antes deverá ficar internado durante dois anos, na casa de assistência fraterna que o recebeu. A benfeitora providencia o reencontro de Cláudio e Ismênia, agora uma jovem reencarnada, para os trabalhos preparatórios de reaproximação. A jovem adormecida é libertada parcialmente do corpo físico pela benfeitora e, interpelada, fala do seu sonho de organizar um pequeno e modesto lar com seu noivo Nicanor. Levada até Cláudio, é induzida a se lembrar do passado e reconhece o irmão de outra era e comove-se, não regateando em lhe conceder o perdão assim que ele o pediu. Ante a solicitação da irmã Cipriana de auxiliar Cláudio, a jovem Ismênia promete recebê-lo nos braços abnegados de mãe. Ao acordar no corpo físico, tem a mente refrescada de ideias felizes e, sem saber como, guarda absoluta certeza de que se casará e de que Deus lhe reserva ditoso porvir.

20. NO LAR DE CIPRIANA

Historia a fundação do Lar de Cipriana, seus objetivos e as condições de seus habitantes. Encerrada a semana de estudos, Calderaro e André Luiz visitam o Lar de Cipriana, instituição de reajustamento em zona inferior, próximo à Crosta. Este reconhece ter aprendido muito sobre as manifestações da mente e obtido valiosas conclusões sobre os desequilíbrios da alma, mas conclui que para conseguir a sabedoria com proveito é indispensável adquirir amor. Relata, surpreendido, que a comunidade do Lar de Cipriana é composta de homens e mulheres, de condição inferior, análogos no aspecto aos que povoam os círculos carnais. Informa Calderaro que a benfeitora construiu o amorável recanto de restauração espiritual com a ajuda dos próprios sofredores e perturbados que vagueiam nas regiões circunvizinhas da Crosta, tornando-se importante escola de reajustamento anímico, de autorreconhecimento e de preparação, para indivíduos de boa vontade. Relata as providências tomadas pela benfeitora com relação ao seu avô Cláudio e quanto ao auxílio que seus cooperadores darão a Ismênia, objetivando a realização de seu casamento. Transcreve a palavra da benfeitora, em prece, exorando a proteção do Cristo. Encerrada a reunião, André despede-se, comovido, do seu instrutor e da irmã Cipriana, que, com olhos úmidos, diz-lhe: "Que o Pai te abençoe. Nunca te esqueça a bondade no desempenho de qualquer obrigação."

Resumo do livro

LIBERTAÇÃO

Destaca o corajoso esforço dos benfeitores espirituais na conversão ao bem dos Espíritos dedicados ao mal e propicia o conhecimento de como agem os Espíritos infelizes, buscando influenciar os homens para cooperar com seus propósitos malsãos. Descreve o resgate de Margarida do processo obsessivo conduzido por Gregório. Informa sobre a intercessão dos Espíritos superiores em benefício dos homens. É a sexta obra da coleção *A vida no mundo espiritual*, lavrado em vinte capítulos de autêntico romance, chegando a produzir suspense nas páginas em que seus principais personagens se colocam em situação delicada diante dos manipuladores das sombras. O autor narra de maneira simples, em estilo pessoal, mesclado de realismo e poesia, os ambientes soturnos e aterrorizantes de uma estranha cidade no plano espiritual, instalada no vasto domínio das sombras, onde a vegetação exibe aspecto sinistro e angustiado, com árvores que não se vestem de folhagem farta, mas sim de galhos secos, dando a ideia de braços erguidos em súplicas dolorosas, onde se refugiam falanges compactas de almas que fogem envergonhadas de si mesmas, ante quaisquer manifestações da divina luz. Aborda interessantes temas que são indispensáveis ao conhecimento daqueles que se dedicam à desobsessão e ao esclarecimento de Espíritos sofredores e equivocados. Elucida sobre o processo de transformação perispirítica com o objetivo de não se tornar visível para entidades inferiores. Descreve a paisagem de vasto domínio de sombras, após a travessia de várias regiões, *em descida*, com escalas por diversos postos e instituições socorristas. Relata sobre a sensação angustiante ao atingirem grande império de inteligências perversas e atrasadas, anexo aos círculos da Crosta, onde os homens terrestres lhes sofrem permanente influenciação. Realça em diversas ocasiões a importância da prece, assegurando que ela é o único fio de comunicação com o Alto. Explica que, na colônia purgatorial em que se encontra Gregório, a ignorância não confere às criaturas a glória da responsabilidade, que favorece o desenvolvendo de tendências dignas que lhe permitam candidatarem-se à humanidade que conhecemos na Crosta. Noticia como se processa uma cerimônia semanal dos juízes implacáveis da colônia purgatorial, sob a direção do sacerdote Gregório, quando se dá um caso de licantropia, em que ele induz infeliz mulher a assumir posição de loba em virtude dos abortos cometidos em vida, demonstrando o poder e o efeito do hipnotismo sobre o perispírito da alma culpada. Descreve certo aparelho composto de pequeninos espelhos que é aplicado ao campo vibratório das criaturas, pelos Espíritos perversos, denominado de *captador de ondas mentais*, com o objetivo de controlar-lhes as ações. Fornece interessantes dados obtidos em uma excursão educativa feita em companhia do instrutor Gúbio e do companheiro Elói, para aprender sobre a natureza e características dos ovoides. Enfatiza que o amor é o sentimento redentor de todos os pecados, e que o único recurso para fugir definitivamente do mal é o apoio constante resultante da prática do bem. Esclarece que a personalidade responsável pela desarmonia converte-se em centro de gravitação das consciências desequilibradas por sua culpa, e elucida sobre os raios cinzento-escuros que irradiam um determinado sacerdote por ocasião de uma missa, onde se vê o enegrecimento da hóstia quando à frente da boca de quem se dispunha recebê-la. Enaltece a importância da aplicação de passes magnéticos com finalidades diversas, e detalha sobre os trabalhos realizados em uma reunião familiar de Espiritismo Cristão, na casa do senhor Silva e sua esposa, a médium dona Isaura. Revela que a benfeitora Matilde chega a se materializar em ambiente trevoso para resgatar seu filho Gregório. Finaliza lembrando que o trabalho de reajustamento próprio é artigo de lei irrevogável, em todos os ângulos do universo, lembrando a promessa de Jesus: *Aquele que perseverar até o fim será salvo.*

Resumos dos capítulos

1. OUVINDO ELUCIDAÇÕES

Justifica a existência das zonas purgatoriais, governadas por Espíritos perversos, e demonstra a constante interação entre eles e as mentes encarnadas. Em amplo salão na colônia espiritual Nosso Lar, André Luiz, ao lado de Gúbio e de dezenas de outros colaboradores, em preparo para nova tarefa em zonas purgatoriais próximas da Crosta, ouvem a palavra do ministro Flacus, instruindo que: no trato com as pessoas, a severidade pertence ao que instrui, mas o amor é o companheiro daquele que serve; a educação se realiza de fora para dentro, na maioria das vezes, mas a renovação se dá sempre de dentro para fora, no entanto, ambos os impulsos são alimentados e controlados pela mente; os círculos infernais que conhecemos não são tal como os pintados pela antiga teologia, são zonas do plano espiritual, onde estagiam Espíritos desesperados e insubmissos, colhendo os frutos de seu plantio quando na carne, necessitados de amparo para modificarem suas condições mentais. Lembra que grandes pensadores e políticos ofereceram diretrizes para a humanidade em vários campos do conhecimento terrestre, incentivando tão somente os valores culturais, sem, contudo, ajudarem no pensamento do homem em direção ao Alto, e invoca Péricles, Alexandre, Augusto, Constantino, Napoleão e Pasteur, e ressalta a completude das diretrizes do Cristo, que brilhou no ensino sublimado e resplandeceu na demonstração, sendo, por isso, o Doador da Sublimação para a vida eterna. Fala da nossa pequenez e diz que a Terra frente ao universo é como a laranja frente ao Himalaia, e que os homens frente aos Espíritos superiores assemelham-se a micróbios sonhando com o crescimento para a eternidade. Ensina que a evolução se dá do cristal até o homem e deste até o anjo, e que o avanço se dá sempre em ligação com quem está próximo: o vegetal se vale do mineral; os animais, do vegetal; e os homens se socorrem uns dos outros para evoluírem. Milhões de Espíritos imperfeitos, no império vizinho à Terra, partilham com as criatura terrenas, apoiando-se na mente dos terrestres através de falanges incontáveis, semiconscientes das responsabilidade da vida tanto quanto os próprios encarnados. Assegura que a mente desencarnada radica-se na esfera física, buscando dominá-la e absorvê-la "[...] estabelecendo gigantesca luta de pensamento que ao homem comum não é dado calcular." Preceitua que o mal é corrigido pelo mal, que a justiça funciona através da injustiça, até que o amor nasça entre os que se condenaram às dolorosas sentenças diante da Lei e da Justiça divinas. Adverte que, sem o esforço pessoal no bem, a obra regenerativa será adiada indefinidamente, necessitando, portanto, do nosso contributo fraterno, e finaliza: "Somente o amor sentido, crido e vivido por nós provocará a eclosão dos raios de amor em nossos semelhantes."

2. A PALESTRA DO INSTRUTOR

Elucida quanto à origem e às razões da existência de regiões purgatoriais e infernais, onde se refugiam os filhos da revolta e da treva, para se preservarem dos tormentos da consciência culpada. Gúbio esclarece que tais colônias surgiram com as primeiras inteligências terrestres entregues a insubmissão e à indisciplina, e que o objetivo de tais Espíritos que mantêm essas regiões é o de se conservarem no primitivismo mental, arregimentando para eles muitos encarnados que com eles se afinam. Esclarece que as legiões de Espíritos retardados, mesmo conscientes de que já não estão mais no corpo físico, se mantêm ligados às regiões purgatoriais na busca de seus interesses nefandos, mantendo as ilusões e paixões quando na Terra, sem cogitar da própria sublimação. Justifica que a existência de purgatórios e infernos dirigidos por mentes perturbadas é porque a criatura escolhe a companhia que prefere e caminha pela trilha que deseja; os influxos primitivistas constrangem-nos mesmo além das formas físicas, mas não faltam, concomitantemente, outro tanto de apelos santificantes, convidando-nos à ascensão gloriosa; que imensa quantidade de personalidades vulgares, ante o choque da morte, se ajustam ao primeiro grupo de entidades viciosas que lhes garantam continuidade de aventura em fictícios prazeres, ficando evidente a necessidade de cultivo das virtudes excelsas para a ascensão do espírito humano. Adianta que a mente é o centro psíquico de atração e repulsão, e se o Espírito se abstém de mobilizar a vontade a seu benefício, na busca de sua libertação, torna-se joguete de inteligências mais hábeis; é compreensível que muitos desencarnados escolham a casa escura do crime, mesmo se mantendo sob o controle de Espíritos violentos que os mantêm governados com tirania; que tais governos têm muitos valores conquistados, mas ainda são sabem agir com caridade, sendo utilizados pelo Alto no serviço de aprimoramento planetário, comprovando-se, assim, a extensão do serviço espiritual em todos os ângulos evolutivos. Comenta sobre a mente como centro psíquico de atração e repulsão, e que por meio dela podemos, com uso da vontade, atrair ou afastar as enfermidades, devendo se considerar, nesses casos, os temas cármicos. Informa que milhões de almas recapitulam, individual e coletivamente, as lições multimilenárias, sem atinarem com os dons celestiais de que são herdeiras. Relata que argumentos teológicos de milênios obstruem os canais da inteligência humana quanto às realidades divinas. Finalizando, confessa-se inundado de confiança e alegria na posição de trabalhador jubiloso que caminha contente para a luta, como se avançasse feliz para uma festa de luz.

3. ENTENDIMENTO

Revela que a missão de Gúbio em zonas purgatoriais tem como o objetivo resgatar Margarida do chefe Gregório. O Instrutor informa que expedição passará por uma colônia purgatorial de vasta expressão, onde se observará que os encarnados não têm a verdadeira noção de que os casos de desarmonia na Terra repercutem na esfera espiritual, já que os dois planos da vida estão intimamente ligados por laços de amor e ódio, de simpatia e repulsa. Compartilha com André que a enferma, vítima de obsessão, a ser socorrida, é Margarida, filha em vida passada, mas que ele estará preocupado com todos os envolvidos no processo obsessivo, devendo agir com imparcialidade, sem inclinações pessoais, conforme exemplificou Jesus. Gúbio e seu pupilo se dirigem ao templo, onde entidades de hierarquia superior se materializam para instruir os membros das expedições rumo à Crosta. Recepcionados pelo irmão Gama, são levados ao ambiente, onde 20 médiuns se preparam, fazendo oração e ouvindo música que favorece a meditação de ordem superior, para oferecerem a energia necessária às materializações que irão acontecer. Em meio à nuvem esbranquiçada surge respeitável senhora, e duas moças se dirigem a ela emocionadas, chamando-a de mãe querida. As moças falam das dificuldades que vêm encontrando para ajudar o pai que vive, há seis anos, ligado a entidades vampirizadoras e com elas se compraz, não lhes ouvindo as mensagens de ternura. A entidade lembra que Cláudio é merecedor de compreensão e ternura, pela vida segura e farta que proporcionou na carne a todas elas, mãe e filhas, embora sua riqueza fosse produto do envenenamento do primo Antônio por ele praticado, o que sempre ocultou, vivendo quarenta anos sob aflitivo remorso. Solicita às filhas que continuem na luta para resgatá-lo, e relata o plano de receber Antônio e o sobrinho envenenado no colo materno, junto com mais seis entidades que com ele se afinaram. "Abandonar quem nos serviu de degrau em plena ascensão divina é das mais horrendas formas de ingratidão." Surge Matilde, materializada, e agradece ao instrutor Gúbio a sua disposição em cooperar na libertação de Gregório das garras das trevas em que se encontra, preso há séculos. Adianta que ele se especializou em oprimir os ignorantes e infelizes; que chefia falanges de entidades do mal e é instrumento nas mãos de inimigos do bem; não chora, não tem remorso, mas já começa a duvidar da vitória do mal, mesmo assim, há cinquenta anos consegue sintonizar-se com ele mentalmente para ajudá-lo. Sabe que se transformou em um monstro, mas nem por isso deixa de amá-lo como sempre. Matilde revela que voltará à carne para receber Gregório como filho e que ele passará por uma prova perigosa e aflitiva, pois triunfará nos bens efêmeros e nas honrarias mentirosas, mas sofrerá calúnias e vilipêndios, será humilhado. Será por ela amparado na infância, na juventude e na madureza, devendo retornar antes dele, para que colha sozinho as mais duras provações. Gúbio se confessa agradecido por ter ela interferido a benefício de Margarida, facultando a que ele vá em seu socorro, sendo justo colaborar no resgate de Gregório e dos companheiros que mais se afinam com ele. Matilde informa que ao término da fase essencial da missão encontrar-se-á com ele nos *campos de saída*, ou seja, lugares-limites entre as esferas superiores e inferiores. Diante da menção de André Luiz em interrogar, Gúbio carinhosamente lhe diz: "Repousa a mente e não perguntes por agora. [...] convence-te de que o serviço nos esclarecerá com sua linguagem viva."

4. NUMA CIDADE ESTRANHA

Desvela a existência de imenso império espiritual nas proximidades da Crosta, e demonstra que seus habitantes são dedicados ao mal e à ociosidade e vivem em estreito conúbio com os encarnados. A expedição de Gúbio desce em direção à Terra e faz escala em diversas instituições socorristas do Umbral, e chega ao vasto domínio das sombras, onde a luz é escassa, a vegetação de aspecto sinistro alberga aves agoureiras de tamanho descomunal, e a volitação se faz impossível. Diante das dificuldades de respiração e locomoção, ele orienta André e Elói que permitam a adaptação do seu corpo sutil ao ambiente escabroso, para serem vistos por todos os habitantes da região, e que a oração deve ser o fio de comunicação com o Alto. Ouve-se gemidos humanos, vê-se grupos de entidades hostis falando em voz alta, gargalhando, malvestidos e portando apetrechos de luta. Lembra que ali é um grande império de inteligências perversas, anexo à Crosta, e que eles devem se comportar como desencarnados ignorantes dos próprios destinos. Informa que o império é governado pelo grande Juiz, assessorado por políticos e religiosos tão frios e perversos quanto ele, os quais controlam milhares de mentes preguiçosas, delinquentes e enfermiças, e que tudo é permitido pelo Criador porque Ele corrige "[...] as criaturas por intermédios das criaturas que se endurecem ou bestializam." Diante de centenas de mutilados, desequilibrados e protagonistas de cenas deprimentes, Gúbio esclarece que milhões de desencarnados, envergonhados de si mesmos, receiam a presença dos filhos da luz e ali se refugiam: são almas decaídas que se aliam umas às outras, revoltando-se contra os deveres que competem a cada uma. Se permanecem naquela condição é porque não se esforçam para melhorar diante do estímulo incessante que vem do Alto. Têm inteligência subumana, situam-se entre o raciocínio fragmentário do macacoide e a ideia simples do homem da floresta; afeiçoam-se e obedecem a personalidades encarnadas ou desencarnadas prepotentes, que dominam paisagens como esta; mentes infantis que sofrem a influência do bem ou do mal com certa facilidade, fato que deve despertar a nossa responsabilidade em contato com eles, pois guardam a ingenuidade do selvagem e a fidelidade do cão. Acrescenta que a nota predominante dos seus habitantes é a ociosidade, pois quase todos ali residentes sugam as energias dos encarnados e lutam contra o progresso moral, o que seria o fim da ociosidade, já que a base da economia deles reside na esfera dos homens comuns, com os quais mantêm o sistema de furto psíquico. E se ali não existem crianças é pela compaixão celestial. Em pequeno planalto vê-se palácios imponentes, praças bem cuidadas, carruagens soberbas e liteiras puxadas por animais ou escravos. Gúbio, conduzido até Gregório, informa ter sido recomendado pela benfeitora Matilde, e que vieram da Crosta há algum tempo. Em seguida, são levados a um porão escuro, onde deverão esperar até o dia seguinte para nova audiência.

5. OPERAÇÕES SELETIVAS

Relata o julgamento de Espíritos ignorantes e perversos feito por um juiz de uma cidade estranha, demonstrando o poder do magnetismo hipnotizante sobre a forma perispirítica da mente culpada. No palácio de forma hexagonal, iluminado por enormes tochas, Gúbio, André e Elói são conduzidos a um recinto comum, onde centenas de desencarnados, de ambos os sexos e idades variadas, estão separados em magotes, pelas cores que lhes caracterizam a aura, na condição de ignorantes, desequilibrados, perversos... É a cerimônia do julgamento semanal pelos juízes daquele império. Gúbio esclarece que aqueles Espíritos chegaram até ali pela força da atração da afinidade magnética, já que foram incapazes de perceber a presença dos benfeitores na sua caminhada terrena, sofrerão o julgamento e a vigilância de entidades poderosas e endurecidas, pois o Criador não iria nomear um anjo para ali exercer o papel de carrasco que eles necessitam, na condição atual na sua trajetória evolutiva. Funcionários trajados como lictores da Roma antiga adentram o salão, tambores rufam e sete julgadores entram pomposamente carregados em andores e, um deles, no intuito de apavorar os que estão à espera do seu julgamento, vocifera: "Nossa função é a de selecionar delinquentes, a fim de que as penas lavradas pela vontade de cada um sejam devidamente aplicadas em lugar e tempo justos." Que ele está ali, não para punir, e sim para fazer justiça, e vocifera sem compaixão, lembrando que ninguém escapa aos resultados das próprias obras, não podendo ser acusado de crueldade. Certa mulher é destacada de um grupo e confessa ter matado seus quatro filhos e contratado o assassínio do esposo, e que arrependida, viveu chafurdada na bebida e nos prazeres. O juiz impenitente usa de seu poder magnético e a hipnotiza chamando-a de loba e, aos poucos, seu perispírito toma a forma da referida fera, dando-se o fenômeno da licantropia. Esclarece Gúbio que ela só passa por aquela humilhação porque merece e porque sintonizou com as energias negativas do juiz, mas poderá recuperar sua forma quando renovar sua vida mental para o bem supremo, afinando-se e se deixando influenciar pelos Espíritos benfeitores. Descreve a materialização de três Espíritos em meio a um lençol fluídico, com a tarefa de selecionar os desencarnados em grupos pelos crimes de usura, avareza intelectual, calúnia, maledicência, ódio, ciúme, abuso das faculdades, aposentadoria indébita etc. A equipe de Nosso Lar foi submetida a um detector mental, que não foi capaz de marcar a posição das mentes elevadas de seus componentes, sendo consideradas entidades neutras, devendo-se esperar para serem atendidas oportunamente, retornando ao ponto de origem, após a cerimônia.

6. OBSERVAÇÕES E NOVIDADES

Informa sobre o conúbio dos desencarnados com os encarnados, quando libertos pelo sono, alertando sobre os nefastos efeitos das obsessões oníricas. Em uma cela com grades eletrificadas, André Luiz vê o movimento da rua e ouve as conversações das entidades, cujos temas são, para seu espanto, da esfera carnal. Gúbio informa que 3/4 da população da Terra se movimentam nas regiões trevosas libertos pelo sono, dando expansão aos seus impulsos inferiores; dolorosos dramas que se desenrolam no plano físico são urdidos durante a noite, e que tais acontecimentos ainda se fazem necessários até que o homem comum conquiste a luz que lhe é própria. Compara o processo evolutivo do homem, quando na carne, a uma árvore, que vive simultaneamente em três planos: a árvore se radica no solo, na busca da seiva, e se alonga para o alto com seus galhos, mantendo-se com a própria seiva; o homem se prende à vida física, estende os galhos dos sentimentos e dos desejos e é sustentado pelos princípios da mente; o homem tem corpo, perispírito e mente, e a árvore tem raiz, copa e seiva. O homem alimenta-se das emoções no campo psíquico, que lhe são próprios, assim como a árvore se sustenta da seiva que busca. Informa que a cidade estranha era, na sua origem, povoada de almas primitivas e que, pouco a pouco, foi ocupada por entidades vaidosas e perversas com o propósito de fugirem das recomendações do Senhor, passando a exercerem funções úteis às criaturas subumanas aqui encontradas, fazendo o trabalho renovador já que a influenciação intelectual dos invasores traz benefícios aos oprimidos de agora, e que governarão enquanto Deus permitir. Observa que senhora desencarnada censura a companheira, liberta pelo sono, acusando-a de fraca e vacilante quanto ao combinado de levar o marido ao desespero; a encarnada se diz preocupada porque o esposo passou a frequentar um grupo de orações e se apresenta mais calmo e confiante. As mulheres planejam como fazer o marido se afastar das ideias renovadoras, muito prejudiciais aos planos de vingança alimentados pelas duas. Gúbio diz que se trata de forma de obsessão muito comum (onírica), e que se dá em grande número dos mortais, se evidenciando quando a criatura acorda vacilante, abatida, desconfiada, imantada ainda na entidade infeliz que deseja impedir a renovação mental; acrescenta que a libertação somente se dará pela suficiente disposição de manter-se a mente em padrão elevado na construção do bem; que a ignorância e a rebeldia são a matriz de sufocantes males, no entanto, o mais frágil, hoje, poderá se tornar a potência mais alta amanhã, pelos seus esforços em vencer a si mesmo. André Luiz vê formas ovoides, do tamanho de um crânio humano, indecisas e obscuras, umas se movimentando lentamente e outras fixadas em transeuntes de halo vital escuro. Gúbio comenta que com eles se deu a *segunda morte*: a mente saturada de impulsos inferiores não consegue elevar-se e mantém-se em derredor das paixões absorventes e seu corpo perispiritual se atrofia por longo tempo, torna-se incomunicável, assemelhando-se a fetos ou amebas mentais, sendo usadas para o mal pelas entidades perversas e rebeladas. Finaliza lembrando que as criaturas para adquirirem sabedoria e amor é como a semente, que volta ao solo e renasce inúmeras vezes, devendo, portanto, o Espírito bem aproveitar o instante em que se detém no corpo.

7. QUADRO DOLOROSO

Descreve os aspectos arquitetônicos e o comportamento dos habitantes do império de Gregório, detendo-se no estudo da vampirização por ovoide. Libertos do cubículo em que pernoitaram, Gúbio, André e Elói fazem uma excursão nas redondezas da cidade, com a intenção de estudar os ovoides. Nas ruas homens e mulheres de fisionomia torturada, seres ignorantes e primitivos, situam-se entre a amnésia e o desespero, distraindo-se em conversação ociosa,

Resumo do livro LIBERTAÇÃO

enquanto sufocante nevoeiro impede de se ver o horizonte, vislumbrando-se, apenas, o Sol como uma bola de sangue. Gúbio elucida que a mente extraviada luta com ideias fixas, perde a noção do bom gosto, do conforto construtivo, da beleza santificante e se entrega ao relaxamento, por isso se presencia, ali, as paredes das construções e objetos se deteriorando, agredindo a visão e o olfato, e que uma organização beneficente para atender toda uma população de loucos e amnésicos é impensável naquela situação, e acrescenta que "A mente estuda, arquiteta, determina e materializa os desejos que lhe são peculiares na matéria que a circunda." Lamenta que o homem não possua senão vaga ideia da importância das criações mentais na própria vida. Afastam-se da zona central e deparam-se com ambiente cercado de lodosos muros, de onde se estende imenso abismo, no qual milhares de Espíritos atormentados, vivem em furnas; gemem, estertoram e lamentam-se. Informa Gúbio que ali estão os que abusaram dos sagrados dons da vida, réus da própria consciência, esgotando os resíduos venenosos acumulados nos anos de ociosidade e delinquência na existência carnal. É a vala comum para os que renasceram com a missão de destruir os ídolos da mentira e das sombras, mas escolheram, na maioria das vezes, manter-se na ignorância agressiva, em vez de estruturar destino santificante para si; fugiram ao aprendizado saudável e contraíram débitos escabrosos. Nas furnas encontram-se donos de inteligência brilhante e possuidores de acervo de revelações religiosas destinadas à solução dos problemas da alma, mas não aproveitaram a grandiosa oportunidade e decaíram fragorosamente. Mesmo assim, nesse vale de dor, missionários de Jesus estão presentes, oferecendo a mensagem de esperança e consolação. Aproximam-se de esquálida mulher e detectam que está sendo assediada por três corpos amorfos, de matéria gelatinosa e fluida. A senhora, entre a aflição e a idiotia, pergunta sobre Joaquim, e Gúbio explica que se trata do companheiro que a precedeu na matéria; que os três ovoides são mãe e filhos, ex-escravos daquela senhora, que sofreram maus-tratos físicos e morais por ela infligidos, separando-os da mãe por vingança, ao descobrir que eram filhos do seu marido, o Joaquim. Muito esforço já foi desenvolvido pelos benfeitores para que a reconciliação viesse a benefício de todos, mas "A revolta e o pavor do desconhecido, com absoluta ausência de perdão, ligam-nos uns aos outros, quais algemas de bronze." Ensina que a infeliz mulher não vê nem apalpa seus cobradores, mas sente-lhes a presença e ouve-lhes as vozes pela acústica da consciência, e que somente o tempo lhes trará a solução. Admite que o processo reencarnatório na busca da solução esteja a caminho, e que a criminosa, seguida pela influenciação daqueles que com ela se projetaram no abismo mental do ódio, terá uma infância sombria, conhecerá enfermidades desconhecidas pela ciência humana, uma mocidade torturada por sonhos de maternidade, e somente descansará quando oscular seus adversários como filhos queridos, instrumentos de sua redenção.

8. INESPERADA INTERCESSÃO

Relata o dialético debate entre Gúbio e Gregório a respeito da atuação das forças do mal na correção e recuperação dos infratores das Leis divinas. A equipe de Nosso Lar é recebida por Gregório em seu trono, ladeado por mais de cem adoradores. Interrogado, Gúbio informa que está ali sob recomendação da benfeitora Matilde, que asseverou querê-lo com desvelado amor. Gregório responde que sua mãe escolheu servir ao Cordeiro e ele, aos Dragões (Espíritos caídos no mal, desde eras primevas da Criação planetária), e que por isso estão separados há séculos, nada tendo a ver com ele. Gúbio diz respeitar a liberdade daquele que escolheu sua rota, segundo sua consciência, mas tem observado muita dor e sofrimento nos habitantes do seu império, sem registrar o anseio deles se libertarem. Responde o grande Juiz que no seu império cada um colhe o que plantou; que seria da Terra sem os dragões que se incumbissem da justiça, assumindo o papel de carcereiros dos perversos e vis? Os filhos do Cordeiro podem resgatar muitos deles, mas existem milhões que não pedem ajuda, nem liberação, sentindo-se bem onde estão; a Terra pertence aos Dragões que têm que joeirar o trigo, guardar os portais do inferno; os tribunais terrestres são insuficientes para identificar e julgar tantos delitos cometidos pelos homens e que eles são os olhos das sombras, pelos quais nada passa despercebido. Gúbio retruca que o Criador aproveita em sua obra todas as suas criaturas, segundo as tendências e possibilidades de cada um, mas se o esforço desenvolvido a serviço dos Dragões fosse direcionado nos cometimentos divinos do Cordeiro, se alcançaria melhores resultados, em menos tempo, e interroga: se a nossa interferência no sentido do bem prevalece sobre a fatalidade, implantando o amor nos corações das almas, não poderíamos redimir a multidão dos pecados? Gregório responde que se o amor conquistasse a Terra de um dia para o outro, as consciências de lobos, panteras e tigres que habitam nas formas humanas não suportariam a luz sublime brilhando para sempre. "Que seria dos Céus se não vigiássemos os infernos?" Mas o amigo de Matilde, inspirado, responde que se todos, em regime de solidariedade, socorressem os miseráveis e educassem os ignorantes, a miséria se extinguiria e a treva não teria razão de ser. Humildemente, reconhece que poderá ser confinado e torturado por ele, mas lembra-lhe que Matilde garantiu que as elevadas qualidades de caráter do seu filho continuam invioláveis e que somente são direcionadas em sentido diferente daquele que ela gostaria que fosse. Citou o nome de Margarida, que está ameaçada de loucura e morte, sem razão de ser. Após as explicações de Gregório, o Instrutor assegura que não o julga pelo que faz com sua companheira de outrora, pois não viveu a sua tragédia, mas garante que ela vem lutando para se redimir e tem a seu favor, para que receba cooperação, o fato de ter esposado um antigo associado de luta evolutiva que o sacerdote conhece muito bem; roga que ele se faça indiferente ao processo, para que possa ajudá-la. Gregório insiste que segue *o olho por olho e dente por dente*, conforme os legisladores bíblicos. Gúbio insiste na ajuda de Gregório para conservar a vida de Margarida, lembrando que ele mesmo poderá voltar à experiência humana, por meio dela, renovando seus caminhos para um futuro glorioso. Diante da intransigência do sacerdote de interromper a condenação de Margarida, Gúbio solicita fraternalmente que lhe conceda um adiamento da sentença, em homenagem a Matilde, e ele responde: "Tenho necessidade de alimento psíquico que só a mente de Margarida me pode proporcionar." Alega que o caso está em andamento, sob o comando de sessenta de seus servidores, não podendo ser interrompido, e Gúbio contrapõe sugerindo permita eles se confundirem com sua falange, sem desrespeitar-lhe a autoridade. Após demorada reflexão, o grande chefe assegura que não irá interferir nas ações de Gúbio e de seus companheiros, mas adianta que o caso Margarida está avançado, em fase quase total de alienação mental.

9. PERSEGUIDORES INVISÍVEIS

Revela o plano invisível de uma missa católica, demonstrando que o devoto recebe o auxílio segundo sua condição espiritual. Gúbio e seus pupilos entram no palacete de Margarida, sendo vigiado por diversas entidades ignorantes e transviadas, e são apresentados a Saldanha, chefe da falange que cuida da obsessão da filha de Gúbio. Após ser informado do andamento do caso, o trio de Nosso Lar encontra Margarida em tormentosa meditação, vigiada por carcereiros frios e impassíveis, sendo vampirizada por dezenas de ovoides de vários tamanhos, sugando-lhe as energias, destruindo-lhe as células nervosas. Gúbio se esforça para não demonstrar sua piedade pela filha e solicita maiores detalhes do caso e informa que está ali para acelerar o processo. Saldanha lhe diz que em pouco tempo tudo estará resolvido: não há resistência por parte do casal, embora tenha o hábito de ir à missa na esperança de melhoras. Descreve a saída do casal rumo à missa, sendo acompanhado pelos obsessores que se aboletam dentro e fora do táxi, provocando perturbações. Na Igreja, centenas de crentes acompanhados de seres desencarnados de condição inferior, em quantidade cinco vezes maior, todos com o propósito de perturbar e iludir, fazendo algazarra, criando um ambiente sufocante. André nota que dos adornos e dos objetos emana luz, delineando uma linha divisória entre as energias do recinto e as do plano superior do altar. Gúbio esclarece que, não obstante ser um erro se criar imagens para se adorar a Deus, por ser nossa obrigação cultuá-Lo na própria consciência, sua bondade é infinita, e considera que as mentes ali presentes procedem como crianças e, então se vale dos impulsos elevados que elas Lhe oferecem e socorre-lhes as necessidades educativas; que as imagens refletem as vibrações de orações sinceras que são dirigidas ao Alto há quase um século; que muitos presentes ao templo apresentam-se distantes da verdadeira e sincera adoração e fazem companhia a muitos desencarnados interessados em se manterem distantes dos bons e elevados sentimentos. Lamenta as condições espirituais deploráveis do sacerdote e dos seus acólitos envolvidos em sombra, quando três entidades de elevada posição hierárquica se apresentam, semeiam benefícios divinos, magnetizam a água e fluidificam as hóstias. Muitos encarnados se esforçam para elevar suas condições vibratórias, mas são impedidos pelos desencarnados que com eles se afinam, levando-os a reminiscências inferiores, anulando-lhes as intenções elevadas. Relembra a história dos gênios satânicos que atacam os devotos, admitindo que, no fundo, é verdadeira, considerando a influência constante dos maus Espíritos sobre os que desejam se elevar. Durante a missa, as vozes do coro projetam luminosidade, Espíritos sublimes penetram no recinto, rumo ao altar, o sacerdote ergue a oferta sublime e, com suas vibrações inferiores, apaga a luz que a revestia, já que é ateu e gozador dos sentidos, sua mente está longe do altar. As hóstias se assemelham a flores com suave esplendor, mas ao ser colocada na boca dos crentes se escurecem. Somente uma senhora a recebe iluminada, alojando-se a luz em seu coração. Termina a cerimônia e o grupo acompanha o casal, que é seguido pelo mesmo séquito de entidades infelizes.

10. EM APRENDIZADO

Demonstra como agem os obsessores para manter suas vítimas em condições de desespero, revelando as razões que levam Saldanha a cooperar com Gregório na obsessão de Margarida. Retornando da missa, a obsessa é submetida a processos de magnetização, promovendo-lhe alucinações, tontura e prostração, impondo-lhe tormentos psíquicos por mais trinta horas de sofrimento aniquilador. Gúbio faz segredo do seu sofrimento e sonda o íntimo de Saldanha para saber as razões que o levam àquela atividade, sob o comando de Gregório, e fica sabendo que o ódio e o desejo de vingança não são contra Margarida, mas contra o seu pai, o juiz impenitente que devastou sua família. Conta que ao desencarnar deixou a família em penúria, ficando o filho responsável pela manutenção do lar. Casou-se logo cedo, nasceu uma filha e todos passaram a viver miseravelmente. Ele, penalizado, querendo cooperar, homiziou-se no lar, preferindo a continuidade da vida no seu escuro pardieiro ao lado da família. O filho Jorge foi levado à cadeia por um crime que não cometera, e o juiz Gabriel, pai de Margarida, mesmo sabendo que ele era inocente o condenou, cedendo a interesses outros que não a justiça, e absolveu o verdadeiro criminoso que, até então, desfruta de invejável posição social. A nora, com o marido preso, conturbada com tanto sofrimento, suicidou-se e imantou-se a ele; a esposa desencarnou num catre de indigente, reunindo-se ao casal na cadeia, enquanto a neta hoje trabalha naquela casa como doméstica. Responde a Gúbio, que merece a confiança de Gregório porque demonstra perseverança na vingança, perseverança essa que nem todos os vingadores possuem, e que muita gente o convida para a transformação espiritual, concitando-o ao perdão, mas ele vem resistindo, porque acha inútil essa mudança. O psiquiatra de Margarida a visita, sob o riso sarcástico de Saldanha, e diz tratar-se de epilepsia, recomendando um exame de lesão cérebro-meníngea, para uma futura cirurgia. Influenciado por Maurício, entidade espiritual que o acompanha, o médico sugere sutilmente a Gabriel, esposo de Margarida, tentar o Espiritismo, e deixa-lhe alguns contatos anotados. André acompanha o psiquiatra com Maurício, que assegura serem todos os médicos, mesmo os materialistas e sem fé religiosa, auxiliados pela Espiritualidade, já que lidam com a vida. Descreve o drama que vive o facultativo com sua segunda esposa e com os filhos contrários ao consórcio, estando eles obsidiados pela primeira esposa, que ainda se considera proprietária de tudo e de todos. Demonstra como a presença e a atuação mental de um desencarnado em estado de perturbação, dentro de um lar, criam sérias complicações domésticas, impedindo, muitas vezes, a influenciação dos benfeitores espirituais. A segunda esposa do psiquiatra de Margarida apresenta-se bem vestida e com boa aparência para o almoço em família, mas está envolta por um halo plúmbeo, que denuncia sua inferioridade espiritual. Durante a sesta, André Luiz e Maurício observam que sua fisionomia perispiritual torna-se irreconhecível, apresentando sinais de bruxa, com deformações nos olhos, na boca, nos ouvidos e no nariz, assustando mesmo a esposa desencarnada que não se encoraja a enfrentá-la. Maurício elucida o caso lembrando a história do retrato de Dorian Gray, que adquiria horrenda expressão à medida que o dono decaía moralmente, concluindo que aquela irmã vive sob o domínio de Espíritos gozadores e animalizados.

11. VALIOSA EXPERIÊNCIA

Revela a manipulação dos Espíritos inferiores na comunicação mediúnica, demonstrando como levam o médium a comercializar suas faculdades. Saldanha preocupa-se com o propósito do esposo de Margarida em consultar um médium hábil em fenômenos, e tenta influenciá-lo a desistir, mas em vão, pela falta de sintonia. No consultório do psiquiatra, desencarnados de reduzida expressão evolutiva se movimentam desordenamente. Vários pacientes que esperam sua vez são analisados por Gúbio: a) um senhor que apresenta sintomas de lipotimia, sendo vítima de si mesmo pelo mal que fez a muitos, abusando do poder como investigador de polícia. Por muito tempo manteve o remorso à distância, mas chegou o momento de meditar, favorecendo a consciência a abrir uma brecha e se manifestar na forma de calamidades fisiológicas. "A memória é um disco milagroso, fotografa as imagens de nossas ações e recolhe o som de quanto falamos e ouvimos." b) jovem ligada a duas entidades pelo cérebro, controlando-lhe a vida mental, profere disparates, conversa a esmo e fala de projeto de vingança. No passado, esposo e cunhado foram extremamente prejudicados por ela e hoje não a deixam ser feliz. Adianta que naquele consultório encontrará apenas um paliativo, pois que a obsessão será curada apenas com sua renovação interior, fazendo-se indispensável o esforço pessoal de resistência. c) idoso apresenta desequilíbrio orgânico e a entidade benfeitora que o acompanha revela que no recinto se conta com vigoroso operador mediúnico, que assalaria os desencarnados que necessitam absorver as emanações humanas e trabalham cegamente, sob suas ordens, tanto para o bem quanto para o mal; e que o enfermo somente será amparado ali se for merecedor da assistência espiritual edificante. Revela que o enfermo, pela sua severidade como funcionário público, despertou um grande número de perseguidores que planejam sua morte por meio de um *choque biológico*, a se dar com uma cirurgia no fígado, mas que ele pretende que o médium ofereça um diagnóstico contrário. Saldanha convoca um Espírito anão e solicita sua cooperação no sentido de fraudar a orientação a ser dada para Margarida, e promete a ele uma estadia num cortiço de entidades perturbadas, regada a prazeres. Após combinar o pagamento do trabalho com o esposo da paciente, o vidente, em profunda concentração, emana dos poros, da boca, das narinas e dos ouvidos substância vaporosa que é absorvida pelas entidades primárias, nutrindo-se como os humanos se nutrem de carboidratos, vitaminas e proteínas. Gúbio lembra que Newton denominou aquela substância de *spiritus subtilissimus*; Mesmer, de *fluido magnético*, e Reichenbach de *emanação ódica*, mas é a energia tomada do fluido universal, e que todos a possuem, mas que nem todos sabem usá-la a seu benefício. O médium desdobrado é orientado por uma entidade que diz ser o caso de Margarida apenas orgânico, bastando o socorro médico, que não se trata de obsessão. Gúbio concorda que se trata de um fenômeno espírita em que o médium pode ser um cooperador valioso em alguns momentos, mas não é um trabalhador ideal do *psiquismo renovador*.

12. MISSÃO DE AMOR

Demonstra a força do amor na conversão dos Espíritos equivocados e como o instrutor Gúbio conquista a simpatia do obsessor de Margarida. Saldanha revela o propósito de visitar o filho no hospício e Gúbio pede para acompanhá-lo, acrescentando que talvez possa ser útil. No hospital a situação de Jorge é lamentável: jogado de bruços no piso frio, tem a esposa e a mãezinha desencarnadas, agarradas a ele, absorvendo-lhe as energias orgânicas por ser o único meio de que dispõem para alimentarem os interesses primários da vida física. Gúbio esclarece que elas se mantêm em profunda hipnose e não conseguem ultrapassar o sofrimento do transe da morte, ficando ligadas ao Jorge porque foi nele que fixaram a mente nos momentos derradeiros da vida física. "Pela ausência de trabalho mental contínuo e bem coordenado, não expeliram as *forças coagulantes* do desalento, que elas mesmas produziam, inconformadas, ante os imperativos da luta normal na Terra [...]." O Instrutor pede permissão para ajudá-las e Saldanha concorda. Após trinta minutos de operação magnética, Gúbio solicita autorização do pai e esposo para orar. Ele, espantado, diz ser a oração uma panaceia, que não acredita, mas permite. O perseguidor de Margarida se afasta assustado para um canto da cela diante da luz que Gúbio resplandece, vendo-o ligado ao Alto por fios luminosos. Aplica passes magnéticos em cada um dos enfermos e ordena a Jorge que se levante, e este se ergue lúcido e, um tanto espantado, busca o leito e se acomoda sereno, mas não registra o chamamento do pai. Observa, também, que Iracema, sua esposa, desperta e pergunta sobre os seus entes queridos, querendo saber o que aconteceu. Dirige-se ao esposo e o questiona por que se mantém mudo, sem uma palavra amorosa naquele momento, e ele, triste responde: "– Iracema, eu ainda não aprendi a ser útil... Não sei confortar ninguém." Após alguns procedimentos magnéticos, Irene, a nora de Saldanha, ergue-se sentindo dificuldade de articular a voz, e recebe recursos magnéticos de Gúbio e, desesperada, acreditando-se viva no corpo, busca o marido e pede justiça para ele. O Instrutor esclarece sua situação, falando-lhe que a bondade do Senhor nunca se ausenta de nós, e estimula para se que torne uma vitoriosa, mas ela, tresloucada, dirige-se ao sogro censurando-o por não ter se vingado, até então, dos que cometeram injustiças com o Jorge, e Saldanha, hesitante, olha para Gúbio, como a perguntar o que dizer, demonstrando seu respeito por ele.

Gúbio intervém e, mais uma vez, esclarece a jovem esposa que se console e se acalme, e sugere a Saldanha internar as desencarnadas em uma organização de socorro próxima, para não deixá-las a mercê dos celerados que ali habitam. De volta ao palacete de Margarida, Saldanha pergunta a Gúbio quais as armas justas num serviço de salvação, e ele responde que "Em todos os lugares, um grande amor pode socorrer o amor menor [...]."

13. CONVOCAÇÃO FAMILIAR

Na residência de Margarida, Gúbio e Saldanha planejam ajudar a filha de Jorge, contando com a cooperação do juiz durante o sono. A caminho, num corredor do imenso palacete, encontram Alencar, irmão de Margarida, que se dirige para o aposento de Lia com a intenção de molestá-la, ameaçando-a para conseguir seu inescrupuloso desiderato. Gúbio aplica-lhe passes magnéticos nos olhos e ele retorna cambaleante, com as pálpebras semicerradas para seu quarto de dormir. No dormitório, encontram o juiz insone, com a mente perturbada, assediado por uma multidão de entidades sofredoras que lhe batem as portas da consciência, rogando-lhe socorro e reclamando justiça. André Luiz ausculta-lhe os pensamentos mais profundos e interpreta-lhe as reflexões: onde estão os supremos interesses da vida? Onde está a paz espiritual? As lutas da vida não modificaram a sua personalidade; conquistara títulos, proferira inúmeras sentenças; recebera incontáveis homenagens; respondera milhares de consultas, mas a vida íntima ainda lhe era um singular deserto... Tinha fome de Deus, mas os dogmas e as discórdias entre as religiões impediam-lhe de qualquer acordo com a fé e, muito menos, com a ciência negativista, que lhe ressecava o coração. Sentia-se dilacerado, oprimido, querendo elucidar a si mesmo; embora o corpo apresentasse os sintomas da senectude, a mocidade lhe vibrava na mente, renovando-lhe sempre a vontade de viver. Gúbio induz-lhe a mente a recordar do caso Jorge, e ele fica se perguntando a razão daquelas reminiscências sobre um caso tão comum quanto tantos outros, e registra o suicídio da esposa do réu e seu interesse em trazer-lhe a filha para seu lar como sua doméstica. O Instrutor realiza uma reunião com a presença da suicida Irene, do juiz e de Jorge, desdobrados pelo sono. Esclarece o objetivo daquele momento e solicita ao juiz que reconsidere sua decisão que sentenciou Jorge, tirando-lhe tudo o que possuía de melhor na vida material; chama-lhe a atenção para sua condição de quem interfere nos destinos das criaturas; adverte-o que, mesmo aquele que tem capacidade para julgar o próximo, deverá prestar contas à Justiça divina; lembra que muita vez o homem coloca o desejo acima do dever e o capricho acima dos princípios redentores e que, por isso, devemos todos refletir sobre nossas ações e ele sobre seus erros involuntários. Assegura que seu palácio está repleto de sombras, de homens e mulheres aguardando-lhe explicações. O juiz, convencido de sua condição, se rende ao pedido de Gúbio para rever o processo, conceder liberdade ao réu e amparar sua filha, fazendo dela e do pai companheiros na luta redentora. Gúbio toma providência de ordem indutiva para que o juiz se lembre, parcialmente, de suas promessas pela intuição e cumpra com elas, e lhe informa que Jorge é inocente do crime que lhe foi imputado, mas que a vida, muitas vezes, cobra de nós pelos erros e enganos dos outros, embora devamos primar pelos acertos, não cometer erros de julgamento, quando for necessário julgar, para não servirmos de instrumento de injustiça. Relata a história pregressa do juiz, de Jorge e de Lia, dando a conhecer que foram protagonistas de um doloroso drama e que mergulharam na carne na busca da reconciliação. O juiz estende a mão a Jorge num gesto fraterno e assegura que Lia será sua filha para sempre. Saldanha, extremamente comovido, se dirige a Gúbio, para dizer do seu júbilo e o Instrutor, carinhosamente o interrompe e lhe diz: "Saldanha, nenhum júbilo, depois do amor de Deus, é tão grande quanto aquele que recolhemos no amor espontâneo de um amigo."

14. SINGULAR EPISÓDIO

Demonstra como a prática do bem desinteressado estabelece a fraternidade entre os homens e como Gúbio conquista Espíritos sofredores e equivocados para a Seara de Jesus. Diante de Margarida no leito, vigiada por dois hipnotizadores, Gúbio revela a Saldanha que ela é sua filha querida do coração, e diz do seu objetivo e apela para sua condição de pai. Relata que no passado também perseguiu, humilhou, dominou sem piedade, mas a vida retalhou-lhe o coração com o estilete dos minutos de agonia e, aos poucos, matou o déspota que havia dentro dele. Saldanha, profundamente comovido, rememora que seu filho foi recuperado da insanidade e da obsessão, por ele, e está em vias de ser inocentado; lembra a esposa e a nora libertas do desespero e da angústia promovida pelo egoísmo; a neta a ser amparada pelo seu ex-verdugo, como uma filha, e tudo como resultado daquele homem que o beneficiou desinteressadamente. Não poderia negar-lhe o pedido, mesmo que Margarida lhe fosse a pior inimiga. Saldanha conversa em particular com Leôncio, o hipnotizador mais sensível do grupo e narra o que se passou com ele, informando que têm a companhia de um mago da luz divina, e recebe o apoio incondicional de seu servidor, que o adverte para tomar cuidado com Gaspar, o colega que não se encontra em condições de aderir à ideia. Leôncio pede ajuda a Gúbio, informando que deixou o corpo após tanto trabalhar para amealhar riquezas para garantir o bem-estar da esposa e do filho, mas que vem sofrendo muito, pois ela está sendo seduzida por um enfermeiro desonesto e ambicioso, e Ângelo, o filho querido, está sendo envenenado lentamente. Diz que o tem atormentado, mas sem resultados, chegando à conclusão de que "[...] o mal não salva nem melhora ninguém." Elói interroga de quem se trata e ouve dizer que ele se chama Felício de... O companheiro de André Luiz quase cai se não é amparado, pois descobre, estarrecido, que se trata do seu irmão, mas Gúbio, sabiamente o consola perguntando-lhe: "Onde está o infeliz que não seja nosso irmão necessitado?" Todos, menos Gaspar, seguem rumo à ex-residência de Leôncio e encontram o casal dormindo e o filhinho Ângelo gemendo e demonstrando angústia e mal-estar. A presença do pai, mesmo não sendo registrada por ele, leva-o a perguntar baixinho sobre seu destino, revelando sua saudade, o que leva Leôncio às lágrimas. Gúbio promove o desdobramento de Felício, injeta-lhe recursos energéticos para que se mantenha plenamente consciente do que se passa e o chama à responsabilidade de quem amealhou conhecimentos para salvar vidas e está fazendo o contrário; adverte-o sobre o futuro de dor que está arquitetando com a execução lenta de uma criança; diz-lhe que não pode interferir no seu livre-arbítrio, que pode ele casar com Avelina, usar a riqueza que seu ex-marido deixou-lhe como herança, mas lhe roga que não lhe sacrifique o filhinho, para que nele se nutra a esperança de regeneração do pai. Dirige-se a Leôncio e diz que Ângelo, a partir dali, não será mais vigiado por um perseguidor, e sim protegido por desvelado benfeitor, e olha para Felício à espera de sua aquiescência, quando este então se ajoelha e promete amparar a criança como verdadeiro pai. Felício desperta em lágrimas e, por força de intensa energia magnética inoculada em seus olhos, viu por alguns instantes o seu irmão Elói, que dele se aproxima e lhe diz com energia: "Se assassinares este menino, eu mesmo te punirei."

15. FINALMENTE, O SOCORRO

Descreve a libertação de Margarida dos corpos ovoides e a doutrinação do obsessor Gaspar com a cooperação de uma médium. Saldanha e Leôncio advertem Gúbio do risco que todos correm frente à fúria das entidades ignorantes a serviço de Gregório ao saberem que se planeja ajudar Margarida; que uma legião ameaçadora poderá invadir a residência, considerando, ainda, que Gaspar continua insensível, não merecendo confiança. O Instrutor esclarece que Gaspar é Espírito endurecido, sob o controle de perseguidores ainda mais fortes que ele, anestesiado por raios entorpecentes, e que somente passes magnéticos contrários à ação paralisante a que foi submetido, ministrados em serviço de grupo, poderão libertá-lo dessa condição. Gabriel, influenciado por Gúbio, sugere à esposa buscar o amparo do Espiritismo cristão, ela concorda e ele, acompanhado por Gúbio, vai em busca do socorro prometido. André Luiz, no comando da situação, ouve de Saldanha que ele deve temer os Espíritos retardados, não os enfrentando naquele momento, em razão da fragilidade psicofísica de Margarida, e que "para combater o mal e vencê-lo, urge possuir a prudência e abnegação dos anjos." Conta que ao desencarnar tentou fugir do mal; que suas orações labiais foram motivo de sarcasmo, pois não possuíam o verdadeiro impulso para o bem; que somente os que se encontram amparados em princípios robustos de virtude santificante conseguem se livrar, após o desenlace, das corjas de entidades malfeitoras; que a maior dificuldade para fugir das ciladas das sombras não é a ignorância, mas a dureza em capitular; os que são surpreendidos no campo da inferioridade usam mil armas contra o bem, como calúnia, inveja, ciúme, mentira e discórdia, provocando perturbação e desânimo. Acrescenta que é inteligente e culto, e que não foi por ignorância que se valeu do mal para fugir do sofrimento, mas sim porque, em desespero, ele não tinha *espaço mental* para ouvir discursos e promessas salvadoras; que o benfeitor Gúbio, com o que fez por ele, demonstrou que o bem é mais poderoso que o mal, e que "Nas dúvidas, o esclarecimento benéfico traduz verdadeira caridade." Diz temer pelo seu destino, em razão de sua transformação, mas conta com o amparo de Gúbio. Diz ainda que o acompanhará, mesmo que isto signifique sofrimento para ele. À noite, Margarida e o esposo se encaminham para a casa do senhor Silva, que dirige um grupo de socorro mediúnico, acompanhados pela equipe de Gúbio, e lá são recebidos por Sidônio, o diretor espiritual, informando que o grupo produz satisfatoriamente. No entanto, se o ideal de servir fosse mais dilatado, melhores resultados seriam alcançados. Lamenta que ainda pairem muitas dúvidas sobre o esforço das entidades espirituais nas tarefas mediúnicas, e que os médiuns desconfiam de si mesmos. Assegura que, mesmo naquele grupo harmonioso, seus membros durante seis horas por semana se banham e se regozijam nas vibrações espiritualizantes, mas no restante do tempo se deixam abater pelos pensamentos adversos, caindo no desânimo e se despreparando para tarefas mais sublimes. Sob o comando de Gúbio e Sidônio, os corpos ovoides são retirados de Margarida e levados para um posto de socorro; *força nêurica*, oferecida pelos nove encarnados presentes e compensada com os fluidos espirituais, é aplicada em Margarida, restaurando-lhe as energias psíquicas; Gaspar se incorpora na médium dona Isaura e é atendido numa visível *enxertia psíquica*, quando o hipnotizador demenciado grita, chora, blasfema e diz palavras comovedoras, sendo conduzido a uma casa de socorro, para recuperação gradativa. Sidônio oferece a Gúbio 12 entidades do seu grupo para com ele ficar durante dez dias, fortalecendo a equipe que irá enfrentar os assalariados de Gregório que, ao descobrirem o que se passa, tentarão invadir a residência de Gabriel e Margarida, que ainda não está devidamente restabelecida.

16. ENCANTAMENTO PERNICIOSO

Estuda o conflito existente entre o médium dedicado à tarefa de servir ao bem e seus pensamentos e sentimentos inadequados à tarefa. Terminada a reunião no lar do senhor Silva, André Luiz observa que a médium dona Isaura envolve-se de fluido desfechado por entidades menos esclarecidas que com ela sintonizam, cultivando ciúme doentio do marido. Esclarece Sidônio que durante os trabalhos ela desfruta de bom ânimo e alegria, pois o médium, quando em função entre os dois planos da vida, é fonte que dá e recebe, mas, terminada a tarefa mediúnica, volta à tristeza com que se alimenta. Esta noite ela vai merecer maior atenção nossa, dada a sua fixação com os seres que lhe povoam a mente e o coração. André Luiz acompanha Isaura, liberta pelo sono, que vai ao encontro de seu interesse, não vendo e nem ouvindo Sidônio, que se aproxima dela. Este esclarece que ela faz uso do seu direito de errar para aprender; detém grandes possibilidades no serviço aos semelhantes, mas querendo perdê-las momentaneamente, não lhe cabia senão respeitar-lhe a vontade; que ela sabe não ser o marido propriedade exclusiva sua e não ignora o ensinamento do Mestre sobre o perdão e o amor, devendo-se esperar, portanto, que o tempo lhe ensine o reajustamento próprio. "A educação não vem por imposição. Cada Espírito deverá a si mesmo a ascensão sublime ou a queda deplorável." Ansiosa, busca residência sombria e lá se encontra com os inimigos da libertação espiritual, que se dizem pesarosos com o seu sofrimento, proveniente das traições do marido, e confessam querer ajudá-la. Contam mentiras a respeito do senhor Silva e ela, dominada pelo ciúme infundado, sente-se a mais infeliz das criaturas, afirmando-se rodeada de gente hipócrita e desonesta. As entidades infelizes envolvem Isaura e orientam-na que não permita reuniões em casa, orações coletivas e práticas mediúnicas, pois ela tem o direito de ser feliz longe de tanta gente hipócrita; que ela não tem a mediunidade desenvolvida para atender a tantas exigências; que deve tomar cuidado com a mistificação inconsciente; que as mensagens por ela transmitidas são de Espíritos perturbados que se dizem benfeitores, e muito do que ela diz é fruto do seu cérebro e da sua sensibilidade agitada pelos que exigem dela o que não tem para oferecer ainda. Diante do quadro, Sidônio alega que não pode subtrair o ensino ao aprendiz; que Isaura, antes de dormir, trabalhou mediunicamente, ouviu comovedora lição evangélica, colaborou para que o bem se concretizasse, mas, vencida pelo ciúme nascido da gentileza do esposo com as senhoras que lhe buscam o esclarecimento, prefere se manter na companhia de irmãos retardados, em vez da experiência edificante com entidades mais evoluídas. Tentando ajudá-la, se faz visível a Isaura, mas ela aceita o argumento dos seus obsessores de que está tendo uma ilusão. Então o mentor busca o esposo em reunião de estudo e pede para que retorne ao corpo e desperte-a. A médium que arfava e se contorcia na cama, chamada pelo senhor Silva, desperta em copioso pranto, angustiada, dizendo não acreditar em nada do que faz como médium, que é muito infeliz e que não recebe nenhum amparo dos Espíritos benfeitores.

17. ASSISTÊNCIA FRATERNAL

Relata a transformação da residência de Margarida em posto de socorro aos desencarnados perturbados e aflitos, convertendo os obsessores servidores do Cristo. No segundo dia do socorro a Margarida, sua casa e todos que nela mourejam se modificam consideravelmente: o casal se enche de esperanças e Gabriel faz promessas de realizações espirituais dali para frente; a doméstica, influenciada, faz uma limpeza geral, abrindo janelas, permitindo a entrada da luz, e Gúbio estabelece fronteiras em derredor da residência, com ajuda dos colaboradores de Sidônio. Conforme previra Saldanha e Leôncio, os asseclas de Gregório se amotinam em frente ao palacete, querendo saber o que acontece lá dentro, e ameaçam levar ao conhecimento do chefe a mudança observada. Saldanha os enfrenta corajoso e diz a eles que está seguindo sua consciência e que nada teme. Gúbio coloca luminosos nas janelas, substituindo as manchas de sombras, anunciando um novo espírito reinante no ambiente. A partir daí, dezenas de desencarnados chegam ao local transformado em posto de socorro buscando repouso, esclarecimentos, consolação e proteção contra os malfeitores empedernidos, que lhes perseguem e humilham e, antes que o dia termine, surgem vários elementos da falange de Gregório dispostos à renovação, dizendo saber que o próprio Saldanha se transformara e que, assim, eles se encorajam em buscar a salvação. André e Elói fazem o atendimento fraterno dos que chegam à casa, ouvindo caso a caso e orientando todos, ali congregados, para encontrarem reconforto uns com os outros, incentivando a se manterem confiantes para a oração coletiva da noite. Certa irmã relata que a paixão a venceu e que ela cometeu suicídio, após a morte do marido, deixando dois filhos, e que há quinze anos vagueia pelas sombras; que voltou ao lar, mas, ao se aproximar dos filhinhos, eles acusam aflições e enfermidades em contato com o vírus fluídico que emana de seu perispírito. Diz que estava ali cansada e vencida. Outro pergunta o que é o pensamento, e ouve de André Luiz: "O pensamento é, sem dúvida, força criadora de nossa própria alma e, por isso mesmo, é a continuação de nós mesmos." O senhor conta que fora escritor, cultivou o chiste e o gosto pela volúpia, impressionando muitas mentalidades juvenis; a certa altura, percebeu que era um aparelho mediúnico invigilante, intérprete de Espíritos perversos e galhofeiros; que ao desencarnar encontrou homens e mulheres que lhe dizem ser prejudicados pelas ideias que lhes infundiram, e que vive atormentado pelos personagens criados por ele, rindo-se, com se fossem filhos rebeldes contra um pai criminoso. Diante de uma crise de alucinação do escritor, Gúbio solicita a Leôncio, o ex-hipnotizador de Margarida, que promova o alívio do irmão. Constrangido pelo que fora até pouco tempo, Gúbio o encoraja dizendo-lhe: "Serviço construtivo e atividade destrutiva constituem problema de direção." Diz-lhe, ainda, que deve abraçar o serviço com o Cristo. Leôncio magnetiza o enfermo, levando-o a um profundo sono reparador. Esclarecimentos são dados a respeito da partida de todos para esfera mais elevada. Uma senhora roga a André Luiz a bênção do esquecimento na *esfera do recomeço* (Terra) e conta que seus dois filhos estão entregues a uma madrasta desalmada; que há vinte meses luta contra ela, mas agora se sente entediada do ódio que lhe constrange o coração e tem sede de esquecimento, para aprender a amar e livrar-se do ciúme dos filhos e do marido. O médico de Nosso Lar lembrou-se do que passou no umbral antes de se acolhido naquela colônia e, comovido, abraça a infeliz, prometendo ajudá-la, dizendo-lhe: "Serei teu amigo e desvelado irmão."

18. PALAVRAS DE BENFEITORA

Relata a materialização da benfeitora Matilde, no lar de Margarida, oferecendo esclarecimentos e esperanças aos sofredores ali albergados, preparando-os para uma nova jornada. Na casa de Margarida, Gúbio conclama a que todos esqueçam seu passado delituoso e cultivem pensamentos otimistas, a fim de exteriorizar as mais nobres energias a favor da busca de esfera mais alta da vida e orar pedindo ajuda para a definitiva libertação das antigas ilusões que nos prendem a esferas inferiores. Em seguida se concentra para fornecer recursos energéticos que permitam a materialização da benfeitora Matilde, que já se encontra no ambiente. Substância luminosa emana do bondoso Instrutor, e a mãe de Gregório surge diante de todos os desencarnados ali presentes. Inicia falando de sua condição de humilde servidora, ainda com os pés presos ao pretérito obscuro, e adverte que o retorno à *esfera do recomeço* (esfera carnal) não deve ser almejado apenas para usufruir da bênção do esquecimento, devendo cada um se preparar com as virtudes necessárias à vitória contra os impulsos inferiores; a criatura atrai forças que se harmonizam com suas tendências menos dignas ou com seus elevados propósitos; as energias que exteriorizamos nos identificam no plano da vida; o estágio na bendita Região da Neblina (esfera carnal) não deve ser desperdiçado; necessário se faz reconhecer os erros cometidos e aceitar as retificações imprescindíveis à caminhada para o Alto; é urgente aprender a servir com o Cristo, para anular a sintonia com as sombras. Somente almas primitivas recebem a reencarnação como irracionais para o aperfeiçoamento dos instintos, vivendo na semi-inconsciência, mas para os que já têm inteligência, o retorno à carne não se resume a simples processo de anestesia da razão. Um homicida diz que ao chegar ao plano espiritual, para seu espanto, não encontrou acusações nem cobranças de suas vítimas, nem juízes lhe condenando, mas sim, o desprezo e aviltamento de si mesmo, levando-lhe a terríveis sofrimentos. A benfeitora Matilde orienta-o buscar sua restauração na ajuda aos que se encontram em desespero e, ao retornar à carne, continue com a tarefa, devendo lá encontrar motivos de cólera e a tentação de eliminar adversários, devendo, no entanto, plantar amor e paz na *esfera do recomeço*. Uma senhora confessa não ter honrado o lar, e que seus desmandos não foram conhecidos pelos seus contemporâneos, e que agora experimenta pavor de si mesma. Matilde lhe diz que para reajustar suas energias deve ela se dedicar aos círculos próximos da Terra, levantando sofredores, plantando em suas mentes a esperança e que, preparada, talvez retorne ao corpo submetida à terrível prova da beleza física, a fim de vencer as tentações da vaidade, do egoísmo e da luxúria, sendo imprescindível ajudar os que caíram no mesmo precipício. "O único recurso de fugirmos definitivamente ao mal é o apoio constante do bem."

19. PRECIOSO ENTENDIMENTO

Descreve a definitiva libertação de Margarida dos miasmas deletérios inoculados pelos seus obsessores, e narra os esclarecimentos oferecidos a ela por Matilde, no sentido de prepará-la para recebê-la como filha. Margarida, desdobrada pelo sono, é levada ao ambiente da reunião espiritual a pedido de Matilde, e passa a receber aplicações magnéticas sobre os condutores nervosos, e lentamente passa e expelir pelo tórax e pelas mãos fluidos cinzento-escuros, acontecendo verdadeira operação de limpeza, libertando-a das amarras dos seus obsessores e, ao despertar, reconhece a benfeitora e a chama de mãezinha. Margarida relata suas amarguras com a perseguição de seus adversários e acredita ser um peso morto na vida do esposo, tornando seu matrimônio uma coleção de desenganos cruéis. A benfeitora consola a filha dizendo-lhe que a vida na carne não é tão fácil, mas é imperioso reconhecer que se ela é curso de renunciação pessoal, é, também, abençoada escola para se alcançar as culminâncias; a dor, o obstáculo e o conflito são ferramentas de melhoria, funcionando a nosso favor; é forçoso modificar as disposições com relação ao inimigo, que se assemelha a nós diante dos anjos, que não nos condena, estendem-nos os braços fraternalmente. Diante da revelação de insegurança da filha querida, Matilde continuou dizendo que a prisão no cárcere físico e o esquecimento temporário constituem imperativo da tarefa de cada um de nós; a inteligência, que já saiu das limitações da animalidade, pode subir ou descer, se deixar vencer pelas tentações do desânimo ou triunfar no carreiro áspero; quantos sofrem em silêncio, sem o afeto de uma companhia e a bênção de um lar... Margarida pede ajuda à benfeitora, e ouve atenciosa para não esperar ser atendida em todos os seus desejos, no entanto deve sempre ajudar, compreender, desculpar, amparar, dar de si, ser humilde, agir corretamente, fugir às lisonjas, renovar-se para o bem, combater o egoísmo, auscultando sempre as necessidades e a dor dos outros. Após confraternizar com os membros da equipe de Gúbio, Matilde revela a Margarida que voltará à experiência na carne como sua filha e, diante do espanto, lembra que "A reencarnação nem sempre é simples processo regenerativo, embora, na maioria das vezes, constitua recurso corretivo de Espíritos renitentes na desordem e no crime." Roga que não a receba como boneca mimosa, nem como flor de estufa; lembra que a ternura absoluta é nociva tanto quanto a absoluta aspereza; que muitas almas fracassam pela falta de braços firmes e decididos que as conduzam com amor e disciplina; que, não obstante o seu esclarecimento quanto as verdades sublimes do Criador, as leis fisiológicas não fazem exceção, impondo-se sobre justos e injustos, devendo ela viver no esquecimento temporário, necessitando de amparo, por isso não deve ser levada ao requinte excessivo e à inutilidade. "Socorre-me em tempo para que eu seja útil, no momento oportuno." A esposa de Gabriel retorna ao corpo físico, Matilde despede-se, agradecendo a Gúbio, e ele lhe dá informações do que planeja para as últimas horas, devendo encontrar-se com a benfeitora em um dos *campos de saída*, levando consigo todos os albergados no lar de Margarida, à exceção de quatro companheiros que ficarão de guarda em defesa daquele ambiente.

20. REENCONTRO

Relata o emocionante encontro de Matilde e Gregório, cujo objetivo era a sua rendição ao irresistível amor de sua mãe abnegada. À noite, Gúbio, pensativo, ausculta a paisagem externa e ora junto à filha espiritual na câmara íntima, como se estivesse dela se despedindo. André Luiz reflete sobre a condição das entidades sofredoras que ali estão, muitas em lágrimas de reconhecimento, outras ansiosas pela nova oportunidade que vislumbram. O Instrutor dirige a palavra a todos e avisa que devem se manter perseverantes no propósito da autorrestauração; que o trabalho de reajustamento é lei irrevogável para todos, e que ninguém trai os princípios estabelecidos de colher o que plantou; que não se deve contar com o favoritismo no aprimoramento pessoal. "A prece ajuda, a esperança balsamiza, a fé sustenta, o entusiasmo revigora, o ideal ilumina, mas o esforço próprio na direção do bem é a alma da realização esperada." Algumas irmãs albergadas entoam hino de louvor à bondade do Cristo, e Saldanha chora contrito, purificando seu coração. Gúbio informa que ainda falta o epílogo da missão, e que Matilde os espera em região intermediária, para o reencontro com o filho de outras eras, o qual, sem dúvida está em nossa perseguição, na condição de vingador, após ficar ciente da debandada de muitos dos seus acólitos e subjugados. Roga a colaboração mental de todos, pois será desafiado por Gregório, que estará sob forte eclosão de cólera. Enfatiza que, diante da ameaça do mal, não se deve agir com emoções e pensamentos de vingança e de medo, para não pactuarmos com a violência. As vibrações de amor fraternal dissolvem os sentimentos de vingança, perseguição, indisciplina, vaidade e egoísmo que atormentam a experiência humana. Gregório não é tão perverso quanto aparenta ser; é tão infeliz quanto nós mesmos, no passado próximo, merecendo dedicação carinhosa e confortadora. Gregório estará acompanhado de muitos seguidores e cabe a todos ajudar com a oração intercessória em favor da restauração do bem. Em seguida afastam-se da vivenda de Margarida, os mais fortes amparando os mais fracos, em direção à referida região. No local, colocam-se todos em um semicírculo, à espera de Gregório, enquanto Gúbio se concentra, colocando-se como médium da benfeitora. Gregório surge, acompanhado de dezenas de seguidores com fisionomias transtornadas, assumindo características monstruosas, investindo com palavrões e desafios. Avança contra Gúbio chamando-o de hipnotizador de servos ingênuos, de traidor e de covarde por não reagir ao seu desafio, a um duelo com espada, e diz que não se engane com as promessas de um Deus que não existe. Quando intenta agredir fisicamente o Instrutor, uma garganta se improvisa no alto e ouve-se a voz cristalina de Matilde, que ressoa com amorosa firmeza: "Gregório, não enregeles o coração quando o Senhor te chama, por mil modos, ao trabalho renovador!" E, entre lágrimas de amor e compaixão, exorta o filho a não resistir aos aguilhões da bondade, afiançando-lhe que chegou ao fim a noite que o eclipsou por muitos séculos. Lembra-lhe das vidas em comum com ela e das promessas feitas ao Cristo, para servi-lo incondicionalmente; fala dos seus desvios políticos e de sua revolta por não encontrar no mundo espiritual as pompas que entendia ser merecedor. Diante da incredulidade do filho de ser a voz de sua mãe, ela se materializa diante dele e, sem forças para reagir, o sacerdote se rende, ajoelhando-se aos pés da genitora e se expressa ofegante reconhecendo a mãe. Matilde confia o filho inerte aos braços de Gúbio, assegurando que ali começa a libertação de Gregório. O Instrutor ora a seu favor e todos, consternados, prosseguem em direção à colônia de trabalho regenerador. Com os olhos úmidos de pranto, André Luiz despede-se do seu amado Instrutor e este lhe agradece pelo papel que desempenhou na missão e conclui: "Nunca te esqueças de que o amor vence todo ódio e de que o bem aniquila o mal."

Resumo do livro

ENTRE A TERRA E O CÉU

Relata a dedicação laboriosa da Espiritualidade superior para desfazer um complexo processo obsessivo, no qual diversas personagens encarnadas e desencarnadas estão envolvidas por sentimentos de amor, paixão, ciúme e ódio, dificultando-lhes a marcha regeneradora. É o sétimo livro da coleção *A vida no mundo espiritual*, composto de quarenta capítulos, apresentado em forma romanceada, cujo drama tem início a partir da análise de uma *prece refratada*, fazendo a distinção entre *prece e invocação*, advertindo que a petição é uma ação que provoca a reação que lhe corresponde em qualidade e intensidade. Revela a vida espiritual noturna no litoral marítimo, onde desencarnados se misturam aos encarnados para a busca de esclarecimento e reconciliação entre adversários e tratamento de enfermidades. Estuda os efeitos que produzem o desejo e o pensamento negativos no fórum da consciência, por serem forças mentais coagulantes, ensejando ações venturosas ou dolorosas, e os efeitos da mente cristalizada em recordações obcecantes que mantêm o Espírito desencarnado na ilusão da vida material, enquanto sua consciência culpada insiste em vivenciar as cenas do delito cometido, e adverte que o homem cego pela paixão passa a sofrer do *complexo de fixação*, levando-o ao desespero. Apresenta o Lar da Bênção, domicílio espiritual onde são recolhidas crianças desencarnadas e assistidas em lares, sob os cuidados de abnegadas irmãs, que as preparam para nova experiência no corpo físico e, na mesma instituição, o reencontro das mães, durante o desdobramento parcial pelo sono, com seus filhos que desencarnaram prematuramente. Revela o fato de que muitas mães cometem infanticídio inconsciente promovido pelo desamor aos seus rebentos, pelo clima psíquico negativo criado no lar, pela intoxicação do leite em razão dos seus pensamentos deletérios e pela transferência da maternagem a babás irresponsáveis. Ensina que ao se invocar, pelo pensamento ou sentimento, alguém para um encontro durante o sono, ele pode se realizar. Sustenta que *doutrinar* nem sempre significa *transformar*, já que para isso se faz necessário que o doutrinador possua a força magnética do amor que garanta a transformação mental e sentimental daquele que está em recuperação. Fala da existência de sete fulcros energéticos no perispírito, denominados centros de força, que se conjugam com os plexos nervosos, cujas tarefas são as de assimilar, distribuir e manter as energias vitais necessárias às funções orgânicas, assegurando o equilíbrio físico-espiritual. Disserta sobre a importância da palavra e de sua influência nas relações humanas e adverte que o seu mau uso acarreta sérias enfermidades relacionadas à voz, como gaguez e diplofonia. Estabelece a distinção entre a *cólera* e a *indignação*, asseverando que essa se faz necessária diante das violações das Leis divinas. Ensina sobre o funcionamento da lei de reencarnação em relação às afeições e simpatias conquistadas pelo reencarnante, quando na Terra, que lhe favorecem o retorno à carne, e da simplicidade do processo na maioria dos casos, onde basta apenas o magnetismo dos pais aliado ao forte desejo do reencarnante em recomeçar uma nova experiência. Explica as razões dos sintomas físicos e psíquicos apresentados pela mulher durante a gravidez, e das reações do marido segundo sua ligação espiritual com o reencarnante. Afiança que a morte prematura de uma criança é sempre uma experiência positiva para o Espírito que necessita curar as mazelas da mente refletidas no seu perispírito, e que as enfermidades congeniais se explicam pelo seu passado delituoso. Exalta o valor do lar iluminado pela luz do Evangelho, da família consanguínea que se prepara para servir a uma família maior, que é a humanidade. Finaliza mostrando a reabilitação das almas envolvidas no complexo obsessivo inicial, onde o perdão substituiu a vingança; a fraternidade, o ódio; o conhecimento das verdades libertadoras, a ignorância; e a fé raciocinada, o desespero.

Resumo dos capítulos

1. EM TORNO DA PRECE

Analisa a natureza, a força e a destinação do petitório humano às forças espirituais, advertindo quanto à responsabilidade do pedinte. Ensina que a petição é uma ação que provoca a reação que lhe corresponde em qualidade e intensidade. Distingue a prece da invocação, pois esta é a busca de energias para a perpetração do mal. Clarêncio ensina a diferenciar a prece da invocação, e diz que o desejo e a emissão de ideias movimentam energia para o bem e para o mal, e que a direção a ela dada ficará sempre afeta à responsabilidade do emissor. Assegura que mentes inferiores estão sempre dispostas a cooperar como instrumentos de nossas baixas realizações. Conclui: "O Senhor tolera a desarmonia, a fim de que por intermédio dela mesma se efetue o reajustamento moral dos Espíritos que a sustentam [...]".

2. NO CENÁRIO TERRESTRE

Discorre sobre o conceito de prece refratada, e que, por isso, nenhuma rogativa se perde. Evelina, jovem reencarnada e tutelada por Nosso Lar, se encontra intensamente aflita e roga ajuda a sua mãe desencarnada, mas seu pedido chega a Nosso Lar, porque a genitora não tem ainda condições de socorrê-la. O ministro Clarêncio instrui sobre as providências a serem tomadas para socorrer a irmã. Esclarece sobre a relatividade das leis biológicas na reencarnação das criaturas, enfatizando que os caracteres morais são ascendentes espirituais. Elucida que o programa de serviço do reencarnante é uma espécie da fatalidade e que, por isso, o livre-arbítrio é, também, relativo. Ensina que a prece emitida jamais se perde e, quando o destinatário não tem condições de atender ao pedido, dada a sua importância e urgência, ele é desviado para quem o possa. Apresenta personagens da história de Evelina e oferece dados preliminares sobre sua obsessão.

3. OBSESSÃO

Adverte sobre o risco de se afastar o obsessor do obsidiado de forma violenta, em caso de obsessão grave, sem que se tenha de enfrentar consequências imprevisíveis, desde uma paralisia e, até mesmo, a desencarnação do obsidiado. Descreve o aspecto físico e mental de Zulmira, que se apresenta inquieta e desalinhada, sob o jugo de Odila, que lhe vampiriza as forças. Explica que o amor egoísta de Zulmira por Amaro, suas constantes queixas e sentimento de culpa pela morte de Júlio, filho de Amaro e Odila, favorecem a sintonia com a obsessora, que ainda alimenta um amor exclusivista pelo ex-marido. Adianta o ministro Clarêncio que, no caso de Zulmira, para que a desobsessão alcance resultados seguros, "É necessário buscar alguém que já tenha amealhado na alma bastante amor e bastante entendimento para conversar com o poder criador da renovação."

4. SENDA DE PROVAS

Estuda os efeitos produzidos pela invocação do mal pelo pensamento, demonstrando que o desejo negativo é força mental coagulante que enseja ações venturosas ou dolorosas. Relata o encontro de Zulmira e Odila no plano espiritual, no litoral marítimo, onde elas trocam acusações, demonstrando que a invocação do mal pelo pensamento atrai forças que materializam o desejo do invocador, deixando ele à mercê da consciência culpada, após o arrependimento. Explica que o Espírito assaltado pelo arrependimento e atormentado pelo complexo de culpa, mesmo não sendo responsável direto pela desdita de alguém, se auto-obsedia e sintoniza com o Espírito vingador; e aquele que desencarnou com o centro de força genésico descontrolado cai no monoideísmo dos seus desejos, nada mais vendo além... "Nossos desejos são forças mentais coagulantes, materializando-nos as ações que, no fundo, constituem o verdadeiro campo em que a nossa vida se movimenta."

5. VALIOSOS APONTAMENTOS

Revela a vida espiritual noturna no litoral marítimo, quando desencarnados se misturam aos encarnados libertos pelo sono, para a busca de esclarecimento, reconciliação entre adversários e tratamento de enfermidades. Informa que o oceano é fonte inesgotável de fluidos reconfortantes para enfermos dos dois planos da vida; o oxigênio ali presente, combinado com as emanações do planeta, é precioso alimento e remédio espiritual. Ensina que o tratamento de enfermidades nos encarnados, realizado no plano espiritual, se dá pela interferência nos tecidos sutis do perispírito, com reflexos no corpo físico. Adianta que, na impossibilidade da cura, o tratamento é apenas uma habilitação para a desencarnação, considerando que a enfermidade é uma bênção para o Espírito que não está devidamente preparado para a volta ao plano da verdadeira vida, ou que necessita de tempo para concluir a sua prova. O encontro de Odila e Zulmira não surte o efeito desejado e ela desperta, depois do desentendimento com sua obsessora, angustiada, com forte dispneia e sensação de um terrível pesadelo.

6. NUM LAR CRISTÃO

Adverte que, em determinado processo desobsessivo, para avançar com segurança se fazem necessários contatos com outros personagens do passado, para indagar com o objetivo de ser útil. Clarêncio programa levar André Luiz e Hilário para visitarem o pequeno Júlio em domicílio espiritual, na busca de mais informações sobre o caso Odila/Zulmira, mas, antes, vão ao lar de Antonina, onde ela, ao lado de seus três filhos, realiza o culto do Evangelho. Revela a presença de um desencarnado ouvindo, atencioso e confuso, a palavra da bondosa senhora, que desenvolve comentários evangélicos sobre a necessidade de perdoar e desculpar todas as faltas do próximo. Anota os ensinamentos de Antonina ao seu filho, que se apresenta indignado por ter o pai abandonado a família: "Teu pai, meu filho, com a permissão do Céu, deu-te o corpo em que aprendes a servir a Deus. Por esse motivo, é credor do teu maior carinho."

7. CONSCIÊNCIA EM DESEQUILÍBRIO

Estuda os efeitos da mente cristalizada em recordações obcecantes, mantendo o Espírito desencarnado na ilusão da vida material, enquanto sua consciência culpada insiste em vivenciar as cenas do delito cometido. No lar de Antonina, a entidade que acompanha o culto do Evangelho é seu avô desencarnado, Leonardo Pires, que se sente tocado e confuso com o estudo sobre o perdão das ofensas. Clarêncio lê a sua mente e revela que ele cometeu um assassinato e, desencarnado há vinte anos, vive perturbado, com a mente cristalizada no delito cometido e, embora sua vítima já tenha até reencarnado, vive assim, com a imagem do assassinado que se revitaliza a cada dia em sua memória. Antonina, desdobrada pelo sono, vai ao encontro da equipe de Nosso Lar.

8. DELICIOSA EXCURSÃO

Ensina sobre a conquista da felicidade, assegurando que ela é plena para aquele que não deixa na retaguarda os entes queridos a quem dedica o verdadeiro amor. Antonina, desdobrada pelo sono, encontra seu avô, Leonardo Pires, que lhe implora socorro, pois somente ela não o esqueceu. Clarêncio interfere, informando carinhosamente que deixa a casa e as crianças sob sua guarda e inicia a excursão ao domicílio espiritual onde Antonina visitará seu filho Marcos. Amparada pelo Ministro, a neta de Leonardo Pires volita feliz e, extasiada, confessa o desejo de não mais retornar ao corpo por se sentir tão livre. Ensina o Ministro que não há garantia de felicidade para quem desencarna e que somente a sublimação pessoal a garante; que a lembrança dos filhos aprisiona as mães na Crosta; pois não há paraíso para quem volta da Terra; que só pelo trabalho nos libertamos de nossas imperfeições, e que o amor que afirmamos ter é migalha de luz escurecida pelo nosso egoísmo.

9. NO LAR DA BÊNÇÃO

Relata o encontro de Antonina com seu filho no Lar, demonstrando que, nem sempre, as crianças se livram do sofrimento ao desencarnarem. O Lar da Bênção, importante colônia educativa de Espíritos desencarnados ainda crianças, funciona, também, como escola de mães. Informa da condição do pequeno Júlio, ainda sofrendo as consequências traumáticas de sua desencarnação, vivendo sob os cuidados da irmã Blandina, recebendo tratamento apropriado para minimizar os pesadelos recorrentes do seu afogamento, adiantando que somente outra reencarnação lhe trará a cura definitiva. Lamenta que a mãe de Júlio (Odila) não possa ajudá-lo diretamente. Clarêncio examina a garganta do garoto e, ao ver uma extensa chaga, aplica-lhe energia anestesiante que o faz adormecer. Revela que ele na vida anterior tentou suicídio com substância corrosiva e perdeu a voz; salvo pelos companheiros, burlou a vigilância deles e afogou-se em caudaloso rio. Conclui: "A Bondade divina nos assiste, de múltiplas maneiras, amparando-nos o reajustamento, mas em todos os lugares viveremos jungidos às consequências dos próprios atos, uma vez que somos herdeiros de nossas próprias obras."

10. PRECIOSA CONVERSAÇÃO

Estuda a origem das enfermidades congênitas e fala da sublime função das mães no processo regenerativo de Espíritos megalomaníacos, que transformam a cabeça num laboratório de perversão dos valores da vida. Blandina cita valiosos ensinamentos referentes aos Espíritos desencarnados quando ainda crianças. Discorre sobre as mentes enfermiças que somente encontram a cura pela terapia reencarnatória, voltando ao corpo enclausuradas, experimentando a solidão e o silêncio. Lembra o importante papel das mães no processo regenerativo dessas almas, não obstante uma minoria das mulheres, mais fêmeas que mães, cometerem infanticídio indireto pelo desamor aos seus rebentos, adotando pensamentos infelizes, mantendo clima tenso no lar e entregando os filhos a babás irresponsáveis. Fala das crendices a respeito do destino da criança após a vida física, quando se prega a existência do limbo, inferno e purgatório. Clarêncio esclarece sobre as mortes violentas das crianças e o sofrimento dos pais e familiares e conclui: "Voltando à

Terra, atraímos os acontecimentos agradáveis ou desagradáveis, segundo os títulos de trabalho que já conquistamos ou conforme as nossas necessidades de redenção."

11. NOVOS APONTAMENTOS

Expõe sobre as atividades, a administração e a finalidade do Lar da Bênção, onde duas mil crianças vivem em lares, sendo alfabetizadas e preparadas para o retorno à carne. Blandina ensina que a cultura intelectual é imperativo no engrandecimento da alma; que seu aprimoramento resulta do trabalho, e que a inércia coagula as formas mentais. A senhora Mariana, avó de Blandina, revela cooperar em um templo católico e explica como se processa o auxílio espiritual nas igrejas, sem que haja a comunicação mediúnica direta. Observa que o culto à oração é meio seguro para a influenciação espiritual, salientando que há missas convencionais, onde a colaboração é nula; mas há outras, onde o ato religioso é simples, partilhado por corações sinceros, inclinados à caridade evangélica, em que a cooperação se faz pela intuição com muito bom resultado. Avalia a eficiência do catolicismo na condução do mundo moderno, solicitando que "Auxiliemos as igrejas antigas, em vez de acusá-las. Todos somos filhos do Pai celestial e onde houver o mínimo de gérmen de Cristianismo aí surgirão recursos de recuperação do homem e da coletividade para o Cristo, Nosso Senhor."

12. ESTUDANDO SEMPRE

Estuda a razão do esquecimento dos sonhos e demonstra que o fato está condicionado à elevada densidade perispiritual da maioria dos encarnados. Antonina retorna ao lar, com saudosas lembranças do filho Marcos, mas Clarêncio aplica-lhe passe e ela retorna ao corpo, despertando calma, com vagas lembranças do acontecido. Comenta o fato de o Espírito encarnado esquecer com facilidade as experiências oníricas e assegura que poucos estão habilitados a uma visão plena da vida eterna, pois viveriam em melancolia, sendo necessário, por isso, se restringir o contato com o reino espiritual. Leonardo Pires dorme em velha cadeira e Clarêncio ensina que o Espírito naquela condição evolutiva está subordinado às necessidades da existência física, já que a densidade do perispírito se assemelha à do corpo físico, razão por que sente fome, sede, sono, frio etc. Estuda os efeitos da herança biológica no corpo que está subordinada à herança espiritual do reencarnante, pois o Espírito renasce ao lado dos que com ele se harmonizam, e que sua vida subordina-se às suas criações mentais. "A hereditariedade é dirigida por princípios de natureza espiritual. Se os filhos encontram os pais de que precisam, os pais recebem da vida os filhos que procuram."

13. ANÁLISE MENTAL

Explica como se processa a transfiguração do perispírito no desencarnado, analisando o efeito das lembranças e emoções que dormitam no inconsciente. Enfatiza a necessidade da busca das lembranças de existências passadas como processo terapêutico para o reequilíbrio do Espírito enfermo. Na casa de Antonina, Leonardo Pires é magnetizado por Clarêncio e induzindo à regressão para lembrança dos fatos que poderão ajudá-lo, já que a memória guarda para sempre as imagens recolhidas pelo Espírito em cada existência. Anota que a mente, tanto quanto o corpo físico, pode e deve sofrer intervenção pela *cirurgia psíquica*, para reequilibrar-se, lembrando que Freud vislumbrou essa verdade, mas sem amor, pois "Não bastará conhecer e interpretar. É indispensável sublimar e servir." Sem amor não é possível mobilizar o remédio salutar da compreensão. Levado mentalmente ao passado, Leonardo se transfigura em razão da emoção que vive pelo momento recordado; passa a chamar por Lola Ibarruri e, inopinadamente, Antonina, que dorme, se desprende do corpo e avança assustada ao encontro dos irmãos de Nosso Lar. Clarêncio elucida que Leonardo e Antonina estão ligados por fortes laços de amor, e que a razão da luta regeneradora da mãe de Marcos, que no passado não foi esposa fiel nem dedicada aos filhos, é o desejo sincero de se reabilitar moralmente.

14. ENTENDIMENTO

Estuda as tentativas de reconciliação entre encarnados, libertos pelo sono, desencarnados, presos por laços de amor ou de ódio, com vista a programas futuros.

Sob o amparo dos Benfeitores espirituais, Antonina se encontra com Leonardo e lhe roga perdão pelos erros cometidos, mas ele a acusa pelo sofrimento vivido até então. Clarêncio esclarece que, na regressão mental, enquanto alguns centros da memória se reavivam, outros empalidecem, em obediência ao tratamento magnético escolhido, e o Espírito se detém em um determinado momento do passado que se preste ao reajustamento esperado, por isso eles não se lembram do parentesco que os reunia na última existência. Leonardo, desesperado, invoca Esteves, o amante assassinado, que surge estarrecido, e trocam ofensas e, em vias de se atracarem, são amparados pelo ministro Clarêncio, que roga a cooperação de seus auxiliares, que conduzem Leonardo para local onde receberá assistência.

15 . ALÉM DO SONHO

Analisa a interpretação do sonho de um Espírito atormentado, quando em vigília e, porque não tem a lembrança lúcida do acontecido, mescla os fatos com seus sentimentos e emoções em relação a determinadas coisas ou pessoas da sua vida presente. Elucida a relação amorosa entre Mário Silva (ex-Esteves) e Antonina (ex-Lola) em vidas passadas, e revela a história amorosa mantida por Mário e Zulmira, e porque esta o deixou para se casar com Amaro, viúvo com dois filhos, sendo um deles o pequeno Júlio. Mário, desperto, se lembra do passado com muito ressentimento e busca associar sua história às reminiscências do sonho. Clarêncio ensina que os Benfeitores espirituais não incomodam os encarnados no curso de suas obrigações diuturnas na busca de elucidações para seus casos, por serem desagradáveis e inoportunas.

16. NOVAS EXPERIÊNCIAS

Ensina que ao se invocar, pelo pensamento ou sentimento, alguém para encontro durante o sono, ele pode se realizar, e que a paixão cega o homem, passando ele a sofrer do *complexo de fixação*. Mário reflete sobre o sonho da véspera e pensa em ajudar Zulmira, mas o ciúme e o ódio que alimenta por Amaro o impede de dar continuidade ao nobre intuito. Pergunta a si mesmo: "Por que não voltar ao sonho da noite anterior, de modo a tentar uma solução?" Dorme, então, pensando em se vingar de Amaro e, desdobrado, toma a rua e o chama irado para um confronto. Amaro se desdobra e atende ao chamado surgindo a sua frente em plena avenida, sendo ofendido por Mário. Sereno, confessa que não é feliz com Zulmira e que ela adoeceu consideravelmente depois que seu filho Júlio morreu afogado e, com humildade, pede o apoio de Mário, considerando o amor que ele tem por Zulmira. Mário gargalha ironizando seu adversário, que silencia diante das imprecações do enfermeiro revoltado e começa a orar.

17. RECUANDO NO TEMPO

Relata a entranhada história de paixão, traição e morte dos atuais personagens Mário Silva (ex-Esteves), Amaro (ex-Armando), Zulmira (ex-Lina Flores), Antonina (ex-Lola Ibarruri) e Leonardo Pires (ex-avô de Antonina), todos em luta regeneradora. Demonstra que o desejo do encontro com alguém durante o sono pode acontecer. Mário e Amaro, libertos pelo sono, são submetidos à regressão de memória pelo ministro Clarêncio. Mário se lembra que ele e Leonardo Pires disputaram o amor da mesma mulher, Lola Ibarruri, e que foi por este último envenenado; lembra ainda que Amaro, que hoje detesta, foi o Armando de ontem, que o traiu com sua esposa Lina. Os dois trocam acusações e, percebendo a dificuldade de conciliação entre eles, Clarêncio aconselha: "Sem aquela atitude de perdão, recomendada pelo Cristo, seremos viajores perdidos no cipoal das trevas de nós mesmo. Sem amor no coração, não teremos olhos para a luz."

18. CONFISSÃO

Adverte sobre o cuidado que se deve ter com as paixões amorosas, gerando consequências com repercussão em diversas existências. Relata o drama passional que envolve Amaro, Lina Flores, Júlio e Esteves, que resulta em complicados e funestos compromissos para todos eles. Esteves se apaixona por Lina, esposa de Júlio, e trai o amigo. Júlio descobre a traição e busca o apoio de Amaro, que aconselha serenidade. Esteves se afasta da vida dos dois.

Amaro cede às investidas amorosas de Lina e atraiçoa seu amigo Júlio. Este, inconformado, suicida-se. Amaro abandona Lina e a encontra dez anos após, quando atropelada pela sua carruagem, no Rio de Janeiro. Desencarna revoltada, amaldiçoando o mundo e as criaturas. No plano espiritual, Amaro liga-se a ela e a Júlio em aflitiva condição, mas regressa à carne prometendo ajudá-los. "É preciso solver os compromissos do passado, conquistando o futuro!...."

19. DOR E SURPRESA

Demonstra o uso da regressão de memória pelos Benfeitores espirituais com o objetivo de favorecer a reconciliação entre Espíritos adversários. Nesse processo, continua o fio narrativo das reminiscências dos personagens Mário e Amaro, envolvidos em desatinos do passado. Júlio é invocado por Mário para apresentar sua versão da história, mas quem surge é Blandina, pedindo a compreensão deles, tendo em vista a condição atual do invocado. Insatisfeito, Mário insiste no testemunho de Lina Flores, mas Clarêncio lhe pede calma e diz que "Não nos cabe prejudicar o caminho de quem procura a regeneração que lhe é necessária!..." Levado até o lar de Amaro, descobre que Lina se apresenta hoje na condição de Zulmira; que foi ele quem a separou de Júlio; que ela não é feliz no casamento; que sofre de complexo de culpa pela morte do enteado Júlio, e que se mantém vítima do assédio obsessivo de Odila. Desesperado, seu corpo perispiritual se enegrece pelo ódio que alimenta, foge desesperado e acorda aflito acreditando-se louco. Conclui André Luiz que "[...] o ódio gera a loucura. Quem se debate contra o bem cai nas garras da perturbação e da morte."

20. CONFLITOS DA ALMA

Estuda as consequências do suicídio, demonstrando que somente a reencarnação proporciona e reequilíbrio da fisiologia perispiritual. Amaro se encontra com Odila, que roga a expulsão de Zulmira do seu lar. Ele reage negando a calma e a ponderação até então apresentadas diante de Mário. Foge inseguro e acorda ouvindo o clamor da obsessora. Blandina solicita ajuda para Júlio, que está sofrendo muito com a chaga da garganta, e Clarêncio promete providências para o seu retorno à carne o mais depressa possível. Observa que o centro de força laríngeo foi profundamente afetado pela substância corrosiva que ele tomou. Adverte que o suicídio acarreta vasto complexo de culpa e Júlio, pelo fato de ter lesado o centro laríngeo, no próximo retorno ao corpo físico sofrerá intensamente do órgão vocal. "O pensamento que desencadeia o mal encarcera-se nos resultados dele, porque sofre fatalmente os choques de retorno, no veículo em que se manifesta." Ensina que os sintomas de Júlio e de Esteves são diferentes, porque o primeiro se envenenou e o segundo foi envenenado.

21. CONVERSAÇÃO EDIFICANTE

Fala do esforço de milênios desenvolvido pela natureza para fazer o corpo humano chegar à condição atual e considera sua íntima ligação com o perispírito por meio dos centros de força. Ensina que cada centro de força do perispírito se conjuga a um plexo do sistema nervoso do corpo físico e que exige harmonia absoluta com as leis divinas, pois os deslizes morais condensam fluidos deletérios por meio dos centros de força em toda a organização, e esclarece as razões do variado quadro de enfermidades que se manifesta no homem. Ensina que o corpo perispiritual sofre o processo evolutivo, razão de sua diferença entre o homem primitivo e o civilizado; que o instinto se transforma em conhecimento e a inteligência, em responsabilidade; que as enfermidades, na sua quase totalidade, têm origem no psiquismo humano; que elas são instrumentos de purificação do perispírito e elevação moral pela reflexão que proporciona, e que a sua cura reside no próprio homem. Finaliza lembrando que "Orgulho, vaidade, tirania, egoísmo, preguiça e crueldade são vícios da mente, gerando perturbações e doenças em seus instrumentos de expressão."

22. IRMÃ CLARA

Sustenta que *doutrinar* nem sempre significa *transformar,* lembrando que se faz necessário que o doutrinador possua a força magnética do amor que garanta a transformação mental e sentimental daquele que está em recuperação. Apresenta a irmã Clara que, no plano espiritual, reside em um educandário onde ministra curso acerca da importância da voz a serviço da palavra, salientando que esta é dotada de energia eletromagnética produzida pela mente, e é por ela que os homens retardam ou favorecem o andamento das tarefas que lhes compete. Adverte que perturbações da voz, como gaguez e diplofonia, são consequências de delitos cometidos com uso indevido da palavra. Estabelece a distinção entre a *cólera* e a *indignação*, lembrando que a primeira é um curto-circuito da força mental, enquanto que a segunda é um estado dalma, muitas vezes necessário, que jamais se manifesta com violência e por qualquer contrariedade. "[...] a indignação é necessária para marcar a nossa repulsa contra os atos deliberados de rebelião ante as Leis do Senhor."

23. APELO MATERNAL

Exemplifica a força e a eficácia do amor na doutrinação do obsessor, superando qualquer argumentação de natureza racional. Relata a colaboração da irmã Clara na conversão de Odila. Na casa de Amaro, irmã Clara se coloca em oração e fica envolta em um círculo de luz de várias tonalidades, revelando as vibrações de seu sentimento purificado. Em plena sintonia com o Alto, dirige-se a Odila e lhe diz que o amor deve semear vida e alegria, combater o sofrimento e a morte; que o ciúme é fogueira no coração; que a porta do lar terrestre se fecha com os olhos materiais da extremada esposa e mãe; que a passagem na Terra é um dia na escola e que a vingança cega os olhos e enregela o coração. Assegura que se a morte colheu o pequeno Júlio é porque a Vontade divina assim determinou e, por isso, não cabe o ódio e a vingança contra Zulmira, cujos pensamentos e ação foram produtos de sua inexperiência e ignorância com relação às Leis divinas. Garante que ela verá o filho querido assim que se colocar em condições sentimentais e emocionais positivas, e a obsessora confiante e serena se retira do lar de Amaro e Zulmira sem violência, não trazendo, dessa forma, prejuízo mental para a obsessa.

24. CARINHO REPARADOR

Mostra a consequência imediata da transformação íntima do Espírito pelo desejo sincero de se libertar das algemas do ódio, fortalecido pela tarefa colaborativa. Odila, internada em instituição de amparo, acompanhada pela irmã Clara, revela condições espirituais satisfatórias, enquanto Zulmira, embora livre da obsessão, que lhe atormentou por tantos anos, se apresenta silenciosa, calma, mas desanimada, sem estímulo para a vida, como se lhe faltasse algo. Odila se encontra com Amaro, desdobrado pelo sono, o qual se confessa infeliz, se queixa de Zulmira, lamenta o filho que morreu e a triste condição em que se encontra a filha Evelina e, comovido, declara seu eterno amor pela ex-esposa. A ex-obsessora o conforta e demonstra sua renovação mental, lembrando a ele a majestade de Deus na orientação de seus destinos. Conversam na intimidade, trocam juras de amor e depois são levados para a Crosta. Amaro acorda feliz, admitindo ter encontrado com sua amada em sonho. Odila, que o esperava despertar, abraça-o e lhe fala à acústica da alma: "Vamos, querido! Estendamos a nossa felicidade! Zulmira espera por nosso amor..."

25. RECONCILIAÇÃO

Demonstra os resultados positivos do verdadeiro perdão das ofensas e da reconciliação, quando o ódio substitui a fraternidade; e o desejo de vingança, a cooperação. Odila inicia sua tarefa de apoio fraterno ao seu ex-marido e a Zulmira, vencendo as dificuldades naturais de quem se inicia na sublimação dos sentimentos. Inspira Amaro a se aproximar fraternalmente de Zulmira, que o recebe admirada e gratificada, encorajando-se a confessar sua culpa na morte de Júlio. Odila, no plano espiritual, dialoga com sua filha Evelina, desdobrada, e pede para que se aproxime fraternalmente de Zulmira, usando gestos e palavras amáveis e cooperando com pequenos afazeres domésticos, contribuindo, assim, para a conquista da sua simpatia, tão necessária naqueles momentos de reabilitação de todos naquele lar. Evelina acorda deslumbrada, sentindo-se encorajada, busca a madrasta e o pai, e conta o sonho maravilhoso que teve com sua mãe. Odila chora de felicidade e a irmã Clara lhe diz: "Em verdade, quando amor sublime penetra em nosso coração, a luz do Senhor passa a reger os passos de nossa vida."

26. MÃE E FILHO

Relata o comovente reencontro de Odila com seu filho Júlio no Lar da Bênção, objetivando o planejamento da reencarnação de quem conquistou afeto e simpatia na Crosta. Odila, convidada a se retirar do seu antigo lar, demonstra sua alegria por ter vencido a si mesma, renunciando a favor da nova família de Amaro, cedendo o carinho do seu ex-marido a outra mulher, que antes a considerava sua adversária. Aprende que o ciúme a mantinha presa à Terra, redobrando seu sofrimento. No Lar da Bênção, Odila se reencontra com Júlio e assume a responsabilidade da maternagem em local reservado a eles. Interroga o porquê da chaga na garganta, mesmo desencarnado. À luz da lei da causa e efeito, recebe algumas informações sem, no entanto, tomar conhecimento do passado comprometedor, por não ser oportuno: "[...] as recordações do pretérito não devem ser totalmente despertadas, para que ansiedades inúteis não nos dilacerem o presente." Quanto à necessidade da reencarnação de Júlio para que encontre a cura, Clarêncio nada diz a Odila, na esperança de que a convivência com seu filhinho a leve a tomar essa decisão, não interferindo ele na sua capacidade de decisão, que todos devemos respeitar nos outros.

27. PREPARANDO A VOLTA

Esclarece que as afeições e simpatias conquistadas pelo Espírito, quando na sua passagem pela Terra, pesam no planejamento de sua reencarnação, favorecendo o encontro de pais que o recebam com amor e responsabilidade. Quatro semanas após estar ao lado de Júlio no Lar da Bênção, Odila busca o apoio de Clarêncio, considerando que o melhor para seu amado filho, nas condições em que se encontra, é o seu retorno à Terra, pois ficou sabendo que os compromissos morais adquiridos conscientemente pelo Espírito na carne, somente na carne serão resolvidos. Clarêncio analisa o quadro das relações de Odila e não encontra quem estivesse disposto e em condições ideais para receber Júlio, concluindo que somente Zulmira satisfaz as exigências, já que amizade pura e afeições sinceras são importantes na sua futura programação de vida, e conclui que: "Tanto para entrar no reino do espírito, como para entrar no reino da carne, em melhores condições, não podemos prescindir da cooperação de amigos sinceros que nos conheçam e nos amem."

28. RETORNO

Estuda o processo reencarnatório, à luz da lei de causa e efeito, para o Espírito em descida experimental à carne, ensinando que, na maioria dos casos, é suficiente a atração magnética dos pais, sem necessidade de cuidados especiais para o reencarnante. Informa que Júlio experimentará a frustração no seu retorno, para valorizar a vida, já que é um suicida; que Amaro e Zulmira sofrerão porque o ajudaram na queda, e que ninguém aprende sem a cooperação do sofrimento. Clarêncio e Odila se encontram com Zulmira, em desdobramento, e entregam-lhe o pequeno Júlio, que se enlaça à futura mãe, onde seu corpo sutil se confunde gradativamente com o dela, à guisa do molusco que se guarda na concha. Ensina que a reencarnação simples obedece às injunções da lei de causa e efeito e não exige do Alto cuidados especiais, bastando apenas a atração magnética dos pais. Adianta que, para o Espírito com a missão de influenciar na comunidade em que viverá, e sendo detentor de méritos indiscutíveis, seu veículo físico sofre adequação nos cromossomos, assegurando-lhe condições ideais à tarefa a que se propõe, havendo manipulação na estrutura cerebral e na formação do sistema nervoso. Enfatiza que, no retorno das almas à Terra, o corpo materno é dotado de força magnética apropriada ao desempenho da maternidade, sagrado serviço espiritual.

29. ANTE A REENCARNAÇÃO

Explica cientificamente como se dá a redução perispiritual do reencarnante, a influência relativa da hereditariedade sobre sua organização física, e a herança espiritual, fazendo com que o corpo reflita a alma. André

Luiz analisa a condição de Júlio no ventre de Zulmira e observa que o corpo perispiritual do reencarnante se volatiliza pouco a pouco, sendo absorvido pelo da mãe; que sofre a influência de correntes eletromagnéticas que o reduz automaticamente e, ligado ao centro genésico da mãe, se contrai expressivamente. Aprende que a miniaturização se dá na medida em que o perispírito devolve ao plano etéreo o que não vai necessitar na Crosta, assim como na desencarnação, o corpo devolve à natureza o que ela lhe emprestou. Esclarece que se dará a comunhão fisiopsíquica de Júlio com Zulmira e Amaro, mas que a hereditariedade física tem seus limites, pois o reencarnante assimila as energias dos pais segundo suas necessidades e qualidades morais boas ou más. Acrescenta que o Espírito elevado moral e intelectualmente governa o fenômeno da própria reencarnação sem subordinar-se a ele. Conclui que Júlio renascerá com a enfermidade na garganta, pois "A consciência traça o destino, o corpo reflete a alma."

30. LUTA POR RENASCER

Explica as razões dos sintomas psicofísicos apresentados pela mulher durante a gravidez, e que as reações do marido se manifestam segundo sua ligação espiritual com o reencarnante. Zulmira, ao longo da gravidez, contrai amigdalite e corre o risco de ser medicada inadequadamente, acarretando prejuízos para o feto. Odila recorre a Clarêncio, que aplica passes na glote e na região uterina, conduzindo Zulmira ao sono reparador. Esclarece que a mulher grávida sofre as influências boas ou más do reencarnante; que se dá entre os dois um espécie de enxertia mental, ou seja, uma influenciação mútua pelo pensamento e pelo sentimento e que a maternidade é trabalho que se assemelha a uma modelagem, e que "De semelhante associação, procedem os chamados *sinais de nascença*". Elucida quanto aos desejos, aversões, perturbações e desequilíbrios da mulher durante a gravidez, assegurando que ela se comporta como médium em transe, refletindo os pensamentos, sentimentos e emoções daquele que está em seu ventre, e adverte sobre a influência dos estados íntimos da mãe sobre o feto, marcando-o para a vida toda. Acrescenta ensinamentos quanto à emoção acendrada ou desinteresse ou aversão do pai pelo novo membro da família em formação.

31. NOVA LUTA

Demonstra como a lei de causa e efeito reaproxima os adversários, fortalecendo-os para a reconciliação final. Júlio, já reencarnado, apresenta séria crise de amigdalite e recebe amparo médico e espiritual. Clarêncio inspira o facultativo a refletir com maior atenção sobre o caso, o qual solicita urgente apoio de um pediatra. Revela que o enfermo contraiu difteria, favorecida pela deficiência congenial. André e Hilário acompanham o médico ao laboratório objetivando cooperação e lá se deparam com o enfermeiro Mário Silva, atendendo a pequena Lisbela, filha de Antonina, e veem que o pediatra de Júlio solicita sua ajuda no caso. Os dois vão até o ministro Clarêncio e informam o que se passa, e ele assinala a necessidade urgente de o enfermeiro se fortalecer na prática do perdão, para que seus raios de ódio não dificultem o socorro ao filho de Zulmira, a quem ele não perdoou ainda. Mário Silva, no hospital, acredita ter visto Antonina em outro local e, impressionado, se oferece para ajudar na recuperação de Lisbela. Na casa de Antonina, participa do culto do Evangelho, cujos comentários são focados no perdão das ofensas de forma ampla e irrestrita. Mário se emociona, interroga e pede sugestões de como fazer para se aproximar de quem lhe inspira repulsa, e ouve de Antonina: "Não há ódio que resista aos dissolventes da compreensão e da boa vontade. Quem procura conhecer a si mesmo, desculpa facilmente..."

32. RECAPITULAÇÃO

Mostra a dificuldade da reconciliação com o adversário, quando se tem o ódio no coração, demonstrando que o conhecimento evangélico oferece inestimável ajuda nessas ocasiões. Mário Silva chega à residência de Júlio para medicá-lo e se depara surpreso com Amaro e Zulmira. O sentimento de ódio invade sua alma, mas logo se lembra do que ouviu no culto, na casa de Antonina. Diante do pequeno Júlio, tem a sensação de já o conhecer. Mas sente desprezo e deseja sua morte para que os pais sofram. Confuso, lembra-se novamente do culto e busca controlar seus pensamentos e sentimentos. Pensa em medicar erradamente o menino, mas seu pensamento o lembra do que ouviu no culto. Aplica o soro antidiftérico e de suas mãos saem fluidos deletérios de ódio, que se dirigem a Júlio, mas Clarêncio interrompe o fluxo e informa que a frustração de que necessita Júlio para seu reequilíbrio se aproxima. Amaro coloca Júlio no colo e ora comovidamente, pede forças a Deus para suportar a separação e se rende a Sua Vontade. Júlio se liberta do corpo e vai para o colo de Odila, que o esperava ansiosa. Mário se condena pelos seus sentimentos e, acreditando ter contribuído para a morte de Júlio, foge desorientado pela rua, acusando-se de assassino.

33. APRENDIZADO

Expõe sobre os resultados positivos da desencarnação prematura, esclarecendo sobre o significado de anjos de guarda e de sua atuação em nossas vidas. Clarêncio diz que o renascimento malogrado de Júlio reajusta seu perispírito, permitindo que a próxima reencarnação seja devidamente planejada com elevados objetivos de serviço, permitindo que fique em harmonia consigo mesmo; que ele conviverá com Amaro, Zulmira e Mário Silva, para a confraternização necessária, conforme ensina Jesus. Oferece dados sobre a vida de Júlio no plano espiritual, após o seu suicídio, e da atração que o levou até Amaro que, na condição de Armando, contribuiu para seu atentado à própria vida, ficando, assim, ligados por laços de ódio, pois que "Entre o credor e o devedor há sempre o fio espiritual do compromisso." Assegura que alguns decênios de dor e renunciação garantem-nos o acesso às esferas divinas e o reencontro com os amores santificados. Ensina que o anseio de união conjugal de grande número de jovens corresponde a autêntica obsessão ou psicose, para atender às injunções de companheiros da retaguarda, que pedem oportunidade de reajuste. Tece considerações sobre o conceito de *anjos de guarda* em diversas culturas e credos e de como atuam em nossas vidas.

34. EM TAREFA DE SOCORRO

Descreve o sofrimento causado pelo remorso e pelo complexo de culpa. Zulmira, abatida e triste, admite que a morte de seu filho foi um castigo de Deus por ter contribuído com o afogamento de Júlio. Odila reconhece a importância de Zulmira na vida de Amaro e pede a cooperação de Clarêncio. Mário, em desdobramento, visita Zulmira, contempla-a e afasta-se desesperado, mas volta e lhe pede perdão, confessando-se assassino. Clarêncio explica que "O remorso é uma força que nos algema à retaguarda." Mário se contorce em aflitivo pesadelo e uma freira ao seu lado evita que ele seja assediado pelos maus Espíritos, alegando que ele é merecedor da ajuda em virtude de sua atuação junto às crianças doentes na sua Irmandade e que, no hospital, Mário ameniza o sofrimento dos que lá estão. Clarêncio informa sobre a existência e atuação de organizações católicas no plano espiritual; que as religiões possuem uma região luminosa, alimentada pelos nossos melhores sentimentos e outra obscura onde habitam as inclinações inferiores ligadas à animalidade; que o Espírito desencarnado fica preso às suas concepções, acreditando serem elas que asseguram sua felicidade; que a semeadura do bem, a vida correta e o dever cumprido é o que valem no mundo espiritual e finaliza: "Achamo-nos em evolução e cada um de nós respira no degrau em que se encontra."

35. REERGUIMENTO MORAL

Aconselha o homem a buscar no diálogo fraterno, com alguém de confiança, o apoio moral e espiritual fundamentado nas premissas evangélicas e doutrinárias. Zulmira, cada vez mais abatida, deixa-se morrer, e Mário Silva continua muito excitado, não obstante as orações das freiras. Culpando-se pela morte de Júlio, anseia ouvir Antonina, mas sente-se envergonhado. Clarêncio o envolve com energia encorajadora e ele se reanima e vai à casa da mãe de Lisbela e narra o que vem se passando com ele. Antonina o esclarece sobre as vidas sucessivas e a lei de causa e efeito, ensinando que a reencarnação é oportunidade de cada um construir o seu destino. Mário lamenta-se do seu sofrimento pelo sentimento de culpa que alimenta, e sua interlocutora diz que, não somente nas alegrias somos egoístas, mas, também, nas dores, quando pensamos somente em nós. "[...] concentrar demasiada atenção em culpas imaginárias é mera vaidade a encarcerar-nos na angústia vazia. Enquanto lastimamos a nossa imperfeição, perdemos a hora que seria justo utilizar em nossa própria melhoria." Em seguida, orienta Mário a buscar o casal e lhe oferecer carinho e solidariedade, para reerguer o ânimo materno. Juntos vão à casa do ferroviário.

36. CORAÇÕES RENOVADOS

Oferece exemplo dos auspiciosos resultados obtidos com o verdadeiro perdão, concluindo que aqueles que julgamos nossos adversários são tanto ou mais sofredores que nós. Mário e Antonina são recebidos efusivamente por Amaro e sua filha Evelina. O visitante desculpa-se pelo seu afastamento após o ocorrido, e confessa que sentiu demasiado a morte da criança. O dono da casa reconhece sua sinceridade e conta que já é o segundo filho que se vai, mas que, como católico, tem fé em Deus e encontra nas leituras de Santo Agostinho o conforto de que necessita. Antonina passa a Amaro a interpretação espírita que adota a respeito da vida e da morte, assegurando que a identificação deles se dá na crença em Jesus. Enquanto o médico ausculta Zulmira, Amaro descreve o que vem acontecendo com ela e fala, com humildade, das dificuldades enfrentadas e do sofrimento da família. Mário ouve atento e, sensibilizado, reconhece que está à frente de um sofredor comum, necessitado de paz e compreensão, e não de um adversário, como pensara até então. O médico sugere uma transfusão de sangue urgente para Zulmira, tendo em vista o agravamento do seu estado. Mário se oferece e a transfusão é feita com sucesso. Antonina e Mário prometem voltar para ajudar na enfermagem de Zulmira e cooperar com os serviços domésticos.

37. REAJUSTE

Revela que determinados sonhos são bênçãos de saúde e alegria para os encarnados e ensina a circunstancialidade do amor materno, já que um Espírito pode reencarnar por meio de mães distintas. Zulmira, desdobrada, volita em direção ao Lar da Bênção amparada por Clarêncio, ansiosa em rever o pequeno Júlio. Ao vê-lo dormindo sossegado, cai em prantos. Encontra Odila e pede perdão pela sua negligência em favorecer o afogamento de Júlio. Odila usa das virtudes já conquistadas e a conforta, pedindo serenidade, e informa que a Bondade divina fez com que a criança que ela odiou fosse amada como seu filho; que o Júlio de ontem é o Júlio de hoje, e que elas duas partilham do mesmo amor. As mães se abraçam num gesto sincero de reconciliação. Zulmira desperta e relembra fragmentos do acontecido, acreditando ter visitado o filhinho em algum lugar e, radiante, conta para Antonina. Esta confirma que o encontro se deu realmente, já que a morte não existe e que podemos rever no plano espiritual os entes queridos. Zulmira, sedenta de fé, aceita entusiasmada os esclarecimentos de Antonina.

38. CASAMENTO FELIZ

Registra o fortalecimento dos laços de amizade entre os casais Amaro/Zulmira e Mário/Antonina, onde o otimismo, a confiança e a fraternidade promovem a alegria de viver, levando todos a participarem do culto do Evangelho no lar de Antonina. Clarêncio revela saber do compromisso da esposa de Mário em cooperar com Leonardo Pires, pois ela, na condição de Lola Ibarruri, contribuiu para que ele envenenasse o amigo. Irá nascer como seu filho, permitindo, também ao Mário, a oportunidade de reconciliação. O enfermeiro, após sugestão de Amaro e profunda reflexão, decide casar-se com Antonina, embora admita ser incapaz de alimentar uma paixão. Amaro diz que "A amizade pura é a verdadeira garantia da ventura conjugal." O casamento se dá com a participação de muitos Espíritos amigos, inclusive das irmãs freiras, que muito o ajudaram com orações. Observa que Evelina, filha de Zulmira, se aproxima de Lucas, irmão de Antonina, sinalizando o início de um romance de amor.

39. PONDERAÇÕES

Revela o planejamento da reencarnação de Júlio e Leonardo Pires com a colaboração de Zulmira e Antonina, demonstrando a importância da mulher na condição de mãe. No Lar da Bênção, realiza-se uma reunião onde a irmã Clara se dirige a Zulmira e Odila e faz considerações sobre a romagem das duas na condição de mulher, quando enfrentaram árduos conflitos e dias obscuros. Fala-lhes ao coração da oportunidade que se vislumbra para a reconstrução de seus destinos e lhes diz: "A mulher é uma taça em que o Todo-Poderoso deita a água milagrosa do amor com mais intensidade, para que a vida se engrandeça."

Assegura que Zulmira está consciente do dever de asilar Júlio novamente no santuário materno, mas que Antonina necessita saber a razão do segundo matrimônio. Irmã Clara a magnetiza e ela se vê como a cantora Lola Ibarruri, que abandonou José Esteves (ex-Mário) com os filhos e fica sabendo que receberá como filho o seu avô desencarnado, que fora Leonardo Pires. Irmã Clara comenta sobre o significado do lar, onde afeições transviadas se recompõem; sobre a família consanguínea, onde nos habilitamos para o serviço à humanidade; sobre o parente necessitado de tolerância; sobre o esposo áspero e o filho de condução inquietante, concluindo que a tarefa da maternidade se faz imprescindível para "prepará-los, sem egoísmo, para o destino que lhes compete!"

40. EM PRECE

Narra a conclusão da fase crítica da entranhada história, plena de conflitos, ódio, vingança e dor, que teve início com decisões tomadas em nome do amor, mas que se tratava de paixões desenfreadas. Um ano depois da reunião no Lar da Bênção, Júlio e Leonardo já haviam renascidos, quase que ao mesmo tempo e em paz. Amaro e Zulmira, Mário Silva e Antonina apresentam-se felizes, cônscios de suas responsabilidades na condição de espíritas. Lucas e Evelina se casam e há regozijo nos dois planos da vida, pois dezenas de Espíritos participam daquele momento de felicidade. Odila, em lágrimas, abraça Zulmira agradecendo pelo que vem fazendo a benefício do ex-marido e de Júlio. Antonina, sob a inspiração de Clarêncio, ora com sentida inflexão, agradecendo a dádiva do momento e roga forças para continuar lutando em prol da família. Clarêncio satisfaz André Luiz dizendo que a história não acaba ali; que o que passou foi a crise; que eles terão anos de paz para replantar o campo do destino, para depois, ser conferido o aproveitamento de cada um, e conclui: "É a luta aperfeiçoando a vida, até que a nossa vida se harmonize, sem luta, com os desígnios do Senhor."

Resumo do livro

NOS DOMÍNIOS DA MEDIUNIDADE

Estuda o intercâmbio com o mundo espiritual em várias situações, amplia consideravelmente o conceito de mediunidade, admitindo que ela está presente em todas as manifestações do homem, e analisa a sua manifestação nos aspectos técnico, moral e assistencial. Formatado em trinta capítulos, é o oitavo livro da coleção *A vida no mundo espiritual*, no qual André Luiz e Hilário partem da colônia espiritual Nosso Lar rumo à Crosta e, sob a orientação do instrutor Áulus, assistem reuniões mediúnicas domiciliares (capítulos 27 e 28) e em instituições espíritas, com a finalidade de aprofundar conhecimentos a respeito das percepções psíquicas do homem, considerando sempre o que ouvira do instrutor Albério, no Ministério das Comunicações, "[...] que a mente permanece na base de todos os fenômenos mediúnicos." Reconhece a importância do intercâmbio e demonstra que o homem coexiste com os ditos *mortos*, recebendo-lhes a influência que lhe norteia os passos, comprovando que a vida não cessa com a morte do corpo físico. Em seus estudos o autor examina a assimilação de correntes mentais entre encarnados e desencarnados, as nuances da psicofonia, as agruras da possessão, a complexidade do desdobramento, as dúvidas da clarividência e da clariaudiência, as limitações das forças curativas, os delicados meandros da obsessão telepática entre encarnados, os enigmas da psicometria e os riscos da materialização para o médium de efeitos físicos que não esteja sob a responsabilidade de entidades superiores, além de alguns temas de importância central da mediunidade, como sejam o poder da prece, a fixação mental, a emersão do subconsciente, sugerindo o fenômeno do animismo, a licantropia, as energias viciadas da obsessão conivente, a fascinação dominante, a lei de causa e efeito e o desdobramento no leito de morte. O médico de Nosso Lar repassa todo o seu aprendizado de forma singela, fugindo às terminologias complexas, tão ao gosto dos metapsiquistas quando estudam os fenômenos mediúnicos. No capítulo 16 revela os mecanismos do receituário mediúnico, desfazendo muitas dúvidas a respeito dessa forma de assistência espiritual, e deixa claro quais os motivos dos possíveis enganos na ministração de receitas e orientações oriundas do plano espiritual para os encarnados. Adverte sobre a responsabilidade do mandato mediúnico e o empenho da Espiritualidade superior para proteger o mandatário das interferências mentais dos encarnados e desencarnados no desempenho de suas tarefas. Ensina que a mediunidade é patrimônio comum a todos, mas cada homem e cada grupo de homens registram-lhe a evidência segundo seus modos de pensar, mas que é possível abordá-la com a simplicidade evangélica, baseando-se nos ensinamentos claros do Mestre, quando curou obsidiados, levantou enfermos e ouviu os mensageiros celestiais em Getsemani sem segredos e aparatos verbais. Apresenta os recursos oferecidos pela psicometria na leitura dos pensamentos fixados em um objeto a partir da análise de um espelho do século XVII, em um museu, vigiado por uma jovem desencarnada, desvendando os acontecimentos por ele testemunhados, entrando em sintonia com as vibrações mentais nele plasmadas pelos circunstantes. Interessantes e oportunos ensinamentos são encontrados no estudo do *Sonambulismo torturado*, em que o autor se detém na análise dos problemas oferecidos pelo enfermo que busca a casa espírita e é levado imediatamente à mesa de trabalho mediúnico sem a devida educação de suas faculdades, devendo se considerar, como diz o instrutor Albério no capítulo primeiro: "Mediunidade não basta só por si. É imprescindível saber que tipo de onda mental assimilamos para conhecer da qualidade de nosso trabalho e ajuizar de nossa direção."

Resumo dos capítulos

1. ESTUDANDO A MEDIUNIDADE

Tece comentários científicos a respeito da faculdade mediúnica, convidando os médiuns ao estudo e ao aprimoramento interior. André e Hilário participam de estudo e experiências no campo da mediunidade, sob a orientação do assistente Áulus, estudioso dos fenômenos psíquicos e do magnetismo desde os tempos de Mesmer. Conhecera de perto as realizações de Allan Kardec e continua seus estudos no mundo espiritual há mais de trinta anos. Em palestra destinada a encarnados e desencarnados, o instrutor Albério discorre sobre a mente como base de todos os fenômenos mediúnicos. Entre outras coisas, ensina que: o universo é a exteriorização do pensamento divino e tudo, desde os astros às plantas, está mergulhado na substância viva da mente de Deus; o homem herdou a condição de criar, desenvolver, nutrir e transformar, arrojando de si energia atuante do pensamento, criando seu ambiente psíquico; cada alma se identifica pelo seu hálito mental, criado em torno de si; somos um conjunto de inteligências sintonizadas no mesmo padrão vibratório de percepção e conhecemos apenas as expressões elementares da vida; dependemos de nossos semelhantes em nossa trajetória evolutiva e, por isso, somos influenciados por todos os componentes do universo e, reciprocamente, os influenciamos, agindo e reagindo uns sobre os outros pela energia mental; todo ser vivo respira na onda do psiquismo que lhe flui da mente e condiciona todos os fenômenos da vida orgânica em si mesma; em qualquer posição mediúnica, o receptor está condicionado ao pensamento em que vive e a inteligência emissora se submete aos limites e às interpretações dos pensamentos que é capaz de produzir; as nossas maiores alegrias são colhidas com aqueles com quem nos afinamos mentalmente; em mediunidade não se pode olvidar a lei de sintonia, dando cada um o que tem e recebendo de acordo com o que dá; o mundo mental é como um espelho: "Refletimos as imagens que nos cercam e arremessamos na direção dos outros as imagens que criamos"; não se pode fugir ao imperativo da atração, portanto, a criatura vive no céu ou no inferno que busca; a mediunidade está em todos os tempos e lugares: missões santificantes, guerras destruidoras, tarefas nobres e obsessões pérfidas são produtos da mediunidade, e médiuns somos todos. "Saibamos, assim, cultivar a educação, aprimorando-nos a cada dia."

2. O PSICOSCÓPIO

Informa sobre a utilidade do psicoscópio e adverte sobre a necessária afinidade mental dos membros de um grupo mediúnico. Esclarece Áulus que o estudo sobre a mediunidade será feito numa entidade espírita com a cooperação de um grupo de dez médiuns, com lastro moral respeitável e com sincero objetivo de contribuir, considerando que os serviços mediúnicos entre os encarnados se mostram comprometidos. André Luiz e Hilário fazem uso de um pequeno aparelho, pesando alguns gramas, carregado numa pasta com formato de óculos, denominado psicoscópio, que identifica as vibrações da alma e observa a matéria, sem necessidade de grande concentração mental. Com ele pode-se classificar as possibilidades de um médium ou de um grupo mediúnico, segundo as radiações que projetem, medindo-se a moralidade, o sentimento, a educação e o caráter. Acrescenta que, em um grupo mediúnico, a busca de melhores condições morais e espirituais se faz imprescindível, e que os elementos arraigados no mal dele se distanciarão aos poucos por falta de afinidade com os demais, sem que seja necessário sofrer a exclusão por parte dos companheiros; e se um programa na instituição se degenera em desequilíbrio, a espiritualidade superior se distancia e deixa que a vida se encarregue da correção, na certeza de que o sofrimento altera-nos o panorama mental, aprimorando-nos os valores. A equipe da Casa se dirige à sala reservada aos trabalhos mediúnicos, onde os médiuns oram, oferecendo suas melhores intenções, rogando apoio dos companheiros espirituais. André Luiz e Hilário deslumbram-se ao observarem, com o psicoscópio, que a matéria física tem aspecto distinto, distinguindo as correntes de força em cada objeto, e notando que os dez médiuns estão ligados, entre si, por um fio luminoso e que cada um deles resplandece sua cor própria, recebendo do alto jorros de luz. Áulus ensina que o homem gera força eletromagnética com uma oscilação por segundo, conforme as batidas do coração; que todos os seres vivos emitem energias de radiação ultravioleta e projetam raios vitais ou ectoplasma, na linguagem espírita, sendo com esta que se efetuam as materializações. Finalizando, diz que "O estudo da mediunidade repousa nos alicerces da mente com o seu prodigioso campo de radiações."

3. EQUIPAGEM MEDIÚNICA

Apresenta os componentes do grupo mediúnico que servirão de instrumentos para o estudo da mediunidade, enfatizando a necessidade do estudo e do equilíbrio moral de seus componentes: Raul Silva, dirigente do núcleo, ardoroso na fé e fiel instrumento dos desencarnados; Eugênia, médium consciente, coopera com eficiência, sendo muito equilibrada e de clara intuição; Anélio Araújo, clarividente, clariaudiente e psicógrafo ainda em desenvolvimento; Antônio Castro, médium sonambúlico, requer de nós muito cuidado pela sua extremada passividade, necessita de mais estudo e mais experiência para alcançar a segurança ideal; dona Celina, viúva, suportou os inúmeros obsessores que assediavam o marido, é hoje abnegada servidora que detém a clarividência, a clariaudiência, a incorporação sonambúlica e o desdobramento de personalidade. André, com uso de uma lente especial, observa o campo encefálico da irmã Celina, que se assemelha a uma estação radiofônica, com os equipamentos necessários a uma retransmissão. Informa Áulus que o cérebro físico possui centros especiais que governam os sentidos, a fala, a memória, a escrita, o registro de temperatura e da dor, e assegura que "Não podemos realizar qualquer estudo de faculdades mediúnicas, sem o estudo da personalidade." Acrescenta que o pensamento e a vontade influem consideravelmente em todos os fenômenos mediúnicos, desde a pura intuição à materialização, sendo necessário que Espíritos beneméritos defendam os médiuns na tarefa de amor e sacrifício, para que suas mentes não sejam ocupadas pelos pensamentos de entidades inferiores; que mesmo aqueles irmãos já seguros e iluminados são passíveis de invasão mental pelos Espíritos perversos, já que se encontram em prova de longo curso, podendo ocorrer surpresa no final do percurso, como é o caso da irmã Celina que, não obstante seus testemunhos de boa vontade e fé, ainda não possui plena quitação com o passado. Todos somos, portanto, combatentes que ainda não podemos abandonar a disciplina, render-se à vaidade e ao desânimo, sob pena de fracassar novamente. Muitos médiuns, por se acreditarem donos de faculdades infalíveis ou por recuarem diante das aflições, recolhem-se à inutilidade, descendo de nível moral ou acomodando-se no improdutivo repouso. A mediunidade como instrumento para uso das inteligências superiores não é fácil de ser conduzida a bom termo.

4. ANTE O SERVIÇO

Descreve o ambiente espiritual de uma reunião de assistência aos enfermos desencarnados, esclarecendo as razões de seus sofrimentos. Alguns Espíritos se apresentam buscando socorro e esclarecimento do que se passa; outros, contrariados por chegarem até ali não sabendo como. Informa que muitas entidades perturbadas e perturbadoras que acompanham familiares, amigos e desafetos às reuniões públicas deles se desligam diante da renovação mental dos encarnados e são ali assistidos, tomando novos rumos, mas que nem sempre os humanos são beneficiados igualmente com as lições recebidas nas palestras: a mente continua encarcerada nos interesses inferiores. Em todos os atos públicos das diversas religiões, a presença dos desencarnados em busca de esclarecimento para sua transformação interior é bastante considerável, e "Os expositores da boa palavra podem ser comparados a técnicos eletricistas, desligando tomadas mentais, através dos princípios libertadores que distribuem na esfera do pensamento [...]", e que, por essa razão, entidades vampirizantes entorpecem alguns ouvintes menos atentos, adiando-lhes a renovação interior. Analisa as condições dos Espíritos retardados que se apresentam envoltos em nuvem cinza-escuro, com membros lesados, mutilados e com paralisias, e ulcerações confirmam que a enfermidade sobrevive no perispírito, alimentada pelo pensamento malsão, e que somente a renovação mental, pela assimilação de ideias novas e elevadas, proporciona melhoras em seus aspectos e alívio de suas dores, confirmando que a morte não é liberdade para a conquista da paz no céu nem tormento no inferno. Um sofredor, vítima de sugestão pós-hipnótica de algum perseguidor de grande poder sobre os seus recursos mnemônicos, diz não saber seu nome, imantado completamente às sensações físicas, comprovando que a dominação obsessiva continua no além-túmulo, e que o Espírito, nessa condição de amnésico, ao incorporar reflete no médium o mesmo sintoma, sendo esta situação, para qualquer doutrinador, um enigma a desvendar. Entidade com o braço direito paralítico e ressecado informa que esbofeteou o pai e foi por ele praguejado, desejando que seu braço ficasse ressecado e que, impressionado com a praga do genitor, embriagou-se e foi acidentado, perdeu o braço e sobreviveu. Mas, ao desencarnar com a mente cristalizada na praga do pai e subjugada pelo remorso, se vê com o braço ressecado e inerte, a pender-lhe do corpo perispiritual como um galho seco. Informa que na incorporação, suas sensações físicas e psíquicas serão refletidas no médium, em vista da imanização em que se baseiam os serviços de intercâmbio mediúnico.

5. ASSIMILAÇÃO DE CORRENTES MENTAIS

Tece apontamentos em torno da energia mental e descreve o processo do intercâmbio mediúnico pela irradiação do pensamento. Clementino, o dirigente espiritual, atenua seu tom vibratório e favorece a sintonia com o dirigente encarnado, Raul Silva, e transfere-lhe energia mental que resulta em palavras de súplica ao Mais Alto, proporcionando mais forte ligação entre os componentes do grupo. André observa com o psicoscópio que os encarnados em concentração diferenciam-se, cada um deles, pela sua luminosidade, comprovando a individualidade espiritual a ser respeitada no estudo da mediunidade. Raul Silva recebe ondas de força magnética que se concentram no seu plexo solar e estendem-se até o cérebro, e passa a receber jatos de forças mentais de Clementino, cujo teor do pensamento foi graduado para ser mais bem assimilado, respeitando-se a sua organização psíquica e a capacidade receptiva do ambiente. Compara a lâmpada, que recebe impulso elétrico e o transforma em luz, com a alma, que assimila os impulsos do pensamento das mentes que lhe circundam e lança fora de si os princípios espirituais aceitos, pois as almas influenciam-se mutuamente, por intermédio dos agentes mentais que produzem. Ensina que o pensamento tem seu peso específico e coeficiente de força na concentração silenciosa, e que a ele estamos subordinados pelas criações mentais que projetamos. A comunhão entre Clementino e Silva, no momento da prece, assegura perfeita assimilação de correntes mentais, assemelhando-se este a um aparelho receptor radiofônico e aquele ao emissor, cujos raios mentais atingem Silva primeiramente pelos poros, para, em seguida, se conduzirem aos centros de força do corpo espiritual, seguindo os impulsos pelo sistema nervoso, em direção ao cérebro, onde se processam ações e reações mentais, determinando vibrações criativas que se manifestam em pensamentos ou palavras. Acrescenta que nosso pensamento flui do nosso campo cerebral, mas, às vezes, é difícil distinguir entre o que é nosso e o que vem de fora se possuímos uma vida mental parasitária, usando o pensamento para refletir e agir conforme os preconceitos e os costumes estabelecidos, ou com a moda do dia a dia e com as opiniões dos afeiçoados. O exercício da meditação, o estudo edificante e o hábito de discernir ajudam-nos a distinguir nossas ondas mentais das que passamos a assimilar de outras mentes. Em razão da negligência com nossa mente, surgem fenômenos mediúnicos em comezinhas situações da vida, sem que saibamos distinguir os próprios pensamentos dos que são oferecidos à guisa de sugestão.

6. PSICOFONIA CONSCIENTE

Demonstra o possível controle que um médium consciente exerce sobre o Espírito que se comunica por seu intermédio, permitindo, mesmo assim, que ele expresse suas emoções e seus sentimentos. Entidade perturbada, surda e cega, entra na sala de reunião, conduzida por três guardas espirituais, para receber socorro. Informa Áulus que ele desencarnou em plena vitalidade orgânica, sem nenhum preparo para a vida espiritual e se apresenta como um alienado mental, não sabendo o que se passa consigo; mantém-se ligado à ex-namorada, que o atrai com suas aflições e saudade doentia e, dessa forma, vê, ouve, se alimenta e, muitas vezes, fala por intermédio dela, há cinco anos. Localizado ao lado de Eugênia, nela se incorpora "[...], à maneira de alguém a debruçar-se numa janela [...]", em verdadeiro processo de enxertia neuropsíquica, enquanto Eugênia-alma tem sua fronte ligada à dele por fios brilhantes, que lhe permitem controle sobre o que ele diz e o que pretenda fazer, dando-lhe, ao mesmo tempo, a liberdade de expressar seus sofrimentos, suas mágoas e conflitos, mantendo a ordem e a respeitabilidade exigida no ambiente. Ensina que na psicofonia consciente o médium mantém-se próximo do seu veículo físico enquanto o empresta ao sofredor, permitindo um consórcio momentâneo com ele; que as cadeias de que reclama a entidade incorporada, não lhe permitindo o movimento desejado, são decorrentes, em 50%, da médium que controla seus impulsos, demonstrando que tem condições de lhe prestar benefícios; que nem sempre, nessas situações, o médium identifica as expressões fisionômicas do hóspede momentâneo, em razão do esforço de concentração exercido na oferta de energias, mas sente o mal-estar e as aflições conduzidas por ele. Informa ser infrutífero e descaridoso inquirir o sofredor na condição de alienado mental, sobre sua identidade e demais dados pessoais, pois nada deseja no momento além de manter-se junto de quem lhe oferece condições de vida parasitária. Quanto à dúvida do médium sobre se o que fala ou sente durante a incorporação é ou não do Espírito, pode anular a oportunidade do socorro, expulsando a entidade da sua organização física.

7. SOCORRO ESPIRITUAL

Descreve o método espírita cristão de doutrinação de um obsessor e o processo de regressão de memória, com ajuda de equipamento especial. Raul Silva dialoga com Libório, incorporado em Eugênia, e não o considera um pária da luz e sim um enfermo necessitado de socorro, oferece entendimento, esclarecimento e consolação. A reação inicial do visitante é de desconfiança, porque acredita estar diante de um padre que espera sua confissão. Raul pronuncia comovente prece e, aos poucos, o visitante se rende às palavras sinceras e magnetizadas de amor fraternal proferidas pelo atendente e coloca-se mais ameno para receber o socorro que lhe é oferecido. Clementino aproveita o ensejo e providencia equipamento retangular de um metro, aproximadamente, assemelhando-se a uma tela de gaze fina, onde Libório, induzido por Raul, vê projetadas suas lembranças. Trata-se do *condensador ectoplásmico* alimentado pela energia oferecida pelos componentes da reunião, capaz de projetar as imagens que fluem do pensamento do comunicante, repassadas, intuitivamente, ao doutrinador que melhor cooperar com o sofredor incorporado. Acrescenta o condutor espiritual que o bom funcionamento do condensador depende da colaboração de todos os encarnados, pois qualquer sentimento menos digno exteriorizado por um deles compromete a projeção, que se apresenta com sombras, impedindo a visão perfeita por parte da entidade socorrida. Na tela observa-se que Libório apropriou-se dos recursos financeiros de sua mãe enferma, fazendo-a acreditar que iria comprar-lhe os remédios e volta somente na quarta-feira de cinzas, esgotado pelos festejos de momo, e a encontra agonizante, nos braços dos vizinhos e, indiferente, busca restaurar suas energias com um banho, abre o gás e, por que embriagado, adormece e desencarna asfixiado, sendo considerado um suicida. Libório, diante da verdade que sua consciência não esconde, desespera-se e chama pela sua namorada, Sara e, pela sua mãe. Transformado nos sentimentos, é transportado para organização espiritual próxima, e a médium Eugênia volta a sua plena consciência.

8. PSICOFONIA SONAMBÚLICA

Entidade desencarnada há mais de dois séculos, com aspecto asqueroso, exalando mau cheiro, é introduzida no recinto, demonstrando frieza e maldade na face, de olhos abertos, mas sem nada enxergar: seus escravos fugitivos eram levados ao tronco e tinham os olhos queimados. Latifundiário perverso, apresenta-se estalando o chicote, demonstrando autoridade, diz-se vítima de arbitrariedade por ter sido levado até ali contra sua vontade. Afirma que os privilégios dos nobres são invioláveis, pois foram dados pelos reis, os quais são escolhidos por Deus e que, por essa razão, os ideais da Revolução Francesa (1789) não alcançariam as terras brasileiras. Acredita-se na carne, no cárcere, atormentado por suas vítimas. Diante do espanto de André Luiz de ser aquela entidade pestilenta indicada a incorporar em dona Celina, o melhor instrumento mediúnico da casa, Áulus esclarece: a entidade adentrou no recinto por ordem dos mentores da instituição; os fluidos deletérios do visitante recuam à frente da luz emanada da médium; cada médium, como cada assembleia, possui ambiente e corrente magnética própria capaz de se preservar, assim como as nuvens infecciosas da Crosta são extintas diariamente pelas irradiações solares.

Dona Celina se desvencilha do corpo e se apresenta de aura brilhante, e o ex-escravocrata desesperado, de nome José Maria, se arroja ao veículo físico da médium, sendo envolvido por fios luminosos, deixando-o semelhantemente a um peixe na rede, contido nos seus gestos e palavras pelas qualidades morais da médium, devidamente vigiado e controlado. Diante da serenidade de dona Celina, sem controlar diretamente o hóspede do seu corpo, Áulus esclarece que a médium é sonâmbula perfeita e "A psicofonia, em seu caso, se processa sem necessidade de ligação da corrente nervosa do cérebro mediúnico à mente do hóspede que a ocupa." Ela oferece extrema passividade e o comunicante se revela mais seguro, mais espontâneo, sem que isso signifique irresponsabilidade de sua parte no trabalho de intercâmbio mediúnico. Acrescenta que a inferioridade moral de José Maria faz com que ele se contenha nas expressões e gesticulações, por força das virtudes da médium. A psicofonia sonambúlica em médiuns despreparados produz belos fenômenos, mas não é tão útil na construção espiritual do bem, e pode levar à possessão se o seu portador não possuir méritos morais suficientes à própria defesa. Quando se trata de médiuns devotados ao bem, dando guarida a alguma entidade intelectualmente superior, mas perversa, os mentores controlam sua atuação, no entanto, se o Espírito for virtuoso, o médium se beneficia com suas vibrações amorosas, deixando a entidade em total liberdade, por confiar nos seus elevados propósitos.

9. POSSESSÃO

Analisa o caso de um jovem com ataques epilépticos, concluindo se tratar de uma possessão. Clementino permite a entrada de entidade aloucada no recinto da reunião, que avança em direção a um jovem, vociferando: Pedro! Pedro! o qual desfecha um grito e cai violentamente desamparado. Retirado da sala e levado para outra próxima, o rapaz é acamado sob os cuidados de dona Celina. Áulus analisa as condições psicofísicas do obsesso e conclui se tratar de uma possessão ou epilepsia essencial. Embora Pedro, materialmente falando, esteja inconsciente, espiritualmente arquiva todas as minudências da situação e se enriquece de experiências necessárias ao seu reerguimento, e que o fenômeno, embora considerado pela medicina humana como ataque epiléptico, trata-se de transe mediúnico de baixo teor, tendo em vista serem os envolvidos duas mentes desequilibradas. Não logrando êxito com suas palavras esclarecedoras, dona Celina toma cuidado para não se apassivar e prestar o socorro em plena consciência; profere vibrante oração e implora a compaixão divina para as duas vítimas do ódio, fazendo com que o perseguidor se desprenda da sua vítima e seja conduzido para atendimento em local de emergência. Áulus ensina que Pedro não é um médium, na acepção comum do termo, mas um Espírito endividado a redimir-se e descarta a possibilidade do desenvolvimento de sua faculdade mediúnica, pois desenvolvimento é fazer progredir ou produzir; que Pedro necessita desenvolver recursos pessoais no próprio reajuste. Frequentando a instituição espírita, encontrará a melhora de sua saúde; vivendo em contato com amigos orientados pelo Evangelho, ele e seu desafeto se transformarão interiormente, sendo possível aperfeiçoar sua faculdade. Adverte que o aparelho mediúnico valioso não se improvisa e que Pedro traz consigo aflitiva mediunidade de provação. Áulus ausculta o passado do jovem e o vê como médico desonesto e aventureiro que enclausura o irmão (o obsessor) em um manicômio e toma-lhe a esposa (hoje sua mãe), e que se manteve em franco duelo com seu algoz em zonas purgatoriais, tendo seu corpo perispiritual lesado em alguns centros vitais importantes, recebendo esta reencarnação por bênção. Finalizando, ensina que Pedro, como médium torturado, não é um elemento valioso no conjunto, mas não está ali por acaso, devendo receber o apoio fraterno daqueles que com ele se ligam pelos laços da afetividade, e que sua cura dependerá dele e do seu algoz, renovando-se ambos para a reconciliação final.

10. SONAMBULISMO TORTURADO

Estuda o drama de um casal cuja esposa sofre a perseguição do seu pai adotivo por ela assassinado, em vida passada, ligando-se a ela diretamente pelo cérebro. Tresloucado Espírito, com aspecto repugnante, que apresenta a cabeça ferida e enorme úlcera na garganta, se dirige furioso em direção a uma senhora que passa a emitir frases roufenhas e desconexas. Raul Silva aplica-lhe passe na região do tórax, libertando-lhe a voz e ela clama: "Filha desnaturada! Criminosa! Criminosa! Nada te salva! [...] Não te perdoarei, não te perdoarei!..." Áulus informa que a obsessa se encontra ligada cérebro a cérebro com seu algoz, que lhe transmite tudo o que pensa e sente, mas que ela de nada se lembrará, porque nesse tipo de transe o médium cai em profunda hipnose e retrata o desequilíbrio psicofísico do perseguidor, por isso tem ela a glote dominada por enfermidade momentânea, apresentando-se intumescida, dificultando que se exprima com clareza. Narra a vida doentia da senhora desde sua infância, passando pelos médicos que não lhe diagnosticam o verdadeiro mal e sua causa, ministrando-lhe medicamentos e tratamentos inúteis. Casada, deveria receber como filho o perseguidor, mas sentiu por ele aversão e o abortou, complicando mais ainda o seu quadro de sofrimento, levando o esposo a buscar o concurso do Espiritismo. Áulus diz que uma nova maternidade ajudaria no processo, mas a crueldade do aborto meditado desequilibrou o seu centro genésico, devendo ela esperar que o tempo coopere na sua restauração, já que "A perfeita entrosagem dos elementos psicofísicos filia-se à mente. A vida corpórea é síntese das irradiações da alma." Revela que o atual esposo da sonâmbula induziu-a, no passado, a envenenar o pai adotivo (atual obsessor), para assegurar a vultosa herança, tendo em vista que ele pretendia alterar o testamento, por não concordar com a filha na escolha do futuro marido, por considerá-lo um estroina interesseiro. Casada, o marido revelou-se um jogador inveterado, relegando-a à miséria moral e física, quando, então, o tutor desencarnado imantou-se a ela, desejoso de vingança, aumentando-lhe os tormentos íntimos. O parricídio passou despercebido da justiça humana, mas aqui encontramos as três consciências entrelaçadas na provação redentora. Afiança que a obsidiada é uma médium em processo de reajustamento e que se purifica nas complicações do sonambulismo torturado, sendo instrumento para o desenvolvimento da paciência e da boa vontade dos componentes do grupo que frequenta, mas sem perspectiva de produção mediúnica imediata no campo do auxílio. Frequentando a instituição ao lado do esposo, têm os dois a oportunidade de adestramento de suas boas qualidades, enquanto seu perseguidor, registrando-lhe as melhoras íntimas, sentirá a necessidade do perdão e poderão, os três, conquistar a felicidade almejada.

11. DESDOBRAMENTO EM SERVIÇO

Estuda o fenômeno da transmissão de mensagem espiritual a distância, descrevendo a viagem astral feita pelo médium desdobrado. Antônio

Castro recebe passes longitudinais de Clementino, adormece e se desdobra, mas se apresenta com a indumentária perispiritual em tamanho maior que o do seu corpo físico, em cores variadas e movimenta-se inseguro. Procedimentos magnéticos são renovados e Castro retorna ao corpo físico e se desdobra novamente em condições normais. Vestido com um roupão esbranquiçado que lhe encobre os pés, movimenta-se levemente pelo salão, revestido com suas próprias energias ectoplásmicas. Esclarece Áulus que o médium se desdobrou carregando consigo o *duplo etérico*, formado de emanações neuropsíquicas pertencentes ao campo fisiológico, daí a deformação e necessidade de retornar para que o corpo somático absorvesse as energias que lhe asseguram o equilíbrio entre ele e a alma. Adverte Áulus, que se o espaço que ocupa for ferido violentamente por alguém, o médium sentirá dor, pois está ligado ao seu corpo pelo cordão fluídico. Quanto a sua vestimenta, o médium desdobrado, por força da concentração mental, se mostra na expressão que desejar, buscando, no entanto, adequar-se aos costumes do ambiente espiritual em que se situa; acrescenta que a Arte e a Ciência no plano espiritual são mais aprimoradas que no mundo dos encarnados e que, por isso, as construções mentais de Espíritos já libertos dos condicionamentos da Crosta são mais apuradas; podendo usar o seu pleno poder mental, assume a forma que deseja e pode submeter-se a inteligências amigas mais vigorosas que a dele, assumindo as formas que elas imprimirem, mas também corre o risco de se render a Espíritos perversos, como sói acontecer com as consciências culpadas, vindo a sofrer as deformações que lhe são impostas. Dois guardas colocam um capacete em Castro, preparando-o para uma viagem astral, cuidando para que não disperse a atenção enquanto volita por regiões inóspitas. Em viagem, amparados por Rodrigo e Sérgio, o médium começa a dizer pela sua boca física que vê formas estranhas, que está no escuro e sente medo, e revela o desejo de retornar, mas Raul, com apoio do grupo, ora e pede a elevação do teor vibratório dos irmãos em viagem, recebendo a notícia de que tudo melhorou. Castro se encontra com Oliveira, colaborador daquela instituição desencarnado há pouco tempo, e diz-se surpreso e entusiasmado por revê-lo. Oliveira se diz ainda inapto à comunicação direta, mas que pode se dirigir aos companheiros da Terra por meio do médium, e este se coloca à disposição, iniciando a retransmissão do recado de Oliveira: "Meus amigos, que o Senhor lhes pague. [...] As preces do nosso grupo alcançam-me cada noite, como projeção de flores e bênçãos! [...] Meus amigos, a caridade é o grande caminho! Trabalhemos!... Jesus nos abençoe!..."

12. CLARIVIDÊNCIA E CLARIAUDIÊNCIA

Analisa as dificuldades que tem o médium em ver e ouvir o plano espiritual, em razão do seu condicionamento ao corpo físico, da fixação em algum tema de seu interesse e da interferência de vibrações mentais de encarnados e desencarnados. Aproxima-se o final da reunião e Clementino fluidifica a água contida em um vasilhame de vidro sobre a mesa, e enfatiza que "Há deficiências no veículo espiritual a se estamparem no corpo físico, que somente a intervenção magnética consegue aliviar, até que os interessados se disponham à própria cura." O dirigente encarnado orienta os médiuns a buscarem ensinamentos pela vidência e clariaudiência e Áulus adianta que não convém ampliar, por ora, aquelas faculdades, pois os encarnados, com raras exceções, não devem ter capacidade plena para vislumbrar o mundo espiritual que os cerca, contrariando a ordem das coisas, sob pena de se desequilibrarem. Ensina que as faculdades mediúnicas podem ser idênticas, mas cada médium fará uso de suas potencialidades segundo sua maneira de ser, sempre restrita ao seu grau evolutivo. Fala que toda percepção é mental e varia em cada um de nós, impondo as diferenças. Ensina que dona Celina vê e ouve o irmão Clementino acreditando ser pelos olhos e ouvidos da carne, por hábito simplesmente, mas a percepção se dá pelo cérebro, sendo uma prova disso o sonho, em que o Espírito desdobrado registra visual e auditivamente as experiências noturnas, sem fazer uso dos aparelhos do corpo físico. Clementino pronuncia em voz clara e pausada: "Concentremos mais atenção na prece, adestrando-nos para o serviço do bem!" e dona Celina e Eugênia assimilam a rogativa com precisão e de forma intuitiva, respectivamente, mas Antônio Castro nada ouve. Dona Celina vê com detalhes a presença de Clementino; Eugênia, com menos clareza; e Castro o vê com perfeição, mas fica alheio a sua influência mental, porque está interessado em se reencontrar com a mãe desencarnada. Dona Celina diz, mentalmente, ao esposo, que dela se aproxima, que se encontrarão mais tarde, demonstrando disciplina na tarefa que executa, mas Antônio se desdobra novamente, levado pelo desejo de se reencontrar com a progenitora. Dona Celina informa que viu um rio onde enfermos se banhavam na esperança de cura, e Eugênia diz ter visto um edifício repleto de crianças. Áulus explica que elas estão ligadas à faixa magnética de Clementino e lhe veem os pensamentos relacionados a projetos assistenciais a serem materializados na instituição, acrescentando que há fenômenos de clarividência e clariaudiência que são produtos de sugestões de encarnados e desencarnados, favorecendo as mais diversas interpretações.

13. PENSAMENTO E MEDIUNIDADE

Repassa mensagem de entidade superior sobre a força do pensamento na prática mediúnica e no processo evolutivo. Em silêncio todos esperam a palavra da espiritualidade superior. Dona Celina desliga-se do corpo físico e se prepara para transmitir a mensagem de um benfeitor a distância, tal como acontece com o rádio e a televisão, que, ao sintonizar o aparelho com a estação emissora, ouve-se e vê-se o que ela está transmitindo. A entidade distante, através de fluidos teledinâmicos, se liga às células cerebrais da médium e envia sua mensagem, enfatizando a importância do pensamento na prática mediúnica e no processo evolutivo de todos nós, ensinando que não existe a neutralidade nos domínios do espírito; encarnar-se ou desencarnar-se simplesmente nada significa se não há renovação interior com acréscimo de visão para seguirmos à frente, com a verdadeira noção da eternidade em que nos deslocamos no tempo; consciência revestida de remorsos e de ambições desvairadas somente atrai forças semelhantes; a obsessão é conúbio da mente com o desequilíbrio; os desejos afloram em nós pelas amostras de nossos pensamentos; se persistirmos na experiência humana, atraídos pelo tipo de nossos impulsos inferiores, absorveremos as substâncias mentais que emitimos; toda criação mental tem vida e movimento que impõe responsabilidade à consciência que a manifesta, sendo indispensável analisar o que damos, a fim de ajuizar quanto o que devamos receber; devemos vigiar nosso pensamento, purificando-o no trabalho incessante do bem; é da forja viva da ideia que saem as asas dos anjos e as algemas dos condenados; a mediunidade torturada é produto da aproximação de almas em aflitivas provações e reajuste, exigindo a renovação mental, para recuperação da harmonia interior; não bastam os títulos de fé, acobertando-nos as deficiências e fraquezas, porque ninguém é verdadeiramente espírita por ter conseguido a cura de uma enfermidade, com o amparo de entidades amigas, ou porque aceite simplesmente a intervenção do além-túmulo na sua vida, já que convicção de imortalidade, sem altura de espírito correspondente, será projeção de luz no deserto; para ser médium, na elevada acepção do termo, não basta ser órgão de comunicação entre os dois mundos, porque as almas convertidas ao Cristo lhe refletem a beleza nos mínimos gestos de cada hora; o pensamento é tão significativo na mediunidade, quanto o leito é importante para o rio, e para atingir o aprimoramento ideal, o detentor de faculdades psíquicas não deve se deter apenas no intercâmbio, não bastando ver, ouvir ou incorporar Espíritos desencarnados, deve, antes de tudo, atentar para o autoaperfeiçoamento; amor e sabedoria são as asas para nosso voo definitivo, no rumo da perfeita comunhão com o Pai celestial; o pensamento puro e operante é a força que nos arroja do ódio ao amor, da dor à alegria, da Terra ao Céu; comecemos nosso esforço de soerguimento espiritual desde hoje, e amanhã teremos avançado consideravelmente no grande caminho.

14. EM SERVIÇO ESPIRITUAL

Faz anotações sobre o verdadeiro amor no casamento e analisa um caso de obsessão recíproca. Encerrada a reunião, Abelardo, ex-esposo de dona Celina, solicita de Áulus ajuda a favor de Libório (ver capítulo 7), que está sendo assediado mentalmente pela esposa. O Instrutor revela que Abelardo desencarnara cedo pelos excessos cometidos e tentou vampirizar a esposa, mas, não conseguindo, vagueou pelas zonas umbralinas e, com ajuda de preces intercessórias da esposa, foi amparado pela instituição socorrista onde hoje atua como vigilante de irmãos desequilibrados. Acrescenta que ele e a médium, não obstante as diferenças morais e espirituais, estão ligados por amor de profundas raízes, chegando ele a partilhar da vida doméstica da ex-esposa: descansa no jardim da sua residência, participa do culto do Evangelho e de sua companhia em trabalhos assistenciais, à noite, quando desdobrada. Ensina que, em alguns casamentos, a separação pela morte de um dos cônjuges é apenas aparente, mas na maioria, onde o matrimônio é provacional, aquele que se retira primeiro do envoltório físico, se resgatado o seu débito, liberta-se para outras experiências, mas quando a união está acima das emoções carnais, um segundo casamento, na falta de um dos cônjuges, não interrompe a comunhão espiritual existente entre eles. "Depois da morte somos compelidos a aprender a amar, não conforme nossos desejos, mas segundo a Lei do Senhor." Mães, esposos e esposas são compelidos a renunciar para a sublimação dos seus sentimentos eivados de egoísmo, não pensando na felicidade do ser amado, mas, antes de tudo, na sua. Áulus, André, Hilário e dona Celina acompanham Abelardo até um hospital de emergência, em região purgatorial, onde psicopatas desencarnados fazem um curto estágio, para depois serem conduzidos à recuperação positiva em outro estabelecimento. Libório se apresenta com semblante de louco, atormentado, vitimado pelos pensamentos doentios de sua ex-esposa, que ele vampirizava. Áulus adianta que se trata de uma obsessão recíproca, caracterizando-se pela nutrição mútua de fluidos deletérios entre obsessor e obsidiado, sendo muito difícil a dupla recuperação. A esposa de Libório surge no hospital chamando desesperada por ele, confessando sentir a sua falta, e ele se transforma e se comporta como uma criança feliz. A mulher, ao ver dona Celina ao lado dele, fica enciumada e a agride com palavras amargas e abandona o recinto às carreiras, enfurecida; Libório recebe passes calmantes e adormece. O Instrutor conclui que o processo é comum, já que muitas pessoas se adaptam às doenças que têm e quando delas se livram sentem-se vazias e, então, provocam sintomas e impressões, chamando para si outras enfermidades para se colocarem sempre em condição de vítimas, para receberem a atenção e o carinho que exigem.

15. FORÇAS VICIADAS

Estuda a força da influenciação espiritual sobre os encarnados, demonstrando as sérias consequências resultantes desse processo. Frente a um restaurante, um homem embriagado perturba a ordem, sendo vampirizado por um desencarnado. Adverte Áulus que é da lei que se colha na morte o que se planta em vida, e os que se entregaram aos prazeres e às emoções animalizadas continuam, após a libertação do corpo, presos aos seus vícios, servindo-se dos que com eles se afinam. Várias enfermidades, como o mongolismo, a hidrocefalia, a paralisia, a cegueira, a epilepsia secundária, o idiotismo, o aleijão de nascença, funcionam em benefício daqueles que se fartaram nas loucuras dos vícios, sendo uma forma de libertá-los do jugo das viciações, para se recuperarem e se libertarem de suas companhias vampirizadoras. O conúbio entre Espíritos viciados com seus afins encarnados é, também, mediunidade em ação, já que "Ser médium não quer dizer que a alma esteja agraciada por privilégios ou conquistas feitas." Por ser força neutra, a mediunidade precisa das diretrizes do Espiritismo e do Cristianismo puro para ser conduzida a favor da sublimidade espiritual. Dentro do restaurante, desencarnados se locupletam com as emanações do fumo e do álcool oferecidas pelos encarnados. Dentre eles, observa-se um jovem jornalista que bebe e fuma desvairadamente, e escreve sob a influência de uma entidade espiritual de aspecto repugnante, destilando-lhe sentimentos de ódio e de crueldade. O obsessor, com ajuda do jovem maledicente, pretende jogar uma jovem da alta sociedade à execração, por meio de reportagem tendenciosa, que exagera sua culpa em um homicídio, objetivando seja levada à depressão, amolecendo-lhe o caráter e favorecendo a que se jogue no charco do vício em que ele, o obsessor, se debate, completando sua vingança por sentir-se abandonado pela jovem, já que estão unidos um ao outro por longo tempo. Ensina que "Onde há pensamento, há correntes mentais e onde há correntes mentais existe associação." Para assimilar pensamentos que enobrecem, se faz necessário o trabalho digno, a bondade, a fraternidade, a solidariedade, o respeito à natureza e o hábito da oração. Na via pública, uma ambulância abre caminho com a sirene e, ao lado do condutor, homem de fisionomia simpática é acompanhado por entidade que lhe envolve em suaves e calmantes vibrações. Áulus esclarece que se trata de médico em tarefa socorrista e, como profissional humanitário e generoso, se faz credor do auxílio espiritual de elevado teor, podendo ser considerado médium de abençoados valores humanos. Finaliza assegurando que a influência espiritual do bem e do mal se espalha em todas as direções, e que os médiuns estão presentes em todos os cantos, assimilando ou repelindo as irradiações dos diversos pensamentos, segundo a condição mental em que se encontrem.

16. MANDATO MEDIÚNICO

Revela como se realiza a segurança de uma reunião mediúnica, em que o médium detém um mandato mediúnico. Áulus, em companhia de André e Hilário, visita uma instituição espírita onde, na entrada, os Espíritos maus são separados dos encarnados que ali adentram. No interior de amplo salão, vê-se uma mesa protegida por faixas magnéticas, sob os cuidados de guardas cautelosos do plano espiritual, e dona Ambrosina, que há vinte anos se dedica à tarefa assistencial, apresenta-se com um pequeno funil fluídico sobre a cabeça, assemelhando-se a um precioso adorno. Esclarece Áulus que ela detém um mandato mediúnico do plano superior e, pela sua influência espiritual e social, é bombardeada de solicitações desconcertantes, petitórios e súplicas advindas dos dois planos, merecendo, por isso, o recurso de se comunicar mais intimamente com seu instrutor, evitando as interferências de pensamentos vários. Dona Ambrosina vê cenas da expressão mental de dois homens presentes na sala, e certifica-se de que um homem foi por eles assassinado, e fica sem saber o que fazer, quando ouve: "Acostume-se a ver nossos irmãos infelizes na condição de criaturas dignas de piedade." Restabelecida emocionalmente, ela passa ao atendimento costumeiro, conversando com um e com outro, distribuindo, palavras de esclarecimento e consolação. Gabriel, o mentor da casa, penetra o salão acompanhado de médicos, professores, enfermeiros e auxiliares diversos, que se acomodam frente à mesa, onde se estabelece larga faixa de luz azulínea, que impede a invasão das sombras oriundas da maioria dos encarnados e desencarnados ali presentes. Áulus esclarece que os servidores que ali estão com o mentor Gabriel são almas em processo de sublimação, credores de reverência dos quais, no entanto, não se pode exigir qualidades dos que já atingiram a sublimação absoluta, pois carregam ainda a probabilidade do desacerto e que podem ser vítimas de equívoco nos diagnósticos a serem dados naquela noite. Esclarece, ainda, que o grupo conta com médicos que perderam a indumentária física, mas que, nem por isso, adquiriram a sabedoria integral. Todos estão auxiliando e sendo auxiliados, sabendo que o milagre que derroga as leis da natureza não existe. Iniciada a reunião, Ambrosina atende à multidão com receituários e esclarecimentos. No plano espiritual, se vê estranhas formas-pensamentos, obsessores desanimados e em desespero; perseguidores hipnotizam suas vítimas, levando-os ao sono irresistível, para que não assimilem os ensinamentos construtivos ali oferecidos. Os técnicos espirituais, diante de um grande espelho fluídico, situado ao lado da médium, observam as imagens das pessoas ausentes citadas nas petições; registram-lhe os pensamentos e diagnosticam suas necessidades, oferecendo soluções possíveis, as quais são levadas à médium Ambrosina, que se encontra protegida por larga faixa de luz azul, somente atravessada pelos seus amigos espirituais, que lhe influenciam a que responda psicograficamente às consultas formuladas. Áulus esclarece que toda aquela atenção e cuidado com a psicógrafa é porque um mandato mediúnico reclama ordem, segurança e eficiência, e que dona Ambrosina, antes da reencarnação, assumiu o compromisso com seu atual mentor, mas adianta que ela poderia, na experiência carnal, *cancelar o contrato*, já que é livre para decidir seu destino; em razão do uso do livre-arbítrio, muitos médiuns adiam seus compromissos, buscando outros caminhos que não o da mediunidade, deixando para outras existências a sua tarefa redentora. Mesmo os que caminham longo tempo sob a tutela do seu mentor podem cair, já que "[...] um mandato mediúnico é uma delegação de poder obtida pelo crédito moral, sem ser um atestado de santificação." O espelho fluídico é um televisor manobrado com recursos da esfera espiritual e que por ele se faz o exame perispiritual do paciente; que o serviço recebe a cooperação de várias regiões, onde se captam as imagens de acordo com os endereços oferecidos pelos consulentes; que podem ocorrer enganos, tendo em vista que o serviço não é automático e milagroso, e depende, em grande parte, do auxílio de vários colaboradores distantes do local da consulta, nem sempre com experiência necessária, sendo possível se oferecer, pela médium, uma resposta a quem já desencarnou. Assegura que tais enganos superficiais não abalam a fé sincera de quem a possui, mas para consulentes levianos, com o propósito de estabelecer descrença, essas respostas, com aparência de engano, servem como colheita justa dos espinhos que plantam.

17. SERVIÇO DE PASSES

Relata a atividade de passes magnéticos na instituição espírita e ressalta a importância da disciplina mental na eficácia dos seus resultados. Em sala reservada à aplicação de passes, os passistas se preparam para a tarefa de transfusão de energias, orando na busca da sintonia com a espiritualidade dedicada à tarefa de amparo aos enfermos. Informa Conrado que o socorro é dado a encarnados e desencarnados; que os passistas são sempre os mesmos, havendo pequenos prejuízos numa eventual substituição; que os colaboradores desencarnados são devidamente cadastrados, devendo eles assiduidade, pontualidade e responsabilidade com o serviço a que se comprometeram; que os passistas encarnados não devem recear sua exaustão, porque todos ali estão na condição de transferidores dos benefícios advindos do Alto. Iniciada a aplicação de passes, a entrada de encarnados e desencarnados é rigorosamente controlada e, ao serem atendidos, observa-se que das mãos de Clara e Henrique irradiam-se as energias que, aplicadas a pequena distância do paciente, penetram-lhe a aura, modificando-lhe as condições gerais; que os fluidos emitidos pelos médiuns passam primeiro por suas cabeças e depois escapam pelas mãos, assimilando-se ao necessitado, considerando que "O pensamento influi de maneira decisiva, na doação de princípios curadores." Lembra que o magnetizador pode, acidentalmente, curar, quando o enfermo é merecedor de assistência espiritual; e aquele que explora a seu gosto o magnetismo caminha para a desmoralização de si mesmo e, fatalmente, se defrontará com difíceis situações, chegando a ser vampirizado por entidades perversas, detentoras de energias mais fortes que a dele. Ensina que para a cura não prescinde o magnetizador de coração nobre, mente pura, humildade e fé viva. Acrescenta que a ausência de estudo em qualquer setor de trabalho significa estagnação, no entanto, na atividade de transferência de forças magnéticas, a solidariedade pura, o ardente desejo de ajudar o próximo, sob os auspícios da oração sincera, do respeito e da pureza de sentimentos, favorece a que todas as pessoas dignas possam conquistar a simpatia dos magnetizadores do plano espiritual e com eles cooperar na recuperação da saúde de seus irmãos. Na câmara de passes, os obsessores, com o toque dos médiuns sobre a região cortical, se desligam de suas vítimas e ficam à sua espera nas vizinhanças, sendo aceitos novamente na maioria das vezes. Outros pacientes não alcançam nenhuma melhora pela falta de fé, pois "Sem recolhimento e respeito na receptividade, não conseguimos fixar os recursos imponderáveis que funcionam em nosso favor, [...]". Informa que o passe a distância funciona se o necessitado estiver em sintonia com aquele que lhe envia as energias. Senhora idosa é analisada por André Luiz, que diagnostica ser vitimada por uma icterícia adquirida pelo acesso de cólera, a partir de uma discussão doméstica. Conrado inspira Clara na aplicação de um passe longitudinal da cabeça até o fígado da enferma, e ela manifesta imediato alívio, mas não é considerada curada pelo mentor, devendo esperar o contributo do tempo, pois "Na assistência magnética, os recursos espirituais se entrosam entre a emissão e a recepção, ajudando a criatura necessitada para que ela se ajude a si mesma."

18. APONTAMENTOS À MARGEM

Descreve os limites da cooperação dos Espíritos aos encarnados, esclarecendo qual a finalidade do intercâmbio mediúnico segundo o Espiritismo. Dona Ambrosina psicografa as mensagens e preletores se revezam desenvolvendo temas evangélicos e doutrinários, ouvidos atenciosamente por muitos desencarnados, enquanto alguns encarnados, vitimados por seus obsessores, se rendem ao sono. Ensina Áulus que as mensagens trazem palavras de reconforto e consolação, mas não oferecem a solução direta dos problemas de cada um; que o intercâmbio entre os dois mundos obedece à lei de cooperação, que permite encarnados e desencarnados se ajudarem, conquistando simpatias recíprocas, construindo facilidades para o dia de amanhã, tendo em vista que os encarnados, terminada sua passagem pela Crosta, voltam ao plano da verdadeira vida, na esperança de encontrarem amigos, e os desencarnados, na sua grande maioria, necessitados de retornar à Terra, esperam encontrar ambiente favorável, previamente construído, para nova batalha evolutiva. A ideia de que o intercâmbio com os Espíritos deve oferecer soluções objetivas para os problemas de cada um de nós é produto de viciação mental no planeta, pois Jesus, auxiliando doentes e aflitos, não os afastou das questões fundamentais da reforma íntima e das experiências necessárias ao seu progresso espiritual, pois não se deve "[...] subtrair a lição ao aluno necessitado de luz." Mãe desesperada, cujo filho suicidara-se, roga comunicação dele pela médium e, por força de sua mentalização, o filho se apresenta, sem que ela o veja, em lastimável estado, transferindo à matrona suas emoções, dizendo-se vivo e arrependido do que fez; ela, transtornada, recebe passes calmantes de Áulus, enquanto o suicida é afastado, considerando que ela não teve seu problema resolvido, mas, frequentando aquela reunião, incorpora energias para se refazer gradualmente, vencendo suas fraquezas e eliminando suas dúvidas. Comenta sobre a mediunidade que foi usada indevidamente para promover *status* de profetas e sacerdotes, que a circunscreviam nos templos, conspurcando-a com os espetáculos do culto exterior e que, por isso, o Mestre Jesus deliberou que a mediunidade fosse arrancada do colégio sacerdotal e levada para as ruas, na esperança de que a mente anestesiada do povo, por longos séculos, fosse despertada. Gabriel aproxima-se de dona Ambrosina, domina sua máquina cerebral, toma-lhe o braço e escreve elevada mensagem, elaborando conceitos em torno da mediunidade, da qual se destacam as seguintes ideias: não transformar os médiuns em oráculos e adivinhos; Espiritismo é Jesus que retorna ao mundo, conclamando-nos ao aperfeiçoamento individual; é justo buscar a cooperação dos Espíritos, sem esquecer as nossas necessidades intransferíveis de reforma interior; não atribuir ao médium obrigações que nos competem, pois só a cada um de nós cabe o árduo serviço da própria ascensão; encarnados e desencarnados estão, da mesma forma, em campos de experiências e provas; Espiritismo e mediunidade não nos oferecem soluções absolutas e definitivas às nossas aflições, mas neles reencontramos o pensamento puro do Cristo e recolhemos deles informações quanto aos problemas do ser, do destino e da dor, e a eles devemos a luz para vencer os labirintos da morte. "Reverenciemos, pois, o Espiritismo e a Mediunidade como dois altares vivos no templo da fé, [...]."

19. DOMINAÇÃO TELEPÁTICA

Analisa a obsessão telepática entre encarnados, considerando o clima de influência mútua existente entre os cônjuges. Teonília solicita a intercessão de Áulus para ajudar Anésia, companheira de trabalho da instituição em que se encontram fazendo estudos, e informa que seu esposo, fascinado por outra mulher, esquece totalmente a missão de pai e de marido, agindo como adolescente apaixonado. O Instrutor diz que a obsessão é enfermidade mental, cujo tratamento é de longo curso e que vai sondar o passado de Jovino, admitindo que talvez não esteja sabendo se comportar diante de prova redentora, e convida André Luiz a estudar o fenômeno mediúnico em questão. Em modesta residência estão Anésia e Jovino, acompanhados das filhas Marcina, Marta e Márcia à mesa, fazendo a refeição, onde se mantém palestra familiar, mas o chefe da casa demonstra aborrecimento, e não se interessa pelo assunto. Após o almoço, Anésia solicita ao marido que retorne mais cedo para participar do culto do Evangelho e ele responde que estará em reunião tratando de negócios importantes; que não tem tempo a perder com petitórios a Deus, que deve estar satisfeito onde mora, sem se lembrar deste mundo. André Luiz observa que, enquanto ele fala, a imagem de uma mulher surge a sua frente de forma intermitente, como um pisca-pisca. Jovino bate a porta e sai irreverente, deixando Anésia inconsolada, revelando, mentalmente, saber da existência da outra, quando, aos olhos das entidades amigas, surge, novamente, a imagem da referida mulher, que passa a conversar telepaticamente com Anésia. A esposa enganada inicia um monólogo mental, dizendo que a outra é uma boneca de perversidade, que está levando seu lar à derrocada, que é uma víbora traiçoeira e, se pudesse, esmagaria sua cabeça, mas sua fé a impede dessa violência. Seus pensamentos negativos fortalecem a imagem projetada de longe e se torna mais densa, passando a contender com a esposa de Jovino; ferindo-se as duas com pensamentos agressivos, Anésia passa a sentir desarranjos orgânicos e desequilíbrio total. Áulus aplica-lhe recursos magnéticos, restituindo-lhe o equilíbrio. Esclarece que o caso é de dominação telepática sobre Jovino, mas, considerando que marido e mulher vivem em regime de influência mútua, ela passa a sofrer junto com ele as consequências do conúbio, caracterizando-se no caso a influência de encarnado para encarnado, muito comum no lar, na família e nas instituições, onde somos colocados frente aos adversários do passado para o possível reajuste que, na maioria das vezes, não se dá porque ainda não aprendemos a perdoar os nossos ofensores. O pensamento forma imagens e conduz sugestões sobre o objeto pensado; se benigno, cria harmonia e felicidade; se desequilibrado, deprime quem é por ele atingido, estabelecendo aflição e ruína. Conclui o mentor: "A fraternidade operante será sempre o remédio eficaz, ante as perturbações dessa natureza."

20. MEDIUNIDADE E ORAÇÃO

Ensina acerca da oração, demonstrando que ela não modifica os fatos em si, mas favorece a quem faz com sinceridade, tornando-se mais apto a aceitar o que não pode ser mudado. Dona Elisa necessita de cuidados especiais, pois se encontra enferma e vive seus últimos dias na carne. Ao seu lado, entidade de aspecto desagradável agrava seus sofrimentos resultantes de dispneia, que lhe consome as forças. Trata-se do filho assassinado há muitos anos, em estado de embriaguez, e que é por ela atraído por considerá-lo um herói. Anésia, para minorar os sofrimentos de sua genitora, ora, irradiando luz em torno de si, e vários Espíritos sofredores adentram o recinto, buscando absorver-lhe as benfazejas emanações fluídicas. Áulus informa que aquelas entidades se situam ainda na mesma faixa vibratória dos encarnados e, naquelas condições, tiram melhor proveito da prece proferida por Anésia, que é um apelo à renovação mental de todas elas que estão no seu raio de ação vibracional. Inspirada por Teonília, Anésia abre um livro de meditações cristãs e lê tema relacionado ao trabalho, ao perdão e à tolerância e, após a leitura, sente-se envolvida pela mente de Teonília e começa a falar como se estivesse diante de grande multidão. Em seguida, recebe dos amigos espirituais recursos magnéticos que a fazem dormir e, desdobrada, sai em busca do marido como se soubesse, de antemão, onde ele está. O Instrutor de André Luiz ensina que a convivência dos cônjuges cria entre eles uma imantação que os favorece a se reencontrarem em situações como a que se apresenta. Anésia encontra Jovino em um clube noturno, ao lado de uma mulher e de amigos, cercados, ao mesmo tempo, de vampiros espirituais que se locupletam com as vibrações de baixo teor, oriundas das conversações inferiores e das emanações de bebidas alcoólicas. Constrangida, grita e sai correndo para a via pública, sendo socorrida por Áulus, que a reconforta, lembrando-lhe a leitura feita minutos antes, mas ela, revoltada, se diz desesperançada por ter sido traída. O Instrutor esclarece sobre a verdadeira finalidade do casamento e lembra que o lar é cadinho na Terra onde almas se juntam para a própria regeneração; que o casamento não é simples excursão no jardim da carne e que, às vezes, o esposo é mais um filho espiritual que necessita de compreensão e sacrifício; que o amor é luz que inspira coragem, renúncia e perdão incondicional, e que aquela que se envolve com Jovino é uma irmã vitimada por lastimáveis enganos que necessita de compreensão e compaixão. Seguindo os conselhos de Áulus, Anésia retorna ao lar; consolada, desperta como criança resignada, sentindo-se firme, encorajada e disposta a defender o seu lar de forma equilibrada, sem mágoa, confiante em Deus e sem revolta, acreditando que Jovino necessita de compaixão em vez de crítica e azedume. Observa Hilário que todo aquele processo de renovação teve início com uma prece, e Áulus complementa: "Em todos os processos de nosso intercâmbio com os encarnados, desde a mediunidade torturada à mediunidade gloriosa, a prece é abençoada luz, assimilando correntes superiores de força mental que nos auxiliam no resgate ou na ascensão."

21. MEDIUNIDADE NO LEITO DE MORTE

Estuda o fenômeno da incorporação obsedante em um moribundo, esclarecendo as razões dos seus delírios e alucinações. Revela o mecanismo da visita do moribundo a pessoas vivas no momento da morte. Dona Elisa aproxima-se da morte com muito sofrimento, com exaustão cardíaca, infecção urinária e estranha perturbação mental, dizendo-se perseguida por um homem que pretende assassiná-la a tiros, em meio a aranhas e serpentes. Anésia acompanha o quadro doloroso da mãe e busca acalmá-la com palavras de esperança e consolação, mas a enferma insiste em manter o fantasma do filho alcoólatra assassinado junto de si, acreditando ser anjo protetor, sem saber que ele ainda está preso às sensações do álcool, vampirizando encarnados que lhe oferecem as emanações deletérias. Áulus observa que o filho mantém-se ligado à genitora, que o atrai fortemente, e explica que ela, em razão do seu enfraquecimento, transfere seu campo emocional da esfera carnal para a do Espírito e, imantada a Olímpio, vive a mesma faixa de impressões e sensações do filho, podendo o processo ser comparado ao da incorporação mediúnica. Elisa, não sabendo se defender da influência do filho, reflete-lhe as reminiscências do momento do seu assassinato e as alucinações comuns às vítimas do alcoolismo já em *delirium tremens*. Diz que não há injustiça no sofrimento de Elisa porque ama o filho, mas que ela está recebendo a presença que procura e maneja valores mentais em que o Senhor permite que ela aprenda com a situação, tirando preciosos valores da experiência dolorosa. A equipe espiritual favorece a desencarnação da mãe de Anésia com recursos magnéticos potentes, afastando o desventurado filho, e ela perde a excitação mental que dele recebia e desfalece subitamente, não reagindo mais ao auxílio magnético oferecido pelos amigos espirituais. Estertorando, Elisa revê todo o seu passado, excursionando mentalmente pela infância, mocidade e madureza. Deseja ardentemente despedir-se da irmã mais velha, que reside distante, concentra suas forças mentais e busca satisfazer sua última vontade. Ainda ligada ao corpo pelo fio prateado, se afasta rapidamente e volita em direção à residência da irmã, vence dezenas de quilômetros e entra no aposento chamando-a pelo nome de Matilde, tentando despertá-la. A irmã ouve o chamado pelos ouvidos da alma, ergue-se assustada da cama e diz a si mesma que Elisa morreu. Áulus esclarece que ali se deu uma comunicação muito comum nas ocorrências da morte, conhecida por alguns como *fenômeno de monição* e, por outros, como simples *transmissão de ondas telepáticas*, mas que o Espiritismo considera como a natural comunhão entre as almas imortais que se amam e que somente acontece se houver concentração mental no propósito dessa natureza. Elisa-Espírito volta imediatamente ao lar e pretende reaver o corpo acreditando-se em pesadelo, mas não sendo mais possível, fica a flutuar sobre os despojos, ligada, ainda, pelo fio prateado. Hilário revela desejo de auxiliar a recém-desencarnada, desfazendo o cordão que a liga ao corpo hirto e Áulus ensina que ele tem sua função definida, atuando no reequilíbrio da alma, e que irmãos da esfera espiritual, especializados naquela tarefa, irão libertá-la no momento oportuno.

22. EMERSÃO NO PASSADO

Estuda o fenômeno do animismo pela emersão ao passado para esclarecer a questão da mistificação inconsciente. No grupo presidido por Raul Silva, André observa uma senhora em transe, maldizendo um suposto homem que lhe desfere punhalada, chamando-o de covarde e jurando-lhe vingança. Raul busca acalmá-la, convidando-a ao perdão e à entrega da sua sede de justiça a Deus, mas ela diz que não consegue se libertar do passado odiento em que ele a fez infeliz. Hilário não vê nenhuma entidade feminina incorporada ou próximo dali se manifestando por telepatia, mas somente um desencarnado a fitar impassível o sofrimento da mulher. Áulus esclarece que ela manifesta sua personalidade de outra existência, porque se vê diante do antigo desafeto, que ainda a persegue, e revive sua experiência que se deu no Velho Mundo, no século passado (XIX). Ela mobilizou grande quantidade de energia emocional na referida experiência e reencarnou na esperança de esquecer, mas o corpo físico não superou a cristalização mental dos seus sofrimentos e eles ressurgem quando ela se vê diante do seu algoz, comportando-se como se tudo estivesse acontecendo novamente, parecendo aos desavisados ser outra entidade a se manifestar, mas na verdade se trata de alguém que retorna mentalmente ao passado e se comunica com o presente. Para a psiquiatria é candidata a tratamentos rigorosos, mas é enferma espiritual, exigindo amparo moral para sua renovação íntima. "Mediunicamente falando, vemos aqui um processo de autêntico animismo." A médium supõe permitir a manifestação de outra personalidade, quando exterioriza a si mesma. Ensina que não cabe denominar a emersão ao passado de *mistificação inconsciente ou subconsciente*, pois o fato é decorrente dos próprios sentimentos da nossa amiga arrojados ao passado, de onde recolhe os sintomas que ora apresenta. É uma doente mental, devendo ser tratada da mesma forma que os sofredores que se comunicam rogando amparo. Um doutrinador inexperiente e antifraterno agravaria o problema, impondo à médium corretivo inoportuno em vez de socorrê-la. "Primeiro, é preciso remover o mal, para depois fortificar a vítima na sua própria defesa." Como médium, é um vaso defeituoso, mas com paciência e amor é possível consertá-lo. Não se pode negar que a mulher que ela busca no passado exista. Lembra que muitas criaturas reencarnam numa condição, mas vivem em outra, tal como o mendigo que enverga o manto da fidalguia, o escravo que se apresenta orgulhoso... Renasceram pela carne, mas não se renovaram em espírito.

23. FASCINAÇÃO

Estuda um caso de fascinação sob ação cruel de um obsessor e esclarece o mecanismo e a natureza da mediunidade poliglota ou xenoglossia. Certa senhora, à espera de assistência, na reunião se levanta, rodopia e cai em convulsões, adquire animalesco aspecto e debate-se no piso da sala, dominada por entidades da sombra, sob o comando de insensível hipnotizador, que a faz vítima de complexa fascinação. Áulus explica que, sem o concurso daquele santuário de prece, a irmã descambaria para a licantropia deformante, produzida por entidades que abusam do poder da inteligência que detêm para enviar suas presas aos manicômios. Assegura que não há processo obsessivo sem o conúbio dos envolvidos, por isso "Não seria lícito guardarmos a pretensão de lavrar sentenças definitivas pró ou contra ninguém, [...]." Para ajudar efetivamente, é necessário buscar a causa na história dos dois e que o concurso da palavra não resolve o problema de imediato, mas, dada com sentimento de amor, coopera a favor deles. Áulus consulta os cérebros das duas entidades e descobre que estão anelados numa história iniciada no século X, quando ele, para atender aos caprichos da mulher amada, matou os próprios pais e não foi por ela correspondido como esperava. Esclarece que a obsessa se expressa em dialeto provençal já extinto porque ela e o comunicante estão profundamente sintonizados no tempo, permitindo que ele se comunique como há séculos, pois tem a mente cristalizada na época em que viveram o drama comum, e que se trata, portanto, de um caso de mediunidade poliglota ou xenoglossia. Os desencarnados interferem, por meio de impulsos automáticos, nas energias da subsconsciência da encarnada que lhe é afim no tempo. Quando um médium, mesmo analfabeto, passa a escrever sob o comando de um desencarnado, significa que o psicógrafo, em outras encarnações, se adestrou na arte de escrever, sem o que o comunicante não conseguiria vencer a barreira da ignorância própria do médium naquela ocasião. Em mediunidade, é necessário se levar em conta o problema da sintonia no tempo. O Espírito obsessor, depois de retirado, foi encaminhado a uma organização socorrista, enquanto a obsedada recebe passes de reconforto. Áulus informa que ele em breve reencarnará como filho de sua atual vítima, utilizando-se, os dois, da bênção do lar no trabalho redentor.

24. LUTA EXPIATÓRIA

Estuda o caso de histeria de natureza mental e o intercâmbio mediúnico entre os membros de uma família, pela troca de influência. Senhor idoso, que está na reunião para receber assistência espiritual, cai repentinamente tremendo e gemendo com voz rouca, enquanto duas entidades de aspecto desagradável assistem impassíveis às agitações nervosas do cavalheiro sem nenhuma interferência magnética. Áulus informa que se trata de Espírito em luta expiatória que, desde a infância, apresenta enfermidades várias, experimenta tratamentos severos sem resultado positivo e, assim, se comporta quando sente a presença dos companheiros inferiores conquistados no passado, antes da atual existência. Américo recebe os recursos do passe, acalma-se, mas se mantém apático e melancólico. Acrescenta que o problema de Américo é de natureza mental, radicada na sua sensibilização psíquica, tal como nas ocorrências de ordem mediúnica, mas não pode ser considerado médium, por enquanto, mas, sanada sua desarmonia, assumindo a dor como experiência a torná-lo apto à tarefa produtiva, poderá cultivar suas faculdades medianímicas com bom proveito. Revela que Américo vagueou nas trevas por muitos anos e foi vítima de hipnotizadores cruéis que com eles se afinava em razão da delinquência em que viveu na Terra e, ao retornar a ela, veio com organismo perispiritual deficiente, apresentando ataques histéricos a partir dos sete anos de idade, quando se plenifica a reencarnação; luta e se desgasta fisicamente com os severos tratamentos a que se submete e supõe nascido com estigma de doença congenial, não se acreditando capaz de qualquer realização nobre, busca a vida de solidão e se apresenta com perturbações da inteligência e contraturas repentinas que o afastam do trabalho digno. Finda a reunião, Áulus e André acompanham o cidadão até sua residência, onde é recebido carinhosamente por sua mãe, que expressa sua alegria com sua chegada e informa que o irmão Márcio chegou mais uma vez embriagado. Américo, indiferente, se acomoda em seu leito e logo se desdobra para sair amedrontado em busca do seu pai enfermo, que dorme em cômodo ao lado do seu, e pede-lhe ajuda. André Luiz ausculta o cérebro do enfermo preso à cama e registra que ele desenvolve aflitivo monólogo, dizendo não saber quem está ao seu lado pedindo sua ajuda, e roga forças para acatar os desígnios do Senhor e não ser abandonado na sua velhice, e chora ao impacto das vibrações clamorosas do seu filho. Júlio, pai de Américo, acometido de paralisia nas pernas, encontrou no Espiritismo o consolo e a esperança; aprendendo a verdade da reencarnação, marcha com resignação e fortaleza na fase difícil que atravessa. Com o apoio da heroica esposa, trouxe ao mundo cinco filhos: Américo, Márcio, Guilherme, Benício e Laura, esta abnegada companheira dos pais. Os quatro filhos em vida passada foram aliciados pelo atual pai para fazerem parte de um bando de salteadores de viajantes indefesos e, atualmente, dão-lhe preocupações e desgostos, mas, mesmo assim, Júlio luta para incutir-lhes nova orientação que aprendeu com a Doutrina Consoladora. Laura, desdobrada pelo sono, entra no aposento do pai, dele se aproxima e o leva para fora. Referindo-se à jovem, Áulus assegura que, durante o sono, os que amam e trabalham pelo bem continuam com a semeadura, e os que se envolvem com o mal prolongam o sono com seus pesadelos. Que os que partilham do mesmo teto agem e reagem uns sobre os outros pelos pensamentos e, muitas vezes, os obsessores que nos espezinham residem conosco, assim como os Espíritos protetores participam de nossas experiências diárias; que o intercâmbio de alma para alma entre os membros da família são resultantes da mediunidade latente em todos nós. "Sem perceber, consumimos ideias e forças uns dos outros."

25. EM TORNO DA FIXAÇÃO MENTAL

Ensina sobre a cristalização do Espírito em torno de certas situações e sentimentos dando origem à fixação mental. Áulus afirma que o Espírito, ao desencarnar, mantém os pensamentos que cultivou na experiência carnal e, se fixa a ideia em algum ponto, dá-se a parada da vida mental no tempo. Na Terra a batalha é santificante e a mente é soldado em luta que, saindo vencedora, sobe verticalmente para zona superior, mas se fracassa, pela incúria ou rebeldia, volta horizontalmente para a retaguarda e se mistura com os desajustados para o tratamento devido. O tempo pelo relógio é sempre o mesmo, mas para a mente varia segundo sua condição. Para a alma vencedora, as horas se tornam minutos que se diluem em segundos, mas para aquela sufocada pela angústia do fracasso e pelo aguilhão da dor, os segundos se arrastam em implacáveis minutos e estes, em duras horas. Se, na situação adversa, o Espírito não desenvolve esforço para superar a ideia aflitiva que lhe corrói a vida mental, gravitando em torno dela, dá-se a fixação, e o tempo mental não corre naturalmente. O fenômeno se dá porque o Espírito se rebela contra o imperativo da marcha incessante com o bem; se deixa envolver com as malhas da sombra; não trabalha pela sua renovação e progresso moral, e se enfurna nas chagas íntimas, alimentando ódio, vingança e rebeldia contra as leis divinas. Não se dispondo a criatura à renúncia, enrola-se nos seus problemas por anos e anos, e por vezes séculos, repetindo as lembranças desagradáveis, das quais se nutre e vive, sendo inevitável a fixação. Quando a alma valoriza demasiadamente o problema que lhe atormenta, ao desencarnar, fica isolada do mundo que lhe rodeia e vibra somente na faixa que lhe compraz, não vê, não ouve e nem sente além de si mesma. Temos exemplos de fixação mental nas entidades que padecem deplorável amnésia quando se comunicam com os encarnados (nas reuniões de desobsessão) e fala somente das suas preocupações doentias, requerendo carinho no trato pessoal. Muitos Espíritos, após a desencarnação, passam a dormir como se fossem múmias, porque continuam cultivando as condições em que julgam encontrar a felicidade (o sono dos justos, por exemplo), e despertam em plena alienação, que pode perdurar por muito tempo e, quando se entediam, buscam a regeneração por si mesmos; outros são despertados nos serviços assistenciais, assumindo responsabilidades renovadoras; e mais outros, recalcitrantes e inconformados, são constrangidos ao retorno à luta evolutiva pela reencarnação, muitas delas compulsórias, em posição difícil. Tais criaturas nem sempre se reajustam de imediato no retorno à carne, tendo como exemplo as crianças com retardo mental, podendo se assegurar que "Quase todas as perturbações congeniais da mente, na criatura reencarnada, dizem respeito à fixação que lhe antecederam a volta ao mundo."

26. PSICOMETRIA

Estuda a faculdade mediúnica que permite ler as impressões e recordações plasmadas nos objetos pelos seus donos, pelo simples toque do médium ou pela sua concentração mental. Em um museu, a equipe espiritual observa que encarnados e desencarnados se cruzam e, muitos dos objetos se revestem de fluidos opacos com pontos luminosos, significando que são fortemente lembrados por aqueles que os possuíram. André Luiz toca em um relógio e percebe, mentalmente, reunião familiar com alguns jovens e dois anciãos, que acontece em ampla sala, na Áustria do século XIX. Nota que o relógio na parede está revestido das correntes mentais daqueles que a ele se apegam. Esclarece Áulus que o objeto do antigo dono, quando impregnado de suas formas-pensamentos, serve para encontrá-lo onde estiver e conhecer os seus pensamentos. Adverte que somente dispomos de recurso para alcançar o pensamento dos que estão a nossa retaguarda, não nos sendo possível fazer o mesmo com aqueles que estão em condição espiritual superior a nós, pois o pensamento nos condiciona ao círculo em que devemos e merecemos viver. Instrui que pela psicometria se chega a conhecer a história da própria matéria que serve à confecção do objeto analisado, e que pode ser um meio para se entrar em contato com os que ainda estão interessados nele. Analisa um quadro do século XVIII e diz que não é possível identificar qualquer lembrança por seu intermédio; que não funciona mais como *medidor de relações espirituais*, por estar plenamente esquecido pelos seus ex-proprietários. Jovem desencarnada, que admira singular espelho, enciumada, toca na senhora encarnada que também observa a relíquia, sente calafrios e se afasta imediatamente. Anota Áulus que a senhora demonstra sensibilidade mediúnica e que, se devidamente educada, poderá, mentalmente, entrar em contato com a jovem e auscultar-lhe as razões do seu interesse pelo espelho. O Instrutor toca o espelho e revela que ele foi presente dado àquela jovem por um rapaz que lhe prometera casamento, mas que a família dele, após a Revolução Francesa do século XVIII, retorna a Paris e o noivo, lá chegando, se enamora de outra mulher e esquece a noiva brasileira, que vigia o espelho até hoje, por simbolizar a esperança de sua felicidade ao lado dele. A vida não se engana e o reencontro dos três personagens dessa história se dará inevitavelmente, pois é necessário que a promessa de amor seja cumprida de qualquer forma. Expõe sobre a parcela de verdade que existe no mito das joias enfeitiçadas e do perigo do uso de roupas e de peças pertencentes a outras pessoas, pois, havendo sensibilidade mediúnica, o novo proprietário poderá entrar em sintonia com os antigos donos, registrando-lhes as sensações, sentindo-se bem ou mal, conforme os pensamentos e os sentimentos alimentados por eles. Conclui que tais fenômenos são denominados pelos experimentadores do mundo científico de *criptestesia pragmática, metagnomia tátil* ou *telestesia*, mas, na verdade, tudo é mediunidade, já que "[...] através do pensamento, comungamos uns com os outros, em plena vida universal."

27. MEDIUNIDADE TRANSVIADA

Adverte sobre o mercantilismo da mediunidade, dando origem à escravização de Espíritos inferiores a médiuns que não orientam pelo Espiritismo.

Um grupo de pessoas realiza uma reunião mediúnica, onde Espíritos inferiores ou iguais aos humanos ali presentes se misturam, dando comunicações e atendendo aos caprichos infantis dos encarnados. O irmão Cássio, como guardião simpático do mundo espiritual, lamenta o comportamento do médium Quintino, que não capta as advertências por ele mobilizadas pelos livros, impressos e conversações de procedência respeitável, mantendo-se irresponsável, sustentando um grupo mediúnico de natureza inferior, onde os Espíritos que se comunicam são convertidos em serviçais dos encarnados, cuidando de coisas de ordem material, como dinheiro, emprego, questiúnculas domésticas, namoro etc. André Luiz questiona o fato de homens e mulheres lúcidos, que gozam de boa saúde, fazerem do intercâmbio com os Espíritos um sistema de exploração, usando a oração de forma ultrajante em petitórios descabidos, no propósito de fugirem das responsabilidades que lhe dizem respeito. Áulus esclarece que se trata de psiquismo transviado, em que encarnados e desencarnados, vítimas da ignorância viciosa, vivem em regime de vampirização recíproca; abusam da oração, desprezam a oportunidade do trabalho digno, lembrando que o homem que se acomoda na ociosidade encontra a dor pela frente, levando-o a movimentar-se em direção de nobres realizações; que muitos irmãos dos dois planos da vida se entregam à prática do menor esforço no campo da mediunidade, porque não são adeptos da Doutrina Espírita e que, na Terra, ainda é compreensível encontrar os que preferem trabalhar com os subalternos ou seus iguais para fugir da disciplina que lhes conduz à melhora interior. Adverte que é crime manter os desencarnados em posição inferior, tirando-lhes proveito, escravizando-os aos caprichos mesquinhos da vida terrena. Se o erro procede da ignorância bem-intencionada, os esclarecimentos virão a seu tempo, no formato de caridade, mas se houver abuso deliberado, a correção também virá no tempo devido, exigindo a quitação do débito. Informa que as entidades que ali se comunicam são mais vampirizadas que vampirizadoras, porque estão fascinadas pelos médiuns, acreditando serem eles seus mentores, os quais, após a desencarnação, serão cobrados pelos que lhe servem, exigindo-lhes orientação e socorro e, quem sabe, nas próximas reencarnações, estarão reunidos pelos laços sanguíneos, como pais e filhos, buscando o equilíbrio de que necessitam. "Cada serviço nobre recebe o salário que lhe diz respeito e cada aventura menos digna tem o preço que lhe corresponde."

28. EFEITOS FÍSICOS

Analisa o comportamento da mediunidade de efeitos físicos e suas relações com o ambiente e as pessoas numa sessão de materialização. Em acanhado apartamento, um grupo de pessoas reúne-se com o objetivo de recolher o socorro dos Espíritos materializados para duas senhoras enfermas. Áulus informa que somente o motivo nobre do evento o leva até ali, pois, com raras exceções, a maioria das reuniões de materialização, exceto as respeitáveis experiências com vistas a beneficiar a humanidade, não justifica o esforço da Espiritualidade maior. Aparelhos para emissão de raios curativos são instalados, o ambiente é ionizado para o combate às bactérias, o médium recebe amparo no sistema circulatório e no aparelho digestivo. Apaga-se a luz e se entoam hinos evangélicos para se manter o equilíbrio vibracional do recinto. Desencarnados extraem energias das pessoas e de coisas da sala e da natureza em derredor e combinam com elementos espirituais, sendo levados para a câmara do médium, o qual, com ajuda dos mentores, desdobra-se e se afasta, deixando seu corpo totalmente inerte a expelir uma substância assemelhada a uma geleia viscosa e semilíquida por todos os seus orifícios naturais. Informa que o ectoplasma é uma substância associada ao pensamento do médium, por isso todo cuidado com ele é dispensado pelos companheiros do plano espiritual, pois a intervenção do médium nos trabalhos pode acontecer em virtude da sua educação mediúnica não satisfatória, considerando que a materialização de Espíritos e de objetos do plano espiritual exige a desmaterialização moral do médium e dos assistentes encarnados. O material usado para a materialização é um composto de forças superiores e sutis da esfera espiritual, de recursos oferecidos pelo médium e pelos assistentes, e de energias tomadas à natureza da Terra que, dependendo da quantidade maior ou menor de um desses elementos, a materialização varia em qualidade, pois onde predomine aqueles oferecidos pelos encarnados, o concurso da Espiritualidade fica reduzido, dependendo substancialmente de forças inferiores. Em qualquer trabalho mediúnico, há necessidade de completa isenção de ânimo do médium e dos assistentes para que as formas materializadas não sofram a intervenção de suas vontades. A mediunidade de efeitos físicos, como qualquer outra na Terra, não traz consigo nenhuma sublimidade, pois é neutra e seus resultados dependem das qualidades morais de quem a possui. O ectoplasma é manipulado como são as outras forças da mediunidade no intercâmbio, tendo origem no psicofísico do sensitivo. Se ele estiver alimentando interesses inferiores ou distintos dos objetivados no momento, e os assistentes imbuídos de propósitos malsãos, influirão nos resultados da experiência em foco. Reconhecemos serem *fatores insipientes* com os quais ainda necessitamos contar na falta de outros mais dignos e conscientes do mandato, e que melhor correspondam à tarefa enobrecida pelos seus propósitos. Garcez, um dos técnicos, solicita auxílio magnético de Áulus, observando que a câmara do médium está sufocada de toxinas, pela falta de pensamentos elevados dos encarnados, deixando diminuída a capacidade de ação do médium fora do corpo, e diz que a materialização de ordem superior não será atingida e que o médium desdobrado apenas poderá incorporar a enfermeira para oferecer o socorro às irmãs enfermas. Áulus transfere energias do corpo físico do médium para seu perispírito, melhorando sua atuação, enquanto seu veículo físico se prostra profundamente, seu perispírito demonstra mais vitalidade, e se movimenta incorporado na benfeitora espiritual, que o conduz cuidadosamente em direção à sala. Informa que ele está consciente de tudo o que se passa enquanto fora do corpo, mas ao retornar, de nada se lembrará e que, embora esteja sob controle da enfermeira, não está anulado psiquicamente, podendo alimentar qualquer desejo menos digno e prejudicar o resultado do esforço da equipe espiritual. À medida que o medianeiro adentra a sala, sua luminosidade se esmaece, sendo atingido pelas emissões mentais escuras dos presentes, que expressam petições absurdas e críticas veladas a certas particularidades do fenômeno. A enfermeira aplica raios curativos nas enfermas e, terminada essa tarefa, um desencarnado toma diminuta porção de ectoplasma e forma seu polegar e indicador de ambas as mãos, sai e colhe flores do ambiente externo e as distribui entre os presentes. Esclarece Áulus que isso é possível porque o ectoplasma não encontra obstáculos de transposição na parede e porque o ato está sob o controle de técnicos especializados em desmaterializar os elementos físicos e reconstituí-los imediatamente; que, também, o próprio médium traspassaria a parede, tal como aconteceu com as flores. Alguns Espíritos materializam mãos e flores e mergulham em um balde de parafina fervente e deixam para os encarnados os primorosos moldes como lembrança daqueles momentos.

29. ANOTAÇÕES EM SERVIÇO

Apresenta a avaliação de André Luiz quanto ao seu aproveitamento ao lado do instrutor Áulus no aprofundamento do estudo da mediunidade. Na casa do Instrutor, analisa suas várias nuances da mediunidade e, acima de tudo, o aspecto moral de quem detém a faculdade e dos que dela se servem. Lamenta que a ciência humana complique o estudo das faculdades psíquicas que favorecem o intercâmbio com o mundo espiritual, adotando terminologia complicada, dificultando sua compreensão por grande parte das criaturas. Áulus considera que a mediunidade é patrimônio de todos, mas cada homem e cada grupo de homens interpretam-na segundo o seu modo de ver as coisas, e lembra que o Mestre esteve entre nós e lidou da maneira mais natural possível com as potências invisíveis ao homem vulgar, curando obsidiados e levantando enfermos. Não devemos nos preocupar com os nomes que os estudiosos deem aos fenômenos, pois o que vale é a sinceridade com que nos devotamos ao bem. No seu laborioso esforço, a Ciência, rebuscando os fenômenos mediúnicos e dando-lhes nomes esquisitos, chegará ao registro das vibrações psíquicas que irá garantir a dignidade da religião na Era Nova. Aos que interpretam a mediunidade atormentada de formas diversificadas e dos médiuns que se isolam na torre de marfim do orgulho, fixando-se em discussões brilhantes e estéreis, tomemo-los como viajantes em repouso, enquanto outros sofrem para a implantação da fraternidade e da paz no mundo; mas chegará o dia em que a dor os convidará a sair do repouso para que recomecem a experiência que lhes é necessária. Sabe-se que, por comodismo, muitos estudiosos asseveram que somente se deve manter convívio com os Espíritos superiores, admitindo que as manifestações mediúnicas sob o guante da obsessão e da enfermidade devem ser entregues a si mesmas. Mas os gênios realmente superiores da Espiritualidade não abandonam os sofredores. Há os que não suportam qualquer manifestação primitivista no terreno mediúnico, e se o médium não lhes corresponde à exigência, no campo da compreensão ou competência, afastam-se categorizando por fraude ou mistificação valiosas expressões da fenomenologia, mas são eles, porém, os campeões do menor esforço, ignoram que o sábio e a criancinha foram alfabetizados no começo de suas existências, e se esquecem que o professor lhes ofereceu na escola primária. Os que desertam do serviço ao próximo dizem que o Espiritismo erra quando abriga os desequilibrados e os enfermos, convertendo seus templos de oração em refúgios de alienados mentais, mas se pode perguntar a eles qual a diminuição que sofre a Medicina por se dedicar aos doentes. O médium não é responsável pelos que sofrem desequilíbrios e lhe pedem amparo, tanto quanto o médico não pode responder pelas enfermidades dos que lhe requisitam a intervenção. "É muito fácil inventar teorias que nos exonerem do dever de servir, e muito difícil aplicar os princípios superiores que esposamos, [...]". Se a recuperação do mundo dependesse de lindos discursos prenhes de teorias, o Cristo não precisaria ter vindo até nós: enviaria proclamações angélicas à humanidade, sem sofrer junto com ela. Para os que afirmam que a obsessão é produto implacável da lei de causa e efeito, não valendo a pena interferir, pergunte se os doentes devem ser abandonados sob o pretexto de que são devedores perante a Lei. De fato, não há dor sem justificação, mas, sabemos que para garantir a nossa redenção frente ao outro, como desprezar o companheiro que sofre, em nome de princípios a cujos funcionamentos estamos submetidos por nossa vez? Muitos equivocados sustentam que cada criatura deve procurar a verdade por si, admitindo que as religiões não devem se intrometer em assuntos da própria orientação, como se pudéssemos suprimir a escola dedicada às crianças, desqualificar o instrutor frente ao seu discípulo e vilipendiar o amor imanente na Criação inteira. "O forte é tutor do fraco. O sábio responsabilizar-se-á pelo ignorante. A criancinha na Terra não prescinde do concurso dos pais." O homem ainda não pode arrogar o direito de apelar para a Verdade total. A ausência das religiões ou a supressão dos instrutores constituiriam a multiplicação dos hospícios e o rebaixamento do nível moral do homem.

30. ÚLTIMAS PÁGINAS

Relata os últimos momentos de André Luiz e Hilário ao lado do instrutor Áulus, quando são tecidas considerações em torno da mediunidade. O Instrutor identifica, de maneira sublime e poética, a mediunidade nas profissões, dizendo que o lavrador é o médium da colheita; o carpinteiro, o médium das utilidades preciosas; o escultor, o médium da obra-prima; o gari, o médium da limpeza pública; e o juiz, o médium das leis. No lar onde será prestado o socorro a uma criança, Áulus tece comentários sobre a família consanguínea, considerando-a como uma reunião de almas em processo de evolução, reajuste, aperfeiçoamento ou santificação. Acrescenta que o homem e a mulher no matrimônio em que honram o compromisso perante a harmonia universal são médiuns da própria vida, materializando amigos e adversários de ontem em filhos e irmãos, e que, além do lar, é difícil identificar onde a mediunidade seja mais espontânea. O Instrutor prepara-se para partir, deixando os amigos no cumprimento de sua tarefa naquele singelo lar e pede a André Luiz que faça a oração de despedida, a qual se inicia com a expressão "Senhor Jesus! Faze-nos dignos daqueles que espalham a verdade e o amor!". Áulus humildemente entendeu a referência amiga e, comovido e silencioso, abraça os amigos, deixando-os entregues ao trabalho de socorro à criança enferma.

Resumo do livro
AÇÃO E REAÇÃO

Relata a permanência de André Luiz e de seu companheiro Hilário na *Mansão Paz*, durante três anos, fazendo várias incursões na Crosta planetária em tarefas socorristas, orientados e esclarecidos pelo abnegado instrutor Druso e pelo assistente Silas. É o nono livro da coleção *A vida no mundo espiritual*, no qual o autor, em vinte capítulos altamente instrutivos, oferece exemplos e tece profundos comentários sobre a atuação da lei de causa e efeito, cuja finalidade é a evolução moral e espiritual do ser humano. A Mansão Paz, escola de reajuste situada em regiões purgatoriais, é apresentada como uma construção ampla e bem protegida, atingida diuturnamente por "Ventania ululante, carregando consigo uma substância escura, semelhante à lama aeriforme, [...]", onde se divisam milhares de entidades francamente dementadas e cruéis, desesperadas pedindo salvação, mas que não podem ser acolhidas ainda na Mansão devido à sua extrema rebeldia e ferocidade. Entre os assuntos tratados, destacam-se a materialização do ministro Sânzio de Nosso Lar, no Templo da Oração, oferecendo orientações a Druso no comando da instituição, e respondendo às interrogações ansiosas de André Luiz e Hilário no tocante a questão do *carma*; o processo da desobsessão de Luis, pela conversão dos seus obsessores, a partir da sensibilizaçãopelas narrativas ilustrativas da ação implacável da lei de causa e efeito. O capítulo 8 narra a gabolice dos obsessores, envaidecendo-se de terem sido alunos das *escolas de vingadores* existentes no plano espiritual, e que lá aprenderam sobre o *tema básico* ou o *desejo central* do reencarnado, e que, a partir desse conhecimento, criam clichês que iludem ou atormentam suas vítimas. Demonstra as intrincadas relações existentes entre as esferas dos encarnados com os círculos de purgação, onde estagiam os Espíritos que não souberam fazer uso adequado dos bens oferecidos pelo Criador, para sua renovação. Assegura que as dificuldades e facilidades de crescimento de cada um de nós, na atual existência, estão vinculadas às ações em vidas pregressas, do mesmo modo que as ações na atualidade condicionarão as possibilidades ou impossibilidades futuras. Invoca a filosofia hindu para demonstrar a cadeia de Carma: o somatório do mérito e do demérito de todas as ações praticadas pelo indivíduo. Aprofunda-se no estudo da lei de ação e reação, antes estudada e nomeada por Allan Kardec de *lei de causa e efeito*. Recolhendo histórias tristes de quem agiu contrariamente aos princípios do Evangelho de Jesus, demonstra racionalmente que, não obstante as situações de infortúnio do ser humano, a Justiça e a Bondade divinas estão sempre presentes no processo de reabilitação da criatura. Há interessantes capítulos de estudo de casos reais, onde são desenvolvidos conceitos inéditos, tais como dívida agravada, débito estacionário, resgate interrompido, débito aliviado, dívida expirante, resgates coletivos, preparativos para a reencarnação, circunstâncias reflexas e suicídio, complexo de Édipo, flagelação, vastação purificadora, devastação e o valor da oração, entre outros. Enfatiza a importância da reencarnação como estágio sagrado de recapitulações das experiências, demonstrando que as vivências de hoje podem vincular a alma às sombras ou à luz do amanhã. Quanto à dor, introduz os conceitos de *dor-auxílio, dor-evolução* e *dor-expiação*, deixando aos leitores o profundo e inesquecível ensinamento do instrutor Druso: "A dor é ingrediente dos mais importantes na economia da vida em expansão. O ferro sob o malho, a semente na cova, o animal em sacrifício, tanto quanto a criança chorando, irresponsável ou semiconsciente, para desenvolver os próprios órgãos, sofrem a dor-evolução, que atua de fora para dentro, aprimorando o ser, sem a qual não existiria progresso".

Resumo dos capítulos

1. LUZ NAS SOMBRAS

Estuda a situação espiritual das criaturas que se dedicaram deliberadamente ao mal, após a morte do corpo físico, demonstrando a presença do Amor divino em quaisquer circunstâncias. Druso, diretor da Mansão Paz, instituição sob a jurisdição de Nosso Lar e que tem como finalidade o amparo aos sofredores que perambulam em região trevosa próxima à Terra, relembra a André Luiz e Hilário quanto à preocupação das antigas civilizações sobre a vida além-túmulo e da prática do intercâmbio mediúnico entre seus povos, adiantando que o conceito de carma dos hindus nada mais é do que a lei de causa e efeito. Esclarece que os habitantes no exterior da Mansão Paz, dominados pelos gênios infernais, que os submetem a sofrimentos atrozes, são muitas vezes arrastados por tempestades magnéticas como folhas secas ao sabor dos furacões, e que não podem ser asilados, de imediato, na Mansão porque são como feras que fariam periclitar a existência da instituição, por não estarem devidamente amansados pelo arrependimento e o remorso; que, somente após muito sofrimento, livrando-se do desespero, candidatam-se ao auxílio para a renovação e recuperação definitiva; nas densas trevas que circundam a Mansão Paz, estão as consciências que se precipitaram no desfiladeiro do sofrimento pela prática deliberada de crimes, e não as almas simples que se envolveram com erros naturais das experiências primárias, nem almas primitivas que caminham ao influxo dos gênios beneméritos, sustentando-lhes a caminhada evolutiva pela inspiração, cujos erros são cometidos com base nas boas intenções, cujas consequências lhes servem de experiência na senda evolutiva. Acrescenta que o inferno pode ser definido como vasto campo de desequilíbrio, e que nele vivem Espíritos que se fixaram na crueldade e no egocentrismo, mas que já conheciam a verdade e a justiça, sendo responsáveis, portanto, pela edificação do bem, mas que resvalaram em delitos de forma consciente e, depois da morte do corpo físico, aqui estagiam por dias, meses e anos. Os gênios infernais que supõem governar esta região ficarão aqui por tempo indeterminado; serão mantidos pelos que com eles se afinam e que necessitam desse tipo de compreensão e apoio. Almas transviadas com possibilidade de recuperação próxima permanecem pouco tempo nas trevas, depois de tocadas pelo arrependimento e remorso são acolhidas por instituições como a Mansão. Temos a certeza de que todos os ambientes infernais surgem, vivem e desaparecem com a permissão do Criador e que as entidades consagradas à rebeldia e à criminalidade, "[...] não obstante admitirem que trabalham para si, permanecem a serviço do Senhor, que corrige o mal com o próprio mal."

2. COMENTÁRIOS DO INSTRUTOR

Relata a palestra do irmão Druso dirigida aos Espíritos prisioneiros das regiões trevosas, internados na Mansão Paz e candidatos à reencarnação. Em recinto amplo, Druso, ao lado dos seus assistentes Honório, Silas e irmã Celestina, dirige-se a duas centenas de desencarnados que se apresentam com sofrimento e deformidades fisionômicas, devendo ser encorajados a aceitar a nova experiência no mundo físico, tendo a certeza de que a Misericórdia divina estará sempre presente em suas vidas. Inicialmente, coloca-se na mesma condição dos que esperam o momento da *volta*, lembrando que nós criamos a aflição e o sofrimento porque contrariamos a Lei; acreditávamos que a morte nos libertaria milagrosamente de nosso passado, mas no espiritual nos mantemos presos às nossas obras, considerando que nossos atos nos libertam ou nos algemam; vítimas de nós mesmos, porque no passado semeamos o ódio e a perseguição e, hoje, nutrimos desejos de regeneração, "[...] Somos almas entre a luz das aspirações sublimes e o nevoeiro dos débitos escabrosos, para quem a reencarnação, como recomeço de aprendizado, é concessão da Bondade excelsa que nos cabe aproveitar, no resgate imprescindível."
Ninguém avança sem quitar suas dívidas com a Lei, porque ela é indefectível

e funciona igualmente para todos. Pelo trabalho no campo físico, é possível refazer nossos destinos, reencontrando velhos inimigos, sob o véu do temporário esquecimento, facultando-nos a reaproximação com o perdão e a tolerância. Temos o dever de tudo fazer pela nossa renovação, desculpando os que nos ofenderam, orando a serviço do próximo e prestando o concurso do abraço fraterno, tendo em vista que o corpo físico é a porta de saída do inferno que criamos. Superar nossas enfermidades morais e extinguir antigas viciações, vencendo a nós mesmo, é conquistar qualidades espirituais que nos libertarão das algemas do passado delituoso. Não há felicidade maior que a de subir alguns degraus em direção ao céu e descer, com segurança, aos infernos, para salvar os que amamos. Informa que os Espíritos intranquilos, culpados, veem-se acometidos de amnésia, qual sombra eclipsando-lhes a visão do passado, o que lhes favorece a caminhada redentora, mas que, sob hipnose, a memória pode regredir e recuperar-se por momentos. Acrescenta, finalmente, que devemos libertar "[...] o espelho da mente, que jaz sob a lama do arrependimento, do remorso e da culpa, e esse espelho divino refletirá o sol com todo o esplendor de sua pureza".

3. A INTERVENÇÃO NA MEMÓRIA

Relata as dificuldades por que passa a Mansão Paz no socorro aos seus internos, e destaca as sábias providências tomadas pelo instrutor Druso, ao enfrentar os ataques promovidos pelos Espíritos trevosos das adjacências da instituição. Investiga casos de loucura por telepatia alucinatória que atinge os recém-acolhidos pela instituição e que ainda não são suficientemente capazes de resistir ao impacto das forças perversas que lhe são dirigidas pelos companheiros infelizes. Registra as dificuldades das expedições de pesquisas nos desfiladeiros das grandes trevas. Fala do esforço desenvolvido para que o Espírito Jonas não tenha sua reencarnação frustrada, necessitando permanecer no corpo físico, pelo menos, durante sete anos. Informa que existem reencarnações ligadas aos planos superiores e as que têm suas raízes fincadas nos planos infernais e que, nesses casos, a Mansão Paz atua como intermediária na execução dos planejamentos advindos de planos mais elevados. Esclarece que Espíritos trevosos, munidos de canhões de bombardeio eletrônico, pretendendo desativar os trabalhos socorristas da instituição, atacam-na, mas que ela possui defesas eficientes, tais como lunetas que oferecem visão ampla da situação e as baterias de exaustão, devidamente instaladas na torre denominada *Agulha de vigilância*, que rebatem os projéteis. Informa que, em reuniões no Cenáculo da Mansão, os mensageiros da luz, conhecidos como Inteligências Angélicas, deliberam quanto aos processos de reencarnação que a instituição entende ser oportuna para Espíritos atormentados. Finalmente, descreve um processo singular de intervenção na memória de um Espírito, desencarnado em condições lamentáveis, para somente assim identificá-lo e se providenciar a ajuda necessária e adequada.

4. ALGUNS RECÉM-DESENCARNADOS

Descreve as condições dos recém-desencarnados que vagueiam nas regiões sombrias do orbe terrestre, resgatados pelos caravaneiros da Mansão Paz, e analisa o poder das formas-pensamentos criadas pelas crendices nos Espíritos frágeis. A caravana de resgate de Espíritos recém-desligados do corpo físico chega ao pátio da Mansão em alta noite, composta de grupos de quase vinte desencarnados, sob o comando de dez servidores cada, que se locomovem com ajuda de carros simples e protegidos por cães de guarda inteligentes e prestimosos. O conjunto dos recém-desencarnados que chegam forma um quadro dantesco pelos aspectos físicos e psicológicos, apresentando todos os sinais e sintomas da enfermidade que lhes promoveu a desencarnação. Muitos alienados mentais, dormentes carregados em macas, e outros apresentando desvarios e perturbações, nada sabendo do que se passa, atormentados pelas suas fixações mentais; muitos acreditam-se ainda no corpo físico, reclamam direitos e pedem ajuda para não morrer, ou rogam a extrema-unção, confessando seus erros. Certa jovem busca desesperada a sua mãe para lhe pedir perdão do mal que lhe fez, e é pela mesma socorrida, sem que ela saiba. André Luiz e Hilário fazem a leitura mental em uma senhora que pede ajuda aos anjos para se livrar de Satã, e obtêm informações sobre as formas-pensamentos que lhe atormentam: um homem agigantado, de face animalesca, exibindo pés caprinos, longa cauda e dois chifres, produto do ensinamento que recebeu de religiões que dominam seus seguidores pelo terror, incutindo-lhes ideias demoníacas; os Espíritos perversos se aproveitam desses clichês mentais para impressionar os Espíritos frágeis, imprimindo-lhes temporária vitalidade e exercendo completo domínio sobre eles. Há proveitosa explanação sobre como as energias mentais exteriorizadas pelo Espírito em forma de pensamento retornam à origem, intensificadas pelos elementos — bons ou maus — que com elas se harmonizam.

5. ALMAS ENFERMIÇAS

Estuda a aplicação da lei da causa e efeito nos Espíritos que vivem alheios às Leis morais divinas, que estagiam nas regiões trevosas próximas à Crosta, e a dificuldade que encontram os benfeitores para ajudá-las. André Luiz, Hilário e Silas visitam uma região em zona posterior à Mansão Paz, lotada de almas em reajuste, perturbadas pelas formas-pensamentos criadas por suas mentes culpadas, não possuindo os requisitos necessários para serem recolhidas pela Mansão. Silas informa que o ambiente conta com o auxílio de tarefeiros recuperados pela Mansão e que, por meio deles, a instituição atende milhares de consciências necessitadas; que os assaltos de inteligências perversas naquele ambiente são constantes e inevitáveis, quando muitos sofrem suplícios inenarráveis pela fascinação hipnótica, e acreditam-se torturados pelos demônios, tal como aprenderam com alguns místicos com as religiões que buscam o controle de seus seguidores com o terror do inferno, entendendo o sofrimento como a *vastação purificadora*. A caminhada se faz penosa na região de sombra densa, iluminada aqui e ali por tochas mortiças, onde existem furnas habitadas por Espíritos extremamente revoltados, tornando-se verdadeiros demônios da insensatez, impossibilitados de receberem o socorro oferecido. Silas apresenta Orzil, Espírito de corpo avantajado, que vive em choupana rústica, prestando serviço naquela área trevosa aos cuidados da Mansão. Ajudado por dois cães enormes, Orzil tem a missão de recolher os Espíritos que já apresentam condições de serem socorridos para depois serem transferidos para a Mansão. Informa que a devastação do dia anterior trouxe muito sofrimento nos pântanos, atingindo muitos Espíritos rebelados e que dentro da sua choupana encontram-se três deles, em franca situação de inconsciência, mantidos em cubículos, tendo por companhia suas formas-pensamentos, atormentados pelas lembranças dos abusos que cometeram: irmão Corsino, com ideia fixa na herança que perdeu para os três filhos que brigam pelo maior e melhor quinhão; um homicida, enredado nas lembranças dos abusos cometidos na carne; e um terceiro enfermo, que exala odor fétido, se movimentando na sujeira criada pela sua mente, coberto por filetes de sangue podre, sendo informado por Silas que todos ficarão ali segregados, até que se renovem mentalmente. Diante do quadro, André Luiz, sensibilizado, reconhece o benefício concreto da oração e da piedade dispensadas aos chamados mortos.

6. NO CÍRCULO DA ORAÇÃO

Estuda os benefícios da oração e mostra como a Mansão Paz recebe orientação de entidades superiores na tomada de decisões sobre o destino dos seus internos. André e Hilário participam do círculo de oração, onde se materializam entidades de esferas mais altas, que superintendem a instituição, quando Druso e seus assessores recebem ordens e instruções e têm suas dúvidas respondidas pelos companheiros mais experientes. Numa dependência exclusiva na Mansão, há uma tela translúcida, de mais ou menos seis metros quadrados, denominada *câmara cristalina*, com intenso poder plástico, onde personalidades podem se materializar. Ao redor da mesa, dez médiuns — sete mulheres e três homens —, que se aprimoram na tarefa, dão sustentação ao serviço, oferecendo seus fluidos vitais e elementos radiantes para a materialização. Após a oração do diretor Druso, surge na *câmara cristalina* o ministro Sânzio, do Ministério da Regeneração da colônia Nosso Lar, que passa a ouvir as colocações de Druso a respeito de cada uma das vinte e duas fichas de entidades recentemente internadas na Mansão, e ordena várias providências, incluindo segregação de interno, sua reencarnação imediata ou banimento da Mansão, apondo em cada ficha o selo que lhe assinala a responsabilidade das decisões. Em seguida, ouve as rogativas de Madalena e Sílvia, que suplicam ajuda para seus esposos, dois irmãos que se odiaram até a morte e que perambulam em zonas trevosas, solicitando que sejam internados na Mansão Paz, com vistas à reencarnação, o que foi autorizado pelo ministro Sânzio. Finalmente é analisado o caso de Antônio Olímpio, internado na véspera e que não desfruta de atenuantes das culpas que lhe são imputadas, tendo vivido em desvairada egolatria, entregue aos prazeres perniciosos, tendo a seu favor apenas o insuperável carinho dedicado à esposa e ao filho, sendo, por isso, autorizado o seu retorno à carne, após sua devida recuperação com auxílio do tempo. O capítulo se reveste de capital importância para o entendimento de como o plano espiritual reúne Espíritos reciprocamente faltosos numa mesma família, a fim de que reparem arestas e reconstruam juntos o que no passado destruíram.

7. CONVERSAÇÃO PRECIOSA

Estuda o significado do termo *carma*, a origem, a natureza e a finalidade da dor, esclarecendo a simultaneidade do *determinismo* com o *livre-arbítrio*. André Luiz e Hilário entrevistam o ministro Sânzio sobre como melhor compreenderem as causas do sofrimento na matéria e na vida espiritual. Sânzio esclarece que o termo sânscrito *carma*, vulgarizado entre os hindus, quer dizer ação, designando, a rigor, causa e efeito, uma vez que toda ação ou movimento deriva de causas ou impulsos anteriores, resultando no destino criado por nós mesmos. A administração divina dispõe de mecanismo para relacionar, conservar, comandar e engrandecer a vida cósmica, com a finalidade de aplicar o amor e a justiça em todos os escaninhos do universo; que as religiões da Terra acertaram quando localizaram o Céu nas alturas e o inferno nas zonas inferiores, próximas ao orbe terráqueo, onde se promove a cobrança, o reajustamento e a recuperação dos devedores da Contabilidade divina, acrescentando que o bem é o progresso e a felicidade; que o mal é a triste vocação do homem para a prática do bem a seu benefício unicamente. Informa que, embora nossa mente guarde latentes os acontecimentos do futuro, não existe o determinismo absoluto para o Espírito, pois a razão e a vontade, o conhecimento e o discernimento estabelecem o destino, conferindo a ele sua total responsabilidade sobre o que acontecer de bom e de ruim; pelo mau uso do seu livre-arbítrio, abdica da liberdade de agir e se submete ao determinismo. Desenvolve o conceito de *circunstâncias reflexas*, dando como exemplo o suicida, que será tentado pelos reflexos condicionados a repetir o ato tresloucado, mas não está impedido de decidir ao contrário. Ensina que o Espírito, encarnado ou desencarnado, gasta o que não lhe pertence e se endivida usando mal os empréstimos do eterno Pai. Conclui que, não obstante a Misericórdia divina, da Justiça ninguém fugirá e que, por isso, há expiações tanto na vida material quando na vida espiritual.

8. PREPARATIVOS PARA O RETORNO

Estuda o caso Antônio Olímpio, vitimado pela obsessão em razão do cultivo da usura. A equipe liderada por Silas se encarrega do caso de Antônio. Alzira, na condição de esposa, informa que seu marido padeceu nas trevas durante vinte anos, e que nesse tempo nada conseguiu a seu favor, em razão do forte assédio dos seus obsessores, mas agora fora acolhido na Mansão Paz (cap. 6, p. 99). Ao lado do leito do ex-esposo, ela faz comovente oração, rogando ajuda à mãe de Jesus e ele desperta da sua inconsciência, reconhece a ex-esposa, Alzira, ao seu lado. Em seguida, é socorrido por dois enfermeiros que o fazem reconciliar o sono, porque somente lhe convém o despertamento gradativo. Silas, André e Hilário descem ao plano terreno para tomar as primeiras providências em torno da nova reencarnação de Antônio Olímpio. Na casa de Luís, encontra entidades envolvidas em sombra, que são identificadas como onzenários desencarnados atraídos por Leonel e Clarindo para fortalecer o apego ao ouro que Luís possuía. Outros desencarnados de aspectos horripilantes perambulam pela residência, conversando sobre trivialidades. A equipe, sob o comando de Silas, adentra o aposento onde se encontra Adélia, a dona da casa, ao lado dos filhinhos. Luís, desligado pelo sono, encontra-se em outro aposento afagando o dinheiro, que era a sua única paixão. Silas adverte que a preocupação demasiada com os bens materiais leva o Espírito à perda da razão e, ao desencarnar, se apresenta desvairado, com aspecto perispiritual horripilante, em função das suas fixações mentais. O grupo faz contato com Leonel e Clarindo (desencarnados), irmãos de Antônio Olímpio, espoliados de outro tempo, que induzem o sobrinho à paixão pelo ouro, fazendo com que ame e proteja a fortuna que lhes pertence, assim agindo com a intenção de se vingarem do golpe traiçoeiro. Contam sua história a Silas e buscam deles a aceitação de suas explicações para estarem ali; falam das técnicas usadas no processo obsessivo que aprenderam na escola de vingadores, organizada e mantida por inteligências criminosas no plano espiritual, que identificam o *desejo central* de cada Espírito, o qual lhes favorece exercer a influência obsessiva, levando Luís ao *delírio psíquico*, e induzido por quadros mentais, crê no que deseja que aconteça, sempre na expectativa de aumentar sua riqueza com a falência do vizinho.

9. A HISTÓRIA DE SILAS

Demonstra como Silas sensibiliza os obsessores Leonel e Clarindo, ilustrando o funcionamento da lei da causa e efeito com seu passado delituoso. No encaminhamento do caso Antônio Olímpio, Silas, André e Hilário visitam o lar de Luís, onde são recebidos pelos obsessores Clarindo e Leonel. Luís faz acerbas considerações em torno da situação econômico-financeira do país, exagera na apreciação das dificuldades públicas, critica ferinamente os políticos e administradores, vaticina o fim do mundo, oferecendo motivos e criando clima vibracional favorável para que os seus obsessores justifiquem as razões e sejam eficientes na influenciação perniciosa sobre ele. Silas, atento à sua missão, concorda com Leonel e Clarindo sobre a condição enferma de Luís, cada vez mais apaixonado pelo dinheiro e, por oportuno, Silas narra como foi sua última existência na carne. Confessa os descaminhos, que, por causa da sua desvairada paixão pelo ouro, urdiu uma trama para que sua madrasta fosse desmoralizada pelo adultério, contribuindo, assim, para que o pai a matasse; e Silas, desesperado, sofrendo de gastralgia, tomou arsênico pensando ser bicarbonato de sódio, vindo a ser considerado um suicida; agora busca encontrar sua madrasta no país das sombras para, junto com seu genitor, quitarem seus débitos com a Lei divina. A história de Silas surtiu o efeito, sensibilizando Clarindo e Leonel, que demonstraram alteração de ânimo, mostrando-se admirados e reflexivos. A confissão de Silas, expondo os tormentos da colheita obrigatória da má semeadura, evidencia a Bondade divina que concede ao criminoso incessantes e inapreciáveis oportunidades de reconstrução moral. Fica a reflexão de que a má ação de um minuto, por vezes, demanda enorme tempo para o devido reajuste e refazimento da criatura, e o ensinamento sobre a ação do mal, que pode ser rápida, mas que ninguém sabe quanto tempo exigirá o serviço da reação.

10. ENTENDIMENTO

Dá prosseguimento à doutrinação dos dois irmãos obsessores, Clarindo e Leonel, com vista a interná-los na Mansão Paz e prepará-los para uma nova reencarnação. No lar de Luís, a equipe de Nosso Lar é recepcionada com discrição e carinho pelos dois irmãos. O dono da casa, em reunião com os amigos, comenta as pragas do campo de lavoura, doenças dos animais, a carestia, os negócios frustrados, mas os dois irmãos situam-se desligados do painel de sombra criado pela conversação pessimista, demonstrando renovação mental. Observando a transformação de Clarindo e Leonel, a equipe benfeitora convida-os a um passeio e os leva a um hospital de movimentada cidade terrestre, onde encontra Laudemira sendo vigiada pelo Espírito Ludovino, informando que a parturiente sofrerá perigosa intervenção cirúrgica, tendo em vista a ausência das contrações; e que está sendo atingida por fluidos anestesiantes desfechados pelos seus perseguidores. Silas diagnostica a dificuldade de Laudemira e aplica-lhe passes magnéticos que provocam contrações que irão favorecer o parto normal, livrando-a da cesariana prevista, que seria um risco, tendo em vista que ela se comprometeu em proporcionar a reencarnação de mais três entidades dentro do seu plano redentor. Silas aproveita a oportunidade e revela aos obsessores as causas do sofrimento de Laudemira, evocando seu passado em outras vidas, como exemplo da atuação da lei de causa e efeito. Fora dama na corte de Joana II, Rainha de Nápoles, de 1414 a 1435; casou-se e, enjoada do marido, constrangeu-o ao duelo com seus pretendentes, indo à morte; viveu entre prazeres e traições em meio à nobreza, arruinando muito lares. Desencarnada, viveu cem anos nas trevas e, de volta à carne por quatro vezes, na condição de mulher, esteve sempre ligada à delinquência, mas durante esses retornos, seu orgulho sofreu rudes golpes que a libertaram de algumas dívidas, mas contraiu outras... Internada na Mansão, foi preparada para receber seus antigos cúmplices como filhos, na esperança de se libertar definitivamente das algemas do passado delituoso. Silas planeja e realiza o encontro dos irmãos Clarindo e Leonel com Alzira, esposa de Antônio Olímpio. Comovidos, os dois obsessores confessam seus ideais na agricultura e na música, respectivamente, e o instrutor Silas, diagnosticando a renovação sincera de ambos, interna-os na Mansão Paz, com a finalidade de prepará-los para uma nova reencarnação.

11. O TEMPLO E O PARLATÓRIO

Trata da visita de André Luiz e Hilário ao templo e ao parlatório da Mansão Paz, ojetivando recolher novos ensinamentos sobre a lei de causa e efeito. Druso faz considerações a respeito da região infernal em torno da Mansão, onde vivem os que não têm coragem de colher o que plantaram, sublevam-se contra os frutos que geraram. Quando no vaso da carne, a planta da existência se desenvolve, floresce e frutifica, mas no plano espiritual dá-se a seleção natural dos frutos. Orienta que seus pupilos façam um estudo mais aprofundado da lei da causa e efeito entre os encarnados, onde seu mecanismo mais facilmente se revela. No templo destinado à oração, situado fora da Mansão, diante de uma cruz de prata, Silas esclarece que ela é o único símbolo religioso da instituição, para dizer a todos que dele se aproxima que o Espírito de Jesus está presente; esclarece que as centenas de nichos vazios ao longo das paredes do templo oportunizam que os crentes de todas as religiões se dirijam aos Céus segundo a fé que professam, colocando neles suas formas-pensamento. Diz que milhares de almas edificadas no sofrimento passam pelo templo em pranto de arrependimentos, de esperança, de gratidão ou de angústia. Objetivando o estudo, André e Hilário entram em sintonia mental com uma senhora que se dirige à Mãe santíssima, rogando-lhe ajuda; com outra exorando a proteção de Santa Terezinha de Lisieux; uma terceira busca confiante o abnegado Dr. Bezerra de Menezes. Silas adianta que se a alma julgada santa entre os homens não o é no plano da verdade, as preces a ela dirigidas alcançam grupos de Espíritos às quais se ajustam, atuando na obra assistencial em nome do Senhor. Informa como é possível o venerável benfeitor estar presente em diversos locais ao mesmo tempo, socorrendo os que lhe pedem ajuda. No parlatório, do lado de fora do templo, conhecido como o local dos inconformados, ouve-se gritos, lamúrias e até mesmo orações em desespero. Abismados e sensibilizados, os visitantes buscam o socorro na oração.

12. DÍVIDA AGRAVADA

Informa sobre as condições espirituais dos que vivem no locutório e por que não são assistidos pela Mansão Paz. Relata o esforço da espiritualidade para salvar uma jovem do suicídio que tem *dívida agravada* pela reincidência no erro. No locutório, extensão do templo onde se juntam Espíritos desesperados e tristes, vê-se figuras lamentáveis, mulheres com semblantes desfigurados pela miséria, e homens de fisionomias torturadas pelo ódio e pela angústia. Silas informa que são Espíritos com *sentimentos tigrinos*, que ainda não podem ser acolhidos no templo, pois não resistiriam ao impacto da claridade dominante. Muitos clamam com a boca que desejam amparo, mas, na verdade, anseiam pelas vantagens da prece e, se entrarem no templo, tripudiam sobre o nome do Pai. Acrescenta que a permanência da criatura no templo só é possível se ela sintonizar com as forças eletromagnéticas dominantes no recinto. Cooperadores da Mansão ministram esclarecimentos e oferecem consolação pela prece àquelas entidades. Luísa, desesperada, se aproxima de Silas e lhe roga auxílio para a filha reencarnada, que planeja suicidar-se naquele exato momento. No plano físico, a equipe encontra Marina tresloucada, prestes a se envenenar. De joelhos, despede-se da filha de três anos de idade com beijos sôfregos. Silas emite-lhe mensagem ao tímpano da alma e ela, estremecida, roga perdão a Deus pelo que vai fazer e se justifica admitindo que o marido e a filha serão mais felizes sem ela, porque está doente. Silas usa recursos magnéticos para favorecer a prostração e ela, num impulso irrefletido, bate com força no copo de veneno que está à mesa, derramando-se o líquido fatídico e, em seguida, adormece. A história de Marina, de sua filha e do marido interno no leprosário, relatada por Silas, oferece os elementos necessários à compreensão do termo *dívida agravada*. O reencontro de Marina com sua mãe Luísa no plano espiritual fortalece-lhe o ânimo, predispondo-a a continuar na sua prova redentora sem revolta e amargor.

13. DÉBITO ESTACIONÁRIO

Estuda o processo de *imanização fluídica* de dois seres reencarnados em expiação mútua, revelando o porquê da prisão de um Espírito em um corpo deformado. Silas é solicitado a socorrer a irmã Poliana, residente em miserável casebre na zona rural, que luta contra a morte para se manter ao lado do filho Sabino, anão surdo-mudo, ambos tutelados da Mansão. A equipe espiritual encontra a irmã Poliana prestes a desencarnar, ao lado do seu filho

Sabino. Informa que os dois "Acham-se não apenas jungidos à mesma prova, mas imanizados ao mesmo clima fluídico, reciprocamente alimentados pelas forças que exteriorizam, no campo da afinidade pura." Daí a necessidade de mantê-la no corpo físico. O Instrutor magnetiza a água de um cântaro e intensiva a sede da enferma por meio magnético, levando-a a absorvê-la. Poliana dorme, desdobra-se e é levada pelos companheiros para um bosque vizinho e acomodada na relva macia. Silas profere uma oração e, da mata, surgem entidades trazendo energias da natureza associadas aos fluidos das plantas medicinais, que são aplicadas na mãe de Sabino e, refeita, retorna ao corpo físico, sendo as energias aplicadas em seu perispírito assimiladas pelo corpo físico, recobrando forças para continuar viva. Silas comenta sobre a importância do sono para a recuperação da saúde física. Relata a história de Sabino que, pela sua rebeldia e delinquência sistemática, reencarnou *engaiolado* em corpo disforme, paralítico e surdo de nascença, por ser ainda muito perigoso, não lhe sendo permitido interagir naquela existência com encarnados e desencarnados, tornando-se irreconhecível, não só pelas numerosas vítimas, mas também, pelas suas ligações nos planos infernais e que, se assim não fosse, tanto na Terra como no Espaço, sua identificação provocaria perturbações e tumultos de consequências imprevisíveis. No *débito estacionário*, Sabino guarda a mente trabalhando em circuito fechado para que ele pense para si mesmo, refletindo no mal que já causou, preparando-se para uma nova oportunidade que lhe será facultada. Poderia ser encarcerado em algum lugar no plano espiritual, mas ele foi ferido pelo remorso e mereceu essa condição, em vez de ficar submetido ao contágio mútuo das chagas morais com outros delinquentes, gerando o inferno em que vivem transitoriamente.

14. RESGATE INTERROMPIDO

Analisa os conflitos domésticos e a separação dos cônjuges, considerando que, na sua maioria, se dá em função do desejo. Ildeu, fascinado pela amante, vive doloroso conflito, reconhecendo sua dificuldade em amar Roberto, o filho que parecia censurar seus atos com o olhar, mas ama as filhas Márcia e Sônia com desvelado carinho, sentindo dificuldades em deixá-las com a mãe, no caso de uma separação. Nasce o nefando intento de assassinar sua esposa, Marcela. Silas, convocado a prestar socorro ao grupo familiar, contata as péssimas companhias espirituais no lar do casal e intensifica a guarda espiritual, indicando dois companheiros que se revezam dia e noite, afastando os obsessores atraídos pelos pensamentos do esposo infiel, que se mantém articulando assassinar a esposa. Silas, na noite em que Ildeu intenta executar o nefando crime, usa de recursos magnéticos e faz com que Márcia, desdobrada, observe o quadro do que vai acontecer e acorda em desespero, impedindo o pai de praticar o homicídio. Marcela desperta, vê o marido de revólver em punho, interpreta que ele pretende se matar e, desesperada, roga que não o faça. Envergonhado, abandona a família, sem ouvir as considerações da esposa sobre o erro que está cometendo. Silas diz que o divórcio é compreensível como providência contra o crime, mas não se pode negar que se dá a interrupção de um programa de resgate pelo casamento, podendo haver uma recapitulação perfeita, se não houver renovação das partes. Esclarece que separações conjugais se dão com facilidade porque o casamento, na maioria das vezes, é fundamentado nos desejos, que se alteram a cada dia. Alerta que a falência de um cônjuge e o sucesso do outro dá ensejo a uma demorada separação, até que o fracassado conquiste elevadas condições morais para o reencontro.

15. ANOTAÇÕES OPORTUNAS

Dilata a compreensão do sexo além do campo erótico, elencando as sérias consequências do uso indevido da libido. Na Mansão Paz, André Luiz e Hilário entrevistam o instrutor Silas a respeito do amor de Ildeu pelas filhas Sônia e Márcia e da aversão pelo filho Roberto, e invoca a tese do complexo de Édipo, de Sigmund Freud. Silas assegura que a teoria do psicanalista austríaco é insuficiente para o entendimento completo da atração e repulsa entre pais e filhos, sem o contributo da lei de reencarnação. O materialismo da psicanálise, não indo além do campo fisiológico, não considera os arquivos da inconsciência do Espírito, onde o ego guarda as experiências de vidas passadas que lhes promove os impulsos, dando a resposta à equação das afinidades. Que as referidas teorias pecam por reduzir o comportamento do homem à força da libido, na busca do prazer, mas que, não obstante, muito contribuiu para a psicologia se aproximar mais dos labirintos da alma. Esclarece que a amnésia infantil é condição decorrente da inadaptação temporária da alma em seu novo veículo físico, mas que, já na fase de infância, o ego externa suas reminiscências, manifestando, instintivamente, simpatias e desafetos. Reconhece a força atuante da energia sexual no ser humano, mas recomenda que não se pode a ela imputar a prática de todos os atos. Adverte que os casais que evitam filhos geram sérias e dolorosas consequências pela aplicação da lei da causa e efeito, pois adiam realizações sublimes que fatalmente lhes serão cobradas. Comenta sobre o destino dos delinquentes do sexo, que voltam à carne sob o impacto de vibrações desequilibrantes, apresentando mutilações congênitas, alienação mental, paralisia, câncer infantil e enfermidades psíquicas, na forma de inquietação, angústia, idiotia etc. Oferece subsídios para a compreensão da inversão sexual, considerando que o sexo é a soma das qualidades femininas e masculinas que caracterizam a mente. Finaliza advertindo que "O sexo no corpo humano é assim como um altar de amor puro que não podemos relegar à imundície, sob pena de praticar as mais espantosas crueldades mentais, cujos efeitos nos seguem, invariáveis, depois do túmulo..."

16. DÉBITO ALIVIADO

Estuda um caso de *débito aliviado* em razão do trabalho abnegado do devedor no sentido do bem. Em visita a uma instituição espírita, Silas, André Luiz e Hilário observam o tarefeiro Adelino Correia que, embora acometido de eczema crônico em parte da cabeça, nos ouvidos e em pontos da face, mantém-se no trabalho do esclarecimento evangélico e do amparo desinteressado a quantos lhe procuram. Um Espírito solicita a Silas ajuda para minorar o sofrimento de abnegado servidor. O assistente assegura que Adelino, em desdobramento pelo sono, já é atendido por dois médicos do plano espiritual; outro desencarnado pede ajuda para o médium que enfrenta séria crise financeira, em razão do seu desprendimento e da ajuda material que oferece a sua mãe e aos seus dois irmãos enfermos. O Instrutor o acalma dizendo-lhe que a rede de simpatia tecida por Adelino faz com que a ajuda necessária à sua sobrevivência venha dos amigos. Narra a vida passada de Adelino como filho adotivo de abastado fazendeiro, quando cultivou o orgulho e abusou das escravas donzelas; que se apaixonou pela jovem madrasta e, com ajuda dela e de dois capangas, envenenou o pai adotivo, tomando-lhe os bens e a esposa, justificando-se, assim, o eczema em quase todo o corpo. Sua condição de esposo abandonado e a crise financeira pela qual vem passando, e seu devotamento a dois filhos adotivos, seus ex-capangas, comparsas no parricídio, consequências do seu passado. O pai de Adelino, que o perseguiu por muitos anos no plano espiritual, foi albergado na Mansão com sincero desejo de renovação íntima, e o reencontro de Adelino com o pai se dá pelo recém-nascido enjeitado à sua porta e que ele o aceitou com muito amor e carinho, tendo oportunidade de ressarcir sua maior dívida. Agora em companhia de Druso, ouvem dele: "Ajudando aos outros (Adelino) desbasta, dia a dia, o montante dos seus débitos, uma vez que a Misericórdia do Pai celestial permite que os nossos credores atenuem o rigor da cobrança, sempre que nos vejam oferecendo ao próximo necessitado aquilo que lhes devemos [...]", ficando claro que Adelino tem o seu *débito aliviado*.

17. DÍVIDA EXPIRANTE

Relata a desencarnação de um católico sincero e trabalhador no bem, estudando as características de uma *dívida expirante*. No pavilhão de indigentes de um hospital, Silas, André Luiz e Hilário estudam a condição física do moribundo Leo, que se exaure rapidamente com os pulmões quase destruídos, comportando-se com bravura e serenidade. Silas revela que Leo está em processo de *dívida expirante*. André Luiz o entrevista mentalmente e ele desvela seus últimos pensamentos e sentimentos sobre seus familiares e amigos, sem perceber que está sendo interpelado pelos Espíritos, fala de sua resignação e fé em Jesus; assegura nada recear porque está na companhia de Jesus; sabe que seu retorno ao mundo espiritual se dará naquela noite, e que perdoa todos os que lhe foram cruéis. Ainda mentalmente, diz ter sido injustiçado pelo seu irmão Henrique, que o considerou incapaz e tomou-lhe a parte da herança que lhe cabia, mas que hoje o lastima e perdoa, pois acredita que ele é muito infeliz. Silas narra a vida pregressa de Leo na condição de Ernesto, filho de ricos fidalgos que, com a morte dos pais, ficou encarregado de cuidar do irmão Fernando, que sofria de incurável idiotia. Envergonhado do irmão pela sua condição, orgulhoso e arrogante, amante de festas requintadas, em companhia de pessoas da alta sociedade, resolve encarcerar o irmão no fundo do quintal, deixando-o receber apenas as visitas de alguns escravos; livre, passa a gastar toda a fortuna da família com a esposa volúvel. Não satisfeito, tenta a morte do irmão de várias formas, até que resolve assassiná-lo, pondo a culpa em dois escravos que libertou e mandou para longe, ficando livre do julgamento da lei dos homens. Hoje, Leo, com os pulmões em frangalhos, sofre as dores das punhaladas que desferiu no tórax do irmão Fernando, que o abandonou aqui por considerá-lo um alienado mental. André interroga Silas como identificar uma dívida expirante, e o Instrutor sabiamente responde: "Quando a nossa dor não gera novas dores e nossa aflição não cria aflições naqueles que nos rodeiam, nossa dívida está em processo de encerramento".

18. RESGATES COLETIVOS

Estuda as formas e os critérios de socorro espiritual nos desastres coletivos com mortes violentas. Na Mansão Paz, André e Hilário assistem em um televisor a movimentação socorrista dos Espíritos em um acidente aéreo, e observa que uma equipe é enviada para a remoção de seis entidades das catorze que desencarnaram. Descreve as condições dos acidentados conforme vê na televisão: almas algemadas aos seus corpos, gemidos de dor, gritos desesperados, enquanto amigos espirituais, calmos e atenciosos, operam o socorro. Druso ensina que, num resgate coletivo, o desastre é o mesmo para todos, mas a morte é diferente para cada um dos envolvidos. André e Hilário se candidatam para o trabalho de resgate, mas Druso observa que eles têm a tarefa de colher material didático para despertar os encarnados para as verdades espirituais, não devendo registrar aquelas imagens, que podem destruir o ânimo daqueles que pretendam auxiliar, adiantando que a libertação da alma do seu corpo físico, naquela situação, será feita por Espíritos rigorosamente treinados, e que nem todos serão libertados igualmente, pois a *morte física* é uma coisa e a *emancipação espiritual* é outra. Esta depende da condição moral de cada um e que, nessas situações, todos estão colhendo o seu plantio. Quanto ao sofrimento dos pais, esclarece que as perdas de entes queridos, que tanta dor causam aos familiares, sinalizam que estes podem ter sido, em vidas passadas, os coparticipantes dos delitos daqueles mesmos entes vitimados pelo acidente aéreo. Relata a história de Ascânio e Lucas, dois benfeitores que, depois de cinco séculos de trabalho redentor, aspiraram à ascensão a planos mais elevados e foram surpreendidos com o registro de nefasto delito cometido por eles no século XV, quando assassinaram dois companheiros e jogaram-nos do alto de uma fortaleza. Ofereceram-se, então, para sofrer a mesma experiência. Retornaram ao corpo e se dedicaram à aviação, desencarnando em um desastre aéreo. A lembrança de vidas passadas das vítimas do acidente aéreo dependerá do crédito de cada um deles, já que nem todos os que desencarnam estão devidamente preparados para conhecer seu passado delituoso. Melhor será trabalhar na reforma interior, apagando paulatinamente o mal cometido com o bem praticado a favor do próximo. Conclui que ninguém se eleva a pleno Céu sem plena quitação com a Terra.

19. SANÇÕES E AUXÍLIOS

Analisa as causas do sofrimento dos desencarnados nas esferas purgatoriais, comprovando que as enfermidades humanas, na sua maioria, têm origem no desrespeito ao corpo físico. Ensina que as dificuldades das provas na experiência terrestre têm como objetivo conclamar os Espíritos rebeldes à renovação mental, para evitar o sofrimento maior. Diante da escultura do corpo humano, na qual se vê todos os seus órgãos protegidos pelos sistemas nervoso, sanguíneo e endócrino, Druso enfatiza a importância do corpo físico para a purgação da consciência culpada. Detalha a função do sistema endócrino e esmiúça o desempenho dos hormônios no equilíbrio ou desequilíbrio da saúde. Enfatiza que a atuação correta de tais hormônios depende do comando mental, razão pela qual é imperiosa a renovação da mente na preservação da saúde. Realça o valoroso trabalho educativo realizado por benfeitores espirituais nas zonas purgatoriais, preparando os que ali chegam para retorno à carne, considerando suas deploráveis crises alucinatórias, pelo mau uso dos bens na vida terrena. Lembra que o alcoolismo, a gula, a leviandade nos esportes e na dança, a calúnia, a perversão dos sentimentos, os abusos dos dotes físicos, o escárnio e o mau uso da audição e da visão geram no veículo fisiológico enfermidades, muitas vezes, solicitadas pelos próprios agentes, tais como o eczema, as alterações da tireóide, a afonia, lesões no campo genésico, a cegueira, a mudez, a epilepsia, o diabete e muitas outras, sendo elas as sansões instituídas pela Misericórdia divina em favor de nossa recuperação espiritual. Complementando, tece comentários sobre a *dor-evolução*, a *dor-expiação* e a *dor-auxílio*, salientando que todas estão a serviço da elevação espiritual do ser.

20. COMOVENTE SURPRESA

Narra o reencontro de Druso com sua segunda esposa, Aída, na Mansão Paz, e sua despedida como diretor da caridosa instituição. André Luiz rememora, emocionado e agradecido, os três anos de estudo e experiências na Mansão Paz, usufruídos por ele e por seu companheiro Hilário, sempre sob a tutela do diretor Druso e do assistente Silas. Pontua as dificuldades com as tempestades magnéticas e os ataques de legiões de Espíritos rebeldes e ferozes; a fé e a abnegação do diretor da instituição, sempre recorrendo à oração na busca da ajuda e da misericórdia divinas, que nunca lhe faltaram, tendo em vista a sua boa vontade em cooperar com os desvalidos de toda ordem e sua dedicação ao trabalho assistencial, tratando a todos com o mesmo carinho, compreensão e tolerância. Na Mansão, à noite, se apresenta uma pobre mulher em lastimável condição espiritual, com aspecto cadavérico, pedindo perdão e mencionando, desesperada, o nome Druso, que, estarrecido, reconhece Aída, sua ex-esposa, que também interroga sobre o paradeiro do enteado Silas. Relata seus sofrimentos nas zonas purgatoriais por ter sido uma esposa má e confessa não ter compreendido seu bondoso esposo, e se diz madrasta de Silas. Após aplicar socorro magnético em Aída, Druso se dirige ao Criador: "Agora que me devolves ao coração criminoso a companheira que envenenei no mundo, dá-me forças para que eu possa erguê-la do abismo de sofrimento a que se precipitou por minha culpa!..." Diante do acontecimento, Druso se prepara para passar o comando da Mansão ao companheiro Arando, esclarecendo que ele e Silas iniciarão preparativos para uma nova vida no corpo físico, onde irão receber Aída como filha e assim prestar contas à Justiça divina, tal como sempre ensinaram. André Luiz e Hilário também se despedem da Mansão, após três anos de estágio, enriquecidos com novos conhecimentos sobre as causas da dor que aflige o ser humano e, comovido por ter que se distanciar dos amigos com quem muito aprendera, finaliza André Luiz: "Quem admitirá que a separação seja apenas uma flor triste na Terra dos homens?".

Resumo do livro[2]

EVOLUÇÃO EM DOIS MUNDOS

Estuda a "evolução filogenética" do ser, objetivando aliar o conceito rígido da ciência e a mensagem consoladora de Jesus rediviva pelo Espiritismo. Apresenta estudo científico envolvendo conhecimentos de física e biologia, dividido em duas partes: a primeira contém 20 capítulos, subdivididos em vários itens como: fluido cósmico; evolução e hereditariedade; evolução e sexo; existência da alma; mecanismo da mente e simbiose espiritual; a segunda consta de 20 capítulos, tratando de temas como: alimentação dos desencarnados; matrimônio e divórcio; aborto criminoso e invasão microbiana. A convite do Espírito André Luiz, os médiuns Francisco Cândido Xavier e Waldo Vieira receberam os textos em noites de domingos e quartas-feiras, respectivamente nas cidades de Pedro Leopoldo e Uberaba, no Estado de Minas Gerais. Esclarece que "o homem não está sentenciado ao pó da Terra, e que da imobilidade do sepulcro se reerguerá para o movimento triunfante, transportando consigo o céu ou o inferno que plasmou em si mesmo."

---

[2] Optou-se por não se resumir os capítulos desse livro considerando sua distinta natureza em relação às demais obras que integram a coleção *A vida no mundo espiritual*.

Resumo do livro[3]

MECANISMOS DA MEDIUNIDADE

Apresenta o estudo e a explicação espírita da mediunidade à luz da Ciência. Objetiva oferecer aos médiuns e interessados os recursos preciosos para o conhecimento de si mesmos e os mecanismos que envolvem o fenômeno mediúnico. Através de linguagem científica, traz, em 26 capítulos, conceitos sobre energia, átomo, onda mental, química nuclear, reflexos condicionados, ideoplastia, psicometria, animismo e obsessão, entre outros. A convite do Espírito André Luiz, os médiuns Francisco Cândido Xavier e Waldo Vieira receberam os textos em noites de quintas e terças-feiras na cidade de Uberaba, no Estado de Minas Gerais. O prefácio de Emmanuel e os capítulos pares foram recebidos pelo médium Francisco Cândido Xavier; e o prefácio de André Luiz e os capítulos ímpares foram recebidos pelo médium Waldo Vieira. Ressalta a importância da mediunidade com Jesus, demonstrando que, além dos conhecimentos necessários, surge o impositivo da disciplina e da moral evangélica como fatores de aprimoramento e felicidade da criatura em trânsito para a realidade maior.

---

[3] Optou-se por não se resumir os capítulos desse livro considerando sua distinta natureza em relação às demais obras que integram a coleção *A vida no mundo espiritual*.

Resumo do livro

SEXO E DESTINO

Narra a história real de duas famílias residentes no Rio de Janeiro do início do século XX — os Torres e os Nogueira —, cujos membros, jovens e adultos, se digladiam movidos por amor, paixão, vaidade, luxúria e ódio, complicando suas existências de forma trágica e dolorosa, favorecendo obsessões doentias e avassaladoras. É o décimo segundo livro da coleção *A vida no mundo espiritual*, uma obra apaixonante, o romance mais denso e dramático ditado por André Luiz, dividido em duas partes, cada uma com 14 capítulos. A primeira foi psicografada por Waldo Vieira, e a segunda, por Francisco Cândido Xavier. Conforme diz o autor espiritual: "Sexo e destino, amor e consciência, liberdade e compromisso, culpa e resgate, lar e reencarnação constituem os temas deste livro, nascido na forja da realidade cotidiana." O autor assegura que não foi retirado um só til das verdades que entretecem o romance por ele ditado, e que o seu propósito não é desnudar a verdade para julgar quem quer que seja, mas sim o de aprender com a experiência dos seus protagonistas, cujos nomes foram substituídos por razões óbvias. O sexo como legado divino e o lar como refúgio santificante são mostrados deixando a ideia clara de que ninguém consegue lesar alguém nos seus dotes afetivos sem que, posteriormente, passe por dolorosas reparações. A história apresenta duplo aspecto: culpados incorrendo em consequências trágicas e, por outro lado, o amparo para os vencidos que aceitam a luz da retificação. No conjunto, a obra versa sobre temas nascidos da realidade cotidiana, como amor e consciência; liberdade e compromisso; alcoolismo; divórcio;

homossexualismo; culpa e resgate; lar e reencarnação. Amplia o nosso conhecimento a respeito da influência dos Espíritos obsessores com a anuência do influenciado, e da atuação dos benfeitores espirituais no esclarecimento dos mesmos; sobre os sentimentos do espírito desencarnado quando em contato com os entes queridos encarnados. Veicula conceitos da Espiritualidade superior, em torno de sexo e da construção do destino, advertindo sobre a responsabilidade, após a morte, ante o reencontro da própria consciência. Destaca a habilidade dos benfeitores no trabalho de arguição mental, com a finalidade de obter informações pretéritas de quem necessita de ajuda. Relata que os Espíritos, no plano espiritual, analisam as necessidades da próxima etapa reencarnatória, no entanto, por motivos vários, deixam-se levar pelas paixões que lhes frustram as possibilidades de libertação. Lembra que a existência física, da infância à velhice, é dom inefável, e que cabe a todos louvar com gratidão a Deus pela oportunidade da reencarnação. Demonstra como o Espírito pode se tornar visível pelo adensamento da forma física, resultante fruto da mudança do ritmo vibratório do corpo espiritual. Enaltece a transformação íntima do vampirizador Moreira a partir da influência da Doutrina Espírita na mudança comportamental de Cláudio Nogueira, sua vítima; exorta a prática do perdão para a recuperação do ofendido e do ofensor. Revela a existência do Instituto *Almas Irmãs*, no plano espiritual, e enaltece o mérito de seu trabalho na reeducação sexual de encarnados e desencarnados. Detalha o trabalho de sonoterapia realizado no Espírito Beatriz para rememorar fatos da existência anterior com o objetivo de curá-la da demência a que foi acometida depois de visitar os familiares na Crosta. Noticia a despedida do benfeitor Félix, como diretor de Almas Irmãs, devendo se preparar para sua próxima reencarnação, considerando a aplicação da lei de causa e efeito na retificação do caminho evolutivo. André Luiz conclui sua narrativa confessando suas emoções, chegando às lágrimas ao se afastar daqueles com quem convivera, rogando ao Senhor por todos eles, e agradecendo a oportunidade que tivera de cooperar sem esperar reconhecimento.

Resumo dos capítulos

PRIMEIRA PARTE — MÉDIUM WALDO VIEIRA

1

Oferece reflexões sobre a vida no corpo físico e sua finalidade, nem sempre compreendida pela maioria dos seres. Em Nosso Lar, André Luiz pondera sobre a vida e a morte, o vai e vem das existências terrenas, que começam no berço e se desdobram no além-túmulo, significando para muitos o desencanto, por não encontrarem o céu teológico que aprenderam ser fácil de granjear; que na veste física contamos com a bênção do esquecimento temporário, mas, ao atravessar a fronteira do túmulo, nos reencontramos com a própria consciência, cobrando-nos a responsabilidade dos atos cometidos. Delineia a personalidade de seu amigo Pedro Neves, devotado servidor daquela colônia, enfatizando sua experiência nos empreendimentos socorristas, sempre denodado e humilde, mas que se mostra reflexivo, arredio e preocupado. Afirma que ele está em Nosso Lar há quarenta anos, e que deixou na Crosta Enedina, com dois filhos, Jorge e Ernesto; que ela se consorciou com um homem ambicioso e desonesto, cuja fortuna a seduziu, juntamente com os filhos, os quais se entregaram ao luxo e aos prazeres, se distanciando mentalmente dele; que a ex-esposa de Pedro Neves desencarnou há dez anos, mas, não obstante seus esforços, foi acolhida por entidades infelizes e, até então, se compraz na viciação, não conseguindo fugir de si mesma. Jorge e Ernesto, já cidadãos maduros, estão intimamente ligados ao padrasto, afirmando não serem filhos de Neves, mas sim da união do padrasto com Enedina, o que ela não desmentiu. Revela que tem Neves uma filha, Beatriz, de quem jamais se separou pelos laços espirituais, e se conserva fiel ao seu nome. Hoje, casada e com um único filho, Beatriz prepara-se para o regresso, com o corpo torturado pelo câncer. Neves se diz debilitado para enfrentar as intrigas de família, e que se mantém à cabeceira da filha doente, mas teme cometer erros desastrosos. André Luiz oferece seus préstimos para ajudá-lo ao lado da enferma.

2

Esclarece a situação em que se encontra a filha de Pedro Neves e as dificuldades para assisti-la espiritualmente. André Luiz, em companhia de Pedro Neves, visita a enferma Beatriz, abatida e preocupada com a certeza da desencarnação próxima, recordando que perdera o pai na infância, mas se mantém ternamente ligada a ele. Ao seu lado, Amaro, um enfermeiro desencarnado, informa que o irmão Felix já fez sua visita diária a Beatriz. Diante das dores agudas da enferma, Neves aplica-lhe passes e ela relembra os tempos felizes no lar, quando criança, ao lado do pai e o chama mentalmente. Uma jovem, na condição de enfermeira improvisada, entra no aposento, mede a pulsação da enferma e aplica-lhe injeção anestesiante, na intenção de aliviar-lhe as dores. Aproxima-se da janela, acende um cigarro e, entre baforadas, pensa em algo que nada tem a ver com o momento. André, no intuito de cooperar com Neves e com sua filha, ausculta os pensamentos da enfermeira e a vê envolvida com um homem maduro, ambos extasiados de paixão, em cenas de inebriantes carinhos. Observa, ao mesmo tempo, seu envolvimento amoroso com um jovem, passeando com ela de carro, em jardins públicos e parques, como crianças enamoradas, revelando sua dupla personalidade de mulher dividida entre dois homens. Neves se irrita com a revelação e se lamenta, quando é consolado por André Luiz, que o convida à sala de leitura para as reflexões devidas.

3

Demonstra como o Espírito esclarecido pode se deixar vencer pelas emoções terrenas e cair em desespero, tornando-se incapaz de ajudar a quem ama. Pedro Neves fala que recebeu preparo no plano espiritual para cooperar na arena doméstica, mas sente-se abatido diante das leviandades do genro e, se não fossem as necessidades da filha querida, já teria abandonado tudo. Conta que, ao procurar o genro na noite anterior para assistir a esposa pessoalmente, encontrou-o em uma casa de dança, em companhia da enfermeira que trata de Beatriz, trocando carícias e envolvidos por entidades vampirizadoras, reconhecendo, envergonhado, que foi tomado de irresistível cólera, sentindo o homem velho renascer em si, digladiando-se com o homem novo que aspira ser. Enfatiza que atuara em muitas comissões socorristas para esclarecer e consolar desencarnados, que de volta ao antigo lar se transformavam em obsessores, mas, ao presenciar o próprio genro traindo a filha enferma, não se conteve e o agrediu perispiritualmente, fazendo sentir-se mal. Sem esperar, Pedro foi orientado por bondosa senhora desencarnada a não reagir daquela forma, solicitando acompanhar-la até o quarto de Beatriz, deixando-o sem nunca mais aparecer... Nemésio, o esposo de Beatriz, adentra a casa e se dirige ao quarto da enferma e conversa com ela carinhosamente, animando-a, prometendo resolver o caso de sua amiga Olímpia; fala dos presságios do médico sobre seu breve restabelecimento, e ela fica reanimada, mas, às escondidas, ele entrelaça sua mão com a da enfermeira, gerando pensamentos indignos para aquele momento. André olha instintivamente para o amigo e ele exclama: "Este homem é um enigma."

4

Demonstra como o pensamento negativo do observador sobre o comportamento de alguém estimula nele o magnetismo animal. Pedro Neves não consegue se libertar da ilusão da posse sobre os ex-familiares e reprova a conduta do genro com relação à filha. No aposento em que conversam, entram Marina e Nemésio, que iniciam a trocar carícias, fazendo ele mil e uma promessas de felicidade à jovem, como sua futura esposa, convencendo-a que Beatriz ainda necessita dele, que não quer fazê-la sofrer mais, que tenha paciência, pois ela morrerá logo segundo o médico. André Luiz detecta na mente da enfermeira que ela tem o pensamento voltado para o outro namorado. Ouvindo as juras de amor de Nemésio, Marina chora e se culpa pela situação embaraçosa que alimenta com ambos os namorados. Lembra-se de que se aproximou do marido de Beatriz por reconhecimento e admiração, mas está arrependida das concessões íntimas que lhe faz, pois ama loucamente o outro, por isso se debate numa guerra de emoção e sensação. Inventa situações domésticas para justificar seu choro e Nemésio, iludido, oferece-lhe dinheiro, buscando acalmá-la. André analisa que a expectativa maliciosa dele e de Neves ao observar os amantes, acompanhando-lhes os gestos e ouvindo-lhes as palavras, prejulgando-lhes os desígnios com base nas próprias experiências inferiores já superadas, gera correntes mentais que lhes estimulam o apetite sensual. Percebe a condição íntima de seu amigo Neves e o vê como um encarnado vulgar, em pleno desequilíbrio vibratório, assinalando que poderia entrar em crise de violência. Adentra o ambiente o irmão Félix, entidade radiosa, emanando amor, paz e segurança, deixando André Luiz extremamente emocionado, acreditando estar diante de alguém que ele conhecera e que com ele tem profunda ligação. Com a chegada do irmão Félix, que lhes desviou a curiosidade enfermiça sobre os dois namorados, observa, então, esmorecer-lhes os impulsos apaixonados e logo se dirigem para a câmara de Beatriz, buscando atender-lhe as necessidades. Ao notar que Neves pretendia iniciar conversação sobre os últimos acontecimentos, o irmão Félix, sabiamente exclama: "Meus amigos, nosso Nemésio está seriamente enfermo, sem que ainda o saiba. Ignoro se já lhe notaram a deficiência orgânica... Procuremos socorrê-lo."

5

Diagnostica os problemas físicos de Nemésio e desvela os traços psicológicos de sua personalidade no sentido de ajudá-lo. Félix, com a cooperação de André e Neves, analisa as deficiências orgânicas de Nemésio no campo circulatório, diagnosticando o aumento considerável do coração, o endurecimento das artérias e um quadro grave de arteriosclerose, concluindo que ele corre o risco de iminente enfarto. Em seguida, provoca-lhe o histórico mental e ele, inconscientemente, diz o que vem sentindo ultimamente: passa por fases de desconforto, chegando a perder os sentidos, e que já fora advertido a buscar assistência médica, mas se desculpa por não ter tempo para pensar nele, já que deve acompanhar Beatriz, que necessita de sua atenção naquela travessia tão dolorosa. Confessa que se sente jovem e deseja ardentemente gozar a vida com Marina; que somente buscará ajuda médica após tê-la em seus braços como esposa; que antes deve à enfermeira passeios, noitadas, entretenimentos próprios de um homem fisicamente disposto e viril; que, para comprovar sua libido, entrega-se a noites de orgias, favorecendo que ele seja mais generoso com a esposa que não a tem como mulher. Félix traça o perfil psicológico do genro de Neves como sendo um sexagenário vaidoso, de gosto refinado, que usa roupas selecionadas e bons perfumes; preocupa-se com a aparência da pele, dos cabelos e do corpo em geral; busca estar sempre em locais onde possa atualizar a linguagem e requintar o porte; vale-se de terapias que lhe favoreçam a disposição ao prazer, daí não querer se preocupar com o esgotamento de seu organismo pelos excessos aos quais se rende. Félix encoraja Neves dizendo-lhe que entende sua cólera, mas ele, demantado, chora e agride o genro com palavrões, confessa não suportar tanta maldade com sua filha. Frente às tentativas de fazê-lo entender que o momento era o de exercitar o que aprendera e ensinara, Neves replica que não tem condições de aprovar o que o genro faz em termos de traição conjugal, e o mentor lhe responde que não pede a ele para aplaudir a enfermidade, nem louvar o desequilíbrio, mas é crueldade recusar simpatia e medicação ao doente. Faz considerações a respeito do caráter de Nemésio, mostrando-lhe os aspectos positivos, sendo estes suficientes para que seja digno da ajuda que possa favorecer sua regeneração, e conclui: "A sublimação progressiva do sexo, em cada um de nós, é fornalha candente de sacrifícios continuados."

6

Estuda a obsessão consentida e harmoniosa entre encarnado e desencarnado, e demonstra a mudança de comportamento de Neves diante do exemplo do instrutor espiritual Félix. Com a saída de Nemésio e Marina, Pedro Neves pede desculpas a Félix pelo seu comportamento, e o Instrutor pondera "[...] que a edificação espiritual, em muitas circunstâncias, inclui explosão do sentimento [...]." Os amigos espirituais aplicam passes em Beatriz para dormir e se manter presa ao corpo, em razão da sua fragilidade orgânica, que favorece aprofundada consciência da realidade espiritual, o que não lhe convém no momento. Em visita ao lar de Marina, se deparam com duas entidades vampirizadoras na entrada do edifício, dando mostras de que o ambiente espiritual está indefeso. Adentram no apartamento de Cláudio Nogueira, pai de Marina, cavalheiro de traços finos, de aproximadamente 45 anos de idade, bem vestido, fumante, habituado aos aperitivos alcoólicos, estando na companhia das referidas entidades, que lhe pedem, insistentemente, uísque. Cláudio, sintonizado com os apelantes, obedece docilmente e absorve a bebida, fundindo-se os dois perispiritualmente, tal como o sapato se ajusta ao pé. O fenômeno se repete para satisfazer ao segundo companheiro. André pesquisa o processo de fusão e conclui que ele aceita a simbiose de livre e espontânea vontade, numa associação implícita, satisfazendo-se encarnado e desencarnados. Félix esclarece que a hipnose é tema complexo que reclama exames minuciosos com todos os ingredientes morais que digam respeito, e que não interfere naquele intercâmbio entre Cláudio e seus dois companheiros, porque ele é homem inteligente, maduro, experimentado, sabe o que quer, e vive como deseja, retendo a liberdade ampla de escolha, e tem os amigos que lhe apraz, diferentemente do que acontece na casa de Nemésio, onde mantém de plantão o irmão Amaro para afugentar os intrometidos desencarnados, por levar em consideração o estado enfermiço de Beatriz e suas virtudes, acrescentando que ela tem o hábito da oração, imunizando-se. Acrescenta que os chamados *temíveis obsessores* de Cláudio nada mais são que sócios estimáveis e amigos; que ali se vê o problema pela superfície, nada se sabendo das raízes da permissiva ligação, não sendo possível, portanto, ministrar o medicamento adequado. Que no momento nada pode fazer por Nogueira, pois que *cercear* deve ser entendido no sentido de *corrigir*, *restringir*, e que todos vivemos na área de responsabilidade que a lei nos delimita; que a responsabilidade de cada um é do tamanho do conhecimento que possui, e os que têm grande autoridade sobre as multidões respondem pelo destino que aponta para elas; no sentido do bem ou do mal, cada um responde pelos recursos que lhe foram confiados. Félix envolve Nogueira em clima de carinho, acaricia seus cabelos e conclui: "Quem afirmará que Cláudio amanhã não será um homem renovado para o bem, passando a educar os companheiros que o deprimem?"

7

Biografa Marita e revela sua relação com os membros da família Nogueira. No apartamento de Cláudio, encontra-se a jovem Marita, reflexiva, demonstrando carregar o peso de tribulações profundas. André Luiz provoca-lhe a anamnésia espiritual na busca de conclusões para o trabalho assistencial, e assim descreve seus pensamentos: sofreu profundamente, aos 11 anos de idade, ao saber que não era filha consanguínea do casal, e a verdade sobre sua mãe, contada por dona Márcia, esposa de Cláudio, dizendo friamente que a *adotou porque gostava de Aracélia* e que *era melhor ela saber daquela forma do que pelos outros*. Conta que sua mãe biológica era mulher alegre, gostava de festas, muito dedicada ao seu trabalho e à família Nogueira. Apresentando-se grávida, jamais contou quem era o verdadeiro pai, por ser impossível um casamento digno com ele; após seu nascimento, sua mãe ficara muito abatida, irritada, melancólica e buscou a morte tomando formicida. Até o momento da revelação, se ligava a dona Márcia como sendo ela sua verdadeira mãe, e tinha Marina como sua irmã de sangue, conservando na memória os momentos de felicidade que passou com todos durante a infância e a adolescência, usufruindo dos mesmos bens e carinhos da família, mas, agora, sentia que as atenções e mimos eram regrados, sentia-se enjeitada, diminuída, lesada... Seu sofrimento era minimizado pela dedicação de Cláudio, que se mostrava mais terno, mas dona Márcia e Marina a deixavam só em assuntos de moda, de sexo e de outros temas tão próprios da sua idade; às vezes dona Márcia demonstrava que a dedicação e a confiança não haviam morrido, oferecendo-lhe apontamentos sábios e doces, mas eram momentos fugazes que produziam incertezas e insegurança em seu coração jovem, inexperiente e carente de calor fraterno; mantinha uma personalidade dúplice, ora amando-a com desvelo, ora sendo indiferente e sarcástica; Marina não perdia oportunidade de biografá-la para as colegas como irmã adotiva; aos 17 anos iniciou a trabalhar no estabelecimento de Cláudio e, certa feita, um de seus colegas de trabalho, com quem já havia saído para um lanche ou sorvete, beija-a inesperadamente e ela reage indignada, pedindo respeito para ela e para a noiva dele, mas o rapaz de caráter inferior sorriu sarcasticamente, deixando-a às lágrimas. Apaixona-se por Gilberto, filho de Beatriz, neto de Neves, e a ele se entrega de corpo e alma, mas sofre porque o rapaz já não se interessa por ela como antes, vindo descobrir que está sendo envolvido por sua irmã Marina. Mas o que ela não sabe — lamenta André Luiz — é que Marina está namorando com Gilberto e com o pai dele.

8

Descreve o drama vivido por Marita diante da tentativa de sedução do seu pai adotivo, vítima de uma possessão partilhada. Ainda no quarto de Marita, André Luiz acalma seu amigo Pedro Neves, irritado com a situação que envolve seu neto, seu genro e as duas moças, Marina e Marita, e lembra a ele que a constituição de uma família se faz com o reencontro de pessoas que se devem ajustar entre si. Se a intenção é ajudar Beatriz, sofrendo o embate das vibrações negativas dos interesses conflitantes entre os membros de sua família, deverão ali cooperar, proteger, realizar o melhor, para que as benesses cheguem até ela; que se não fizerem bem o trabalho, poderão, por ordem superior, ser deslocados para outras atividades, visando não prejudicar a enferma. Neves desculpa-se, reconhece que ainda está preso às raízes consanguíneas dos parentes, declara-se disposto a dominar-se, pois se reconhece temporariamente perturbado, regressando ao temperamento do passado. Cláudio entra na câmara de Marita acompanhado de seu vampirizador, que lhe comanda os pensamentos, num autêntico fenômeno de *possessão partilhada*, quando se dá o casamento das intenções e desejos do encarnado com os do desencarnado, não havendo violência do livre-arbítrio. O vampirizador de Cláudio demonstra não ser um simples dipsomaníaco, mas um profundo conhecedor das paixões humanas, argumenta com sofismas arguciosos, insistindo que Marita é a mulher que lhe fará um homem feliz; que dará fim a sua carência afetiva e à vida simulada de um lar de fachada; que ela não é sua filha por tê-la criado, pois essa condição não passa de artifício social; que ele tem direito a ela e ela também o deseja. Cláudio, na tentativa de justificar suas intenções descabidas, revela mentalmente conhecer o romance da Marina com Nemésio Torres e com seu filho Gilberto, ao mesmo tempo, classificando-a de *mulher livre*; que ele, a esposa e Marina simplesmente se toleram, e que Marita é a flor no ramo espinhoso dos antagonismos flagelantes do seu lar arruinado. Confessa saber do romance de Marita com Gilberto e espera que ela seja machucada pelas circunstâncias e caia em seus braços para torná-la sua amante. Reluta, deseja recuar, mas força sedutora das palavras do seu vampirizador corrói sua resistência e ele se aproxima da filha adotiva, ainda com os olhos úmidos, busca saber se foi Gilberto o causador de suas lágrimas e acaricia-lhe as mãos. Marita sente a lubricidade do pai em suas palavras e gestos quando ele se queixa da vida que leva com a esposa e com Marina, ressalta seu amor e admiração por ela, que lhe poderia ceder aos rogos e serem felizes, pois ele a ama como mulher. Ensaia um abraço e aproxima seu rosto ao de Marita. André Luiz e Neves emprestam forças à jovem assustada e ela se liberta, rogando-lhe não fazê-la mais infeliz do que já se sente. Cláudio, na tentativa de torná-la refém, diz que o ciúme lhe invade o coração por saber de suas intimidades com Gilberto, devendo ela admitir já ser uma mulher em condições de aceitá-lo como homem e não somente como pai adotivo. Neves cai novamente em desespero, e diz que oração não vai resolver a situação, mas André pede para se conter e confiar. Quando dona Márcia adentra à casa e o barulho da fechadura faz com que Cláudio se recomponha, este abre as janelas do quarto, destranca a porta que fechara intencionalmente, enquanto elabora uma desculpa, dizendo à esposa que descobriu o bico do gás aberto e foi em socorro de Marita, e que os gritos que ela ouviu foram os da filha, que é sonâmbula e estava mais uma vez em terrível pesadelo. Dona Márcia aceita as explicações e ironiza Marita pela sua condição de sonâmbula.

9

Narra a discussão entre Cláudio e dona Márcia, quando revelam seus caracteres insidiosos a abordarem a situação amorosa de suas filhas. Traça o perfil da esposa de Cláudio como sendo senhora quarentona, de cabelos longos e de penteado gracioso, corpo delgado, pele bem tratada, roupa fina a lhe realçar a beleza outonal; tranquila, com sorriso espontâneo, mas alheia a qualquer problema que lhe exija envolvimento a benefício do outro, oferecendo doçura dosada com egoísmo. André Luiz informa que ela conhece muito bem o marido que tem, mas pouco se importa com sua conduta indigna de homem casado e bem posicionado na sociedade; que após o incidente no quarto de Marita, sentados na sala se estudam, se analisam em silêncio, tal como adversários em tréguas cordiais. Ele, desconfiado, espera dela alguma frase, e ela, astuciosa, inicia conversação dizendo que viera mais cedo do baile beneficente porque se sentiu atormentada, pressupondo que algo de errado estivesse acontecendo em casa com a ligação elétrica ou com a invasão de algum ladrão, e que foi bom ele ter chegado mais cedo e consertado o bico de gás. Dona Márcia fala ao marido dos seus padecimentos orgânicos, dos diagnósticos médicos e da necessidade de evitar uma cirurgia arriscada, necessitando de dinheiro para um tratamento especializado. Cláudio responde com ironia, não dando importância à sua saúde e a esposa percebe seu total desinteresse por ela, agora mais do que nunca; magoada, lembra-lhe o sacrifício que teve com as filhas e realça a sua abnegação com a filha adotiva e que ele não reconhece sua luta. Fala do sofrimento de Marina com o namorado e Cláudio diz que sua filha é uma desmiolada graças aos exemplos e às concessões que a mãe lhe dá, e acrescenta que a viu em um coquetel sendo beijada pelo seu patrão Nemésio e que de lá saiu envergonhado. Dona Márcia replica que o mau exemplo é ele que dá com suas noitadas em casas de tolerância, que ele é indigno e mentiroso; acrescenta que já sabe do envolvimento da filha com Nemésio Torres, mas a defende dizendo que ela se dedica caridosamente à esposa de Nemésio em razão do seu sofrimento, e a ele, pela viuvez próxima, que o deixa muito infeliz; mas que Marina ama realmente o filho Gilberto e que é sobre isso que eles devem se importar, pois se trata de um bom partido para a filha. Diz, ainda, que sabe que Gilberto andou namorando com Marita e que os viu na floresta da Tijuca, a sós, em situação íntima... Diante da revelação, Cláudio se revolta enciumado e faz questão de dizer em alta voz, sabendo que Marita o escuta do seu quarto, que Gilberto fez da filha adotiva um trampolim para chegar a Marina. E dona Márcia, mentindo, diz que Nemésio faz gosto no casamento deles e até chama Marina de futura nora. Cláudio presume que Marita ouve toda a discussão e fica feliz, pois espera que toda aquela trama o ajude a se aproximar da jovem, fazendo-a esquecer de tudo e tornando-a sua amante.

10

Relata o sofrimento de Marita após ouvir a discussão dos pais. Marita ouve tudo o que é dito na sala contígua ao seu quarto pelos seus pais adotivos e liga os fatos: Gilberto friamente lhe aconselhara a fazer estudo suplementar para aprimorar sua educação, lembrando-lhe que Marina foi mais além e sabe outras línguas; que a irmã lhe vem recusando intimidades, percebendo sua indiferença com ela; que o filho de Nemésio se afastou dela, sendo envolvido pelas artimanhas de Marina. Reconhece-se enganada por ele e pensa em lutar pelo seu amor, mas não tem certeza de ser correspondida; pensa em suicídio e em fratricídio, mas repele tais ideias por não se coadunarem com seus princípios morais; horroriza-se com o fantasma do pai a desejá-la como sua amante; rememora os acontecimentos e percebe as artimanhas de Cláudio, acreditando que a traição de Gilberto abra caminho para se aproximar dela e, sopesando todas as ocorrências, sente medo do ninho familiar. Lembra-se da mãe suicida e busca as razões do seu ato, admitindo ter ela sofrido humilhações por um amor impossível, por ter sido enganada, chegando ao desespero de se autoaniquilar. Pensa na possibilidade de uma comunicação, conforme ouviu dos espíritas, e que sua mãe onde estiver que a abençoe, que a encoraje naqueles momentos difíceis para ela. Inesperadamente, duas senhoras desencarnadas penetram o quarto e uma delas, demonstrando menos experiência, inclina-se para a jovem e a envolve em carinhos: era Aracélia, que vinha acudir às angústias da filha. Entoa uma velha canção de ninar e Marita dorme. Ao afastar-se do corpo, a entidade mais experiente diz que a mãe ainda não está em condições de ajudar, mas pode oferecer uma canção de ninar como qualquer outra mãe ao ver o filho em desespero. André Luiz reflete e diz: "Quem conseguirá definir com palavras humanas a essência do amor que Deus situou nas entranhas maternas?!..." Marita, desdobrada, busca recuperar a lucidez e se afasta às pressas do edifício onde mora. André e Neves deixam-na à vontade, sob vigilância discreta, buscando estudar-lhe as tendências, os ímpetos que deixamos se manifestar durante o sono. Ela sai em direção à casa de Nemésio e encontra Gilberto nos braços da irmã, trocando carícias afetivas. Desesperada, xinga-os e retorna ao lar, despertando atribulada, com a fronte suarenta, dores de cabeça e febril, lembrando detalhes do acontecido, entra em pranto agoniado e somente concilia o sono aos clarões de um novo dia.

11

Revela os males produzidos na alma pela paixão devastadora e demonstra a boa vontade dos Espíritos em cooperar com Marita, para aliviar seus sofrimentos. Marita chega ao prédio onde mora, em Copacabana. No apartamento, descobre que está sozinha. Pensativa, recapitula os acontecimentos do dia anterior. Sente fome, faz um lanche frugal e, em seguida, liga para a casa de Nemésio e alguém lhe diz que Gilberto não está. Fica esmorecida, admitindo mil e uma hipóteses da sua ausência em casa naquele momento. Pensa em sair para se distrair, mas desanima: o corpo pede repouso. Lembra-se do pai adotivo, que deve chegar, e sente medo. Apaga todas as luzes e tranca a porta do seu quarto à chave. Cláudio chega e tenta abrir a porta e, não conseguindo, fica frustrado, toma alguns goles e sai batendo a porta, revelando seu desgosto pela privação de seus desejos, sempre acompanhado pelos dois amigos vampiros. André e Neves aplicam recursos magnéticos em Marita, ela adormece e se desdobra, pergunta por Gilberto e, enquanto é contida pelos amigos espirituais, entra no quarto uma senhora desencarnada a mando de Félix, e os três conduzem a jovem até uma instituição espírita, onde se apresentam à irmã Percília, que passa a conversar com a frágil moça, mas esta, fascinada pelo ex-namorado, não registra o que se passa a sua volta, agindo como criança perdida, fazendo perguntas levianas e desconexas. Indaga se ali é mesmo o clube onde costuma se encontrar com Gilberto, qual o motivo de tanta mudança no salão de baile; vendo, no ângulo oposto da sala de trabalhos mediúnicos, um grupo de servidores desencarnados na tarefa assistencial, adverte que a orquestra não deveria ficar tanto tempo sem tocar; ouvindo buzinas de carros na rua, quer saber se é o namorado que está chegando. André esclarece que ela está com o raciocínio obliterado e, por isso, arquiteta criações mentais resultantes de sua fixação no mundo relacionado com sua vida ao lado do Gilberto. Félix ampara Marita com a ternura de um pai amoroso e dá início a uma operação magnética longa e minuciosa e, solicitada a falar, ela gagueja pedindo a presença de Gilberto. Pede ajuda e busca o apoio maternal de Percília. O mentor informa que a intervenção magnética efetuada não irá ultrapassar a superfície, favorecendo-lhe apenas o sono, já que a paixão se convertera em psicose grave, chegando ao desvario afetivo, podendo ela cair em possessão, "[...] aquela na qual a vítima adere, gostosamente, ao desequilíbrio em que se consome." Acrescenta que uma forma de evitar a alienação mental seria socorrê-la com alguma enfermidade, mas seu organismo no momento se mostra debilitado, e ela, perturbada, correria o risco de desencarnar, devendo-se, portanto, esperar pela sua resistência moral.

Na saída da instituição, Neves confidencia que Percília é a mesma senhora que o assistiu no cabaré, quando ele agrediu Nemésio, notando que ali ela não tem o distintivo luminoso com o qual se apresentou a ele no cabaré. Marita, reconduzida ao corpo, dorme profundamente.

12

Revela as dificuldades que os bons Espíritos encontram para cooperar com os encarnados em razão de se isolarem com suas paixões. André Luiz informa que o irmão Félix é Espírito piedoso e fraterno, muito ligado aos membros da família Nogueira, mas se apresenta triste por não ter conseguido, até então, conduzi-los pelo caminho espiritual que programara junto com eles. Félix diz que acompanhou a reencarnação dos quatro, e que Cláudio e Márcia fizeram promessas de empregarem seu tempo na sublimação íntima, corrigindo os excessos de outras épocas, mas que todos têm resistido às sugestões reparadoras; que muitos amigos do grupo, desiludidos, os abandonaram ao próprio arbítrio, porque elegeram o dinheiro e o sexo desgovernados por ideais de sua vida; que Marina e Marita não aprenderam com eles a construir a felicidade real; que, por tudo isso, ele não se via no direito de solicitar da Espiritualidade superior socorro especial para eles. André pede permissão para cooperar com Neves ao lado de Beatriz e para estender suas atenções à família Nogueira. Neves confessa sua preocupação com Beatriz, e admite não saber ajudá-la nos momentos cruciais, mas concorda que André Luiz se divida entre ela e os Nogueira. André visita a loja onde Marita trabalha e a encontra alimentando pensamentos positivos. A jovem marca um encontro com a mãe adotiva e narra tudo sobre as intenções do pai adotivo, e confessa que a tem como sua verdadeira mãe e que não sabe como fugir daquela situação constrangedora. A esposa de Cláudio expõe a versão que seu marido deu aos fatos, dizendo que ela, Marita, é que vem alimentando ilusões sobre ele e que até admite ser o comportamento comprometedor e inadequado, consequência do seu sonambulismo, e que o médico dissera, certa vez, que ela sofria de nictofobia — medo da noite — e, por isso, na noite em que estava aos gritos, em agoniado pesadelo, ele foi socorrê-la e ela se jogou nos braços dele, querendo beijá-lo; que ele estava disposto a oferecer-lhe uma viagem à Argentina para que pudesse espairecer e se recuperar fisicamente, acreditando que o trabalho tenha consumido suas energias. Lembrou, com sarcasmo, que Aracélia era também moça namoradeira e que os sonâmbulos realizam proezas inesperadas; que Cláudio tem sido um pai exemplar, incapaz de qualquer procedimento menos digno. Marita contém sua revolta e compreende a mentira que o pai adotivo inventou e não encontrando outra saída no momento, resolveu calar-se. Passam-se cinco dias e André Luiz é procurado na casa de Beatriz por um mensageiro, avisando que uma senhora procura Cláudio no banco para tratarem de assunto que lhe interessa. No escritório a senhora Crescina, de caráter duvidoso, informa a Nogueira que sua filha Marita combinara um encontro em sua casa, no mesmo quarto em que ele costuma usar, como fiel freguês que é, e que trazia o bilhete que ficara de entregar ao Gilberto, que deverá dar a resposta por ela. Cláudio lê o bilhete e vacila entre a cólera e o ciúme, mas naquele momento confabula com seu amigo vampiro e os dois traçam um plano para dar o golpe certeiro na presa ingênua. Remunera a senhora Crescina e diz que entregue o bilhete somente depois das catorze horas. Em seguida, liga para Gilberto e marca um encontro em um restaurante e lá diz que já sabe do seu romance com Marita; que ele queria vê-la feliz, mas que ela chegara à paixão doentia, marcando um encontro com ele em local não recomendável, mas que ele deveria responder se irá, mas, na verdade, quem estará lá será ele, na condição de pai amoroso e compreensivo, para desviá-la das intenções inconvenientes, oferecendo-lhe na ocasião um passeio à Argentina, na esperança que ela se restabeleça e encontre o equilíbrio emocional. Gilberto se vê aliviado por escapar do compromisso assumido com Marita e aceita o plano; confessa, em seguida, seu amor pela irmã Marina. Cláudio e Gilberto ficam costurando os últimos detalhes do plano sórdido, enquanto André Luiz e Neves se dirigem para o Flamengo, intrigados e conjecturando o que estaria para acontecer...

13

Relata o esforço de André Luiz para descobrir os planos de Cláudio e do seu obsessor, que tentam seduzir Marita. André Luiz busca ajuda de

Félix, mas não podendo contar com ele, resolve agir sozinho e, durante uma hora de meditação e concentração em frente ao mar, adensa seu corpo perispiritual, adéqua sua vestimenta e sua linguagem para contatar com o obsessor de Cláudio. No prédio, é atendido por Ricardo Moreira e o interroga sobre seu amigo, que gostaria de se entender com ele, e é informado que se diverte fora dali. Interessado em sondar-lhe o íntimo, André se diz cansado e pede para repousar por alguns minutos, Moreira se irrita e diz que a casa já tem dono e que diante dos *descascados* (desencarnados), quem manda ali é ele, que fosse dormir na rua. André se afasta diante da ameaça de agressão física, retorna ao mar e volta a sua forma peculiar, lamentando o fracasso. Volta ao apartamento na hora do almoço e lá encontra dona Márcia e Cláudio junto com seu vampirizador, que se alimenta por *osmose fluídica*. Estuda suas formas-pensamentos e se inteira do plano urdido para mais à noite, quando deverão dar o bote fatal na presa indefesa, que é Marita. Cláudio, fingindo não saber de nada, pergunta pelo destino das filhas e Márcia responde que Marina foi a Teresópolis, a serviço, e que Marita vai trabalhar até mais tarde, não se devendo esperá-la para o jantar. Ele exulta e deduz que seu plano está dando certo, que vai estar com a filha adotiva no lugar do Gilberto. André vai até a casa onde se dará presumido encontro, e lá encontra tudo calmo no plano material, mas o vozerio é grande entre os desencarnados que ali vivem. Crescina telefona para Gilberto, combina o local para entregar-lhe o bilhete de Marita e ele responde com outro bilhete que estará no quarto às vinte horas, pensando que Cláudio vai no lugar dele, para repreender a filha. Marita recebe a resposta e se prepara para o momento em que se entregará ao seu amor. Preocupado com o destino da jovem, André se movimenta em várias direções buscando encontrar quem lhe capte as inspirações de ajuda, para criar uma situação que impeça Marita de chegar ao local combinado, mas somente o chefe dela, de leve, sente seu pedido mental e pensa em pedir-lhe para trabalhar até mais tarde, mas desiste quando faz os cálculos do quanto irá pagar a mais. Antes das vinte horas, Cláudio se aproxima da residência de Crescina, entra em contato com o porteiro e diz que está ali para resguardar a honra da família e proteger sua filha de um sedutor, e lhe remunera para que, quinze minutos antes das vinte horas, cause um apagão na casa, inutilizando um dos fusíveis, para que ele possa se aproximar do namorado mal-intencionado e saber de quem se trata e salvar a filha de tamanha desgraça. André encontra Félix nas imediações da casa de encontros e narra todo o drama e, quando os dois adentram a casa, as luzes se apagam e veem que Cláudio penetra o quarto onde se encontra Marita, que se joga em seus braços, crendo tratar-se de Gilberto, entregando-se a ele plenamente. André e Félix se colocam em oração silenciosa. Crescina, sabendo do combinado com o porteiro, deu ciência do que se passava, pois temia acontecimentos desastrosos com o encontro do namorado de Marita com seu pai. Decorridos vinte minutos, a luz se faz e se percebe certo alvoroço e veem que Marita pula a janela fugindo, e dona Márcia, aos gritos, chama o marido de canalha, lamentando não ter ouvido a jovem infeliz e, sôfrega, diz ao esposo que sabia de tudo a respeito dele com Aracélia e que somente ele não percebeu que a mãe de Marita somente conheceu um homem, que foi ele, Cláudio, e que, portanto, ele acabava de desonrar a própria filha.

14

Relata o sofrimento de Marita caminhando pelas ruas de Copacabana, sua tentativa de suicídio e o acidente que a levará à morte. Félix e André seguem Marita, que caminha aturdida após fugir da casa de Crescina. O sofrimento, a repugnância, o desespero tomam conta do seu corpo e da sua mente, e ganha extensão a ideia de suicídio. Busca desvendar a trama, saber o porquê de estar seu pai adotivo naquele quarto e não Gilberto. O namorado estaria envolvido naquela ignomínia? Caminha apressada e alcança o Largo do Passeio, tem medo, continua a andar e chega à Praça Marechal Floriano. Irmão Félix a envolve com halo de otimismo, de esperança, ideias positivas de paciência, perdão, tolerância, mas a dor na alma é como um vulcão em erupção. Pega um táxi e dá o destino, mas descobre que esqueceu a bolsa no ato da fuga, pede dinheiro emprestado a sua amiga Cora para pagar o táxi, e solicita usar o telefone; liga para Gilberto, disfarça a voz e o jeito de falar, assemelhando-se a Marina, e diz que está chegando de viagem e quer notícias, fazendo perguntas indiretas. Gilberto conta tudo o que sabe, pensando estar conversando com Marina e, então, Marita descobre como tudo aconteceu e tem a certeza de que ele gosta mesmo é de sua irmã. Despede-se de dona Cora, dizendo-se gripada, não podendo demorar mais, e é orientada a buscar a farmácia do senhor Salomão. Lá ela solicita o remédio para a gripe e pede uma dose fulminante de veneno para sua cadela Joia, que foi condenada pelo veterinário. Senhor Salomão vai ao depósito e lá é abordado mentalmente por Félix, que o alerta que a moça está com intenção de se matar, que olhe na sua fisionomia e verá que está sofrendo da alma e não do corpo. O experiente farmacêutico assimila a inspiração e, em lugar de veneno, entrega à moça desvairada dez comprimidos de sonífero. Marita se afasta, pega água em um bar, atravessa a rua, busca um recanto perto da praia de Copacabana: queria partir contemplando o mar... Recorda a meninice sem a mãezinha, que sofreu o suficiente para buscar a morte como ela; imagina não ter um lar naquele momento, mas dispõe da praia hospitaleira e amiga... Com a ajuda da água, engole os dez comprimidos, se encosta e se entrega a um sono brando. Era quase uma hora da madrugada. Dois desencarnados que rondavam o local prestam ajuda, e Félix administra recursos magnéticos para que ela não se afaste do corpo, usando até mesmo acupuntura magnética espiritual. Pela manhã surge um gari deseducado, chamando-a de vagabunda e despertando-a com solavancos e apalpadelas, desrespeitando-lhe o corpo. Marita se levanta atordoada, cambaleando pela rua, não sabendo se havia morrido. Nas ruas, transeuntes, carros, jovens semiembriagados, todos oferecendo dificuldade a sua caminhada, quando, de súbito, um automóvel em alta velocidade atropela a infeliz, que é jogada na calçada e bate com a cabeça em uma pedra, ficando de bruços. Atônitos todos, Félix aplica-lhe energias e a vítima se move, ficando de cúbito dorsal, o que facilita sua respiração, até os primeiros socorros e, demonstrando uma dor incomensurável, envolve Marita como um pai extremoso e ora em voz alta. Solicita a André Luiz ir ao Flamengo para inspirar em Cláudio e Márcia compaixão, piedade e a ideia de um acidente com Marita, levando-os a telefonar para saber o paradeiro da filha, enquanto ele tentará impedir que ela desencarne sem o devido preparo, malogrado por não poder salvar aquela criatura gravada de duras provas. Antes de partir, André ouve exclamações de que a jovem havia morrido, olha para Félix e compartilha com ele a dor que está sofrendo naquele momento, acreditando ter sido tudo inútil, quando observa um imenso fulcro de energia a descer do firmamento sobre aquele recanto em Copacabana e, entusiasmado, acredita que a batalha não arrefecera, e ainda "Tínhamos conosco o suprimento do amor e a luz da oração!... Nem tudo estava perdido..."

SEGUNDA PARTE — MÉDIUM FRANCISCO CÂNDIDO XAVIER

1

Descreve a luta dos Espíritos benfeitores para conseguirem o socorro humano para Marita depois de acidentada. Pela manhã dona Márcia está pensativa, com os olhos empapuçados de chorar, pensando em se desquitar de Cláudio, que ressona unido ao seu vampirizador, ambos embriagados. Márcia atende o telefone, passa-se pela empregada e diz que o dono da casa não está. Zeca, do outro lado da linha, informa que Marita sofreu um acidente e foi levada pela ambulância, mas o boato é que ela morreu. Márcia fica atribulada e recorda o que aconteceu naquela noite, pensa em Aracélia: mãe e filha ultrajadas pelo mesmo homem a ponto de procurarem a morte, admitindo que Marita tenha se suicidado. André Luiz intervém em seu pensamento e a faz meditar sobre as tribulações da filha adotiva e pede que busque saber onde ela está e vá oferecer-lhe apoio; que telefone para a polícia, para hospitais, e Márcia imagina a filha estendida na pedra fria do necrotério, comove-se e chora, mas logo se liberta da influência espiritual e se deixa dominar pelo orgulho de mulher que não pode ser sentimentalista, e sopesa as vantagens e desvantagens do acontecimento: Marina em véspera de se casar com o filho de Nemésio, de família milionária; deverá buscar uma boa história para explicar o fato de Marita estar fora de casa naquela noite; fazer calar os comentários que pudessem prejudicar o relacionamento deles com a família Torres. Depois que a filha se casasse, aí, então, pediria o divórcio e não antes. No pronto-socorro, André se encontra com Félix sendo ajudado por dois médicos desencarnados, assistindo à jovem ainda inconsciente, com sérias lesões no peritônio e descontrole dos esfíncteres. Félix e André se dirigem ao apartamento de Marita, mas antes, Félix adensa seu corpo perispiritual, assume a característica de homem vulgar e informa que assim procede para melhor ajudar, pedindo ajuda, que chegou a hora de implorar socorro para Marita aos que a feriram amando. No apartamento, Moreira atende desfechando impropérios que Félix ouve humilde e serenamente, e depois lhe diz do acidente. Não acreditando, o obsessor vai até o hospital e lá chegando mergulha numa torrente de lágrimas ao ver a moça naquelas condições, e sai rapidamente em busca de Cláudio. Félix informa que Marita recebeu uma moratória de quinze a vinte dias, para meditar e se preparar para a vida espiritual; que poderia permanecer assim por muito mais tempo, sem falar, mas o peritônio sofreu contusões de efeitos irreversíveis. Moreira influencia Márcia a dizer o que sabe ao marido e Cláudio se desloca para o hospital seguido de um médico da família que providencia a transferência da enferma para o Hospital Central de Acidentados, para receber tratamento específico e minucioso, com urgência. Acomodada em nova cama, André opera um procedimento denominado de *adição de força*, usado para quem está nos últimos lances da resistência para se manter no corpo físico. Félix pede que ele adense o corpo para ser visto por Moreira, na esperança de sensibilizá-lo. Em seguida chega Cláudio e Moreira, e os dois cambalearam aflitos. Era a hora do balanço de consciência. Cláudio pensa na sua infância e na juventude, quando se excedeu nos desvarios sexuais; lembra-se das mulheres que enganou, parecendo que estavam todas ali querendo dele se vingar. Ajoelha-se ao lado de Marita, seguido de Moreira, e chora alisando os cabelos dela e grita vencido, chamando-a de minha filha, observando-se que o obsessor lhe acompanha no mesmo sofrimento. André se emociona, vendo ali os verdugos de Marita rogarem amor. Abraça os dois, ora e conclui que eles não eram os estupradores, os obsessores, os inimigos, os carrascos que ele detestava na véspera. Eles eram seus amigos, seus irmãos.

2

Relata a dor e a angústia de Cláudio diante da filha acidentada e seu encontro com o Espiritismo. Félix vai à busca de cooperadores para amenizar os sofrimentos de Marita, e o pai de Marita solicita um especialista para ela. Moreira observa tudo o que se passa e, já simpatizando com André Luiz, aprende com humildade determinadas técnicas que passa a operar a benefício de Marita. Entidades zombeteiras se aproximam com gestos sarcásticos, obscenos, se referindo à acidentada, deixando o ex-perseguidor assustado, mas, encorajado por André Luiz, reassume sua condição de enfermeiro, instilando energias e reaquecendo os pulmões de Marita com o próprio hálito. Diante daquele quadro, em que a paixão se transforma em ternura, diz André Luiz: "[...] nem sempre é o salva-vidas, tecnicamente construído, a peça que assegura a sobrevivência do náufrago, e sim o lenho agressivo que teimamos em desdenhar." Nogueira telefona para Márcia e pede sua presença, mas a esposa, insensível, apresenta uma série de desculpas, dizendo-se sobrecarregada de afazeres; que ele, ao lado dela, já era socorro suficiente, e que não se envolvesse com muitas despesas. Demonstra não querer se envolver com nada, acrescenta que ficará em casa tricotando. Ele volta ao aposento da filha agonizante e passa a meditar sobre os delitos que cometera a vida toda e que sempre ficaram ocultos, mas que agora lhe afluíam da consciência. Lembra-se de Aracélia, a genitora de Marita, moça inexperiente que ele enganou, mas que lhe dera a filha querida que tentara o suicídio por sua culpa. Diante de lembranças delituosas, e premido pelo remorso, a ideia de suicídio lhe aflora à mente, mas a esperança da recuperação da filha o impede de se manter naquele desiderato. Moreira se dedica inteiramente a Marita, oferecendo-lhe energias estimuladoras, abraçando-a com a veneração de quem se consagra a uma filha querida, esquecendo-se do hálito fétido que o corpo dela exala, com a pele manchada de excrementos. Cláudio telefona para Marina e esta diz que não pode ajudá-lo, pois dona Beatriz está próxima a falecer e não pode deixá-la a sós. Apresenta-se o farmacêutico Salomão e conta o que se passou entre ele e Marita antes do acidente, e que está ali pela admiração que tem pela moça e propõe ajuda na condição de espírita. Diz ter fé na oração e nos passes e pede autorização para levar seu amigo até ali e Cláudio aceita esperançoso, adiantando que jamais tivera qualquer preocupação religiosa. À noite, o farmacêutico com Agostinho entram no aposento de Marita, e Cláudio reconhece que aquele senhor é um dos mais respeitados clientes do banco. O senhor Agostinho ora, aplica passes de longo curso, que promovem melhoras notáveis na enferma, passando ao sono reconfortante. Após conversarem sobre o acontecido, Agostinho oferece a Cláudio *O evangelho segundo o espiritismo*, prometendo voltar na manhã seguinte.

3

Descreve a transformação íntima do pai de Marita após fazer a leitura de *O evangelho segundo o espiritismo*. Nogueira reflete a respeito do procedimento de Salomão e de Agostinho, dedicando-se a socorrer os infelizes. Não era somente o simples vendedor de remédios que acreditava no poder da oração e nos recursos do passe, mas, também o comerciante instruído e abastado, que não se deixa levar por superstições. Nogueira pergunta a si mesmo: "Que doutrina aquela, capaz de induzir um cavalheiro dinheiroso, a entrar em prece, num quarto de hospital, chorando de compaixão por arrasada menina, à beira da sepultura?" Estava atormentado, reconhecia-se enfermo da alma, sentia-se só, tinha fome de companhia, desejava agarrar-se a alguém e pedir-lhe ajuda. André Luiz o inspira a ler *O evangelho segundo o espiritismo* e, ao abrir no capítulo XI, se detém no item "Caridade para com os criminosos." Mas antes de ler teme encontrar acusações, sentenças condenatórias, já que se reconhece um filicida, no entanto, fica surpreso ao encontrar naquelas singelas linhas somente brandura e entendimento e, chorando profusamente, decide ler mais e mais e, durante quatro horas ininterruptas, adquire conhecimentos acerca da reencarnação, pluralidade dos mundos habitados, maravilhas da caridade, prodígios da fé fortalecida nos postulados do cristianismo renascido com aquela doutrina que desconhecia. Reflete profundamente sobre sua vida e admite que viera ao mundo para receber Marita como filha e ampará-la em obediência a uma programação estabelecida por Deus, mas não foi nada disso que fez. Solicita, comovido, que ele possa tomar o lugar da filha, para que ela continue a vida, ou que continuem juntos para que ele possa se dedicar plenamente à filha como nunca fizera, para que não lhe falte o ensejo de reajuste e reparação. André sente-lhe o desespero e lhe inspira confiança, dizendo-lhe para interpretar o remorso como sinal de parada e pensar; que medite sobre a Justiça divina, exercida com compaixão; que se fixe na renovação que começa. Moreira observa preocupado que Cláudio, envolvido ternamente por André, se ajoelha à cabeceira do leito de Marita e pede perdão, com a voz embargada chamando-a de *minha filha*. E ela geme como a dizer que ouvira a súplica do genitor. O ex-vampirizador abraça o amigo querendo reconfortá-lo e sente que já não existe a sintonia de antes, pois o estudo do Evangelho promoveu em Cláudio uma mudança íntima, e percebe que não mais o controla como pretendia, sente-se melindrado e triste. André aconselha que ele se eleve ao mesmo padrão vibratório de Nogueira para desfrutar-lhe a convivência. Apresentam-se no ambiente dois colaboradores enviados por Félix, que se juntam ao Moreira na tarefa de energização de Marita. André aplica passes em Cláudio e o faz dormir. Moreira acompanha aquela aproximação amistosa com desgosto, sentindo que está perdendo terreno no comando do seu amigo. Informa André que Marita reassume o comando dos centros cerebrais que foram totalmente lesados, podendo ouvir, cheirar, raciocinar relativamente, mas continua hemiplégica e sem fala. Narra o que se passou com Marita após o acidente: se viu consciente como se estivesse presa em um sepulcro, pensando, sentindo o corpo, mas não conseguindo movê-lo, recordando os últimos acontecimentos desde o telefonema a Gilberto, na casa de dona Cora, até o atropelamento com o automóvel. Desesperou-se para se fazer notar, mas sem efeito; tentou gritar, mas não conseguiu. Arrependeu-se do que fez, quis chorar mas não encontrou lágrimas. Marita escuta os passos da enfermeira e ouve a respiração do pai, sente o mau cheiro. De repente fixa sua mente em Marina acusando-a de ser a autora de seus infortúnios, considerando-a inimiga imperdoável, pois lhe roubou todas suas afeições; Moreira, que perdera a sintonia com o pai de Marita, encontra-a agora com a filha, e passa a estimulá-la, gerando para ele energias inferiores de que necessita para se manter na demência, fazendo com que retorne a expressão de brutalidade que lhe marcava a condição anterior. Não ouve as orientações de André para se acalmar, abandona o seu posto, entra em crise de loucura e sai em busca de Marina. André calcula os prejuízos que ele causará na casa de Nemésio, vai até lá e encontra Beatriz em coma, sendo assistida por toda a família, incluindo Neves. Logo a seguir, entra Moreira acompanhado de quatro camaradas truculentos e carrancudos, acerca-se da filha de dona Márcia e grita encolerizado: "Assassina!... Assassina!..."

4

Historia os acontecimentos perturbadores desenrolados na casa de Nemésio, no momento da desencarnação de Beatriz. Marina, após a agressão de Moreira, sente-se mal. Neves se inquieta, sem conhecer o motivo da invasão dos obsessores naquele momento, soltando impropérios, quando sua filha está sendo esperada no mundo espiritual. André sugere, mentalmente, que Marina se retire do local, admitindo que assim as entidades infelizes se afastarão do ambiente. Moreira afronta André, dizendo-lhe que ele a protege porque não conhece bem a moça e desvela seus procedimentos com relação ao namoro e bacanais com pai e filho ao mesmo tempo; diz que não está ali para maltratar a moribunda, e que estranha o seu comportamento defendendo Marina. André responde que assim age em deferência a Nogueira e Marita, que são pai e irmã da enfermeira. O ex-vampirizador se acalma e despede-se de seus companheiros. Marina capta a solicitação e se locomove para outro cômodo, tenta dormir e não concilia o sono. Interrogada mentalmente por Moreira, ela conta sua versão dos acontecimentos entre ela, Marita, Gilberto e Nemésio, demonstrando frieza e crueldade com relação à morte da irmã, admitindo que foi melhor assim, para que possa tranquilamente usufruir sua felicidade ao lado do filho de Nemésio. Sabia, por informação do médico, que a vida de Marita estava por alguns dias, sendo recomendado que nada se dissesse ao pai, pois estava profundamente abalado. Ao registrar as confissões de Marina, Moreira fica apreensivo, pois Marita lhe oferecia recursos fluídicos, fornecendo-lhe sensações de euforia, robustez e masculinidade, tal como se vale de Cláudio para viver sobre a Terra como qualquer ser humano. Brada colérico com a enfermeira e, após longas elucubrações sobre seu futuro auspicioso ao lado de Gilberto, ele a chama de assassina, dizendo-lhe que jamais será feliz. Diante das acusações que penetram pelas brechas de sua consciência culpada, Marina passa a duvidar da tranquilidade ao lado do filho de Nemésio, admitindo que poderia ter evitado o sofrimento e o suicídio da irmã se fosse honesta e piedosa com ela; rememora seu romance com Gilberto e se acusa de ter sido ardilosa. O remorso ganha campo, domina-lhe a mente e ela chora. A consciência se debate, sentindo tal como pretendeu Moreira. Nemésio tenta confortá-la, dizendo-lhe que em poucos dias se casariam, sem ouvir as frases ultrajantes lançadas por Moreira. André busca convencê-lo a deixar o recinto, mas ele diz que está ali na condição de um bisturi na retirada de um tumor, e que, por isso, não pode ser censurado; diz que André está perdendo seu latim com ela, pois com a saída do pai, entrará o filho, o que acontece imediatamente, mas antes de qualquer observação, Félix surge e envolve Moreira num abraço paternal e lhe diz que ele está fazendo falta a Marita, pois desde a sua saída ela vem apresentando desfalecimento, e ele retorna imediatamente ao hospital. Lá André nota que, não obstante a boa vontade do Espírito Telmo, insuflando-lhe energias, Marita não lhe assimilava a influência com tanta segurança como acontecia com Moreira. Esclarece que "Telmo, rico de forças, apoiando-a, lembrava um sapato novo e precioso em pé doente." Moreira reassume sua posição e, ao invés de perseguidor minutos antes, passa à posição de cooperador, manifestando simpatia e compaixão.

5

Narra o velório de Beatriz, as crises obsessivas de Marina e a declaração da intenção de Nemésio à dona Márcia em se casar com Marina. Moreira continua oferecendo suas energias à filha de Aracélia, como um pai cuidando da filha que encontrara, favorecendo melhoras consideráveis. Irmão Félix parabeniza o ex-obsessor pela sua dedicação, informa do desenlace de Beatriz e convida André Luiz a socorrer Marina, em risco de cair nas garras dos vampirizadores contratados por Moreira, tendo em vista sua vida mental comprometida pelo remorso. No velório, Nemésio e Gilberto demonstram fisionomias cansadas pela enfermidade prolongada de Beatriz, cujo Espírito, ainda inconsciente, está nos braços de irmãs afetuosas que a preparam para levarem-na a uma organização socorrista no plano espiritual do Rio de Janeiro, onde fará um estágio e seguirá viagem rumo a plano mais alto, devidamente merecido. Marina chora compulsivamente, revelando amor sincero àquela que se fora. Pergunta, intimamente, se ela a estará vendo sem os subterfúgios de outrora; sente vontade de confessar sua culpa, mas tem medo de não ser atendida, e sofre acicatada pelo remorso. Pai e filho olham com simpatia o seu comportamento sem, no entanto, saberem, verdadeiramente, as razões de suas lágrimas, apenas cada um desejando-a para sua esposa, sem saberem que são rivais naquele propósito. Durante o velório, o ambiente se degrada em razão das conversas libertinas entre os amigos de Nemésio, que passam a contar anedotas infames e a bebericar, dando pasto aos desencarnados infelizes e beberrões que invadem o recinto, mantendo-se em livre vampirização. Félix recomenda que Beatriz-Espírito seja isolada com recursos anestesiantes, para não ser atingida pelas vibrações de baixo teor, ali produzidas, em nome da solidariedade afetiva perante a morte, e se retira com André Luiz e demais companheiros que cuidavam da falecida. O senhor Torres, por telefone, solicita à mãe de Marina que ela permaneça por alguns dias em sua residência para administrar os empregados e colocar as coisas em ordem. Lisonjeada com o pedido, prelibando o breve casamento entre as famílias Torres e Nogueira, acata o pedido.

Marina é obsidiada pelos comparsas de Moreira, que perturbam-lhe a mente, fazendo-a sentir-se cada vez mais culpada do suicídio da irmã. Acreditando-se derrotada nos seus sonhos de felicidade, chora facilmente, tem alucinações, tem crises nervosas, mania de perseguição e emagrece, despertando os cuidados dos Torres. Nemésio solicita autorização dos Nogueira para levar Marina à vivenda de Petrópolis, para se refazer do esgotamento sofrido e roga uma audiência com seus pais para costurar detalhes da viagem. É recebido por dona Márcia, que se desculpa pela ausência do marido, comentando o acidente e todos os últimos eventos que envolveram as famílias, antes de tratar da referida viagem a Petrópolis. A certa altura da prosa, quando Nemésio se expressa dizendo que ele é para Marina mais do que um protetor, amigo ou pai, Márcia desconcerta-se e relembra o que o marido lhe dissera sobre o relacionamento da filha com o seu patrão, e que ela não quis admitir. Após alguns lances de esgrima oral, o visitante confessa suas intenções com a ex-enfermeira de Beatriz e Márcia demonstra espanto nos olhos, o que é interpretado por Nemésio como sendo um júbilo materno, e se encoraja a relatar seus bens imóveis, suas aplicações financeiras e o sucesso de sua imobiliária, no intuito de convencer a futura sogra de que a filha estará fazendo um bom casamento. Márcia faz mil e uma conjeturas, sopesa as vantagens de a filha casar com o pai e não com o filho Gilberto. Por telefone, o médico confidencia a Márcia a piora de Marita, sugerindo que se deseja vê-la ainda com vida, que se apresse. Nemésio se oferece para levá-la e, em poucos minutos, estão no automóvel a caminho do hospital.

6

Detalha encontro de Cláudio e Nemésio no hospital, e relata o avanço do processo obsessivo de Marina. No automóvel, a senhora Nogueira observa o porte físico de Nemésio, admirando-lhe a sisudez e a simpatia, e se pergunta por que a filha prefere o filho e não o pai. No hospital, Márcia tudo faz para demonstrar ao futuro genro que ela é o símbolo vivo de ternura materna e de esposa devotada. Cláudio, abatido e choroso com a situação da filha, demonstra resignação em relação à atitude da esposa indiferente e recepciona ela e seu acompanhante sem reclamar e nada exigir. Reconhece o senhor Torres, lembra-se de que o vira ao lado de Marina em noitadas de orgia, mas recorre aos ensinamentos aprendidos em *O evangelho segundo o espiritismo* e se contém para exercitar a tolerância, e admite não dever julgar aquele que lhe explora a família, recorda-se da lição da *primeira pedra*... Lembrando o que ele mesmo fez com a própria filha, cala-se, declinando do papel de censor. Vê a esposa não mais como inimiga, mas como vítima de sua crueza no passado, quando lhe destruiu as ilusões de jovem recém-casada, relegando-a por sua deformidade física, provocada pela gravidez de Marina, quando se sentia no direito de buscar, fora do lar, o pasto para seus instintos sexuais; inclui entre suas vítimas, Aracélia, a ajudante do lar que ele seduziu. Nemésio, ao entrar no quarto, fica extremamente nervoso ao ver Marita descarnada, lembrando-se da esposa, disfarça sua emoção, busca Cláudio e o encontra chorando; dona Márcia se assombra com a cena, admitindo que chorar é um gesto de fraqueza e assume o comando da situação: conta sua versão dos acontecimentos ao visitante e pede desculpas pela condição do esposo e se confessa traumatizada. Cláudio percebe que ela está mentindo como sempre, mas silencia, admitindo ter sido ele o responsável por ela ser daquela forma, e que agora colhe os espinhos que plantou ao longo dos anos em seu coração. Márcia demonstra repugnância pelo odor desagradável exalado do corpo de Marita, distribui palavras de carinho, despede-se do marido e convida Nemésio a acompanhá-la. Félix pede a André que acompanhe o casal até a residência dos Torres, para ajudar Marina, cuja obsessão se agrava cada vez mais. Nemésio, a caminho, pensa em Nogueira como um cavalheiro fraco, chorão, derretendo-se ao pé da filha, quando deveria estar se preparando para seu falecimento, e se considera um homem de rija têmpera, pois perdera a esposa há pouco, mas se mantém equilibrado. Fala a Márcia dos recantos e passeios maravilhosos do Rio de Janeiro e ela, sabendo qual o tipo de mulher que homens como ele admiram, diz que não os conhece, pois sempre viveu para o lar, se dedicando às filhas, suportando o marido moleirão que ele acabara de conhecer, e que está, de fato, separada dele há anos, embora vivam juntos, declarando-se esposa e mãe sofredora, no entanto, resignada. Ele sente que a presença da sogra é muito agradável, e chega a pensar que poderia ter com ela momentos íntimos, não fosse seu compromisso com a filha. Nemésio sugere a refeição em um restaurante no Catete, o que ela aceitou. À mesa, Márcia fala medindo as palavras e escolhendo gestos que agradem à sua companhia, sempre com o objetivo de impressioná-lo, para que ele a veja como uma mulher requintada, ideal. Agradece-lhe o devotamento pela filha, mas confessa que teme pela sua inexperiência, casando-se com um homem como ele, tão bem preparado. Torres gosta das artimanhas de Márcia e despede-se dizendo que, embora fosse ela sua futura sogra, gostaria que o tivesse como amigo em todas as situações, e ela diz que deseja para a filha toda a felicidade do mundo. O genitor de Gilberto chega em casa, coloca seu pijama e busca encontrar-se com Marina em seu quarto e, querendo surpreendê-la, abre de mansinho a porta e se depara com ela e o filho beijando-se ardentemente. Marina, que está de frente para a porta, o vê e desmaia nos braços do namorado, que nada percebe. O noivo traído se afasta asfixiado e, já no seu quarto, cogita desesperado sobre o que viu, perguntando se o filho está sendo enganado como ele ou está lhe traindo. Gilberto, nada sabendo do que aconteceu, procura o pai para dizer que Marina piorou, que grita, se morde e fere a si mesma. Estava possessa. O pai orienta, sem mostrar sua dor, que procure o médico e a genitora, pois ele não se sente disposto, necessitando de repouso. Márcia e o médico decidem interná-la em uma instituição psiquiátrica. Nemésio confidencia a Márcia o que presenciou e ambos, na maior intimidade, admitem que tudo não passou de *loucura de jovens*, e passam a trocar consolações.

7

Discorre sobre a emocionante confissão de Cláudio nos momentos finais de Marita no corpo físico. Duas semanas após o desastre em Copacabana, Marita prepara-se para desencarnar. Está lúcida e ouve as preces de Agostinho, acompanhadas pelo pai. Sente revolta ao perceber que as mãos do homem que ela tanto odeia limpa seu corpo, remove-lhe os excrementos. Mas, ouvindo ele falar em Deus, orando e tratando-a com tanto enternecimento, fica tranquila. Félix pede que o perdoe e ela pensa que ouve a voz de sua mãe querida. Sim! reconhecia que estava nos últimos momentos de vida física, pensa naquele que lhe trata o corpo como somente uma mãe faz, banhando-o, enxugando-o e vestindo-o com tanto carinho. Ele agora a respeitava e viveria, talvez, carregando amargas penas, e ela estaria livre para viver ao lado da sua mãe. Lembra-se dos carinhos ofertados por ele na infância, do amigo que foi na sua juventude, dos mimos, da companhia nos passeios e festas, e conclui que não era um pai perverso. Admite a possibilidade de ele ser enfermo da alma, infeliz no próprio lar, abandonado pela esposa e evitado pela filha Marina. Depois da loucura, estava ele ali, arrependido, paciente, abnegado, suportando o que ninguém se propôs a suportar por ela. Pensou na possibilidade de dona Márcia e Marina serem doentes também e, quanto ao Gilberto, não podia odiá-lo, pois muito o amava e ele deveria ter suas razões para querer dela se afastar. Após as reflexões, sente-se melhor, tenta chamar o pai para dizer que o considerava um homem de bem e, não conseguindo seu intento, as lágrimas rolam de seus olhos semimortos. Ao vê-la chorando, Cláudio chamou o médico, mas ele pediu-lhe paciência e logo depois lhe disse que ela estaria ali por algumas horas apenas. Telefona para Agostinho e Salomão e, pela primeira vez, lhes pede um passe, deixando os dois amigos emocionados com o avanço espiritual. Solicita ficar sozinho com Marita para sua despedida. Recompõe o pretérito, que considera repugnante, e aspira por um futuro espiritual com a filha querida; com a alma aos gritos, mas em silêncio, recorre à misericórdia de Deus. Às vinte e três horas, Félix, Neves, André Luiz, Percília e outros amigos espirituais se mantêm de guarda, enquanto Moreira se agita em prantos e, aconselhado pelo mentor, se afasta do corpo de Marita, que recebe de Félix recursos energéticos para ouvir com extrema acuidade; Cláudio, inspirado, despede-se da filha, pede-lhe perdão, diz-se um assassino, mas que se transformou depois que conheceu Jesus, e sabe, agora, que Deus é misericórdia. Pede à filha que se compadeça dele, que o ajude para que tenha força de fazer o que deve fazer; assegura que a vida continua, que ninguém morre; que os Espíritos sabem que ela não se suicidou e que tudo foi culpa dele. Vendo que o rosto dela se cobria de lágrimas, entendeu que lhe ouvia e se animou em dizer: "Apesar de tudo, filha querida, não fique triste com minha súplica!... Sou um réu, mas tenho esperança! Veja a revelação de Jesus que eu achei!.." E trêmulo colocou-lhe na mão direita o livro que ganhara de Agostinho. Marita lhe respondeu com um pranto mais copioso. Cláudio declara que tem certeza da presença dos Espíritos, que acredita na reencarnação e conclui que sua ligação com ela tem um passado que ele desconhece. Confessa os seus erros e pede que ela movimente um dedo, para dizer-lhe que o perdoa. Marita, mentalmente, pede a Deus perdão para ela, para seu infortunado pai, para todos que erraram, para todos que caíram.

De repente, aguçaram-lhe as percepções e ela vê os Espíritos ali presentes e, também, o pai. Fortalecida com os recursos magnéticos oferecidos por Félix, levanta a mão direita, que é carinhosamente segurada por Cláudio, e o benfeitor se expressa numa emocionante prece, onde agradece pelas horas de aflição que fez luz nas almas de todos os envolvidos naquele drama; pede misericórdia por Marita, que se despede da vida material, e por Cláudio, que fica; suplica arrimo para os que resvalam nos enganos do sexo, e roga o socorro para as irmãs que se entregam à prostituição, pois todas nasceram para a felicidade do lar, e finaliza pedindo entendimento para agradecer a bondade do Criador. Ao encerrar a oração, o quarto estava iluminado e repleto de entidades desencarnadas que serviam àquela instituição de Espíritos ignorantes e vampirizadores das redondezas e em trânsito, atraídos pela luz da oração. Cláudio nada via e ouvia, mas percebia que a filha se despedira dele, levantou-se e cerrou-lhe as pálpebras e caiu em pranto sendo acompanhado por Moreira. Marita recebe passes anestesiantes e os últimos laços perispirituais são desfeitos, sendo ela amparada nos braços de Félix. Moreira se queixa de ser inútil e o mentor solicita que vá em socorro de Marina, como amigo e irmão, e ele promete que assim fará, assegurando dedicar-se ao bem, trabalhar e servir. Ao entardecer, Agostinho e Salomão acompanham Cláudio até o cemitério do Caju, onde a cerimônia de sepultamento é consagrada com uma simples prece. Nogueira busca seu lar, sequioso de companhia, mas encontra o apartamento sem ninguém.

8

Descreve o desentendimento entre dona Márcia e Cláudio, demonstrando o esforço deste para vivenciar os ensinamentos do Evangelho. Cláudio Nogueira, no apartamento, sente saudades da filha sepultada e chora. Busca notícias da esposa com dona Justa, a empregada, e fica sabendo que está em Petrópolis. Consulta várias casas de saúde para saber onde Marina está internada, e descobre que é em Botafogo, mas ela está impedida de receber visitas, mesmo de familiares. Telefona para os Torres, mesmo envergonhado de ter que falar com Gilberto, mas se encoraja, no propósito de reforma íntima, devendo enfrentar as consequências do seu passado infame. Trocam informações sobre os óbitos; ouve detalhes dos transtornos de Marina e confessa que não vai mais se casar com ela, em razão de *certas coisas* que soube dela; que vai se mudar do Rio de Janeiro para mais fácil esquecê-la e recomeçar seus estudos interrompidos. Nogueira concorda com as ponderações, acrescentando que o casamento é mesmo um compromisso muito sério. Gilberto fica sensibilizado com as palavras ponderadas de Nogueira e solicita outra oportunidade para conversar com ele, tendo em vista que seu pai anda muito afastado dele. Cláudio, de posse das informações desejadas, analisa a expressão *certas coisas*, com referência a Marina, mas se esforça para não fazer julgamento da filha, lembrando-se de que ele mesmo nunca fez nada pela sua formação moral. Em seguida, conversa, por telefone, com a esposa, que o trata com sarcasmo e se refere à filha desencarnada com desprezo, mas Cláudio exercita a paciência e roga que o ajude a chegar até Marina, e a esposa assegura que, no dia seguinte, pela manhã, estará no apartamento para tratar de certos assuntos pessoalmente. Instintivamente, Cláudio ligou as expressões *certos assuntos* com *certas coisas* dita por Gilberto, e fica apreensivo. Na manhã seguinte, Márcia se apresenta como se não tivesse enterrado, na véspera, sua filha de criação e não soubesse que a filha legítima está internada em uma instituição psiquiátrica, bem disposta, penteado novo, maquiada além do costume, bem vestida, alegre e segura, com voz metálica e olhar frio. Demonstra desinteresse pelo que interessa a Cláudio e resume os acontecimentos que levaram Marina ao hospital e, entusiasmada, exalta a nobreza de propósitos do senhor Nemésio, que se propõe a custear a estadia da filha num hospital em São Paulo por alguns meses, para que se recupere, faltando apenas a aquiescência dele, o pai. Cláudio argumenta que a filha necessita, naquele momento, não só de tratamento médico, mas também espiritual; que lhe fará falta a presença dos pais ao seu lado, pois ela tem carência de amor e, buscando inspiração e coragem, propõe a Márcia uma vida nova, promete conduta reta e jura fidelidade, acreditando que poderão ser felizes dali para frente; que ele agora é espírita cristão e compreende o significado da vida. A esposa o escarnece, debocha do fato de se dizer espírita e lhe diz que alguém o hipnotizou. Ofendido na fé que iniciava, pergunta se ela sabe o que é Espiritismo e ela responde que é um movimento de quem quer sentar na poltrona da falsa virtude; que ele, ela e todos são canalhas, e que agora é tarde: entre os dois está tudo acabado e pede o desquite. Sentindo-se insultado, o homem velho renasce em Cláudio e ele se vê humilhado, com dignidade ferida, argumenta consigo mesmo que o Espiritismo não ensina covardia, e sim compreensão e benevolência, mas é preciso exigir respeitabilidade do próximo. Tenta reagir e até mesmo espancá-la, mas vem a lembrança da mão gelada de Marita que ele segurou carinhosamente, fazendo-lhe promessa de renovação interior, de perdoar os ofensores. Assume que está colhendo da esposa os espinhos que plantou em seu coração, e cai em pranto. Márcia o ridiculariza e avisa à empregada que buscará seus pertences no dia seguinte e bate a porta. Cláudio telefona para o psiquiatra de Marina e marca a visita para o dia seguinte, pedindo apoio do farmacêutico com suas orações, pois acredita que a filha está obsidiada. Conversa com Marina, que revela seu romance com Nemésio, diz que, de início, sentia-se forte e sedutora conquistando um homem maduro e poderoso, mas, certa noite, ele a embriagou e fez dela sua companheira. Depois a contratou como enfermeira de dona Beatriz para tê-la mais perto e poder controlar-lhe os passos. Lá conheceu Gilberto e por ele se apaixonou, verdadeiramente, e com ele agiu tal como fez o Nemésio com ela: incentivou a se embebedar, levou para o quarto e dormira com ele, fazendo acreditar, no dia seguinte, ser o responsável pelo seu futuro, dividindo-se, daí para frente, com os dois, mas detestando o pai e amando, cada vez mais, o filho. Certo dia foram surpreendidos por Nemésio em colóquio amoroso. Marina diz que dias antes o pai de Gilberto a visitara e disse que não a cederia para o filho, que agora o odiava; que iria transferi-lo para o Sul, e pela desconsideração dela com ele, e para humilhá-la, estava indo para Petrópolis com Márcia, com o propósito de substituí-la. Nogueira reconforta a filha, promete que vai cuidar de sua saúde e depois se entender com Nemésio e Márcia, para que o futuro seja de harmonia, e sai em prece, prevendo provas amargas.

9

Revela a existência da colônia *Almas Irmãs* no plano espiritual e desenvolve considerações sobre sexo e sexualidade. A colônia *Almas Irmãs* ocupa uma área de 4 quilômetros quadrados, com muitos edifícios, ambiente tranquilo e alegre, onde vivem entidades de ambos os sexos e de todas as idades. Neves esclarece que os verdadeiros alienados na instituição, resgatados das regiões tenebrosas, se encontram reclusos para tratamento adequado, e que ali circula apenas os oriundos de tragédias passionais vividas no plano terreno, já melhorados. André encontra Belino Andrade, velho amigo que lhe passa informações sobre o instituto. Diz que *Almas Irmãs* é um hospital-escola para candidatos à reencarnação; que a maioria dos internos vêm de estâncias purgatoriais e que, depois de julgados dignos, são admitidos para refazimento, estudo e meditação das causas de suas quedas de natureza afetiva; depois de instruídos, reencarnam nos ambientes onde faliram e, tanto quanto possível, entre os que lhe impuseram prejuízos ou que lhe sofreram danos, para comprovar o aproveitamento. Muitas vezes o grupo familiar é programado na instituição, e os que ficam, na condição de futuros filhos, mantêm-se juntos aos pais, protegendo-os até se juntarem a eles, constituindo-se, dessa forma, famílias em edificações e provas redentoras na Terra; que os reencarnados são fichados com o histórico do que estão realizando, sendo feito o balanço de créditos e débitos, para efeito de auxílio maior ou menor a cada um, de acordo com o grau de fidelidade ao programado. Informa que, nos 82 anos de existência, *Almas Irmãs*, com uma população flutuante de 5 a 6 mil habitantes, apresenta coeficiente de aproveitamento de 18% vitoriosos; 22 melhorados; 26 imperfeitamente melhorados, e 34 onerados por dívidas lamentáveis. Os fracassados são readmitidos, após o estágio automático em zonas inferiores, sem perderem o devotamente dos amigos que deixaram na colônia, e os que se laureiam pelo aproveitamento recebem oportunidades de trabalho em estâncias superiores. As aulas ministradas na colônia têm como tema central o sexo e se relacionam com amor, matrimônio, maternidade, medicina, evolução e penalogia; e que, no curso *sexo e maternidade*, os alunos se preparam para novas experiências no lar e, muitos deles, conscientes das suas dificuldades, ao reencarnarem, infligem a si próprios certas inibições na área do sexo, para corrigirem hábitos deprimentes. Félix, dignitário de Nosso Lar, tem a responsabilidade de administrar *Almas Irmãs*. Em seu gabinete, mantém uma pintura da irmã Damiana e informa tratar-se de senhora desconhecida na Terra, mas que mantém um asilo maternal nas regiões sombrias, onde adota criminosos desencarnados por filhos da alma, e que Félix a conheceu há oitenta anos, quando, com sua ajuda, encontrou a verdade. Irmão Régis, substituto eventual de Félix, ensina que na Espiritualidade superior, sexo não é somente características morfológicas; entre os desencarnados, em evolução mediana, sexo é atributo divino de individualidade humana, tal como a inteligência e o sentimento; o uso do sexo exige discernimento pela responsabilidade que acarreta; todo desmando sexual danifica a consciência e reclama corrigenda; o homem ou a mulher que abandone seu parceiro sem razão, e que venha ocasionar desregramentos passionais um no outro, cria ônus cármico; na Terra ainda se valoriza os sinais físicos para se determinar o sexo, mas o Espírito que passa por experiências milenares e complexas obriga a ciência terrena a admitir que masculinidade e feminilidade totais inexistem na personalidade humana, o que não assegura a cada um possibilidade de comportamento íntimo normal, conforme o conceito de normalidade estabelecido na humanidade terrena. Félix esclarece que muitos Espíritos reencarnam em situação inversa como expiação ou destinados a tarefas específicas, exigindo deles muita disciplina; que homens ou mulheres podem nascer homossexuais ou intersexos, da mesma forma que podem renascer mutilados ou inibidos em certos campos da manifestação, sempre com a finalidade de se melhorarem e não de praticarem o mal; que nos foros da Justiça divina, as faltas cometidas por aqueles considerados anormais são examinadas pelos mesmos critérios aplicados às culpas de pessoas tidas como normais. Pondera que as leis morais vigentes entre os homens não podem ser alteradas de repente, sem que a humanidade se precipite na desagregação, já que a maioria dos Espíritos na Terra são ignorantes e animalizados, interessados em "[...] converter os valores sublimes do amor em criminalidade e devassidão." Informa que Beatriz mora com Sara e Priscila, que lhe foram irmãs consanguíneas na Terra, e que em *Almas Irmãs* se mantém zonas residenciais onde moram casais em conjugação afetiva e, até mesmo, famílias inteiras; que já buscou ajuda para Marita, ali internada, para que retorne com urgência ao ambiente familiar do Rio, visando dar continuidade ao seu resgate, devendo, assim, aproveitar o clima ainda existente entre os familiares "[...] à maneira do operário que muda de máquina sem se afastar da oficina." Quanto ao dia determinado para a desencarnação, Félix assegura que os interessados costumam alterar o que foi programado antes de reencarnar, melhorando ou piorando a situação, já que a consciência é livre para pensar e agir. André Luiz e Neves visitam Beatriz e a *encontram* remoçada e bastante feliz com a hospedagem que recebe.

10

Trata da função da Casa da Providência e desenvolve considerações em torno do tema sexo e penalogia. Félix e André Luiz, na colônia *Almas Irmãs*, elaboram plano de ajuda às famílias Nogueira e Torres, incluindo a atuação de Cláudio e Moreira. André visita a Casa da Providência, curioso foro de *Almas Irmãs*, onde dois juízes analisam pedidos de ajuda de membros da comunidade para irmãos reencarnados ou prestes a reencarnar, incluindo temas como acidentes de infância, delitos na juventude, divórcios, deserção afetiva, certas modalidades de suicídio... Diz Félix que muitos casos analisados na Casa da Providência são levados a instâncias superiores da instituição, onde dois magistrados e ele, Félix, devem estudar e informar peça por peça, tendo a ajuda de um conselho constituído de quatro irmãos e seis companheiros; que outros processos transitam na direção de autoridades do Ministério da Regeneração e Auxílio, em Nosso Lar. O juiz Amantino informa que Félix evita de se apresentar no salão de audiências da Casa da Providência, onde se acomodam os requerentes e querelantes, para não ser pressionado nos despachos dos processos em trânsito. Acrescenta que o percentual de companheiros que retornam da carne absolutamente irrepreensíveis não ultrapassa cinco em mil, no entanto, mais de 90% voltam com distinção absoluta, o que representa elevado grau de mérito em Almas Irmãs. O julgamento naquela instituição leva em consideração todas as culpas e defecções dos reencarnados, mas que na Espiritualidade superior os limites de tolerância são mais amplos, já que os mentores se valem, também, dos princípios de compreensão humana e usam a própria consciência, não ignorando as dificuldades que enfrentam as criaturas quando em medida de correção integral. Sobre o divórcio, afiança que é dificultado pela Espiritualidade superior por todos os meios, porém, em muitos casos, é permitido para se evitar crueldades sociais, que a lei terrena não alcança; que o responsável pela ruptura da união conjugal passa à condição de julgado, sendo a vítima induzida à generosidade e benevolência; que na pátria espiritual são recebidos como filhos enobrecidos os que suportam, sem queixas, as infidelidades e violências do parceiro ou da parceira, por amor às tarefas do Senhor; que os executores das Leis universais não aprovam a escravidão de ninguém, mas se propõem a levantar consciências livres e responsáveis para que se elevem para a suprema Sabedoria e para o Amor supremo. Quanto à poligamia, Amantino lembra que segundo o Evangelho "[...] basta um homem para uma mulher e basta uma mulher para um homem." Fora disso, qualquer outra proposta é produto da herança animal. Pondera que há provações em que o Espírito na carne é chamado à abstenção sexual no interesse da tranquilidade e da elevação dos circunstantes; que o auxílio da Espiritualidade ao reencarnado se verifica na extensão dos seus acertos na prática dos deveres que lhe competem; que as preces e as vibrações de alegria e reconhecimento de encarnados ou desencarnados beneficiados pelo querelante funcionam como abonos e garantias a seu benefício. Uma senhora triste adentra o gabinete de Amantino e se dirige diretamente ao irmão Félix, a quem pede esclarecimentos sobre sua apelação, já que rogou proteção para a filha e ela foi parar no manicômio. Félix assegura que a sentença foi justa, pois Iria Veletri não se comportou dignamente como esposa e mãe, já que fez seis abortos e, após oito anos de casada, abandonou o marido porque ele não a sustentava no seu luxo desmesurado; se entregou à prostituição e nunca fez nada por ninguém, não obstante os constantes chamamentos dos benfeitores espirituais e, por isso, passa a ser vampirizada, tendo suas energias desgastadas e a mente afetada, e conclui: "O manicômio é também refúgio levantado pela divina Providência para expurgar nossas culpas..." André Luiz se despede dos companheiros de Almas Irmãs e parte para a clínica onde está Marina, em Botafogo, lá encontrando-a sob os cuidados de Moreira.

11

Descreve a volta de Marina ao lar, os encontros e desencontros entre as famílias Torres e Nogueira, e a preparação de Marita para uma nova experiência na Terra. Com o apoio espiritual e da Medicina, Marina apresenta melhoras consideráveis, sempre amparada por Cláudio e Salomão. Nemésio propõe a Márcia que eles não sejam vistos em público até que Gilberto se transfira para o Sul, e que se casará com ela em um país onde não se exija o divórcio. Ela sente que ele ainda ama a filha, mas não se importa: não está interessada no seu amor, e sim, na sua fortuna. Gilberto, sem ninguém que o oriente, se entrega à bebida e esbanja o dinheiro do pai. Ouve maledicências sobre seu pai e Márcia, mas não acredita. Marina retorna ao apartamento do pai e toma conhecimento da situação da mãe. Cláudio a trata como nunca fez, começando vida nova. Marina tem dificuldade de recomeçar na profissão, mas não desanima e se interessa por serviço voluntário a favor de crianças desamparadas em uma instituição beneficente; participa do culto semanal do Evangelho no lar, ao lado de Salomão e dona Justa, que agora é governanta da casa. Cláudio e a filha se esforçam para não mencionarem os nomes de Márcia e Nemésio, mas o de Gilberto... Sabem dos seus pileques, das arruaças em que se envolve. Os amigos pedem que intercedam a favor dele e, atendendo aos rogos de Marina, que ainda o ama, Cláudio o convida para um jantar em sua residência. Gilberto, sóbrio, fala de banalidades, refere-se aos seus sofrimentos e derrotas, sentindo-se um fracassado, mas, ao perceber que estava diante de pessoas que se expressavam com segurança e prudência, concentra-se e restabelece as esperanças, sente-se como se estivesse no seu lar e chora. Cláudio lhe acaricia a cabeça e o filho de Nemésio conta sobre seu romance com Marina e com seu pai; que ele disse que ela é uma jovem desencaminhada e que tivera com ela intimidades porque pretendia com ela se casar, mas depois do que aconteceu, não mais alimentava esse propósito, pedindo a ele que fizesse o mesmo. Marina chora discretamente. Moreira, depois de ouvir tanta calúnia, perde a calma e diz que, apesar de ter seis meses de Evangelho, sente dificuldade para não reunir sua turma de outrora e punir o velho Dom Juan. André pede que se cale, pois irmãos infelizes nas imediações podem ouvi-lo e, simpatizando com a ideia, buscarão a residência dos Torres, no intuito de obedecer-lhe. Lembra que o mal não merece qualquer consideração, a não ser quando se destine à corrigenda; quando não se consegue impedir o acesso do mal ao coração, na forma de sentimento, que não se pense nele, mas, se ainda não pode esquecê-lo, que não se fale, a fim de que a ideia articulada não se transforme em agente destruidor. Gilberto despede-se e André Luiz convida Moreira a segui-lo e observar até que ponto se alargará o perigo criado por suas palavras. Em casa, o jovem medita sobre a visita e registra as atitudes ponderadas dos anfitriões, que não disseram uma palavra de censura nem de repreenda com relação ao seu pai e Márcia. Tranquilo, se dirige para o quarto onde dormia com Marina, relembrando os momentos vividos com ela, e se depara com o pai e a esposa de Cláudio aos beijos. Fica estarrecido e logo cai o ídolo paterno por terra, e sai revoltado, questionando os valores morais do genitor. Somente Márcia viu Gilberto abrir a porta, já que Nemésio estava de costas. No plano espiritual se movimentam os vampirizadores enviados por Moreira, ao se manifestar colérico contra Nemésio. Márcia se recompõe, inventa desculpas, retira-se do quarto e o deixa tranquilo. Pensa na filha Marina, que poderia vir a ser esposa de Gilberto e ele seu enteado e, não querendo prejudicá-la, busca uma desculpa, ao mesmo tempo em que Moreira lhe envolve, lhe intui a conversar com Gilberto, que tenha piedade da filha e apazigue os jovens. André faz com que ela rememore sua vida como mãe ao lado da filha e pede-lhe que os ajude, pois eles se amam e devem se unir pelo matrimônio. O sentimento pulsa em seu coração e Márcia verte lágrimas. Busca Gilberto e inventa uma mentira sólida pela felicidade de sua filha, apresentando uma versão do romance dela com Nemésio, dizendo que teve início depois que se separou do esposo; que soube das investidas dele sobre Marina, enquanto era enfermeira de dona Beatriz, mas que não deu em nada; que sempre admirou a falecida e assegura que Marina sempre o amou de verdade. E muitas outras coisas que levaram o jovem a acreditar em tudo, prometendo pedir desculpas a Marina, por ter ferido seu coração injustamente. Um novo encontro se dá entre os jovens e Nogueira se rejubila e agradece com suas orações. Félix, informado dos acontecimentos, compartilha da alegria de todos. Nemésio informa ao filho que vai fixá-lo em Porto Alegre, mas Gilberto pede que lhe permita ficar no Rio de Janeiro, trabalhando na imobiliária, pois reatou o namoro com Marina e com ela pretende se casar. O pai esbraveja, dá murros na mesa e diz que não permitirá se una àquela jovem, se referindo a Marina com palavras chulas e pejorativas, mas o noivo insiste em lhe dizer que não arreda o pé dos seus propósitos, quando é agredido pelo genitor com socos e pontapés e, em seguida, o expulsa de casa. Gilberto ruma para a casa do futuro sogro, que o recebe deixando-o à vontade. Nogueira dá apoio moral ao jovem e lhe promete arranjar emprego no banco onde trabalha e o instala em uma pensão de estudantes, arcando com as despesas. Informa à governanta que vai trabalhar com o pai de Marina. Nemésio, informado, procura Cláudio na agência bancária e exige explicações e, não contente com o que lhe diz o bancário, desfecha-lhe uma série de impropérios, chamando-o até de *espírita de meia-tigela* e passa a esmurrá-lo, e Cláudio somente se defende. Transeuntes intercedem e anulam a ação do agressor, que se afasta fazendo ameaças. Nesse instante, Cláudio resolve revidar, mas sente a presença de Marita, sua mão fria na dele, abençoando-o, e ele julga a si mesmo, tão culpado e merecedor da tanta compreensão. Resolve, então, se manter calmo, e alguém, no meio da multidão diz que ele não reagiu porque agora é espírita. Todos os presentes se pronunciam contra o senhor Torres, ricaço metido a dono do mundo, que deveria ser preso, e o gerente, sensibilizado com a história do pai que expulsou o filho e de Cláudio que o amparou, resolve empregar

Gilberto no dia seguinte. Márcia comunica a Marina de sua viagem a Europa com Nemésio por um período de seis meses. Com a ausência do casal, o lar dos Nogueira se transforma em colmeia de paz. O casamento de Gilberto e Marina se realiza e, na colônia *Almas Irmãs*, é comemorado por muitos companheiros. Félix informa que Marita se prepara para reencarnar como filha do novo casal; que a reencarnante necessita de um reencontro com Gilberto, mas nada saberá do matrimônio, porque ainda se ressente com a irmã, que viverão em conflito vibratório, expurgando as aversões recíprocas; que a intercessão foi no sentido de aproveitar a fração de tempo restante, concedido ao conjunto Nogueira-Torres, remodelando o programa inicial de reajuste. Gilberto se dirige ao apartamento de um colega do banco, sem a companhia de Marina, e o momento é aproveitado por Félix para promover o encontro com Marita. Ela, emocionada, o chama pelo nome e ele, pela acústica da alma, ouve o apelo e, antes de chegar ao seu destino, para e contempla a baia de Guanabara, prateada de luz, e começa a pensar que esteve ali naquele local, onde trocou juras de amor com Marita e se admira de como sua vida mudou. Marita o abraça, lê seus pensamentos e sente-se feliz de ser lembrada, e diz a Félix que seu maior desejo é viver novamente na Terra com ele e para ele. Em seguida, solicita fazer uma visita ao pai e lá o encontra, em Espírito e, ao vê-la, estende seus braços e grita entusiasmado: "minha filha! minha filha!" Ela, chorando, diz que quer voltar à Terra, viver com Gilberto e com ele outra vez. Nogueira eleva uma prece e pede a Jesus que permita a ele uma nova oportunidade de realizar os sonhos de uma criança que ela perdera por sua causa. Félix afasta os dois e retorna com Marita à colônia Almas Irmãs. Nogueira acorda em prantos, guardando os detalhes do sonho e pensa em narrar o acontecido a Gilberto, mas é influenciado por André a silenciar, pois "[...] a verdade da vida não deve brilhar para a maioria dos homens, senão por intermédio de sonhos vagos, para não confundir-lhe o raciocínio nascituro [...]."

12

Demonstra o quanto a dor, entendida à luz do Espiritismo, contribui para a reforma íntima do Espírito, e relata o empenho de Nogueira para defender a filha da perseguição de Nemésio. Marina está no quinto mês de gestação e todos acompanham o evento com regozijo. Cláudio acredita que Marita está retornando ao lar. Tudo caminha em paz, até que um dia Marina se apresenta abatida e o médico não encontra motivos para seu estado depressivo. Cláudio pede que ela confie nele e diga o que se passa, e ela conta que Nemésio lhe escreveu uma carta dizendo que ainda não a esqueceu, que irá tomá-la do filho, sendo irreverente em certos momentos, e ameaça se suicidar se ela não se desquitar, culpando-a pelo que venha acontecer com ele. Cláudio reconhece que a situação é grave e abranda Marina, que merece cuidados especiais naquela fase de sua vida. Diz que vai falar com Nemésio e que ele se acalmará, quando souber que será avô. Fica sabendo que os turistas retornaram da Europa há duas semanas, que Márcia o abandonou, que a ausência demorada dele e do filho na empresa incentivou a que alguns funcionários pusessem os pés pelas mãos, fazendo com que muitos investidores retirassem os financiamentos, e que a firma está à beira da falência. Vai até à residência dos Torres, mas não é recebido por ele para um entendimento cortês. Desatinado, compartilha com seu patrão o seu dilema e, para sua alegria, o chefe lhe dá uma licença de seis meses para que possa cuidar da filha em casa. O bancário passa a receber as correspondências e queima todas, evitando dissabores à filha e ao genro, que desconhece os intuitos do pai em relação a sua esposa. Cláudio diz que está preparando o palácio para uma princesa, enquanto Gilberto assegura que será um príncipe. Nogueira busca inspiração e reforço espiritual nas suas orações para saber pagar o que Nemésio está lhe cobrando; que está disposto a sacrificar sua vida pela felicidade de Marina e Marita. Certo dia recolhe uma carta de Nemésio em que alega dificuldades financeiras e que Marina poderia lhe ajudar a se recuperar, faz ameaças e reclama resposta. Durante dois meses o fato se repete com promessas de suicídio, acusações de que ela será a culpada de sua morte; proibição de ela ter filhos com Gilberto, e que ele os matará. Os cuidados e as preocupações de Cláudio se redobram ao perceber que seu inimigo está cada vez mais obsidiado. O médico prescreve à gestante caminhadas leves, ao anoitecer, pela praia, e ela vai sempre acompanhada do pai, sempre com receio de Nemésio. Após o sexto dia de passeios, Cláudio recolhe uma carta em que o pai de Gilberto revela tê-la visto grávida na companhia dele, e que suas esperanças terminaram naquele momento, que está assinando uma carta pela última vez, pois vai meter uma bala na cabeça e que a culpa é dela. Cláudio, desesperado, se recolhe no quarto e ora fervorosamente a benefício de quem se encontra em pavoroso desespero. Faz uma ronda nos postos policiais, procurando saber se houve alguma ocorrência daquele tipo e nada encontra. À noite, torturado, roga a Jesus o amparo e a lucidez para o seu inimigo, que os mensageiros do bem se apiedem dele. Neste momento, Percília entra no quarto e diz a André Luiz e Moreira que os apelos de Cláudio, durante todo o dia, enterneceram muitos companheiros de *Almas Irmãs*, que se uniram a ele nas rogativas de ajuda, e ela vem para ajudar Nemésio. Pai e filha conversam à beira da praia, onde tudo está calmo. De volta para casa, tomam os devidos cuidados com os automóveis que circulam na avenida, quando atravessam a rua, surge um carro em alta velocidade, Cláudio, rapidamente, afasta a gestante do perigo, mas é colhido pelo veículo e jogado à distância. A multidão se aglomera para socorrer os dois. Marina é amparada por anônimos, que a levam, a seu pedido, para junto do pai, que recupera os sentidos e, com esforço, senta-se apoiando-se nos dois braços, e diz à filha que ele está bem, roga-lhe calma e a fortalece. Desencarnados que ali estavam, a pedido da equipe, prestam socorro aos dois, oferecendo-lhes recursos magnéticos. Cláudio medita sobre as semelhanças do acidente com ele e com Marita e se lembra que em oração ofereceu sua vida para que ela pudesse ser feliz um dia, e realizar seus sonhos de criança, que ele não soube materializar. Admite que ela está no ventre de Marina e ele, dando início ao resgate de suas faltas, pede para ser internado no Hospital dos Acidentados, tal como a filha. Dentro da ambulância, Percília aconchega Cláudio ao colo e chora copiosamente. Diante da admiração de André e Moreira, ela diz que Cláudio é o seu filho, que não recebeu dela nenhum bom exemplo, já que se entregou à prostituição, mas que suas lágrimas são de alegria por ver o filho de espírito levantado. Félix chega ao hospital e informa que esteve com Nemésio, examinando que espécie de recurso ele é capaz de receber, e acrescenta que Nogueira desencarnará em poucas horas, em virtude da hemorragia interna inestancável. Reconhecendo ter chegado a sua hora, o acidentado solicita a presença da filha, do genro e do amigo Salomão, na esperança de que Agostinho, desencarnado há semanas, viria abraçá-lo. Félix ajuda o médico a manter Cláudio no corpo por mais tempo, enquanto ele encoraja Marina e Gilberto, exortando-lhe a fé que conquistaram nos cultos domésticos, e pede-lhes bondade e tolerância com Nemésio e Márcia. Pede ao genro que se for uma menina como ele crê, que se chame Marita. Solicita a Salomão uma prece, que ele a faz trêmulo, e o bancário convertido entra em coma. Pela manhã, ao influxo das orações dos amigos espirituais, Cláudio é desligado do corpo físico e levado por sua mãe Percília para uma caminhada que nos cabe empreender.

13

Relata a volta do Espírito Cláudio com a missão de cooperar com seus familiares e com os Torres. Nogueira, internado em casa assistencial nas adjacências do Rio, desperta quatro dias após, meio confuso e lamenta continuamente seus erros. André Luiz esclarece que a condição dele é a da maioria dos que mourejam na Terra; que não deve permitir que o passado o impeça de construir um futuro venturoso, devendo cultivar a paciência, sem a qual não se logra a perfeição. Cláudio pede concessão para ajudar Nemésio, Márcia e a sua família, necessitando aprender a amá-los, devotando-se ao bem, conforme aprendera com os ensinamentos espíritas, os quais deseja colocar em prática. As autoridades do estabelecimento que alberga Cláudio encaminham o pedido aos administradores de Almas Irmãs. Cláudio recebe a concessão, por dez anos, junto aos familiares para, somente depois, ser julgada sua atuação na existência transcorrida, entendendo-se que a Casa da Providência poderá suspender o benefício, caso ele se revele indigno dele. Exultante, é conduzido pelos seus amigos espirituais até o apartamento do Flamengo, e passam, antes, pela avenida onde se deu o acidente, mas Cláudio não fez nenhum comentário, demonstrando equilíbrio emocional. No apartamento, acompanha a movimentação dos residentes e se une à filha na oração matinal e, em seguida, pergunta mentalmente de Nemésio e ela responde que está gravemente enfermo; ele solicita que peça ao Gilberto que se reconcilie com ele. Marina propõe a Gilberto sua reconciliação com o pai e ele concorda. André Luiz vai à casa de Nemésio e o encontra hemiplégico e afásico. Amaro, o fiel amigo que velou por dona Beatriz, conta que ele, ao perceber que atropelou o pai e não a filha, naquela noite, entrou em desespero e sofreu um derrame cerebral, e que somente não desencarnou graças à intervenção de Félix, que mobilizou todos os recursos para que não partisse sem antes aproveitar os benefícios da enfermidade. Conta que os credores e empregados desonestos esvaziaram a casa do milionário; e que apenas Olímpia, antiga servidora, vai até ali prestar algum socorro ao ex-patrão duas vezes por semana. O jovem casal, acompanhado de Cláudio, Moreira e Percília, visitam Nemésio e, condoídos, Marina lhe dirige algumas palavras, mas ele somente responde mentalmente, pedindo ajuda e perdão pelos seus desvarios, e pergunta se Cláudio morreu. Somente naquele momento Nogueira fica sabendo que ele foi o responsável pela sua morte. Marina, ajoelhada ao lado do sogro, é induzida para que lhe beije a mão com a reverência que os filhos devem aos pais. O enfermo deixa escapar um som ininteligível. Hospitalizado, o imobiliário recebe tratamento adequado e, em cadeiras de roda, é conduzido para o apartamento do Flamengo, mudo e imobilizado, passando a viver sob os desvelos da nora e o amparo espiritual de Cláudio, passando a dormir no aposento de sua vítima, que é agora o seu guardião. Dona Beatriz, ao saber que Cláudio recebeu autorização para cooperar com a família, após uma semana de sua desencarnação, se sente no direito de pedir autorização para fazer uma visita ao lar, mas Félix nega o pedido, prevendo dificuldades. Neves insiste de forma impulsiva, como é do seu feitio, e ele a autoriza a visita, devendo ser acompanhada por André Luiz, Percília e Neves. No apartamento são recebidos por Cláudio e Moreira. Dona Beatriz visita o ex-marido e, pálida, lhe faz perguntas, querendo saber como chegou àquela condição, e ele, sem desconfiar, responde as suas inquirições, pensa nela de maneira muito respeitosa, relembra suas virtudes de esposa e de mulher; regride à mocidade ao lado daquela que lhe faz tanta falta, e deseja que ela o ajude, se é que os mortos amparam os vivos. Respondendo mecanicamente às indagações da falecida, ela vê tudo se passar em sua mente como num filme, tendo como protagonistas Gilberto, Marina, Márcia e Cláudio; fica sabendo de toda a história, até o momento da precipitação dele no crime. Imagina que se Beatriz estivesse viva, ele estaria isento das tentações, nada daquilo teria acontecido; que ela saberia lhe orientar. E as lágrimas descem pelas faces. Diante dessas declarações, Beatriz se envolve com ele, e Neves tenta retirar a filha dali, mas ela resiste. André Luiz a distrai, falando da futura neta e ela se dirige para Marina e lhe dá um abraço, envolve dona Justa com carinho e reconhecimento, agradece a Cláudio por ter perdoado seu esposo, e lhe diz que deseja ajudá-lo, lembra do sacrifício de Jesus pela humanidade, e que ela quer seguir os ensinamentos cristãos e amparar o próximo. Neves, irritado, diz que Torres nada fizera para merecer tanto dela, e André roga que ele se acalme, para não agravar a situação. À noite, Beatriz se encanta com o tratamento que Gilberto dispensa ao pai, e quando Neves lhe diz que a visita está encerrada, ela se enrodilha no marido, desligando-se dele quase à força, apresentando sinais de alienação começante, apresentando-se abatida e muda. Neves propõe uma visita à antiga moradia e lá chegando, o pai de Beatriz se arrepende da ideia, ao ver a casa desolada, com sinais de vandalismo e transformada em esconderijo de malfeitores desencarnados. Sua filha, consternada, visita todos os recantos da sua ex-moradia e diante do estrago e da solidão, se joga no chão, pronunciando frases desconexas. Enlouquecera! Somente depois de quatro dias, ela dá entrada em *Almas irmãs*, ainda dementada e, após duas semanas de tratamento infrutífero, sob os cuidados do psiquiatra Régis, ele sugere que ela seja submetida ao exercício de narcoanálise, para uma regressão cuidadosa a um período da última existência. Beatriz, deitada, com a cabeça apoiada em um travesseiro munido de recursos eletromagnéticos especiais, começa a narrar momentos significativos de sua vida entre os séculos XVII e XIX, durante a corte de Dom João VI, no Rio de Janeiro. Após oferecer significativas informações, descobre-se que ela, Nemésio, Gilberto, Cláudio, Márcia, Marina e Marita estiveram juntos tecendo os destinos que hoje os submetem. Na acareação dos personagens, verifica-se a falta de um deles, sem registro em *Almas Irmãs* e, para surpresa de todos, Félix se confessa como sendo aquele que foi responsável pela queda moral de Márcia. Diz que dentro de seis meses entregará a direção de *Almas Irmãs* ao irmão Régis, e irá se preparar para retornar à carne, como filho de Marina, na esperança de cooperar com a transformação e reforma moral da senhora Nogueira, como seu neto.

14

Descreve a despedida do instrutor Félix da colônia *Almas Irmãs* e seu reencontro com Márcia na condição de seu neto. Na Casa da Providência, ministros, administradores, comissões de instituições vizinhas, discípulos e até um número determinado de doentes trêmulos e cansados, e todos quantos desejam participar da cerimônia de despedida do instrutor Félix como diretor da Colônia *Almas Irmãs*. À frente o Ministro da Regeneração, representando o Governador de Nosso Lar, o irmão Félix e o psiquiatra Régis, o substituto. Um coral infantil de 500 vozes abrilhanta o evento. Os 200 enfermos à frente, apertam-lhe as mãos e ofertam-lhe flores, simbolizando o agradecimento de todos. Feitos os discursos naturais do momento, sem pompas, o Ministro da Regeneração abraça Félix e empossa o novo diretor Régis. Félix, na sua fala, pede auxílio para que seja digno do devotamento e da confiança daquela instituição, diante da alternativa de tomar um novo corpo a fim de resgatar débitos contraídos; solicita aos amigos que o ajudem para não resvalar novamente. De súbito, materializam-se pétalas que descem do teto e se desfazem ao tocar nas frontes dos presentes, exalando perfume. Um carro para à porta do foro, e luminosa mulher adentra ao recinto e todos se levantam, inclusive o Ministro da Regeneração: é a irmã Damiana, "[...] que integra em Nosso Lar o quadro de campeões de caridade, nas regiões das trevas, de quem conservava Félix o retrato [...]." E ela demonstra amá-lo por filho do coração. Quatro anos depois, Régis informa que André Luiz já pode visitar o amigo Félix e ele se locomove para o Rio de Janeiro, e se junta a Cláudio e Percília, que se mantêm ao lado da família Nogueira, agora com Marita, bonita e chorona, Félix, com o nome de Sérgio Cláudio, com quatro anos de idade, sereno e lúcido nos pensamentos, cujos olhos chamam a atenção de André, que o lembra a primeira vez que o viu na casa de Beatriz. Nemésio desencarnara há um ano e estava internado em manicômio respeitável, mantido pela colônia Almas Irmãs, após delongado processo intercessório de Régis, em respeito aos procedimentos de Félix, inclinando o poder à benevolência, mas lá continua na demência, como forma de livrá-lo da sanha dos malfeitores desencarnados que o estavam enlouquecendo. Márcia, adoentada e arredia, ainda presa ao fumo e ao álcool, diz não gostar dos parentes e deles não se aproxima, por isso não conhece os netos. O casal mantém a esperança de trazê-la para dentro de casa e até ensina Sérgio Cláudio a orar da seguinte forma: "Amado Jesus... Nós pedimos ao senhor trazer a vovozinha... para morar... conosco..." Certo dia, sabedores de que Márcia frequenta a praia de Botafogo pelas manhãs, o casal se reúne com as crianças e vão ao encontro dela. Após alguns mergulhos, divisam a matrona irredutível e dela se aproximam. Antes, porém, a equipe espiritual composta de André Luiz, Cláudio, Percília e Moreira, influenciam a viúva a ter boas recordações do marido e das filhas. Passa-lhe pela mente as alegrias vividas ao lado de todos eles e se sente em solidão, quando, de repente, percebe a turma se aproximando e, atônita, fixa todos, mas, ao esbarrar com os olhos de Sérgio Cláudio, fica enlevada e, sem que lhe desse tempo para falar, o menino se joga em seus braços e a chama de vovozinha. E lhe faz inúmeros carinhos, até que ela se encoraja a beijá-lo e abraçá-lo, e ele, por recomendação de Marina, orou para Márcia ouvir: "Amado Jesus, nós pedimos ao senhor trazer vovozinha para morar conosco..." E ela se despede das colegas que lhe faziam companhia dizendo que naquela tarde vai almoçar em Botafogo, com os filhos e os netos, para alegria de todos, encarnados e desencarnados. André Luiz, sozinho, confia-se às lágrimas de alegria, enternecido e feliz, desejando abraçar a todos que estão na praia, entre o banho e a peteca. Beija o chão e ora ao Senhor, agradecendo pelos ensinamentos recebidos até ali.

Resumo do livro

E A VIDA CONTINUA...

Narra a odisseia de Espíritos que "[...] formam uma equipe de corações comprometidos uns com os outros, perante as Leis de Deus, há muitos séculos... "Todos estes corações estão mutuamente enlaçados no clima da provação, lembrando elementos químicos em cadinho fervente, em busca de aperfeiçoamento indispensável." Demonstra que a vivência dos habitantes do além-túmulo está diretamente relacionada com sua condição mental. É o décimo terceiro volume da coleção *A vida no mundo espiritual*, no qual o autor conta, em 26 vibrantes capítulos, a encantadora trajetória de Ernesto, um homem maduro, culto e livre pensador, e de Evelina, jovem e bela mulher simples, presa aos dogmas da religião católica. Adoentados, sem esperança de recuperação, travam sincera amizade em formosa estância hidromineral, onde se preparam para uma cirurgia de alto risco. Apaixonada pelo marido, Caio Serpa, Evelina luta contra a morte, batalha que afinal perde, e desencarna ainda muito jovem. Ernesto também desencarna e ambos são internados em grande instituição hospitalar, onde tornam a se encontrar. Sem se dar conta do passamento, mas devido às peculiaridades do ambiente e das situações em que se veem envolvidos, Evelina e alguns companheiros passam a suspeitar da terrível realidade. Estarão mortos, porventura? Em conversa com outros desencarnados e após participarem de um culto religioso em um templo diferente dos que conheceram até então, Ernesto e Evelina se inteiram da verdade. Adaptando-se aos poucos à situação, Evelina recomeça, ao lado do querido amigo, uma nova e enriquecedora etapa, no entanto, mantém seu coração preso ainda ligado ao seu ex-marido, Caio, acreditando que ele corresponde ao seu amor. Deseja vivamente retornar ao antigo lar, para consolar o marido que julga preso a grande e insuperável dor. Ernesto também se propõe a desempenhar algumas tarefas na Crosta junto à família terrena. No seu antigo lar, Evelina amarga dura realidade: seu marido vive feliz com outra mulher, na casa que lhe pertencera. Seu sofrimento redobra ao descobrir que a moça é a mesma amante desde o tempo anterior ao seu desencarne. Alma nobre e generosa, esquece a própria dor e passa a desempenhar tarefas que lhe são solicitadas por benfeitores espirituais, visando, acima de tudo, solucionar pendências particulares, com o jovem apaixonado Túlio Mancini, que fora assassinado por Caio Serpa, mas tido como suicida, e outras situações envolvendo familiares próximos. Ernesto Fantini assume a responsabilidade de cooperar no programa de reabilitação de seus familiares com duração de, aproximadamente, trinta anos, trabalhando pela felicidade dos seus entes queridos e desafetos, ainda na carne. Feliz e refeito, percebe-se a cada dia mais jovem e vigoroso. Evelina, por sua vez, amadurece gradualmente, perdendo os traços juvenis. Finda a tarefa na Terra, e conformados quanto aos afetos ali deixados, percebem que vibra no coração de ambos um sentimento muito além da amizade pura. E se unem pelo casamento espiritual.

Resumo dos capítulos

1. ENCONTRO INESPERADO

Registra as lembranças de Evelina Serpa à espera de uma delicada cirurgia e seu encontro com Ernesto Fantini. Em banco do jardim da estância (Poços de Caldas, cap. 6), onde está hospedada, lembra Evelina que se casara há seis anos, fora feliz inicialmente, mas uma gravidez frustrada por um aborto terapêutico, a descoberta da infidelidade do marido e a enfermidade grave roubaram-lhe a felicidade. Caio Serpa se tornara simples amigo, interessado por outra mulher, que demonstrava ser inteligente pelos bilhetes guardados por ele displicentemente no bolso. Sopesa os prós e os contras da cirurgia e se, saindo ilesa, deverá recomeçar uma nova vida aos 26 anos, voltar a viver ao lado do esposo que não a ama. Lembra-se do pai desencarnado e do filhinho morto ao nascer e pergunta onde estariam, já que é católica e acredita na vida além da morte. Se viesse a morrer, seria possível reencontrá-los? Mergulhada nessas conjecturas, se apresenta a ela um cavalheiro sob o nome de Ernesto Fantini, hospedado no mesmo hotel que ela e que fora informado que ambos residem em São Paulo. Ela relata seus sintomas, que se assemelham aos dele, tira uma caderneta e lê o nome da enfermidade, dizendo ironicamente que eles sofrem de um mal de nome complicado. Os dois riem da pilheria. Evelina e Ernesto fixam o olhar no céu azul, em silêncio por alguns segundos e, em seguida, mantêm conversação, conduzindo para rumo mais elevado.

2. NA PORTA DA INTIMIDADE

Narra a conversação entre Evelina e Fantini, que se identificam cada vez mais. Ainda no parque, ele, inspirando-se em uma charrete que passa, faz referência a um autor espiritualista que compara a criatura humana com a carroça — que simbolizaria o corpo físico —, com o animal — representando o corpo espiritual — e com o condutor — simbolizando o Espírito. Na continuidade, ela revela-se católica, nada entendendo de espiritualismo. Ele afirma ser livre atirador no campo das ideias, mas que foi levado a ler sobre o tema em função das expectativas incertas quanto ao resultado da cirurgia que o aguarda, sendo essa a mesma situação dela. Falam sobre a sobrevivência e a possibilidade de comunicação dos Espíritos. Ele diz não temer muito a morte e ela confessa não desejá-la, mas que aceitará os desígnios divinos. Evelina afirma que admite serem "os males que outros nos façam como parcelas do resgate de nossos pecados perante Deus; no entanto, os males que fazemos são golpes que desferimos contra nós mesmos". Ela evidencia que tem o hábito de confessar-se, conforme preceitua sua religião e brinca dizendo que não pretende examinar a consciência, pois já faz isso aos seus confessores. Finalmente, os dois, embaraçados, se surpreendem com a intimidade que surgiu entre eles em curto espaço de tempo, e questionam-se, intimamente, onde teria ele conhecido senhora tão bela e inteligente; e ela pensava onde ter encontrado um cavalheiro tão simpático, intelectual e compreensivo.

3. AJUSTE AMIGO

Demonstra a espontaneidade da conversação entre Fantini e Evelina, construindo a certeza de que os dois poderão se encontrar no outro mundo, após a morte. Diante do embaraço inicial de Evelina pelo demorado olhar de Ernesto sobre ela, ele se desculpa dizendo, com dificuldade, que a vê como filha. Ela resume sua história e confessa uma mágoa que lhe causa problemas de consciência, resultante do suicídio de um rapaz, seis meses antes de seu casamento, e diz que sua felicidade passou a ser uma luz misturada de sombra. Fantini tenta consolá-la, mas tem dificuldade em razão de certas reminiscências que as palavras em curso lhe suscitavam à memória. Mesmo solicitado por ela, Fantini contorna a situação e evita falar de seu passado, perguntando se ela não esquece o moço suicida com o apoio do confessionário. Ela diz que não alcança a paz desejada e interroga se ele admite ser possível o reencontro com as pessoas queridas, depois da morte. Fantini responde que tem boas razões para crer que sim, e confessa que a enfermidade gera novas interpretações sobre a vida e a morte. Ante a separação, no dia seguinte, Evelina afirma: "Senhor Fantini, somos ambos portadores da mesma doença, insidiosa e rara. Não será isso o bastante para aproximar-nos um do outro? Esperemos o futuro sem aflição". E confessa sua confiança de que Deus favorecerá o reencontro de ambos nesta vida ou a continuidade da amizade no *outro mundo*.

4. RENOVAÇÃO

Relata o drama de Evelina ante a cirurgia e a possibilidade da morte, desejando fortemente viver. Pensa nos problemas domésticos e deseja reconquistar o marido Caio Serpa das mãos da amante. Visitando-a no hospital, onde breve será operada, ele finge otimismo, cerca-a de atenções e mente por piedade sobre os prognósticos médicos. Após a cirurgia, Caio recebe com lágrimas a notícia de que a esposa tem apenas alguns dias de vida e, diante da realidade, dedica-se a ela carinhosamente dias e noites, paciente e ansioso, assumindo a condição de irmão, pai e amigo. Evelina, de alta, solicita ao marido levá-la ao passeio predileto dos tempos de noivado, e ele concorda, após ouvir o médico, e a leva ao alto do Morumbi, onde ela admira a cidade iluminada e o céu estrelado. O marido se enternece e, com remorsos e arrependimento, deseja confessar-lhe a infidelidade, mas desiste. Emocionado, beija-lhe com irresistível carinho e ela chora de felicidade. Emocionada, pergunta ao marido se ele acredita no encontro após a morte e Caio, afetuosamente desconversa, diz não querer falar de coisas tristes. De retorno, Evelina recorda-se do amigo Ernesto Fantini, de cuja presença e sábia conversação sente falta, mas, por estar tão distante dele, agradece a Deus a companhia do marido, que no momento lhe faz feliz. Um dia mais e "Evelina, fatigada, cerrou os olhos do corpo físico, na suprema libertação, justamente quando as estrelas desmaiavam na antemanhã, sobrerrondando alvorada nova".

5. REENCONTRO

Descreve o despertar de Evelina no mundo espiritual, inconsciente quanto a sua desencarnação, e seu reencontro com Ernesto Fantini. Desencarnada, Evelina pensa ter despertado de sono profundo, de um pesadelo indescritível e, depois, povoado de reminiscências de sua vida, incluindo a morte do pai, quando tinha dois anos de idade; logo após sente grande choque e é tomada de sono invencível. No local onde está, não tem noção do tempo e estranha a ausência dos familiares. Move-se com facilidade e deduz que haja sofrido algum desmaio e foi reconduzida ao hospital; observa que tudo é simples, mas oferece conforto e leveza. Não registra dores, mas tem fome; sente-se feliz e agradece a Deus. Solicita à enfermeira Isa a presença do marido e ela informa que somente será possível depois de o médico tomar conhecimento do seu despertar, porque passou ela por *longa cirurgia* e necessita de refazer-se. Ao médico solicita o contato com os familiares e é esclarecida de que ainda está sob rigorosa assistência de ordem mental. Caso retorne para os seus, prematuramente, todas as sensações da enfermidade podem voltar e pede sua cooperação. Solicita um livro sobre Jesus e lhe é dado o Novo Testamento, onde lê o Sermão da Montanha, mas as lembranças dos familiares e da enfermidade provocam-lhe uma crise que exige a presença do médico. Depois de uma semana de repouso absoluto, sente-se atraída pelas pessoas que vê pela janela e se une a elas com a ajuda do enfermeiro, e lá descobre que todos são convalescentes. De repente ouve alguém lhe chamar e, emocionada, vê Ernesto Fantini, e os dois não contêm as lágrimas de alegria pelo reencontro.

6. ENTENDIMENTO FRATERNAL

Descreve a angústia dos Espíritos desencarnados na colônia espiritual, sofrendo a revivência de suas dores e descontrole mental quando se fixam nas lembranças terrenas. Evelina conversa com Fantini, em um ambiente agradável, ornado de flores diversas, onde pessoas caminham com tranquilidade. Ela relata as experiências que viveu antes de se encontrar ali, e ele descreve as suas, assemelhando-se ao que ela contou, e que também passa a se sentir mal quando recorda, revivendo a crise da doença quando insiste no contato com os familiares. Ambos não conseguem explicar o que efetivamente ocorreu. Fantini faz referência a um tratamento feito nas termas e elabora a teoria de que todos ali estão com algum problema mental, por isso a segregação e a impossibilidade do contato com a família. Presenciam a crise de uma jovem que deseja, insistentemente, rever a mãe, quando é socorrida por enfermeira que lhe diz que não está proibida de rever os familiares, mas no momento necessita de repouso absoluto. O fato acentua ainda mais as inquietações dos dois. Evelina procura informações com uma senhora, também convalescente, e diz que há quem pense que eles estão todos mortos e que devem se manter equilibrados, pois a disciplina ali é rigorosa. Em caso de fraqueza ou rebeldia, a pessoa pode ser impedida de sair para o pátio por tempo indeterminado. Diante da informação, decidem repousar em assento próximo.

7. INFORMAÇÕES DE ALZIRA

Registra o diálogo entre a senhora Alzira e Evelina, repassa informações sobre o local onde estão internados e a cidade onde está localizado o hospital. Alzira se diz restabelecida, mas insegura, esperando o dia em que será possível decidir se ela permanece ali ou não, e que, ao pedir maiores esclarecimentos, informaram-lhe que ela entenderá tudo mais tarde. Evelina se sente mal com as notícias embaraçosas e Alzira aperta um minúsculo botão e solicita suco de maçã, que reconforta e fortalece a todos. Esclarece que também pensou que estivesse em um manicômio, mas agora pensa diferente. Informa que o hospital está em meio a uma grande cidade de mais de cem mil habitantes, com residências, escolas, instituições, templos, indústrias, veículos, entretenimentos públicos. Descreve a visita que fez à casa do senhor Nicomedes, junto com as enfermeiras e algumas amigas, e lá conheceu a jovem Corina, que a deixou chocada ao lhe informar de que ela e o pai estavam felizes, pois sua mãe estaria chegando da Terra em breve. Depois de receber atenções e atendimento, Alzira diz que, ao perceber que estava sentada, sentindo a solidez do banco e vendo a mesma Lua que sempre viu, concluiu que não poderia estar em outro lugar senão na mesma Terra, e que a *Terra* referida por Corina deveria ser alguma aldeia ou local por ela ignorado. Informa que nos banhos em conversa com as amigas, somente a senhora Tamburini está segura de que nós não estamos mais no domicílio terrestre. Revelando-se católica, esclarece que os sacerdotes ali são diferentes, pois não se dedicam exclusivamente ao serviço da fé: são médicos, professores, cientistas e operários, e prestam socorro espiritual em nome de Jesus.

8. ENCONTRO DE CULTURA

Evidencia as dificuldades de entendimento e de adaptação do desencarnado à realidade espiritual, em virtude da sedimentação dos hábitos terrenos. Ernesto, depois das informações da senhora Tamburini, começa a se convencer de que estão em outra realidade da vida, mas Evelina sente dificuldade em aceitar tais argumentos, porque tudo vê e sente à semelhança da Terra. Ela indaga sobre o porquê de os familiares, já desencarnados, não se apresentarem, e Ernesto deduz que podem tê-los visitados, mas não despertaram, ainda, a capacidade de escutá-los e enxergá-los no novo plano em que se encontram; que as orações dos parentes que os amam ou de outros mais os têm sustentado, ante o fato de não apresentarem as contas do hospital. Convidados pela senhora Tamburini, Evelina e Ernesto participam de um encontro de cultura, cujo tema foi *Da existência da Terra*. Cláudio apresenta o tema e destaca a insuficiência dos conhecimentos atuais para, com base em testemunhos pessoais, alguém apreender todo o conhecimento referente à sustentação e funcionalidade da Terra, considerando-se o fato de a matéria ser imaginária, pois, em realidade, a *luz é energia coagulada*. Conduz os ouvintes à conclusão de que o Espírito renasce muitas vezes na Terra, objetivando preparar os ouvintes para aceitar pacificamente o seu novo estado, e que ninguém fica desamparado por Deus depois da morte do corpo físico. A maioria, no entanto, parece não se dar conta da realidade. Esclarece, então, que cada um tem sensações diferentes depois da morte, pois "ninguém pode conhecer o que não estuda, nem reter qualidades que não adquiriu". Ernesto e Evelina se sentem reconfortados e felizes.

9. IRMÃO CLÁUDIO

Oferece conceitos a respeito dos estados da matéria e do estreito conhecimento que temos de sua realidade, gerando interesse nos recém-desencarnados em buscar melhores esclarecimentos sobre sua atual situação. Fantini e a senhora Serpa são recebidos pelo irmão Cláudio, que se coloca à disposição. Evelina está convencida de que se acha num recanto autêntico do seu mundo habitual. Cuidadosos, apresentam a dúvida que os incomoda sobre a possibilidade de estarem no mundo espiritual. A resposta é positiva com os esclarecimentos de que a resistência de Evelina se deve a suas convicções religiosas louváveis, mas transitórias. O preletor esclarece que o mundo espiritual é composto de matéria como o mundo físico e, nos dois planos, tudo se resume a projeções temporárias de nossas criações mentais. Ao desencarnar, as indagações da criatura seguem as mesmas, mas há a oportunidade de tomadas de contas no estudo e redescoberta de si mesmo. Nem todos os que desencarnam se encontram na mesma situação, pois ninguém muda repentinamente por deixar o corpo de carne. As regiões de sofrimento e dor, por mais vastas que sejam, permanecem circunscritas e vigiadas como qualquer espaço reservado ao tratamento de enfermos mentais na Terra. Evelina resiste em aceitar a realidade diante da solidez do mundo espiritual tão semelhante ao da Terra. Cláudio esclarece que a matéria nos dois planos é a mesma, mas que ali se apresenta mais sujeita à influência do pensamento dominante. Evelina revela o desejo de se confessar e Cláudio a adverte que a Igreja no plano em que vivem está bastante renovada, e que a encaminharia para um dos institutos de psiquiatria protetora para tratamento e auxílio.

10. EVELINA SERPA

Relata a entrevista de Evelina no Instituto de Proteção Espiritual, levando-a a refletir sobre os enganos na sua formação religiosa. Ainda surpreendidos com a naturalidade de tudo o que encontram, tendo dúvidas se estão mesmo no mundo espiritual ou em algum outro lugar da Terra, suspeitam serem ambos convalescentes de algum tipo de enfermidade mental. No Instituto, o instrutor Ribas deixa Ernesto em companhia do irmão Telmo, e se isola com Evelina para entrevistá-la. Diante de um grande espelho, Evelina é informada que tudo será filmado para acompanhamento futuro, é que o Instituto se dedica ao tratamento de seus tutelados, oferecendo primeiro a cobertura socorrista e, depois, o reajustamento, quando necessário, e que, por isso, suas perguntas e respostas serão de capital importância para seu próprio benefício. Adianta que seu problema de adaptação à nova realidade se deve à falta de preparação, quando encarnada. Mesmo como católica, poderia ter meditado mais nos ensinos de Jesus, onde não faltam revelações e exemplos sobre a vida além da morte. Evelina medita nas suas práticas religiosas e se espanta ao constatar que precisou *morrer* para compreender essa verdade; percebe que teve uma existência vazia e chora convulsivamente.

O Instrutor esclarece que o seu depoimento determinará o tipo de auxílio que ela irá receber; que, apesar de ser conhecida no mundo espiritual, ali no Instituto será importante o depoimento pessoal. Ela narra, então, suas lembranças com a morte do pai, o surgimento do padrasto, que o estima bastante, e as humilhações sofridas com o esposo, revelando que não alcançou a condição espiritual de perdoar sua infidelidade. O Instrutor informa que ela tem problemas difíceis a enfrentar e que o Instituto vai verificar até que ponto poderá auxiliá-la.

11. ERNESTO FANTINI

Demonstra que o sentimento de culpa nem sempre conduz o Espírito às zonas inferiores, em razão de sua forte estrutura psicológica que o imuniza contra os delírios. Ernesto evidencia sua posição de materialista inteligente e questiona o instrutor Ribas sobre o porquê de ter desencarnado e não se lembrar de períodos anteriores à última encarnação. Ribas esclarece as finalidades da reencarnação e os condicionamentos magnéticos aos quais se submete o Espírito ao mergulhar no meio físico, a partir do claustro materno, mas que o esquecimento é temporário, pois, ao retornar à verdadeira vida, o Espírito recupera, gradativamente, a memória plena. Assegura que ele, Fantini, é na colônia espiritual a mesma personalidade de quando esteve na Terra; que ali os que chegam são examinados pelo que foram, nas ações praticadas, mas os sinais morfológicos podem se modificar conforme as ordenações mentais de cada um. Fantini se diz surpreendido por receber tanto carinho e viver tanta paz, pois, consciente de seus enganos na última existência, deveria ter passado por zonas inferiores, como ocorre com outros, inclusive ilustres personalidades. O instrutor Ribas ensina que o Espírito no estado de tribulação cria o seu ambiente, mas que ele soube se imunizar contra os delírios, dada a sua estrutura psicológica, acrescentando que cada um pune a si mesmo, conforme a infração causada à Lei divina, devendo ele se estruturar para comparecer diante daqueles que deixou no mundo... Fantini confessa ter cometido um crime e não ter sido julgado pelas leis humanas, valendo a versão de que fora um acidente.

12. JULGAMENTO E AMOR

Descreve o sermão de um sacerdote em um templo religioso, enfatizando a necessidade de o Espírito se autojulgar para mais rapidamente caminhar em direção à luz. Algumas semanas se passam e Ernesto e Evelina se adaptam cada vez mais ao ambiente. Sentindo falta de trabalho, solicitam qualquer atividade no antigo lar, mas foram orientados a aguardar melhor preparação. Visitam bibliotecas, jardins e instituições dentro da cidade e vão ao *Templo da Nova Revelação* para ouvir o sermão *Julgamento e Amor*, baseado no capítulo 7, versículos 1 a 5 do evangelho segundo Mateus: *Não julgueis para não serdes julgados...* O sacerdote, enquanto faz os comentários, é atingido por línguas de fogo que vêm do alto. Na sua fala diz que cada um apresenta-se no mundo espiritual como realmente é ao despojar-se do corpo material, não tendo significação os títulos, posses, privilégios ou cativeiros, honras familiares ou desconsiderações públicas, vantagens ou prejuízos de superfície; a todos serão pedidas contas do que fizeram e não do que foram; no mundo espiritual devem ser vencidos os condicionamentos mentais que centralizaram a ideia de supostos direitos ou imaginárias reclamações, com o consequente abandono dos deveres naturais de aperfeiçoamento espiritual para a vida eterna. A divina Providência questionará sobre o emprego do tempo de que dispomos; em razão desse fato, milhares de entidades voltam à Terra com tarefas anônimas que lhes valem como passaportes de libertação e acrisolamento para as esferas superiores. Destaca a importância da autoaceitação e da utilização das oportunidades que a cidade espiritual oferece para o trabalho digno, seja em socorro dos que chegam, dos que permanecem na Terra ou dos que estão em sofrimento nas regiões do entorno. O sacerdote finalizou convidando todos para a prática da caridade, do amor ao próximo. Evelina saiu em prantos, amparada pelo braço do amigo Fantini.

13. TAREFAS NOVAS

Relata a visita de equipe socorrista em zonas inferiores, próximas à colônia, com o objetivo de levar amparo e resgatar sofredores arrependidos. Ernesto e Evelina se vinculam a uma comitiva de cinco homens e três mulheres, estando entre elas a senhora Tamburini, para a realização do culto do Evangelho no lar do casal Ambrósio e Priscila, que desempenham papel de guardiães nas regiões de sofrimento fronteiriças à cidade. Fantini fica sabendo que a densa névoa é produto das projeções mentais dos irmãos em desequilíbrio que ali vivem; que a região é extensa e, se necessário, faz-se uso de aparelhos voadores para algumas missões, já que a volitação se torna muito difícil. É como um extenso deserto, composto por cidades, vilarejos, povoações e aldeias, sob o domínio de Espíritos pervertidos; que assim é porque a Providência divina deixa livre as criaturas para escolherem seu caminho, pensando e agindo como desejam e podem, mas exige que a justiça seja feita a qualquer custo. Muitos socorridos, após o tempo necessário para o reequilíbrio, solicitam nova reencarnação e rogam bloqueios em determinadas funções físico-mentais para defendê-los contra as tendências inferiores. Vinte e duas entidades saídas do nevoeiro participam do culto do Evangelho. Passes de reconforto e mensagens de esclarecimento são oferecidos. Evelina e Ernesto consolam duas senhoras em sofrimento. Nas despedidas, a equipe foi atacada por grupo de Espíritos zombeteiros e dementados, mas o irmão Cláudio a defende. Da chusma de infelizes desponta Túlio Mancini, ex-noivo de Evelina, que a reconhece e pede socorro ao grupo, sendo acolhido.

14. NOVOS RUMOS

Revela a forma como Túlio Mancini desencarnou e demonstra a manutenção dos impulsos sexuais do Espírito inferior. Recolhido no lar de

Ambrósio e Priscila, Túlio recebe passes reconfortantes e é instalado em instituição socorrista local. Ernesto se pergunta por que o ex-namorado de Evelina, um suicida, não está sofrendo duras penalidades, conforme se informara a respeito? Diante daquele encontro, Fantini não tem dúvidas de que estão desencarnados, e diz a Evelina que talvez seja o Túlio o trabalho que solicitaram às autoridades da instituição, para favorecer-lhes o acesso à elevação espiritual. O casal visita Túlio, e Evelina observa nele um olhar estranho, revelando propósitos sensuais. Mancini conta a verdade sobre sua desencarnação e diz que discutiu com Caio Serpa e foi por ele alvejado com tiros de revólver; despertou em um hospital e não sabe, até então, o que vem acontecendo com ele, mas que se sente feliz por tê-la encontrado, tendo a certeza de que não morreu. Evelina fica horrorizada ao saber o que aconteceu verdadeiramente. Fantini se afasta emocionado e pensa no crime que ele cometera e ficou também impune pela lei dos homens, tal qual o marido de Evelina. Os ex-namorados passeiam pelo bosque da instituição e depois se abrigam em um caramanchão, e Mancini interroga Evelina, sarcasticamente, sobre seu acompanhante e diz que agora que a encontrou não vai perdê-la para quem quer que seja. Manifesta sua sensualidade e implora afeição e carinho. Evelina se sente inebriada pela confissão de amor, mas reage, lembrando que é casada e deve respeito ao marido, rechaçando-lhe as atitudes indelicadas. Surpreendido, não se contém e tenta beijá-la e, diante da recusa, ele a escarnece, acusando-a de hipócrita, de ser igual às outras mulheres da *terra da liberdade,* mas que se oculta na capa andrajosa da disciplina. A discussão se acalora e Mancini investe contra Evelina, que é salva pela chegada de um enviado do instrutor Ribas, que a convida a se apresentar no Instituto de Proteção Espiritual, para solução de assunto urgente. Túlio é recolhido e destinado à segregação e tratamento.

15. MOMENTOS DE ANÁLISE

Trata do encontro de Evelina e Ernesto com o instrutor Ribas, revelando as razões que reforçaram o comportamento de Túlio em relação a ela no caramanchão. Ribas responsabiliza Evelina pelo desequilíbrio de Túlio, ao lembrar-se ela de sua juventude, sentindo momentânea esperança em relação a ele e, também, ao tentar defender-se, fazendo referência ao casamento com Caio, que lhe exacerbou o ciúme. O Instrutor informa que é natural a atração registrada por ela e justa a resistência, e a orienta como auxiliar Túlio. Munido de uma ficha, confirma que ele fora assassinado por Caio Serpa e que fora antes atendido na cidade, mas a paixão por Evelina o arrastara para a região de sofrimento vizinha, sendo recolhido novamente quando do encontro com ela. Acrescenta que a gravidez frustrada de Evelina fora resultado da atração de um Espírito suicida por sua mente, já que se julgava culpada pelo suposto suicídio de Túlio, representando a ação da providência divina para que ela já começasse a reparar seus compromissos. Em relação ao rapaz, Evelina não precisará desempenhar o papel de sua companheira, já que não houve entre os dois a parceria de vida sexual, mas, dentro da lei de amor, precisará auxiliá-lo na recuperação do equilíbrio emocional, para cujo rompimento ela contribuiu com promessas não cumpridas na juventude.

16. TRABALHO RENOVADOR

Informa sobre os esforços de Evelina e Fantini na preparação para auxiliar Túlio. O casal adquire conhecimentos de evangelização, reforma íntima, sintonia mental, afeição, agressividade, autocontrole, obsessão e reencarnação, para mais eficientemente ajudar na recuperação mental e moral de Túlio Mancini. Durante seis meses, Evelina, por meio de *diálogos terapêuticos*, se dedica a auxiliar Túlio, que se revela irredutível em sua fixação por ela. Ela se apóia na lembrança do esposo para manter-se aplicada à tarefa e manter seu paciente equilibrado, mas Túlio resiste a qualquer mudança, dizendo-se não afeito ao estudo, alimentando sentimentos inferiores sobre sua ex-noiva. Evelina, em repetidos diálogos com Ernesto, revela seu interesse de rever o marido, disposta a auxiliá-lo como vem fazendo com Túlio, e sabe que fora por amor a ela que Caio cometeu o assassínio. Ernesto também fala da esposa Celina e da filha Elisa com enternecimento e saudades, desejoso de voltar ao antigo lar. Observam os que retornam das visitas aos familiares e notam que alguns se apresentam alegres e jubilosos, mas outros, tristes e reticentes. Mantêm-se otimistas quanto à possibilidade de visitar os familiares, mas são informados de que ainda é cedo para o retorno. Passados seis meses, após diálogo de avaliação, o instrutor Ribas informa que a solução para Túlio será a reencarnação e que, mesmo assim, encontrará dificuldades e desajustes pela frente.

17. ASSUNTOS DO CORAÇÃO

Adverte sobre os deveres e condições maritais em que se encontram os cônjuges após a desencarnação de um deles. Após dez meses de tarefa assistencial de Evelina e Fantini em favor de Túlio, o casal insiste em visitar o antigo lar. O instrutor Ribas tece considerações sobre as possibilidades na continuidade ou não dos relacionamentos conjugais após a morte do corpo físico. Esclarece que nem sempre o casamento da esfera física se dá na base do amor puro, almejado legitimamente por todos os seres. Quando amamos alguém alimentamos o anseio que aquela criatura nos corresponda na mesma medida, mas nem sempre é assim, pois o ser amado pode alimentar pelo amante sentimento de fraternidade, gratidão, companheirismo e amizade. Por isso, é sempre bom entender-se afeição sem a estreiteza do sexo, que leva muitos amantes ao desespero. Em quaisquer circunstâncias, quem está no plano espiritual pode continuar trabalhando pelo que ficou, mas não deve, obrigatoriamente, esperar que ele ou ela se mantenha na viuvez. Evelina guarda a certeza do reencontro feliz com o marido e pergunta sobre a possibilidade de influenciá-lo para sua vinda para junto dela. Foi orientada pelo Instrutor a abandonar esse tipo de pensamento. Ernesto deseja rever a esposa e a filha, mas sente-se ligado a Evelina por laços de encantadora atração, sem saber precisar sob que prisma a estimava. Ribas informa que dentro de breves dias os dois poderão visitar as respectivas famílias.

18. O RETORNO

Narra a primeira visita de Evelina ao seu antigo lar, demonstrando suas dificuldades diante da nova situação amorosa do marido. Após dois anos da desencarnação, Evelina e Fantini descem da nave espiritual, com outros companheiros, na via Anchieta, na altura da cidade de São Bernardo, sendo alertados que deverão retornar àquele ponto dentro de vinte horas. Os dois caminham entre o entusiasmo e o temor em relação ao reencontro com os familiares. Evelina pergunta se está com boa aparência, denotando sua ansiedade e vaidade feminina. Sentindo-se emocionados, se reconfortam mutuamente e relembram as instruções e ensinamentos do instrutor Ribas para enfrentar aqueles momentos. Ernesto fica nas imediações enquanto Evelina entra em sua antiga casa, notando logo pequenas alterações e o retrato de outra mulher no escritório do marido. Encontra-o dispensando à outra as mesmas atenções e carinhos que lhe oferecia e quase se rebela ao constatar que a mulher era a mesma Vera que enviava bilhetes ao marido enquanto ela estava enferma. Ouvindo o diálogo entre os dois, constata que Vera sofre pela presumida relação de Serpa com outras mulheres, e fala em casamento, mas ele diz não ser possível suportar uma sogra louca, e condiciona seu consórcio à internação da sogra em um manicômio, propondo-se a ir ao Guarujá para cuidar da situação. Evelina, transtornada, sai em busca de Fantini e relata tudo o que presenciou e ouviu. Ao virem os dois saindo num carro, Ernesto, lívido, reconhece a mulher que está com Serpa e, com a voz embargada, confessa a Evelina que Vera Celina, a namorada de Caio, é sua filha.

19. REVISÕES DA VIDA

Descreve o reencontro de Ernesto Fantini com sua ex-esposa, relatando o seu sofrimento frente à sua condição espiritual. Após entendimentos a respeito da internação de sua sogra, Caio Serpa e Vera Celina seguem para o Guarujá, acompanhados por Fantini e Evelina, que ouvem declarações surpreendentes e estarrecedoras sobre eles quando reencarnados. Ernesto fica sabendo que não foi um pai amoroso e interessado pelos problemas da filha, sempre envolvido com os negócios, sem tempo nem para ela e para a mãe, que não o amava. Evelina ouve o ex-esposo dizer que se casou com ela por amor, mas o sentimento arrefeceu quando ela não pode lhe dar o filho desejado, se apresentando sempre enferma. Na antiga casa de praia, conhecida de Fantini, ele reencontra Elisa, que o vê e o expulsa, chama-o de assassino e relata a história de seu romance com Desidério Santos, o qual se encontra deitado comodamente ao lado de Elisa, indiferente ao que se passa. Fantini pede perdão à ex-esposa, mas ela, com as faculdades psíquicas alteradas, não lhe ouve os apelos e revela que mantém suas relações com Desidério, mesmo antes de ele tirar-lhe a vida. Fantini pede perdão pelo que fez por amor a ela, e lhe oferece ajuda. Mantém com ela um diálogo, do qual Serpa e Vera ouvem apenas as palavras grosseiras e desconexas de Elisa, dirigindo-se ao ex-marido. Interpretando que ela está completamente louca, injetam-lhe o medicamento indicado e ela adormece. Ernesto ensaia retirada quando é afrontado por Desidério, que salta da cama desferindo brados terríveis.

20. TRAMA DESVENDADA

Focaliza o momento em que Desidério faz sérias acusações a Fantini, historiando toda a verdade sobre sua morte. O pai de Evelina conta sua vida de sofrimentos após ter sido assassinado, perdendo de forma violenta seu lar, sua esposa e filha para Amâncio, seu verdadeiro assassino, revelando, então, que Fantini falhara no intento de matá-lo, mas que o outro amigo de caçada, Amâncio, havia completado o projeto por desejar-lhe a esposa; acusa-o de ter sido ele o mentor do crime, pois fornecera ao outro caçador o modelo de como desencarná-lo impiedosamente. Conta que Amâncio, após seduzir sua mulher, fê-la internar a filha em um colégio, distante do carinho dos pais, e a conduziu a um casamento com um rapaz que ele, Desidério, reconhecia inadequado. Advertiu que Ernesto poderia ter simplesmente conversado com ele sobre seu interesse indevido por Elisa, já que ele não tinha a intenção de tomá-la para si, e que apenas se aproveitava da admiração que ela nutria por ele, mas amava a esposa e a filha, e teria se afastado facilmente. Lembra que Fantini, moído pelo remorso, entregara-se aos negócios, negando à filha Celina a atenção que precisava, faltando com o apoio necessário nos momentos mais difíceis de sua vida. Arremata a revelação informando que o marido de sua filha, desiludido no casamento, começou a procurar novas aventuras, vindo a conhecer Vera Celina. Ao perceber toda a trama, Fantini corre para o matagal próximo dominado pela dor e cai em desespero.

21. RETORNO AO PASSADO

Trata da proposta de reencarnação de Desidério e Túlio Mancini, com o objetivo de reconciliar velhos inimigos. Fantini, emocionalmente descontrolado, busca o apoio de Evelina, que conversava com alguns desencarnados frequentadores da casa de praia, e, depois da crise de choro, nada consegue dizer do que aconteceu, mas confessa que ela foi vítima da ingratidão e ele está recebendo a condenação merecida. Ribas, atendendo às súplicas de Fantini, envia um carro voador, que os leva para um grupo espírita, em São Paulo, onde recebem ajuda e restabelecem as forças consumidas com os reencontros. Fantini confessa a Evelina todo o drama narrado por Desidério. Sem palavras, ela chora, mas não o condena, dizendo que são e serão sempre amigos, não obstante o passado, e entram num entendimento mútuo de apoio. Evelina revela o desejo de rever o pai, mas Fantini a desaconselha, considerando seu estado psicológico e espiritual. Na colônia procuram Ribas para entendimento quanto aos seus projetos de promover a reencarnação tanto de Túlio como de Desidério. Com vistas ao andamento do projeto reencarnatório, Evelina visita sua genitora, dona Brígida, e o padrasto, Amâncio. Conversa mentalmente com a mãe e relata a situação do pai e a inspira a adotar uma criança, com a intenção reencarnar seu pai naquele lar. Brígida capta a mensagem e sugere ao marido a adoção, ele concorda, desde que seja um *homenzinho*, e os dois se abraçam felizes.

22. BASES DE NOVO PORVIR

Revela os projetos reencarnatórios objetivando o reencontro e a reconciliação dos protagonistas da história das famílias Serpa e Fantini. O instrutor Ribas, Evelina e Ernesto elaboram planos, objetivando a reencarnação de Túlio Mancini, lamentando que ele apresente reduzido progresso, devendo Evelina manter-se ao seu lado por mais algum tempo, enquanto Ernesto deverá partir para cooperar com Desidério e Elisa. Evelina é aconselhada a não visitar o pai, por enquanto, e informa que Elisa fora internada em casa de saúde mental; que Serpa se tornara procurador de Elisa e de Vera, com autoridade para movimentar todos os bens que Fantini deixou. Ernesto se revolta e considera o genro um larápio, mas o Instrutor explica que Serpa não deverá ser visto como ladrão, pensando em vantagens imediatas, mas prepara o futuro para receber no lar, junto com Vera, o seu inimigo Túlio como filho, e sua sogra Elisa como filha; Caio desencarnará cedo e devolverá tudo à viúva

Elisa. Desidério reencarnará em um lar pobre e será adotado por Amâncio que, embora sendo ateu e um assassino, construiu um largo patrimônio e vem sendo o esteio econômico, há mais de vinte anos, de Espíritos encarnados, amparando enfermos e apoiando os caídos, espalhando consolações e alegria. O retorno de Amâncio está previsto para dentro de dez anos, mas muitas preces sobem aos céus a seu favor, não sendo difícil conseguir-lhe uma prorrogação na Terra, por mais quinze ou vinte anos, assegurando-lhe a oportunidade de reeducar Desidério e reconciliar-se com ele na condição de filho. Os lares de Serpa e Amâncio deverão se aproximar, pois está projetado o casamento de Desidério e Elisa na nova encarnação. Evelina e Ernesto serão seus guias espirituais, tendo serviço para, aproximadamente, trinta anos. Fantini e Evelina se olham, convencidos de que necessitam um do outro para aquela tarefa redentora.

23. ERNESTO EM SERVIÇO

Relata as orientações de Ribas a Ernesto, exortando-o a persistir em seus esforços para convencer Desidério a perdoar seus ofensores. Fantini consulta Ribas sobre a capacidade de um Espírito, na condição de Desidério, apontar-lhe as faltas, dificultando-lhe o trabalho de persuasão para perdoar, e aprende que isso se dá porque geralmente assumimos, na Terra, a condição de personalidades-legendas, quando não se é exatamente o que a posição faz pressupor. Os Espíritos desesperados reconhecem isso, portanto, é necessário ouvir-lhes com humildade, amando, servindo e desculpando. Fantini reconhece que não fora bom esposo e nem bom pai, e que o dinheiro amealhado por ele não fez o serviço do coração. Na Crosta, nota, surpreso, a visita de Serpa a Elisa, quando ela suplica a oportunidade de ver a filha, mas Caio se mantém irredutível, despertando a ira de Elisa, levando-a a agredi-lo. Enfermeiras imobilizam Elisa, Fantini procura acalmar Desidério, que incitava sua amada à agressão. Ernesto procura evidenciar a Desidério as vantagens do perdão, informando que ele perderá contato com Elisa, após desencarnar em breves dias, já que Evelina intercederá por ela, distanciando-a dele. Desidério se emociona ao ouvir falar da filha, mas não cede. Em meio à conversa, ficam sabendo que Elisa caíra em prostração, devendo desencarnar em poucas horas. Observam que enfermeiros espirituais protegem o ambiente para facilitar o processo desencarnatório. Caio e Vera se colocam aos pés da enferma e, pela madrugada, Elisa desperta, fixa os olhos na filha na tentativa de se despedir, mas vê ao seu lado o futuro genro e, em profunda mágoa, solicita mentalmente a Desidério que a proteja de Caio, ato que favoreceu a ligação de ambos e, inflamado de ódio, segura a mão de Elisa, ficando ela presa ao cadáver, ouvindo ele repetir que jamais a deixará. O capítulo é concluído com uma série de recomendações aos leitores referentes à importância da compreensão e do perdão no relacionamento de uns com outros.

24. EVELINA EM AÇÃO

Demonstra o trabalho da espiritualidade para libertar Elisa do seu cadáver, presa por Desidério, imantados um ao outro, dificultando o processo de desencarnação. Uma caravana chefiada pelo irmão Plotino parte do Instituto de Proteção Espiritual com a missão de libertar Elisa de seus despojos físicos, da qual faz parte Evelina, muito emocionada por saber que verá o pai pela primeira vez, sendo amparada por Ernesto. Elisa, semidesperta, presa pela mão de Desidério, compraz-se com a estranha situação. Um enfermeiro espiritual informa a Plotino que não consegue isolar mentalmente a morta do acompanhante rebelde, e o mentor da caravana, após insistir inutilmente com Desidério, recorre à intervenção de Evelina junto ao seu pai. A filha entra sozinha, enquanto o grupo fica orando, dando-lhe apoio vibracional, criando um halo de luz na porta por onde passa, impressionando Desidério, que se ajoelha emocionado. Evelina ouve as reclamações do pai sobre seu assassinato e de Amâncio, que lhe tomou a esposa e ela. Evelina confessa seu amor por ele, que nunca o esqueceu e diz que o padrasto foi um fiel amigo da sua mãe e um bom amigo para ela. Desidério resiste ao convite de renovação da filha, acusa sucessivamente Amâncio, Fantini e Serpa. Evelina busca justificar as ações de cada um deles, convidando o pai à compreensão, ao entendimento e ao perdão. O pai, insistindo no propósito, recebe da filha explicações quanto aos projetos da futura encarnação, em que os dois serão marido e mulher, e ora rogando a Deus, emocionada, para que eles possam continuar juntos no mesmo anseio de redenção. Desidério se entrega à filha, possibilitando a ação da equipe para a libertação de Elisa do corpo inerte, sendo ele transportado para novo domicílio espiritual.

25. NOVA DIRETRIZ

Demonstra a força da atuação mental do Espírito sobre o encarnado, levando Caio, pela força da inspiração de Evelina, a decidir casar-se com Vera. Durante o sepultamento do corpo de Elisa, sob a influência de Evelina, Caio relembra a morte de sua ex-esposa e se pergunta o que ocorre com os mortos, para onde vão; lembra, arrependido, de ter assassinado seu colega Túlio Mancini. Pergunta a si mesmo por que deverá casar-se com Vera, julgando-a leviana, indigna de ser sua esposa, mas reconhece que foi impaciente e agressivo com dona Elisa, e a namorada sempre esteve ao seu lado, dando provas de que o ama. Evelina leva-o a refletir sobre o que vem fazendo da vida até então, não estando em condições de julgar o comportamento de Vera. Resistente, Serpa pergunta, como se estivesse refletindo consigo mesmo, porque casar-se se ele tinha todas as vantagens de um homem casado sem as peias do casamento. Paciente e persistente, Evelina derruba progressivamente todos os argumentos levantados por ele, fazendo-o observar que Vera Celina lhe havia confiado à administração de abundantes recursos materiais, que ele poderia multiplicar em benefício de filhos que poderiam ter. Finalmente, Serpa chorou envolvido nas expectativas de ser pai e de viver na segurança de um lar. Humilde, buscou Vera e lhe pediu, de forma que as pessoas próximas ouvissem, que ela não chorasse mais, pois não estava sozinha, e que, no dia seguinte, providenciariam os papéis para o casamento. Evelina abraçou Caio como a um filho e beijou a mão de Vera com enternecimento, ficando por longo tempo com Ernesto em oração, no tranquilo santuário da morte.

26. E A VIDA CONTINUA...

Descreve o trabalho de Ernesto e Evelina no encaminhamento das encarnações de Túlio Mancini, Desidério e Elisa, objetivando a reconciliação entre eles. Túlio aceita a ideia da reencarnação sob as promessas da assistência de Evelina, e é levado para um encontro com Vera, na ausência de Caio, quando se registra uma perfeita integração entre o futuro filho e a futura mãe. O período de gravidez de Vera mereceu cuidados especiais por parte de Evelina, tendo em vista a condição espiritual de Mancini, que favorecia o aborto. Elisa se prepara em instituição apropriada para reencarnar, também, como filha do casal Serpa. Durante aquele tempo, Ernesto remoça e Evelina amadurece como se os dois buscassem o ajuste da forma, com vistas à harmonização em nível de idade. Impressionado com o fato, Ernesto procurou Ribas com o interesse de relembrar o passado, mas o Instrutor não avalizou a medida. Considerou não ser o momento, pois ele e Evelina assumiram um compromisso com duração prevista para trinta anos, e que outros chegariam para aumentar o grupo familiar, onde eles futuramente reencarnarão, e que quaisquer lembranças do passado poderiam trazer dificuldades ao trabalho, mas aprovou a possibilidade do casamento dos dois no plano espiritual. Desidério resiste à ideia da reencarnação, interpondo recursos e alegando direitos. Um ano depois da desencarnação de Elisa, o pai de Evelina concorda em retornar à vida física, sem saber detalhes da futura família, mas exige uma entrevista privativa para traçar com ela projetos futuros. Após o primeiro e único encontro, que durou dez horas, Desidério acalma-se completamente, desaparecendo ressentimentos e interrogações. Evelina acompanha todo o processo da reencarnação sob os auspícios de casal pobre e enfermo que, por desencarnação, vai deixar Desidério aos cuidados de Amâncio e Brígida. Depois de todo o esforço vitorioso, Ernesto e Evelina são festejados na cidade que lhes serve de residência, e sua união conjugal é celebrada.

2
MINIBIOGRAFIAS DOS PERSONAGENS CITADOS NAS OBRAS

PERSONAGENS[4]

ABELARDO MARTINS
Foi esposo da irmã Celina. Na existência física fora um homem temperamental e não se resignara, de imediato, às imposições da morte. Tentou, em vão, obsidiar a esposa. Procura, agora, aproveitar o tempo a benefício do seu reajuste. Solicita ajuda para Libório dos Santos. Na companhia do assistente Áulus, de André Luiz, de Hilário e de dona Celina, chega a um hospital de emergência, em região nebulosa, seu templo de trabalho. Os enfermos desencarnados naquela instituição apenas atravessam pequeno estágio de recuperação. (NDM, cap. 14)

ACELINO
Esposo de Ruth. Médium falido que fez da mediunidade fonte de renda. Transformou a mediunidade em fonte de palpites materiais e baixos avisos. Expiou a falta durante onze anos de tormentos nas zonas inferiores. (OM, cap. 8)

ADELAIDE
Médium que sempre foi leal discípula de Jesus. Encontra-se em uma instituição espiritista-cristã que asila numerosas criancinhas, em nome de Jesus, a Fundação Adelaide. A Fundação é muito mais de almas que de corpos. Os imperativos da evangelização preponderam sobre os demais. Somente via o

---

[4] Foram catalogados 569 personagens.

dedicado irmão dos que sofrem, Bezerra de Menezes, a quem se unia por sublimes cadeias do coração. Recebe do amigo espiritual palavras reconfortantes e carinhosas. Está sendo preparada para desencarnar. Revela consciência mais nítida da situação. Zenóbia, diretora da Casa de Transição de Fabiano, encontra-se com ela ministrando-lhe bom ânimo. Roga, tímida, lhe fosse concedido o obséquio de tentar, ela própria, a sós, a desencarnação dos laços mais fortes, em esforço pessoal, espontâneo. Somente no derradeiro minuto, Jerônimo interveio para desatar o apêndice prateado. Serena e confiante, cercada de numerosos amigos, partiu a caminho da Casa Transitória. Por recomendação da diretora Zenóbia, pronunciou a oração de graças. (OVE, cap. 11, 12, 19, 20)

ADÉLIA

Esposa de Luís. O esposo se afinava com os antigos sentimentos paternos, apegando-se aos lucros materiais exagerados, sofria tremenda obsessão no próprio lar. (AR, cap. 8, 9)

ADÉLIA

Esposa de um dos cavalheiros observados por André Luiz. Seu esposo declara não ter aprendido a ciência da conformação e da resignação, a fim de percorrer sozinho as estradas humanas, após a morte da esposa. (OM, cap. 9)

ADELINO

Em existência anterior, fora marido de Raquel. Fora assassinado por Segismundo em competição armada. Desencarnou sob intensa vibração de ódio e desesperação, padecendo vários anos em zonas inferiores. Apesar das promessas na esfera espiritual, esqueceu, na recapitulação presente, o perdão aos antigos erros de Segismundo. Há muitos dias suas noites são agitadas, cheias de aflições e pesadelos. Os sonhos são sempre os mesmos: um homem à maneira de mendigo vulgar a implorar socorro. Repele-o tão logo surgem as horas do sono físico. Já se encontra na Crosta desde muito e, há quatro anos, se religou pelos laços do matrimônio com Raquel. O instrutor Alexandre procura despertar-lhe as fibras sensíveis do coração para o trabalho de aproximação de Segismundo, utilizando-se de seu filho Joãozinho, de três anos de idade. Desprendido durante o sono físico, afasta-se pesadamente, parecendo mover-se com extrema dificuldade, vendo a presença de Segismundo e do instrutor Alexandre.

Após conceder o perdão, seu perispírito parece desfazer-se de pesadas nuvens. Juntamente com Raquel, em Espírito, espera pela presença da equipe espiritual encarregada do ato de ligação inicial de Segismundo. Receberá Segismundo como seu segundo filho. (ML, cap. 12, 13)

ADELINO CORREIA

Filho da senhora Leontina. Pai de Marisa, Mário e Raul. Irmão da fraternidade pura, trabalhador em um templo espírita-cristão. As circunstâncias na luta material harmonizar-se-ão em favor dele, atendendo-lhe aos méritos conquistados. Seus créditos são enormes. Atravessa crise financeira. Fora no passado, Martim, o filho bastardo de um jovem muito rico, Martim Gaspar, que o recebeu das mãos da genitora escrava, que desencarnou ao trazê-lo à luz. Eram companheiros inseparáveis, tendo sido legitimado como filho. Maria Emília, a madastra, desenvolveu sobre ele estranha fascinação. Com a ajuda de dois capatazes, planejou a morte do próprio pai, por não tolerar a posse da mulher que desejava. Ao fim de cinco anos de resistência, tombou integralmente vencido, sob o jugo do Espírito paternal que o cercava. Abriu-se-lhe a pele em chaga, como se chamas ocultas o requeimassem. Desencarnado, sofreu terríveis humilhações e indescritíveis tormentos, durante onze anos sucessivos, em cárcere de trevas. Encontrou no Espiritismo com Jesus, ao influxo dos amigos desencarnados que o assistem, precioso campo de fortalecimento moral e trabalho digno. Cresceu órfão de pai. Custodiado por benfeitores da Mansão da Paz, foi conduzido desde cedo a um templo espírita. Hoje sofre o trauma perispirítico do remorso pelo crime do passado. A filha Marisa é a madastra do passado, Maria Emília. Mário e Raul são os dois capatazes que ajudaram a matar o pai. Recebe como filho, o pai, Martim Gaspar. (AR, cap. 16)

AFONSO

Por influenciação de Francisco, doa fluidos para Antônio, já moribundo, durante o sono do corpo físico. (ML, cap. 7)

AGABO

Profeta, médium. Dentre os médiuns reunidos, um deles, de nome Agabo, incorpora um Espírito benfeitor que realiza importante premonição. Segundo *Atos dos apóstolos* (11:28), "Haverá uma grande fome em toda a Terra". (MM, Mediunidade)

AGENOR
Irmão de Paulina, Edelberto, Amália e Cacilda. Sua mãe está recolhida em um hospício. Juntamente com Edelberto, entrou em luta judicial com Amália e Cacilda, em virtude dos grandes patrimônios que o pai ajuntou nas esferas da carne. (NL, cap. 30)

AGOSTINHO
Amigo de Salomão. Espírita, atende o pedido do amigo para orar em favor de Marita. Oferece um exemplar de *O evangelho segundo o espiritismo* para Cláudio Nogueira. Desencarnado, vem abraçar Cláudio quando de seu desencarne. (SD, pt. 2, cap. 2, 12)

AGOSTINHO
Tio de Ester, a viúva de Raul. Reclama da amargosa compensação para uma vida laboriosa e difícil, junto da esposa, sobrecarregando a sobrinha Ester. (ML, cap. 11)

AGRIPINA
Nobre romana. Irmã de Calígula e mãe de Nero, exerceu sobre o filho grande influência no início de seu reinado, depois de fazê-lo reconhecido como filho adotivo e sucessor do imperador Cláudio. (MM, Mediunidade)

AÍDA
Segunda esposa do pai de Silas em vida passada, o atual instrutor Druso. Fora cortejada em sua juventude pelo primo Armando. A madrasta de Silas foi envenenada pelo próprio esposo. Druso e Silas estão empenhados no mesmo empreendimento: buscar e soerguer Aída. Em próxima reencarnação retornará como irmã de Silas, no lar de Druso e sua primeira esposa. (AR, cap. 9, 20)

ALBANO METELO
Instrutor que comenta, no Templo da Paz, sobre as necessidades de cooperação junto às entidades infelizes, nos círculos mais baixos da vida espiritual que rodeiam a crosta da Terra. Faz exibir num grande globo de substância leitosa, situado na parte central do Templo, vários quadros vivos do seu campo de ação nas zonas inferiores. (OVE, cap. 1)

ALBÉRIO
Instrutor do Ministério das Comunicações que fez comentários sobre a mediunidade. Destaca que a mente permanece na base de todos os fenômenos mediúnicos e que em mediunidade não podemos olvidar o problema da sintonia. (NDM, cap. 1)

ALBINA
Mãe de Eunice e Loide. Apresenta sinais de moléstia do coração. Permanece em serviço nos círculos evangélicos protestantes. Fez profissão de fé na Igreja Presbiteriana. Há forte pedido de prorrogação em favor dela. Está sendo preparada para desencarnar. Por recomendação do assistente Jerônimo, é conduzida por Luciana e Irene até a câmara de Adelaide, de onde seguiriam para a Casa Transitória de Fabiano, em excursão de aprendizagem e adestramento. Avó de Joãozinho, que embora órfão, se considera consanguíneo de Albina. (OVE, cap. 11, 12, 17)

ALDONINA
Sobrinha de Bacelar. Aguardava a volta da mãezinha para a organização de um lar na cidade próxima. Há vinte anos Cecília e ela foram atraídas amorosamente pelos Bacelar, a fim de continuarem, ali, no santuário familiar. Informa que Isaura casou-se em Campo da Paz e reside em Nosso Lar com seu esposo Antônio, que é funcionário dos Serviços de Investigação do Ministério do Esclarecimento. Afirma que esteve em Nosso Lar por uma quinzena quando ganhou o prêmio de assiduidade e bom ânimo. Nessa ocasião visitou o casal Isaura e Antônio. Juntamente com Cecília, tem grandes tarefas de assistência junto dos recém-encarnados. (OM, cap. 29, 30)

ALENCAR
Foi médico na Terra. Controlador e orientador mediúnico nos trabalhos de materialização realizados em uma residência. Depois de ligar-se profundamente à organização de jovem médium, materializa-se aos olhos dos encarnados, sob a influência de Calimério. Utiliza-se da força nervosa exteriorizada e de vários materiais fluídicos, extraídos no interior da casa, aliados a recursos da natureza. (ML, cap.10)

ALENCAR
Irmão de Margarida. Persegue Lia com propósitos indignos. A jovem é filha de Jorge e Irene, neta de Saldanha e de Iracema. (LI, cap. 13)

ALEXANDRE
Citado pelo ministro Flácus. O conquistador organiza vastíssimo império, estabelecendo uma civilização respeitável; no entanto, não impede que os seus generais prossigam em conflitos sanguinolentos, difundindo o saque e a morte. (LI, cap. 1)

ALEXANDRE
Instrutor do Ministério da Comunicação. Convida André Luiz para visitar os serviços mediúnicos, sob sua chefia, e observar algumas demonstrações de desenvolvimento mediúnico. Elucida André Luiz sobre as funções da epífise e sobre o vampirismo. Afirma que a oração é o mais eficiente antídoto do vampirismo. Esclarece André Luiz sobre o caso de Antônio, filho de Justina, entidade amiga. Convoca o grupo do irmão Francisco, oriundo de Nosso Lar, destinado ao reconforto de doentes graves e agonizantes, para auxiliá-lo no caso de Antônio. Dirige uma reunião de estudos sobre problemas de mediunidade e psiquismo, destinada aos cooperadores ainda encarnados na Crosta. Durante a oração final transfigura-se diante de todos. Contando com a ajuda de André Luiz, trabalha na mentalização das minúcias anatômicas do aparelho vocal, improvisando uma garganta ectoplásmica, através da qual solicita aos amigos que façam música e evitem a concentração. Conduz André Luiz até a residência de Ester, viúva de Raul, que morrera em condições misteriosas. Esclarece André Luiz que a presença de desencarnados à mesa de refeições, na casa da viúva, trata-se de vampirismo recíproco. Conduz André Luiz até um matadouro, onde encontram o esposo de Ester, Raul, que cometera suicídio, imantado a um grupo perigoso de vampiros subtraindo-lhe as forças vitais. Com relação ao verdadeiro motivo da morte de Noé, informa que Ester está preparada para a consolação, não para a verdade. Esclarece sobre o drama de Segismundo, recordando que ele, Raquel e Adelino são os protagonistas culminantes de dolorosa tragédia, ocorrida ao tempo de sua última peregrinação pela Crosta. Estabelece a aproximação espiritual entre Adelino e Segismundo. Informa que está pronto o serviço de reencarnação inicial de

Segismundo e que o trabalho completo somente se verificará daqui há sete anos. Ante a insistência de Euclides, endossa seu pedido para a vinda do irmão Dionísio Fernandes, a fim de incorporar-se na organização mediúnica da irmã Otávia, em um grupo de estudos espiritualistas, trazendo-o pessoalmente. Esclarece André Luiz sobre as medidas adotadas no processo fenomênico da incorporação. Orienta o trabalho de doutrinação do ex-sacerdote Marinho, em ambiente dos encarnados, por intercessão de sua mãe. Aplica recursos magnéticos na médium Otávia e em seguida passa a inspirar diretamente o colaborador encarnado, que dirigia a reunião. Esclarece que a mãe de Marinho obrigou-o a aceitar o ingresso no seminário, violentando-lhe o ideal. Conduz André Luiz nos trabalhos de atendimento a cinco casos de obsessão, onde somente uma jovem revela possibilidades de melhoras mais ou menos rápidas. Elucida André Luiz quanto aos serviços de passes magnéticos, ministrados aos frequentadores da casa pelos companheiros desencarnados, os técnicos em auxílio magnético. Tendo em vista sua partida na companhia de alguns mentores que lhe são afins, para planos mais altos, despede-se dos colaboradores e aprendizes. Ao terminar a saudação, faz uma linda oração. Fora a última nota do maravilhoso adeus. (ML, cap. 1-14, 16 -20)

ALFREDO
Administrador do Posto de Socorro de Campo da Paz. Esposo de Ismália. Desprendeu-se do mundo sob intensa vibração de ódio e desesperação, tendo em vista a calúnia lançada por seu falso amigo Paulo sobre sua esposa Ismália. Não pôde ver sua esposa enquanto não se desvencilhou das baixas manifestações de rancor. Socorrido em Campo da Paz, compreendeu as próprias necessidades e, tão logo adquiriu algum mérito, intercedeu pelo caluniador infiel, tratando-o como irmão, atualmente. Tece comentários sobre a história real do quadro representativo do martírio de São Dinis, o Apóstolo das Gálias. Informa que a tela original encontra-se em uma cidade espiritual ligada à França, e não no Panteão de Paris. Relata que Florentino Bonnat, embora retido no círculo carnal, visitou esta cidade espiritual em noite de excelsa inspiração, desde então não descansou enquanto não reproduziu a tela. Relata sua história para André Luiz. Convida André Luiz e Vicente para as atividades de assistência, para os trabalhos da prece. Utiliza-se de aparelho de sinalização luminosa no centro dos pavilhões a que se recolhem quase dois mil irmãos ainda adormecidos. Faz

algumas ponderações com relação ao pedido de Alonso para visitar sua viúva e filhos no lar terrestre. Conduz Paulo, seu falso amigo e caluniador de Ismália, para o Posto de Socorro de Campo da Paz. (OM, cap. 16, 17, 19, 22, 26, 27)

ALONSO
Velhinho cooperador do Posto de Socorro de Campo da Paz. Alega que vem melhorando sua vida mental e solicita licença a Alfredo para visitar o lar terrestre, pois sentia nos momentos da prece os apelos da viúva e dos filhos. Reconhece que suas obrigações, presentemente, são outras e que deve estar conformado. Desiste do pedido depois das ponderações de Alfredo. (OM, cap. 26)

ÁLVARO DE AGUIAR E SILVA
Fora o irmão Félix em vida anterior. Filho de Leonor da Fonseca Teles, atual Beatriz, e Domingos de Aguiar e Silva. Aos quinze anos de idade, realizou estudos em Lisboa e Paris. (SD, pt. 2, cap. 13)

ALZIRA
Esposa de Antônio Olímpio. Materializada, responde às interpelações do ministro Sânzio. Desencarnou, no mesmo lago, seis anos após a morte de Clarindo e Leonel, horrorizada ante a perseguição dos dois irmãos do esposo. Colaborará na volta de Antônio Olímpio ao lar do próprio filho Luís. Em futura reencarnação, tornará a desposar Antônio Olímpio, para que receba nos braços Clarindo e Leonel, por filhos do coração, aos quais Olímpio restituirá a existência terrestre e os haveres. Em visita ao esposo, solicita permissão a Silas para orar. (AR, cap. 3, 6, 8, 10)

ALZIRA CAMPOS
Desencarnada há dois meses, recém-chegada ao grupo. Informa a Evelina e Ernesto que já estão todos mortos. Concorda que estão participando de uma vida espiritual diferente, em uma cidade grande com nada menos de cem mil habitantes. (EVC, cap. 7)

AMÁLIA
Irmã de Paulina, Cacilda, Edelberto e Agenor. Sua mãe está recolhida em um hospício. Juntamente com Cacilda, entrou em luta judicial com Edelberto e

Agenor, em virtude do grande patrimônio que o pai ajuntou nas esferas da carne. (NL, cap. 30)

AMÂNCIO
Esposo de Mariana. Nunca se conformara com as obrigações mediúnicas da esposa. (OM, cap. 9)

AMÂNCIO
Padre que dizia, na confissão, a certa senhora recém-chegada do Umbral, que os africanos são os piores entes do mundo, nascidos exclusivamente para servirem a Deus no cativeiro. (NL, cap. 34)

AMÂNCIO TERRA
Esposo de Brígida em segundas núpcias. Padrasto de Evelina. Assassina Desidério. Amigo de infância de Ernesto. Terá apenas mais dez anos de permanência no corpo físico. Não será difícil obter, junto aos poderes superiores, moratória de quinze a vinte anos a mais, prolongando-se-lhe o tempo na existência atual. Receberá Desidério como filho adotivo. (EVC, cap. 4, 14, 22, 26)

AMANDA
Esposa de Fernando, o moribundo que não abandonou totalmente a carne por falta de educação mental. (OM, cap. 50)

AMANTINO
Juiz que se achava em serviço, acompanhado de cinco auxiliares, na Casa da Providência. Traz elucidações sobre o divórcio e a poligamia. (SD, pt. 2, cap. 10)

AMARO
Enfermeiro desencarnado que dá assistência a Beatriz. Fora situado junto de Beatriz principalmente para correr com intrometidos desencarnados. Permanece junto de Nemésio, agora hemiplégico e afásico no leito. (SD, pt. 1, cap. 2, 6; pt. 2, cap. 13)

AMARO
Espírito doente e rebelde. Sobrinho de uma entidade que solicitou a Isidoro ajuda dos receitistas para amparo à sua saúde física. (OM, cap. 47)

AMARO
Esposo de Odila. Pai de Evelina e Júlio. Ferroviário, tem a saúde periclitante. Com a morte do filho Júlio, a quem tinha grande apego, caiu em profundo abatimento, passou a desprezar sua atual esposa, Zulmira, Lina Flores do passado que fora noiva de Mário Silva. Defronta-se em sonho com Mário Silva. Tem no pretérito complicados compromissos. Fora Armando durante a Guerra do Paraguai. Desligado do corpo físico, encontra-se com Odila no santuário onde a mãe de Júlio se recupera. Declara seu amor por Odila. Influenciado pela primeira esposa, dirige-se a Zulmira demonstrando sentimentos puros, o que será decisivo para que ela se reerga e se cure. Receberá Júlio como filho novamente. Júlio desenvolve-se mirrado e enfermiço. Atacado de crupe, desencarna. Amparado por Odila, demorou o olhar sobre a imagem do Cristo Crucificado, e orou. (ETC, cap. 2, 3, 17, 18, 24, 25, 32)

AMBROSINA
Médium. Há vinte anos procura oferecer à mediunidade cristã o que possui de melhor na existência. Possui na cabeça um funil de luz, à semelhança de delicado adorno, definido por Áulus como sendo um aparelho magnético ultrassensível com que vive em constante contato com a espiritualidade. Recebeu do plano superior um mandato de serviço mediúnico. Sob o comando de instrutores que se revezavam no serviço assistencial, psicografava sem descanso. Gabriel, o mentor da casa espírita, planejara com Ambrosina a experiência atual, muito antes que ela se envolvesse nos densos fluidos da vida física. (NDM, cap. 16)

AMBRÓSIO
Esposo de Priscila. Em sua casa foi realizado o culto do Evangelho no lar, com a equipe do irmão Cláudio. Casal que desempenhava o encargo de guardiães, dentre os muitos sediados na fronteira que assinala os pontos iniciais da zona conflagrada pelas projeções mentais dos irmãos em desequilíbrio. (EVC, cap. 13)

AMÉRICO
Primogênito de Júlio. Irmão de Márcio, Guilherme, Benício e Laura. Desde a infância sofre o contato indireto de companhias inferiores que aliciou no passado pelo comportamento infeliz. Vive de médico em médico. Sofreu intensamente e voltou à Terra, trazendo certas deficiências no organismo perispiritual. É um histérico. (NDM, cap. 24)

ANA

A profetiza Ana é uma personagem do Novo Testamento da Bíblia, mencionada unicamente no Evangelho segundo Lucas. Lucas relata que Ana era filha de Fanuel e seria pertencente à tribo de Aser. Informa também que ela era viúva e tinha vivido com o marido apenas por sete anos, se afastando no templo e *servindo a Deus em jejuns e orações, de dia e de noite* (Lc 2:37). Quando José e Maria apresentaram Jesus no templo de Jerusalém para ser circuncidado ao oitavo dia, conforme o costume da lei mosaica, Ana teria sido uma das pessoas que, assim como Simeão, tiveram o privilégio de ver de perto a vinda do Messias ao mundo. (MM, cap. 26)

ANA

Com o objetivo de conhecer a extensão dos benefícios colhidos por André Luiz no Gabinete de Auxílio às Percepções, Aniceto designa-o para examinar Ana. André Luiz observa-a assassinando um homem embriagado e identifica-a como sua irmã. (OM, cap. 23)

ANACLETA

É apresentada a André Luiz por Manassés. Reencarnará na tarefa de profunda abnegação por quatro entidades que, há mais de quarenta anos, se debatem em regiões abismais das zonas inferiores. Por culpa sua, os quatro filhos caíram desastradamente. Voltando ao plano espiritual, compreendeu o problema e dispôs-se a trabalhar para conseguir, não só a reencarnação de si própria, senão também a dos filhos que deverão segui-la nas provas purificadoras da Crosta. Gastou trinta anos para obter semelhante concessão. Dos quatro filhos, dois rapazes regressarão na condição de paralíticos, um na qualidade de débil mental e a filha, que a ajudará na viuvez precoce, também portadora de prementes necessidades de retificação. (ML, cap. 12)

ANACLETO

Entidade que dirige o departamento de auxílio, através dos serviços de passes magnéticos. Por solicitação do instrutor Alexandre, esclarece André Luiz quanto aos serviços de sua especialidade. (ML, cap. 19)

ANANIAS
Personagem bíblico que simboliza o poder salvador da fé. Sua história está narrada no livro de Daniel. (MM, Mediunidade)

ANANIAS
Subchefe nos trabalhos na Casa Transitória de Fabiano. Providencia, por solicitação da diretora Zenóbia, o material de serviço: as faixas de socorro, as redes de defesa e os lança-choques. (OVE, cap. 6)

ANDRÉ LUIZ
Passa por duas operações graves na Casa de Saúde, devido à oclusão intestinal. Todo o aparelho gástrico foi destruído à custa de excessos de alimentação e bebidas alcoólicas. A sífilis devorou-lhe energias essenciais. Suicida inconsciente, nos traz notícias da vida espiritual. Oriundo das Câmaras de Retificação, ficou oito anos nas zonas inferiores. Sua mãe, que habita esferas mais elevadas, intercedeu muitas vezes em Nosso Lar a seu favor.

É apresentado ao ministro Genésio por Rafael, funcionário da Regeneração e antiga relação da família da senhora Laura. É conduzido por Tobias às tarefas nas Câmaras de Retificação. Reencontra o samaritano Silveira, a quem seu pai despojara de todos os bens, levando-o à falência desastrosa. Aconselhado por Narcisa, toma a iniciativa de desculpar-se com Silveira. Recebe de Tobias um apartamento de repouso, ao lado das Câmaras de Retificação. Reencontra sua mãe, em sonho, após o primeiro dia de serviço útil, recebendo dela incentivos espirituais. Ao terceiro dia de serviços nas Câmaras de Retificação, é apresentado, na residência de Tobias, a Luciana e Hilda. Visita o departamento feminino das Câmaras de Retificação na companhia da enfermeira Narcisa, com aquiescência de Nemésia, cooperadora naquele setor. Reencontra Elisa, antiga doméstica em sua casa, com quem estabelecera intimidades. Dominado pelo remorso e arrependimento, dispõe-se a adotar Elisa como irmã do coração. Por ocasião do culto evangélico no Ministério da Regeneração, no domingo imediato à visita do clarim, teve pela primeira vez à frente dos olhos alguns cooperadores dos Ministérios da Elevação e União divina, inclusive o Governador. É apresentado ao ministro Benevenuto, do Ministério do Auxílio, recém-chegado da Polônia. Visita o Campo da Música na companhia de Lísias. Completa um ano de trabalhos construtivos nas Câmaras de Retificação (setembro de

1940). Sua mãe reencarnará brevemente, juntando-se à irmã Luísa, a fim de auxiliarem o pai a encontrar o caminho certo, será mãe das mulheres que perseguem seu pai. Participa da reunião íntima para despedida da senhora Laura, tendo em vista sua próxima encarnação. O ministro Clarêncio acompanhará a senhora Laura à esfera carnal e convida-o a visitar a família, uma vez que depois do primeiro ano de cooperação ativa, não será difícil o ministro Genésio conceder-lhe uma semana de ausência. Depois de atender Ernesto, retorna a Nosso Lar na companhia de Narcisa, utilizando pela primeira vez a volitação. Ao término da primeira licença nos serviços das Câmaras de Retificação, retorna totalmente modificado a Nosso Lar. O ministro Clarêncio, em nome da Governadoria, declara-o cidadão de Nosso Lar. (NL, cap. 2, 4, 7, 25, 26, 33, 35, 36, 40, 42, 43, 45-48, 50).

É conduzido por Tobias até o Centro de Mensageiros, no Ministério da Comunicação, para que seja bonificado pelas tabelas da Comunicação. Comparece juntamente com Vicente ao Gabinete de Auxílio Magnético às Percepções, a fim de alcançar o necessário melhoramento da visão e da audição. Juntamente com Vicente e o instrutor Aniceto, passa uma semana de experiência e serviço na Crosta, sua primeira excursão de aprendizado. Utilizava-se apenas de alguns princípios de volitação, fazendo enorme esforço para acompanhar Aniceto. Ao chegar ao cume de grande montanha, envolvida em sombra fumarenta, nota pela primeira vez que se vestia de luz que se irradiava de todas as células do seu corpo espiritual. Chega a um dos Postos de Socorro de Campo da Paz. É convidado por Alfredo para as atividades de assistência, para os trabalhos da prece, no Posto de Socorro de Campo da Paz. Obtém informações de Alfredo sobre o sopro curativo e sobre as defesas do Posto de Socorro. Pela primeira vez via uma entidade espiritual, Isidoro, com tão segura chefia de uma casa terrestre, casa-oficina de Nosso Lar. (OM, cap. 2, 14, 15, 19, 22-24, 27, 28, 31-34, 40, 44, 49, 51)

É conduzido pelo instrutor Alexandre na visita, por uma semana, à instituição de Planejamento da Reencarnação, sendo apresentado ao assistente Josino. O assistente Josino deixa-o aos cuidados de Manassés, irmão dos serviços informativos do Instituto de Planejamento de Reencarnação. Convidado por Manassés, penetra numa das dependências consagradas aos serviços de desenho onde trabalham centenas de técnicos em questão de Embriologia e Biologia.

O irmão Manassés apresenta-lhe Silvério, entidade que depois de quinze anos de trabalho de auxílio regressaria à esfera carnal, aceitando a sugestão sobre o defeito da perna. Todos os seus amigos esperam que retorne na condição de completista. O irmão Manassés apresenta-lhe Anacleta, que reencarnará em tarefa de profunda abnegação, junto dos quatro filhos. É convidado pelo instrutor Alexandre para visitar o ambiente doméstico de Adelino e Raquel, onde observa todo o processo reencarnatório de Segismundo. Juntamente com o padre Hipólito e a enfermeira Luciana, constituía a pequena equipe de trabalho, orientada pelo assistente Jerônimo, incumbida de operar na Crosta Planetária, durante trinta dias, a tarefa de auxílio e estudo, junto de cinco colaboradores prestes a desencarnarem na Crosta. Contempla pela primeira vez as paisagens exibidas pelo instrutor Albano Metelo, num grande globo de substância leitosa, situado na parte central do Templo, eram vários quadros vivos do seu campo de ação nas zonas inferiores. (OVE, cap. 1-5, 9, 11-17)

Reencontra Cláudio M..., seu avô paterno. Não se lembra da história dele com particularidades especiais. No curso de tempo, toma conhecimento que ele deixara valioso patrimônio financeiro. Lembra-se do avô, acariciando-lhe os cabelos, recorda que seu pai sempre aludia aos desejos do velho, com referência à sua preparação acadêmica. Compreende a extensão do seu débito para com ele, relativamente ao diploma de médico que não soubera honrar no mundo. Identifica-se para o avô. Sustenta-o nos braços, como se transportara, louco de alegria, precioso fardo que lhe era doce e leve ao coração. Encerrada a semana de estudos, acompanha Calderaro até o Lar de Cipriana. (NMM, cap. 1-5, 7-18, 20)

Na companhia de Elói ilustra-se com a palestra do instrutor Gúbio. É informado pelo instrutor Gúbio sobre os objetivos que os conduziriam à Crosta para atender a um caso de obsessão, e que a enferma, Margarida, fora sua filha em eras recuadas. Informa que teria, juntamente com Gúbio e Elói, apenas alguns dias de ausência em uma cidade estranha. Presencia uma cerimônia semanal dos juízes implacáveis, sendo Gregório um dos sacerdotes. (LI, cap. 2-10, 12, 13, 17, 20)

Foi recebido pelo assistente Áulus, a pedido do ministro Clarêncio, para um curso rápido de ciências mediúnicas. Foi apresentado ao instrutor Albério, no Ministério das Comunicações, ouvindo-lhe a palestra sobre mediunidade. (NDM, cap. 1-3, 22, 23, 30)

Recomendado pelo Ministério do Auxílio, estava na companhia de Hilário, do instrutor Druso e do assistente Silas, na Mansão Paz, por alguns meses, a fim de efetuar algumas observações com referência às leis de causa e efeito — o carma dos hindus. Visita o Templo da Mansão Paz na companhia de Hilário e do assistente Silas. (AR, cap. 1, 8, 11, 15, 20)

Solicita ao irmão Félix o endosso de sua petição para um estágio de dois anos, em alguma das organizações destinadas, em Nosso Lar, aos serviços de psicologia sexual. Sugere Cláudio Nogueira para a leitura do livro *O Evangelho segundo o Espiritismo*. Na companhia de Neves visita o Instituto Almas Irmãs. (SD, pt. 1, cap. 12; pt. 2, cap. 3, 9)

ANÉLIO ARAÚJO
Médium integrante do grupo mediúnico observado por André Luiz e Hilário. Vem conquistando gradativo progresso na clarividência, clariaudiência e na psicografia. (NDM, cap. 3)

ANÉSIA
Irmã de Olímpio. Filha da senhora Elisa. Esposa de Jovino. Além das preocupações naturais com a educação das três filhas, Marcina, Marta e Márcia, e com a assistência à mãe doente, prestes a desencarnar, vive problemas com o marido. Fora do corpo físico pelo sono, reconhece Teonília e Áulus. É aconselhada a retornar ao lar e usar a humildade e o perdão para com o esposo. (NDM, cap. 19-21)

ÂNGELO
Filho de Avelina e Leôncio. Está sendo envenenado por Felício, seu enfermeiro. (LI, cap. 14)

ANICETO
Instrutor no Ministério da Comunicação. Ao contrário de Tobias, não se consorciara em Nosso Lar. Informa que estão na Instituição do Homem Novo. Adverte André Luiz quanto à natureza dos serviços. Recebe, do Ministro Espiridião, o cargo de instrutor do Ministério da Comunicação. Encarrega Tobias de levar André Luiz até o Centro de Mensageiros, no Ministério da Comunicação, para que seja bonificado pelas tabelas da Comunicação.

Providencia para que André Luiz e Vicente compareçam ao Gabinete de Auxílio Magnético às Percepções, a fim de alcançarem o necessário melhoramento da visão. Conduz André Luiz e Vicente para uma semana de experiência e serviço na Crosta. Esteve pessoalmente em Alvorada Nova obtendo informações sobre as providências de vigilância com relação à guerra iniciada na Crosta. (OM, cap. 2, 14, 18, 27, 33, 42, 43, 50, 51)

ANSELMO
Instrutor espiritual mais graduado da reunião realizada na casa de dona Isabel que se coloca entre a médium e o doutrinador. Informa a Isidoro que não julga viável o pedido de uma irmã quanto à possibilidade de comunicação com a filha encarnada, presente à reunião. (OM, cap. 47)

ANTÍDIO
Alcoólatra. Deplorável pai de família que, incapaz de reagir contra as atrações do vício, se entregou, inerme, à influência de malfeitores desencarnados. Achava-se quase de todo louco. A organização perispirítica, semiliberta do corpo denso pelos perniciosos processos da embriaguez, povoa-lhe a mente de atros pesadelos, agravados pela atuação das entidades perversas que o seguem passo a passo. Entrava em sintonia com o psiquismo desequilibrado dos vampiros. Tinha visões de bichos. Em atenção às intercessões da esposa e de dois filhinhos que o seguem, recebe assistência do plano espiritual. Conhecerá a prisão no leito, durante alguns meses, a fim de que se lhe não apodreça o corpo num hospício. Será portador de uma nevrose cardíaca por dois a três meses. (NMM, cap. 14)

ANTONINA
Mãe de quatro filhos, Haroldo, Henrique, Lisbela e Marcos, de oito anos, desencarnado. Determina que sua filha Lisbela faça a prece inicial dos estudos da noite. Em seguida, convida o filho Henrique para ler a mensagem do Evangelho. Fora do corpo denso, renovando-se e tornando-se mais bela, apresenta-se ao velho desencarnado que se coloca no ambiente do culto familiar, identificando-o como avô, Leonardo Pires, do passado. Conduzida até o Lar da Bênção pelo ministro Clarêncio, encontra seu filho Marcos. Após o culto familiar, encontrar-se-á com Marcos no plano espiritual, no Lar da Bênção.

Fora em vidas passadas, a formosa Lola Ibarruri. Ao levar a filha Lisbela ao hospital, é diagnosticada uma pneumonia. Mário Silva, o enfermeiro, prontifica-se a assistir a jovem na medicação. Convida Mário Silva para participar do culto evangélico. O tema para estudo versa sobre o perdão ao inimigo. Viúva, casa--se com Mário Silva, e receberá por filho, o avô, o companheiro de venturas do passado, Leonardo Pires. Sob influência de Clara, lembra-se de que fora Lola Ibarruri e, Mário Silva fora José Esteves. Após o casamento de seu irmão Lucas com Evelina, ora em agradecimento a Jesus. (ETC, cap. 6, 9, 13, 14, 31, 38-40)

ANTONINA
Órfã de pai desde muito cedo. Tudo preparou para o suicídio. Iniciou-se no trabalho remunerado aos oito anos, para sustentar a genitora e a irmãzinha. Aos 20 anos perdeu a mãe. Alivia os pesares da irmã e a auxilia na criação dos sobrinhos. Tem sonhado com a posse de um lar. Idealizava obter, um dia, a coroa da maternidade. Conhece Gustavo, rapaz que se valeu de sua amorosa colaboração durante sete anos consecutivos. Independente e titulado, passou a notar que ela não era, fisicamente, a companheira que seus propósitos reclamavam. Parcialmente desligada do envoltório grosseiro, conversa com sua mãe Mariana e com Márcio, espírito iluminado ligado a ela desde séculos remotos. O amigo espiritual endereça-lhe palavras de ânimo e de esperança. Compromete-se a modificar as disposições mentais em nome de Deus. (NMM, cap. 13)

ANTÔNIO
Filho de Justina, entidade amiga. Viúvo há vinte anos. Sofre de perturbações circulatórias. Suas criações mentais se transformaram em verdadeiras torturas. Está em estado pré-agônico. O instrutor Alexandre informa que Antônio terá no máximo cinco meses a mais, de permanência na Terra, tendo em vista a necessidade de resolver negócios urgentes. Recebe doação de fluidos de Afonso, doador encarnado, escolhido por Francisco, que é o chefe do grupo de serviços, oriundo de Nosso Lar, destinado a confortar doentes graves e agonizantes. (ML, cap. 7)

ANTÔNIO
Foi envenenado por Cláudio, seu tio, cujo objetivo era conseguir a riqueza material para oferecer à esposa e às duas filhas, em educação e conforto na esfera carnal. (LI, cap. 3)

ANTÔNIO
Funcionário dos Serviços de Investigação do Ministério do Esclarecimento de Nosso Lar. Reside em Nosso Lar depois de se casar com Isaura em Campo da Paz. (OM, cap. 30)

ANTÔNIO
Um dos capatazes que ajudaram Martim a matar o pai, Martim Gaspar. Era verdugo de meninas cativas. Hoje é adotado como filho por Adelino. (AR, cap. 16)

ANTÔNIO CASTRO
Integrante do grupo mediúnico observado por André Luiz e Hilário. Sonâmbulo de grande passividade que requer grande vigilância. Desdobra-se com facilidade. O assistente Áulus explica que o médium, com a ajuda do diretor espiritual Clementino, está usando as forças ectoplásmicas que lhe são próprias, acrescidas com os recursos de cooperação do ambiente. Rodrigo e Sérgio são os guardas do plano espiritual que auxiliam o médium na viagem que fará, colocando-lhe na cabeça um capacete em forma de antolhos. (NDM, cap. 3, 11)

ANTÔNIO OLÍMPIO
Esposo de Alzira. Largou o corpo denso sob absoluta subjugação mental, caindo em problemas angustiantes. Matou os dois irmãos mais novos, Clarindo e Leonel, a fim de tomar posse de grande fazenda deixada pelo pai ao morrer. Mais tarde, lega a fazenda ao único filho, Luís. Trinta anos mais tarde desencarna. Há vinte anos padece nas trevas. Está sendo obsidiado pelos próprios irmãos, nada lhe valendo as preces pagas. O aumento volumétrico do instrumento perispirítico se lhe fazia mais desagradável na máscara fisionômica. Reencarnará no círculo em que delinquira, dentro de dois a três anos, a fim de restituir, aos irmãos espoliados, os sítios de que haviam sido expulsos. (AR, cap. 3, 6, 8, 10)

ANTÔNIO TEIXEIRA LOPES
Citado pelo assistente Silas. Escultor português autor da escultura representando a Mãe santíssima chorando o divino Filho morto. (AR, cap. 11)

APULEIO
Diretor espiritual dos trabalhos de Proteção à Reencarnação. Chefe do grupo de Espíritos construtores. Esclarece André Luiz sobre as responsabilidades na missão construtiva do mecanismo fetal de Segismundo; que raramente o aborto se verifica obedecendo a causas de suas esferas de ação; sobre o fenômeno de adaptação das energias criativas, no útero materno, nos processos de reencarnação; sobre a escolha do elemento masculino de fecundação. Influencia Francisca, velha amiga de Cesarina, no sentido de despertar-lhe as fibras de esposa e mãe. Acompanha André Luiz até uma casa de barulho ensurdecedor, onde aproximou-se e retirou Volpini, que a ele se abraçava como criança semiconsciente. Desliga-o prematuramente, encaminhando-o a uma organização socorrista. (ML, cap. 14, 15)

ARACÉLIA
Jovem recém-chegada do interior, é acolhida pela família Nogueira. Mãe de Marita. Suicidou-se. (SD, pt. 1, cap. 7)

ARANDA
Instrutor que substituirá Druso na direção da Mansão Paz. (AR, cap. 20)

ARISTARCO
Espírito enfermo localizado no albergue do Posto de Socorro de Campo da Paz. Alega que o Visconde de Cairu interpôs toda a sua influência contra ele. Indaga se seu pedido já foi enviado ao Imperador. Julga-se encarnado. Aguarda encaminhamento aos Institutos Magnéticos de Campo da Paz. (OM, cap. 21)

ARISTEU FRAGA
Amigo espiritual. Visita Fábio juntamente com seu pai Silveira, nas últimas horas do corpo material. Após o derradeiro culto doméstico com a presença física de Fábio, conduz o filho, fora do corpo físico, a uma paisagem de alegria, de modo a se entreterem. (OVE, cap. 16)

ARISTÓTELES
Nasceu em Estagira, na Calcídica (384 a.C.–322 a.C.). Filósofo grego, aluno de Platão e professor de Alexandre, o Grande, é considerado um dos maiores pensadores de todos os tempos e criador do pensamento lógico. Figura entre os mais

influentes filósofos gregos, ao lado de Sócrates e Platão, que transformaram a filosofia pré-socrática, construindo um dos principais fundamentos da filosofia ocidental. Prestou contribuições fundantes em diversas áreas do conhecimento humano, destacando-se: ética, política, física, metafísica, lógica, psicologia, poesia, retórica, zoologia, biologia, história natural. É considerado por muitos o filósofo que mais influenciou o pensamento ocidental por ter estudado uma variada gama de assuntos, e por ter sido também um discípulo que em muito sentidos ultrapassou o mestre, Platão. É conhecido também como O Filósofo. Também foi chamado de o estagirita, pela terra natal, Estagira. (NDM, Raios, Ondas, Médiuns, Mentes...)

ARMANDO
Agora é Amaro. Fora companheiro de trabalho e ideal de José Esteves e Júlio durante a Guerra do Paraguai. Relaciona-se com Lina Flores, ocasionando assim o suicídio de Júlio, por afogamento. Dez anos após, encontra Lina Flores no Brasil, que vem a morrer revoltada e sofredora. Reencontra-a no plano espiritual, unida a Júlio, em aflitivas condições de sofrimento depurador. Compreende seu débito e promete ampará-los na senda terrestre. (ETC, cap. 17, 18)

ARMANDO
Primo de Aída, madrasta de Silas, quando em sua última presença no corpo físico. (AR, cap. 9)

ARNALDO
Noivo de Eloísa. Envolve Maria da Luz, amiga de sua noiva Eloísa, em vibrações mentais diferentes. (NL, cap. 19)

ARNULFO
Auxiliar espiritual que veio da parte do irmão Félix para colaborar no auxílio de Marita. (SD, pt. 2, cap. 3)

ASCÂNIO
Benfeitor citado por Druso como possuidor de créditos extensos adquiridos em quase cinco séculos de aprendizado digno. Assistente respeitado na esfera superior. Participou do exército de Joana d'Arc no ano de 1429, não hesitou em assassinar dois companheiros, precipitando-os do alto de uma fortaleza.

Suplica pela reencarnação em tarefas no campo da aeronáutica. Regressou ao plano espiritual depois de haver sofrido a mesma queda mortal que infligira aos companheiros de luta no século passado. (AR, cap. 18)

ASCLÉPIOS
Mensageiro de esferas superiores. Pertence a comunidades redimidas do plano dos imortais, nas regiões mais elevadas da zona espiritual da Terra. Vive muito acima de nossas noções de forma, em condições inapreciáveis à nossa atual conceituação da vida. Já perdeu todo contato direto com a Crosta terrestre e só poderia fazer-se sentir, por lá, através de enviados e missionários de grande poder. Poderá reencarnar na Terra em missão de grande benemerência, se quiser, mas a intervalos de cinco a oito séculos, entre as reencarnações. Relaciona-se entre abnegados mentores da humanidade terrestre, partilha da soberana elevação da coletividade a que pertence, mas, efetivamente, é ainda entidade do nosso planeta. É recepcionado pelo instrutor Cornélio, diretor do Santuário da Bênção. (OVE, cap. 3)

AUGUSTO
Citado pela irmã Blandina. Benfeitor que ampara o lar da irmã Blandina. É de parecer que Júlio não conseguirá adquirir qualquer melhora real antes da reencarnação que o aguarda. (ETC, cap. 9)

AUGUSTO
Citado pelo ministro Flácus. Caio Júlio César Otaviano (Octaviano).

AUGUSTO (Gaius Iulius Caesar Octavianus Augustus; 23 de setembro de 63 a.C–19 de agosto de 14 d.C.)
Foi o primeiro imperador romano. Herdeiro adotivo de Júlio César, chegou ao poder através do segundo triunvirato, formado por Marco Antônio e Lépido. Após a deterioração da relação entre os três homens, no entanto, e a batalha de Áccio, onde Marcos Vipsânio Agripa, seu general e amigo pessoal, derrotou Antônio, Augusto se tornou o único senhor de Roma. (LI, cap. 1)

ÁULUS
Assistente orientador do grupo de trabalho. Recebe André Luiz e Hilário para um curso rápido de ciências mediúnicas. Interessava-se pelas experimentações

mediúnicas desde 1779, quando conhecera Mesmer. Reencarnando no início do século passado, apreciara de perto as realizações de Allan kardec, e privara com Cahagnet, Balzac, Théophile Gautier e Victor Hugo. No mundo espiritual prosseguiu no mesmo rumo. Dedicando-se à obra de espiritualização no Brasil. Centraliza as observações em reduzido núcleo, a serviço de uma instituição, a casa espírita-cristã, consagrada ao ideal cristianizante, composto de dez companheiros encarnados, com quatro médiuns detentores de faculdades regularmente desenvolvidas e de lastro moral respeitável. Apresenta um aparelho que denomina psicoscópio, cuja finalidade é facilitar exames e estudos, sem o impositivo de acurada concentração mental. Este aparelho destina-se à auscultação da alma. Utilizando-se do psicoscópio, examina detidamente o campo encefálico da irmã Celina, em especial a epífise. Analisando a influenciação do benfeitor espiritual Clementino sobre o dirigente do grupo Raul Silva, explica a transformação havida em ambos. Descreve o mecanismo de psicofonia consciente num caso em que um enfermo desencarnado, Libório dos Santos, justapõe-se sobre o equipamento mediúnico de Eugênia. Informa sobre um aparelho chamado "condensador ectoplásmico", utilizado por Clementino, para exibição das cenas da vida de Libório. Informa sobre o processo de magnetização da água e seu benefício. Traz esclarecimentos importantes sobre clarividência e clariaudiência. Na companhia de André Luiz, Hilário, dona Celina e Abelardo Martins, chega a um hospital de emergência, em região nebulosa. Elucida sobre um espelho fluídico colocado junto da médium Ambrosina, por trabalhadores espirituais da instituição. Este espelho mostra a própria alma. Pelo exame do perispírito alinham-se avisos e conclusões. Elucida sobre animismo, fascinação, xenoglossia, fixação mental e psicometria. (NDM, cap. 1-3, 5-7, 11, 12, 14, 16, 22, 23, 25)

AVELINA

Esposa de Leôncio. É assediada por Felício, enfermeiro que se aproveitou da fragilidade orgânica de seu filho Ângelo, para fazer-lhe fantasiosas propostas. Felício deseja matar seu filho, a fim de desposá-la. (LI, cap. 14)

BACELAR

Há mais de cinquenta anos foi socorrido pelos benfeitores de Campo da Paz. Mais tarde sua esposa reuniu-se a ele. Há vinte anos Aldonina e Cecília foram atraídas amorosamente por ambos, a fim de continuarem, ali, no santuário familiar. Juntamente com sua esposa e duas filhas jovens, visita Alfredo e Ismália no Posto de Socorro de Campo da Paz. Visitante de colônia próxima, distante três léguas do Posto de Socorro, é o chefe das turmas de assistência aos nossos irmãos encarnados. (OM, cap. 28, 29)

BARÃO DE S...
Título que Sabino exibiu na existência última e com o qual se desvairou calamitosamente nas trevas da delinquência e da vaidade. (AR, cap. 13)

BARBOSA
Desencarnado que é atraído por Vieira, durante o sono físico, com suas reiteradas lembranças e acusações de faltas que não cometeu. (ML, cap. 8)

BARCELOS
Servidor da turma que se destinava à assistência aos loucos. Fora dedicado professor no círculo carnal e interessava-se pela psiquiatria sob novo prisma. Discípulo de Freud, somente no plano espiritual pôde reconhecer os elos que lhe faltam ao sistema de positivação das origens de psicoses e desequilíbrios diversos. É apresentado a André Luiz, no Santuário da Bênção, pelo padre Hipólito. Seu esforço maior, ultimamente, desdobra-se na região inspiracional dos médicos humanitários. (OVE, cap. 2)

BARNABÉ
Religioso cipriota. Trabalhou na evangelização de Chipre e da Anatólia. Segundo *Atos dos apóstolos*, 13:1 — 4. (MM, Mediunidade)

BARRETO
Assistente colaborador do instrutor Druso na Instituição Mansão Paz. (AR, cap. 3)

BEATRIZ NEVES TORRES
Filha de Pedro Neves e Enedina. Irmã de Ernesto e Jorge. Mantinha o hábito da oração, imunizando-se. Desencarna vítima do câncer, sendo conduzida à organização socorrista do plano espiritual, no próprio Rio de Janeiro. Fora anteriormente Leonor da Fonseca Teles. Desposara Domingos de Aguiar e Silva. (SD, pt. 1, cap. 1; pt. 2, cap. 5, 13)

BECQUEREL, ANTOINE HENRI (Paris, 15 de dezembro de 1852 — Le Croisic, Bretanha, 25 de agosto de 1908)
Físico francês. Estudou na École Polytechnique e era "engenheiro de pontes e calçadas". Ensinou Física na École Polytechnique e no Museu Nacional de História Natural. Continuou os trabalhos dos seus pai e avô, descobrindo em 1896 a radioatividade dos sais de urânio. Essa importante descoberta valeu-lhe a atribuição do Prêmio Nobel da Física em 1903, juntamente com o casal Pierre Curie e Marie Curie. Foi membro da Academia das Ciências Francesa. (NDM, Raios, Ondas, Médiuns, Mentes...) (MM, cap. 2)

BELA
Abandonou o esposo Cavalcante há muitos anos. Há onze anos não via o marido. Cavalcante deseja a reconciliação conjugal sem saber que ela já desencarnou há mais de um ano. É levada à presença do esposo, que avizinha-se do estado de coma, passando a enxergar os desencarnados. (OVE, cap. 18)

BELARMINO FERREIRA
Doutrinador falido. Saiu de Nosso Lar com a tarefa de doutrinação no campo do Espiritismo evangélico. Sua esposa Elisa dispôs-se a acompanhá-lo no serviço laborioso. Sua tarefa constaria de trabalho assíduo no Evangelho do Senhor, de modo a doutrinar, primeiramente com o exemplo, e, em seguida, com a palavra. Sua tarefa de serviço em duas colônias importantes é endossada pelo ministro Gedeão. Vicente apresenta-o a André Luiz. Esclarece André Luiz sobre a missão do doutrinador. (OM, cap. 11)

BELINO ANDRADE
Amigo que André Luiz não via há dez anos. Iniciou André Luiz no Instituto Almas Irmãs, hospital-escola de suma importância para os candidatos à reencarnação. (SD, pt. 2, cap. 9)

BENEVENUTO
Ministro da Regeneração, recém-chegado da Polônia, afirma que o Espiritismo, nossa grande esperança, é o Consolador da humanidade. Afirma que a Europa, por falta de preparação religiosa, se tenha abalançado a semelhante calamidade nos campos da Polônia. (NL, cap. 43)

BENÍCIO
Filho de Júlio. Irmão de Américo, Márcio, Guilherme e Laura (NDM, cap. 24)

BENITA
Amiga de Ernestina. Falhou na mediunidade, teve medo das mistificações. (OM, cap. 9)

BENTES
Doutrinador de um grupo de encarnados na casa dirigida espiritualmente por Isidoro. Em conversa com o Dr. Fidélis, orgulhoso cético, afirma que o Espiritismo é um conjunto de verdades sublimes, que se dirigem, de preferência, ao coração humano. Os benefícios de sua doutrinação eram muito mais visíveis entre os desencarnados. Parece "perder o fio" durante os comentários, tendo em vista a instabilidade de pensamentos entre os encarnados participantes da reunião. (OM, cap. 45-47)

BERNARDIN DE SAINT-PIERRE
Citado pelo instrutor Albano Metelo em sua palestra no Templo da Paz. Romancista trazido por amigos a regiões vizinhas da Crosta planetária, volta ao seu meio de ação e traça aspectos que asseverou pertencerem ao Planeta Vênus. (OVE, cap. 1)

BERNARDINO
Mensageiro, respeitável ancião, da Casa Redentora de Fabiano, que surge na tela das bênçãos, pela visão da enfermeira Luciana. Afirma que os amigos da instituição velam pela marcha harmoniosa dos serviços. (OVE, cap. 9)

BEZERRA DE MENEZES
Adolfo Bezerra de Menezes Cavalcanti, conhecido popularmente como Dr. Bezerra de Menezes ou simplesmente Bezerra de Menezes (Riacho do Sangue, atual Jaguaretama, 29 de agosto de 1831 — Rio de Janeiro, 11 de abril de 1900). Foi médico, militar, escritor, jornalista, político e expoente da Doutrina Espírita no Brasil. O Dr. Carlos Travassos havia empreendido a primeira tradução das obras de Allan Kardec e levara a bom termo a versão portuguesa de *O livro dos espíritos*. Logo que esse livro saiu do prelo, Dr. Carlos levou um

exemplar ao deputado Bezerra de Menezes, entregando-o com dedicatória. No dia 16 de agosto de 1886, um auditório com cerca de 2 mil pessoas da melhor sociedade enchia a sala de honra da Guarda Velha, na rua da Guarda Velha, atual Avenida 13 de Maio, no Rio de Janeiro, para ouvir em silêncio, emocionado, atônito, a palavra sábia do eminente político, do eminente médico, do eminente cidadão, do eminente católico, Dr. Bezerra de Menezes, que proclamava a sua decidida conversão ao Espiritismo. Demonstrada a sua capacidade literária no terreno filosófico e religioso, quer pelas réplicas, quer pelos estudos doutrinários, a Comissão de Propaganda da União Espírita do Brasil, incumbiu-o de escrever, aos domingos, no O Paiz, tradicional órgão da imprensa brasileira, a série de Estudos Filosóficos, sob o título O Espiritismo. Os artigos de Max, pseudônimo de Bezerra de Menezes, marcaram a época de ouro da propaganda espírita no Brasil. Em 1894, o ambiente mostrou tendências para melhora e o nome de Bezerra de Menezes foi lembrado como o único capaz de unificar o movimento espírita. O infatigável batalhador, com 63 anos de idade, assumiu a presidência da Federação Espírita Brasileira, cargo que ocupou até a sua desencarnação. Recebe a equipe dirigida pelo assistente Jerônimo em uma instituição espiritista-cristã que asila numerosas criancinhas. Comenta sobre o estado de ânimo de Adelaide, afirmando que ela não dará trabalho. Esclarece que o ministério mediúnico, o serviço incessante em benefício dos enfermos, o amparo materno aos órfãos nessa casa de paz, aliados aos profundos desgostos e duras pedradas que constituem abençoado ônus das missões do bem, prepararam-lhe a alma para essa hora. (OVE, cap. 11) Citado pelo assistente Silas. Apóstolo do Espiritismo Cristão no Brasil, desencarnado no Rio de Janeiro, em 11 de abril de 1900. (AR, cap. 11)

BLANDINA
Exerce a função de enfermeira de Júlio no plano espiritual. Foi casada na última existência e está somente há três anos no plano espiritual. Neta de Mariana quando encarnada. Elucida sobre a possibilidade de crianças desencarnarem fora do dia indicado para a sua libertação. Informa que no educandário que leva seu nome há 2 mil crianças, mas somente 12 estão sob seus cuidados. Comenta sobre os cursos de alfabetização. Aos reclamos de José Esteves, repletos de ódio, surge benfeitora para solicitar auxílio para Júlio. Promete cooperar com Odila na tarefa de assistência ao filho. (ETC, cap. 8-11, 19, 26)

BOHR, NIELS HENRIK DAVID
(Copenhagem, 7 de outubro de 1885–Copenhagem, 18 de novembro de 1962). Físico dinamarquês cujos trabalhos contribuíram decisivamente para a compreensão da estrutura atômica e da física quântica. Licenciou-se na sua cidade natal em 1911 e trabalhou com Joseph John Thomson e Ernest Rutherford na Inglaterra. Em 1913, aplicando a teoria da quantificação aos elétrons/electrões do modelo atômico de Rutherford, conseguiu interpretar algumas das propriedades das séries espectrais do hidrogênio e a estrutura do sistema periódico dos elementos. Formulou o princípio da correspondência e, em 1928, o da complementaridade. Estudou ainda o modelo nuclear da gota líquida, e antes da descoberta do plutônio, previu a propriedade da cisão, análoga à do U-235. Bohr recebeu o Prêmio Nobel de Física em 1922. A sua teoria para a explicação do modelo atômico proposto por Rutherford em 1911, levando em conta a teoria quântica (formulada por Max Planck em 1900), não foi levada a sério. Depois, no decorrer da década de 1920, vários físicos ajudaram a criar o modelo existente hoje. Entre esses físicos podemos citar Einstein, De Broglie, Schrödinger, Heisenberg e De Pauli. (MM, cap. 2, 3)

BONIFÁCIO
Companheiro espiritual que vigia Cavalcante em seu leito de dor. Informa que Cavalcante está com a operação do duodeno marcada. (OVE, cap. 11)

BRÍGIDA
Mãe de Evelina Serpa. Esposa de Desidério, em primeiras núpcias. Casa-se depois com Amâncio. Receberá Desidério, reencarnado, como filho adotivo. (EVC, cap. 4, 22, 26)

BRITES CASTANHEIRA
Fora Márcia em vida anterior. Esposa de Teodoro Castanheira. Mãe de Virgínia, atual Marina. (SD, pt. 2, cap. 13)

BROCA, PAUL
Citado pelo assistente Calderaro. Paul Pierre Broca (Sainte-Foy-la-Grande, 28 de junho de 1824–Paris, 9 de julho de 1880) foi cientista, médico, anatomista e antropólogo francês. Entrou aos 17 anos na escola médica e obteve o seu diploma

aos 20, idade quando seus contemporâneos estão apenas começando seus estudos médicos. Broca estudou medicina em Paris. Logo se tornou professor de Patologia cirúrgica da Universidade de Paris e um renomado pesquisador médico em diversas áreas. Mas o que lhe confere o seu lugar na história da medicina é a sua descoberta do "centro de uso da palavra" no cérebro (agora conhecida como a área de Broca), na região do lobo frontal. Ele veio a essa descoberta ao estudar os cérebros dos pacientes com afasia (incapacidade para falar), particularmente o cérebro do seu primeiro paciente no Hospital Bicêtre, Leborgne, apelidado de "Tan", devido à sua incapacidade de falar claramente qualquer outra expressão além de "tan". Em 1861, através de necrópsia, Broca determinou que Tan tinha uma lesão provocada pela sífilis no hemisfério cerebral esquerdo. Essa lesão foi determinada a cobrir a área do cérebro importante para a produção da fala. Broca é também um pioneiro em antropologia física. (NMM, cap. 3)

BROGLIE, LOUIS DE

Louis-Victor-Pierre-Raymond, 7º duque de Broglie (15 de agosto de 1892, Dieppe –19 de março de 1987, Louveciennes). Físico francês e Prêmio Nobel de Física em 1929. Louis de Broglie iniciou seus trabalhos de pesquisa estudando precisamente os raios X, em colaboração com Maurice, mas de uma perspectiva teórica. Foi esse trabalho que o levou mais tarde a escrever a sua tese de doutoramento *Recherches sur la théorie des quanta*. Nesta, De Broglie introduz a sua teoria de ondas de elétrons, que inclui a teoria de dualidade onda-corpúsculo da matéria, baseada na teoria dos quanta proposta por Max Planck e Albert Einstein. Esse trabalho abre uma nova área da física, a mecânica ondulatória, que constitui uma das principais bases da Mecânica Quântica. Em 1927, Clinton Davisson e Lester Germer demonstram experimentalmente a difracção de electrões através de cristais. A experiência de Davisson-Germer comprova a hipótese da natureza ondulatória de electrão e, em consequência, De Broglie recebe o Prêmio Nobel de Física em 1929 pela teoria da dualidade onda-corpúsculo. Entre as aplicações mais importantes dessa teoria, destaca-se o desenvolvimento de microscópios electrônicos, que permitem uma resolução muito superior à dos microscópios ópticos. (MM, cap. 3)

BRUTO

Marcus Junius Brutus, (85–42 a.C.) foi líder político, militar romano e um dos assassinos de Júlio César. Era sobrinho de Catão e um conservador republicano romano. Apoiou Pompeu contra César nas guerras civis romanas. Perdoado por este após a batalha de Farsália, tornou-se governador da Gália Cisalpina, e posteriormente pretor, em 44 a.C., como favorecido de César. Junto com Cássio, conspirou para matar o general. Foi o idealismo de Brutus que restringiu a ação dos conspiradores ao ato único de matar César: assim eles perderam a iniciativa política para o cônsul Antônio, a quem haviam poupado, e foram obrigados a fugir, formando posteriormente na Grécia uma frota e um exército contra Marco Antônio e Otaviano. Suicidou-se em 42 a.C. após a derrota na Batalha de Filipos. (MM, Mediunidade)

CACILDA
Irmã de Paulina, Amália, Edelberto e Agenor. Sua mãe está recolhida em um hospício. Juntamente com Amália, entrou em luta judicial com Edelberto e Agenor, em virtude do grande patrimônio que o pai ajuntou nas esferas da carne. (NL, cap. 30)

CADAVAL, DUQUE DE
Citado pelo ministro Clarêncio. Membro da corte de D. João VI no Brasil. Título criado por D. João IV, em 1648, a favor de D. Nuno Álvares Pereira de Melo (1638-1727), filho de D. Francisco de Melo, um dos sustentáculos da restauração de 1640. Dizem os cronistas: "É esta casa das mais nobres do reino; tem a mesma varonia que a de Bragança, porque descende de D. Álvaro, 4º filho de D. Fernando, 2º Duque de Bragança e de sua mulher, D. Joana de Castro, filha de D. João de Castro, Senhor de Cadaval. Na descendência de D. Álvaro, contam-se os títulos de Marquês de Ferreira, Conde de Tentúgal, Duque de Cadaval, no país; e em Espanha, o marquês de Vilhescas, Conde de Gelves, e Duque de Veragua". (SD, pt. 2, cap. 13)

CAIO SERPA
Advogado. Esposo de Evelina Serpa há seis anos. Assassina Túlio Mancini. Depois casa-se com Vera, recebendo Elisa e Túlio, reencarnados, como filhos. Desencarnará trinta anos após, devolvendo à sogra, então sua filha, tanto quanto a Vera, sua viúva, todo o patrimônio de que se apropriou. (EVC, cap. 1, 4, 10, 14, 22, 26)

CALDERARO
Prestava serviço ativo na própria crosta da Terra, a atender de modo direto, aos irmãos encarnados. Especializara-se na ciência do socorro espiritual, o que

poderíamos chamar "psiquiatria iluminada". É o orientador dos trabalhos na turma de adestramento, na qual André Luiz teria ingresso por solicitação própria, durante uma semana na Crosta terrestre. Elucida André Luiz sobre os objetivos fundamentais da tarefa da turma de adestramento. Avisa-o sobre a reunião em que o instrutor Eusébio receberá estudantes do espiritualismo. Na companhia de André Luiz, penetra vasto hospital onde examina Pedro que, abatido e pálido, mantinha-se unido a Camilo, entidade em míseras condições de inferioridade e de sofrimento. Informa que o fenômeno epileptoide é enfermidade da lama, independente do corpo físico, que apenas registra, nesse caso, as ações reflexas. Destaca que o caso de Marcelo verifica-se em consonância com os princípios dos reflexos condicionados de Pavlov. Esclarece André Luiz sobre os reflexos condicionados, os fenômenos medianímicos, as mistificações inconscientes e a tese animista. Convida André Luiz para ouvir a palavra do instrutor Eusébio, que se dirigirá a algumas centenas de companheiros católicos romanos e protestantes das Igrejas reformadas, ainda em trânsito nos serviços da esfera carnal. Explica que a volitação depende, fundamentalmente, da força mental armazenada pela inteligência. Terminada a reunião no Lar de Cipriana, despede-se de André Luiz, desejando-lhe boa viagem. (NMM, cap. 1, 4, 5, 7-17, 20)

CALÍGULA
Gaius Caesar Germanicus, conhecido por Calígula (31 de agosto, AD 12–24 de janeiro, AD 41), foi o terceiro imperador romano, reinante entre 37 e 41. Ficou conhecido pela sua natureza extravagante, por vezes cruel, e foi assassinado pela guarda pretoriana em 41, aos 29 anos. A sua alcunha *Calígula* (que significa *botinhas* em português) foi posta pelos soldados das legiões comandadas pelo pai, que achavam graça vê-lo mascarado de legionário, com pequenas *caligae* (sandálias militares) nos pés. Calígula era o filho mais novo de Germânico e Agripina, sendo bisneto de César Augusto e sobrinho-neto de Tibério. Cresceu com a numerosa família (tinha dois irmãos e três irmãs) nos acampamentos militares da Germânia Inferior, onde o pai comandava o exército imperial. (MM, Mediunidade)

CALIMÉRIO
Entidade superior à condição hierárquica de Alexandre que superintende os trabalhos de materialização, realizados em uma residência. É o dirigente

encarregado da supervisão dos trabalhos de materialização. Recomenda ao controlador mediúnico, Alencar, que, tendo em vista a perturbação vibratória do ambiente, por ocasião dos trabalhos de materialização, é razoável que os amigos se abstenham da concentração, que cantem ou façam música de outra natureza. (ML, cap. 10)

CALIXTO
Espírito comunicante. Coloca-se ao lado do médium, enlaçou-o com o braço esquerdo e, alçando a mão até ao cérebro do rapaz, tocava-lhe o centro da memória com a ponta dos dedos, como a recolher o material de lembranças do companheiro. Mostra enorme alegria no semblante feliz de servo que se regozija com as bênção do trabalho. (ML, cap. 1)

CAMILO
Encontra-se unido a Pedro, no leito de um hospital, em míseras condições de inferioridade e de sofrimento. Foi assassinado, há vinte anos, por Pedro, que supunha fazer justiça pelas próprias mãos. Odeia-o sem piedade. É atendido pela irmã Cipriana, sendo esclarecido sobre o significado do sentimento de ódio. Genuflexo, beija-lhe a destra, num transporte de comovente gratidão. (NMM, cap. 5)

CÂNDIDA
Mãe de Julieta. Está prestes a desencarnar. Prende-se ainda ao corpo através de fios muito frágeis. Cipriana solicita a colaboração de Calderaro para salvar Julieta da loucura, tendo em vista o desencarne de sua mãe. Aconselha a filha a não se deixar arrastar pelas tentações. Recebe de Paulino a notícia de que se casará com Julieta em poucos dias. Amparada por Cipriana, uniu as mãos de Paulino e Julieta, num gesto simbólico, osculando-as enternecidamente. (NMM, cap. 5, 6)

CARLINDO
Filho mais velho de Fábio. Juntamente com o irmão mais novo sustenta comovente palestra com o pai, que está prestes a desencarnar. Por solicitação de sua mãe Mercedes, fará a prece final por ocasião do derradeiro culto doméstico com a presença física de seu pai. (OVE, cap. 11, 16)

CARLOS
Primo de Vieira. Foi levado por ele para auxílio em um grupo de estudos evangélicos, na casa dirigida espiritualmente por Isidoro, sem estar preparado para reflexões sérias. (OM, cap. 39)

CARLOS
Primo do irmão Gotuzo. Desposou-lhe a viúva, Marília. Perturbou o futuro dos dois filhos. Dissipou-lhe os bens, entregando-se em seguida, a criminosas aventuras comerciais. (OVE, cap. 5)

CARLOS MAGNO
Nobre e conquistador franco (2 abril de 742 — janeiro de 814). Reuniu sob sua coroa quase toda a Europa cristã ocidental, no Sacro Império Romano-Germânico. Carlos Magno ou Carlos, o Grande (em alemão Karl der Große, em francês Charlemagne, em latim Carolus Magnus, que deu origem ao adjetivo 'Carolíngio'), foi sucessivamente rei dos Francos (de 771 a 814), rei dos Lombardos (a partir de 774), e ainda o primeiro Imperador do Sacro Império Romano (coroado em 25 de dezembro do ano 800), restaurando assim o antigo Império Romano do Ocidente. Até meados do século XX, acreditava-se que Carlos Magno tivesse nascido a 2 de abril de 742, mas várias razões levaram a reconsiderar a veracidade da data tradicional. Em primeiro lugar, o ano de 742 foi calculado a partir da idade que lhe era atribuída na altura e não a partir diretamente de documentos históricos. Em segundo lugar, 742 precede o casamento dos seus pais (em 744) — e não há qualquer referência a que Carlos Magno fosse filho ilegítimo, o que, aliás, impossibilitaria que este fosse designado seu herdeiro. Nos *Annales Petarienses* é indicado que o seu nascimento teria ocorrido a 2 de abril de 747 — dia de Páscoa, nesse ano. Como o nascimento de um imperador, na Páscoa, provocaria, sem dúvida, comentários dos cronistas da época — e como esses comentários não existem em lado algum, suspeita-se que a atribuição seja apenas uma ficção piedosa com o único intuito de honrar o imperador. Outros historiadores, ponderando as fontes históricas, sugerem que o seu nascimento tenha ocorrido um ano mais tarde, em 748. Atualmente não é possível, portanto, indicar com precisão a data de nascimento de Carlos Magno. Os melhores palpites incluem, certamente, 2 de abril de 747, depois, 15 de abril de 747 ou, talvez, 2 de abril de 748. (MM, Ante a Mediunidade)

CARMO GARCIA
Personagem que vendeu terras e escravos para Malaquias. (OM, cap. 21)

CÁSSIO
Guardião simpático de superioridade moral em uma reunião, onde várias entidades se imiscuíam, em meio dos encarnados, em lamentáveis condições, uma vez que pareciam inferiores aos homens e mulheres. (NDM, cap. 2)

CAULLERY, MAURICE
Maurice-Jules-Gaston-Corneille (1868-1958), biólogo francês. Famoso por suas pesquisas sobre invertebrados e evolução das espécies. Organismo e sexualidade (1942). (EDM, pt. 1, cap. 14)

CAVALCANTE (JOAQUIM)
É vigiado em seu leito de dor pelo companheiro espiritual Bonifácio. Virtuoso católico-romano, espírito abnegado e valoroso nos serviços do bem ao próximo. Veio de Nosso Lar há mais de sessenta anos, possuindo grande círculo de amigos pelos seus dotes morais. É abandonado pela parentela, em virtude de suas ideias de renúncia às riquezas materiais. Apresenta pioras após a operação do duodeno. Não se preparou para libertar-se do jugo da carne. Está sendo preparado para desencarnar. Por recomendação do assistente Jerônimo, é conduzido por André Luiz e pelo padre Hipólito até a câmara de Adelaide, de onde seguirão para a Casa Transitória de Fabiano, em excursão de aprendizagem e adestramento. Permanece agarrado ao corpo. A probabilidade dos sofrimentos purgatoriais enchia-o de temor. Decorridos mais de quatro dias de atenção ao moribundo, Jerônimo deliberou fossem desatados os laços que o retinham à esfera grosseira. Afirma não desejar partir sem a reconciliação conjugal, sem saber que a consorte, Bela, desencarnou há mais de ano. O assistente Jerônimo solicita a Bonifácio que traga por instante a esposa desencarnada, desse modo ele a verá e dormirá menos inquieto. Avizinha-se do estado de coma. Sem qualquer conhecimento das dificuldades espirituais, o médico ministrou a chamada "injeção compassiva". Cavalcante para o espectador comum estava morto. O assistente Jerônimo informa que só poderá libertá-lo depois de decorridas mais de doze horas. Na realidade só foi possível a libertação do recém-desencarnado quando já haviam transcorrido vinte

horas. Apático, sonolento, desmemoriado, foi conduzido ao asilo de Fabiano, demonstrando necessitar maiores cuidados. A injeção sedativa, veiculando anestésicos em dose alta, afetara-lhe o corpo perispirítico, como se fora choque elétrico. (OVE, cap. 11-13, 18, 19)

CAXIAS, MARQUÊS DE
Citado por Mário Silva. Conheceu Lina Flores e animou sua união com José Esteves. (ETC, cap. 17)

CECÍLIA
Criada por sua mãe com mimos excessivos. Após o desencarne de sua mãe há oito anos, precipitou-se, aos 20 anos, nos desvarios da vida mundana. Adquiriu deveres da maternidade sem a custódia do casamento. Luta com desespero, por desfazer-se do filhinho imaturo, o cúmplice de faltas graves no pretérito. Parcialmente desligada do corpo físico, recebe a presença da mãe, que lhe oferece palavras de aconselhamento, e solicita-lhe perdão pelo mal que lhe fez, querendo-a em demasia. Ao despertar, tem a sensação de um sonho horrível. O filhinho que não chegara a nascer transforma-se em perigoso verdugo do psiquismo materno. Consumou-se para ambos doloroso processo de obsessão recíproca. (NMM, cap. 10)

CECÍLIA
Esposa de um rapaz assediado por duas formas escuras. Desligada do corpo físico, durante o sono, cumprimenta Alexandre e André Luiz e agradece pela oportunidade da oração em conjunto. O socorro da jovem significa para o esposo o acréscimo de misericórdia. (ML, cap. 6)

CECÍLIA
Filha dos Bacelar quando na Crosta. Está trabalhando há muito para alcançar um prêmio de visita a Nosso Lar. Afirma que viver em Nosso Lar é uma bênção e que seus Ministérios são verdadeiras universidades de preparação espiritual. Tece alguns comentários sobre Campo da Paz e sobre sua fundação, há mais de dois séculos. Informa que seu pai há mais de cinquenta anos foi socorrido pelos benfeitores em Campo da Paz e que mais tarde sua mãe reuniu-se a ele. Esclarece que, faz vinte anos, Aldonina e

ela foram atraídas amorosamente por ambos, a fim de continuarem ali no santuário familiar. Aguarda a chegada de alguém que ainda se encontra na Terra. Informa que Campo da Paz foi instituído para socorro urgente, sendo um avançado centro de enfermagem, assistindo os companheiros ou tutelados, pelo menos no período infantil mais tenro, que compreende os primeiros sete anos de existência carnal. Esclarece que de 10 em 10 quilômetros há Postos de Socorro. Relata que tem grandes tarefas de assistência junto dos recém-encarnados. A pedido de Ismália, executa em um órgão a *Tocata e Fuga em Ré Menor*, de Bach, e, em seguida, canta uma linda canção. Tem o coração ainda muito ligado à Terra, junto de Hermínio. (OM, cap. 29, 30, 31)

CECINA
Futura mãe de Jonas. É a quarta tentativa de aborto no terceiro mês de gestação. A jovem mãe, sentindo-lhe os fluidos grosseiros, nega-se em recebê-lo. (AR, cap. 3)

CELESTINA
Assistente do diretor Druso na Instituição Mansão Paz. (AR, cap. 2)

CELINA
Viúva, integrante do grupo mediúnico observado por André Luiz e Hilário. Se consorciara com o esposo em tarefa de sacrifício. O assistente Áulus, utilizando-se do psicoscópio, examina-lhe detidamente o campo encefálico, em especial a epífise. Sonâmbula perfeita. A clarividência e a clariaudiência, a incorporação sonambúlica e o desdobramento da personalidade são estados em que ingressa na mesma espontaneidade com que respira. Sua posição medianímica é de extrema passividade. Acrisolou as faculdades medianímicas, aperfeiçoando-as nas chamas do sofrimento moral, como se aprimoram as peças de ferro sob a ação do fogo e da bigorna. Transmitirá a palavra de um benfeitor espiritual por ocasião do encerramento dos trabalhos do grupo mediúnico. (NDM, cap. 3, 8, 13)

CÉLIO
Ministro da Comunicação, permite a visita da mãe de André Luiz. (NL, cap. 16)

CELITA
Filha de Pedro, que assassinara Camilo há vinte anos. Irmã de Neneco, Marquinhos e Guilherme. (NMM, cap. 5)

CELUSA TAMBURINI
Citada por Alzira Campos. Se mostra plenamente convencida de que não mais está no domicílio terrestre. Promete conduzir Evelina e Ernesto até o Instituto de Ciências do Espírito. (EVC, cap. 7, 8)

CESARINA
Futura mãe de Volpini, que já abortara inconscientemente duas vezes pelo excesso de leviandades. Cooperadores de Apuleio informam que ela entrega-se a prazeres e abusos de toda sorte. Seus desvios sexuais, nos últimos dias, têm sido lastimáveis, e enorme é a quantidade de alcoólicos de que tem feito consumo sistemático. Utiliza certos recursos para disfarçar o aspecto da gravidez adiantada. Por influência de Apuleio, recebe conselhos de Francisca, sua velha amiga e dona da casa. Em gravíssimas condições, dá à luz uma criança morta. (ML, cap. 15)

CIPRIANA
Orientadora dos serviços de socorro do grupo em que o assistente Calderaro coopera. Diretora das atividades nas cavernas de sofrimento. O esposo abandonou-a quando a lepra acometeu-lhe a carne. Abraça-se à figura do ex-verdugo, Camilo, conduzindo-o para terreno de atividade restauradora. É a diretora do Lar de Cipriana. Lembra que André Luiz não tem o curso de assistência aos sofredores nas sombras espessas. Convida Calderaro e André Luiz a permanecerem no limiar das cavernas. Afirma que Cláudio M..., avô paterno de André Luiz, deveria retornar à experiência carnal. Trata-se de reencarnação por meras atividades reparadoras, sem projeção nos interesses coletivos. Elucida sobre os dois pontos essenciais para o processo de Cláudio M...: a necessidade da reaproximação com Ismênia, e o imperativo da pobreza extrema, com trabalho intensivo, para que reeduque as próprias aspirações. Afirma que Cláudio M... não poderá ausentar-se da organização socorrista, durante dois anos aproximadamente. Recebe a presença de Ismênia, desligada do corpo físico, solicitando-lhe auxílio para o irmão Cláudio M...,

recebendo-o como filho em nova encarnação. Informa que Cláudio M... se preparará convenientemente, no Lar de Cipriana, para o retorno aos círculos carnais. Após a conversa com André Luiz, assume a direção da prece. (NMM, cap. 4, 5, 17, 19, 20)

CLARA
Irmã de André Luiz. Vive no Umbral, agarrada à crosta da Terra, em trabalho ativo de purgação. (NL, cap. 16, 46)

CLARA
Médium passista orientada por Conrado. Trabalha nos serviços de cura. Registra as instruções das entidades responsáveis pelos trabalhos através da intuição. Mantinha-se quase desligada do corpo denso, porque se mostrava espiritualmente mais livre, em pleno contato com os benfeitores presentes. (NDM, cap. 17)

CLARA
O ministro Clarêncio solicita seu concurso. Irmã que, com seu verbo coroado de luz, modificará os sentimentos de Odila, inclinando-a ao serviço da conversão própria. Convence-a a clarear o próprio caminho, a fim de reencontrar o filho de novo. Sua residência afigura-se pequeno colégio ou gracioso internato para moças. Elucida sobre a importância da voz a serviço da palavra. Comenta sobre a gaguez e a diplofonia. Depois de sua oração, o ministro Clarêncio explica que a irmã já atingira o total equilíbrio dos centros de força que irradiam ondulações luminosas e distintas. (ETC, cap. 3, 22, 23)

CLARÊNCIO
Ministro do Auxílio. Conduz André Luiz até Nosso Lar. Entrega uma caderneta a André Luiz, permitindo seu ingresso nos Ministérios da Regeneração, do Auxílio, da Comunicação e do Esclarecimento, durante um ano. Dirige o culto familiar na casa de Lísias para a despedida da senhora Laura. (NL, cap. 2-4, 17, 48)

Ministro que conduz os trabalhos no Templo do Socorro. Esclarece Hilário sobre o significado da oração refratada. Encontra-se com Hilário, Eulália e André Luiz em tarefa assistencial, na casa de Amaro. Relata em detalhes a história da família de Amaro. Tece comentários sobre os centros de força e perispírito. Detalha sobre as características dos diversos tipos de reencarnações, de acordo com a missão de cada um. Elucida sobre as diferentes fases do processo reencarnatório e hereditariedade. Esclarece sobre os diversos tipos de incômodos orgânicos sofridos pela mulher grávida. Comenta sobre os anjos de guarda e a família espiritual. (ETC, cap. 1-5, 12, 13, 20, 21, 26-30, 33)

CLARINDO
Irmão de Antônio Olímpio e de Leonel. Foi assassinado pelo próprio irmão Antônio Olímpio, cujo objetivo era tomar posse de grande fazenda deixada pelo pai ao morrer. Exerce influência obsessiva sobre Antônio Olímpio, o filho Luís e Alzira. Completamente modificado, reinstala-se no lar de Luís. Retornará em próxima reencarnação como filho de Antônio Olímpio e Alzira. (AR, cap. 3, 8, 9, 10)

CLÁUDIO
Envenenou Antônio, seu sobrinho, para conseguir a riqueza material que ofereceu à esposa e às duas filhas, em educação e conforto na esfera carnal. Pai de uma das moças que suplica ajuda para sua mãe materializada. Encontra-se há seis anos nas sombras. Se compraz na companhia de entidades que, por onde passam, vampirizam as criaturas. A esposa, desencarnada, informa às filhas que reencarnará e, com Cláudio então renovado, receberá muitos filhos, incluindo-as. (LI, cap. 3)

CLÁUDIO
Citado por uma senhora em conversa com seu filho. Assistente da Mansão Paz. (AR, cap. 4)

CLÁUDIO
Instrutor do Instituto de Ciências do Espírito, fará uma palestra com o tema: Da existência na Terra. Em conversação com Evelina e Ernesto, traz elucidações sobre a matéria e a vida espiritual. (EVC, cap. 8)

CLÁUDIO M...
Avô paterno de André Luiz. Fizera considerável fortuna em ágios escandalosos, curtindo espinhosa velhice pelo excessivo apego ao dinheiro. Conturbara-se nos últimos tempos do corpo, e via delatores e ladrões em toda a parte.

O pai de André Luiz transferira-o para sua residência, onde fora auxiliado a vencer os derradeiros padecimentos. Deixou valioso patrimônio financeiro. Provou que Ismênia não partilhava seus laços consanguíneos, para melhor assenhorear-se da fortuna que seu pai legara. Ficou rico, multiplicou a fortuna. Afirma que André Luiz era a luz de seus olhos. Frequentemente lhe assaltava o remorso pela extorsão que infligira a sua irmã Ismênia. Recebe recursos fluídicos sobre os olhos a fim de auxiliar-lhe a visão. Recebe a visita de sua irmã Ismênia, desligada do corpo físico, que lhe aceita auxiliar, recebendo-o como filho em nova encarnação. (NMM, cap. 18, 19)

CLÁUDIO NOGUEIRA
Esposo de Márcia. Pai consanguíneo de Marina, e adotivo de Marita. Alcoólatra, é obsidiado por dois desencarnados, um deles chamado Moreira. Havia prometido no plano espiritual empregar o prêmio da internação no veículo carnal, edificando a sublimação íntima e corrigindo excessos de outras épocas, através do suor no serviço ao próximo. Encontra-se com a madame Crescina e toma conhecimento do assunto tratado no seu encontro com Marita. Substitui Gilberto no encontra que teria com Marita. Por influência do obsessor Moreira, planeja fazer de Marita uma mulher. É apresentado ao farmacêutico Salomão, que lhe narra o encontro com Marita antes do acidente. Concorda com a presença de Agostinho na aplicação de passes e da oração em favor de Marita. Recebe de Agostinho um exemplar de O evangelho segundo o espiritismo. Por sugestão de André Luiz, faz a leitura de O evangelho segundo o espiritismo. É atropelado por um automóvel dirigido por Nemésio. Fora filho de Percília. Solicita que seja dado o nome de Marita à neta por chegar. Chamava-se Teodoro em existência anterior. Desencarnado, lhe é dada a permissão para serviço ao pé dos familiares encarnados por dez anos. (SD, pt. 1, cap. 6, 12; pt. 2, cap. 2, 12, 13)

CLEMENTINO
Dirigente espiritual responsável pelos trabalhos mediúnicos no grupo observado por André Luiz e Hilário. Controla o aparelho chamado "condensador ectoplásmico", utilizado para exibição das cenas da vida de Libório. (NDM, cap. 5, 7)

CONDE D'EU
Citado por um ancião desencarnado que se encontrava no recinto onde Antonina realizava o culto familiar. Esse ancião fora Leonardo Pires no passado. Dom Luís Filipe Maria Fernando Gastão de Orléans e Saxe-Coburgo-Gota (*Louis Phillipe Marie Ferdinand Gaston d'Orléans et Saxe-Cobourg et Gotha*), conde d'Eu, (Neuilly-sur-Seine, França, 28 de abril de 1842 — Oceano Atlântico, 28 de agosto de 1922), tornou-se Príncipe Imperial Consorte do Brasil por seu casamento com D. Isabel Cristina Leopoldina de Bragança. Faleceu quando voltava ao Brasil para celebrar o centenário da Independência. (ETC, cap. 7)

CONRADO
Orientador espiritual dos médiuns passistas Clara e Henrique nos trabalhos de passe. Atende as necessidades dos enfermos encarnados e desencarnados duas vezes por semana. (NDM, cap. 17)

CONSTANTINO
Citado pelo ministro Flácus. O Grande, advogado dos cristãos indefesos, oferece novo padrão de vida ao planeta; contudo, não modifica as disposições detestáveis de quantos guerreavam em nome de Deus. (LI, cap. 1)

CORA
Citada por Noemi, filha caçula de Isabel. (OM, cap. 36)

CORA
Cliente e amiga da loja em Copacabana onde Marita trabalhava. Marita utiliza-se do telefone na casa da amiga e segreda para dona Cora, que se achava em apuros, pedindo-lhe algum dinheiro emprestado. (SD, pt. 1, cap. 14)

CORINA
Filha do irmão Nicodemos, dono da casa onde se encontram Evelina, Ernesto e Alzira Campos. (EVC, cap. 7)

CORNÉLIO
Benfeitor que ampara o lar da irmã Blandina. É de parecer que Júlio não conseguirá adquirir qualquer melhora real antes da reencarnação que o aguarda. (ETC, cap. 9)

CORNÉLIO
Diretor do Santuário da Bênção. Instituição situada na zona dedicada aos serviços de auxílio. A administração da casa recebe três grupos de socorro prestes a partirem a caminho das regiões inferiores, perfazendo um total de vinte expedicionários. A casa é consagrada ao auxílio sublime dos nossos governantes que habitam planos mais altos. Adverte que no Santuário da Bênção é imprescindível observar uma atitude firme de serenidade e respeito, em razão disso, responsabilizaremos os companheiros presentes por qualquer minúcia desarmônica no trabalho a realizar. Utiliza-se de uma tela cristalina para projetar as forças mentais do grupo a fim de formar um quadro, simbolizando a paz e a vida. (OVE, cap. 2, 3)

CORSINO
Seu pensamento continua ligado ao corpo sepulto de maneira total. Ainda não conseguiu desvencilhar-se da lembrança daquilo que foi, trazendo a imagem do próprio cadáver à tona de todas as suas recordações. Encontra-se na choupana de Orzil. (AR, cap. 5)

COUCEIRO
Assistente que permitiu a permanência de Eloísa com a avó Laura. (NL, cap. 19)

CREMILDA
Desencarnada que se encontra no necrotério. Terminou o processo de desligamento dos laços fisiológicos, e encontra-se há seis horas dominada por terrível pavor. Seu organismo espiritual permanece totalmente desligado do vaso físico. Mostra-se amedrontada por falta de preparação espiritual. O noivo, desencarnado, a espera há muito. Aniceto aplica-lhe passe reconfortador e a jovem dorme, sendo, então, encaminhada pelo noivo. (OM, cap. 48)

CRESCINA
Proprietária de pensão de regalias noturnas onde se fazia negócio dos prazeres. É remunerada por Marita para encarregar-se de entregar um bilhete para Gilberto, marcando encontro em sua casa. Procura Cláudio e conta-lhe sobre o encontro com Marita. (SD, pt. 1, cap. 12)

CROOKES, WILLIAM

(Londres, 17 de junho de 1832–Londres, 4 de abril de 1919). Químico e físico inglês. Frequentou o Royal College of Chemistry em Londres, trabalhando em espectroscopia. Em 1861, descobriu um elemento que tinha uma linha de emissão verde brilhante no seu espectro, ao qual deu o nome de tálio, do grego *thalos*, um broto verde, que é o elemento químico de número atômico 81. Também identificou a primeira amostra conhecida de hélio, em 1895. Foi o inventor do radiômetro de Crookes, vendido ainda como uma novidade, e desenvolveu os tubos de Crookes, investigando os raios canal. Em suas investigações sobre a condutividade da eletricidade em gases sob baixa pressão, descobriu que, à medida que se diminuía a pressão, o elétrodo negativo parece emitir raios (os chamados raios catódicos, que hoje se sabe tratarem-se de um feixe de elétrons livres, utilizado nos dispositivos de vídeo padrão CRT). Como esses exemplos mostram, Crookes foi um pioneiro na construção e no uso de tubos de vácuo para estudar fenômenos físicos. Foi, por conseguinte, um dos primeiros cientistas a investigar o que hoje é chamado de plasmas. Também criou um dos primeiros instrumentos para estudar a radioatividade nuclear, o assim chamado espintariscópio. A partir de 11 de fevereiro de l867 e durante 18 meses, participou da subcomissão (composta de 30 membros) formada pela Sociedade Dialética de Londres (pode ser comparada à Academia de Ciências de Paris, contando entre seus membros com os homens mais eminentes da Inglaterra), quando foram realizadas 40 sessões com o fim de estabelecer experiências e provas rigorosas, com a finalidade de excluir a possibilidade de mecanismos previamente dispostos, ou de qualquer artifício nos fenômenos ocorridos, para certeza de que não existia trapaça. (NDM, Raios, Ondas, Médiuns, Mentes...) (MM, cap. 2)

CUPERTINO, JOSÉ DE

Nasceu em 17 de junho de 1603 como José Desa, em Cupertino, Diocese de Nardo, perto de Nápoles, Itália. Após várias tentativas de entrar na vida religiosa (ele era considerado ignorante e sem cultura), o "irmão burro", como às vezes era chamado, foi aceito no Convento Franciscano em Grotela onde foi ordenado em 1628. Sua vida tornou-se uma série de visões e êxtases, as quais aconteciam em qualquer local e a qualquer hora pelo som do sino de uma igreja ou pelo som de uma música sacra ou simples menção do nome de Deus ou da Virgem Maria ou ainda a menção de eventos da vida de Cristo como a Sagrada Paixão ou a visão de uma pintura sacra. Gritos, beliscões, queimaduras, agulhadas, nada o trazia de volta de seus transes; mas ele voltava na hora com a ordem do seu superior. Por várias vezes levitava e flutuava como um pássaro (daí ele ser o padroeiro dos aviadores e passageiros de aviões). Mesmo no século 17 já havia interesse no incomum e os êxtases de José em público provocaram admiração em uns e constrangimento em outros. Por trinta e cinco anos não foi permitido a ele atender o coro, o refeitório comum, e celebrar missa na igreja. Para prevenir que ele fizesse um espetáculo em público, ele recebeu ordens de ficar em seu quarto com uma capela privativa. O Papa Urbano VIII encontrou-se com ele em Grotela e ele, ao ver a imagem de Nossa Senhora, entrou em êxtase. O papa que falava aramaico fez perguntas complicadas e o mesmo respondeu na mesma língua, com grande sabedoria e naturalidade. Depois desse episódio, assim ele passou a ser muito respeitado e por várias vezes foi consultado pelos exegetas da Igreja sobre questões muito controvertidas e o " irmão burro" respondia a todas como se fosse um luminar na matéria. Dizia com simplicidade que, em algumas de suas visões, às vezes ficava conversando com alguns apóstolos e as vezes com Jesus e a Virgem Maria. De alguns êxtases ele não se lembrava de nada, mas de outras visões ele tinha perfeita lembrança e as descrevia com detalhes que deixava a todos boquiabertos. Para evitar constrangimento para ele e para a Igreja, José foi enviado a uma casa Capuchina e depois para uma casa Franciscana e a outra Capuchina e assim por diante. Faleceu em 18 de setembro de 1663 de uma severa febre e foi enterrado na igreja de Ossimo. Foi beatificado em 17 de junho de 1703 pelo Papa Benedito XIV e canonizado em 16 de julho de 1767 pelo Papa Clemente XIII. (MM. Mediunidade)

CURIE, MARIE

Nome assumido após o casamento por Maria Skodowska (Varsóvia, 7 de novembro de 1867–Sallanches, 4 de julho de 1934). Foi uma cientista francesa de origem polaca. Foi a primeira pessoa a ser laureada duas vezes com um Prêmio Nobel de Física, em 1903 (dividido com seu marido Pierre Curie e Becquerel) pelas suas descobertas no campo da radioatividade (que naquela altura era ainda um fenômeno pouco conhecido) e com o Prêmio Nobel de Química, em 1911, pela descoberta dos elementos químicos rádio e polônio. Foi uma diretora de laboratório reconhecida pela sua competência. (NDM, Raios, Ondas, Médiuns, Mentes...) (MM, cap. 2)

CURIE, PIERRE (Paris, 15 de maio de 1859–Paris, 19 de abril de 1906)
Foi um físico francês, pioneiro no estudo da cristalografia, magnetismo, piezoelectricidade e radioatividade. Obteve o Prêmio Nobel de Física, em 1903, juntamente com a sua mulher Marie Curie, outra famosa física: "em reconhecimento pelos extraordinários serviços que ambos prestaram através da suas pesquisas conjuntas sobre os fenômenos da radiação descobertos pelo professor Henri Becquerel". (NDM, Raios, Ondas, Médiuns, Mentes...) (MM, cap. 2)

DALTON, JOHN (Eaglesfield, 6 de setembro de 1766–Manchester, 27 de julho de 1844)
Cientista inglês que fez um extenso trabalho sobre a teoria atômica. Dalton é mais conhecido pela famosa Lei de Dalton, a lei das pressões parciais e pelo Daltonismo, o nome que se dá à incapacidade de distinguir as cores, assunto que ele estudou e mal de que sofria. (NDM, Raios, Ondas, Médiuns, Mentes...)

DALVA
Viúva há três anos, encontra-se em sonho com a mãe, já desencarnada, no núcleo de serviço de dona Isabel. Sua mãe foi levada ao Posto de Socorro de Campo da Paz, em Nosso Lar, e, graças a esse encontro, pode desviá-la do suicídio iminente. (OM, cap. 39)

DAMIANA
Irmã, cuja imagem Félix mantinha, em tela, em seu gabinete. Magnânima servidora do Cristo, a quem devia há oitenta anos o primeiro contato com a verdade. Adotava criminosos desencarnados por filhos da alma, infundia-lhes o ideal de regeneração, levantando-os e instruindo-os. (SD, pt. 2, cap. 9 , 14)

DESCARTES, RENÉ (La Haye en Touraine, 31 de março de 1596–Estocolmo, 11 de fevereiro de 1650)
Também conhecido como Renatus Cartesius (forma latinizada), foi filósofo, físico e matemático francês. Criador do sistema filosófico conhecido como cartesianismo. Notabilizou-se sobretudo por seu trabalho revolucionário na filosofia e na ciência, mas também obteve reconhecimento matemático por sugerir a fusão da álgebra com a geometria — fato que gerou a geometria analítica e o sistema de coordenadas que hoje leva o seu nome. Por fim, ele

foi uma das figuras-chave na Revolução Científica. Por vezes chamado de "o fundador da filosofia moderna" e o "pai da matemática moderna", é considerado um dos pensadores mais importantes e influentes da História do Pensamento Ocidental. Inspirou contemporâneos e várias gerações de filósofos posteriores; boa parte da filosofia escrita a partir de então foi uma reação às suas obras ou a autores supostamente influenciados por ele. Muitos especialistas afirmam que a partir de Descartes inaugurou-se o racionalismo da Idade Moderna — enquanto que décadas mais tarde se assentaria nas Ilhas Britânicas, através de John Locke e David Hume, principalmente, um movimento filósofico que de alguma forma é oposto no qual se convencionou chamar de empirismo. (EDM, pt. 1, cap. 4) (MM, cap. 2)

DESIDÉRIO DOS SANTOS

Esposo de Brígida, em primeiras núpcias. Conhecido por Dedé. Pai de Evelina. Amigo de infância de Ernesto e Amâncio. Foi assassinado por Amâncio. Obsidia Elisa. Reencarnará como filho adotivo de Amâncio e Brígida. Casará com Elisa. (EVC, cap. 19, 20, 21, 22)

DIMAS

Há muitos anos é assíduo colaborador dos serviços de assistência mediúnica. Desenvolveu faculdades mediúnicas apreciáveis, colocando-se a serviço dos necessitados e sofredores. Fez-se credor feliz de inúmeras dedicações pela renúncia que sempre se conduziu. Cercado de exigências sentimentais, subalimentado, maldormido, teve as reiteradas congestões hepáticas, convertidas na cirrose hipertrófica. Está sendo preparado para desencarnar. Por recomendação do assistente Jerônimo é conduzido por André Luiz e pelo padre Hipólito até a câmara de Adelaide, de onde seguiriam para a Casa Transitória de Fabiano, em excursão de aprendizagem e adestramento. Não conseguiu preencher toda a cota de tempo que lhe era lícito utilizar, em virtude do ambiente de sacrifício que lhe dominou os dias, na existência, entre deveres e abnegações incessantes. Passou a vida em submissão a regulamentos. Recebeu a mediunidade, colocando-se a serviço do bem coletivo. Conviveu com os desalentados e aflitos de toda sorte. Sua existência converteu-se em refúgio de enfermos do corpo e da alma. Espalhou as sementes da luz e da verdade, contudo não se preparou suficientemente. Prendeu-se demasiadamente às teias domésticas. Fez por merecer o auxílio dos amigos espirituais que lhe dedicam valiosos serviços intercessórios. Tendo em vista o comportamento da esposa do médium, emitindo forças de retenção amorosa, prendendo-o em emaranhado de fios cinzentos, o assistente Jerônimo improvisa temporária melhora do agonizante, a fim de sossegar a mente aflita da esposa. Após a rogativa mental ao divino Mestre, sob o controle do assistente Jerônimo, surge venerável anciã — sua mãe. Duas horas antes do cortejo fúnebre, o assistente Jerônimo examinou-o e auscultou-o, como clínico experimentado, em seguida cortou-lhe o liame final. Amparado pela genitora, abriu os olhos. A mãe convida-o a ver o aparelho que lhe servira fielmente durante tantos anos. Apesar da fé que lhe aquecia o espírito, as saudades do lar infundiam-lhe inexprimível angústia. A inquietude dos parentes atinge-o através dos fios invisíveis da sintonia magnética. Repousa na Casa Transitória de Fabiano amparado pela simpatia geral da instituição. Reagia com mais calor, perante as exigências da família terrena e consolidava a serenidade própria, com a precisa eficiência. (OVE, cap. 11-13, 16, 17)

DIONÍSIO FERNANDES

Recém-desencarnado, encontra-se há pouco tempo em uma organização de socorro, um asilo, em plena região inferior não muito distante da Crosta terrestre. É conduzido pelo instrutor Alexandre, a pedido de Euclides, até a casa da médium Otávia, que lhe oferecerá a organização mediúnica, a fim de que fale aos familiares, em um grupo de estudos espiritualistas. É lembrado pelo instrutor Alexandre das dificuldades de um médium para satisfazer as particularidades técnicas de identificação dos comunicantes, diante das exigências dos irmãos encarnados. Justamente o que lhe ocorrera anteriormente, recebendo com muitas prevenções as comunicações de Otávia, acreditando-a vítima de mistificações. Euclides acomodou-o ao lado da médium Otávia, por ocasião de suas preces preparatórias, para os trabalhos da noite. Começou a falar-lhe de suas necessidades espirituais, comentando a esperança de fazer-se sentir junto da família terrena. Longo tempo durou a conversação, orientada por Euclides, entre a médium e o comunicante, em verdadeiro serviço de preparação mediúnica. Depois de falar quase quarenta minutos, despede-se, repetindo tocante oração de agradecimento que Alexandre lhe ditou. Oferece os possíveis elementos de identificação pessoal, mas a pequena congregação de encarnados não recebeu a dádiva como seria de desejar. Apenas a viúva e mais três irmãos de ideal se mantinham juntos da médium. Os próprios filhos internaram-se pela região da dúvida e da negativa. (ML, cap. 16)

DOMÊNICO
Padre, amigo da irmã Zenóbia em outro tempo, agora atendido na Casa Transitória de Fabiano. Aproveitou-se das casas consagradas à fé viva para concretizar propósitos menos dignos. Ocasionou desastres morais de reparação muito difícil. É assassinado pelo esposo ofendido de certa mulher que lhe cede às promessas. Com o sepultamento do corpo, começaram, para sua alma, os infinitos padecimentos. Desencarnado desde muito, voltou da Crosta em angustiosas circunstâncias. Necessita regressar à experiência construtiva na Crosta, recapitulando o pretérito em serviço expiatório. Ernestina, sua mãe no corpo físico, está encarregada de recolhê-lo, em espírito, e conduzi-lo à Crosta para as providências cabíveis com relação à próxima reencarnação. Recebe palavras confortadoras do padre Hipólito. Luciana, a enfermeira clarividente, revela-lhe o passado distante. Cego que era para os demais integrantes da equipe de serviço, consegue enxergar a mãe, Ernestina. As palavras da mãe querida transformam-lhe a mente pouco a pouco. Afirma ter sido compelido ao celibato sacerdotal, dominado pela dor de ter perdido Zenóbia, que desposou outro homem. Acreditou que a religião lhe ofereceria refúgio inexpugnável contra as tentações. Reencarnará como filho sofredor de uma das suas vítimas de outro tempo. (OVE, cap. 6, 7)

DOMINGOS DE AGUIAR E SILVA
Fora esposo de Leonor da Fonseca Teles, atual Beatriz. Pai de Álvaro, atual irmão Félix. (SD, pt. 2, cap. 13)

DRUSO
Diretor da Mansão Paz, notável escola de reajuste localizada nas regiões inferiores. Fundada há mais de três séculos, permanece sob a jurisdição de Nosso Lar. Há cinquenta anos sucessivos está nesse refúgio de socorro, oração e esperança. Foi padioleiro, cooperador da limpeza, enfermeiro, professor, magnetizador, até que, de alguns anos para cá, recebeu o encargo de orientador

da instituição. Dirigindo-se aos enfermos, faz comentários sobre o bom ânimo. Informa que duas vezes por semana reúne-se no Cenáculo da Mansão. Fora em vida passada o pai de Silas, esposo de Aída em segundo casamento. Informa que desfrutou, há trinta anos, o convívio de dois benfeitores, a cuja abnegação muito deve na Mansão Paz, Ascânio e Lucas. Na próxima reencarnação juntar-se-á à primeira esposa a fim de receber como filhos Silas, como primogênito, e Aída. (AR, cap. 1, 2, 3, 18, 20)

EDELBERTO
Médico alheio à Medicina. Irmão de Paulina, Amália, Cacilda e Agenor. Sua mãe está recolhida em um hospício. Empregou a eutanásia no pai. Juntamente com Agenor, entrou em luta judicial com Amália e Cacilda, em virtude do grande patrimônio que o pai ajuntou nas esferas da carne. (NL, cap. 30)

EINSTEIN, ALBERT (Ulm, 14 de março de 1879 — Princeton, 18 de abril de 1955)
Foi um físico alemão radicado nos Estados Unidos, mais conhecido por desenvolver a teoria da relatividade. Ganhou o Prêmio Nobel de Física, em 1921, pela correta explicação do efeito fotoeléctrico; no entanto, o prêmio só foi anunciado em 1922. O seu trabalho teórico possibilitou o desenvolvimento da energia atômica, apesar de não prever tal possibilidade. Devido à formulação da teoria da relatividade, Einstein tornou-se famoso mundialmente. Nos seus últimos anos, a sua fama excedeu a de qualquer outro cientista na cultura popular: Einstein tornou-se um sinônimo de gênio. Foi, por exemplo, eleito pela revista *Time* como a "Pessoa do Século" e a sua face é uma das mais conhecidas em todo o mundo. Em 2005 celebrou-se o Ano Internacional da Física, em comemoração dos 100 anos do chamado "Annus Mirabilis" (ano miraculoso) de Einstein, em que publicou quatro dos mais importantes artigos científicos da física do século XX. Em sua honra, foi atribuído o seu nome a uma unidade usada na fotoquímica, o *einstein*, bem como a um elemento químico, o einstênio. (MM, cap. 3, 10)

ELEUTÉRIO
Advogado, irmão de Vicente. Trama juntamente com Rosalinda a morte de Vicente. Casa-se com Rosalinda em segundas núpcias. (OM, cap. 4)

ELISA
Antiga empregada na residência de André Luiz. Abandonou a casa sem coragem de lançar qualquer acusação a André Luiz pelas intimidades estabelecidas entre eles. Está recolhida há três meses no departamento feminino das Câmaras de Retificação. (NL, cap. 40, 46)

ELISA
Esposa de Ernesto Fantini. Mãe de Vera Celina. Reencarnará dentro de cinco anos como filha de Caio e Vera. É vítima de processo obsessivo por parte de Desidério. Encontra-se internada em uma clínica de saúde mental. Casará com Desidério reencarnado. (EVC, cap. 16, 19, 20, 22)

ELISA
Esposa do doutrinador Belarmino. Propôs-se a acompanhá-lo no serviço laborioso. (OM, cap. 11)

ELISA
Mãe de Anésia e de Olímpio. Em avançado processo liberatório, vive as últimas horas no corpo carnal. Recorda-se do filho que fora assassinado numa noite de extravagância, como a um herói. Evoca-o incessantemente, retendo-o ao pé do próprio leito, à maneira de planta parasitária. Assimila-lhe, de modo espontâneo, as correntes mentais, refratando-lhe a desarmonia interior. Desencarnada, vai ao encontro de sua irmã consanguínea Matilde, que se encontra em sono tranquilo. (NDM, cap. 20, 21)

ELÓI
Companheiro de André Luiz. Ouvinte das palavras do ministro Flácus e das observações do instrutor Gúbio. Irmão de Felício. Um emissário do sacerdote Gregório comunica-lhe, em nome dele, que o grupo dispunha de liberdade até as primeiras horas da tarde, quando seria recebido para entendimento particular. Aproveita alguns minutos na companhia de Gúbio e André Luiz para estudar os "ovoides". Obtém informação de um auxiliar do sacerdote Gregório, de nome Timão, que o processo de alienação mental no "caso-Margarida" está quase pronto. (LI, cap. 2, 7, 8)

ELOÍSA
Neta de dona Laura, recém-chegada do Umbral, onde passou quinze dias. Noiva de Arnaldo. Desencarnou por tuberculose há poucos dias, depois de oito meses de tratamento. Sofre a mágoa de haver transmitido a moléstia à própria mãe e causar sofrimento ao noivo. Filha de Teresa que está prestes a retornar ao plano espiritual. Participa do culto familiar para a despedida da senhora Laura. (NL, cap. 18, 19, 48)

EMÍLIA
Servidora de Nosso Lar que vem ao encontro do esposo ainda encarnado. Ele virá pelas portas do sono físico. (OM, cap. 37)

ENEDINA
Esposa de Pedro Neves. Mãe de Ernesto, Jorge e Beatriz. Desencarnada há dez anos, vítima de icterícia. (SD, pt. 1, cap. 1)

EPAMINONDAS
Discípulo mais respeitável por ocasião da reunião de despedida do instrutor Alexandre. Agradece, estampando nas afirmativas os sentimentos mais nobres de todos e endereçando ao instrutor os ardentes votos de paz e êxito, na continuidade de seus trabalhos gloriosos. (ML, cap. 20)

ERNESTINA
Falhou na mediunidade, teve medo das mistificações. (OM, cap. 9)

ERNESTINA
Mãe, quando no corpo físico, do padre Domênico. Está encarregada de recolhê-lo, em espírito, e conduzi-lo à Crosta para as providências cabíveis, com relação à próxima reencarnação. Encontra-se com o filho Domênico, rogando a proteção dos Céus em oração repetida pelo filho. (OVE, cap. 6, 7)

ERNESTO
Filho de Pedro Neves e Enedina. Irmão de Beatriz e Jorge. Ludibriado pelo fascínio do ouro com que o padrasto lhe comprava a subserviência, enlouqueceu no mesmo delírio do dinheiro fácil. Não registra mentalmente a lembrança do pai. (SD, pt. 1, cap. 17)

ERNESTO
Chamava-se Leo em existência passada, irmão de Fernando a quem assassinou. (AR, cap. 17)

ERNESTO
Segundo esposo de Zélia, viúva de André Luiz. (NL, cap. 49)

ERNESTO FANTINI
Esposo de Elisa. Assim como Evelina, achava-se adoentado em um hospital em Poços de Caldas aguardando cirurgia. Desencarnado, encontra-se com Evelina em um hospital. Na companhia dela, visita um templo religioso, sob as legendas: "Templo da Nova Revelação" e "Casa consagrada ao Culto de Nosso Senhor Jesus Cristo". Pai de Vera Celina. Retorna ao lar após dois anos de permanência no plano espiritual. É suspeito de ter assassinado Desidério dos Santos. Fica sabendo que na realidade foi Caio que assassinou Desidério. Juntamente com Evelina será guia espiritual de Caio, Vera, Elisa, Desidério, Túlio Amâncio e Brígida durante no mínimo trinta anos. Mais tarde, casa-se no plano espiritual com Evelina. (EVC, cap. 1, 16, 18, 19, 20, 22, 26)

ESPERIDIÃO
Ministro da Comunicação. Anuncia o apelo a ser feito pelo Governador após o toque de clarim convocando aos serviços de socorro à Terra. (NL, cap. 41) Oferece a Aniceto o cargo de instrutor no Ministério da Comunicação. (OM, cap. 2)

ESTÁCIO
Companheiro de serviço no Ministério do Esclarecimento. (NL, cap. 18, 45)

ESTER
Prima de Etelvina. Encarnada que perdeu o esposo, Raul, com quem se casara há doze anos. É conduzida em condições especialíssimas à presença do instrutor Alexandre, temporariamente desligada do corpo por influência do sono. O primeiro noivo, Noé, a quem amara muito, segundo os encarnados, suicidara-se. Recebera três filhos. Solicita de Alexandre a possibilidade de sonhar com o esposo, Raul, no sentido de obter-lhe notícias sobre a causa de seu falecimento, uma vez que imagina ter sido assassinado. É informada por uma entidade de aspecto humilde, que conhecera

seu esposo de perto, auxiliando-o e muitas vezes prestando-lhe continuada assistência espiritual, que, na realidade, Raul cometera suicídio. Por solicitação do instrutor Alexandre, autoridades do Ministério do Auxílio destacam Romualda, que funciona nas Turmas de Socorro, a fim de prepará-la, espiritualmente, para visitar Raul, o esposo desencarnado. No dia seguinte, a viúva não poderia lembrar-se de todas as minúcias, entretanto readquiriu forças para o trabalho. (ML, cap. 11)

ESTÊVÃO

É o primeiro mártir do Cristianismo, sendo considerado santo por quase todas as denominações cristãs: Igreja Católica, Igrejas Ortodoxas e a Comunhão Anglicana. Segundo os Atos dos Apóstolos, Estêvão foi um dos sete primeiros diáconos da igreja nascente, logo após a morte e ressureição de Jesus, pregando os ensinamentos de Cristo e convertendo tanto judeus como gentios. Segundo Étienne Trocmé, Estêvão pertencia a um grupo de cristãos que pregavam uma mensagem mais radical, um grupo que ficou conhecido como os helenistas, já que os seus membros tinham nomes gregos e eram educados na cultura grega e separados do grupo dos 12 apóstolos. Também eram conhecidos como o grupo dos 7. Foi detido pelas autoridades judaicas, levado diante do Sinédrio (a suprema assembleia de Jerusalém), onde foi condenado por blasfêmia, sendo sentenciado a ser apedrejado (At, 8). Entre os presentes na execução, estaria Paulo de Tarso, o futuro São Paulo, ainda durante os seus dias de perseguidor de cristãos. (MM, Mediunidade)

ETELVINA

Prima de Ester. Encarnada que ainda se encontrava presa ao veículo de carne e que procurava o instrutor temporariamente desligada do corpo, por influência do sono. É conduzida em condições especialíssimas à presença do instrutor Alexandre. Espírito mais elevado pelas expressões de luz de que se via rodeado, parecia muito conhecida e estimada de Alexandre. Solicita ajuda do instrutor para os pesares terrestres. (ML, cap. 11)

EUCLIDES

Cooperador no plano espiritual que solicita ao instrutor Alexandre a presença de Dionísio Fernandes, recém-desencarnado, a fim de incorporar-se na organização mediúnica da irmã Otávia. Por ocasião das preces preparatórias da médium, acomoda Dionísio ao seu lado. Sob sua orientação, longo tempo durou a conversação entre a médium e o comunicante, em verdadeiro serviço de preparação mediúnica. Solicita a uma entidade amiga que traga Georgina, tia de Leonardo, a fim de interceder em favor de Otávia, tendo em vista a tentativa do sobrinho de impedir a ida de Otávia à reunião mediúnica. (ML, cap. 16)

EUGÊNIA
Integrante do grupo mediúnico observado por André Luiz e Hilário. Médium de grande docilidade que promete brilhante futuro na expansão do bem. Excelente órgão de transmissão, coopera com eficiência na ajuda aos desencarnados em desequilíbrio. Intuição clara, aliada a distinção moral, tem a vantagem de conservar-se consciente, nos serviços de intercâmbio, beneficiando a ação dos instrutores espirituais. (NDM, cap. 3)

EULÁLIA
Cooperadora do ministro Clarêncio que lhe traz o gráfico com os registros e a oração refratada de Evelina, filha de Amaro e Odila. Encontra-se com Hilário, André Luiz e o ministro Clarêncio em tarefa assistencial, na casa de Amaro. (ETC, cap. 2)

EULÁLIA
Médium, no grupo encarnado, que mais se aproxima do tipo necessário para o intercâmbio com a entidade espiritual, possuidora que é da boa vontade criadora. É vítima da suspeita de animismo. (NMM, cap. 9)

EUNICE
Filha de Albina e irmã de Loide. Sua mãe está sendo preparada para desencarnar. (OVE, cap. 11)

EUSÉBIO
Instrutor que se dedicara há muito ao ministério do socorro espiritual. Superintendente de prestimosa organização de assistência em zona intermediária atendendo a estudantes relativamente espiritualizados, pois ainda jungidos ao círculo carnal, e a discípulos recém-libertos do campo físico.

Malgrado o constante acúmulo de serviços complexos, encontrava tempo para descer semanalmente à Crosta planetária. Ao chegar ao local da reunião, faz uma oração com inflexão comovedora. Sugere ao assistente Calderaro conduzir André Luiz ao serviço de assistência às cavernas. Faz uma preleção na véspera da visita de André Luiz às cavernas do sofrimento para algumas centenas de companheiros católicos-romanos e protestantes das Igrejas reformadas, ainda em trânsito nos serviços da esfera carnal. (NMM, cap. 1, 2, 15)

EVELINA

Filha de Amaro e Odila. Irmã de Júlio. Agora convivendo com a madastra Zulmira. Encontra-se desorientada, entre o genitor aflito e a segunda mãe, em desespero. Recorre, em prece, ao espírito da mãe, que não se encontra em condições de escutá-la. É a única na família que ajuda seu irmão Júlio. Encontra-se em espírito com sua mãe Odila. Recebe-lhe o pedido de ajuda para o restabelecimento da saúde e da paz para Zulmira. Casa-se com Lucas, irmão de Antonina. (ETC, cap. 2, 9, 25, 40)

EVELINA DOS SANTOS SERPA

Filha de Brígida e Desidério. Enteada de Amâncio. Enamora-se de Túlio Mancini e Caio Serpa. Contava apenas 20 anos quando casou com o advogado Caio Serpa, há seis anos. Aborta, logo ao engravidar, caindo em deperecimento orgânico progressivo. Descansava, aguardando a cirurgia, em um hospital em Poços da Caldas. Uma semana após seu desencarne, encontra Ernesto Fantini, também desencarnado, em um hospital. Na companhia de Ernesto, visita um templo religioso, sob as legendas: "Templo da Nova Revelação" e "Casa consagrada ao Culto de Nosso Senhor Jesus Cristo". Retorna ao lar após dois anos de permanência no plano espiritual. Juntamente com Ernesto será guia espiritual de Caio, Vera, Elisa, Desidério, Túlio Amâncio e Brígida, durante no mínimo trinta anos. Mais tarde casa-se no plano espiritual com Ernesto. (EVC, cap. 1, 19, 21, 22, 26)

EVERARDO

Marido de uma das três senhoras observadas por Tobias e André Luiz, na Praça da Governadoria, após o toque de clarim, que servia como convocação superior aos serviços de socorro à Terra. Sua esposa receia que ele a procure. (NL, cap. 41)

FÁBIO

Pai de Carlindo. Tivera existência modesta, limitara o voo das ambições mais nobres, no culto da espiritualidade redentora. Desde cedo demonstrou a virtude inata, o pendor para a retidão e para a justiça, as disposições congênitas para aos trabalhos da fé viva. Desde criança teve saúde frágil. Apresenta terríveis sinais da tuberculose adiantada. Está sendo preparado para a desencarnação. Preparou não somente a si mesmo, mas, também, os parentes que serão úteis colaboradores da tarefa espiritual. Em véspera da libertação, sempre colaborou com dedicação nas obras do bem. Não é médium com tarefa, na acepção vulgar do termo. Há muitos anos consagra-se ao estudo das questões transcendentes da alma. Instituiu desde os primeiros dias de matrimônio, o culto doméstico da fé viva, preparando a esposa, os filhinhos e outros familiares. Na presença da esposa Mercedes, dos filhos e do pai desencarnado, Silveira, participa do derradeiro culto doméstico no corpo físico. Por inspiração de seu pai, direciona algumas palavras à esposa e aos filhos. A rigor não precisava apoio para a fé que nutria. Por recomendação do assistente Jerônimo, é conduzido por André Luiz e pelo padre Hipólito até a câmara de Adelaide, de onde seguiriam para a Casa Transitória de Fabiano, em excursão de aprendizagem e adestramento. Revelava consciência mais nítida da situação. De conformidade com o roteiro de serviço traçado pelo assistente Jerônimo, André Luiz o acompanharia no processo desencarnatório. Segundo informações do assistente Jerônimo, desencarnou no tempo devido. Seu pai informa que em outra existência foram igualmente pai e filho. Cometeram graves erros, mormente no trato direto com os descendentes de africanos escravos. Repousa na Casa Transitória de Fabiano amparado pela simpatia geral da instituição. Dada a alegria provocada com a disciplina emotiva de que dava testemunho, o assistente Jerônimo tomou a iniciativa de trazer-lhe a esposa em visita ligeira. Foi avisado que lhe foi concedido ingresso em colônia de trabalho santificador, a fim de prosseguir em seus serviços de elevação. (OVE, cap. 11, 12,16, 17)

FÁBIO ALETO

Espírito encarregado da interpretação espiritual da leitura do Novo Testamento feita por dona Isabel no culto doméstico. Sua interpretação transcendia à capacidade receptiva de dona Isabel. (OM, cap. 35)

FABRICIANO
Amigo espiritual que velava pelo corpo de Dimas no velório, juntamente com sua mãe e mais um amigo. Solicita de André Luiz informações sobre o desenlace de Dimas. Informa que integra há seis anos a comissão espiritual de serviço que vem atendendo aos necessitados por intermédio do companheiro. Coloca-se à disposição, respondendo às perguntas de André Luiz. (OVE, cap. 14)

FABRICINHO
Neto de Fabrício e de Inês. Jovem de 8 anos que a pedido do avô faz a oração dominical. É a reencarnação do pai de Fabrício. É o único neto do enfermo e, mais tarde, assumirá a direção dos patrimônios materiais da família, bens que inicialmente lhe pertenciam. (NMM, cap. 12)

FABRÍCIO
Sofre de esquizofrenia, patologia da alma que origina-se de sutis perturbações do organismo perispirítico. É assistido por velha parenta desencarnada. Deseja desfazer-se do pretérito. Recorda-se da figura do pai e dos três irmãos. Teve a infelicidade de apropriar-se indebitamente de grande herança, depois de haver prometido ao genitor moribundo velar pelos irmãos mais novos. Está no limiar da loucura. É um companheiro acidentado na ambição inferior, curtindo amargos resultados de seus propósitos de dominar egoisticamente na vida. As preces da esposa, Inês, e dos filhos garantem-lhe uma "boa morte". Solicita ao neto Fabricinho, de oito anos de idade, reencarnação de seu pai, que ore por ele. (NMM, cap. 12)

FAFÁ
Porteiro da pensão da madame Crescina. (SD, pt. 1, cap. 13)

FAUSTA
Citada por Marieta, filha de dona Isabel. (OM, cap. 36)

FELÍCIO
Enfermeiro de Ângelo, filho de Avelina, encarnada, e Leôncio, o magnetizador de Margarida. Está envenenando o menino para casar com

a viúva de Leôncio. É irmão de Elói, companheiro de André Luiz na presente expedição de trabalho. Desligado do corpo físico, encontra-se com Leôncio, prometendo-lhe amparar o filho, Ângelo, como verdadeiro pai. (LI, cap. 14)

FÉLIX
Superintendente de importante casa socorrista ligada ao Ministério da Regeneração, em Nosso Lar. Vira Cláudio renascer, acompanhara Márcia no berço e seguira de perto a reencarnação de Marina e Marita. Chamava-se Álvaro, filho de Leonor e Domingos, em existência anterior. Escolhe a Casa da Providência para as despedidas e passagem da chefia do Instituto Almas Irmãs. Reencarna como Sérgio Cláudio, filho de Marina e Gilberto. (SD, pt. 1, cap. 2, 4, 12; pt. 2, cap. 13, 14)

FERNANDO
Moribundo, incapaz de governar as células em conflito, tendo em vista os estranhos fenômenos microbianos em seu corpo. Ainda não abandonou totalmente a carne por falta de educação mental. Aniceto informa que ele não está desencarnando, está sendo expulso da divina máquina. Sua mãe, desencarnada, solicita ajuda ao instrutor Aniceto para retirá-lo do corpo esgotado. Não poderá acompanhar a mãe, sendo encaminhado a uma casa de socorro. Tem seu quadro de coma modificado para aliviar os familiares e facilitar o desligamento. Aniceto começa a retirar seu corpo espiritual, após sua melhora súbita, desligando-o dos despojos. (OM, cap. 49, 50)

FERNANDO
Na última existência foi irmão de Ernesto, que atualmente chama-se Leo. Sua existência fora marcada por incurável idiotia. Foi assassinado por Ernesto, para que pudesse apossar-se de toda a fortuna de que ambos se faziam herdeiros. (AR, cap. 17)

FIDÉLIS
Citado por Mário Silva. Capuchinho que auxiliaria José Esteves na conquista de Lola Ibarruri. (ETC, cap. 17)

FIDÉLIS
Orgulhoso cético em conversa com Bentes, doutrinador, colaborador de Isabel. Traz a mente enfermiça. É um dos curiosos doentes, encarnados. Apegado demasiadamente à sensação. (OM, cap. 45)

FIGUEIRA
Chefe de missão que pede acomodação de três recém-desencarnados. (OVE, cap. 4)

FLÁCUS
Ministro da Regeneração. Libera os auxiliares das Câmaras de Retificação a fim de acompanhar os samaritanos para os serviços nas regiões do Umbral. (NL, cap. 27) Ministro encarregado das instruções alusivas às colônias purgatoriais. (LI, cap. 1)

FRANCISCA
Dona da casa e velha amiga de Cesarina que, sob influenciação de Apuleio, tenta sensibilizá-la, despertado-lhe as fibras de esposa e mãe. (ML, cap. 15)

FRANCISCO
Enfermo nas Câmaras de Retificação. Apegou-se ao próprio cadáver. A enfermeira Narcisa aplica-lhe fluidos salutares e reconfortantes. (NL, cap. 29)

FRANCISCO
Entidade que chefia o grupo de serviço oriundo de Nosso Lar, destinado ao reconforto de doentes graves e agonizantes. É uma das inumeráveis turmas de socorro que colaboram nos círculos da Crosta. É convocado pelo instrutor Alexandre em auxílio ao enfermo Antônio, que sofre de perturbações circulatórias. Solicita permissão ao instrutor Alexandre para trazer alguns colaboradores encarnados, durante o sono físico, para a reunião da noite em uma nobre instituição espiritista, versando sobre problemas de mediunidade e psiquismo. (ML, cap. 7, 8)

FRANCISCO DE ASSIS, SÃO
Giovanni Battista di Pietro Bernardone, (Assis, junho/dezembro de 1181 ou 1182 — 3 de outubro de 1226) religioso italiano. Foi frade

católico, fundador da Ordem dos Frades Menores, mais conhecidos como Franciscanos. Canonizado em 1228, festejado em 4 de outubro. Por seu apreço à natureza, é mundialmente conhecido como o santo patrono dos animais. (MM, Mediunidade)

FRANKLIN, BENJAMIN (Boston, 17 de janeiro de 1706–Filadélfia, 17 de abril de 1790)
Foi um jornalista, editor, autor, maçom, filantropo, abolicionista, funcionário público, cientista, diplomata, inventor e enxadrista ianque. Foi também um dos líderes da Revolução Americana, e é muito conhecido pelas suas muitas citações e pelas experiências com a eletricidade. Um homem religioso, calvinista, é ao mesmo tempo uma figura representativa do Iluminismo. Ele trocava correspondência com membros da sociedade lunar e foi eleito membro da *Royal Society*. Em 1771, Franklin tornou-se o primeiro *Postmaster General* (ministro dos correios) dos Estados Unidos da América. Em 1729 tornou-se proprietário de uma oficina gráfica e iniciou logo depois a publicação do jornal *The Pennsylvania Gazette* (que seria mais tarde o *Saturday Evening Post*) e, com o pseudônimo Richard Saunders, o *Poor Richard's Almanac*, coletânea de anedotas e provérbios populares. Ambos tiveram grande êxito e deram renome ao editor. As publicações vendiam tão bem que pôde montar tipografias em outras das 13 colônias americanas. Aos 47 anos acumulara tamanha fortuna que retirou-se dos negócios. Criou em Filadélfia o corpo de bombeiros, fundou a primeira biblioteca circulante dos Estados Unidos e uma academia que mais tarde se transformou na Universidade da Pensilvânia. Nunca deixou de estudar. Aprendeu idiomas, tocava vários instrumentos e dedicava-se também às ciências. Suas obras sobre eletricidade, das quais a mais importante é *Experiments and observations on electricity* (1751; Experiências e observações sobre eletricidade), foram publicadas nas colônias e na Europa. Inventou em 1752 o para-raios e criou termos técnicos que ainda hoje são usados, como bateria e condensador. (MM, cap. 2)

FREDERICO
Amigo do casal Fábio e Mercedes. Ofereceu serviço à viúva Mercedes. (OVE, cap. 17)

FRESNEL, AUGUSTIN-JEAN (Broglie, 10 de maio de 1788 — Villed'Avray, 14 de julho de 1827)
Físico francês. Contribuiu significativamente na teoria da óptica ondulatória. Famoso por seus trabalhos e teorias sobre reflexão, refração, difração e polarização da luz, responsáveis por avanços da óptica no século XIX. Estudou o comportamento da luz tanto teórica como experimentalmente. É considerado o fundador da ótica moderna. (MM, cap. 2)

FREUD, SIGMUND
Citado por Aniceto como grande missionário da Ciência que, no entanto, manteve-se, como qualquer Espírito encarnado, sob certas limitações. (OM, cap. 38)

Citado pelo assistente Barcelos, seu discípulo distante, que somente no plano espiritual pôde reconhecer os elos que lhe faltam ao sistema de positivação das origens de psicoses e desequilíbrios diversos. (OVE, cap. 2)

Citado em uma palestra por sábio instrutor como sendo o chefe dos movimentos da psicologia analítica. O notável cientista centralizou o ensino no impulso sexual, conferindo-lhe caráter absoluto. Para o círculo de estudiosos essencialmente freudianos, todos os problemas psíquicos da personalidade se resumem à angústia sexual. Falta-lhe, todavia, o conhecimento básico do reencarnacionismo. (NMM, cap. 11)

Citado por Hilário. Vislumbrou a verdade, mas toda verdade sem amor é como luz estéril e fria. Assinalou a presença das chagas dolorosas do ser humano, mas não lhes estendeu eficiente bálsamo curativo. (ETC, cap. 13)

Citado pelo assistente Silas. O grande médico austríaco poderia ter atingido respeitáveis culminâncias do espírito, se houvesse descerrado uma porta, aos estudos da lei de reencarnação. Não pode ser rigorosamente aprovado, quando pretendeu, de certo modo, explicar o campo emotivo das criaturas pela medida absoluta das sensações eróticas. Definiu o objetivo do impulso sexual como procura de prazer. Sim, a assertiva é respeitável, em nos reportando às experiências primárias do Espírito, no mundo físico, entretanto, é indispensável dilatar a definição para arredá-la do campo erótico em que foi circunscrita. (AR, cap. 15)

GABRIEL
Esposo de Margarida. É aconselhado pelo médico que atende sua esposa, por inspiração de Maurício, a tentar o Espiritismo. Conduz a esposa ao exame de afamado professor em ciências psíquicas, portador de dons medianímicos notáveis, sem oferecer, no entanto, proveito substancial aos que se acercassem dele, por guardar a mente muito presa aos interesses vulgares da experiência terrestre. Não oferecia receptividade às sugestões de Gúbio no sentido de modificar-lhe a iniciativa. Inspirado por Gúbio, pergunta se a esposa, Margarida, consente no concurso de amigo interessado no Espiritismo Cristão. (LI, cap. 10, 11, 15)

GABRIEL
Mentor espiritual dos trabalhos da casa espírita frequentada pela médium Ambrosina. Se incumbe de tudo facilitar, ajudando aos comunicantes, tanto quanto auxilia a médium. Planejara com Ambrosina a experiência atual, muito antes que ela se envolvesse nos densos fluidos da vida física. (NDM, cap. 16)

GALBA
Administra, anualmente, alternadamente, há 20 anos consecutivos com a irmã Zenóbia, a Casa Transitória de Fabiano, situada nas cercanias da Crosta terrestre e destinada a socorros urgentes. (OVE, cap. 5)

GAMA
Instrutor encarregado dos trabalhos de materialização de entidades sublimes. (LI, cap. 3)

GARCEZ
Um dos técnicos espirituais no serviço de materialização, solicita o auxílio magnético do Áulus. Informa que, não dispondo de concurso preciso, terão somente o médium desdobrado, incorporado à enfermeira para socorro às irmãs doentes, nada mais. (NDM, cap. 28)

GASPAR
Outro hipnotizador que trabalha junto de Margarida. Após a saída de Leôncio, ficou sozinho com a moça. Encontra-se hipnotizado por senhores

da desordem, anestesiado pelos raios entorpecentes, perdeu transitoriamente a capacidade de ver, ouvir e sentir com elevação. Traz o veículo perispirítico enfermiço e viciado, reclamando caridoso concurso. (LI, cap. 14, 15)

GEDEÃO
Ministro que endossa o serviço de Belarmino em duas colônias importantes. (OM, cap. 11)

GENÉSIO
Ministro da Regeneração, é apresentado a André Luiz por Rafael. (NL, cap. 25, 26) Aquiesce com o desejo de André Luiz de participar de cursos no Ministério da Comunicação. (OM, cap. 2)

GEORGINA
Tia de Leonardo, esposo da médium Otávia. Por solicitação de Euclides, uma entidade amiga a conduz até a residência da médium, a fim de interceder por ela, uma vez que o esposo tenta impedir sua ida à reunião mediúnica da noite. (ML, cap. 16)

GERARDO MAJELA
Citado por Hilário. (ETC, cap. 11)

GILBERTO
Filho de Beatriz e Nemésio. Neto de Pedro Neves. Enamora-se simultaneamente de Marina e Marita. Confessa ao pai, Nemésio, suas intenções de casar-se com Marina. Um ano após a desencarnação de Marita, casa-se com Marina. Recebe Marita como filha. (SD, pt. 1, cap. 7, 9; pt. 2, cap. 11)

GLICÉRIO
Responsável pelo trecho de estrada onde um carroceiro, depois de tanto perturbar o muar, foi por ele atacado. Guarda do caminho, e encarregado de proteger o carroceiro. (OM, cap. 41)

GOLTZ, FRIEDRICH LEOPOLD
Médico alemão (1834-1902). Realizou pesquisas sobre a fisiologia do sistema nervoso central e os canais semicirculares. (EDM, pt. 1, cap. 16)

GONÇALVES
Assistente do Ministério da Regeneração. Trabalha nas Câmaras de Retificação. Faz diagnóstico do enfermo Ribeiro. (NL, cap. 27)

GOTUZO
Desencarna, dez anos atrás, vitimado pela pneumonia. Deixa a esposa, Marília, e dois filhos. Recebe comunicado da irmã Zenóbia com relação aos serviços das reencarnações expiatórias de que se encontra encarregada a expedição Fabrino. Médico quando encarnado. Encarregado de orientar André Luiz na Casa Transitória de Fabiano. Informa que a irmã Zenóbia administra, anualmente, alternadamente, há vinte anos consecutivos com o irmão Galba, a Casa Transitória de Fabiano, situada nas cercanias da Crosta terrestre e destinada a socorros urgentes. Estuda atualmente a probabilidade de reincorporar-se no ambiente doméstico, enfrentando a situação difícil com a devida bênção do esquecimento provisório da carne. Sua mãe, Letícia, surge na tela das bênçãos, pela visão da enfermeira Luciana, informando que em breve retornará ao agrupamento familiar como neto de sua ex-esposa, Marília, e do ex-inimigo Carlos. Recebe a visita espiritual de Marília, liberta do corpo. Por ocasião da chegada dos cinco enfermos no asilo de Fabiano, aplica recursos fluídicos, revigorando-lhes o organismo espiritual para o desligamento definitivo. À exceção de Adelaide e Fábio, que se mantinham cônscios do fenômeno. (OVE, cap. 4, 5, 9, 12)

GREGÓRIO
Internado em perigosa organização de transviados mentais. Desempenha presentemente a detestável função de grande sacerdote em mistérios escuros. Chefia condenável falange de centenas de outros Espíritos desditosos. Sua mãe desencarnada, Matilde, há cinquenta anos consegue aproximar-se dele mentalmente. Reencarnará novamente como filho de Matilde, recebendo a prova perigosa e aflitiva da riqueza material. Encontra-se com o grupo do instrutor Gúbio, sendo informado que foram enviados por Matilde. Informa que sua mãe separou-se dele há alguns séculos. Recebe o grupo do instrutor Gúbio, lembrando que é juiz mandatário do governo forte. Diante da rogativa de Gúbio para liberar Margarida da vindita cruel, o sacerdote informa que necessita do alimento psíquico que só a mente dela pode proporcionar. Obtém informação de um auxiliar de nome Timão, que o processo de alienação mental no "caso-Margarida" está

quase pronto. Ciente das novidades havidas no drama de Margarida e, informado acerca da renovação de muitos companheiros e colaboradores, se revolta contra Gúbio. Seguido por algumas dezenas de assalariados, investe com palavrões contra Gúbio. Desafia-o para um duelo. Restabelece sintonia sentimental com sua mãe, Matilde. Finalmente iniciara sua libertação. (LI, cap. 3, 4, 8, 20)

GÚBIO
Instrutor que convida André Luiz até vasto salão onde o ministro Flácus falará sobre as colônias purgatoriais. Comenta com Elói e André Luiz como é difícil compreender a arregimentação inteligente dos Espíritos perversos, sobre a vontade e a mente humana. Informa André Luiz sobre os objetivos que os conduziriam à Crosta. É designado para servir no caso de Margarida, sua filha em eras recuadas, enferma que se encontra imantada a Gregório por teias escuras do passado. Recebe pedido de ajuda de Matilde, mãe desencarnada de Gregório. Juntamente com Elói e André Luiz, teriam apenas alguns dias em uma cidade estranha. Trata-se de colônia purgatorial de vasta expressão. Esclarece André Luiz sobre a "segunda morte" e tece comentários sobre características do perispírito e dos ovoides. Tece comentários sobre observações feitas durante a missa em um templo católico. Começa a traçar fronteiras, ao redor da casa de Gabriel e Margarida, tendo em vista que segundo Saldanha e Leôncio, os adversários do bem voltariam à carga. Após assumir a direção da reunião da noite, faz humilde e comovente rogativa. Ora junto de sua filha espiritual, Margarida, ao tempo que anuncia com palavras encorajadoras e vigilantes, o instante da partida. Esclarece que Gregório dispõe-se a buscá-lo para um ajuste de que se julgava credor. Por determinação da benfeitora Matilde, encarrega-se de guardar, por algum tempo, aquele que ela considerava o seu divino tesouro. Dá por finda a tarefa, conduzindo os estudantes do bem, recolhidos nos trabalhos de salvação de Margarida, até importante e abençoada colônia de trabalho regenerador. Despede-se de André Luiz, recomendando que nunca se esqueça de que o amor vence todo ódio e de que o bem aniquila todo mal. (LI, cap. 1-9, 11-15, 17, 18, 20)

GUILHERME
Citado pelo assistente Silas. Duque da Áustria. Casado com Joana II, Rainha de Nápoles. (AR, cap. 10)

GUILHERME
Filho de Júlio. Irmão de Benício, Américo, Márcio e Laura. (NDM, cap. 24)

GUILHERME
Filho de Pedro que assassinara Camilo há vinte anos. Irmão de Celita, Marquinhos e Neneco. Indaga da mãe sobre a localização dos irmãos, pois deseja rezar pelo pai que se encontra no hospital. (NMM, cap. 5)

GUSTAVO
Desfrutou por sete anos da colaboração afetiva de Antonina. Depois da jornada universitária, sentiu-se demasiado importante para ligar seu destino ao da modesta moça. Independente e titulado, passou a notar que ela não era, fisicamente, a companheira que seus propósitos reclamavam. Desposou jovem possuidora de vultosa fortuna, menosprezando o coração leal que a ajudara nos instantes incertos. (NMM, cap. 13)

GUSTAVO
Padre que prometera ao irmão Gotuzo a convivência dos anjos no Reino de Deus. (OVE, cap. 5)

HAROLDO
Irmão de Henrique, Lisbela e Marcos. Filho mais velho de Antonina. Indaga a mãe sobre o valor do perdão e se seria justo esquecer o mal que o pai lhes fizera, abandonando-os. Pondera que, se o pai estivesse junto deles, talvez o irmão Marcos não tivesse morrido. (ETC, cap. 6)

HELVÉCIO
Após o toque de clarim, convocação superior aos serviços de socorro à Terra, integra um dos grupos observados por Tobias e André Luiz, na Praça da Governadoria. Diz-se compelido a modificar seu programa de trabalho. (NL, cap. 41)

HENRIQUE
Declarou o irmão Leo incapaz e fez-se seu tutor, internando-o em um hospício, onde permaneceu por longos anos. Apoderou-se, então, de toda a herança que pertencia ao irmão. (AR, cap. 17)

HENRIQUE
Irmão de Haroldo, Lisbela e Marcos. Filho de Antonina, responsável pela leitura da mensagem cristã dos estudos da noite. Faz a oração de encerramento. (ETC, cap. 6)

HENRIQUE
Médium passista orientado por Conrado. Trabalha nos serviços de cura. Registra as instruções das entidades responsáveis pelos trabalhos, através da intuição. Mantinha-se quase desligado do corpo denso, porque se mostrava espiritualmente mais livre, em pleno contato com os benfeitores presentes. (NDM, cap. 17)

HENRIQUE DE LUNA
Médico espiritual que prestou primeiro atendimento a André Luiz. Enfermeiro do Serviço de Assistência Médica. (NL, cap. 4)

HERÁCLIO
Abnegado cooperador da Casa Transitória de Fabiano. É indicado pela irmã Zenóbia para conduzir ao interior o grupo de trabalho dirigido pelo instrutor Jerônimo. Esclarece que a Sala Consagrada é utilizada habitualmente pelos administradores, auxiliares e asilados da Casa Transitória de Fabiano para os serviços divinos da prece. (OVE, cap. 4)

HERÃO DE ALEXANDRIA
Heron (também escrito como Hero e Herão) de Alexandria (10 d.C. — 70 d.C.). Foi um sábio do começo da era cristã. Geômetra e engenheiro grego, Heron esteve ativo em torno do ano 62. É especialmente conhecido pela fórmula que leva seu nome e se aplica ao cálculo da área do triângulo. Seu trabalho mais importante no campo da geometria, Métrica, permaneceu desaparecido até 1896. Ficou conhecido por inventar um mecanismo para provar a pressão do ar sobre os corpos, que ficou para a história como o primeiro motor a vapor documentado, a eolípila. (MM, cap. 2)

HERCULANO
Mensageiro que visita André Luiz e o instrutor Alexandre, trazendo notícias sobre o comportamento de Segismundo. Solicita ajuda do instrutor, que

dividiu sua amizade entre Segismundo e Adelino, para convencer o marido assassinado, tendo em vista seus pensamentos de ódio e ciúme. Seu pedido vem focalizar um dos mais importantes problemas da felicidade humana: o da aproximação fraternal, do perdão recíproco, da semeadura do amor, através da lei reencarnacionista. Traz Segismundo para o trabalho de aproximação, na residência do casal Adelino-Raquel. Permanecerá ao lado de Segismundo até os sete anos de idade, ocasião em que o processo reencarnacionista estará consolidado. Coloca-se à disposição de André Luiz para colaborar nos trabalhos de proteção na residência de Adelino. (ML, cap. 12, 13)

HERMES
Assistente do Ministério da Regeneração. Trabalha nas Câmaras de Retificação em atendimento ao enfermo Ribeiro. (NL, cap. 27)

HERMES
Trabalhador da Casa Transitória de Fabiano. Recebe comunicado da irmã Zenóbia com relação aos serviços das reencarnações expiatórias de que se encontra encarregada a expedição Fabrino. (OVE, cap. 4)

HERMÍNIO
Tem vivido na Crosta de queda em queda. Cecília sabe que não poderá contar com ele por muito tempo. (OM, cap. 31)

HERTZ, HEINRICH RUDOLF (Hamburgo, 22 de fevereiro de 1857 — Bonn, 1º de janeiro de 1894)
Físico alemão que demonstrou a existência da radiação eletromagnética criando aparelhos emissores e detectores de ondas de rádio. Hertz pôs em evidência em 1888 a existência das ondas eletromagnéticas imaginadas por James Clerk Maxwell em 1873. Contribuiu para o aprimoramento das técnicas de radiotransmissão, com seus estudos sobre as ondas eletromagnéticas, que em sua homenagem se chamaram ondas hertzianas. (AR, cap. 4) (MM, cap. 1, 2)

HILÁRIO
Irmão que interpela o ministro Clarêncio sobre a oração refratada, durante a reunião no Templo do Socorro. Assim como André Luiz, fora médico quando

encarnado e agora permanece em tarefa de especialização. Encontra-se com André Luiz, Eulália e o ministro Clarêncio em tarefa assistencial, na casa de Amaro. Recebe convite da irmã Clara para visitar o Lar da Bênção, para onde Odila conduziria Zulmira ao encontro de Júlio, a fim de preparar o trabalho reencarnatório. (ETC, cap. 1, 2, 27)

É recebido pelo assistente Áulus, a pedido do ministro Clarêncio, para um curso rápido de ciências mediúnicas. Foi apresentado ao instrutor Albério, no Ministério das Comunicações, ouvindo-lhe a palestra sobre mediunidade. É informado que as observações serão centralizadas em reduzido núcleo, a serviço de uma instituição, a casa espírita-cristã, consagrada ao ideal cristianizante, composto de dez companheiros encarnados, com quatro médiuns detentores de faculdades regularmente desenvolvidas e de lastro moral respeitável. Toma conhecimento de um aparelho denominado psicoscópio, cuja finalidade é facilitar exames e estudos, sem o impositivo de acurada concentração mental. Este aparelho destina-se à auscultação da alma. Por recomendação do assistente Áulus, utiliza-se do psicoscópio para fazer algumas observações. Convocado pelo assistente Áulus, utiliza-se do psicoscópio, para examinar detidamente o campo encefálico da irmã Celina, em especial a epífise. (NDM, cap. 1-3)

Recomendado pelo Ministério do Auxílio, estava na companhia de André Luiz, do instrutor Druso e do assistente Silas, na Mansão Paz, por alguns meses, a fim de efetuar algumas observações com referência às leis de causa e efeito — o carma dos hindus. Visita o Templo da Mansão Paz na companhia de André Luiz e do assistente Silas. (AR, cap. 1, 7)

HILÁRIO
Tio de Vieira. Foi levado por ele para auxílio em um grupo de estudos evangélicos, na casa dirigida espiritualmente por Isidoro, sem estar preparado para reflexões sérias. (OM, cap. 39)

HILDA
Primeira esposa de Tobias. Casa-se com Tobias em obediência a sagradas afinidades espirituais. Desencarna por ocasião do nascimento do segundo filhinho. (NL, cap. 38)

HILDEGARDO
Auxiliar de alguns quarteirões próximos no centro urbano. Juntamente com Vieira, traz os desencarnados para o estudo evangélico na casa-oficina de Nosso Lar, dirigida espiritualmente por Isidoro. Foi admoestado justamente por um orientador da casa dirigida espiritualmente por Isidoro, por ter levado entidades que não se encontravam preparadas para reflexões sérias. (OM, cap. 39)

HIPÓLITO
Padre que compõe a equipe de trabalho, orientada pelo assistente Jerônimo e completada com André Luiz e a enfermeira Luciana. A equipe tem a incumbência de operar na Crosta planetária, durante 30 dias, a tarefa de auxílio e estudo, junto de cinco colaboradores prestes a desencarnarem na Crosta. Juntamente com a enfermeira Luciana, penetra a Sala Consagrada, situada na Casa Transitória de Fabiano. Esclarece a André Luiz que a função do grupo, acompanhando os despojos de Dimas, não se verifica apenas no sentido de exercitar o desencarnado para os movimentos iniciais da libertação, destina-se também à sua defesa. De conformidade com o roteiro de serviço traçado pelo assistente Jerônimo, ficaria, juntamente com Luciana, na Casa Transitória, atendendo as necessidades prementes de Dimas recém-liberto. (OVE, cap. 1, 15, 16)

HITTORF, JOHANN WILHELM
Físico alemão (1824-1914). Pesquisador em eletroquímica, um dos primeiros a verificar a existência dos raios catódicos e seu desvio num campo magnético. (MM, cap. 2)

HONÓRIO
Assistente do diretor Druso na Instituição Mansão Paz. (AR, cap. 2)

HUYGHENS, CHRISTIAAN (Haia, 14 de abril de 1629 — Haia, 8 de julho de 1695)
Físico, matemático e astrônomo holandês. Autor de estudos sobre dinâmica e teoria ondulatória da luz, de grande importância para a ciência moderna. Com um telescópio mais poderoso, pôde identificar os anéis e descobrir Titã, a maior lua de Saturno e a segunda maior do sistema solar, em 1665. Em homenagem ao seu trabalho, a sonda Cassini-Huygens foi batizada com o seu nome. Também

se dedicou ao estudo da luz e cores. Desenvolveu uma teoria baseada na concepção de que a luz seria um pulso não periódico propagado pelo éter. Através dela, explicou satisfatoriamente fenômenos como a propagação retilínea da luz, a refração e a reflexão. Também procurou explicar o então recém-descoberto fenômeno da dupla refração. Seus estudos podem ser consultados em seu mais conhecido trabalho sobre o assunto, o "Tratado sobre a luz". (MM, cap. 2)

Citado pelo instrutor Albano Metelo em sua palestra no Templo da Paz. Astrônomo. Recebe mentalmente algum noticiário de nossas esferas de luta e ensaia teorias referentes à vida em outros mundos, afirmando que os processos biológicos nos orbes distantes são absolutamente análogos aos da crosta da Terra. (OVE, cap. 1)

ILDEU

Esposo de Marcela. Pai de Roberto, Sônia e Márcia. Foi seduzido pelos encantos de Mara, cortejando-a. Tudo faz para que a esposa o abandone. Demonstra total aversão pelo primogênito, Roberto, se desfazendo em ternura pelas duas filhas. Alimenta a ideia de assassinar a esposa. Ele e a esposa são duas almas em processo de reajuste, há vários séculos. No passado seduziu duas moças, filhas do mesmo lar, precipitando-as no meretrício, as atuais filhas. Abandonou a esposa, atual Marcela, que, depois de cinco anos, passa a viver com um homem digno. Ildeu matou o rival, atualmente Roberto, seu filho. (AR, cap. 14)

INÊS

Esposa de Fabrício. Seu marido sofre de esquizofrenia, patologia da alma que se origina de sutis perturbações do organismo perispirítico. Mãe de três filhos. Avó de Fabricinho. (NMM, cap.12)

IOLANDA

Filha de dona Laura, irmã de Lísias, Teresa e Judite. Participa do culto familiar para a despedida da senhora Laura. (NL, cap. 17, 21)

IRACEMA

Esposa de Saldanha. Mãe de Jorge. Desencarna num catre de indigência, reunindo-se ao filho e à nora Irene. Volta a si, por ação de Gúbio, quando da visita ao filho Jorge no hospício. (LI, cap. 10, 12)

IRENE
Esposa de Jorge. Mãe de Liz. Nora de Saldanha e Iracema. Esquecida das obrigações de mãe, suicida-se para imantar-se ao espírito do marido, já tão infeliz. No hospício onde se encontra o esposo Jorge, traz a mão jungida à garganta, apresentando o quadro perfeito de quem vive sob dolorosa aflição de envenenamento. É despertada por ação de Gúbio, quando da visita ao esposo Jorge no hospício. Não guardava a menor ideia de que seu corpo físico se desfizera no túmulo. (LI, cap. 10, 12)

IRENE
Jovem colaboradora da Fundação Adelaide, que esclarece o padre Hipólito, Luciana e André Luiz, sobre as atividades da casa. Comenta que a fundação é muito mais de almas que de corpos, muito mais de pensamentos eternos que de coisas transitórias. Afirma que estão fazendo no Espiritismo evangélico a recapitulação do Cristianismo. Acompanha a equipe até a câmara de Adelaide, onde o assistente Jerônimo se encontrava. (OVE, cap. 12)

IRIA VELETRI
Filha de Jovelina. Desencarnada há trinta e seis anos. Casou-se aos 18 anos. Desligou-se do marido aos 26 anos unicamente porque não pudesse o companheiro sustentar-lhe a vocação para o luxo desmesurado. Em oito anos de casamento praticou seis abortos, abandonou o lar e afundou-se na prostituição. Encontra-se no manicômio. (SD, pt. 2, cap. 10)

ISA
Enfermeira que esclarece Evelina quanto à longa cirurgia por que passou. (EVC, cap. 5)

ISABEL
Irmã de Isaura que com ela assistiu à palestra de Telésforo no centro de Mensageiros. (OM, cap. 7)

ISABEL
Figura bíblica do Antigo Testamento. Filha de Aarão, mulher do sacerdote Zacarias e mãe de João Batista. Segundo Lucas, 1: 5, "eram ambos justos perante Deus, andando sem repreensão, em todos os mandamentos e preceitos do Senhor". (MM, cap. 26)

ISABEL

Viúva de Isidoro, diretor espiritual da casa-oficina de Nosso Lar na Terra. Servidora leal nas atividades da fé. É dotada de grande vidência psíquica. Pode ver, mais ou menos, a vigésima parte dos serviços espirituais em que colabora de modo direto. Por ocasião da leitura do Novo Testamento, sofre a intervenção de Isidoro na escolha do assunto da noite. O verbo traduzido por ela na leitura do Novo Testamento é a interpretação espiritual feita pelo Espírito Fábio Aleto, transcendendo à capacidade receptiva da viúva. Tece comentários sobre a pobreza em resposta à pergunta feita pelo filho Joãozinho. Dirige-se à filha mais velha como amiga, às filhas mais novas como mãe, e ao filho orgulhoso como instrutora sensata e ponderada. Aproveitando o repouso corporal vai em excursão instrutiva com seu esposo, Isidoro, manifestando o sono dos justos. Por ocasião do término da semana de serviço de André Luiz e Vicente, e atendendo ao convite mental de Aniceto, abandona o corpo ao repouso do sono e agradece ao Instrutor, solicitando seu retorno ao modesto lar. (OM, cap. 34-37, 51)

ISAURA

Casou-se em Campo da Paz e reside em Nosso Lar com seu esposo, Antônio, que é funcionário dos Serviços de Investigação do Ministério do Esclarecimento. Fora aconselhada a preparar-se durante seis anos sucessivos em Campo da Paz, para apurar o enxoval dos sentimentos, antes da partida definitiva para Nosso Lar em companhia de seu esposo. (OM, cap. 30)

ISAURA

Esposa de Silva, dono da casa onde se realiza o trabalho de socorro mediúnico. Médium de incorporação preparada por Sidônio para os trabalhos da noite. Serve de intermediária entre o Espírito Gaspar e o doutrinador. Recebe verdadeira tempestade de fluidos malignos que lhe vão sendo desfechados por duas entidades menos esclarecidas, com as quais se sintonizou, inadvertidamente, pelos fios negros do ciúme. Tem a matéria mental em posição difícil e não se acha em condições de compreender as palavras de Sidônio, o dirigente espiritual da casa. Está sendo convencida por malfeitores desencarnados que é vítima de mistificação inconsciente. Desligada do corpo físico, revela o perispírito intensamente obscuro. (LI, cap. 15, 16)

ISAURA
Mãe de Otávio. Uma das senhoras que assistiu a palestra de Telésforo no Centro de Mensageiros. Solicita informação de Aniceto sobre a próxima oportunidade de serviço que será concedida a seu filho. Sua amiga Marina, casada há alguns meses na Terra, prometeu cooperar em auxílio de Otávio. (OM, cap. 6, 7)

ISIDORO
Diretor espiritual da casa-oficina de Nosso Lar na Terra. Esposo de Isabel, desencarnado há três anos. Permanece ao lado de sua esposa por ocasião do culto doméstico. Intervêm na escolha da leitura de uma página do Novo Testamento quando da leitura feita por dona Isabel. Trabalha com ardor, por ocasião da reunião, despertando alguns dorminhocos e reajustando o pensamento dos invigilantes, para neutralizar determinadas influências nocivas. Orientado por Anselmo, instrutor mais graduado da reunião, responde, negativamente, a uma senhora, quanto à possibilidade de comunicação com sua filha encarnada, presente à reunião. Nega o pedido de ajuda de uma entidade, para amparo à saúde física de seu sobrinho Amaro. (OM, cap. 34, 35, 47)

ISMÁLIA
Esposa de Alfredo, administrador do Posto de Socorro de Campo da Paz. Vítima de calúnia por parte da maldade de um amigo de seu esposo, desencarna tuberculosa em terrível martirológio moral. Reside em plano superior e mensalmente vem visitar o esposo no Posto de Socorro, amparando-o nas lutas. Realiza a oração no Posto de Socorro de Campo da Paz. Tem feito inúmeras intercessões por Paulo, que lhe arruinou o lar, seu caluniador e falso amigo de seu esposo, Alfredo. Solicita inclusive a uma das irmãs, também caluniadas por ele, que o receba como filho brevemente na Terra. Solicitada por Aniceto, canta ao órgão uma melodia tecida de misteriosa beleza. André Luiz afirma que era uma prece, oração que ele não escutava com os ouvidos, mas recebia em cheio na alma. (OM, cap. 16, 17, 24, 27, 32)

ISMÊNIA
Filha da mocidade turbulenta do pai de Cláudio M..., avô paterno de André Luiz. Foi adotada como filha de criação. Cláudio M... provara que não partilhava seus laços consanguíneos, para melhor assenhorear-se da fortuna que

seu pai legara. Foi compelida a homiziar-se em residência de família abastada que lhe cedeu, por favor, um lugar de copeira com remuneração desprezível. Desposa um analfabeto, homem rude e cruel, que a sevicia e lhe dá algumas filhas em dolorosas condições de miserabilidade. Encontra-se encarnada na fase juvenil, no mesmo tronco doméstico. Era a sexta filha da senhora que, na existência física, era conhecida por neta da velha Ismênia. Noiva de Nicanor. Desligada da matéria pelo sono físico, é levada à presença de Cláudio M... para os trabalhos preparatórios de reaproximação. Concorda auxiliá-lo, recebendo-o como primeiro e bem-amado filho. (NMM, cap. 18, 19)

JAIME DE BOURBON
Citado pelo assistente Silas. Conde de La Marche. Casa-se com a viúva, Joana II, Rainha de Nápoles. (AR, cap. 10)

JANUÁRIO
Juntamente com o médico, ficou velando Fernando, o moribundo que não abandonou totalmente a carne por falta de educação mental. Teve seu coma modificado para acalmar os familiares e aguarda ser retirado do corpo esgotado. (OM, cap. 50)

JERÔNIMO
Conduz André Luiz até o Templo da Paz, a fim de ouvir a palestra do instrutor Albano Metelo. Orienta a pequena equipe de trabalho constituída de André Luiz, do padre Hipólito e da enfermeira Luciana. A equipe tem a incumbência de operar na Crosta planetária, durante trinta dias, a tarefa de auxílio e estudo, junto de cinco colaboradores prestes a desencarnarem na Crosta. Conduz a equipe até o Santuário da Bênção, onde, juntamente com outros dois grupos de socorro, receberiam a palavra de mentores iluminados. Conduz o grupo até a Casa Transitória de Fabiano, nas cercanias da Crosta terrestre, destinada a socorros urgentes. Determina que as atividades na Crosta teriam como ponto de referência o lar coletivo de Adelaide — a Fundação Adelaide. Recomenda a Luciana e Irene trouxessem a irmã Albina, ao passo que André Luiz e o padre Hipólito conduziriam Dimas, Fábio e Cavalcante até a câmara de Adelaide, de onde seguiriam para a Casa Transitória de Fabiano em excursão de aprendizagem e adestramento. Determina que Hipólito e Luciana fiquem na Casa Transitória, atendendo as necessidades prementes de Dimas

recém-liberto, enquanto André Luiz e ele acompanhariam Fábio, em processo desencarnatório. (OVE, cap. 1, 2, 4, 9-13, 15-17)

JOANA II
Citada pelo assistente Silas. Rainha de Nápoles, de 141 a 1435. Viúva de Guilherme, Duque da Áustria. Casa-se com Jaime de Bourbon, Conde de La Marche. (AR, cap. 10)

JOANINHA
Filha mais velha de Isabel. Entidade amiga de Nosso Lar que viera para serviço espiritual e resgate necessário na Terra. Por determinação de sua mãe, lê uma página instrutiva por ocasião do culto doméstico. Afirma que tem visto muita gente adoecer por abuso à mesa. Por determinação da mãe, faz a oração agradecendo o culto doméstico. (OM, cap. 34-36)

JOÃO
Alienado mental. Em encarnações anteriores abusou do magnetismo pessoal. Encontrava-se em grande instituto na esfera da Crosta. Sofria de esquizofrenia. Era rematado fantoche nas mãos de algozes tipicamente perversos. Vem sendo objeto de práticas hipnóticas de implacáveis perseguidores. (NMM, cap. 16)

JOÃO
Esposo de Mariana. A esposa ainda presa à experiência física, parcialmente liberta nas asas do sono, conversa com outra mulher desencarnada, afirmando-lhe que o esposo se filiou a um círculo de preces. (LI, cap. 6)

JOÃO BATISTA
Segundo o Evangelho de Lucas, João, mais tarde chamado o Batista, nasceu numa cidade do reino de Judá, filho do sacerdote Zacarias e de Isabel, parenta próxima de Maria, mãe de Jesus. Lucas narra as circunstâncias sobrenaturais que precederam o nascimento do menino. Isabel, estéril e já idosa, viu sua vontade de ter filhos satisfeita, quando o anjo Gabriel anunciou a Zacarias que a esposa lhe daria um filho, que devia se chamar João. Depois disso, Maria foi visitar Isabel:

> Ora quando Isabel ouviu a saudação de Maria, a criança lhe estremeceu no ventre, e Isabel ficou repleta do Espírito Santo. Com um grande grito, excla-

mou: 'Bendita és tu entre as mulheres e bendito é o fruto do teu ventre! Donde me vem que a mãe do meu Senhor me visite?'" (Lc 1:41-43).

Todas essas circunstâncias realçam o papel que se atribui a João Batista como precursor de Cristo. Batizou muitos judeus, incluindo Jesus, no rio Jordão, e introduziu o batismo de gentios nos rituais de conversão judaicos, que mais tarde foram adotados pelo cristianismo. (MM, cap. 26)

JOÃO BATISTA MOREIRA
João Batista Moreira (Comendador). Citado por Beatriz. (SD, pt. 2, cap. 13)

JOÃO, SÃO
Foi manifesta nos livros da Bíblia a admiração de João por Jesus. Jesus chamou-lhe o Filho do Trovão e posteriormente ele foi considerado o "Discípulo Amado". Segundo os registros do Novo Testamento, João foi o apóstolo que seguiu com Jesus, na noite em que foi preso e foi corajoso ao ponto de acompanhar o seu Mestre até a morte na cruz. A História conta que João esteve presente, e ao alcance de Jesus, até a última hora, e foi-lhe entregue a missão de tomar conta de Maria, a mãe de Jesus. A Bíblia, segundo a interpretação protestante, indicaria que Jesus não era filho único de Maria, Mt 12:46; Mt 13:55, porém seria o mais velho e por isso teria a responsabilidade de cuidar de sua mãe após a morte de seu pai José. Já a Igreja Católica e a Igreja Ortodoxa, assim como diversos linguistas e historiadores sérios, atestam que Cristo não tinha irmãos carnais, pois no aramaico, antigo idioma utilizado por Jesus, as palavras que designavam irmãos eram utilizadas indistintamente para primos e outros parentes, porém devemos lembrar que Jesus falava aramaico, mas os evangelhos foram escritos em grego por homens que andaram com Cristo, inclusive o apóstolo João, o que pode ter gerado essa confusão, no momento da tradução. Mais tarde João esteve fortemente ligado a Pedro nas atividades iniciais do movimento cristão, tornando-se um dos principais sustentáculos da igreja de Jerusalém. Foi o principal apoio de Pedro no Dia de Pentecostes. É tradição constante e ininterrupta que pregou na Ásia Menor, especialmente em Éfeso. (MM, Mediunidade)

JOÃOZINHO
Embora se considere neto consanguíneo de Albina, é órfão abandonado à porta após o nascimento. Loide recebe-o em casa desde que sua mãe Albina se recolheu

à cama. É grande abnegado servo de Jesus, reencarnado em missão do Evangelho. Tem largo crédito na retaguarda. Ligado à família de Albina há alguns séculos, torna ao seio de criaturas muito amadas, a caminho do serviço apostólico do porvir. Pelas ricas percepções que o caracterizam fora da esfera física, recebeu conhecimento da morte próxima de Albina. Compreendeu, de antemão, que o fato repercutiria angustiosamente no organismo de Loide, conduzindo-a efetivamente ao aborto. Socorreu-se de todos os valores intercessórios, obtendo reduzida dilatação de prazo para a desencarnação de Albina. (OVE, cap. 17)

JOÃOZINHO
Filho de Isabel. Procede de região inferior. Atende ao convite materno para o culto doméstico, não como quem se alegra, mas como quem obedece, não compartilhando daquele dilúvio de bênçãos. Permanece distante, fechado num círculo de sombras. Pergunta à mãe o que ela entende por pobreza. Alega que o senhor Maciel pagaria bem para ter na casa um depósito de móveis. (OM, cap. 35, 36)

JOÃOZINHO
Filho do casal Adelino e Raquel. Sob inspiração do instrutor Alexandre, indaga a mãe sobre o comportamento triste do pai. Convida-o a rezar com ele. (ML, cap. 13)

JOAQUIM
Esposo de uma das companheiras de Mariana, também médium fracassada. (OM, cap. 9)

JOAQUIM
Esposo desencarnado de uma tirânica senhora de escravos no século que findou. Ocasionou a morte de pobre moça escrava e de seus dois filhos. Agora os três se justapõem ao perispírito da senhora, na forma de ovoides. Foi conduzido à nova oportunidade encarnatória. Reencontrará novamente a esposa de outrora e receberão como filhos os três adversários. (LI, cap. 7)

JOAQUIM
Lavrador simples. Esposo de Mariana. Receberá Desidério como quinto e derradeiro filho, desencarnando logo após, deixando-os sob a proteção de Brígida e Amâncio. (EVC, cap. 26)

JOAQUIM (CAVALCANTE)
Afirma não desejar partir sem a reconciliação conjugal, sem saber que a consorte, Bela, desencarnou há mais de ano. O assistente Jerônimo solicita a Bonifácio que traga por instante a esposa desencarnada, desse modo ele a verá e dormirá menos inquieto. (OVE, cap. 18)

JOEL
Fracassou na tarefa mediúnica. Permaneceu muitos anos nas regiões inferiores. No quadro de seus trabalhos mediúnicos, estava a recordação de existências pregressas para esclarecimento e benefício dos semelhantes. Sua penúltima existência, quando envergava a batina, foi com o nome de Monsenhor Alejandre Pizarro, na Inquisição Espanhola. Reencontra Higino de Salcedo e Gaspar de Lorenzo reencarnados. Está sendo submetido a tratamento magnético no Gabinete de Socorro, no Ministério do Auxílio. (OM, cap. 10)

JOLIOT-CURIE, IRÈNE (Paris, 12 de setembro de 1897–Paris, 17 de março de 1956)
Foi uma física francesa. Recebeu o Prêmio Nobel de Química, em 1935. Filha de Pierre Curie e Marie Curie, mulher de Frédéric Joliot, todos físicos e químicos famosos. Trabalhou toda a sua vida com com seu marido, no campo da estrutura do átomo e da física nuclear. Demonstraram a existência do nêutron, e descobriram em 1934 a radioatividade artificial, que lhes valeu o Prêmio Nobel de Química em 1935. Obteve no ano seguinte o posto de subsecretária de estado para a Investigação Científica, na França. (MM, cap. 2)

JOLIOT-CURIE, JEAN FRÉDÉRIC (Paris, 19 de março de 1900–Paris, 14 de agosto de 1958)
Foi um físico francês. Recebeu o Prêmio Nobel de Química, em 1935. Casou com Irène Joliot-Curie, cujo apelido de solteira, Curie, já era famoso, devido a seus pais, Pierre Curie e Marie Curie. Trabalhou toda a sua vida com sua mulher no campo da física nuclear e da estrutura do átomo. Juntos demonstraram a existência do nêutron e descobriram a radioatividade artificial em 1934, que lhes valeu o Prêmio Nobel de Química em 1935. Onze anos mais tarde, foi nomeado alto comissário para a energia atômica e, através desse cargo, dirigiu a construção da primeira usina atômica, em 1948. Recebeu o Prêmio Lênin da Paz, em 1950. (MM, cap. 2)

JONAS
O instrutor Druso diz que o jovem precisa ser internado, no corpo físico, pelo menos durante sete anos terrestres. Futuro filho de Cecina, que nega-se recebê-lo.(AR, cap. 3)

JORGE
Filho de Pedro Neves e Enedina. Irmão de Ernesto e Beatriz. Ludibriado pelo fascínio do ouro com que o padrasto lhe comprava a subserviência, enlouqueceu no mesmo delírio do dinheiro fácil. Não registra mentalmente a lembrança do pai. (SD, pt. 1, cap. 1)

JORGE
Filho de Saldanha e Iracema. Esposo de Irene. Pai de Lia, uma filha atormentada e sofredora que atende ao serviço doméstico na casa de Margarida, onde o irmão, Alencar, procura arrastá-la a grave desvio moral. Condenado imerecidamente por roubo e assassínio. Sob pressão mental da mãe e da esposa, enlouquece no cárcere sendo transferido para um hospício. No hospício tem as forças orgânicas absorvidas pela própria mãe e pela esposa. Participa de uma reunião com sua filha Lia e o magistrado, pai de Margarida, libertos das teias fisiológicas, para uma audiência com a realidade. (LI, cap. 10, 12, 13)

JORGE
No século passado enamorava Zilda, irmã de Marina. Dominado, transferiu o amor por Zilda à simpatia por Marina. Hoje é esposo de Marina, pai de Nilda, outrora Zilda. Encontra-se em tratamento em um leprosário. (AR, cap. 12)

JOSÉ DA GALILEIA
Pai de Jesus. Segundo Mateus, 1: 19, "era justo". Em geral, quando nos referimos aos vultos masculinos que se movimentam na tela gloriosa da missão de Jesus, atendemos para a precariedade dos seus companheiros, fixando, quase sempre, somente o derradeiro quadro de Sua passagem pelo mundo. É preciso, porém, observar que, a par de beneficiários ingratos, de ouvintes indiferentes, de perseguidores cruéis e de discípulos vacilantes, houve um homem integral que atendeu a Jesus hipotecando-lhe o coração sem mácula e consciência pura. José da Galileia foi um homem tão profundamente

espiritual que seu vulto sublime escapa às análises limitadas de quem não pode prescindir do material humano para um serviço de definições. Já pensaram no Cristianismo sem ele? Quando se fala excessivamente em falência das criaturas, recordemos que houve tempo em que Maria e o Cristo foram confiados pelas Forças divinas a um homem. Entretanto, embora honrado pela solicitação de um anjo, nunca se vangloriou de dádiva tão alta. Não obstante contemplar a sedução que Jesus exercia sobre os doutores, nunca abandonou a sua carpintaria. O mundo não tem outras notícias de suas atividades senão aquelas de atender às ordenações humanas, cumprindo um édito de César e as que no-lo mostram no templo e no lar, entre a adoração e o trabalho. Sem qualquer situação de evidência, deu a Jesus tudo quanto podia dar. A ele deve o Cristianismo a porta da primeira hora, mas José passou no mundo dentro do divino silêncio de Deus. (Emmanuel, Espírito — Francisco Cândido Xavier. *Levantar e seguir*. Cap. 9). (MM, cap. 26)

JOSÉ ESTEVES
Enfermeiro em serviços especiais. Aceita o desafio de Leonardo e, fora do corpo físico, reúne-se com Antonina. Ele agora é Mário Silva, enfermeiro. Casou, às ocultas, com Lina Flores durante a Guerra do Paraguai. Júlio arrebata-lhe a esposa. Vicia-se ao álcool e ao jogo. Encontra Lola Ibarruri e Leonardo Pires, exterminando-lhes a felicidade. Foi envenenado por Leonardo Pires. (ETC, cap. 7, 14, 17-19)

JOSÉ MARIA
Filho de Sara. Entidade espiritual que se manifesta através da mediunidade sonambúlica de dona Celina. Foi um fazendeiro desumano no século XVIII, algoz dos infortunados cativos que lhe caíam sob o guante de ferro. Crê-se num cárcere de trevas, atormentado pelos escravos, prisioneiro das próprias vítimas. Ainda conserva a mente estagnada na concha do próprio egoísmo. (NDM, cap. 8)

JOSINO
Amigo de Alexandre. Assistente que trabalha no Instituto de Planejamento de Reencarnação, do Ministério do Esclarecimento. Incentiva André Luiz a observar as criações educativas, os moldes masculino e feminino, no

Instituto de Planejamento de Reencarnação. Confia André Luiz aos cuidados de Manassés, irmão dos serviços informativos do Instituto de Planejamento de Reencarnação. (ML, cap. 12)

JOVELINA
Mãe de Iria Veletri. Rogou proteção ao irmão Félix para sua filha. (SD, pt. 2, cap. 10)

JOVINO
Esposo de Anésia. Pai de Marcina, Marta e Márcia. Encontra-se fascinado por outra mulher. Está sob dominação telepática. (NDM, cap. 19)

JUDITE
Filha de dona Laura, irmã de Lísias, Iolanda e Teresa. Acredita que a vida terrestre se equilibra no amor. Participa do culto familiar para a despedida da senhora Laura. (NL, cap. 17, 18, 21, 48)

JULIETA
Filha de Cândida. Cipriana solicita a colaboração de Calderaro para salvá-la da loucura, tendo em vista o desencarne de sua mãe. Cedeu a insidioso convite. Passou a valer-se da noite, a fim de trabalhar numa casa de diversões, com o intuito exclusivo de agenciar mais dinheiro para amparar a mãezinha. Atraída pelas propostas de Paulino, não teve forças para resistir; aceitou-lhe a proteção prematura. É conduzida, em Espírito, com Paulino até o quarto da senhora Cândida, onde Cipriana aguarda o jovem para aconselhá-lo. Vestia-se com singeleza para a visita diária à mãe. Todos os dias é constrangida, no silêncio, a recordar a exemplificação da genitora, a reconsiderar a própria atitude diante da vida e a reconhecer que se encontra desajustada. Avizinha-se da loucura. (NMM, cap. 6)

JÚLIO
Filho de Amaro e Odila. Extremamente apegado ao pai. Morreu afogado aos 8 anos de idade. Trazia consigo a morte prematura no quadro de provações. Era um suicida reencarnado. Ainda sofre anormalidades que lhe não permitem o convívio com as crianças felizes. Acha-se no lar da irmã Blandina. Ainda não se refez completamente, insiste pela volta a casa, todos os dias. Com exceção da irmã Evelina, ninguém mais da família o ajuda.

Fora companheiro de trabalho e ideal de José Esteves durante a Guerra do Paraguai. Traindo-lhe a confiança, relaciona-se com a esposa Lina Flores. Sorve grande quantidade de corrosivo após saber do relacionamento de Lina Flores com Armando. Socorrido a tempo, sobreviveu à intoxicação. Não conformado por ter sido salvo, alimentou a ideia de suicídio, arrojando-se às águas do rio Paraguai, encontrando o afogamento. Sofreu muito no plano espiritual durante oitenta anos. Por duas vezes deverá experimentar a frustração para valorizar com mais segurança a bênção da vida terrestre. Agora encontra-se na Escola das Mães, em recuperação. Reencarna como filho de Zulmira e Amaro, chamando-se novamente Júlio, desencarnando precocemente. Encontra-se com sua mãe, Odila, na residência de Blandina. Terá assistência de sua mãe na Escola das Mães. Júlio, encarnado, desenvolve-se sempre mirrado, enfermiço. A deficiência congenial da glote favorece o aparecimento de crupe. Atacado de crupe, Júlio entra em estado de coma e desencarna, assistido pelo enfermeiro Mário Silva. O renascimento malogrado não teve para ele tão somente a significação expiatória, mas também o efeito de um remédio curativo. Doravante poderá exteriorizar-se num corpo sadio. (ETC, cap. 2-4, 9, 17, 18, 26, 27, 31-33)

JÚLIO

Pai de Américo, Márcio, Guilherme, Benício e Laura. Em passado próximo, o paralítico de hoje era o dirigente de pequeno bando de malfeitores, onde conseguiu comprometer quatro amigos, hoje, seus filhos. Aprendeu a verdade da reencarnação, encontrou consolo e esperança nos ensinamentos do Espiritismo. (NDM, cap. 24)

JUSTA

Responsável pelos serviços domésticos na casa de Cláudio. (SD, pt. 1, cap. 7, 13; pt. 2, cap. 8, 11, 12)

JUSTINA

Mãe de Antônio. Entidade amiga que solicita auxílio de Alexandre para o filho que se encontra com perturbações circulatórias. Afirma que o filho necessita de mais alguns dias na Terra. Crê que em dois meses conseguirá dele, indiretamente, a solução de todos os problemas que lhe afetam a paz da família. (ML, cap. 7)

JUSTINIANO DA FONSECA TELES
Fora Nemésio em vida anterior. Casado com Leonor da Fonseca Teles, atual Beatriz, em segundas núpcias. Fora o mandante do assassínio de Teodoro. Morre em um acidente planejado por Mariana de Castro. (SD, pt. 2, cap. 13)

JUSTINO
Diretor desencarnado de um hospital de emergência, dos muitos que se estendem nas regiões purgatoriais. Instituição que funciona apenas como pouso para desesperados. Os enfermos desencarnados naquela instituição apenas atravessam pequeno estágio de recuperação. (NDM, cap. 14)

JUSTINO
Integrante do corpo de sentinelas das Câmaras de Retificação, traz uma mensagem para Narcisa. (NL, cap. 31)

LAERTE
Pai de André Luiz. Levou à falência seu amigo Silveira. Está há doze anos numa zona de trevas compactas no Umbral. Não percebeu a presença espiritual de sua esposa. Seu potencial vibratório é muito baixo. Sua filha Luísa e sua esposa reencarnarão a fim de auxiliá-lo a encontrar o caminho certo. (NL, cap. 16, 46)

LAGO
Atendente que traz notícias para o assistente Silas a respeito de Leo. (AR, cap. 17)

LASCÍNIA
Noiva de Lísias. Por imprevidência e absoluta falta de autodomínio de seu noivo Lísias, fracassou muitas vezes nas experiências materiais. Retornará à Terra juntamente com Lísias daqui a uns trinta anos. (NL, cap. 18, 45)

LAUDEMIRA
Demorou-se longo tempo na Mansão antes de retornar ao corpo denso de carne. Grávida, é perseguida durante o sono. Por influência magnética de Silas, a cesariana foi esquecida. Havia contraído débitos há pouco mais de cinco séculos. Dama de elevada situação hierárquica na Corte de Joana II, Rainha de Nápoles. Ao desencarnar desceu a medonhas profundezas infernais, sofrendo por mais de cem anos consecutivos nas trevas densas.

Ingressou na Mansão Paz há trinta anos acusando terrível demência. Deverá receber cinco de seus antigos cúmplices na queda moral como filhos no templo do lar. (AR, cap. 10)

LAURA
Filha de Júlio. Irmã de Benício, Américo, Márcio e Guilherme. Mesmo durante o sono físico não se descuida de amparar o genitor doente. (NDM, cap. 24)

LAURA
Mãe de Lísias, Iolanda e Judite. Hospeda André Luiz em seu lar, sendo-lhe amiga maternal. Avó de Eloísa. Viúva ainda moça, com os filhos jovens, esteve separada, pelos laços físicos, dezoito anos de seu esposo, Ricardo. Compreende que a existência laboriosa a livraria das indecisões e angústias do Umbral. É encaminhada pelo assistente Longobardo, juntamente com o esposo, aos magnetizadores do Ministério do Esclarecimento, na Seção do Arquivo, a fim de lerem durante dois anos suas memórias abrangendo um período de três séculos. O chefe do serviço de Recordações não os permitiu a leitura de fases anteriores, incapazes de suportar as lembranças correspondentes a outras épocas. Possui três mil Bônus-Hora-Auxílio no quadro de economia pessoal. Aguarda a chegada da filha Teresa para juntar-se ao esposo, que a aguarda há três anos, em nova encarnação. É homenageada pelo Departamento de Contas com a notificação do tempo global de serviço na colônia. Terminadas as aplicações do Serviço de Preparação, do Esclarecimento, deverá reencarnar dentro de dois dias. Foram milhares e milhares de horas de serviço perante a comunidade de mais de um milhão de companheiros. (NL, cap. 17-19, 21, 47)

LAWRENCE, ERNEST ORLANDO
Físico americano (1901-1958). Autoridade em física nuclear, inventou o cíclotron e realizou importantes pesquisas sobre elementos radioativos artificiais. Prêmio Nobel de 1939. (MM, cap. 2)

LEO
Vive tutelado pela Mansão Paz. Sofre de tuberculose pulmonar, espera tão somente o sinal de partida. Todos os sinais da morte patenteavam-se, iniludíveis. Tão acentuada se lhe evidenciava a acuidade mental que quase percebia a presença

dos mentores espirituais. Católico romano, não temia a morte. Declarado incapaz pelo irmão Henrique, que fez-se seu tutor e internou-o em um hospício, onde permaneceu por longos anos. Apoderou-se, então, de toda a herança que lhe era por direito. Na existência passada chamava-se Ernesto. Naquela ocasião assassinou o irmão Fernando, cuja existência fora marcada por incurável idiotia. Qual Fernando, que desencarnou com o tórax perfurado por lâmina assassina, Leo igualmente se despede do corpo com os pulmões em frangalhos. (AR, cap. 17)

LEONARDO
Esposo da médium Otávia, que oferece sua organização mediúnica à comunicação de Dionísio Fernandes. Homem ignorante e quase cruel, que se faz acompanhar de perigosos elementos das zonas mais baixas. Algumas entidades galhofeiras e perversas constituem-lhe o séquito. Não consegue identificar-se com a missão espiritualizante da esposa. Cedendo às influência dos Espíritos das trevas, amanheceu nervoso, causando insultos e tormentos físicos à esposa, causando-lhe, assim, perturbações gastrintestinais, deixando-a abatida e assustada. (ML, cap. 16)

LEONARDO PIRES
Desencarnado há vinte anos, conservava a mente detida num crime de envenenamento. Envenenara José Esteves por amor a Lola Ibarruri. Fora empregado do marechal Guilherme Xavier de Souza. Avô de Antonina no presente. Vive com a imagem do assassinado que se revitaliza, cada dia, na memória dele, ao influxo das sugestões da própria consciência que se considera culpada. Reencarnará como filho de Antonina e Mário Silva. O ministro Clarêncio aplica-lhe forças magnéticas no campo mental a fim de fazê-lo retroceder ao ponto inicial de seu sofrimento. Antonina, desligada do corpo físico, renovando-se e tornando-se mais bela, avista o avô, reconhecendo-o como Leonardo Pires. Esteves aceita-lhe o desafio e, fora do corpo físico, reúne-se com Antonina. Por determinação do ministro Clarêncio, é transportado para um santuário de reajuste. (ETC, cap. 6, 7, 13, 14, 17)

LEÔNCIO
Implacável hipnotizador que substitui Saldanha no trabalho junto de Margarida, por ocasião de sua visita ao filho Jorge no hospício. Aceita

colaborar com Saldanha em seu novo projeto. Esposo de Avelina. Pai de Ângelo. Solicita que Saldanha, seu ex-chefe, interceda por ele junto do instrutor Gúbio, tendo em vista que lhe conhece o problema familiar. Em conversa com Gúbio, relata seu problema familiar, solicitando-lhe ajuda. Na companhia de Gúbio, visita o antigo lar, restabelecendo a harmonia com Felício, que promete amparar Ângelo, seu filho. (LI, cap. 14, 17)

LEONEL
Irmão de Antônio Olímpio e de Clarindo. Foi assassinado pelo próprio irmão Antônio Olímpio, cujo objetivo era tomar posse de grande fazenda deixada pelo pai ao morrer. Exerce influência obsessiva sobre Antônio Olímpio, o filho Luís e Alzira. Exerce influência hipnotizadora sobre Luís, transmitindo-lhe ao campo mental um quadro fantástico, é o processo de transmissão de imagens. Completamente modificado, reinstala-se no lar de Luís. Retornará em próxima reencarnação como filho de Antônio Olímpio e Alzira. (AR, cap. 3, 8-10)

LEONOR DA FONSECA TELES
Fora Beatriz em vida anterior. Esposa de Domingos de Aguiar e Silva em primeiras núpcias. Viúva aos 22 anos de idade, casa-se com Justiniano da Fonseca Teles em segundas núpcias. Mãe de Álvaro, atual Félix. (SD, pt. 2, cap. 13)

LEONTINA
Mãe de Adelino Correia. (AR, cap. 16)

LETÍCIA
Irmã que assistiu de início a Alzira Campos, nos banhos medicinais, após seu desencarne. (EVC, cap. 7)

LETÍCIA
Mãe do irmão Gotuzo, desencarnada há trinta e dois anos. Surge na tela das bênçãos pela visão da enfermeira Luciana, deixando mensagem para seu filho no sentido de despertar-lhe a consciência para horizontes mais altos da vida. Informa-lhe que, em breve, retornará ao agrupamento familiar como neto da ex-esposa Marília e do ex-inimigo Carlos. Conduz Marília, liberta do corpo, ao encontro de Gotuzo. (OVE, cap. 9)

LIA
Filha de Jorge e Irene. Neta de Saldanha e Iracema. Sofre assédio de Alencar, irmão de Margarida. Participa de uma reunião com seu pai Jorge e o magistrado, pai de Margarida, libertos das teias fisiológicas, para uma audiência com a realidade. (LI, cap. 13)

LIANA
Enfermeira que realiza o aborto em Cecília. Calderaro pousou a destra em sua fronte, no intuito evidente de transmitir alguma providência conciliatória. Faz várias ponderações respeitáveis, no entanto, Cecília estava irredutível. (NMM, cap. 10)

LIBÓRIO DOS SANTOS
Enfermo espiritual que se comunica através da mediunidade consciente de Eugênia. O assistente Áulus descreve o mecanismo de psicofonia consciente em que ele justapõe-se sobre o equipamento mediúnico de Eugênia. Encontra-se em um hospital em região nebulosa, onde os enfermos desencarnados apenas atravessam pequeno estágio de recuperação. O pensamento da irmã encarnada que o nosso amigo vampiriza esta presente nele, atormentando-o, é um caso de perseguição recíproca, fascinação mútua. (NDM, cap. 6, 14)

LIÉBAULT, AMBROISE-AUGUSTE
Foi médico francês (1823–1904), fundador da "Escola de Nancy", em 1866. Dedicou-se ao estudo da sugestão hipnótica e seu uso no cuidado da saúde. Liébault foi um seguidor de Abbé Faria, este um dos pioneiros no estudo científico do hipnotismo. Foi Liébault quem iniciou Émile Coué, psicólogo e farmacêutico francês, na ciência da hipnose, a partir do que este criou método próprio. (MM, cap. 14)

LINA FLORES
É Zulmira, ex-noiva de Mário Silva, que volta como segunda esposa de Amaro. No século passado era Lina Flores, esposa de José Esteves, durante a Guerra do Paraguai. Júlio arrebata-lhe a esposa. Três meses após, Júlio, de volta ao lar, encontra-a nos braços de Armando. Dez anos mais tarde, morre revoltada e sofredora, amaldiçoando o mundo e as criaturas. (ETC, cap. 2, 3, 5, 17, 18)

LISBELA
Irmã de Haroldo, Henrique e Marcos. Filha de Antonina, responsável pela prece inicial dos estudos da noite. (ETC, cap. 6)

LÍSIAS
Filho de dona Laura. Irmão de Judite, Teresa e Iolanda. Visitador dos serviços de saúde em Nosso Lar. Auxiliar de Henrique de Luna. Enfermeiro do Ministério do Auxílio. Noivo de Lascínia. Afirma que os desastres do pretérito com Lascínia tiveram origem na sua imprevidência e absoluta falta de autodomínio. Retornará à Terra juntamente com Lascínia daqui a uns trinta anos. Participa do culto familiar para despedidas de sua mãe Laura. (NL, cap. 5, 17, 18, 45, 48)

Convida André Luiz para a reunião de despedida do instrutor Alexandre, que, de quando em quando, se dirige a planos mais altos, desempenhando tarefas de sublime expressão que ainda não podemos compreender. (ML, cap. 20)

LISZT, FRANZ
Pronuncia-se Lisst, em húngaro Liszt Ferenc (Raiding, Boêmia, 22 de outubro de 1811 — Bayreuth, 31 de julho de 1886). Foi um compositor e pianista teuto-húngaro do Romantismo. Liszt foi famoso pela genialidade de sua obra, pelas suas revoluções ao estilo musical da época e por ter elevado o virtuosismo pianístico a níveis nunca antes imaginados. Ainda hoje é considerado um dos maiores pianistas de todos os tempos, em especial pela contribuição que deu ao desenvolvimento da técnica do instrumento. (EVC, cap. 7)

LISZT, VON
Eminente criminalista dos tempos modernos, observa que o Estado, em sua expressão de organismo superior, e excetuando-se, como é claro, os grupos criminosos que por vezes transitoriamente o arrastam a funestos abusos do poder não prescinde da pena, a fim de sustentar a ordem jurídica. (AR, Ante o Centenário)

LOIDE
Filha de Albina. Está grávida. Mantém Joãozinho, o menino órfão, no lar, desde que sua mãe se recolheu à cama. Sua futura filha é companheira de Joãozinho de muitos séculos. Foram associados de Albina em várias missões e, muito cedo, ser-lhe-ão continuadores na obra de educação evangélica. Pelas ricas

percepções que caracterizam o pequeno Joãozinho fora da esfera física, recebeu conhecimento da morte próxima de Albina. Compreendeu, de antemão, que o fato repercutiria angustiosamente no organismo de Loide, conduzindo-a efetivamente ao aborto. Socorreu-se de todos os valores intercessórios, obtendo reduzida dilatação de prazo para a desencarnação de Albina. (OVE, cap. 17)

LOLA IBARRURI
Formosa mulher, cantora e bailarina. Esposa de Leonardo Pires. Por seu amor Leonardo Pires, envenena José Esteves. Agora é Antonina, neta de Leonardo Pires do passado. (ETC, cap. 7, 13, 17)

LOMBROSO, CESARE
Citado pelo assistente Barcelos no Santuário da Bênção. Cesare Lombroso (Verona, 6 de novembro de 1835–Turim, 19 de outubro de 1909) foi um médico e cientista italiano. Lombroso nasceu numa abastada família de Verona e formou-se em Medicina pela Universidade de Pavia, no ano de 1858, e, no ano seguinte, em Cirurgia, pela Universidade de Gênova, partindo depois para Viena, onde aperfeiçoa seus conhecimentos, alinhando-se com o pensamento positivista. Desde os 20 anos demonstra a sua linha de interesses, com um estudo sobre a loucura. Servindo como oficial-médico, publicou em 1859 estudo sobre os ferimentos das armas de fogo, considerado um dos mais originais. Suas observações voltaram-se, logo, para as preocupações antropológicas. Essas observações desenvolvem-se num curso de psiquiatria, que inicia em Pavia. Também em 1876 publicou sua primeira obra sobre criminologia, onde faz-se presente a influência da "frenologia": *O Homem Delinquente*. Em meio a suas pesquisas sobre a mediunidade, inicia primeiro tentativas para estudar o fenômeno sob o aspecto positivista de comprovação factual — tal como noutras partes fizeram outros cientistas da época, vários deles imbuídos dos ideais positivistas — e ao final conclui pela comprovação científica da doutrina e dos fenômenos estudados. Torna-se então um defensor do Espiritismo na Itália de seu tempo, como o fizeram várias correntes do movimento positivista da época. Suas obras abrangem diversas áreas como antropologia, sociologia criminal, psicologia, criminologia, filosofia e medicina. Os estudos por ele realizados ficaram conhecidos como antropologia criminal. As psicoses do sexo e as tendências inatas à delinquência, estudadas por Lombroso, os desejos

extravagantes e a excentricidade, muita vez lamentável e perigosa, representam modalidades do patrimônio espiritual dos enfermos. (OVE, cap. 2)

LONGOBARDO
Assistente que encaminhou Lauro e Ricardo aos magnetizadores do Ministério do Esclarecimento, na Seção do Arquivo, a fim de lerem durante dois anos suas memórias abrangendo um período de três séculos. O chefe do serviço de Recordações não os permitiu a leitura de fases anteriores, incapazes de suportar as lembranças correspondentes a outras épocas. (NL, cap. 21)

LORENZO, GASPAR DE
Inquisidor cruel, amigo pretérito de Joel. Reencarnou paralítico e cego de nascença. (OM, cap. 10)

LOURENÇO
Assistente do Ministério da Regeneração. Trabalha nas Câmaras de Retificação em atendimento ao enfermo Ribeiro. (NL, cap. 27)

LUCAS
Benfeitor citado por Druso como possuidor de créditos extensos adquiridos em quase cinco séculos de aprendizado digno. Assistente respeitado na esfera superior. Participou do exército de Joana d'Arc no ano de 1429, não hesitou em assassinar dois companheiros, precipitando-os do alto de uma fortaleza. Suplica pela reencarnação em tarefas no campo da aeronáutica. Regressou ao plano espiritual depois de haver sofrido a mesma queda mortal que infligira aos companheiros de luta no século passado. (AR, cap. 18)

LUCAS
Irmão de Antonina, casa-se com Evelina. (ETC, cap. 38, 40)

LUCIANA
Enfermeira dotada de adiantadas faculdades de clarividência. Compõe a equipe de trabalho, orientada pelo assistente Jerônimo e completada com André Luiz e o padre Hipólito. A equipe tem a incumbência de operar na Crosta planetária, durante 30 dias, a tarefa de auxílio e estudo, junto de cinco colaboradores prestes a desencarnarem na Crosta. Solicita orientações do mensageiro Asclépios, tendo em

vista ser a primeira vez que vai a Crosta em tarefa definida de socorro. É designada pelo instrutor Jerônimo para colaborar com a irmã Zenóbia, diretora da Casa Transitória de Fabiano com suas faculdade de clarividência. Juntamente com o padre Hipólito, penetra a Sala Consagrada, situada na Casa Transitória de Fabiano. Desvenda para o padre Domênico seu passado distante. Vê na tela das bênçãos a figura de Bernardino, mensageiro da Casa Redentora de Fabiano, e de Letícia, mãe de Gotuzo. De conformidade com o roteiro de serviço traçado pelo assistente Jerônimo, ficaria juntamente com o padre Hipólito, na Casa Transitória, atendendo as necessidades prementes de Dimas recém liberto. (OVE, cap. 1, 3, 4, 6, 7, 9, 16)

LUCIANA
Segunda esposa de Tobias. Desposa Tobias um ano após o desencarne de Hilda. Está em pleno noivado espiritual. Seu nobre companheiro de muitas etapas terrenas precedeu-a há alguns anos, regressando ao círculo carnal. No ano próximo, ela seguirá igualmente ao seu encontro. (NL, cap. 38)

LUCÍDIO
Um dos capatazes que ajudaram Martim a matar o pai, Martim Gaspar. Era verdugo de meninas cativas. Hoje é adotado como filho por Adelino. (AR, cap. 16)

LUDOVINO
Vigilante espiritual em um hospital de movimentada cidade terrestre. Encarregado de alguns enfermos de cuja reencarnação cuida a Mansão Paz. (AR, cap. 10)

LUÍS
Marido de Adélia. Filho único de Antônio Olímpio. Recebeu do pai uma fortuna indébita. Encontra-se encarnado. Sob teimosa vigilância dos tios desencarnados, sofre tremenda obsessão no próprio lar. Enamora-se do ouro com extremada volúpia. (AR, cap. 3, 6, 8)

LUÍSA
Desencarnada que solicita ajuda de Silas para sua filha Marina, que pretende suicidar-se. (AR, cap. 12)

LUÍSA
Irmã de André Luiz. Desencarnou quando ele era ainda criança. Esperou sua mãe muitos anos, foi seu braço forte nos trabalhos ásperos de amparo à família terrena. Reencarnou a fim de juntar-se ao pai e aos familiares, futuramente, em gesto de renúncia. Sua mãe reunir-se-á, brevemente, com ela a fim de auxiliar seu pai a reencontrar o caminho certo. (NL, cap. 16, 46)

LUTERO, MARTINHO
Religioso alemão (1483-1546). Líder da Reforma que levou à fundação do protestantismo no século XVI. (MM, Mediunidade)

MACEDO
Chefe de uma caravana socorrista que fora apresentado a André Luiz pelo assistente Silas. A caravana-comboio era composta por dez servidores da casa, acompanhados de uma equipe de 19 pessoas recém-desencarnadas em desequilíbrio mental. (AR, cap. 4)

MACIEL
Citado por Joãozinho, filho da dona Isabel, por ocasião do culto doméstico. (OM, cap. 36)

MADALENA
Irmã desencarnada que, por mérito em serviço, recebeu o direito de partilhar de uma reunião, a fim de suplicar auxílio na solução dos problemas que lhe toca a alma de perto. (AR, cap. 6)

MADALENA
Solicitada por Alfredo para as providências da noite com relação a colaboração de alguns técnicos do sopro. (OM, cap. 19)

MALAQUIAS
Esposo de dona Sinhá. Espírito enfermo, localizado no albergue do Posto de Socorro de Campo da Paz. Aguarda o resultado da petição com relação ao pagamento feito a Carmo Garcia pelas terras e escravos. Deseja retornar ao seio dos familiares. Julga-se encarnado. Aguarda encaminhamento aos Institutos Magnéticos de Campo da Paz. (OM, cap. 21)

MANASSÉS
Trabalha no Instituto de Planejamento de Reencarnação no Ministério do Esclarecimento. É apresentado a André Luiz pelo instrutor Alexandre. Nos pavilhões de desenho apresenta a André Luiz Silvério, que, depois de quinze anos de trabalhos nas atividades de auxílio, regressaria à esfera carnal, aceitando a sugestão do defeito da perna. Comenta com André Luiz que há muitos anos se esforça para conseguir a condição de completista. Por escolha sua sofrerá uma úlcera de importância no cólon descendente, logo que chegue à maioridade. (ML, cap. 12)

MARA
Moça leviana e inconsequente, seduz Ildeu, esposo de Marcela. (AR, cap. 14)

MARCELA
Esposa de Ildeu. Mãe de Roberto, Sônia e Márcia. Ela e o esposo são duas almas em processo de reajuste, há vários séculos. Na última existência, foram marido e mulher. Cinco anos depois de ter sido abandonada pelo marido, passou a viver maritalmente com um homem digno. Ildeu mata o rival, seu filho atual, Roberto. (AR, cap. 14)

MARCELO
Há muito tempo é assistido por Calderaro. Sofre de epilepsia. Exerceu, outrora, enorme poder de que não soube usar em sentido construtivo. Os inimigos saciaram velhos propósitos de vingança, seviciando-lhe a organização perispiritual. Por mais que suplicasse e por muito que insistissem os elementos intercessórios, a ansiada libertação demorou muitíssimo, porque o remorso é sempre o ponto de sintonia entre o devedor e o credor. Suplicou a reencarnação, prometendo aceitar compromissos de concurso espiritual na Crosta, a fim de resgatar os enormes débitos, colaborando no bem e na evolução dos inimigos de outrora. Reconhece que, em se desinteressando da edificação espiritual, distraído da necessidade de elevação, as perturbações voltam com intensidade. Ultrapassados os 14 anos de idade, com a organização perispiritual plenamente identificada com o invólucro fisiológico, passou a rememorar os fenômenos vividos e surgiram-lhe as chamadas convulsões epilépticas. Encontrou os antídotos necessários, refugiando-se na

"residência dos princípios nobres", pelo hábito da oração, pelo entendimento fraterno, pela prática do bem e pela espiritualidade superior. Vem sendo o médico de si mesmo. Expôs ardente desejo de trabalhar pela difusão do Espiritismo evangélico. (NMM, cap. 8)

MÁRCIA
Esposa de Cláudio Nogueira. Mãe de Marina. Adotou Marita como filha. Havia prometido no plano espiritual empregar o prêmio da internação no veículo carnal, edificando a sublimação íntima e corrigindo excessos de outras épocas, através do suor no serviço ao próximo. Surpreende seu esposo, Cláudio, na casa da madame Crescina com sua filha Marita. Alerta-o que ultrajara a própria filha que tivera com a empregada Aracélia. Após cinco semanas no convívio no clima da serra com Nemésio, retorna ao Rio de Janeiro, algo modificada pela aventura. Fora em existência anterior Brites Castanheira, esposa de Teodoro. (SD, pt. 1, cap. 7, 12, 13; pt. 2, cap. 11, 13)

MÁRCIA
Filha de Ildeu e Marcela. Irmã de Roberto e Sônia. Na existência última foi seduzida pelo atual pai, sendo levada ao meretrício. (AR, cap. 14)

MÁRCIA
Filha mais moça do casal Jovino e Anésia. (NDM, cap. 19)

MARCINA
Filha do casal Jovino e Anésia. (NDM, cap. 19)

MÁRCIO
Espírito iluminado ligado a Antonina desde séculos remotos. Conversa com a jovem que se encontra parcialmente desligada do envoltório grosseiro, endereçando-lhe palavras de ânimo e de esperança. Incentiva-a a ser tutora espiritual dos pequenos necessitados e sofredores. (NMM, cap. 13)

MÁRCIO
Filho de Júlio. Irmão de Américo. Excede-se constantemente na bebida alcoólica. (NDM, cap. 24)

MARCONDES
Encarnado viciado no ópio. Parcialmente desligado do corpo físico, atrai três entidades femininas das regiões das sombras. Não poderá comparecer no plano espiritual à reunião de estudos, dirigida pelo instrutor Alexandre, versando sobre problemas de mediunidade e psiquismo. (ML, cap. 8)

MARCONI
Citado pelo assistente Silas. Sábio que, ainda muito jovem, se consagrou ao estudo das observações de Henrique Hertz, o grande engenheiro alemão. (AR, cap. 4)

MARCOS
Irmão de Haroldo, Lisbela e Henrique. Filho desencarnado de Antonina. Encontra-se com sua mãe no Lar da Bênção. (ETC, cap. 6, 9)

MARGARIDA
Esposa de Gabriel. Filha do instrutor Gúbio em eras recuadas. O próprio Instrutor foi designado para chefiar a expedição de atendimento à doente. Encontra-se imantada a Gregório por teias escuras do passado. Dois desencarnados, de horrível aspecto fisionômico, inclinavam-se, confiantes e dominadores, sobre o busto da enferma, submetendo-a a complicada operação magnética. Havia algumas dezenas de "corpos ovoides", assemelhando-se a grandes sementes vivas, atadas ao cérebro da jovem. A vampirização era incessante. Seu pai, juiz, há onze anos, condenou imerecidamente, Jorge, filho de Saldanha, devastando-lhe a família. Saldanha, pelo ódio que alimenta, recebe a missão do sacerdote Gregório para perturbá-la. Aceita a sugestão de Gabriel de solicitar o concurso de um amigo interessado no Espiritismo Cristão. Sente-se leve, bem disposta pelo "milagre" com que fora contemplada, formulando mil promessas de trabalho espiritual. Por recomendação de Matilde, é conduzida por Elói, desligada do corpo físico, até a presença materializada da benfeitora Matilde. Identifica-se como filha de Matilde. A benfeitora comunica que em breves anos reencarnará como sua filha. (LI, cap. 3, 8-10, 15, 17, 19)

MARGARIDA
Senhora a quem Márcia passou as obrigações no sarau. (SD, pt. 1, cap. 9)

MARIA

Mãe de Jesus. Maria (transliteração em grego do hebraico *Maryam*, *Miriã* ou *Miriam*, que em hebraico significa "contumácia" ou "rebeliã"; a origem é incerta, mas pode ter sido originalmente um nome egípcio, provavelmente derivado de *mry* ("amada") ou *mr* ("amor"), no sentido de "senhora amada") era a mãe de Jesus de Nazaré, segundo as Sagradas Escrituras. Acredita-se que tenha nascido em Jerusalém a partir de 15 a.C., para alguns estudiosos teria nascido em Nazaré. Alguns autores afirmam que Maria era filha de Eli, mas a genealogia fornecida por Lucas alista o marido de Maria, São José, como "filho de Eli". A *Cyclopædia* (Ciclopédia) de M'Clintock e Strong (1881, Vol. III, p. 774) diz: "É bem conhecido que os judeus, ao elaborarem suas tabelas genealógicas, levavam em conta apenas os varões, rejeitando o nome da filha quando o sangue do avô era transmitido ao neto por uma filha, e contando o marido desta filha em lugar do filho do avô materno (Nm 26:33, Nm 27:4-7)." Possivelmente por esse motivo Lucas diz que José era *"filho de Eli"* (Lc 3:23). As passagens onde Maria aparece no Novo Testamento são: o aparecimento do arcanjo Gabriel, e anúncio de que seria ela a mãe do Filho de Deus, o prometido Messias (ou Cristo), (Lc 1:26-56 a Lc 2:1-52; compare com Mt 1:2); a visitação à sua prima Santa Isabel e o *Magnificat* (Lc 1:39-56); o nascimento do Filho de Deus em Belém, a adoração dos pastores e dos reis magos (Lc 2:1-20); a Sua purificação e a apresentação do Menino Jesus no templo (Lc 2:22-38); à procura do Menino-Deus no templo debatendo com os doutores da lei (Lc 2:41-50); meditando sobre todos estes fatos (Lc 2:51); nas bodas de Casamento em Caná, na Galileia. (João 2:1-11); à procura de Cristo enquanto este pregava e o elogio que Lhe faz (Lc 8:19-21) e (Mc 3:33-35); *Stabat Mater* — Ao pé da Cruz quando Jesus aponta a Maria como mãe do discípulo e a este como seu filho (Jo 19:26-27); depois da ascensão de Cristo aos céus, Maria era uma das mulheres que estavam reunidas com os restantes discípulos no derramamento do Espírito Santo no Pentecostes e fundação da Igreja Cristã. (At 1:14; At 2:1-4). (MM, cap. 26)

MARIA DA LUZ

Amiga que Eloísa considerava fidelíssima. Arnaldo, noivo de Eloísa, envolve-a em vibrações mentais diferentes. (NL, cap. 19)

MARIA EMÍLIA
Esposa de Martim Gaspar. Madrasta de Martim, desenvolve-lhe estranha fascinação. Atualmente é Marisa, filha de Adelino. (AR, cap. 16)

MARIANA
Avó de Blandina quando encarnada. Adotou Júlio como seu filho espiritual até que retorne ao lar terrestre. Coopera no lar da irmã Blandina, sendo que sua tarefa pessoal mais importante verifica-se num templo católico a que se vinculou, quando da última reencarnação. Em atenção às perguntas de Hilário, elucida sobre as possibilidades de ajuda por parte da Igreja Católica com o impedimento da comunicabilidade dos Espíritos. Promete cooperar com Odila na tarefa de assistência ao filho. (ETC, cap. 9, 11, 26)

MARIANA
Esposa de Amâncio, que nunca se conformara com as obrigações mediúnicas da esposa. Nunca pode sofrer a incompreensão dos parentes sem reclamar. (OM, cap. 9)

MARIANA
Mãe de quatro filhos, esposa de lavrador simples, Joaquim, receberá Desidério como quinto e derradeiro filho. Brevemente desencarnará, juntamente com seu esposo, deixando os filhos sob a proteção de Brígida e Amâncio. (EVC, cap. 26)

MARIANA
Mãe desencarnada de Antonina. Conversa com a filha que se encontra parcialmente desligada do envoltório grosseiro. (NMM, cap. 13)

MARIANA DE CASTRO
Fora Marita em vida anterior. Era conhecida por Naninha. Fora cortejada por Teodoro. Enjeitou dois filhos de Teodoro nas portas da Misericórdia, como é do conhecimento público. (SD, pt. 2, cap. 13)

MARIETA
Filha de Isabel. Entidade amiga de Nosso Lar que viera para serviço espiritual e resgate necessário na Terra. Pergunta à mãe porque estão comendo só uma vez por dia em casa. (OM, cap. 36)

MARÍLIA
Esposa do irmão Gotuzo quando encarnado. Viúva, casa-se com Carlos, primo de Gotuzo. Liberta do corpo e na companhia da sogra Letícia, visita o ex-esposo Gotuzo, que lhe demonstra todo carinho. É informada que será sua avó na próxima existência terrena. (OVE, cap. 5, 9)

MARINA
Amiga da mãe desencarnada de Otávio. Casada na Terra há alguns meses, prometeu cooperar no auxílio de Otávio. (OM, cap. 6)

MARINA
Esposa de João. Ainda presa à experiência física, parcialmente liberta nas asas do sono, conversa com outra mulher desencarnada. Afirma-lhe que o esposo se filiou a um círculo de preces. (LI, cap. 6)

MARINA
Filha de Luísa. Irmã de Zilda no século passado. Antiga companheira da Mansão, reencarnada há quase trinta anos. Atendida por Silas na tentativa de sorver substância tóxica, faz uma prece dorida. Veio da Mansão Paz para auxiliar a Jorge e Zilda, dos quais se fizera devedora. No século passado interpôs-se entre os dois quando recém-casados. Falha na prova de renúncia em favor da irmã, que lhe era credora generosa. No presente é mãe de Nilda, outrora Zilda. (AR, cap. 12)

MARINA
Jovem de 20 primaveras terrestres. Enfermeira improvisada de Beatriz. Enamora-se, simultaneamente, de Nemésio, esposo de Beatriz e de Gilberto, seu filho, neto de Pedro Neves. Exerce a função de contadora na firma de Nemésio. Vítima do remorso, é assediada pelo obsessor Moreira e por outros companheiros. É internada em um estabelecimento psiquiátrico. Um ano após a desencarnação de Marita, casa-se com Gilberto. Recebe Marita e Sérgio Cláudio (Félix) como filhos. Chamava-se Virgínia anteriormente. (SD, pt. 1, cap. 2, 9; pt. 2, cap. 4, 5, 11, 13, 14)

MARINHO
Fora sacerdote na Crosta. Sua mãe obrigou-o a aceitar o ingresso no seminário, violentando-lhe o ideal. Impôs-lhe o hábito dos jesuítas. Sua mãe errou

pela imprevidência, ele faliu pelos abusos criminosos, em oportunidade de serviço sagrado. Continua prisioneiro dos poderes sombrios, embora sua mãe procure dissuadi-lo do mau caminho, há mais de dez anos. Mantém conversação com Necésio em uma igreja de construção antiga. Necésio convida-o a participar de uma reunião. Coloca-o dentro do círculo de uma cadeia magnética, onde estavam vários desencarnados sofredores, aguardando a oportunidade de doutrinação. Incorpora-se à organização mediúnica de Otávia. Sua mãe torna-se visível para ele, estabelecendo conversação com o filho que lhe promete a transformação. (ML, cap. 17)

MÁRIO
Foi adotado por Adelino Correia como filho do coração, sendo um dos capatazes do passado que ajudara a matar o pai, Martim Gaspar. (AR, cap. 16)

MÁRIO SILVA
Enfermeiro. Filho da senhora Minervina. Foi noivo de Zulmira. Relata à sua mãe que teve um mau sonho, sendo indagado pela senhora se não teria alguma coisa relacionada com Zulmira e Amaro. Padece de complexo de fixação por Amaro, a mágoa lhe é inquietante ferida mental. Defronta-se com Amaro, ambos desligados do corpo físico. No século passado fora José Esteves, esposo de Lina Flores. Naquela ocasião teve seu lar infelicitado, primeiramente por Júlio, em seguida por Armando. Foi envenenado por Leonardo Pires, por amor a Lola Ibarruri. Por intermédio de Clarêncio toma conhecimento que Zulmira é Lina Flores reencarnada, que se liga a Armando do passado para auxiliar Júlio. No hospital prontifica-se a assistir na medicação de Lisbela, filha de Antonina. Guarda a nítida impressão de haver conhecido Antonina em algum lugar. Fica sabendo que a senhora enviuvara. Aceita o convite de Antonina para participar do culto evangélico. É indicado a atender um menino atacado de crupe, Júlio. Abominava o pai e não podia lembrar-se da mãe. Tinha a impressão de odiar aquela criança de longa data. Estava entre o ódio inexplicável pela criança e as reflexões dos ensinamentos de Antonina, por ocasião do culto evangélico. Corroía-lhe o remorso, o complexo de culpa. Desligado do corpo denso, apresenta-se a Zulmira, solicitando perdão. Recebe a assistência de uma freira desencarnada que colabora no hospital onde ele trabalha. Visita Amaro e Zulmira, na companhia de Antonina e de

seu filho Haroldo. Oferece-se para doar sangue para Zulmira, sentindo que se reabilitara, perante a própria consciência. Casa-se com Antonina. (ETC, cap. 15-19, 31, 32, 34, 36, 38)

MARISA
Filha de Adelino Correia, Martim na última existência. Fora no passado Maria Emília, madrasta que Martim desviara dos braços paternais. (AR, cap.16)

MARITA
Sua mãe Aracélia, suicidou-se. Não conheceu a mãe. Foi adotada pela família Nogueira há vinte anos. Aos 11 anos tomou conhecimento de sua adoção. Ao completar 17 anos, foi admitida como balconista na loja do pai. Enamora-se de Gilberto, filho de Nemésio. Toma conhecimento dos sentimentos de Gilberto por Marina, a ideia do suicídio ganha corpo. Remunera madame Crescina para encarregar-se de entregar um bilhete para Gilberto, marcando encontro em sua casa. Obtém do farmacêutico Salomão, algum medicamento, imaginando ser um agente letal. Foi atropelada e projetada a pequena distância, por automóvel em velocidade excessiva. Encontra-se em estado de coma. Consegue pequena moratória. Encontra-se hemiplégica e arrependida por ter provocado a morte do corpo. Mentalmente acusa Marina pelos seus dissabores. Um médico espiritual, que se incorporara ao trabalho de equipe, cortou os últimos ligamentos que ainda retinham sua alma cativa ao corpo inerme. Reencarna com o mesmo nome, no lar de Marina e Gilberto. (SD, pt. 1, cap. 7, 9, 12, 14; pt. 2, cap. 3, 7, 11, 14)

MARQUINHOS
Filho de Pedro que assassinara Camilo, há vinte anos. Irmão de Celita, Neneco e Guilherme. (NMM, cap. 5)

MARTA
Filha do casal Jovino e Anésia. (NDM, cap. 19)

MARTIM
Fora filho de Martim Gaspar na última existência, hoje é Adelino Correia. (AR, cap. 16)

MARTIM GASPAR

Pai de Martim, atual Adelino Correia. Homem muito rico que recebera o filho das mãos da genitora escrava, que desencarnou ao trazê-lo à luz. Temido na casa grande da qual se fizera absoluto senhor, por morte do velho pai. Abusava das donzelas cativas a seu talante. Casa-se com Maria Emília, jovem de 21 anos, que desenvolveu sobre o enteado estranha fascinação. Foi assassinado pelo próprio filho, com a ajuda de dois capatazes. Observando a transformação de Adelino, abandonou as companhias indesejáveis a que se adaptara e rogou asilo na Mansão Paz, onde aceitou severas disciplinas. Pai enjeitado pelo coração materno que ainda não mereceu, Gaspar retorna à experiência física, asilando-se nos braços do filho que o desprezou. (AR, cap. 16)

MATILDE

Irmã consanguínea de Elisa. Recebe a notícia da morte da irmã pelo fenômeno de comunhão entre as almas afins. (NDM, cap. 21)

MATILDE

Mãe de Gregório. Intercedeu por Margarida, filha de eras recuadas do instrutor Gúbio. Há cinquenta anos consegue aproximar-se mentalmente do filho. Solicita a ajuda do instrutor Gúbio para libertação do filho. Informa ao Instrutor que, terminada a fase essencial de sua missão nos dias próximos, irá ao seu encontro nos "campos de saída" e, provavelmente, ao encontro de Gregório. Esclarece que será mãe de Gregório em próxima encarnação. Após a oração do instrutor Gúbio, iniciando os trabalhos da noite, materializa-se e lembra à assembleia que não devemos procurar a reencarnação somente pela ânsia do esquecimento. Em resposta a um cavalheiro, esclarece como proceder para iniciar o esforço da restauração. Recomenda a Elói que trouxesse Margarida, desligada do corpo físico, àquele plenário. Identifica-se como mãe de Margarida, endereçando-lhe palavras de estímulo e conforto. Informa que em breves anos retornará à carne como filha de Margarida. Por ocasião do encontro de Gregório com Gúbio, materializa-se novamente, a fim de dar início à libertação de Gregório. Agradecida, informa que o instrutor Gúbio se encarregaria de guardar, por algum tempo, aquele que ela considerava o seu divino tesouro. (LI, cap. 3, 18-20)

MAURÍCIO
Entidade espiritual que fora enfermeiro do médico que atende Margarida. Inspira-o no sentido de tentar o Espiritismo, para resolução do caso de Margarida. Comenta quanto à dificuldade para influenciar o médico. (LI, cap. 10)

MAXWELL, JAMES CLERK (Edimburgo, Escócia - 13 de junho de 1831 - Cambridge, Inglaterra, 5 de novembro de 1879)
Foi um físico e matemático britânico. Ele é mais conhecido por ter dado a sua forma final à teoria moderna do electromagnetismo, que une a eletricidade, o magnetismo e a ótica. Esta é a teoria que surge das equações de Maxwell, assim chamadas em sua honra e porque ele foi o primeiro a escrevê-las juntando a lei de Ampère, por ele próprio modificada, a lei de Gauss e a lei da indução de Faraday. Maxwell demonstrou que os campos elétricos e magnéticos se propagam com a velocidade da luz. Ele apresentou uma teoria detalhada da luz como um efeito eletromagnético, isto é, que a luz corresponde à propagação de ondas elétricas e magnéticas, hipótese que tinha sido posta por Faraday. Demonstrou em 1864 que as forças elétricas e magnéticas têm a mesma natureza: uma força elétrica em determinado referencial pode tornar-se magnética se analisada noutro, e vice-versa. Ele também desenvolveu um trabalho importante em mecânica estatística, tendo estudado a teoria cinética dos gases e descoberto a chamada distribuição de Maxwell-Boltzmann. É considerado por muitos o mais importante físico do séc. XIX, o seu trabalho em eletromagnetismo foi a base da relatividade restrita de Einstein e o seu trabalho em teoria cinética de gases fundamental ao desenvolvimento posterior da mecânica quântica. (MM, cap. 2, 3)

MERCEDES
Esposa de Fábio. Participa juntamente com os filhos do derradeiro culto doméstico com a presença física do esposo. Ao final do culto doméstico, solicita ao filho mais velho, Carlindo, que faça a prece final. Dada a alegria provocada com a disciplina emotiva que seu esposo, Fábio, dava testemunho, o assistente Jerônimo tomou a iniciativa de levá-la em visita ligeira. Sente sensação de felicidade ao despertar no leito após a visita ao esposo. (OVE, cap. 16, 17)

MINERVA
Equivalente romana da deusa grega Atena, Minerva era filha de Júpiter, após este engolir a deusa Métis (Prudência). Com uma forte dor de cabeça, pediu a Vulcano que abrisse sua cabeça com o seu melhor machado, após o qual saiu Minerva, já adulta, portando escudo, lança e armadura. Era considerada uma das duas deusas virgens, ao lado de Diana. Deusa da sabedoria, das artes e da guerra, era filha de Júpiter. Minerva e Netuno disputaram entre si qual dos dois daria o nome à cidade que Cécropes, rei dos atenienses, havia mandado construir na Ática. Essa honra caberia àquele que fizesse coisa de maior beleza e significado. Minerva, com um golpe de lança, fez nascer da terra uma oliveira em flor, e Netuno, com um golpe do seu tridente, fez nascer um cavalo alado e fogoso. Os deuses, que presidiram a este duelo, decidiram em favor de Minerva, já que a oliveira florida, além de muito bela, era o símbolo da paz. Assim, a cidade nova da Ática foi chamada Atenas. Minerva representa-se com um capacete na cabeça, escudo no braço e lança na mão, porque era deusa da guerra, tendo junto de si um mocho e vários instrumentos matemáticos, por ser também deusa da sabedoria. É o símbolo oficial dos engenheiros. (MM, Mediunidade)

MINERVINA
Agora é mãe de Mário Silva, José Esteves do passado. Recebeu seis filhos, que tem sabido conduzir admiravelmente. (ETC, cap. 15)

MONTEIRO
Amigo de Belarmino. Partiu de Nosso Lar, em missão de entendimento espiritual, não ia para estimular fenômenos, mas para colaborar na iluminação de companheiros encarnados e desencarnados. Sua mãe se convertera em devotada orientadora. Tinha, sob seu controle direto, alguns médiuns de efeitos físicos e outros consagrados à psicografia e psicofonia. A ministra Veneranda foi sua intercessora. Doutrinador que entregou-se excessivamente ao Espiritismo prático ao invés da prática do Espiritismo junto de Jesus. (OM, cap. 12)

MOREIRA, RICARDO
Um dos vampirizadores de Cláudio. Identifica-se para André Luiz à porta dos Nogueiras. Transformado, coloca-se à disposição de André Luiz em socorro

à Marita. Absorve os pensamentos de Marita com relação a Marina. Retoma, pouco a pouco, a brutalidade, acercando-se dela, acusando-a de assassina. O ex-obsessor de Cláudio, após sua desencarnação, lhe seria o arrimo nas tarefas de reajuste. (SD, pt. 1, cap. 13; pt. 2, cap. 2, 3, 13)

NABUCODONOSOR
Citado pelo instrutor Gúbio. Conta-nos o Livro Sagrado que ele viveu, sentindo-se animal, durante sete anos. (LI, cap. 5)

NAPOLEÃO
Citado pelo ministro Flácus. O ditador impõe novos métodos de progresso material em toda a Terra; mas não se furta, ele próprio, às garras da tirania, pela simples ganância da posse. (LI, cap. 1)

NARCISA
Enfermeira das Câmaras de Retificação há seis anos, falta-lhe ainda três anos de serviço. Recebeu endosso da ministra Veneranda, que lhe exigiu dez anos consecutivos de trabalho nas Câmaras de Retificação para que possa corrigir certos desequilíbrios do sentimento. Atende a rogativa de André Luiz, apresentando-se para aplicar passes de reconforto em Ernesto, aplicando-lhe certa substância com as emanações do eucalipto e da mangueira, através da respiração comum e da absorção pelos poros. (NL, cap. 27, 28, 50)

Informa que André Luiz está fazendo a renovação mental e que, considerando o futuro próximo na carne, não poderá acompanhá-lo nos novos cursos de serviço instalados no Ministério da Comunicação. (ML, cap. 1)

NECÉSIO
Quando encarnado fora padre. Participa da reduzida expedição a uma igreja de construção antiga mantendo conversação com Marinho. Serve de intérprete junto de Marinho, que se encontra incorporado à organização mediúnica de Otávia. Convida Marinho para participar de uma reunião, colocando-o dentro do círculo de uma cadeia magnética, onde estavam vários desencarnados sofredores, aguardando a oportunidade de doutrinação. (ML, cap. 17)

NELI
Filha de Isabel. Entidade amiga de Nosso Lar que viera para serviço espiritual e resgate necessário na Terra. Por recomendação de sua mãe Isabel, realiza a oração inicial do culto doméstico. (OM, cap. 35)

NÉLI
Companheira de seção na loja onde Marita trabalha. Amiga comum de Marita e Cora. (SD, pt. 1, cap. 14)

NEMÉSIA
Auxiliar no departamento feminino das Câmaras de Retificação. (NL, cap. 34, 40)

NEMÉSIO
Esposo de Beatriz. Pai de Gilberto. Permanece sob o perigo de coágulos bloqueadores, consequência dos falsos afrodisíacos usados. Enamora Marina, filha de Cláudio e Márcia, declarando-se o desejo do matrimônio. Após cinco semanas no convívio no clima da serra com Márcia, retorna ao Rio de Janeiro, algo modificado pela aventura. Chamava-se Justiniano da Fonseca Teles, casara-se com Leonor em segundas núpcias. Encontrava-se internado num manicômio mantido pelo Instituto Almas Irmãs, em região purgatorial de trabalho restaurativo, onde continuava em tratamento vagaroso, incapaz de assumir compromissos novos com as inteligências das trevas. (SD, pt. 1, cap. 3; pt. 2, cap. 2, 5, 11, 13, 14)

NENECO
Filho de Pedro que assassinara Camilo, há vinte anos. Irmão de Celita, Marquinhos e Guilherme. (NMM, cap. 5)

NERO (Lucius Domitius Ahenobarbus; 37-68)
Conhecido como Nero Cláudio César Augusto Germânico, nasceu em Âncio em 15 de novembro do ano 37. Nos primeiros anos de reinado, sob a influência de seu preceptor, o filósofo Sêneca, Nero exerceu um governo equilibrado. Houve, porém, em sua conduta uma verdadeira subversão moral. Foi acusado de ter provocado o incêndio de Roma, no ano de 64, a pretexto do qual moveu intensa perseguição aos cristãos. Nero

foi obrigado a deixar a cidade e suicidou-se em 9 de junho do ano de 68. (MM, Mediunidade)

NEWTON, ISAAC (Woolsthorpe, 4 de janeiro de 1643 — Londres, 31 de março de 1727)
Foi um cientista inglês, mais reconhecido como físico e matemático, embora tenha sido também astrônomo, alquimista, filósofo natural e teólogo. Sua obra, *Philosophiae Naturalis Principia Mathematica*, é considerada uma das mais influentes em História da Ciência. Publicada em 1687, esta obra descreve a lei da gravitação universal e as três leis de Newton, que fundamentaram a mecânica clássica. Ao demonstrar a consistência que havia entre o sistema por si idealizado e as leis de Kepler do movimento dos planetas, foi o primeiro a demonstrar que o movimento de objetos, tanto na Terra como em outros corpos celestes, são governados pelo mesmo conjunto de leis naturais. O poder unificador e profético de suas leis era centrado na revolução científica, no avanço do heliocentrismo e na difundida noção de que a investigação racional pode revelar o funcionamento mais intrínseco da natureza. (MM, cap. 2)

NICANOR
Chefe do grupo nas tarefas de assistência aos loucos de antigo hospício. O grupo está reunido, com outros dois, no Santuário da Bênção a fim de receberem a palavra de mentores iluminados. (OVE, cap. 2)

NICANOR
Noivo de Ismênia. Juntos receberão Cláudio M..., o irmão de Ismênia no passado como futuro filho. (NMM, cap. 19)

NICOMEDES
Pai de Corina. Dono da casa onde se encontram, na cidade espiritual, Evelina, Ernesto, Alzira e os demais. (EVC, cap. 7)

NICOLAS
Antigo servidor do Ministério do Auxílio, íntimo da família de Lísias. Participa da reunião íntima para a despedida da senhora Laura. Esclarece André Luiz sobre o culto familiar na casa de Lísias. (NL, cap. 48)

NIETA
Neta, encarnada, de uma senhora que trabalha em Nosso Lar. Está recebendo consolações de Espírito a Espírito. A avó detém ascendência positiva sobre a neta. Desprendida parcialmente pelo sono físico, não se lembrará de todas as minúcias ao despertar. Dirá que sonhou com a avó. Não está ouvindo ou vendo pelo processo comum, mas está percebendo claramente a criação mental da anciã amiga. (OM, cap. 38)

NILDA
Filha de Marina e Jorge. Nasceu surda-muda e mentalmente retardada. No século passado era Zilda, irmã de Marina. (AR, cap. 12)

NOÉ
Primeiro noivo de Ester e camarada de infância de seu esposo, Raul. Misteriosamente suicida-se, na versão dos encarnados. Na verdade é assassinado por Raul com pequenas doses de veneno. (ML, cap. 11)

NOÊMI
Filha caçula de Isabel. Entidade amiga de Nosso Lar que viera para serviço espiritual e resgate necessário na Terra. Afirma que viu o pai, Isidoro, desencarnado, ajudando a segurar o bolo que dona Cora trouxera no domingo. (OM, cap. 36)

ODILA
Primeira esposa de Amaro. Mãe de Evelina e Júlio. Desencarnada e enovelada no egoísmo, persegue obstinadamente Zulmira, segunda esposa de seu marido, por ter sido, segunda ela, culpada pela morte de seu filho. Ainda não se resignou pela perda da primazia no lar. Promete armar o coração de Evelina contra Zulmira. Possui admiráveis qualidades morais que jazem, por enquanto, eclipsadas. Encontra-se com Zulmira, desligada do corpo físico, na praia, no local onde Júlio havia se afogado. Zulmira afirma que não matou Júlio e solicita-lhe perdão. Depois de convencida pela irmã Clara a liberar Zulmira, foi internada numa instituição de tratamento por alguns dias. Encontra-se com Amaro, desligado do corpo físico, no santuário onde se recupera, exortando sentimentos para a renovação mútua. Mostra-se satisfeita com o tratamento carinhoso dispensado por Amaro à esposa, Zulmira.

Encontra-se em Espírito com a filha Evelina, solicitando-lhe ajuda no sentido de possibilitar o retorno da saúde e da paz a Zulmira. A irmã Clara informa que ela adquiriu o merecimento indispensável para recuperar o filho, com quem estará em breve. Encontra-se com Júlio na residência de Blandina, ficando encarregada de sua segurança na Escola das Mães. Comunica o nascimento do menino que, por aprovação da família, chamar-se-ia novamente Júlio. (ETC, cap. 2-5, 23-26, 30)

OLÍMPIA

Citada por Beatriz. Senhora que perdeu a casa quase que totalmente. Beatriz solicita a Nemésio que a ampare. Visitava Nemésio, duas vezes por dia, a fim de prestar-lhe ligeira assistência, uma vez que, perfeitamente lúcido, não conseguia articular palavra, em vista das alterações nos centros nervosos. (SD, pt. 1, cap. 3; pt. 2, cap. 13)

OLÍMPIO

Irmão de Anésia. Filho desencarnado de Elisa. Alcoólatra impenitente. Fora assassinado numa noite de extravagância noutro tempo. Evocado pela insistência materna, encontra-se jungido à mãe como uma planta parasitária asfixiando um arbusto raquítico. (NDM, cap. 20, 21)

OLIVEIRA

Abnegado trabalhador no santuário do Evangelho que desencarnara há dias. Deixa uma mensagem por intermédio do médium Antônio Castro, em desdobramento. (NDM, cap. 11)

OLÍVIA

Solicitada por Alfredo para as providências da noite com relação à colaboração de alguns técnicos do sopro. (OM, cap. 19)

ORZIL

Um dos guardas da Mansão Paz. Homem de constituição agigantada. É um amigo de cultura ainda escassa que se comprometeu em delitos lamentáveis no mundo. Vem prestando valioso concurso nesta vasta região em que o desespero se refugia. (AR, cap. 5)

OTÁVIA

Imperatriz romana. Filha de Messalina e do imperador Cláudio, e mulher de Nero. Foi rejeitada pelo marido, trocada por Popeia Sabina e desterrada para a ilha Pandatária. Assassinada aos 20 anos por ordem do próprio Nero. (MM, Mediunidade)

OTÁVIA

Médium que serve de intermediária para a comunicação espiritual de Dionísio Fernandes, em sua residência, em um grupo de estudos espiritualistas. Pela força das provas necessárias à redenção, permanece unida a Leonardo, um homem ignorante e quase cruel, que se faz acompanhar de perigosos elementos das zonas mais baixas. Encontra-se abatida, assustada, tendo em vista os insultos e tormentos físicos causados pelo marido, cedendo aos Espíritos das trevas. Sofreu choque nervoso que lhe atingiu o fígado. Encontra-se no momento sob forte perturbação gastrintestinal. Euclides acomodou Dionísio ao seu lado, por ocasião das suas preces preparatórias, aplicando-lhe passes magnéticos. Dionísio começou a falar-lhe de suas necessidades espirituais, comentando a esperança de fazer-se sentir junto da família terrena. Após o término da comunicação de Dionísio, 4/5 dos assistentes não aceitavam a veracidade da manifestação. Somente a esposa de Dionísio e alguns raros amigos sentiram-lhe, efetivamente, a palavra viva e vibrante. Cede sua organização mediúnica à incorporação de Marinho, ex-sacerdote. (ML, cap. 16, 17)

OTÁVIO

Médium fracassado. Filho de Isaura, uma das senhoras que assistiu a palestra de Telésforo no Centro de Mensageiros e que solicita informação concernente à próxima oportunidade de serviço que será concedida ao filho. Marina, amiga de sua mãe, casada há alguns meses na Terra, prometeu cooperação para auxiliá-lo. Relata para André Luiz o motivo de sua queda na tarefa mediúnica, depois de haver se preparado durante trinta anos para reencarnar. Para essa tarefa recebeu seis entidades amigas como órfãos, uma vez que o casamento não constava na linha de suas cogitações. (OM, cap. 6, 7)

P... (SENHOR)
Bebeu alcoólicos em abundância e precisou ser insulado quando dos trabalhos de materialização dirigidos por Calimério em uma residência, causando intraduzível mal-estar. (ML, cap. 10)

PÁDUA
Ministro da Comunicação. Acompanha, em visita, o genitor do enfermo Francisco, nas Câmaras de Retificação. (NL, cap. 29)

PARDINI
Monsenhor que ouviu a confissão do padre Domênico, absolvendo-o, sem, no entanto, subtrair-lhe da consciência os negros resíduos mentais dos atos praticados. (OVE, cap. 6, 7)

PASTEUR
Citado pelo ministro Flácus. Louis Pasteur (Dole, 27 de dezembro de 1822 — Villeneuve-L'Etang, 28 de setembro de 1895) foi um cientista francês cujas descobertas tiveram enorme importância na história da química e da medicina. A ele se deve a técnica conhecida como pasteurização. Iniciou seus estudos no Colégio Royal, em Besançon, transferindo-se para a Escola Normal Superior, em 1843, de Paris, estudando química, física e cristalografia. Foi na cristalogia que Pasteur fez suas primeiras descobertas. Descobriu em 1848 o dimorfismo do ácido tartárico, ao observar no microscópio que o ácido racêmico apresentava dois tipos de cristais, com simetria especular. Foi portanto o descobridor das formas dextrógiras e levógiras, comprovando que desviavam o plano de polarização da luz no mesmo ângulo, porém em sentido contrário. Essa descoberta valeu ao jovem químico, com apenas 26 anos de idade, a concessão da "Légion d'Honneur" Francesa. Pasteur passou a investigar os microscópicos agentes patogênicos, terminando por descobrir vacinas, em especial a antirrábica. Fundou em 1888 o Instituto Pasteur, um dos mais famosos centros de pesquisa da atualidade. (LI, cap. 1)

PAULA, MADRE
Citada pela freira que assiste Mário Silva. Diretora, desencarnada, da Irmandade responsável pelos trabalhos de enfermagem espiritual dos servidores católicos dedicados à caridade evangélica. (ETC, cap. 34)

PAULINA
Em tarefa de reconciliação dos familiares. Com permissão da ministra Veneranda, visita o pai, enfermo desencarnado, que deixara uma herança. Irmã de Edelberto. Sua mãe está recolhida em um hospício. Suas irmãs Amália e Cacilda entraram em luta judicial com os irmãos Edelberto e Agenor, em virtude do grande patrimônio que o pai ajuntou nas esferas da carne. (NL, cap. 30)

PAULINO
Namorado de Julieta, filha de Cândida. Oferece proteção a Julieta. É conduzido, em Espírito, com Julieta até o quarto da senhora Cândida, onde Cipriana o aguarda para aconselhá-lo tendo em vista as aflições da jovem e a saúde da mãe. Declara para a senhora Cândida que se casará com Julieta dentro de poucos dias. (NMM, cap. 6)

PAULINO
Um velhinho desencarnado que vem amparando as obras do filho, dedicado à engenharia na Terra. Sob sua inspiração, o filho encarnado brinda a todos com música de Beethoven. (AR, cap. 10)

PAULO
Diretor das sentinelas das Câmaras de Retificação. Identifica em infeliz mulher 58 manchas pretas, representando cinquenta e oito crianças assassinadas ao nascerem. (NL, cap. 31)

PAULO
Encontra-se louco em uma construção isolada em câmara separada. Falso amigo e ex-sócio de Alfredo, que lhe arruinou o lar. Foi o caluniador de Ismália. Doente a caminho de melhora positiva, ainda não possui consciência exata da situação. Foi trazido ao Posto de Socorro de Campo da Paz pelo próprio Alfredo que o trata como irmão. Ismália tem feito por ele inúmeras intercessões, solicitando inclusive a uma das irmãs caluniadas por ele que o receba como filho brevemente na Terra. (OM, cap. 17, 27)

PAULO
Filho de uma senhora que possui excelentes qualidades morais, mas não lhe soube orientar o sentimento materno. Sua mãe instilou-lhe ideias de

superioridade malsã, que se lhe cristalizaram na mente, favorecendo-lhe os acessos de rebeldia e brutalidade. Ele voltará a reencarnar, em círculo paupérrimo, e quando mulher jovem, receberá novamente o filho que complicou nas antigas fantasias de mulher fútil e rica. (AR, cap. 2)

PAUSÂNIAS

Nasceu nas primeiras décadas do século II da era cristã na Lídia, Anatólia. Entre os anos 143 e 176 viajou pela terra natal, Síria, Palestina, Egito, Península Helênica e Itália. O antropólogo britânico James Frazer afirmou que, sem a obra do geógrafo e viajante grego Pausânias, as ruínas da Grécia seriam "um enigma sem resposta". Sua obra *Descrição da Grécia*, fonte inestimável para o estudo da topografia, arqueologia e mitologia das cidades que visitou, compõe-se de dez partes, esquematizadas como uma viagem a partir da Ática até a Fócida. O livro inclui detalhes sobre a topografia de cada cidade visitada, com a síntese da história local, ritos, costumes, lendas e superstições. Especialmente interessado em obras artísticas, o autor descreve longamente a arte religiosa e arquitetura de Atenas, Olímpia e Delfos. A precisão de suas descrições foi comprovada por descobertas arqueológicas posteriores, muitas delas resultados de indicações de seu livro. O geógrafo interessou-se também pelos fenômenos da natureza, que expôs com minúcias. Acredita-se que Pausânias morreu por volta do ano 176, pois os livros não mencionam fatos posteriores a essa data. (MM, Mediunidade)

PAVLOV, IVAN PETROVICH (14 de setembro de 1849 — 27 de fevereiro de 1936)

Fisiólogo russo premiado com o Nobel de Fisiologia ou Medicina em 1904 por suas descobertas sobre os processos digestivos de animais. Ivan Pavlov veio no entanto a entrar para a história por sua pesquisa em um campo que se apresentou a ele quase que por acaso: o papel do condicionamento na psicologia do comportamento (reflexo condicionado). Na década de 1920, ao estudar a produção de saliva em cães expostos a diversos tipos de estímulos palatares, Pavlov percebeu que com o tempo a salivação passava a ocorrer diante de situações e estímulos que anteriormente não causavam tal comportamento (como, por exemplo, o som dos passos de seu assistente ou a apresentação da tigela de alimento). Curioso, realizou experimentos em situações controladas de laboratório e, com base nessas observações, teorizou e enunciou o mecanismo do condicionamento clássico. (MM, cap. 12)

PEDRO

Enfermo que se encontra no leito de um hospital unido a deplorável entidade, Camilo, em míseras condições de inferioridade e de sofrimento. É atendido pela irmã Cipriana. Matou Camilo, há vinte anos, supondo fazer justiça pelas próprias mãos. Recebe a visita da esposa e dos filhos, contando-lhes que tivera um sonho iluminativo. Assegura ter sido visitado pela Mãe santíssima, que lhe estendera as divinas mãos, transbordantes de luz. (NMM, cap. 5)

PEDRO

Enfermo encarnado que se encontrava jungido ao obsessor. Fora médico que abusara da missão de curar. Seu obsessor era-lhe irmão consanguíneo, cuja esposa nosso amigo doente procurou seduzir. A companheira retorna ao mundo, recebendo-o como filho. Passava por um ataque epiléptico, segundo a medicina terrestre, um transe mediúnico de baixo teor, segundo o Espiritismo. Era a possessão completa ou a epilepsia essencial. O assistente Áulus informa que ele é um Espírito endividado a redimir-se. Traz consigo a mediunidade de provação. (NDM, cap. 9)

PEDRO NEVES

Esposo de Enedina. Pai de Jorge, Ernesto e Beatriz. Devotado servidor do Ministério do Auxílio há quarenta anos. Fora advogado na existência última. Tem permissão para abrigar Beatriz em sua residência após a desencarnação. Na companhia de André Luiz, visita a instituição Almas Irmãs, hospital-escola, de suma importância para os candidatos à reencarnação. (SD, pt. 1, cap. 1, 12; pt. 2, cap. 9)

PEDRO, SÃO

Segundo a Bíblia, seu nome original não era Pedro, mas Simão. Nos livros dos Atos dos Apóstolos e na Segunda Epístola de Pedro, aparece ainda uma variante do seu nome original, Simeão. Cristo mudou seu nome para *Kepha*, que em aramaico significa "pedra", "rocha", nome que foi traduzido para o grego como *Petros*, através da palavra *petra*, que também significa "pedra" ou "rocha", e posteriormente passou para o latim como *Petrus*, também através da palavra *petra*, de mesmo significado. Pedro é considerado o "príncipe dos apóstolos" e o fundador, junto com São Paulo, da Igreja de Roma (a Santa Sé), sendo-lhe reconhecido ainda o título de primeiro Papa (um tanto anacronicamente, visto que tal designação só começaria a ser usada cerca de dois séculos mais tarde — Pedro foi o primeiro Bispo de Roma); essa circunstância é importante, pois daí se tira a primazia do Papa sobre toda a Igreja. (EDM, pt. 2, cap. 14) (MM, Mediunidade, cap. 26)

PERCÍLIA
Senhora desencarnada, mensageira do irmão Félix, recebe André Luiz e Neves em um posto socorrista. Fora mãe de Cláudio em existência anterior. (SD, pt. 1, cap. 11; pt. 2, cap. 12, 14)

PÉRICLES
Citado pelo ministro Flácus. Estrategista e político grego (c. 495/492 a.C.– 429 a.C.), foi um dos principais líderes democráticos de Atenas e a maior personalidade política do século V a.C.. Viveu durante a *Era de Ouro de Atenas*, e sua presença foi tão marcante que o período compreendido entre o final das Guerras Médicas (448 a.C.) e sua morte (429 a.C.) é chamado o *Século de Péricles*. (LI, cap. 1)

PERRIN, JEAN-BAPTISTE (30 de setembro de 1870–17 de abril de 1942)
Físico francês. Notável por suas pesquisas que estabeleceram a teoria do movimento browniano e comprovaram a existência de átomos e moléculas como entidades físicas reais. Demonstrou que os raios catódicos constituem trajetória de corpúsculos de eletricidade negativa. Prêmio Nobel de 1926. (MM, cap. 2)

PIZARRO, ALEJANDRE (MONSENHOR)
Joel recorda-se do nome de sua penúltima existência quando envergara a batina. (OM, cap. 10)

PLANCK, MAX KARL ERNST LUDWIG (Kiel, 23 de abril de 1858– Göttingen, 4 de outubro de 1947)
Físico alemão, considerado o pai da teoria quântica. Depois de estudar em Munique, obteve seu doutorado em 1879 na capital Berlim. Voltou para Munique em 1880 a fim de lecionar na universidade local, seguindo para sua cidade natal, Kiel, em 1885. Em 1889, Planck seguiu para a Universidade de Berlim e, após dois anos, foi nomeado professor de Física Teórica, substituindo

Gustav Kirchhoff. Em 1899, descobriu uma nova constante fundamental, chamada posteriormente em sua homenagem Constante de Planck, e que é usada, por exemplo, para calcular a energia do fóton. Um ano depois, descobriu a lei da radiação térmica, chamada Lei de Planck da Radiação. Essa foi a base da teoria quântica, que surgiu dez anos depois com a colaboração de Albert Einstein e Niels Bohr. De 1905 a 1909, Planck atuou como diretor-chefe da Deutsche Physikalische Gesellschaft (Sociedade Alemã de Física). Em 1913, foi nomeado reitor da Universidade de Berlim. Como consequência do nascimento da Física Quântica, foi premiado em 1918 com o Prêmio Nobel de Física. (MM, cap. 2, 3)

PLANCY, COLLIN DE

Citado pelo assistente Silas. Escritor. Autor de um livro aprovado pelo arcebispo de Paris, trazendo a descrição minuciosa de diversos demônios. (AR, cap. 4)

PLOTINO

Chefe da caravana socorrista do Instituto de Proteção Espiritual, empenhada na libertação de Elisa, desencarnada. (EVC, cap. 24)

PLOTINO

Citado pelo assistente Barcelos, no Santuário da Bênção. Plotino (ca. 205–270), natural de Licopólis, Egito, foi discípulo de Amônio Sacas por onze anos e mestre de Porfírio. Afirma que toda a antiguidade aceitava como certa a doutrina de que, se a alma comete faltas, é compelida a expiá-las, padecendo em regiões tenebrosas, regressando, em seguida, a outros corpos, a fim de reiniciar suas provas. Plotino nos legou ensinamentos em seis livros, de nove capítulos cada, chamados de *As Enéadas*. Acompanhou uma expedição à Pérsia, liderada pelo imperador Gordiano, onde tomou contato com a filosofia persa e indiana. Regressou à Alexandria e, aos 40 anos, estabeleceu-se em Roma. Desenvolveu as doutrinas aprendidas de Amônio Saccas numa escola de filosofia junto a seleto grupo de alunos. Pretendia fundar uma cidade chamada Platonópolis, baseada nos ensinamentos de *A República*, de Platão. A influência de Plotino e dos neoplatônicos sobre o pensamento cristão, islâmico e judaico, bem como sobre os pensadores do Renascimento, foi enorme. Plotino dividia o universo em três hipóstases: O Uno, o *Nous* (ou mente) e a Alma. (OVE, cap. 2)

PLUTARCO
Plutarco de Queroneia (45-125 ?), filósofo e prosador grego do período greco-romano, estudou na Academia de Atenas (fundada por Platão). Viajou pela Ásia e pelo Egito, viveu algum tempo em Roma e foi sacerdote de Apolo em Delfos em 95d.C. O seu enorme prestígio valeu-lhe deter direitos de cidadão em Delfos, Atenas e mesmo em Roma (Mestrius Plutarchus). A sua ética baseia-se na convicção de que, para alcançar a felicidade e a paz, é preciso controlar os impulsos das paixões. Escreveu sobre Platão, sobre os estóicos e os epicuristas, e estudou a inteligência dos animais comparando-a à dos humanos. É dele um pequeno e denso ensaio, onde expõe a habilidade no uso da astúcia com ética, Como tirar proveito do inimigo. Segundo a tradição, Plutarco escreveu mais de 200 livros. Chegaram até nós cerca de 50 biografias de gregos (entre elas a *Vida de Licurgo*) e romanos ilustres em que ambas são comparadas, conhecidas como as *Vidas Paralelas* e dezenas de outros escritos sobre os mais variados tópicos, designadas genericamente por *Obras Morais (Moralia)*, sobre Filosofia, Religião, Moral, Crítica literária e Pedagogia. (MM, Mediunidade)

POLIANA
Sofre de arritmia. Mãe de Sabino, filho desventurado, mísero anão paralítico. Estão jungidos à mesma prova. É atendida pelo assistente Silas quando fora do corpo físico. No passado, esteve sempre ao lado de Sabino, o fidalgo orgulhoso, cercados de luxo e ouro. Seus pontos de vista quase sempre inspiram Sabino. É a companheira de múltiplas jornadas que o ajudou nas quedas sucessivas. (AR, cap. 13)

POLIDORO
Companheiro de serviço no Ministério do Esclarecimento. (NL, cap. 18, 45)

POLIDORO, GENERAL
Citado por Leonardo Pires. Polidoro da Fonseca Quintanilha Jordão, o visconde de Santa Teresa (Rio de Janeiro, 2 de novembro de 1792 — Rio de Janeiro, 13 de janeiro de 1879), foi um general e ministro brasileiro, importante personagem das guerras dos Farrapos e do Paraguai. Durante a Guerra do Paraguai foi solicitado pelo General Osório, comandante-chefe do Exército Brasileiro

na Guerra do Paraguai, a nomeação de um oficial de confiança que o pudesse substituir nos impedimentos. Foi então o General Polidoro nomeado pelo governo, não somente para os impedimentos de Osório, mas também para substituir o visconde de Porto Alegre no comando do 2º Corpo. Tão logo chegou ao Paraguai, com o aumento dos padecimentos do General Osório, assumiu o comando do 1º Corpo, começando os seus trabalhos na Batalha de Curupaití, em que as forças sobre seu comando fizeram com o maior heroísmo, a metralha do inimigo acorbertado por inacessíveis entricheiramentos. Foi condecorado com a grã-cruz da Imperial Ordem de São Bento de Avis, dignitário do Ordem do Cruzeiro, comendador da Imperial Ordem da Rosa, com as medalhas do Mérito e Bravura Militar e a da Guerra do Paraguai. Foi também por muitos anos o diretor da Escola Militar do Rio de Janeiro. (ETC, cap. 7)

PRISCILA

Esposa de Ambrósio. Em sua casa foi realizado o culto do Evangelho no lar, com a equipe do irmão Cláudio. (EVC, cap. 13)

PRISCILA

Irmã consanguínea de Félix na Terra, partilhava-lhe o refúgio doméstico. Foi transferida para a instituição Almas Irmãs a fim de trabalharem juntos, preparando o futuro. Acha-se em preparativos para retornar à Terra. (SD, pt. 2, cap. 9, 13)

PRISCILA

Irmã de André Luiz. Vive no Umbral agarrada à crosta da Terra em trabalho ativo de purgação. (NL, cap. 16, 46)

PUYSÉGUR, DE

Citado pelo assistente Calderaro. Foi um dos primeiros magnetistas que encontraram o sono revelador, em que era possível conversar com o paciente noutro estado consciencial que não o comum. (NMM, cap. 4)

QUINTINO

Diretor de um agrupamento mediúnico. Ainda não se acautelou quanto às responsabilidades que assume, sustentando o agrupamento. (NDM, cap. 27)

RAFAEL
Antiga relação da família da senhora Laura. Funcionário do Ministério da Regeneração, apresenta André Luiz ao ministro Genésio. (NL, cap. 25, 26)

RAIMUNDO
Comunicante desencarnado, cuja palavra leviana com uma senhora inspirava piedade. Fascinado pelas requisições de Quintino e dos médiuns que lhe prestigiam a obra infeliz, é mais vampirizado que vampirizador. (NDM, cap. 27)

RAIMUNDO
Servidor do grupo dedicado à assistência aos loucos. Consulta o mensageiro Asclépios, com relação ao seu comportamento para que maiores perturbações não se estabeleçam. (OVE, cap. 3)

RAQUEL
Em existência anterior, fora esposa de Adelino, tendo sido desviada ao prostíbulo por Segismundo, que lhe assassinara o marido. Desencarnou sob intensa vibração de ódio e desesperação, padecendo vários anos em zonas inferiores. Já se encontra na Crosta desde muito e, há quatro anos, se religou a Adelino, pelos laços do matrimônio. Desprendida, durante o sono físico dentro de luminosas irradiações, encontra-se com sua avó materna que a convidara para oração em conjunto. Juntamente com Adelino, em Espírito, espera pela presença da equipe espiritual encarregada do ato de ligação inicial de Segismundo. Recebe Segismundo em seu organismo perispiritual, mobilizando os poderes naturais de sua mente, situa-lhe o molde vivo na esfera uterina. Receberá Segismundo como seu segundo filho. Desligada do corpo pela influência do sono, recebe a visita de vários amigos espirituais com o propósito de felicitá-la, bem como ao esposo, Adelino. (ML, cap.12-14)

RAUL
Foi adotado por Adelino Correia como filho do coração, sendo um dos capatazes do passado que ajudara a matar o pai, Martim Gaspar. (AR, cap. 16)

RAUL
Segundo noivo de Ester. Casam-se e recebem três filhos. Segundo uma entidade que o conhecera, de perto, auxiliando-o muitas vezes, prestando-lhe continuada assistência espiritual, Raul cometera suicídio. Semi-inconsciente,

permanece em um matadouro, imantado a um grupo perigoso de vampiros que lhe subtraem as forças vitais. É conduzido a uma casa espiritual de socorro urgente, um hospital volante, localizada na própria esfera da Crosta. Relata o motivo de seu ato tresloucado: remorso por haver matado o primeiro esposo de Ester, Noé, seu camarada de infância, com pequenas doses de veneno. Encontra com a esposa Ester durante o sono consolando-a, embora nada tenha elucidado sobre o crime. (ML, cap. 11)

RAUL SILVA
Dirigente encarnado do grupo mediúnico observado por André Luiz e Hilário. É instrumento fiel dos benfeitores desencarnados, que lhe identificam na mente um espelho cristalino, retratando-lhes as instruções. Relata a história de Libório dos Santos. (NDM, cap. 3, 7)

REGINA
Citada por André Luiz. Filha de Emília, servidora em Nosso Lar que vem ao encontro do esposo ainda encarnado. (OM, cap. 37)

RÉGIS
Irmão substituto de Félix no Instituto Almas Irmãs. (SD, pt. 2, cap. 9, 14)

RIBAS
Instrutor do Instituto de Proteção Espiritual, destinado à proteção e ao tratamento de seus tutelados, acolhe Evelina e Ernesto. Traz esclarecimentos sobre o inferno e o castigo de Deus. (EVC, cap. 10, 11)

RIBEIRO
Enfermo nas Câmaras de Retificação. Ancião em crise, perturbado por pensamentos sombrios dos parentes encarnados, segundo diagnóstico do assistente Gonçalves. Grita que lhe exigem a presença no lar e que não pode esquecer a esposa e os filhos chorosos. (NL, cap. 27)

RICARDO
Esposo de uma senhora que suplica ao Dr. Bezerra de Menezes que não o abandone nas trevas da desesperação, não deixando que ele desça ao abismo do suicídio. (AR, cap. 11)

RICARDO

Esteve separado, pelos laços físicos, dezoito anos de sua esposa, Laura. Recolhido ao Nosso Lar, compreendeu a necessidade do esforço ativo na preparação do lar para o reencontro com sua esposa, ministrando-lhe conhecimentos novos. É encaminhado pelo assistente Longobardo, juntamente com a esposa, aos magnetizadores do Ministério do Esclarecimento, na Seção do Arquivo, a fim de lerem durante dois anos suas memórias abrangendo um período de três séculos. O chefe do serviço de Recordações não os permitiu a leitura de fases anteriores, incapazes de suportar as lembranças correspondentes a outras épocas. Encontra-se encarnado, há três anos, aguardando a esposa. Encontra-se na fase da infância terrestre. Participa, em espírito, da reunião íntima para a despedida da senhora Laura. (NL, cap. 21, 47)

RICHET, CHARLES ROBERT (Paris, 26 de agosto de 1850–Paris, 4 de dezembro de 1935)

Foi um fisiologista de renome internacional. Criador da metapsíquica. Também interessou-se por aviação e desenvolveu com Louis Breguet, em 1907, um giroplano. Descobridor da soroterapia, criou a metapsíquica e recebeu o Nobel de Fisiologia ou Medicina em 1913 por trabalhos relativos a anafiloxia (reações alérgicas). (OM, cap. 45)

ROBERTO

Filho de Ildeu e Marcela. Irmão de Sônia e Márcia. Na última existência viveu maritalmente com Marcela, sua atual mãe, depois de ter sido abandonada pelo marido Ildeu. Foi assassinado pelo atual pai, Ildeu. (AR, cap. 14)

RODRIGO

Guarda do plano espiritual que auxilia o médium Antônio Castro na viagem que fará, colocando-lhe na cabeça um capacete em forma de antolhos. (NDM, cap. 11)

ROENTGEN, WILHELM CONRAD (Lennep, 27 de março de 1845–Munique, 10 de fevereiro de 1923)

Foi um físico alemão que, em 8 de novembro de 1895, produziu radiação eletromagnética nos comprimentos de onda correspondentes aos atualmente chamados Raios X. No ano de 1895, testava equipamento desenvolvido pelos seus colegas: Ivan Pulyui, Hertz, Hittorf, Crookes, Tesla, e Lenard. Curioso sobre se os raios catódicos propagavam-se fora do tubo, o que não era possível de se ver pela intensa luminosidade deles, ao final da tarde de 8 de novembro de 1895, estava determinado a testar essa ideia. Envolveu o tubo que testava com uma capa de papelão preto e por algum tempo ficou observando enquanto aplicava as descargas elétricas. Acostumado à visão no escuro, percebeu que um cartão de platino-cianureto de bário brilhava debilmente durante as descargas. Convencido de que os raios catódicos não saem do tubo e, portanto, não poderiam estar provocando esse fenômeno, especulou que um novo tipo de raio podia ser o responsável. Apesar dos novos raios, eventualmente, passaram a ter o seu nome quando ficaram conhecidos como raios de Röntgen, ele sempre preferiu a designação de raios-X. (NDM, Raios, Ondas, Médiuns, Mentes...) (MM, cap. 2)

ROMUALDA
Por solicitação do instrutor Alexandre, foi destacada pelas autoridades do Ministério do Auxílio, onde funciona nas Turmas de Socorro, a fim de preparar, espiritualmente, a viúva Ester para visitar o esposo desencarnado, e, em seguida, permanecer junto dela duas semanas, colaborando no reerguimento de suas energias psíquicas. Convida André Luiz a participar, uma semana depois, da conclusão dos trabalhos de assistência na residência da viúva Ester, ocasião em que uma senhora vinha lhe oferecer trabalho honesto em sua oficina de costura. (ML, cap. 11)

ROSALINDA
Esposa de Vicente. Trama juntamente com Eleutério a morte de Vicente. Casa-se com Eleutério em segundas núpcias. (OM, cap. 4)

RUTH
Esposa de Acelino, médium falido. (OM, cap. 8)

RUTHERFORD, ERNEST (Spring Grove, Nova Zelândia, 30 de agosto de 1871 — Cambridge, 19 de outubro de 1937)
Foi um físico e químico neozelandês. Recebeu a sua educação em escolas públicas, aos 16 anos entrou em Nelson Collegiate School. Graduou-se em 1893 em Matemática e Ciências Físicas na Universidade da Nova Zelândia. Em 1898 foi nomeado professor de Física da Universidade de McGill, em Montreal, Canadá,

e em 1907, na Universidade de Vitória, Manchester. Apesar de ser um físico, recebeu o Prêmio Nobel da Química, em 1908, pelas suas investigações sobre a desintegração dos elementos e a química das substâncias radioativas. De volta a Cambridge em 1919, percebeu que a carga positiva de um átomo está concentrada no centro, num minúsculo e denso núcleo, introduzindo o conceito de núcleo atômico. Desenvolve, então, a moderna concepção do átomo como um núcleo em torno do qual elétrons giram em órbitas elípticas. A liderança e o trabalho de Rutherford inspiraram duas gerações de cientistas. Baseado na concepção de Rutherford, o físico dinamarquês Niels Bohr idealizaria mais tarde um novo modelo atômico. Revela o fenômeno da radioatividade em pesquisas feitas em colaboração com o Frederick Soddy. Em 1902, ambos distinguem os raios alfa e beta e desenvolvem a teoria das desintegrações radioativas espontâneas. (NDM, Raios, Ondas, Médiuns, Mentes...) (MM, cap. 2)

S... BARÃO DE,
No passado Sabino, o fidalgo orgulhoso, sempre ao lado de Poliana, cercados de luxo e ouro. (AR, cap. 13)

SABINO
Filho de Poliana. Ele e a mãe encontram-se jungidos à mesma prova. Anão paralítico, mirrado, nada medindo além de noventa centímetros e apresentando grande cabeça, aquele corpo disforme, tresandando odores fétidos, inspirava compaixão e repugnância. No passado, o fidalgo orgulhoso, tendo sempre ao lado Poliana, cercados de luxo e ouro. Fora o Barão de S... no passado. Há mais de mil anos vem sucumbindo vaidoso e desprevenido às garras da criminalidade. Quase sempre inspirado nos pontos de vista de Poliana, que lhe vem sendo a companheira de múltiplas jornadas, cristalizou-se como infeliz empresário do crime. É um caso de rebeldia e delinquência sistemáticas. Foi ele ocultado provisoriamente nesse corpo monstruoso em que se faz não apenas incomunicável, mas também de algum modo irreconhecível, em favor dele próprio. (AR, cap. 13)

SALCEDO, HIGINO DE
Protetor de Joel no pretérito perante as autoridades religiosas da Espanha. Reencarnado como proletário inteligente e honesto, mas em grande experiência de sacrifício individual. (OM, cap. 10)

SALDANHA

Esposo de Iracema. Pai de Jorge. Sogro de Irene. Auxiliar direto de Gregório. Diretor da falange operante no "caso-Margarida". Chefe das torturas, conduz o grupo do instrutor Gúbio até o aposento de Margarida. Informa que estão há dez dias em serviço mais ativo. Acompanha Margarida e o esposo, em um táxi, na direção de um templo católico. Explica que o ódio ao pai de Margarida foi o motivo que levou Gregório a oferecer-lhe a missão junto à jovem. Relata detalhes de sua história. Acompanha a prisão imerecida do filho, visita chefias e repartições, autoridades e guardas, tentando encontrar alguém que o auxiliasse a salvar o filho inocente. Solicita auxílio de um dos colaboradores mais influentes no sentido de impedir que o professor penetrasse o problema de Margarida, prometendo-lhe, em troca, excelente remuneração em colônia não distante. Por ocasião da visita ao filho, no hospício, ouviu a prece de Gúbio em favor do jovem, de sua mãe e da esposa. Presencia, também, após o passe aplicado pelo instrutor Gúbio em seu filho, que o mesmo levanta-se, livre dos elos que o prendiam às parentas desencarnadas. Aceita a proposta de Gúbio para abrigar Iracema e Irene em uma organização socorrista. Atende ao pedido de Gúbio no sentido de desculpar Margarida, sua filha do coração desde outras eras, e mostra-se pronto para servi-lo. Solicita cooperação de Leôncio, outro magnetizador de Margarida, no sentido de apoiar seu novo projeto. Relata que lhe faltava a presença de alguém que lhe conseguisse mostrar a eficiência e a segurança do bem, no meio de tantos males. Na casa de Margarida, conversa com os elementos da falange gregoriana que desejavam acesso à residência, convencendo-os que a casa segue noutra direção. (LI, cap. 9-12, 14, 17)

SALOMÃO

Farmacêutico. Velhinho calmo e complacente, trabalhava na farmácia vizinha à residência de dona Cora. Atendeu Marita, que alegava forte gripe. Sob influência do irmão Félix e de André Luiz, examina a situação da menina Marita, àquela hora da noite, deduzindo que seu problema era dor moral, dor terrível. Relatou para Cláudio o encontro que tivera com Marita antes do acidente. Confessa-se espírita e informa os benefícios dos passes e da oração em favor de Marita. (SD, pt. 1, cap. 14; pt. 2, cap. 2)

SALÚSTIO
Auxiliar das Câmaras de Retificação, permanece em plantão noturno. (NL, cap. 28, 30, 41)

SÂNZIO
Ministro da Regeneração. Materializado, traz mensagem através da câmara cristalina. Tem poderes sobre a Mansão Paz com o direito de apoiar ou determinar qualquer medida, referente à obra assistencial, em benefício dos sofredores, podendo homologar e ordenar providências de segregação e justiça, reencarnação e banimento. Faz comentários sobre o carma, o bem e o mal, e determinismo.(AR, cap. 6, 7)

SARA
Irmã consanguínea de Félix na Terra, partilhava-lhe o refúgio doméstico. Transferida para a instituição Almas Irmãs a fim de trabalharem juntos, preparando o futuro. Acha-se em preparativos para retornar à Terra. (SD, pt. 2, cap. 9, 13)

SARA
Mãe de Libório dos Santos, enfermo espiritual que se comunica através da mediunidade consciente de Eugênia. (NDM, cap. 6, 7)

SEGISMUNDO
Em existência anterior desviara Raquel ao prostíbulo e assassinara seu marido, Adelino, em competição armada. Reconhece seus erros do passado e pretende redimir as velhas culpas. Está prestes a reencarnar como segundo filho desse casal, que já se encontra na Crosta desde muito e, há quatro anos, se religaram pelos laços do matrimônio. Adelino repele-o tão logo surgem as horas do sono físico. Por iniciativa do instrutor Alexandre, encontra-se espiritualmente com Adelino, a fim de estabelecerem a reconciliação. Experimentará na idade madura grandes perturbações dos nervos cardíacos, mormente os nervos do tônus. (ML, cap. 12, 13)

SELMA
Companheira de infância de Márcia que lhe fizera um convite para negócio lucrativo. (SD, pt. 2, cap. 1, 8)

SEMPRÔNIA
Irmã que presidia um grupo de socorro com 12 integrantes, que se consagraria ao amparo dos asilos de crianças desprotegidas em regiões inferiores. O grupo está reunido, com outros dois, no Santuário da Bênção a fim de receberem a palavra de mentores iluminados. Consulta o mensageiro Asclépios, com relação ao seu comportamento diante das crianças órfãs. (OVE, cap. 2, 3)

SÉRGIO
Guarda do plano espiritual que auxilia o médium Antônio Castro na viagem que fará, colocando-lhe na cabeça um capacete em forma de antolhos. (NDM, cap. 11)

SÉRGIO
Um gaiato rapaz que introduziu André Luiz, o instrutor Gúbio e Elói, até a presença de Saldanha, o diretor da falange operante na residência de Margarida. (LI, cap. 9)

SÉRGIO CLÁUDIO
Reencarnação do irmão Félix, como filho de Marina e Gilberto, irmão de Marita reencarnada com o mesmo nome. (SD, pt. 2, cap. 14)

SERTÓRIO
Auxiliar de Alexandre nos trabalhos realizados em uma instituição espiritista, versando sobre os problemas de mediunidade e psiquismo. Orienta André Luiz quanto ao comportamento dos encarnados durante o sono físico. Conduz André Luiz até a residência de Vieira e Marcondes. (ML, cap. 8)

SHAKESPEARE, WILLIAM (Stratford-upon-Avon, 23 de abril de 1564–Stratford-upon-Avon, 23 de abril de 1616)
Foi um dramaturgo e poeta inglês, amplamente considerado como o maior dramaturgo da língua inglesa e um dos mais influentes no mundo ocidental. Suas obras que permaneceram ao longo dos tempos consistem de 38 peças teatrais, 154 sonetos, dois poemas de narrativa longa, e várias outras poesias. Suas obras são mais atualizadas do que as de qualquer outro dramaturgo. Muitos de seus textos e temas, especialmente os do teatro, permaneceram vivos até aos nossos dias, sendo revisitados com frequência pelo teatro, televisão, cinema e literatura. Entre suas obras é

impossível não ressaltar *Romeu e Julieta*, que se tornou a *história de amor por excelência e Hamlet*, que possui uma das frases mais conhecidas da língua inglesa: *To be or not to be: that's the question* (Ser ou não ser, eis a questão). (EVC, cap. 3)

SIDÔNIO
Diretor espiritual dos trabalhos de socorro mediúnico que se realizam na casa de Silva e sua esposa Isaura. Comenta sobre os trabalhos realizados na casa. Providencia a colaboração, por dez dias sucessivos, de 12 companheiros espirituais incorporados ao agrupamento, destinado a reforçar as atividades defensivas na moradia de Gabriel. Afirma que dona Isaura, a médium da casa de socorro mediúnico, vítima de ciúme, tem a matéria mental em posição difícil, não encontrando condições de compreender suas palavras orientadoras. (LI, cap. 15, 16)

SILAS
Assistente do diretor Druso na Instituição Mansão Paz. Encontra-se na instituição há oito lustros. Informa que a caravana-comboio era composta por dez servidores da casa, acompanhados de uma equipe de 19 pessoas recém-desencarnadas em desequilíbrio mental. Fora médico em última reencarnação, não chegando a exercer a prática profissional. Filho do atual instrutor Druso em vida anterior. Pela sedução do dinheiro, também caiu na última passagem pela Terra. Renasceu na derradeira existência, num lar bafejado por grande fortuna, a fim de sofrer a tentação do ouro farto e vencê-la, caindo porém por infelicidade própria. O pai era um advogado correto que, por excesso de conforto, não se dedicava aos misteres da profissão. A mãe, católica romana, de pensamento digno e fervoroso, tentava incutir o dever da beneficência. Arquiteta planos delituosos, quanto à melhor maneira de alijar a madastra de qualquer possibilidade de ingresso futuro ao patrimônio da família. Desencarna ao tomar arsênico por engano, acreditando usar bicarbonato de sódio para a gastralgia. Depois do sepulcro foi socorrido por amigos de seu pai, igualmente a caminho da recuperação. Retornará em próxima reencarnação como filho dos antigos pais, tendo como irmã, a ex-madrasta, Aída. Apresenta o parlatório da Mansão, onde se obtém as vantagens da oração pacífica. Obtém permissão para ingressar em grande educandário, no qual se habilitará para as novas tarefas na medicina humana, com vistas à próxima romagem terrestre. (AR, cap. 2, 4, 9, 11, 20)

SILVA
Esposo da Isaura. Dono da casa que acolheu Gabriel, a esposa Margarida e Gaspar, o hipnotizador, para uma reunião de socorro mediúnico. (LI, cap. 15)

SILVA PARANHOS (CONSELHEIRO)
Citado por Mário Silva e Amaro. Embaixador em missão extraordinária junto às repúblicas do Prata. Prometeu ajudar José Esteves e Lina Flores para que o consórcio fosse festejado no Brasil. (ETC, cap. 17)

SILVEIRA
Genitor, desencarnado, de Fábio. Veio visitar o filho nas últimas horas do corpo material, juntamente com o amigo espiritual Aristeu Fraga. Deseja auxiliar o filho no derradeiro culto doméstico em que tomará parte fisicamente ao lado da família, inspirando-o nas palavras direcionadas à esposa e aos filhos. Informa que em outra existência fora igualmente pai de Fábio. Cometeram graves erros, mormente no trato direto com os descendentes de africanos escravos. (OVE, cap. 16)

SILVEIRA
Samaritano. Quando encarnado fora despojado de todos os bens e levado à falência desastrosa pelo amigo e pai de André Luiz. (NL, cap. 35)

SILVÉRIO
Espírito prestes a reencarnar, depois de quinze anos de trabalho nas atividades de auxílio. Teme contrair débitos ao invés de pagar os velhos compromissos. É apresentado a André Luiz por Manassés. Aceita a sugestão amorosa dos amigos espirituais pelo defeito na perna que lhe servirá como antídoto à vaidade. É informado, por Manassés, que terá em média 70 anos, no mínimo, na futura forma física. Todos os seus amigos esperam que ele volte, mais tarde, à colônia, na gloriosa condição de um completista. (ML, cap. 12)

SÍLVIA
Irmã desencarnada que, por mérito em serviço, recebeu o direito de partilhar de uma reunião, a fim de suplicar auxílio na solução dos problemas que lhe toca a alma de perto. (AR, cap. 6)

SIMEÃO
Figura bíblica. Ancião, tomou o menino Jesus nos braços no dia de sua apresentação no templo e lhe rendeu homenagem com o cântico que se inicia pelas palavras *Nunc dimitis*. (MM, cap. 26)

SINHÁ
Pediu que o esposo Malaquias fosse tratado convenientemente no Posto de Socorro de Campo da Paz. (OM, cap. 21)

SÓCRATES
"Só sei que nada sei." Com essas palavras Sócrates (470-399 a.C.) reagiu ao pronunciamento do oráculo de Delfos, que o apontara como o mais sábio de todos os homens. O pensador foi o primeiro do grande trio de antigos filósofos gregos, que incluía ainda Platão e Aristóteles, a estabelecer, na Grécia antiga, os fundamentos filosóficos da cultura ocidental. Sócrates nasceu em Atenas por volta do ano 470 a.C. Era filho de uma parteira, Fenarete, e de Sofronisco, homem bem relacionado nos meios políticos da cidade. Casou-se tardiamente com Xantipa e teve três filhos. (MM, Mediunidade)

SOLANO LÓPEZ
Citado por Amaro. Francisco Solano López (Assunção, 24 de julho de 1827 — Cerro Corá, 1º de março de 1870) foi um militar paraguaio, presidente vitalício de seu país de 1862 à data de sua morte. (ETC, cap. 18)

SÔNIA
Filha de Ildeu e Marcela. Irmã de Roberto e Márcia. Na existência última foi seduzida pelo atual pai, sendo levada ao meretrício. (AR, cap. 14)

SOUZA, GUILHERME XAVIER DE
Citado por Leonardo Pires. Guilherme Xavier de Sousa (Desterro, 3 de julho de 1818 — Desterro, 21 de dezembro de 1870). Foi um militar e político brasileiro. Participou da Guerra do Paraguai, chegando à patente de marechal. Foi deputado à Assembleia Legislativa Provincial de Santa Catarina na 15ª legislatura (1864 — 1865), como suplente convocado e na 17ª legislatura (1868 — 1869). Presidente da província do Rio Grande do Sul, de 14 de julho a 1º de agosto de 1868. Foi

senhor de João da Cruz e Sousa, que libertado quando tinha apenas 4 anos de idade, foi educado como filho de criação do casal sem filhos. Em sua homenagem foi batizada uma rua em Florianópolis, a *rua Marechal Guilherme*. (ETC, cap. 7)

SWEDENBORG, EMANUEL

Citado pelo instrutor Albano Metelo em sua palestra no Templo da Paz. Emanuel Swedenborg (Suécia, 29 de janeiro de 1688 — 29 de março de 1772). Foi um polímata e espiritualista sueco. O grande médium percorre alguns trechos de nossas zonas de ação e pinta os costumes das "habitações astrais" como melhor lhe parece, imprimindo às narrações os fortes característicos de suas concepções individuais. Formou-se em Engenharia de Minas e serviu ao seu país durante muitos anos como Assessor Real para assuntos de mineração. Foi catedrático de Matemática na Universidade de Uppsala, ao mesmo tempo em que pesquisava a fundo áreas tão distintas quanto anatomia e geologia, astronomia e hidráulica. Quando dominava o assunto, publicava obras sobre suas conclusões, obtendo o respeito de outros especialistas e autores das diversas áreas. Filósofo, teólogo e cientista sueco. Suas ideias religiosas, ridicularizadas por Kant, influenciaram escritores importantes, como Balzac e Baudelaire. Swedenborg via o mundo espiritual, conversava com os Espíritos, recebia deles instruções diretas e, por isso, julgava-se capaz de explicar tudo, sem maiores preocupações. Tornou-se um místico, distanciando-se da experiência científica a que se dedicava anteriormente. (OVE, cap. 1) (MM, Mediunidade)

TALES DE MILETO

Foi o primeiro filósofo ocidental de que se tem notícia. Pré-socrático, foi um dos fundadores da filosofia. Famoso sobretudo pelos teoremas de geometria que levam seu nome. De ascendência fenícia, nasceu em Mileto, antiga colônia grega, na Ásia Menor, atual Turquia, por volta de 624 ou 625 a.C. e faleceu aproximadamente em 556 ou 558 a.C.. É apontado como um dos sete sábios da Grécia Antiga. Além disso, foi o fundador da Escola Jônica. Tales considerava a água como sendo a origem de todas as coisas. (MM, cap. 2)

TARSO, SAULO DE

Cognominado o Apóstolo dos Gentios. Figura decisiva para a difusão do Cristianismo, autor dos Atos dos Apóstolos e de várias Epístolas. Saulo nasceu em Tarso, na Ásia Menor, por volta do ano 5 da era cristã, onde atualmente está a Turquia. Situada na província romana da Cilícia, a Tarso de então era predominantemente grega — um dos mais efervescentes centros de cultura do mundo helênico, chegando a rivalizar com Atenas. Para melhor entender o papel de São Paulo na origem e construção do Cristianismo, é preciso voltar no tempo e acompanhar de perto sua vida. O principal relato sobre ele está presente nos Atos dos Apóstolos, livro escrito pelo evangelista Lucas, que foi também um dos maiores discípulos de Paulo. Seus relatos, no entanto, não são considerados um retrato fiel dos acontecimentos. Os Atos devem ter sido escritos cerca de 15 a 20 anos após a morte de Paulo, quando ele já poderia estar caindo no esquecimento. Paulo tinha 28 anos quando ocorreu seu encontro místico com Jesus. A primeira viagem, entre 46 e 48, foi feita em companhia de Barnabé e Marcos, outro discípulo cristão, o mesmo a quem é atribuído um dos quatro evangelhos. Foram à ilha de Chipre e percorreram a Ásia Menor antes de retornar a Antioquia. É a partir dessa primeira expedição que Paulo deixa de ser chamado pelo nome judeu Saulo — a mudança é narrada por Lucas no *Atos dos apóstolos*, 13:9. Foi na segunda jornada, fora da Ásia, pela Europa, que Paulo escreveu, em 51, a *Epístola aos tessalonicenses*, o mais antigo documento do Novo Testamento. Na terceira viagem missionária, de 53 a 57, Paulo deteve-se por três anos em Éfeso, a capital da Ásia Menor. Lá, presume-se, esteve preso por alguns meses — ao longo de sua vida, o apóstolo deve ter permanecido quatro anos atrás das grades. Na prisão, em 67, escreveu sua derradeira carta ao discípulo Timóteo, um dos líderes da igreja de Éfeso. Ele sabia que não escaparia da morte. No outono daquele ano, foi levado pelos guardas para fora da cidade e degolado. (EDM, pt. 2, cap. 17) (MM, Mediunidade)

TELÉSFORO
Orador do Ministério da Comunicação. Explana, no Centro de Mensageiros, sobre a tarefa mediúnica. (OM, cap. 5)

TELMO
Auxiliar espiritual que veio da parte do irmão Félix para colaborar no auxílio de Marita. (SD, pt. 2, cap. 3)

TELMO
Funcionário do Instituto de Proteção Espiritual, destinado à proteção e ao tratamento de seus tutelados, encarregado de preencher a ficha de Evelina e Ernesto. (EVC, cap. 10)

TEODORO CASTANHEIRA
Fora Cláudio em existência anterior. Casado com Brites Castanheira. Pai de Virgínia, atual Marina. Fora assassinado a mando de Justiniano. (SD, pt. 2, cap. 13)

TEONÍLIA
Companheira desencarnada do assistente Áulus no trabalho assistencial. Solicita a intercessão de Áulus no caso de Anésia, companheira da instituição em que se encontravam. (NDM, cap. 19)

TEOTÔNIO
Comunicante desencarnado que mantém conversa leviana com um cavalheiro, cliente da casa. Fascinado pelas requisições de Quintino e dos médiuns que lhe prestigiam a obra infeliz, é mais vampirizado que vampirizador. (NDM, cap. 27)

TERESA
Filha de dona Laura. Irmã de Lísias, Judite e Iolanda. Mãe de Eloísa. Está prestes a retornar ao plano espiritual. Passará apenas algumas horas no Umbral, não necessitando dos tratamentos da Regeneração. Participa do culto familiar para a despedida da senhora Laura. (NL, cap. 19, 21, 47, 48)

TERESA DE ÁVILA (Gotarrendura, 28 de março de 1515–Alba de Tormes, 4 de outubro de 1582)
Foi uma religiosa e escritora espanhola, famosa pela reforma que realizou no Carmelo e por suas obras místicas. Citada pelo instrutor Albano Metelo em sua palestra no Templo da Paz. A religiosa santificada transporta-se à paisagem de nosso plano, onde se lamentam almas sofredoras, e torna ao corpo carnal, descrevendo o inferno para os seus ouvintes e leitores. (OVE, cap. 1) (MM, Mediunidade)

TERESINHA DE LISIEUX
Citada pelo assistente Silas. Monja do Carmelo, desencarnada na França. Santa Teresa do Menino Jesus, na Igreja Católica, desencarnada em 30 setembro de 1897. (AR, cap. 11)

THOMSON, JOSEPH JOHN (Manchester, 18 de dezembro de 1856 — Cambridge, 30 de agosto de 1940)
Também conhecido por J. J. Thomson. Foi um físico britânico que descobriu o elétron e realizou estudos experimentais sobre a condução de eletricidade pelos gases. Estudou engenharia na Owens College e se mudou para Trinity College em Cambridge. Em 1884 se tornou professor de Educação Física de Cavendish. Um de seus alunos era Hitler, que mais tarde trabalhou no mesmo cargo. Em 1890 se casou com Rose Elisabeth Paget, filha de Sir George Edward Paget. Ele teve um filho, George Paget Thomson, e uma filha, Joan Paget Thomson. Seu filho se tornou um notável físico, ganhando o Prêmio Nobel por descobrir propriedades ondulatórias nos elétrons. Pela descoberta dos elétrons, J.J. Thomson ganhou o Prêmio Nobel de Física em 1906. Foi nomeado cavaleiro em 1908. Em 1918 se tornou mestre da Trinity College em Cambridge, onde permaneceu até sua morte. Ele morreu em 1940 e foi enterrado em Westminster Abbey, perto de Isaac Newton. Thomson foi o vice-presidente da Associação Internacional de Ciências Esperanto (International Esperanto Science Association). Foi eleito membro da Royal Society em 12 de junho de 1884 e, depois, presidente de 1915 a 1920. Físico inglês. Descobridor do elétron, Prêmio Nobel de 1906. (MM, cap. 2)

TIAGO, O MAIOR
Apóstolo de Jesus Cristo. Filho de Zebedeu e Salomé, irmão do também apóstolo São João. Morto por Herodes em Jerusalém, a golpes de espada, em 44. (MM, Mediunidade)

TIMÃO
Sinistro auxiliar do sacerdote Gregório. Informa que o processo de alienação mental no "caso-Margarida" está quase pronto. (LI, cap. 8)

TOBIAS
Amigo das Câmaras de Retificação. Conduz André Luiz às tarefas nas Câmaras de Retificação. Recomenda André Luiz ao ministro Genésio pelos serviços iniciais, a fim de receber bônus em dobro. (NL, cap. 26, 27, 36)

Apresenta o instrutor Aniceto a André Luiz e traz a aquiescência do ministro Genésio quanto ao desejo de André Luiz de participar de cursos no Ministério da Comunicação. É encarregado pelo instrutor Aniceto de levar André Luiz até o Centro de Mensageiros, no Ministério da Comunicação, para que seja bonificado pelas tabelas da Comunicação. (OM, cap. 2)

TÚLIO MANCINI
Enamorado de Evelina. Suspeito de suicídio, é assassinado por Caio Serpa. É abrigado na residência de Ambrósio, reencontrando Evelina. Reencarnará como filho de Caio e Vera. (EVC, cap. 3, 10, 14, 21, 22)

URBANO VIII (PAPA)
Urbano VIII, nascido Maffeo Barberini (Florença, 5 de abril de 1568 — Roma, 29 de julho de 1644) foi papa do dia 6 de agosto de 1623 até a data da sua morte. Nasceu numa família florentina de grande influência. O Papa Clemente VIII fê-lo núncio apostólico junto da corte francesa. Foi elevado ao cardinalato pelo Papa Paulo V, e legado papa em Bolonha. Em 6 de agosto de 1623, foi nomeado sucessor do Papa Gregório XV. Foi durante o pontificado de Urbano VIII que Galileu Galilei foi chamado a Roma para se retratar das afirmações científicas que havia produzido, em 1633. (MM, Mediunidade)

VEIGA
Alega ter lutado por vinte e cinco anos para reaver a herança que lhe cabia por morte dos avós. Mantém fixa a ideia na herança que perdeu ao desencarnar, vasta quantidade de ouro e bens que passou à propriedade dos três filhos. Encontra-se na choupana de Orzil. (AR, cap. 5)

VENÂNCIO
Auxiliar das Câmaras de Retificação, permanece em plantão noturno. (NL, cap. 28)

VENERANDA
Ministra da Regeneração. Concede endosso à enfermeira Narcisa, exigindo-lhe dez anos de trabalhos consecutivos nas Câmaras de Retificação para que possa corrigir certos desequilíbrios do sentimento. Criou os "salões verdes" para serviço de educação. O projeto da Ministra despertou aplausos francos em toda a colônia. Soube que tal se dera, havia

precisamente quarenta anos. Iniciou-se, então, a campanha do "salão natural". Todos os Ministérios pediram cooperação, inclusive o da União Divina, que solicitou o concurso de Veneranda na organização de recintos dessa ordem, no Bosque das Águas. Nos parques de educação do Esclarecimento, instalou a Ministra um verdadeiro castelo de vegetação, em forma de estrela, dentro do qual se abrigam cinco numerosas classes de aprendizados e cinco instrutores diferentes. A Ministra ideou os quadros evangélicos do tempo que assinalou a passagem do Cristo pelo mundo, e sugeriu recursos da própria natureza. O mais belo recinto do Ministério é o destinado às palestras do Governador. É a entidade com maior número de horas de serviço na colônia e a figura mais antiga do Governo e do Ministério, em geral. Permanece em tarefa ativa, nesta cidade, há mais de duzentos anos. É criatura das mais elevadas da colônia espiritual. Os 11 Ministros, que com ela atuam na Regeneração, ouvem-na antes de tomar qualquer providência de vulto. Em numerosos processos, a Governadoria se socorre dos seus pareceres. Com exceção do Governador, a ministra Veneranda é a única entidade, em Nosso Lar, que já viu Jesus nas Esferas Resplandecentes, mas nunca comentou esse fato de sua vida espiritual e esquiva-se à menor informação a tal respeito. As Fraternidades da Luz, que regem os destinos cristãos da América, homenagearam Veneranda conferindo-lhe a medalha do Mérito de Serviço, a primeira entidade da colônia que conseguiu, até hoje, semelhante triunfo, apresentando um milhão de horas de trabalho útil, sem interromper, sem reclamar e sem esmorecer. Intimamente, ela vive em zonas muito superiores e permanece em Nosso Lar por espírito de amor e sacrifício. Essa benfeitora sublime vem trabalhando, há mais de mil anos, pelo grupo de corações bem-amados que demoram na Terra, e espera com paciência. (NL, cap. 28, 32, 37)

Intercede pelo doutrinador Monteiro. (OM, cap. 12)

VERA CELINA
Filha de Ernesto Fantini. Casa-se com Caio Serpa, recebem Túlio e Elisa como filhos reencarnados. (EVC, cap. 16, 18, 19, 20, 22, 26)

VERÔNICA

Fora enfermeira na Crosta. Colaboradora nos trabalhos de materialização. Auxilia no processo magnético para introdução ao desdobramento necessário. (ML, cap. 10)

VICENTE

Esposo de Rosalinda. Irmão de Eleutério. Médico desencarnado, até então o único aprendiz no Centro de Mensageiros. É encarregado pelo instrutor Aniceto para esclarecer André Luiz sobre os regulamentos. Relata para André Luiz sua história. Apresenta Belarmino Ferreira, seu amigo e doutrinador falido, a André Luiz. Informa sobre a existência no Ministério do Esclarecimento de escolas maternais, Centros de Preparação à Paternidade, Especialização Médica e o Instituto de Administradores. Juntamente com André Luiz e o instrutor Aniceto, passa uma semana de experiência e serviço na Crosta. Quando assistiu à festividade dessa natureza em Nosso Lar, confessa que sua surpresa raiou pela estupefação. Convidado por Alfredo, visita o Salão de Música. Encontra-se fatigadíssimo por ocasião do deslocamento até a Crosta utilizando a volitação, sendo aquela a primeira vez que descia em serviço de análise mais intenso. Observa estupefato que numerosos companheiros espirituais assomavam à janela da oficina que representa Nosso Lar na Crosta. Recebe recomendação de Aniceto para utilizar a volitação no caminho para o campo. É informado por Aniceto, com relação ao receituário, que nem todos recebem tudo o que pedem, recebem o que precisam. Chega ao fim a semana de serviço na Crosta, na residência de Isabel e Isidoro. Incorpora-se a caravana que seguiria de regresso a Nosso Lar. (OM, cap. 3, 4, 11, 13-15, 19, 30, 31, 33, 34, 41, 46, 51)

VIEIRA

Auxiliar de alguns quarteirões próximos no centro urbano. Juntamente com Hildegardo, traz os desencarnados para o estudo evangélico. Informa a André Luiz que haverá estudo evangélico, à noite, na casa-oficina de Nosso Lar, dirigida espiritualmente por Isidoro. Informa que esse serviço já funciona há quase vinte anos e que ele não se demora em trabalho por mais de dois anos consecutivos. Foi admoestado justamente por um orientador da casa por ter levado entidades que não se encontravam preparadas para reflexões sérias. (OM, cap. 39)

VIEIRA

Encarnado que sofre de pesadelo durante o sono, atraindo uma entidade trajando vestes negras. Longe de auscultar a própria consciência, justifica o pesadelo com pretextos de origem fisiológica. A entidade, Barbosa, alega que Vieira o chamou com suas reiteradas lembranças e acusações de faltas que não cometeu. Não poderá ir até o plano espiritual a fim de participar de uma reunião de estudos, dirigida pelo instrutor Alexandre, versando sobre problemas de mediunidade e psiquismo. (ML, cap. 8)

VIRGÍNIA
Marina em vida anterior. (SD, pt. 2, cap. 13)

WEIER, JEAN
Citado pelo assistente Silas. Suas anotações sobre o demônio de Belfegor foram espalhadas nos círculos católicos com a permissão de imprevidentes autoridades da Igreja. (AR, cap. 4)

YOUNG, THOMAS (Milverton, 13 de junho de 1773 — Londres, 10 de maio de 1829)
Foi físico, médico e egiptólogo britânico. É famoso pelo experimento da dupla fenda, que possibilitou a determinação do caráter ondulatório da luz. Exerceu a Medicina durante toda a sua vida (primeiros trabalhos sobre o cristalino com 26 anos de idade), mas ficou conhecido por seus trabalhos em Ótica, onde ele explica o fenômeno da interferência e em Mecânica, pela definição do Módulo de Young. Ele se interessou também pela Egiptologia, participando do estudo da Pedra de Roseta. (MM, cap. 2)

ZACARIAS
Pai de João Batista. Nos tempos do rei Herodes, quando o casal já se encontrava em idade avançada, o anjo Gabriel apareceu a Zacarias quando este se encontrava no templo oferecendo incenso, anunciando que Isabel iria ter um filho e que se chamaria João. Tendo Zacarias duvidado da promessa por causa de sua idade avançada e de sua esposa, o anjo fez com que ficasse mudo até o nascimento da criança. Quando a criança nasceu e foi circuncidada ao oitavo dia, segundo a tradição judaica, as pessoas desejavam que o menino

recebesse o nome do pai. Isabel responde que o nome do filho seria João. Zacarias então confirma as palavras de Isabel escrevendo o seu nome em uma tábua, conforme o anjo havia lhe determinado, e naquele mesmo instante recupera a sua fala, começando a louvar a Deus. (MM, cap. 26)

ZEBEDEU
Pai de Tiago. É um personagem bíblico do Novo Testamento, citado nos Evangelhos como sendo o pai de João e de Tiago (Mt 10:2). Pelo que se depreende da leitura bíblica, Zebedeu seria um judeu próspero que tinha barcos de pesca e empregados a seu dispor. (MM, Mediunidade)

ZECA
Lixeiro. Telefona para Márcia comunicando-lhe o atropelamento de Marita. (SD, pt. 2, cap. 1)

ZÉLIA
Viúva de André Luiz. Esposa de Ernesto. (NL, cap. 4, 6, 49)

ZENÓBIA
Irmã que administra, anualmente, alternadamente, há vinte anos consecutivos com o irmão Galba, a Casa Transitória de Fabiano, situada nas cercanias da Crosta terrestre e destinada a socorros urgentes. É um abrigo de pronto-socorro espiritual. Asila constantemente variados grupos de entidades, repletas de característicos humanos primitivistas, mas portadores de virtudes e valores apreciáveis. Solicita que todos a acompanhem na oração em favor do padre Domênico para que ele possa ter o dom de ouvir. Pobre menina forçada pelas circunstâncias da luta terrestre a desposar um viúvo rodeado de filhinhos. Teve uma existência inteira de renúncia santificante pelos pais, pelo esposo, pelos filhos. Aceitou o caminho de abnegação contrário aos sonhos de sua juventude. O padre Domênico afirma que, se a existência humana o houvesse unido a Zenóbia, outro teria sido o seu destino. Dominado pela dor de perdê-la, fora compelido ao celibato sacerdotal. Na Sala Consagrada, tendo ao fundo uma tela transparente de grandes proporções, solicita a todos que a acompanhem mentalmente na oração da noite para os asilados e para o pessoal administrativo. Afirma que a Igreja Romana é, de fato, na atualidade,

grande especialista em "crianças espirituais". Por ocasião da reunião preparatória de Adelaide, direciona palavras aos cooperadores da bondosa discípula de Jesus. Por ocasião das despedidas dos integrantes da expedição socorrista, oferece-lhes o hino de reconhecimento em sinal de afetuoso apreço. (OVE, cap. 4, 7, 13, 19, 20)

ZILDA

Filha de Luísa. No século passado era noiva de Jorge e irmã de Marina. Suicida-se ao saber que o noivo a preteriu por sua irmã. Desencarnada, foi recolhida por Luísa. Hoje chama-se Nilda, filha surda-muda e mentalmente retardada de Marina e Jorge. (AR, cap. 12)

ZULMIRA

Segunda esposa de Amaro. Fora noiva de Mário Silva. Possuída de egoísmo e ciúme, pelo apego de Amaro ao filho Júlio, alimenta a ideia da morte do menino. Crê-se culpada pela morte de Júlio. Dominada pelo arrependimento e atormentada pela noção de culpa, desceu, em Espírito, ao padrão vibratório de Odila, que imanta-se a ela. Fora Lina Flores, esposa de José Esteves, durante a Guerra do Paraguai. Desligada do corpo físico, encontra-se com Odila, na praia, no local onde Júlio havia se afogado. Afirma que não matou Júlio e solicita perdão. Ao ser tratada com carinho pelo esposo, agradece pela alegria do momento, confessando-lhe o remorso pela perda de Júlio. O ministro Clarêncio informa que ela receberá, como mãe, Júlio reencarnado. É conduzida por Odila até o Lar da Bênção a fim de encontrar-se com Júlio para o trabalho preparatório da reencarnação. Com o desencarne de Júlio, mostra-se abatida, com pensamento fixo nas cenas da morte do filho. O complexo de culpa retoma-lhe o cérebro. Desligada do corpo denso, encontra-se com Júlio no berçário do Lar da Bênção, sob a vigilância de Odila e Blandina. Reconhece Odila e pede-lhe perdão. É informada por Odila que o Júlio de hoje era o Júlio de ontem. Receberá novamente Júlio como filho. (ETC, cap. 2, 3, 5, 25-27, 34, 36, 39)

3
COLETÂNEA DE ORAÇÕES

Coletânea de orações

Nº	LIVRO	CAPÍTULO	AUTOR
1 (Canto)	NL	48	Tereza, Judite, Iolanda e Lísias
2	OM	24	Ismália
3		32	Ismália
4		51	Aniceto
5	ML	13	Joãozinho
6		13	Alexandre
7		20	Alexandre
8	OVE	1	Coro completo (Hino "Glória aos servos fiéis")
9		3	Cornélio
10		6	Zenóbia
11		7	Ernestina
12		9	Zenóbia
13		16	Fábio
14		16	Carlindo
15		20	Adelaide
16		20	Zenóbia
17	NMM	1	Eusébio
18		20	Cipriana
19	LI	12	Gúbio
20		18	Gúbio
21	ETC	6	Lisbela
22		28	Clarêncio
23		32	Amaro
24		40	Antonina
25	NDM	7	Raul Silva
26		30	André Luiz
27	AR	6	Druso
28		8	Alzira
29		11	André Luiz
30		11	Mãe desencarnada

Nº	LIVRO	CAPÍTULO	AUTOR
31		11	Senhora em prece
32		12	Marina
33		13	Silas
34		16	Druso
35		20	Druso
36		20	Druso
37	SD	1ª/10	Aracélia (Canto)
38		1ª/13	Félix
39		1ª/14	Félix
40		2ª/7	Félix
41		2ª/11	Cláudio Nogueira
42		2ª/14	Félix
43		2ª/14	Sérgio Cláudio

NOSSO LAR | CAP. 48

CANTO DE TERESA, JUDITE, IOLANDA E LÍSIAS

Observei, então, com surpresa, que as filhas e a neta da senhora Laura, acompanhadas de Lísias, abandonavam o estrado, tomando posição junto dos instrumentos musicais. Judite, Iolanda e Lísias se encarregaram, respectivamente, do piano, da harpa e da citara, ao lado de Teresa e Eloísa, que integravam o gracioso coro familiar.

As cordas afinadas casaram os ecos de branda melodia e a música elevou-se, cariciosa e divina, semelhante a gorjeio celeste. Sentia-me arrebatado a esferas sublimes do pensamento, quando vozes argentinas embalaram o interior. Lísias e as irmãs cantavam maravilhosa canção, composta por eles mesmos.

Muito difícil frasear humanamente as estrofes significativas, cheias de espiritualidade e beleza, mas tentarei fazê-lo para demonstrar a riqueza das afeições nos planos de vida que se estendem para além da morte:

Pai querido, enquanto a noite
Traz a benção do repouso,
Recebe, pai carinhoso,
Nosso afeto e devoção!...
Enquanto as estrelas cantam
Na luz que as empalidece,
Vem unir à nossa prece
A voz do Teu coração.
Não Te perturbes na estrada

De sombras do esquecimento,
Não Te doa o sofrimento,
Jamais Te firas no mal.
Não temas a dor terrestre,
Recorda a nossa aliança,
Conserva a flor da esperança
Para a ventura imortal.
Enquanto dormes no mundo,
Nossas almas acordadas
Relembram as alvoradas
Desta vida superior;
Aguarda o porvir risonho,
Espera por nós que, um dia,
Volveremos à alegria
Do jardim do Teu amor.
Vem a nós, pai generoso,
Volta à paz do nosso ninho,
Torna às luzes do caminho,
Inda que seja a sonhar;
Esquece, um minuto, a Terra
E vem sorver da água pura
De consolo e de ternura
Das fontes de Nosso Lar.
Nossa casa não Te olvida
O sacrifício, a bondade,
A sublime claridade
De Tuas lições no bem;
Atravessa a sombra espessa,

Vence, pai, a carne estranha,
Sobe ao cume da montanha,
Vem conosco orar também.

OS MENSAGEIROS | CAP. 24

ISMÁLIA

Dentro de poucos instantes, reuníamo-nos, de novo, ao grupo.

O administrador fez um sinal luminoso, em forma triangular, e observei que todos os cooperadores se puseram de pé, em atitude respeitosa.

— É o momento da oração, no Posto de Socorro — disse Alfredo, gentil, como a prestar-nos esclarecimentos precisos.

O Sol desaparecera no firmamento, mas toda a cúpula celeste refletia-lhe o disco de ouro. Os tons crepusculares encheram as vizinhanças de maravilhosos efeitos de luz, muito visíveis agora ao nosso olhar, porque Alfredo, sem que eu pudesse conhecer o motivo, mandara apagar todas as luzes artificiais, antes da oração. No centro dos pavilhões, a sombra se fizera, desse modo, muito intensa, mas o novo aspecto do firmamento, banhado em tonalidades sublimes, dava-nos a impressão da permanência em prodigioso palácio, em virtude do imenso teto azul iluminado a distância.

Fundamente impressionado, procurei convizinhar-me mais do pequeno grupo de companheiros.

Do quadro de colaboradores do castelo, apenas algumas senhoras permaneciam junto de nós, como se estivessem fazendo honrosa companhia à nobre Ismália. Os demais, homens e mulheres, manteriam-se nos lugares de serviço que lhes competiam, não longe das criaturas mumificadas.

Notei que, embora instado, Aniceto esquivou-se à chefia espiritual da oração, alegando que, por direito, essa posição cabia à devotada esposa de Alfredo.

Ismália, então, num gesto de indefinível delicadeza, começou a orar, acompanhada por todos nós, em silêncio, salientando-se, porém, que lhe seguíamos a rogativa, frase por frase, atendendo a recomendações do nosso orientador, que aconselhou repetir, em pensamento, cada expressão, a fim de imprimir o máximo ritmo e harmonia ao verbo, ao som e à ideia, numa só vibração.

Senhor! — começou Ismália, comovidamente — dignai-vos assistir os nossos humildes tutelados, enviando-nos a luz de vossas bênçãos santificantes. Aqui estamos, prontos para executar vossa vontade, sinceramente dispostos a secundar vossos altos desígnios. Conosco, Pai, reúnem-se os irmãos que ainda dormem, anestesiados pela negação espiritual a que se entregaram no mundo. Despertai-os, Senhor, se é de vossos desígnios sábios e misericordiosos, despertai-os do sono doloroso e infeliz. Acordai-os para a responsabilidade, para a noção dos deveres justos!... Magnânimo Rei, apiedai-vos de vossos súditos sofredores; Criador compassivo, levantai as vossas criaturas caídas; Pai justo, desculpai vossos filhos desventurados! Permiti caia o orvalho do vosso amor infinito sobre o nosso modesto Posto de Socorro!... Seja feita a vossa vontade acima da nossa, mas se é possível, Senhor, deixai que os nossos doentes recebam um raio vivificante da vossa bondade!...

Temos, ao nosso lado, Senhor, infortunadas mães que não souberam descobrir o sentido sublime da fé, resvalando, imprudentemente, nos despenhadeiros da indiferença criminosa; pais que não conseguiram ultrapassar a materialidade no curso da existência humana, incapazes de ver a formosa missão que lhes confiastes; cônjuges desventurados pela incompreensão de vossas leis augustas e generosas; jovens que se entregaram, de corpo e alma aos alvitres da ilusão!... Muitos deles, atolaram-se no pantanal do crime, agravando débitos dolorosos! Agora dormem, Pai, à espera de vossos desígnios santos. Sabemos, contudo, Senhor, que este sono não traduz repouso do pensamento... Quase todos os nossos asilados são vítimas de terríveis pesadelos, por terem olvidado, no mundo material, os vossos mandamentos de amor e sabedoria. Sob a imobilidade aparente, movimenta-se-lhes o Espírito, entre aflições angustiosas que, por vezes, não podemos sondar. São eles, Pai, vossos filhos transviados e nossos companheiros de luta, necessitados de vossa mão paternal para o caminho! Quase todos se desviaram da senda reta, pelas sugestões da ignorância que, como aranha gigantesca dos círculos carnais, tece os fios da miséria, enredando destinos e corações! Deprecando vossa misericórdia para eles, rogamos, igualmente para nós, a verdadeira noção da fraternidade universal! Ensinai-nos a transpor as fronteiras de separação para que vejamos em cada infeliz o irmão necessitado do nosso entendimento! Ajudai-nos a compreensão, a fim de que venhamos a perder todo impulso de acusação nas estradas da vida! Ensinai-nos a amar como Jesus nos amou! Também nós, Senhor, que aqui vos rogamos, fomos leprosos espirituais, cegos do entendimento, paralíticos da vontade, filhos pródigos do vosso amor!... Também nós já dormimos, em tempos idos, nos Postos de Socorro da vossa misericórdia!... Somos simples devedores, ansiosos de resgatar imensos débitos! Sabemos que vossa bondade nunca falha e esperamos confiantes a bênção de vida e luz!..."

OS MENSAGEIROS |CAP. 32

ISMÁLIA

Num gesto nobre, Aniceto pediu a Ismália que executasse algum motivo musical de sua elevada esfera.

A esposa de Alfredo não se fez rogada. Com extrema bondade, sentou-se ao órgão, falando, gentil:

— Ofereço a melodia ao nosso caro Aniceto.

E, ante nossa admiração comovida, começou a tocar maravilhosamente. Logo às primeiras notas, alguma coisa me arrebatava ao sublime. Estávamos extasiados, silenciosos. A melodia, tecida em misteriosa beleza, inundava-nos o espírito em torrentes de harmonia divina. Penetrava-me o coração um campo de vibrações suavíssimas, quando fui surpreendido por percepções absolutamente inesperadas. Com assombro indefinível, reparei que a esposa de Alfredo não cantava, mas no seio caricioso da música havia uma prece que atingia o sublime — oração que eu não escutava com os ouvidos mas recebia em cheio na alma, através de vibrações sutis, como se o melodioso som estivesse impregnado do verbo silencioso e criador. As notas de louvor alcançavam-me o âmago do espírito, arrancando-me lágrimas de intraduzível emotividade:

"Ó Senhor supremo de todos os mundos
E de todos os seres,
Recebe, Senhor.
O nosso agradecimento
De filhos devedores do Teu amor!
Dá-nos Tua bênção,
Ampara-nos a esperança,
Ajuda-nos o ideal
Na estrada imensa da vida...
Seja para o Teu coração,
Cada dia,
Nosso primeiro pensamento de amor!
Seja para Tua bondade
Nossa alegria de viver!...
Pai de amor infinito
Dá-nos Tua mão generosa e santa.
Longo é o caminho.
Grande o nosso débito,
Mas inesgotável é a nossa esperança.
Pai amado,
Somos as Tuas criaturas,
Raios divinos
De Tua divina Inteligência.
Ensina-nos a descobrir
Os tesouros imensos
Que guardaste

Nas profundezas de nossa vida,
Auxilia-nos a acender
A lâmpada sublime
Da sublime procura!
Senhor,
Caminhamos contigo
Na eternidade!...
Em Ti nos movemos para sempre.
Abençoa-nos a senda,
Indica-nos a sagrada Realização,
E que a glória eterna
Seja em Teu eterno trono!...
Resplandeça contigo a infinita Luz,
Mane em Teu coração misericordioso
A soberana Fonte do Amor,
Cante em Tua Criação infinita
O sopro divino da Eternidade.
Seja a Tua bênção
Claridade aos nossos olhos,
Harmonia ao nosso ouvido,
Movimento às nossas mãos,
Impulso aos nossos pés.
No amor sublime da Terra e dos Céus!...
Na beleza de todas as vidas,
Na progressão de todas as coisas,
Na voz de todos os seres,
Glorificado sejas para sempre,
Senhor."

OS MENSAGEIROS | CAP. 51

ANICETO

Dona Isabel agradeceu, comovidamente, deixando transparecer as lágrimas da gratidão que lhe dominava o espírito.

— Nobre Aniceto — disse enxugando os olhos —, se for possível, voltai sempre ao nosso modesto lar. Ensinai-me a paciência e a coragem, generoso amigo! Quando puderdes, não me deixeis transviar nos deveres de mãe, tão difíceis de cumprir na carne, onde os interesses menos dignos se entrechocam com violência. Amparai-me as obrigações de serva do Evangelho de nosso Senhor! Por vezes, profundas saudades da família espiritual me dilaceram o coração... desejaria arrebatar meus filhos à esfera superior, incliná-los ao bem, para que a nossa união divina não tarde nos planos mais altos da vida. E essas saudades de Nosso Lar me pungem a alma, ameaçando, por vezes, minha tarefa humilde na Terra. Nobre Aniceto, não vos esqueçais desta amiga pobre e imperfeita. Sei que Isidoro me segue passo a passo, mas ele e eu precisamos de amigos fortes na fé, como vós, que nos reavivem o bom ânimo na jornada dos deveres cristãos!...

A irmã Isabel não pôde continuar, porque o pranto lhe embargara a voz. Aniceto, de olhos brilhantes e serenos, enlaçou-a como pai e falou brandamente:

— Isabel, segue em Teus testemunhos e não temas. Estaremos contigo, agora e sempre. Muitas criaturas admiráveis tiveram a tarefa, mas não esqueçamos, filha, que Jesus teve a tarefa e o sacrifício no mundo. Não nos faltará no caminho redentor o terno cuidado do Guia vigilante. Tem bom ânimo e caminha!

Em seguida, olhando-nos a todos, de frente, o nobre amigo exclamou:

— Agora, irmãos, auxiliem-me a orar!

E conservando Isabel e Isidoro, unidos ao seu coração, Aniceto fixou os olhos no alto e falou com sublime beleza:

"Senhor, ensina-nos a receber as bênçãos do serviço! Ainda não sabemos, Amado Jesus, compreender a extensão do trabalho que nos confiaste!

Permite, Senhor, possamos formar em nossa alma a convicção de que a Obra do Mundo Te pertence, a fim de que a vaidade não se insinue em nossos corações com as aparências do bem!

Dá-nos, Mestre, o espírito de consagração aos nossos deveres e desapego aos resultados que pertencem ao Teu amor!

Ensina-nos a agir sem as algemas das paixões, para que reconheçamos os Teus santos objetivos!

Senhor amorável, ajuda-nos a ser Teus leais servidores,
Mestre amoroso, concede-nos, ainda, as Tuas lições,
Juiz reto, conduze-nos aos caminhos direitos,
Médico sublime, restaura-nos a saúde,
Pastor compassivo, guia-nos à frente das águas vivas,
Engenheiro sábio, dá-nos Teu roteiro,
Administrador generoso, inspira-nos a tarefa,
Semeador do Bem, ensina-nos a cultivar o campo de nossas almas,
Carpinteiro divino, auxilia-nos a construir nossa casa eterna,
Oleiro cuidadoso, corrige-nos o vaso do coração,
Amigo desvelado, sê indulgente, ainda, para com as nossas fraquezas,
Príncipe da Paz, compadece-Te de nosso espírito frágil, abre nossos olhos e mostra-nos a estrada de Teu Reino!"

MISSIONÁRIOS DA LUZ | CAP. 13

JOÃOZINHO

A dona da casa mostrou largo sorriso de satisfação, observando a mudança brusca do companheiro. O menino, por sua vez, não disfarçava o júbilo no semblante infantil, e assim que o pai terminou as explicações afetuosas, sempre envolvido nas irradiações magnéticas do bondoso instrutor, dirigiu-se novamente ao chefe da casa, perguntando:

— Papai, porque você não vem rezar, de noite, comigo?

O genitor trocou expressivo olhar com a esposa e falou ao pequenino:

— Tenho tido sempre muito serviço à noite, mas voltarei hoje mais cedo para acompanhar Tuas preces.

E sorrindo, com paternal alegria, acrescentou: — Já sabes orar sozinho?

O pequeno redarguiu, satisfeito:

— Mamãe ensina-me todas as noites a rezar por você. Quer ver?

E, abandonando o talher, instintivamente olhou para o alto, de mãos postas, e recitou:

"Meu Deus, guarda o papai nos caminhos da vida, dá-lhe saúde, tranquilidade e coragem nas lutas de cada dia! Assim seja!"

MISSIONÁRIOS DA LUZ | CAP. 13

ALEXANDRE

A essa altura, Alexandre interrompeu-se, talvez ponderando o tempo gasto em nossa conversação, como quem sentia necessidade de pôr termo à palestra, observou:

— Todo plano traçado na esfera superior tem por objetivos fundamentais o bem e a ascensão, e toda alma que reencarna no círculo da Crosta, ainda aquela que se encontre em condições aparentemente desesperadoras, tem recursos para melhorar sempre.

Logo após, convidou-me o orientador amigo a nos aproximarmos do casal.

Recordou Alexandre que a hora ia adiantada e devíamos entregar aos cônjuges felizes o sagrado depósito.

Os Construtores, por intermédio do mentor que os dirigia, pediram-lhe fizesse a prece daquele ato de confiança e observei que profundo silêncio se fizera entre todos.

Dispunha-se o instrutor ao serviço da oração, quando Raquel se lhe aproximou, e pediu, humilde:

— Boníssimo amigo, se é possível, desejaria receber meu novo filho, de joelhos!...

Alexandre aquiesceu sorrindo e, mantendo-se entre ela, genuflexa, e Adelino que se conservava, como nós outros, de pé, extremamente comovido, começou a orar, estendendo as mãos generosas para o alto:

"– Pai de Amor e Sabedoria, digna-Te abençoar os filhos de Tua Casa Terrestre, que vão partilhar contigo, neste momento, a divina faculdade criadora! Senhor, faze descer, por misericórdia, a Tua bênção neste ninho afetuoso, transformado em asilo de reconciliação. Aqui nos reunimos, companheiros de luta no passado, acompanhando o amigo que retorna ao testemunho de humildade e compreensão de Tua lei!

Oh! Pai, fortifica-o para a travessia longa do rio do esquecimento temporário, permite que possamos manter sempre viva a sua esperança, ajuda-nos, ainda e sempre, para que possamos vencer todo o mal!

Concede aos que recebem agora o novo ministério de orientação do lar, com o nascimento de um novo filho, a Tua luz generosa e santificada, que dissipa todas as sombras! Fortalece-lhes, Senhor, a noção de responsabilidade, abre-lhes a porta de Tua confiança sublime, conserva-os na bendita alegria de Teu amor desvelado! Restaura-lhes a energia para que recebam, jubilosos, a missão da renúncia até ao fim, santifica-lhes os prazeres para que não se percam nos despenhadeiros da fantasia!

Este, Senhor, é um ato de confiança de Tua bondade infinita que desejamos honrar para sempre! Abençoa, pois, o nosso trabalho amoroso e, sobretudo, Pai, suplicamos Tua graça para a nossa irmã que se entrega, reverente, ao divino sacrifício da maternidade. Unge-lhe o coração com a Tua magnanimidade paternal, intensifica-lhe o bom ânimo, dilata-lhe a fé no futuro sem fim! Sejam para ela, em particular, os nossos melhores pensamentos, nossos votos de paz e esperanças mais puras!

Acima de tudo, porém, Senhor, seja feita a Tua vontade em todos os recantos do universo, e que nos caiba, a nós, humildes servos de Teu reino, a alegria incessante de reverenciar-Te e obedecer-Te para sempre!..."

MISSIONÁRIOS DA LUZ | CAP. 20

ALEXANDRE

Em seguida, o instrutor levantou-se e, sorridente, abraçou cada um de nós, dirigindo-nos palavras de incitamento ao Bem e à Verdade, enchendo-nos de coragem e fé.

Equilibrados pela sua palavra esclarecida, os aprendizes não ousaram pronunciar qualquer exclamação, filha da ternura indiscreta. Estávamos todos edificados, em posição serena e digna. Epaminondas, o discípulo mais respeitável de nosso círculo, tomou a palavra e agradeceu, sobriamente, estampando nas afirmativas nossos sentimentos mais nobres e endereçando ao instrutor amigo nossos ardentes votos de paz e êxito, na continuidade de seus trabalhos gloriosos.

Vimos que Alexandre recebia nossas vibrações de amor e reconhecimento em meio de profunda emoção. Sua fronte venerável emitia sublimes irradiações de luz.

Terminada a breve saudação do companheiro, pronunciou algumas frases de agradecimento, que não merecíamos, e falou:

— Agora, meus amigos, elevemos ao Cristo nossos pensamentos de júbilo e gratidão, consagrando-lhe as inesquecíveis emoções de nosso adeus.

Manteve-se de pé, cercado de intensa luz safirino-brilhante, e, de olhos erguidos para o alto, estendeu os braços como se conversasse com o Mestre presente, embora invisível, orando com infinita beleza:

Senhor,

Sejam para o Teu coração misericordioso

Todas as nossas alegrias, esperanças e aspirações!

Ensina-nos a executar Teus propósitos desconhecidos,

Abre-nos as portas de ouro das oportunidades do serviço

E ajuda-nos a compreender a Tua vontade!...

Seja o nosso trabalho a oficina sagrada de bênçãos infinitas,
Converte-nos as dificuldades em estímulos santos,
Transforma os obstáculos da senda em renovadas lições...
Em Teu nome,
Semearemos o bem onde surjam espinhos do mal,
Acenderemos Tua luz onde a treva demore,
Verteremos o bálsamo do Teu amor onde corra o pranto do sofrimento,
Proclamaremos Tua bênção onde haja condenações,
Desfraldaremos Tua bandeira de paz junto às guerras do ódio!

Senhor,
Dá que possamos servir-Te
Com a fidelidade com que nos amas,
E perdoa nossas fragilidades e vacilações na execução de Tua obra.
Fortifica-nos o coração
Para que o passado não nos perturbe e o futuro não nos inquiete,
A fim de que possamos honrar-Te a confiança no dia de hoje,
Que nos deste
Para a renovação permanente até à vitória final.
Somos tutelados na Terra,
Confundidos na lembrança
De erros milenares,
Mas queremos, agora,
Com todas as forças d'alma,
Nossa libertação em Teu amor para sempre!
Arranca-nos do coração as raízes do mal,
Liberta-nos dos desejos inferiores,
Dissipa as sombras que nos obscurecem a visão de Teu plano divino
E ampara-nos para que sejamos

Servos leais de Tua infinita sabedoria!
Dá-nos o equilíbrio de Tua lei,
Apaga o incêndio das paixões que, por vezes,
Irrompe, ainda,
No âmago de nossos sentimentos,
Ameaçando-nos a construção da espiritualidade superior
Conserva-nos em Tua inspiração redentora,
No ilimitado amor que nos reservaste
E que, integrados no Teu trabalho de aperfeiçoamento incessante,
Possamos atender-Te os sublimes desígnios,
Em todos os momentos,
Convertendo-nos em servidores fiéis de Tua luz, para sempre!
Assim seja.

OBREIROS DA VIDA ETERNA | CAP. 1

CORO DO TEMPLO ENTOANDO O HINO
"GLÓRIA AOS SERVOS FIÉIS"

Jerônimo, o orientador de nossas atividades pela nobreza de sua posição, percebendo-me a curiosidade perante as movimentadas conversações em derredor, explicou, gentil:

— Muito justa a atenção, em torno do assunto. Admito que a quase totalidade dos interessados e estudiosos que afluem à casa integram comissões e agrupamentos de socorro nas regiões menos evoluídas.

E demorando o olhar nas fileiras de jovens e velhos que demandavam o interior, acrescentou:

— A palavra do instrutor Albano Metelo merece a consideração excepcional da noite. Trata-se dum campeão das tarefas de auxílio aos ignorantes e sofredores dos círculos imediatos à Crosta terrestre. Somos aqui diversos grupos de aprendizes, e a experiência dele nos proporcionará infinito bem.

Breves minutos decorreram e penetramos, por nossa vez, o recinto radioso.

Vagavam no ar suaves melodias, precedendo a palavra orientadora. Flores perfumosas, ornamentando o ambiente, embalsamavam a nave ampla.

Alguns instantes agradabilíssimos de espera e o emissário apareceu na tribuna simples, magnificamente iluminada. Era um ancião de porte respeitável, cujos cabelos lhe teciam uma coroa de neve luminosa. De seus olhos calmos, esplêndidamente lúcidos, irradiavam-se forças simpáticas que de súbito nos dominaram os corações. Depois de estender sobre nós a mão amiga, num gesto de quem abençoa, ouviu-se o coro do Templo entoando o hino "Glória aos Servos Fiéis":

Ó Senhor!
Abençoa os Teus servos fiéis,
Mensageiros de Tua paz,
Semeadores de Tua esperança.
Onde haja sombras de dor,
Acende-lhes a lâmpada da alegria;
Onde domine o mal, ameaçando a obra do bem,
Abre-lhes a porta oculta de Tua misericórdia;

Onde surjam acúleos do ódio,
Auxilia-nos a cultivar as flores bem-aventuradas de Teu sacrossanto amor!

Senhor! são eles
Teus heróis anônimos,
Que removem pântanos e espinheiros,

Cooperando em Tua divina semeadura...
Concede-lhes os júbilos interiores,
Da claridade sagrada em que se banham as almas redimidas.
Unge-lhes o coração com a harmonia celeste
Que reservas ao ouvido santificado;
Descortina-lhes as visões gloriosas
Que guardas para os olhos dos justos;
Condecora-lhes o peito com as estrelas da virtude leal...

Enche-lhes as mãos de dádivas benditas
Para que repartam em Teu nome
A lei do bem,
A lua da perfeição,
O alimento do amor,
A veste da sabedoria,
A alegria da paz,
A força da fé,
O influxo da coragem,
A graça da esperança,
O remédio retificador!...

Ó Senhor,
Inspiração de nossas vidas,
Mestre de nossos corações,
Refúgio dos séculos terrestres!
Faze brilhar Teus divinos lauréis
E Teus eternos dons,
Na fronte lúcida dos bons —
Os Teus servos fiéis!

OBREIROS DA VIDA ETERNA | CAP. 3

CORNÉLIO

 Minha gramínea estava, agora, tão viva e tão bela que o pensamento de angustiosa saudade do meu antigo lar ameaçou, de súbito, meu coração ainda frágil. Não eram aquelas as flores miúdas que a esposa colocava, diariamente, no quarto isolado, de estudo? Não eram as mesmas que integravam os delicados ramos que os filhos me ofereciam aos domingos pela manhã? Vigorosas reminiscências absorveram-me o ser, oprimindo-me inesperadamente a alma, e eu perguntava a mim mesmo por que mistério o Espírito enriquecido de observações e valores novos, respirando em campos mais altos da inteligência, tem necessidade de voltar ao pequenino círculo do coração, como a floresta luxuriante e imponente que não prescinde da singela e reduzida gota d'água para dessedentar-lhe as raízes... Senti o anseio mal disfarçado de arrebatá-los compulsoriamente da Crosta, transportando-os para junto de mim, desejoso de reuni-los, ao meu lado, em novo ninho, sem separação e sem morte, a fazer-lhes experimentar os júbilos da vida eterna... Minhas lágrimas estavam prestes a cair. Bastou, no entanto, um olhar de Jerônimo para que eu me reajustasse.

 Arremessei para muito longe de mim toda a ideia angustiosa e consegui reaver a posição do cooperador decidido nas edificações do momento.

 Cornélio, de pé, ante a paisagem viva, enquanto nos mantínhamos sentados, estendeu os braços na direção do Alto e suplicou:

 — Pai da Criação infinita, permite, ainda uma vez, por misericórdia, que os Teus mensageiros excelsos sejam portadores de Tua inspiração celeste para esta casa consagrada aos júbilos de Tua bênção!... Senhor, fonte de toda a Sabedoria, dissipa as sombras que ainda persistem em nossos corações, impedindo-nos a gloriosa visão do porvir que nos reservaste; faze vibrar, entre nós, o pensamento augusto e soberano da confiança sem mescla e deixa-nos perceber a corrente benéfica de Tua bondade infinita, que nos lava a mente mal desperta e ainda eivada de escuras recordações do mundo carnal!... Auxilia-nos a receber dignamente Teus devotados emissários!...

Focalizando a mente em nossos trabalhos, o Instrutor prosseguiu, noutra inflexão de voz:

— Sobretudo, ó Pai, abençoa os Teus filhos que partem, a caminho dos círculos inferiores, semeando o bem. Reparte com eles, humildes representantes de Tua grandeza, os Teus dons de infinito amor e de inesgotável sabedoria, a fim de que se cumpram Teus sagrados desígnios... Acima, porém, de todas as concessões, proporciona-lhes algo de Tua divina tolerância, de Tua complacência sublime, de Tua ilimitada compreensão, para que satisfaçam, sem desesperação e sem desânimo, os deveres fraternais que lhes cabem, ante os que ignoram ainda as Tuas leis e sofrem as consequências dos desvios cruéis ....

OBREIROS DA VIDA ETERNA | CAP. 6

ZENÓBIA

Deveria o interpelado experimentar extrema dificuldade na audição, porque só depois de pronunciado o seu nome, diversas vezes, foi que, como alguém que registrasse sons de muito longe, exclamou irritadiço:

— Quem me chama? quem me chama? Ó poderes orgulhosos que desconheço, deixai-me no inferno! não atenderei a ninguém, não desejo o céu reservado a prediletos... pertenço aos demônios do abismo! não me perturbem!... odeio, odiarei para sempre!...

— Quem Te chama?! — considerou a diretora, delicada e afetuosamente — somos nós que Te desejamos o bem.

O infeliz, entretanto, ao que observei, não se apercebeu da frase confortadora, porque continuou praguejando, insensível:

— Malvados! gozam no paraíso, enquanto sofremos dores atrozes! Hão de pagar-nos! Deram-me direitos no mundo, prometeram-me a paz celestial, conferiram-me privilégios sacerdotais e precipitaram-me nas trevas! Desalmados! Satã é mais benigno!...

Nossa venerável irmã, no entanto, longe de irritar-se, falou pacientemente:

— Pediremos a Jesus Te restitua, ainda que por alguns momentos, o dom de ouvir.

Solicitando-nos acompanhar-lhe a rogativa, invocou:

— Senhor, dá que possamos amparar Teu infeliz tutelado! Tens o pão que extingue a fome de justiça, a água eterna que sacia a sede de paz, o remédio que cura, o bálsamo que alivia, o verbo que esclarece, o amor que santifica, o recurso que salva, a luz que revela o bem, a providência que retifica, o manto acolhedor que envolve a esperança em Tua misericórdia!... Mestre, tu, que fazes descer a bendita luz de Teu reino aos que ainda choram no vale das sombras, concede que o Teu discípulo transviado possa ouvir aqueles que o amam!... Pastor divino, compadece-Te da ovelha desgarrada do aprisco de Teu coração! Permite que aos seus ouvidos tenham acesso os ecos suaves de Teu infinito amor!... Concede-nos semelhante alegria, não por méritos que não possuímos, mas por acréscimo de Tua inesgotável bondade!...

OBREIROS DA VIDA ETERNA | CAP. 7

ERNESTINA

De olhos lacrimosos, perdidos agora no espaço, a evocar, talvez, paisagens de muito longe, o ex-sacerdote comentou:

— Oh! mamãe, que saudade de minhas preces em criança!... Nesse tempo que vai tão longe, ensinavas-me a ver o Criador do universo em todas as dádivas da natureza. Meu coração banhava-se, feliz, na fonte cristalina da confiança e o amor da simplicidade habitava minh'alma venturosa!... Depois, no torvelinho do mundo, perverti-me ao contato dos homens ambiciosos e maus. Ao invés da piedade, cultivei a indiferença; em lugar do amor fraterno, legítimo e ativo, coloquei o ódio inexorável aos semelhantes; ocultei o coração e exibi a máscara, fugi às verdades de Deus e fantasiei-me de humanas ilusões!

por que fraquezas singulares pode o homem operar semelhante permuta? por que menosprezar tesouros de vida eterna e mergulhar-se em tão sinistros enganos? Oh! tu que conservaste a doce confiança do primeiro dia; que nunca sorveste o venenoso absinto que me embebedou na Terra, faze-me esquecer, por piedade, o homem cruel que eu fui!... Anseio retornar à serenidade ingênua do berço, angustia-me a sede de tornar à verdadeira fé! Ajuda-me a dobrar os joelhos, novamente, e a rezar de mãos postas para que o Pai do Céu me faça esperar sem aflição e esquecer o mal sem olvidar o bem!...

Ernestina, extremamente emocionada, auxiliou-o a prosternar-se, amparando-o, porém, com inexcedível ternura.

Em seguida, copiando os gestos das mãezinhas cuidadosas e desveladas segurando criança tenra, uniu-lhe as mãos em súplica e, chorando para dentro de si mesma, disse-lhe:

— Repete, filho, as minhas palavras.

Numa cena comovedora, que jamais me fugirá da recordação, a dedicada genitora orou pausadamente, acompanhando-a Domênico, sentença por sentença:

— Senhor Jesus!
— Senhor Jesus!
— Eis-me aqui,
— Eis-me aqui,
— Doente e cansado aos Teus pés,
— Doente e cansado aos Teus pés,
— Compadece-Te de mim, bem-amado pastor, de mim, ovelha desgarrada de Teu rebanho... Ofuscou-me o brilho falso da vaidade humana, a ilusão terrestre embotou-me o raciocínio, o egoísmo enrijeceu-me o coração e caí no precipício da ignorância, como leproso do sentimento. Tenho chorado e sofrido amargamente, Senhor, minha defecção espiritual. Mas eu sei que és o divino Médico, dedicado aos infelizes e transviados do caminho... Por piedade, livra-me da prisão de mim mesmo, liberta-me do mal resultante de minhas próprias ações, faze que meus olhos se abram à luz divina! Nutre-me com a Tua verdade soberana, ampara-me a esperança de regeneração! Senhor, dá-me forças para ressarcir todas as dívidas, curar todas as chagas, corrigir todos os erros que se acham vivos dentro de mim... Perdoa-me, concedendo-me recursos para o resgate, não me deixes entregue aos resquícios das paixões que eu mesmo criei

impensadamente, favorecendo-me com as Tuas repreensões silenciosas nas situações disciplinares e, sobretudo, Benfeitor sublime, retribui aos Teus servos que me auxiliam, nesta hora, conferindo-lhes renovadas bênçãos de energia e paz, a fim de que auxiliem a outros corações tão extenuados e caídos quanto o meu! Jesus, confiaremos em Tua compaixão para sempre! Assim seja!

OBREIROS DA VIDA ETERNA | CAP. 9

ZENÓBIA

  A diretora informou-nos, afável, de que todas as noites se verificavam trabalhos de oração para os asilados e para o pessoal administrativo, salientando que, nesses últimos, se reunia em pessoa com todos os subchefes da organização que não se encontrassem inibidos por motivos de serviço. Naquela oportunidade, éramos ali trinta e cinco criaturas, presas ao doce magnetismo daquela mulher que tão bem sabia desempenhar a excelsa missão educativa. A cabeceira do grande móvel referido, cercado pelas poltronas confortáveis que ocupávamos em duas filas, sentou-se Zenóbia, radiante, mantendo-se de frente para a tela constituída de tecido diáfano, semelhando tenuíssima gaze. Trinta e cinco mentes, interessadas na aquisição de luz divina, uniam-se à dela, para as vibrações de reconhecimento e paz.
  Gotuzo, próximo de mim, entregou-se a profunda meditação.
  Solicitando-nos acompanhar-lhe mentalmente as palavras, a instrutora iniciou a oração comovente e sublime:
  "Senhor da Vida: nossos corações transbordantes de júbilo Te agradecem as bênçãos de cada dia!
  Permite que nos reunamos, em Teu nome, nesta noite bendita de felicidade e esperança, para manifestar-Te nossa gratidão imperecível.
  Não Te rogamos, Senhor, vantagens e benefícios para nós outros, ricos que somos de Tua luz e misericórdia, mas suplicamos ao eu coração augusto

nos sejam concedidos os dons do equilíbrio e da equidade, para que saibamos distribuir nossa divina herança e não dissipemos, em vão, a glória de Tuas dádivas. Fortifica-nos a noção de harmonia para sermos cooperadores leais de Teus santos desígnios.

Erguemo-nos do abismo do passado, por Tua bondade vigilante, e aqui nos encontramos para servir-Te! Entretanto, Pai, vergados ao peso das inclinações humanas, por nós cultivadas com desvarios emotivos, durante milênios, não prescindimos de Tua disciplina e de Tua força paternal. Dá-nos o clima sadio da libertação de nós mesmos! Magnetizados pelas nossas recordações do pretérito, nem sempre Te compreendemos a vontade soberana e criteriosa. Anula-nos o personalismo inferior para que a consciência do universo nos esclareça o coração. Levanta-nos o raciocínio para mais alto entendimento; faze-nos vibrar no campo de Teus divinos Pensamentos!

Puseste em nossa boca o verbo construtivo, encheste-nos a alma de luz e tranquilidade, a fim de colaborarmos em Tua obra. Deste-nos, neste pouso de amor fraterno, companheiros dedicados ao bem, e, em torno de nossa tarefa pequenina, colocaste a multidão dos aflitos e sofredores.

Ó Senhor! como somos felizes pela possibilidade de ministrar em Teu nome consolações e esclarecimentos! Contudo, nós Te imploramos inspiração e roteiro, considerando as responsabilidades dos que Te recebem a mordomia da salvação! Ensina-nos a agir desapaixonadamente; infunde-nos respeito pela autoridade que nos deste; ajuda-nos a desprender a mente das criações individuais, para que Te sintamos mais de perto no esforço coletivo da elevação comum! E toda vez que nossos atos traduzam interferência indébita do livre arbítrio na execução de Tuas leis, repreende-nos, severamente, para que não persistamos no desvio impensado. Somos Teus filhos frágeis e confiantes! Todas as Tuas resoluções, a nosso respeito, são excelentes e belas. Concede-nos, pois, bastante visão, de modo a enxergarmos nossa ventura em Teus desígnios, sejam quais forem!

Somos servos humildes de Tua sabedoria gloriosa!

Neste celeiro de paz consoladora, recebemos, através de mil recursos diferentes, a Tua presença indireta, com a qual são atendidos os que choram e padecem.

Ó Pai Compassivo! que felicidade maior que esta, a de espalhar, com Nosso Senhor Jesus Cristo, as Tuas bênçãos redentoras e carinhosas? que escola mais rica, além da que se localiza nesta casa, onde aprendemos, jubilosos, a exercer o dom sublime de dar?"

A instrutora interrompeu-se, de voz afogada na emoção com que se dirigia a Deus, e, aludindo à realização particular que efetuara naquela noite, prosseguiu, depois de longa pausa, comovendo-nos a todos:

— "Dilatando-nos a alegria, estimulando-nos a coragem, santificando-nos a esperança, tu permites ainda, Senhor, que possamos atender ao coração interessado em lenir e confortar Espíritos queridos, que se perderam de nossa companhia no curso incessante do tempo!"

Nova pausa da orientadora. Em seguida, imprimindo suave entono às palavras que pronunciava, a irmã Zenóbia concluiu:

— "De alma voltada para a Tua magnanimidade, endereçamos-Te reconhecimento sem termo!

Sê louvado por todos os milênios dos milênios, sê glorificado por todos os seres da Criação! Teus servidores nesta casa de edificação agradecem-Te as oportunidades preciosas de trabalho e esperam a continuidade de Tuas bênçãos. Que a Tua infinita luz seja refletida em todo o universo infinito! Assim seja."

OBREIROS DA VIDA ETERNA | CAP. 16

FÁBIO

O relógio marcava alguns minutos além das dezenove horas.

Silveira, que se havia ausentado, voltou depressa, falando particularmente a Jerônimo, a quem informou:

— Tudo pronto. Conseguiremos a reunião exclusiva da família.

O assistente mostrou satisfação e salientou a necessidade de acelerar o ritmo do trabalho. O bondoso pai desencarnado movimentou-se. A tecla mais sensível à nossa atuação foi quando Fábio se dirigiu à esposa, ponderando:

— Creio não devermos adiar o serviço da prece. Sinto-me inexplicavelmente melhor e desejaria aproveitar a pausa do repouso.

Dona Mercedes, a abnegada senhora, trouxe ambas as crianças, que se sentaram na posição respeitosa de ouvintes. E enquanto a esposa se acomodava ao lado dos pequenos, o enfermo, auxiliado pelo pai, abriu o Novo Testamento, na primeira epístola de Paulo de Tarso aos Coríntios e leu o versículo 44 do capítulo 15:

"Semeia-se corpo animal, ressuscitará corpo espiritual. Há corpo animal, e há corpo espiritual."

Fez-se curto silêncio, que o doente interrompeu, iniciando a prece, comovido:

— Rogo a Deus, nosso eterno Pai, me inspire na noite de hoje, para conversarmos intimamente e espero que a divina Providência, por intermédio de seus abençoados mensageiros, me ajude a enunciar o que desejo, com a facilidade necessária. Enquanto possuímos plena saúde física, enquanto os dias e as noites correm serenos, supomos que o corpo seja propriedade nossa. Acreditamos que tudo gira na órbita de nossos impulsos, mas... ao chegar a enfermidade, verificamos que a saúde é tesouro que Deus nos empresta, confiante.

OBREIROS DA VIDA ETERNA | CAP. 16

CARLINDO

Verificava-se que o enfermo despendera muito esforço. Fatigara-se.

O genitor retirou a destra da fronte de Fábio, desaparecendo a corrente fluídico-luminosa que o ajudara a pronunciar aquela impressionante alocução de amor acrisolado.

Demonstrando sublime serenidade nos olhos brilhantes, recostou-se nos volumosos travesseiros, algo abatido.

Dona Mercedes compôs a fisionomia, afastando os vestígios das lágrimas, e falou para o filhinho mais velho:

— Você, Carlindo, fará a prece final.

Fábio mostrou satisfação no semblante, enquanto o rapazinho erguia, obediente à recomendação ouvida. Com naturalidade, recitou curta oração que aprendera dos lábios maternos:

— Poderoso Pai dos Céus, abençoa-nos, concedendo-nos a força precisa para a execução de Tua lei, trazida ao mundo com o Evangelho de Nosso Senhor Jesus Cristo. Faze-nos melhores no dia de hoje para que possamos encontrar-Te amanhã. Se permites, ó meu Deus! nós Te pedimos a saúde do papai, de acordo com a Tua soberana vontade. Assim seja!...

OBREIROS DA VIDA ETERNA | CAP. 20

ADELAIDE

A irmã Zenóbia solicitou que a esperássemos na câmara consagrada à prece, onde nos abraçaria, dando-nos as despedidas.

Reunidos em alegria franca, aguardávamos a diretora nas melhores expansões de entendimento fraternal.

Zenóbia, poucos momentos depois, dava entrada no salão, seguida de grande número de auxiliares, e, como sempre, veio até nós, bondosa e acolhedora. Estimava, sobremaneira, a expedição e devotara-se carinhosamente aos recém-libertos. Em vista disso, cercava-nos de atenção pessoal e direta, naquele momento de maravilhoso adeus.

Assumindo a posição de orientadora dos trabalhos, exortou-nos, de modo comovente, à fiel execução da Vontade divina, comentando a beleza das obrigações de fraternidade que se entrelaçam, no universo, fortalecendo a grandeza da vida. Por fim, saudando individualmente os recém-desencarnados, recomendou a Adelaide pronunciasse, ali, a oração de graças, que faria acompanhar do hino de reconhecimento que ela, Zenóbia, nos ofereceria, em sinal de afetuoso apreço.

Adelaide levantou-se, em meio de profundo silêncio, e orou, fervorosa, comovida:

— A ti, Senhor, nossos agradecimentos por esta hora de paz intraduzível e de infinita luz. Agora, que cessou a nossa oportunidade de trabalho nos círculos da carne, nós Te agradecemos os benefícios recolhidos, as aquisições realizadas, os serviços levados a efeito... Mais que nunca, reconhecemos hoje a Tua magnanimidade indefinível que nos utilizou o deficiente instrumento na concretização de sublimes desígnios! Vacilantes e frágeis, como as aves que mal ensaiam o primeiro voo longe do ninho, encontramo-nos aqui, venturosos e confiantes, ao pé de Teus desvelados emissários que nos ampararam até ao fim!... Como agradecer-Te o tesouro inapreciável de bênçãos celestes? Teu carinho santificante seguiu-nos, passo a passo, em todos os minutos de permanência no vale das sombras e, não satisfeito, Teu inesgotável amor acompanha-nos, ainda, nesta retirada da velha Babilônia de nossas paixões amargurosas e milenárias.

Quase sufocada de emoção, a missionária fez reduzido silêncio para conter as lágrimas, e continuou:

— Nada fizemos por merecer-Te a assistência bendita. Nenhum mérito possuímos, além de boa vontade construtiva. Claudicamos, vezes sem número, dando pasto aos caprichos envenenados que nos obscureciam a consciência; falimos frequentemente, cedendo a sugestões menos dignas. Entretanto, Jesus amado, converteste-nos o trabalho humilde em manancial de ventura que nos alimenta o coração, soerguido para as esferas mais altas. Desculpa-nos, Mestre, a imperfeição de aprendizes, traço predominante de nossa personalidade libertada. Não possuímos nada de belo para oferecer-Te, ó Benfeitor divino! senão o coração sincero e humilde, vazio agora das abençoadas preocupações que o nutriam na crosta da Terra... Recebe-o, Mestre, como demonstração da confiança de Teus discípulos pequeninos, e enche-o, de novo, com as Tuas sacrossantas determinações! Reconhecidos à Tua inesgotável misericórdia, agradecemos a ternura de Tuas bênçãos, mas, se nos deste proteção e consolo não nos retires o trabalho e o ensejo de servir. Conduze-nos aos Teus "outros apriscos" e renova-nos, por compaixão, a bênção de sermos úteis em Tua causa. Cheios de alegria, abençoamos o valioso suor que nos proporcionaste na esfera da carne purificadora, onde, ao influxo de Tua benignidade retificamos velhos erros do coração... Bendizemos o caminho áspero que nos ensinou a descobrir Tuas dádivas ocultas, beijamos a cruz do sofrimento, do testemunho e da morte, de cujos braços nos foi possível contemplar a grandeza e a extensão de Tuas bênçãos eternas!...

— Adelaide fez nova pausa, enxugando o pranto de emoção, enquanto a seguíamos sensibilizados, e prosseguiu:

— Agora, Senhor, assinalando nossos agradecimentos aos Teus emissários que nos estenderam mãos amigas, nas últimas dificuldades da moléstia depuradora, deixa que Te roguemos amoroso auxílio para todos aqueles, menos felizes que nós, que ainda gemem e padecem nas sendas estreitas da incompreensão. Inspira os Teus discípulos iluminados para que Te representem o espírito sublime, ao lado dos ignorantes, dos criminosos, dos desviados, dos perversos. Toca o sentimento de caridade fraternal dos Teus continuadores fiéis para que continuem revelando o benefício e a luz de Tua lei. E, ao encerrar este ato de sincera gratidão, enviamos nosso pensamento de alegria e louvor a todos os companheiros de luta, nos mais diversos departamentos da vida planetária, convidando-os, em espírito, a glorificarem Teu nome, Teus desígnios e Tuas obras, para sempre. Assim seja!

OBREIROS DA VIDA ETERNA | CAP. 20

ZENÓBIA

Finda a prece comovedora, a irmã Zenóbia veio abraçar Adelaide, extremamente sensibilizada, e, logo após, reassumindo o lugar, recomendou aos auxiliares ajudassem-na no formoso cântico de agradecimento ao círculo terreno que os irmãos libertos acabavam de deixar. Imergindo-nos num dilúvio de vibrações cariciosas que nos arrancavam lágrimas de suave emoção, iniciou, ela própria, o hino de indefinível beleza:

Ó Terra — mãe devotada,
A ti, nosso eterno preito

De gratidão, de respeito
Na vida espiritual!
Que o Pai de Graça infinita
Te santifique a grandeza
E abençoe a natureza
Do Teu seio maternal!

Quando errávamos aflitos,
No abismo de sombra densa,
Reformaste-nos a crença
No dia renovador.
Envolveste-nos, bondosa,
Nos Teus fluidos de agasalho,
Reservaste-nos trabalho
Na divina lei do amor.

Suportaste-nos sem queixa
O menosprezo impensado,
No sublime apostolado
De terno e infinito bem.

Em resposta aos nossos crimes,
Abriste nosso futuro,
Desde as trevas do chão duro
Aos templos de luz do Além.

Em Teus campos de trabalho,
No transcurso de mil vidas,
Saramos negras feridas,
Tivemos lições de escol.

Nas Tuas correntes santas
De amor e renascimento,
Nosso escuro pensamento
Vestiu-se de claro sol.

Agradecemos-Te a bênção
Da vida que nos emprestas;
Teus rios, Tuas florestas,
Teus horizontes de anil,
Tuas árvores augustas,
Tuas cidades frementes,
Tuas flores inocentes
Do campo primaveril!...

Agradecemos-Te as dores
Que, generosa, nos deste,
Para a jornada celeste
Na montanha de ascensão.
Pelas lágrimas pungentes,
Pelos pungentes espinhos,
Pelas pedras dos caminhos:
Nosso amor e gratidão!

Em troca dos sofrimentos,
Das ânsias, dos pesadelos,
Recebemos-Te os desvelos
De mãe de crentes e incréus.
Sê bendita para sempre
Com Tuas chagas e cruzes!
As aflições que produzes!

São alegrias nos céus.

Ó Terra — mãe devotada,
A ti, nosso eterno preito
De gratidão, de respeito,
Na vida espiritual!
Que o Pai de Graça infinita
Te santifique a grandeza
E abençoe a natureza
Do Teu seio maternal!

NO MUNDO MAIOR | CAP. 1

EUSÉBIO

Sentamo-nos todos, à escuta, enquanto o instrutor se mantinha de pé; observando-o, quase frente a frente, eu podia agora apreciar-lhe a figura majestosa, respirando segurança e beleza. Do rosto imperturbável, a bondade e a compreensão, a tolerância e a doçura irradiavam simpatia inexcedível. A túnica ampla, de tom verde-claro, emitia esmeraldinas cintilações. Aquela vigorosa personalidade infundia veneração e carinho, confiança e paz.

Consolidada a quietude no ambiente, elevou a destra para o Alto e orou com inflexão comovedora:

Senhor da Vida,
Abençoa-nos o propósito

De penetrar o caminho da Luz!...

Somos Teus filhos,
Ainda escravos de círculos restritos,
Mas a sede do Infinito
Dilacera-nos os véus do ser.

Herdeiros da imortalidade,
Buscamos-Te as fontes eternas
Esperando, confiantes, em Tua misericórdia.

De nós mesmos, Senhor, nada podemos.
Sem Ti, somos frondes decepadas
Que o fogo da experiência
Tortura ou transforma...

Unidos, no entanto, ao Teu Amor,
Somos condicionadores gloriosos
De Tua Criação interminável.

Somos alguns milhares
Neste campo terrestre;
E, antes de tudo,
Louvamos-Te a grandeza
Que não nos oprime a pequenez...

Dilata-nos a percepção diante da vida,
Abre-nos os olhos
Enevoados pelo sono da ilusão
Para que divisemos Tua glória sem fim!...

Desperta-nos docemente o ouvido,
A fim de percebermos o cântico
De Tua sublime eternidade.
Abençoa as sementes de sabedoria
Que os Teus mensageiros esparziram
No campo de nossas almas;
Fecunda-nos o solo interior,
Para que os divinos germens não pereçam.
Sabemos, Pai,
Que o suor do trabalho
E a lágrima da redenção
Constituem adubo generoso
A floração de nossas sementeiras;
Todavia,
Sem Tua bênção,
O suor elanguesce
E a lágrima desespera...
Sem Tua mão compassiva,
Os vermes das paixões
E as tempestades de nossos vícios
Podem arruinar-nos a lavoura incipiente.

Acorda-nos, Senhor da Vida,
Para a luz das oportunidades presentes;
Para que os atritos da luta não as inutilizem,
Guia-nos os pés para o supremo bem;
Reveste-nos o coração
Com a Tua serenidade paternal,

Robustecendo-nos a resistência!

Poderoso Senhor,

Ampara-nos a fragilidade,

Corrige-nos os erros,

Esclarece-nos a ignorância,

Acolhe-nos em Teu amoroso regaço.

Cumpram-se, Pai amado,

Os Teus desígnios soberanos,

Agora e sempre.

Assim seja.

NO MUNDO MAIOR | CAP. 20

CIPRIANA

Cipriana, assumindo a direção da prece, fez-se acompanhar pelos colaboradores diretos que a seguiam no momento.

De alma genuflexa, vi-a de olhos erguidos para o alto, de onde jorrava intensa luz sobre a sua fronte... Do tórax, do cérebro e das mãos brotavam radiosas emissões de força divina, das quais ela se constituía visível intermediária para nós todos.

Alcançados pelos fulgurantes raios que fluíam de esfera superior através de sua personalidade sublime, sentíamo-nos embalados por indizível suavidade...

Harmonioso coro de uma centena de vozes bem afinadas cantou inolvidável hino de louvor ao Supremo Pai, arrancando-me copiosas lágrimas.

Logo após, a palavra comovente da instrutora vibrou no ambiente, exorando a proteção do Cristo:

Senhor Jesus,
Permanente inspiração de nossos caminhos,
Abre-nos, por misericórdia,
Como sempre,
As portas excelsas
De Tua providência incomensurável...

Doador da Vida,
Acorda-nos a consciência
Para semearmos ressurreição
Nos vales sombrios da morte;

Distribuidor do sumo Bem,
Ajuda-nos a combater o mal
Com as armas do espírito;

Príncipe da Paz,
Não nos deixes indiferentes
À discórdia
Que vergasta o coração
De nossos companheiros sofredores;

Mestre da Sabedoria
Afugenta para longe de nós
A sensação de cansaço
À frente dos serviços
Que devemos prestar

Aos nossos irmãos ignorantes;

Emissário do Amor divino,
Não nos concedas paz
Enquanto não vencermos
Os monstros da guerra e do ódio,
Cooperando contigo,
Em Tua augusta obra terrestre;

Pastor da Luz imortal,
Fortalece-nos,
Para que nunca nos intimidemos
Perante as angústias e desesperos das trevas;

Distribuidor da Riqueza infinita,
Supre-nos as mãos
Com Teus recursos ilimitados,
Para que sejamos úteis
A todos os seres do caminho,
Que ainda se sentem minguados
De Teus dons imperecíveis;

Embaixador angélico,
Não nos abandones ao desejo
De repousar indebitamente,
E converte-nos
Em Teus servidores humildes,
Onde estivermos;

Mensageiro da Boa-Nova,

Não permitas
Que nossos ouvidos adormeçam
Ao coro dos soluços
Dos que clamam por socorro
Nos círculos do sofrimento;

Companheiro da Eternidade,
Abençoa-nos as responsabilidades e deveres;
Não nos relegues à imperfeição
De que ainda somos portadores!

Dá-nos, amado Jesus, o favor de servir-Te
E que o supremo Senhor do universo Te glorifique
Para sempre.
Assim seja!...

LIBERTAÇÃO | CAP. 12

GÚBIO

Gúbio, sob nosso olhar comovido, afagava a fronte das três entidades sofredoras, parecendo liberar cada uma dos fluidos pesados que as entorpeciam, em profundo abatimento. Decorrida meia hora na evidente operação magnética de estímulo, endereçou novo olhar ao verdugo de Margarida, que lhe analisava os mínimos gestos com dobrada atenção, e interrogou:

— Saldanha, não Te agastarias se eu orasse em voz alta?

A pergunta obteve os efeitos de um choque.

–Oh! oh!... — fez o interpelado, surpreendido —, acreditas em semelhante panaceia?

Mas, sentindo-nos, de pronto, a infinita boa vontade, aduziu, confundido:
— Sim... sim... se querem...

Nosso instrutor valeu-se daquele minuto de simpatia e, alçando o pensamento ao Alto, deprecou, humilde:
— Senhor Jesus!
Nosso divino Amigo...
Há sempre quem peça pelos perseguidos,
mas raros se lembram de auxiliar os perseguidores!
Em toda parte, ouvimos rogativas
em benefício dos que obedecem,
entretanto, é difícil
surpreendermos uma súplica
em favor dos que administram.
Há muitos que rogam pelos fracos
para que sejam, a tempo, socorridos;
no entanto, raríssimos corações
imploram concurso divino para os fortes,
a fim de que sejam bem conduzidos.
Senhor, Tua justiça não falha.
Conheces aquele que fere e aquele que é ferido.
Não julgas pelo padrão de nossos desejos caprichosos,
porque o Teu amor é perfeito e infinito...
Nunca Te inclinaste tão somente
para os cegos, doentes e desalentados da sorte,
porque amparas, na hora justa,
os que causam a cegueira, a enfermidade e o desânimo...
Se salvas, em verdade, as vítimas do mal,
buscas, igualmente, os pecadores, os infiéis e os injustos.
Não menoscabaste a jactância dos doutores
e conversaste amorosamente com ele
no templo de Jerusalém.
Não condenaste os afortunados e, sim, abençoaste-lhes
as obras úteis.

Em casa de Simão, o fariseu orgulhoso,
não desprezaste a mulher transviada,
ajudaste-a com fraternas mãos.
Não desamparaste os malfeitores,
aceitaste a companhia de dois ladrões, no dia da cruz.
Se Tu, Mestre,
o Mensageiro imaculado,
assim procedeste na Terra,
quem somos nós,
Espíritos endividados,
para amaldiçoarmo-nos, uns aos outros?
Acende em nós a claridade dum entendimento novo!
Auxilia-nos a interpretar as dores do próximo por nossas
próprias dores.
Quando atormentados,
faze-nos sentir as dificuldades daqueles que nos atormentam
para que saibamos vencer os obstáculos em Teu nome.
Misericordioso amigo,
não nos deixe, sem rumo,
relegados à limitação dos nossos próprios sentimentos...
Acrescenta-nos a fé vacilante,
descortina-nos as raízes comuns da vida,
a fim de compreendermos, finalmente,
que somos irmãos uns dos outros.
Ensina-nos que não existe outra lei,
fora do sacrifício,
que nos possa facultar o anelado crescimento
para os mundos divinos.
Impele-nos à compreensão do drama redentor
a que nos achamos vinculados.
Ajuda-nos a converter o ódio em amor, porque não sabemos, em nossa condição de inferioridade, senão transformar o amor em ódio,
quando os Teus desígnios se modificam, a nosso respeito.
Temos o coração chagado e os pés feridos
na longa marcha, através das incompreensões que nos

são próprias,
e nossa mente, por isto,
aspira ao clima da verdadeira paz,
com a mesma aflição
por que o viajor extenuado no deserto
anseia por água pura.
Senhor,
infunde-nos o dom
de nos ampararmos mutuamente.
Beneficiaste os que não creram em Ti,
protegeste os que Te não compreenderam,
ressurgiste para os discípulos que Te fugiram,
legaste o tesouro
do conhecimento divino
aos que Te crucificaram e esqueceram...
Por que razão, nós outros,
míseros vermes do lodo ante uma estrela celeste,
quando comparados contigo,
recearíamos estender dadivosas mãos
aos que nos não entendem ainda?...
— É para eles, Senhor,
para os que repousam aqui em densas sombras,
que Te suplicamos a bênção!
Desata-os, Mestre da caridade e da compaixão,
liberta-os para que se equilibrem e se reconheçam...
Ajuda-os
a se aprimorarem nas emoções do amor santificante,
olvidando as paixões inferiores para sempre.
Possam eles sentir-Te
o desvelado carinho,
porque também Te amam e Te buscam,
inconscientemente,
embora permaneçam supliciados
no valo fundo
de sentimentos escuros e degradantes...

LIBERTAÇÃO | CAP. 18

GÚBIO

A reunião noturna guardava-nos surpreendente alegria.

Sob a doce claridade lunar, Gúbio assumiu a direção dos trabalhos e congregou-nos em largo círculo.

Era, efetivamente, nos menores gestos, precioso guia a conduzir-nos aos montes de elevação mental.

Recomendou-nos o esquecimento dos velhos erros e aconselhou-nos atitude interior de sublimada esperança, emoldurada em otimismo renovador, a fim de que as nossas energias mais nobres fossem ali exteriorizadas. Esclareceu que um caso de socorro, quando orientado nos princípios evangélicos, qual sucedia no problema de Margarida, é sempre suscetível de comunicar alívio e iluminação a muita gente, elucidando, ainda, que ali nos encontrávamos para receber a bênção do plano superior, mas, para isso, tornava-se imperioso guardar inequívoca posição de superioridade moral, porque o pensamento, em reunião qual aquela, punha em jogo forças individuais de suma importância no êxito ou no fracasso do tentame.

De todas as fisionomias transbordavam o contentamento e a confiança, quando o nosso orientador, erguendo a voz no cenáculo de fraternidade, rogou humilde e comovente:

— Senhor Jesus, digna-Te abençoar-nos, discípulos Teus, sequiosos das águas vivas do Reino celeste!

Aqui nos congregamos, aprendizes de boa vontade, à espera de Tuas santificadas determinações.

Sabemos que nunca nos impediste o acesso aos celeiros da graça divina e não ignoramos que a Tua luz, quanto a do Sol, cai sobre santos e pecadores, justos e injustos... Mas nós, Senhor, nos achamos atrofiados pela própria imprevidência. Temos o peito ressecado pelo egoísmo e os pés congelados na indiferença, desconhecendo o próprio rumo. Todavia, Mestre, mais que a surdez que nos toma os ouvidos e mais que a cegueira que nos absorve o olhar, padecemos, por desdita nossa, de extrema petrificação na vaidade e no orgulho que, através de muitos séculos, elegemos por nossos condutores nos despenhadeiros da sombra e da morte; mas confiamos em Ti, cuja influência santificante regenera e salva sempre.

Poderoso Amigo, Tu que abres o seio da Terra pela vontade do supremo Pai, usando a lava comburente, liberta-nos o espírito dos velhos cárceres do "eu", ainda que para isso sejamos compelidos a passar pelo vulcão do sofrimento! Não nos relegues aos precipícios do passado. Descerra-nos o futuro e inclina-nos a alma à atmosfera da bondade e da renúncia.

Dentro da extensa noite que improvisamos para nós mesmos, pelo abuso dos benefícios que nos emprestaste, possuímos tão somente a lanterna bruxuleante da boa vontade, que a ventania das paixões pode apagar de um momento para outro.

Ó Senhor! livra-nos do mal que amontoamos no santuário de nossa própria alma! Abre-nos, por piedade, o caminho salvador que nos faça dignos de Tua com paixão divina. Revela-nos Tua vontade soberana e misericordiosa, a fim de que, executando-a, possamos alcançar, um dia, a glória da ressurreição verdadeira.

Distanciados, agora, do corpo de carne, não nos deixes cadaverizados no egoísmo e na discórdia.

Envia-nos, magnânimo, os mensageiros de Tua bondade infinita, para que possamos abandonar o sepulcro de nossas antigas ilusões!

ENTRE A TERRA E O CÉU | CAP. 6

LISBELA

Hilário e eu penetramos a sala desataviada e estreita.

Uma senhora ainda jovem, mas extremamente abatida, achava-se de pé, junto de três lindas crianças, dois rapazinhos entre 11 e 12 anos e uma loura pequerrucha, certamente a caçula da família, que pousava na mãezinha os belos olhos azuis.

Num recanto do compartimento humilde, triste velhinho desencarnado como que se colocava à escuta.

Dona Antonina colocou sobre a toalha muito alva dois copos com água pura, tomou um exemplar do Novo Testamento e sentou-se.

Logo após, falou carinhosamente:

— Se não me falha a memória, creio que a prece de hoje deve ser feita por Lisbela.

A pequenita levou as minúsculas mãos ao rosto, apoiou graciosamente os cotovelos sobre a mesa e, cerrando os olhos, recitou:

— Pai Nosso que estais no Céu, santificado seja o Vosso nome, venha a nós o Vosso Reino, seja feita a Vossa vontade assim na Terra como nos Céus, o pão nosso de cada dia dai-nos hoje, perdoai as nossas dívidas, assim como perdoamos aos nossos devedores, não nos deixeis cair em tentação e livrai-nos de todo mal, porque Vosso é o Reino, o poder e a glória para sempre. Assim seja.

ENTRE A TERRA E O CÉU | CAP. 28

CLARÊNCIO

Junto de nós, o orientador, solícito, explicou:

— O doentinho encontra grande alívio em contato com os fluidos domésticos. O reequilíbrio da alma no ambiente que lhe é familiar no mundo constitui base firme para o êxito da reencarnação.

Não prosseguiu, contudo.

Irmã Clara fez-lhe expressivo aceno e o nosso instrutor penetrou, sozinho, a câmara conjugal, sem dúvida para certificar-se quanto à conveniência de confiarmos o pequenino à sua futura mãe.

Transcorridos alguns minutos, Clarêncio veio ao nosso encontro, convidando-nos a entrar.

Enternecedor espetáculo desdobrou-se à nossa vista.

Zulmira em Espírito estendeu-nos braços fraternos. Estava bela, radiante de alegria... E, quando recebeu Júlio, conchegando-o ao próprio peito, pareceu-me sublimada madona, aureolada por maternidade vitoriosa.

Odila chorava.

Clarêncio ergueu os olhos para o Alto e orou, em voz comovedora:

— Senhor, abençoa-nos!... De almas entrelaçadas na esperança em Teu infinito amor e no júbilo que nasce da obediência aos Teus desígnios, aqui nos achamos, acompanhando um amigo que volta à recapitulação! Dá-lhe forças para submeter-se resignado à cruz que lhe será a salvação!... Ó Pai, sustenta-nos na grande estrada redentora em que o obstáculo e a dor devem ser nossos guias, fortalece-nos o bom ânimo e a serenidade e modera-nos o coração para que saibamos servir-Te em qualquer circunstância!... Sobretudo, Senhor, rogamos-Te auxilies a nossa irmã que investe sagradas aspirações femininas no apostolado maternal! Santifica-lhe os anseios, multiplica-lhe as energias para que ela se honre contigo na divina tarefa de criar!...

ENTRE A TERRA E O CÉU | CAP. 32

AMARO

Amaro e a esposa, indiscutivelmente, poderiam ter manifestado desconfiança ao revê-lo, recusando-lhe o concurso, entretanto, acolheram-no, fraternalmente, de braços abertos... Se o haviam ferido, noutro tempo, não se achavam agora sob o guante de terrível flagelação? Rendia graças a Deus por não haver injetado substâncias tóxicas no doentinho agora moribundo, mas não teria, acaso, concorrido para abreviar-lhe a morte? Experimentava o desejo de abeirar-se do pai desditoso, tentando confortá-lo, mas sentia vergonha de si mesmo...

Durante quase duas horas permaneceram ali, os dois, calados e impassíveis.

A aurora começava a refletir-se no firmamento em largas riscas rubras, quando o ferroviário abandonou a meditação, aproximando-se do filhinho quase morto.

Num gesto comovente de fé, retirou da parede velho crucifixo de madeira e colocou-o à cabeceira do agonizante. Em seguida, sentou-se no leito e acomodou o menino ao colo com especial ternura. Amparado espiritualmente por Odila, que o enlaçava, demorou o olhar sobre a imagem do Cristo Crucificado e orou em alta voz:

— Divino Jesus, compadece-Te de nossas fraquezas!... Tenho meu espírito frágil para lidar com a morte! Dá-nos força e compreensão... Nossos filhos Te pertencem, mas como nos dói restituí-los, quando a Tua vontade no-los reclama de volta!...

— Se é de Teu desígnio que o nosso filhinho parta, Senhor, recebe-o em Teus braços de amor e luz! Concede-nos, porém, a precisa coragem para suportar, valorosamente, a nossa cruz de saudade e dor!... Dá-nos resignação, fé, esperança!... Auxilia-nos a entender-Te os propósitos e que a Tua vontade se cumpra hoje e sempre!...

ENTRE A TERRA E O CÉU | CAP. 40

ANTONINA

Envolta na faixa de ternura em que se via mergulhada, a segunda esposa de Amaro começou a chorar, possuída de inexprimível contentamento, como se inarticulada melodia do Céu lhe invadisse, por inteiro, o coração.

Ali mesmo, homem tocado de fé viva, o dono da casa rogou a Antonina pronunciasse o agradecimento a Jesus.

A esposa de Silva não vacilou.

Cerrando as pálpebras, parecia procurar-nos em espírito, qual antena vibrátil, atraindo a onda sonora.

Clarêncio abeirou-se dela e, tocando-lhe a fronte com a destra, entrou em meditação.

Suavemente impulsionada pelo Ministro, nossa amiga orou com sentida inflexão de voz:

Amado Jesus, abençoa a nossa hora festiva que Te oferecemos em sinal de carinho e gratidão.

Ajuda aos nossos companheiros que hoje se consorciam, convertendo-lhes a esperança em doce realidade.

Ensina-nos, Senhor, a receber no lar a cartilha de luz que nos deste no mundo — generosa escola de nossos corações para a vida imortal.

Faze-nos compreender, no campo em que lutamos, a rica sementeira de renovação e fraternidade em que a todos nos cabe aprender e servir.

Que possamos, enfim, ser mais irmãos uns dos outros, no cultivo da paz, pelo esforço no bem.

Tu que consagraste a ventura doméstica, nas bodas de Caná, transforma a água viva de nossos sentimentos em dons inefáveis de trabalho e alegria.

Reflete o Teu amor na simplicidade de nossa existência, como o Sol se retrata no fio d'água humilde.

Guia-nos, Mestre, para o Teu coração que anelamos eterno e soberano sobre os nossos destinos, e que a Tua bondade comande a nossa vida é o nosso voto ardente, agora e para sempre. Assim seja.

NOS DOMÍNIOS DA MEDIUNIDADE | CAP. 7

RAUL SILVA

Sob o sábio comando de Clementino, falou o doutrinador com afetividade ardente:

— Libório, meu irmão!

Essas três palavras foram pronunciadas com tamanha inflexão de generosidade fraternal que o hóspede não pôde sopitar o pranto que lhe subia do âmago.

Raul avançou para ele, impondo-lhe as mãos, das quais jorrava luminoso fluxo magnético, e convidou:

— Vamos orar!

Findo um minuto de silêncio, a voz do diretor da casa, sob a inspiração de Clementino, suplicou enternecidamente:

— Divino Mestre, lança compassivo olhar sobre a nossa família aqui reunida...

Viajores de muitas romagens, repousamos neste instante sob a árvore bendita da prece e Te imploramos amparo!

Todos somos endividados para contigo, todos nos achamos empenhados à Tua bondade infinita, à maneira de servos insolventes para com o senhor.

Mas, rogando-Te por nós todos, pedimos particularmente agora pelo companheiro que, decerto, encaminhas ao nosso coração, qual se fora uma ovelha que torna ao aprisco ou um irmão consanguíneo que volta ao lar...

Mestre, dá-nos a alegria de recebê-lo de braços abertos.

Sela-nos os lábios para que lhe não perguntemos de onde vem e descerra-nos a alma para a ventura de tê-lo conosco em paz.

Inspira-nos a palavra a fim de que a imprudência não se imiscua em nossa língua, aprofundando as chagas interiores do irmão, e ajuda-nos a sustentar o respeito que lhe devemos...

Senhor, estamos certos de que o acaso não Te preside às determinações!

Teu amor, que nos reserva invariavelmente o melhor, o melhor, cada dia, aproxima-nos uns dos outros para o trabalho justo.

Nossas almas são fios da vida em Tuas mãos!

Ajusta-os para que obtenhamos do Alto o favor de servir Contigo!

Nosso Libório é mais um irmão que chega de longe, de recuados horizontes do passado...

Ó Senhor, auxilia-nos para que ele não nos encontre proferindo o Teu nome em vão!

NOS DOMÍNIOS DA MEDIUNIDADE | CAP. 30

ANDRÉ LUIZ

Em seguida, o assistente leu o mostrador de um relógio e observou:
— Quem caminha com a responsabilidade não deve esquecer as horas.
Retirou-se, precípite, e seguimo-lo até a praça próxima.
Áulus fixou o céu azul em que o Sol como que se desfazia em chuva de ouro quintessenciado, e dispunha-se a enlaçar-nos, quando me percebeu o propósito mais íntimo, falando com humildade:
— Faça a prece por nós, André!
Reverente, pedi em voz alta:

— Senhor Jesus!
Faze-nos dignos daqueles que espalham a verdade e o amor!
Acrescenta os tesouros da sabedoria nas almas que se engrandecem no amparo aos semelhantes.
Ajuda aos que se despreocupam de si mesmos, distribuindo em Teu nome a esperança e a paz...
Ensina-nos a honrar-Te os discípulos fiéis com o respeito e o carinho que lhes devemos.
Extirpa do campo de nossas almas a erva daninha da indisciplina e do orgulho, para que a simplicidade nos favoreça a renovação.
Não nos deixes confiados à própria cegueira e guia-nos o passo, no rumo daqueles companheiros que se elevam, humilhando-se, e que por serem nobres e grandes, diante de Ti, não se sentem diminuídos, em se fazendo pequeninos, a fim de auxiliar-nos...
Glorifica-os, Senhor, coroando-lhes a fronte com os Teus lauréis de luz!...

AÇÃO E REAÇÃO | CAP. 6

DRUSO

Convidados finalmente pelo generoso diretor a externar qualquer dúvida ou preocupação que nos assomassem à mente, perguntei se poderíamos apresentar uma ou outra indagação ao emissário prestes a chegar, ao que ele assentiu plenamente, recomendando-nos, porém, conservar em qualquer assunto a nobreza espiritual de quem se consagra ao bem de todos, sem se deter em perquirições ociosas, alusivas às estreitas inquietações da esfera particular.

Logo após, avisou que, através de dispositivos especiais, todos os recursos dos medianeiros presentes seriam concentrados na câmara que, daquele minuto em diante, estaria sensibilizada para os misteres da hora em curso.

Brando silêncio passou a reinar sobre nós.

Em atitude respeitosa e expectante, o diretor da instituição ergueu-se e orou comovidamente:

"Mestre divino, digna-Te abençoar-nos a reunião nesta casa de paz e serviço.

Por Tua bondade, em nome do infinito Amor de Nosso Pai celeste, recebemos a sublime dádiva do trabalho regenerador.

Somos, porém, nestas regiões atormentadas, vastas falanges de Espíritos extraviados no sofrimento expiatório, depois dos crimes impensados em que chafurdamos a nossa consciência.

Apesar de prisioneiros, agrilhoados às penas que geramos para nós mesmos, saudamos-Te a glória divina, tocados de reconforto.

Concede-nos, Senhor, a assistência de Teus abnegados e sublimes embaixadores, a fim de que não desfaleçamos nos bons propósitos.

Sabemos que, sem o calor de Tuas mãos compassivas, nos fenece a esperança, à maneira de planta frágil sem a bênção do Sol!...

Mestre, somos também tutelados Teus, embora permaneçamos no cárcere de clamorosas defecções, suportando as lamentáveis consequências de nossos crimes.

Destes lugares tenebrosos partem angustiosos gemidos, em busca de Tua piedade incomensurável... Somos nós, os calcetas da penitência, que, muitas vezes, soluçamos desavorados, suspirando pelo retorno à paz... Somos nós, os homicidas, os traidores, os ingratos e perversos trânsfugas das Leis divinas que recorremos à Tua intercessão, para que as nossas consciências, em purgação dolorosa, se depurem e reergam ao Teu encontro!

Compadece-Te de nós, que merecemos as dores que nos retalham os corações. Ajuda-nos para que a aflição nos seja remédio salutar e socorre os nossos irmãos que, nas trevas destes sítios, se entregam à irresponsabilidade e à indisciplina, dificultando sua própria regeneração, por multiplicarem as lavas de desespero que vertem, arrasadoras, de suas almas!... Confiaste-nos, Senhor—prosseguiu ele, compungido —, a tarefa de examinar os problemas dos irmãos desventurados que nos batem à porta... Somos, assim, compelidos a sondar-lhes o infortúnio para, de algum modo, encaminhá-los ao reajuste. Não permitas, ó eterno Benfeitor, que nosso coração se enrijeça, ainda mesmo diante da suprema perversidade!... Não desconhecemos que as moléstias da alma são mais aflitivas e mais graves que as doenças da carne... Enche-nos, desse modo, de infatigável compaixão para que sejamos fiéis instrumentos de Teu amor!...

Permite que Teus prepostos nos amparem as decisões nos compromissos por assumir.

Não nos relegues à fraqueza que nos é peculiar.

Dá-nos, Cristo de Deus, a Tua inspiração de amor e luz!..."

AÇÃO E REAÇÃO | CAP. 8

ALZIRA

Avizinhando-se-lhe do leito, e ao vê-lo ainda prostrado e inconsciente, notei que o semblante da nobre senhora acusava visível alteração. As lágrimas borbulhavam-lhe, incoercíveis, dos olhos, agora conturbados por imensa dor.

Afagou-lhe a cabeça, em que os traços fisionômicos, a meu ver, se reajustavam, pouco a pouco, e chamou-o pelo nome várias vezes.

O enfermo abriu os olhos, pousando-os sobre nós sem qualquer expressão de lucidez, pronunciando monossílabos desconexos.

Registrando-lhe a ruína mental, a notável mulher pediu a Silas permissão para orar, em nossa companhia, junto do esposo, o que lhe foi concedido prazerosamente.

Diante da nossa surpresa, Alzira ajoelhou-se à cabeceira, conchegou-lhe o busto de encontro ao colo, à maneira de abnegada mãe procurando conservar entre os braços um filhinho doente, e, levantando os olhos lacrimosos para o Alto, clamou, humilde, segundo a sua fé:

"Mãe santíssima!

Anjo tutelar dos náufragos da Terra, compadece-Te de nós e estende-nos Tuas mãos doces e puras!...

Reconheço, Senhora, que ninguém Te dirige, debalde, a palavra de aflição e de dor...

Sabemos que o Teu coração compassivo é luz para os que se tresmalham nas sombras do crime, e amor para todos os que mergulham nos abismos do ódio...

Perdoaste aos que Te aniquilaram o Filho divino nos tormentos da cruz e, além da paciência com que lhes suportaste os insultos, vieste ainda do Céu, ofertando-lhes braços protetores!

Mãe bondosa, tu que ergues os caídos de tantas gerações terrenas e que saras, piedosamente, as feridas de quantos se petrificaram na crueldade, lança caridoso olhar sobre nós, meu esposo e eu, jungidos às consequências de duplo homicídio que nos fazem sangrar os corações. Eu e ele estamos enovelados nas teias de nosso delito. Embora estivesse ele sem mim, nas águas fatídicas, enquanto nossos irmãos experimentavam a asfixia mortal, sou-lhe partícipe das responsabilidades e identifico-me associada ao crime, também eu...

Meu esposo, Mãe do Céu, devia ter o coração envolvido em pesada nuvem, quando se desvairou na estranha deliberação que nos chagou as consciências...

Para os outros poderá ele ser tido como um impenitente que se apropriou de recursos alheios, infligindo a morte aos próprios irmãos, menos para meu filho e para mim, que lhe recebemos os maiores testemunhos de amor... Para outros, será réu, diante da Lei... Para nós, porém, é o companheiro e o amigo fiel... Para os outros, parecerá um egoísta sem direito à remissão, mas, para nós, é o benfeitor que nos assistiu na Terra, com imensurável ternura...

Como não ser egoísta e criminosa também eu, Mãe querida, se lhe usufruí os bens e me alimentei do carinho de seu coração? Como não ser igualmente responsável na culpa, se toda a culpa dele se prendia ao propósito, embora louco, de assegurar-me superioridade em minha condição de mulher e de mãe?!...

Advoga-nos a causa, Mediadora celeste!

Faze-nos voltar, juntos, à carne em que delinquimos, para que possamos expiar nossos erros!...

Concede-me a graça de segui-lo como servidora contente e agradecida, religada a quem devo tanta felicidade!...

Reúne-nos novamente no mundo e auxilia-nos a devolver com lealdade e valor aquilo que roubamos.

Não permitas, Anjo divino, que venhamos a sonhar com o Céu, antes de resgatar nossas contas na Terra, e ajuda-nos a aceitar, dignamente, a dor que reedifica e salva!...

Mãe, atende-nos!

Estrela de nossa vida, arranca-nos da escuridão do vale da morte!..."

AÇÃO E REAÇÃO | CAP. 11

ANDRÉ LUIZ

A fé simples da infância reconquistara-me o íntimo... Lembrei minha mãe, colocando a oração primeira em meus lábios e, como se as vibrações daquela hora fossem abençoada chuva a lavar-me todos os escaninhos do espírito, olvidei por instantes minhas velhas experiências da vida para somente pensar no supremo Senhor, nosso Deus e nosso Pai...

Lágrimas quentes rorejaram-me a face.

Quis algo perguntar ao Assistente bondoso; contudo, naquele primeiro contato com o santuário externo da Mansão, nada consegui fazer senão orar e chorar copiosamente. E, por isso mesmo, embora pudesse controlar a expressão verbalista, para que a palavra me não escapasse desordenadamente da boca, contemplava a luminosa cruz, entre respeitoso e comovido...

Recordei o Mensageiro divino que a utilizara em sacrifício para traçar-nos o caminho da vitoriosa ressurreição, e repetia no imo dalma:

" Pai Nosso que estás nos Céus, santificado seja o Teu nome.

Venha a nós o Teu reino.

Seja feita a Tua vontade, assim na Terra como no Céu.

O pão nosso de cada dia dá-nos hoje.

Perdoa as nossas dívidas, assim como perdoamos aos nossos devedores.

Não nos deixes cair em tentação e livra-nos do mal, porque são Teus o reino, o poder e a glória para sempre.

Assim seja."

AÇÃO E REAÇÃO | CAP. 11

MÃE DESENCARNADA QUE ROGA PELOS FILHOS TRANSVIADOS

Obedecemos maquinalmente e, de minha vez, à medida que concentrava a atenção naquela cabeça grisalha e pendente, mais se alterava o estreito espaço do nicho aos meus olhos...

Pouco a pouco, qual se emergisse da parede lirial, linda tela se me desdobra à visão, tomada de espanto. Era a reprodução viva da formosa escultura de Teixeira Lopes[5], representando a Mãe santíssima chorando o divino Filho morto...

---

5 Nota do autor espiritual: Antonio Teixeira Lopes, notável escultor português.

E as frases inarticuladas da veneranda irmã em prece ressoavam-me nos ouvidos:

"Mãe santíssima, divina Senhora da Piedade, compadece-Te de meus filhos que vagueiam nas trevas!...

Por amor de Teu filho sacrificado na cruz, ajuda-me o espírito sofredor para que eu possa ajudá-los...

Bem sei que por sinistro apego às posses materiais, não vacilaram em abraçar o crime.

Em verdade, Senhora, são eles homicidas infortunados que a justiça terrestre não conheceu... Por isso mesmo, padecem com mais intensidade o drama das próprias consciências, enleadas à culpa..."

AÇÃO E REAÇÃO | CAP. 11

SENHORA EM PRECE

Logo após, como se quisesse fixar em nosso espírito os méritos da lição, dirigiu o olhar para certa senhora que se mantinha em prece, não distante de nós, e, depois de ligeira observação, conduziu-nos até ela, recomendando-nos atenção.

Procuramos assimilar-lhe a faixa mental e, estabelecida a sintonia, surpreendemos no nicho a imagem viva e simpática do nosso abnegado Dr. Bezerra de Menezes[6], ao mesmo tempo que ouvíamos a súplica de nossa companheira desolada:

"Doutor Bezerra, por amor de Jesus, não abandones meu pobre Ricardo nas trevas da desesperação!... Meu esposo infeliz atravessa rudes provas!... Ó generoso amigo, socorre-nos! Não permitas que ele desça ao abismo do suicídio... Dá-lhe coragem e paciência, sustenta-lhe o bom

---

6   Nota do autor espiritual: Dr. Bezerra de Menezes, apóstolo do Espiritismo Cristão no Brasil, desencarnado no Rio de Janeiro, em 11 de abril de 1900.

ânimo!... As dificuldades e as lágrimas que o afligem no mundo caem sobre minh'alma como chuva de fel!..."

AÇÃO E REAÇÃO | CAP. 12

MARINA

A desventurada não lhe ouviu a pergunta com os tímpanos de carne, mas a frase de Silas invadiu-lhe a cabeça qual rajada violenta.

Lampejaram-lhe os olhos com novo brilho e o copo tremeu-lhe nas mãos, agora indecisas.

Nosso orientador estendeu-lhe os braços, envolvendo-a em fluidos anestesiantes de carinho e bondade.

Marina, pois era ela a irmã para quem aflito coração materno suplicara socorro, dominada de novos pensamentos, recolocou o perigoso recipiente no lugar primitivo e, sob a vigorosa influência do diretor de nossa excursão, levantou-se automaticamente e estirou-se no leito, em prece...

"Deus meu, Pai de infinita Bondade — implorou em voz alta —, compadece-Te de mim e perdoa-me o fracasso! Não suporto mais... Sem minha presença, meu marido viverá mais tranquilo no leprosário e minha desventurada filhinha encontrará corações caridosos que lhe dispensem amor... Não tenho mais recursos... Estou doente... Nossas contas esmagam-me... Como vencer a enfermidade que me devora, obrigada a costurar sem repouso, entre o marido e a filhinha que me reclamam assistência e ternura?..."

Silas administrava-lhe passes magnéticos de prostração e, induzindo-a a ligeiro movimento do braço, fez que ela mesma, num impulso irrefletido, batesse com força no copo fatídico, que rolou no piso do quarto, derramando o líquido letal.

— Ó Senhor, compadece-Te de mim!...

AÇÃO E REAÇÃO | CAP. 13

SILAS

Foi assim que o diretor de nossa excursão, acariciando-lhe a fronte, pendida nos molambos a se agregarem por travesseiro, transmitia-lhe forças revigorantes.

Decorridos alguns minutos, Poliana mostrava-se plenamente fora do vaso físico, mas sem a necessária lucidez espiritual para identificarmos a presença. Contudo, subordinada ao comando magnético de Silas, ergueu-se automaticamente. Enlaçada por ele e seguidos ambos por nós, demandamos bosque vizinho.

Longe de perceber-se sob a assistência carinhosa de que era objeto, a enferma ausente do corpo de carne, como num sonho consolador, foi convenientemente acomodada por Silas no tapete de relva macia, sentindo-se calma e leve...

Finda essa operação, o Assistente convocou-nos à prece e, levantando o olhar para o firmamento faiscante de estrelas, rogou compungidamente:

"Pai de infinita Bondade, Tu que dás provimento às necessidades do verme aparentemente esquecido no ventre do solo, que vestes a flor anônima, perfumando-lhe a contextura, muitas vezes sobre a lama do charco, desce compassivo olhar sobre nós, que nos tresmalhamos a distância de Teu amor!

Em particular, Pai justo, compadece-Te de nossa Poliana, vencida!...

Ela não é mais, Senhor, a mulher sequiosa de aventura e de ouro, disposta a lançar lodo e treva no caminho dos semelhantes, mas sim pobre mãe fatigada, reclamando novas forças para a renúncia! não é mais a moça vaidosa que tripudiava nos tormentos do próximo, mas triste mendiga, anulada para o trabalho, que soluça de porta em porta, esmolando o pão com que deve sustentar o torturado filho de sua dor e nutrir a própria vida.

Ó Pai, não a deixes perder agora a benção do corpo, na senda redentora onde se arrasta!

Acrescenta-lhe os recursos para que não interrompa a experiência sublime em que se localiza...

Tu que nos deste, pelo Cristo, a divina revelação do sofrimento, como sendo o roteiro de nossa recondução para os Teus braços, ajuda-a a refazer as energias aniquiladas, a fim de que não pereça antes de encontrar a nova luz que lhe aguarda o coração para a subida à Glória eterna!..."

AÇÃO E REAÇÃO | CAP. 16

DRUSO

Atônitos, seguimos o orientador que tomara a vanguarda, penetrando o aposento em que Adelino, ao que nos foi permitido supor, começava a dormir.

Druso acariciou-lhe a fronte por momentos e vimos Correia erguer-se do corpo de carne, qual se fora movido por alavancas magnéticas poderosas, caindo nos braços do grande orientador, à maneira de criança enternecida e feliz.

— Meu amigo — disse-lhe Druso, entre grave e terno —, chegou a hora do reencontro...

Correia começou a chorar, aterrorizado, sem conseguir desenfaixar--se-lhe dos braços acolhedores.

— Oremos juntos — acrescentou o bondoso amigo.

E, levantando os olhos para o Alto, sob nossa profunda atenção, Druso suplicou:

"Deus de Bondade, Pai de infinito Amor, que criaste o tempo como incansável guardião de nossas almas destinadas ao Teu seio, fortalece-nos para a renovação necessária!...

Tu, que nos conheces os crimes e deserções, concede-nos a bênção das dores e das horas para redimi-los, unge-nos com o entendimento de Tuas leis, para que não repilamos as oportunidades do resgate!

Emprestaste-nos os tesouros do trabalho e do sofrimento, como favores de Tua misericórdia, para que nos consagremos à reabilitação dolorosa, mas justa...

Nós, os prisioneiros da culpa, somos também operários de nossa libertação, ao bafejo de Teu carinho.

Ó Pai, infunde-nos coragem para que nossas fraquezas sejam esquecidas, inflama em nosso espírito o entusiasmo santo do bem, para que o mal não nos apague os bons propósitos, e conduze-nos pelo carreiro da renunciação para que a nossa memória não se aparte de Ti!...

Que possamos orar como Jesus, o divino Mestre que nos enviaste aos corações, a fim de que nos rendamos, de todo, aos Teus desígnios!..."

"Pai Nosso, que estás nos Céus, santificado seja o Teu nome. Venha a nós o Teu reino. Faça-se a Tua vontade, assim na Terra como nos Céus. O pão nosso de cada dia dá-nos hoje. Perdoa-nos as nossas dívidas, assim como perdoamos aos nossos devedores. Não nos deixes cair em tentação e livra-nos de todo mal, porque Teus são o reino, o poder e a glória para sempre. Assim seja."

AÇÃO E REAÇÃO | CAP. 20

DRUSO

Somente agora percebíamos que o instrutor e o assistente haviam sido, entre os homens, pai e filho... Daí, a discreta intimidade com que se associavam, automaticamente, em todos os serviços.

Decerto — pensei —, haviam abraçado aflitiva missão naquele perseguido instituto de caridade, não apenas atendendo aos desencarnados infelizes, mas também com elevados objetivos do coração.

Entretanto, não consegui divagar muito tempo, uma vez que Druso, num gesto enternecedor, recolheu a infortunada criatura nos braços generosos e, genuflexo, após conchegá-la de encontro ao peito, exclamou para o Alto, com voz sumida em lágrimas:

— Obrigado, Senhor!... Os penitentes como eu encontram igualmente o seu dia de graças!... Agora que me devolves ao coração criminoso a companheira que envenenei no mundo, dá-me forças para que eu possa erguê-la do abismo de sofrimento a que se precipitou por minha culpa!...

AÇÃO E REAÇÃO | CAP. 20

DRUSO

Todos devíamos, ao mentor admirável, esclarecimento e esperança, energia e consolação.

O novo chefe, após a cerimônia simples da transmissão de responsabilidades, levantou-se e prometeu dirigir a casa com lealdade a Nosso Senhor Jesus Cristo. Para falar a verdade, porém, não creio que o instrutor Arando, recém-chegado a casa, pudesse naquela hora atrair-nos mais dilatada atenção, e, tão logo se acomodou na poltrona que a solenidade lhe reservava, Druso ergueu-se e rogou permissão para orar à despedida.

Todas as frontes penderam silenciosas, enquanto a voz dele se elevou para o Infinito, à maneira de melodia emoldurada de lágrimas.

— Senhor Jesus — clamou humilde — neste instante em que Te oferecemos o coração, deixa que nossa alma se incline, reverente, para agradecer-Te as bênçãos de luz que a Tua incomensurável bondade aqui nos concedeu em cinquenta anos de amor...

Tu, Mestre, que ergueste Lázaro do sepulcro, levantaste-me também das trevas para a alvorada remissora, lançando no inferno de minha culpa o orvalho de Tua compaixão...

Estendeste os braços magnânimos ao meu espírito mergulhado na lodosa corrente do crime.

Trouxeste-me do pelourinho do remorso para o serviço da esperança.

Reanimaste-me quando minhas forças desfaleciam...

Nos dias agoniados, foste o alimento de minhas ânsias; Nas sendas mais escabrosas, eras, em tudo, o meu companheiro fiel.

Ensinaste-me, sem ruído, que somente através da recuperação do respeito a mim mesmo, no pagamento de meus débitos, é que poderei empreender a reconquista de minha paz...

E confiaste-me, Senhor, o trabalho neste pouso restaurador, com assistência constante de Tua benevolência infinita, a fim de que eu pudesse avançar das sombras da noite para o fulgor de novo dia!...

Agradeço-Te, pois, os instrutores que me deste, a cuja devoção afetuosa tão pesado tenho sido, os companheiros generosos que tantas vezes me suportaram as exigências e os irmãos enfermos que tantos ensinamentos preciosos me trouxeram ao coração!...

E agora, Senhor, que a esfera dos homens me descerrará de novo as portas, acompanha-me, por acréscimo de misericórdia, com a graça de Tua bênção.

Não permitas que o reconforto do mundo me faça esquecer-Te e constrange-me ao convívio da humildade para que o orgulho me não sufoque.

Dá-me a luta edificante por mestra do meu resgate e não retires o Teu olhar de sobre os meus passos, ainda que, para isso, deva ser o sofrimento constante a marca de meus dias.

E, se possível, deixa que os irmãos desta casa me amparem com os seus pensamentos em orações de auxílio, para que, no pedregoso caminho da regeneração de que careço, não me canse de louvar-Te o excelso amor para sempre!...

SEXO E DESTINO | PT. 1, CAP. 10

CANTO DE ARACÉLIA

A mãe desencarnada via-se pequenina, junto da lavadeira singela que a trouxera, na reencarnação última, para o teatro da vida humana. Identificava-se criança, agarrada à saia daquela moça doente, que mergulhava as pernas no rio para ganhar o pão... Tão fundo atingia a acústica da memória, que chegava a escutar o ruído daquelas mãos miúdas, esfregando as peças ensaboadas...

Recolhia-lhe, de novo, o olhar meigo, em que lhe pedia paciência... Calada, na areja, por vezes esperava, esperava, depois que a mãezinha lhe repunha o corpo frágil, à curta distância, a fim de atender ao serviço... E rememorava o enlevo e o júbilo que sentia, quando os braços maternos a retomavam, para fazê-la dormir, ao som do velho estribilho, a que se acostumara no lar de telha vã....

De olhos parados, como se buscasse, além, no espaço infinito, o colo agasalhante que o tempo arrebatara, assumiu nova posição, colocando a cabeça da jovem no próprio regaço e, emocionando-se até às lágrimas, qual se tivesse nos lábios aqueles lábios de mãe, humilde e enferma, que jamais esqueceria, Aracélia, em pranto resignado, cantou suavemente diante de nós:

> Lindo anjo de meus passos,
> Descansa, meu doce bem;
> Dorme, dorme nos meus braços,
> Enquanto a noite não vem.
> Dorme, filhinha querida;
> Não chores, encanto meu;
> Dorme, dorme, minha vida,
> Tesouro que Deus me deu...

SEXO E DESTINO | PT. 1, CAP. 13

FÉLIX

Antes que Félix e eu pudéssemos estudar medidas de contenção, a dupla avançou quarto a dentro.

Nós, que podíamos enxergar na obscuridade, vimos a pobre menina levantar-se, sussurrando frases de arrebatadora paixão e de intensa saudade, abrindo, ansiosa, os braços, sem guardar para si o mínimo resquício de vigilância... Acreditava-se diante do amado... Era ele, não devia recear... Naquele instante, em todas as suas intenções e em todos os seus nervos, um pensamento só, um apelo só entregar-se...

Cláudio e o outro, a fremirem de emoção, mantinham absoluto silêncio. Nada que pudesse evitar a integração indesejável.

Nogueira, agindo por si e pelo acompanhante, atraiu-a, de encontro ao peito, e beijou-a, convulso.

A indefesa criança, hipnotizada pelos próprios reflexos, abandonou-se, vencida...

Irmão Félix, tangido por sentimentos que eu não poderia avaliar, deixou o recinto e acompanhei-o.

Atingindo o degrau externo da porta de entrada, vi que o benfeitor, transido, se deteve, de olhos fitos no céu... Quanto a mim, conturbado, não me sentia capaz de articular uma prece. Nada pude fazer senão calar-me, reverente, perante o agoniado coração paterno, que vinha das esferas superiores para desmanchar-se ali, em suplício indizível, velando, através da oração muda que lhe extravasava agora em grossas lágrimas!...

Homens, irmãos, ainda que não possais viver santamente, à face dos instintos inferiores que nos atenazam as almas, animalizadas ainda por duros gravames do passado culposo, reduzi, quanto puderdes, as quedas de consciências! quando não seja por vós, fazei-o pelos mortos que vos amam de uma vida mais bela!... Disciplinai-vos, em respeito a eles, guardiães invisíveis que vos estendem as mãos!... Pais e mães, esposos e esposas, filhos e irmãos, amigos e companheiros, que supondes perdidos para sempre, em muitas ocasiões vos acompanham de perto, acrescentando-vos a alegria ou partilhando-vos a dor!... Quando estiverdes a ponto de resvalar, nos despenhadeiros da delinquência, pensai neles! Ser-vos-ão generosos, indicando-vos o caminho, na noite das tentações, à feição das estrelas que removem as trevas! Vós que sabeis reverenciar as mães e os mestres encanecidos na abnegação, que ainda respiram no mundo, compadecei-vos também dos mortos, transfigurados em afetuosos cireneus, a nos compartirem as cruzes das provações merecidas, em dorido silêncio, quando, muitas vezes, não somos dignos de oscular-lhes os pés!...

SEXO E DESTINO | PT. 1, CAP. 14

FÉLIX

Pessoalmente, achávamo-nos atônitos. Não contávamos com experiência bastante para ocasiões qual aquela em que o desastre consumado exigia improvisações. Todavia, entre os clamores de quantos apelavam para o socorro policial, irmão Félix sentara-se no asfalto. Aplicando vigorosos estímulos magnéticos sobre a cabeça da menina acidentada, fê-la cobrar energias para ganhar, mecanicamente, o decúbito dorsal, a fim de que respirasse indene de maiores dificuldades, através de movimentos que, para muitos dos circunstantes, significavam esgares da morte.

Marita aquietara-se de todo.

Tive a nítida impressão de que a base do crânio se fraturara, mas não me era lícita qualquer inquirição. A carga emocional pesava em demasia, para que me fossem possíveis quaisquer considerações de ordem técnica.

O irmão Félix, na atitude dos pais, profundamente humanos e sofredores, acomodava-se de tal modo que a cabeça da jovem se lhe estendia no regaço. Erguendo as mãos sobre as narinas em sangue, levantou os olhos e orou em voz alta, que eu destacava da multidão em crescente vozerio:

— Deus de infinito Amor, não permitas que Tua filha seja expulsa da casa dos homens, assim, sem nenhuma preparação!... Dá-nos, Pai, o benefício do sofrimento que nos consinta meditar! Ó Deus de amor, mais uns dias para ela, no corpo dolorido, algumas horas só que sejam!...

SEXO E DESTINO | PT. 2, CAP. 7

FÉLIX

A pobre menina concentrou todas as energias num pensamento de confiança e de gratidão a Deus e rogou, mentalmente: "Perdão, Senhor!... Perdão para meu pai, perdão para mim!... Perdão para todos os que erraram!... Perdão para todos os que caíram!... "

Aguçaram-se-lhe as percepções e sentiu-se como que banhada de alegria inefável... Contemplou Cláudio, distintamente agora, fitou Moreira em lágrimas e, alongando a atenção mais serenamente em derredor do leito, viu-nos a todos. Félix, em silêncio, endereçou-lhe eflúvios magnéticos a determinada área cerebral, e Cláudio, atônito, viu a destra inerme levantar-se... Agoniado e reconhecido, tomou avidamente aqueles pequenos dedos frios e quis dizer "obrigado, meu Deus!", tentando, debalde, movimentar a garganta que os soluços embargavam; contudo, em lugar da palavra dele, foi a voz de Félix que se ergueu, de nosso lado, arrebatando nos em prece:

— Senhor Jesus, nós Te agradecemos a felicidade que nos concedeste na lição do sofrimento, nestes dias de trabalho e de expectação!...

Obrigado, Senhor, pelas horas de aflição que nos clarearam a alma, pelos minutos de dor que nos despertaram as consciências! Obrigado por estas duas semanas de lágrimas que realizaram por nós o que não nos foi possível fazer em meio século de esperança!..

Em Te alçando nosso agradecimento e louvor pedimos ainda!... Lança, por misericórdia, a Tua bênção na irmã que se despede e no companheiro que ficará. Transfunde-lhes o pesar em renovação, a mágoa em regozijo!... Recebe-lhes o pranto, como sendo a oração que Te elevam, aguardando-Te a paz no caminho!...

Entretanto, Mestre, não Te exoramos a piedade somente para eles, irmãos bem-amados, que consideramos filhos da própria alma!... Suplicamos-Te arrimo para todos os que resvalaram nos enganos do sexo desorientado, quando nos ofereceste o sexo por estrela de amor a brilhar, assegurando-nos a alegria de viver e garantindo-nos os recursos da existência!...

Consente, Senhor, possamos relacionar, diante de Ti, aqueles irmãos que as convenções terrestres tantas vezes se esquecem de nomear, quando Te dirigem o coração.

Abençoa os que se tresmalharam na insana ou no infortúnio, em nome do amor que não chegaram a conhecer!

Socorre nossas irmãs entregues à prostituição, já que todas nasceram para a felicidade do lar, e corrige com Tua munificência os que as impeliram para a viciação das forças genésicas; acolhe as vítimas do aborto, arrancadas violentamente ao claustro materno, dentro dos prostíbulos ou em recintos que a impunidade acoberta, e retifica, sob Teu auxílio, as mães que não vacilaram asfixiar-lhes ou degolar-lhes os corpos em formação; restaura as criaturas sacrificadas pelas deserções afetivas, que não souberam encontrar outro recurso senão o suicídio ou o manicômio para ocultarem o martírio moral que lhes transcendeu a capacidade de resistência, e compadece-Te de todos aqueles que lhes escarneceram da ternura, transformando-se, quase sempre, em carrascos sorridentes e empedernidos; protege os que renasceram desajustados, no clima da inversão, suportando constrangedoras tarefas ou padecendo inibições regenerativas, e recupera os que se reencarnaram nessa prova, sem forças para sustentar as obrigações assumidas, afogando a existência em devassidão; recolhe as crianças que foram seviciadas e renova, com a Tua generosidade, os estupradores que se animalizaram, inconscientes; agasalha os que rolaram na desencarnação prematura, por efeito de golpes homicidas, nas tragédias da insatisfação e do desespero, e ampara os que se lhes tornaram os verdugos padecentes, vergastados pelo remorso, seja na liberdade atenazada de angústia ou no espaço estreito dos calabouços!...

Mestre, digna-Te reconduzir ao caminho justo os homens e as mulheres, nossos irmãos, que, dominados pela obsessão ou traídos pela própria fraqueza, não conseguiram manter os compromissos de fidelidade ao tálamo doméstico; reequilibra os que fazem da noite pasto à demência; conforta os que exibem mutilações e moléstias resultantes dos excessos ou dos erros passionais que praticaram nesta ou em outras existências; reabilita a cabeça desvairada dos que exploram o filão de trevas do lenocínio; regenera o pensamento insensato dos que abusam da mocidade, propinando-lhe entorpecentes; e sustenta os que rogaram antes da reencarnação as lágrimas da solidão afetiva e as receberam na Terra, por medida expiatória aos desmandos sexuais, a que se afeiçoaram, em outras vidas, e que, muitas vezes, sucumbem de inanição e desalento, em cativeiro familiar, sob o desprezo de parentes insensíveis, a cuja felicidade consagraram a juventude!...

Senhor, estende também a destra misericordiosa sobre os corações retos e enobrecidos! Desperta os que repousam nos ajustes legais, acatados nas organizações terrestres, e esclarece os que respiram em lares, revestidos pela dignidade que mereceram, a fim de que tratem com humanidade e compaixão os que ainda não podem guardar-lhes os princípios e imitar-lhes os bons exemplos!... Ilumina o sentimento das mulheres engrandecidas pelo sacrifício e pelo trabalho, para que não desamparem aquelas outras que, até agora, ainda não conquistaram a maternidade premiada pelo respeito do mundo, e que, tantas vezes, lhes suportam a brutalidade dos filhos nos lupanares! Sensibiliza o raciocínio dos homens que encaneceram honrados e puros, de modo a que não abandonem os jovens desditosos e transviados!...

Senhor, não consintas que a virtude se converta em fogo no tormento dos caídos e nem permitas que a honestidade se faça gelo nos corações!...

Tu, que desceste às vielas do mundo para curar os enfermos, sabes que todos aqueles que jornadeiam na Terra, atormentados pela carência de alimentação afetiva ou alucinados pelos distúrbios do sexo, são doentes e infelizes, filhos de Deus, necessitados de Tuas mãos!...

Inspira-nos em nossas relações uns com os outros e clareia-nos o entendimento para que saibamos ser agradecidos à Tua bondade, para sempre!...

SEXO E DESTINO | PT. 2, CAP. 11

CLÁUDIO NOGUEIRA

Cláudio, perplexo, não nos via, concentrava-se totalmente na visão a exercer sobre ele inigualável fascínio. Afagou com a destra hesitante aqueles cabelos desnastrados que tanta vez alisara, na instituição dos acidentados, e relembrou Marita, nas atitudes da infância, quando vinha da escola, e indagou:

— Filha do meu coração, por que choras?

A recém-chegada endereçou-lhe um gesto súplice e rogou:

— Papai, não se aflija!... Estou feliz, mas quero Gilberto, quero voltar para a Terra!... Quero viver no Rio com o senhor, outra vez!...

Patenteando carinho imáculo, Nogueira conservou-a sob as mãos que tremiam de júbilo e, levantando o olhar para o teto, com a ânsia de quem se propunha romper o monte de alvenaria para dirigir-se a Jesus, diante do firmamento, clamou em lágrimas:

— Senhor, esta é a filha querida que me ensinaste a amar com pureza!.. Ela quer retornar ao mundo, para junto de nós!... Mestre, dá-lhe, com a Tua infinita bondade, uma nova existência, um corpo novo!... Senhor, tu sabes que ela perdeu os sonhos de criança por minha causa... Se é possível, amado Jesus, permite agora que lhe dê minha vida! Senhor, deixa que eu ofereça à filha de minha alma tudo o que eu tenho! Oh! Jesus, Jesus!...

SEXO E DESTINO | PT. 2, CAP. 14

FÉLIX

A transferência de autoridade foi simples, com a exposição e leitura respectiva de um termo referente à modificação. Cumprido o preceito, o Ministro da Regeneração abraçou, em nome do Governador, o irmão que partia e empossou Régis que ficava.

O novo diretor, com a voz de quem chorava por dentro, expressou-se, breve, suplicando ao Senhor abençoasse o companheiro de regresso à reencarnação, hipotecando-lhe, simultaneamente, votos de triunfo nas lides que esposava. Confundido e humilde, acabou convidando Félix não só a usar da palavra, como também a prosseguir exercendo o comando daquela Casa, por direito que ele, Régis, julgava imprescritível.

Intensamente comovido, o interpelado levantou-se e, qual se nada mais tivesse a ditar àquela instituição que lhe recolhera mais de meio século de trabalho, alçou a fala em prece:

— Senhor Jesus, que Te poderia rogar, quando tudo me deste no carinho dos amigos que me cercam na luz do amor que não mereço? Entretanto, Mestre, em nos colocando sob Tua bênção, temos algo ainda a implorar-Te, confiante!... Agora que novas realizações me chamam na Terra, auxilia-me, por piedade, para que eu seja digno do devotamento e da confiança desta casa, onde, por mais de meio século, recebi a magnanimidade e a tolerância de todos!... Diante da alternativa de tomar novo corpo, no plano físico, a fim de resgatar débitos contraídos e curar as velhas chagas interiores que carrego por doloroso rescaldo de minhas transgressões, induze, por misericórdia, os amigos que me escutam a me socorrerem com a benevolência de que sempre me cercaram, para que eu não resvale em novas quedas!... Senhor, abençoa-nos e sê glorificado para sempre!...

SEXO E DESTINO | PT. 2, CAP. 14

SÉRGIO CLÁUDIO

Antes da saída, a esposa de Gilberto, revelando admirável madureza, pensou na missão que demandavam, lembrou-se de Cláudio, sentindo-se espiritualmente assistida por ele, e pediu aos dois garotos orassem juntos.

O pequeno empertigou-se no meio da sala e recitou a prece dominical, seguido pela irmãzinha que, embora mais taluda, gaguejava numa ou noutra expressão.

Em seguida, Marina solicitou ao pequerrucho:

— Meu filho, recorde em voz alta a oração que ensinei a você ontem...

— Esqueci, mãezinha...

— Comecemos outra vez.

E, erguendo a fronte para o Alto, na atitude reverente que lhe conhecíamos, o menino repetiu, uma a uma, as palavras que ouvia dos lábios maternos:
— Amado Jesus... nós pedimos ao senhor trazer vovozinha... para morar... conosco...

E A VIDA CONTINUA | CAP. 26

RIBAS

À noite, pequena carruagem voadora, em forma de estrela irisada, depunha Fantini e a companheira na cidade que lhes servia de residência.

Aí chegados, demandaram o Instituto de Proteção Espiritual, em cujas dependências almas carinhosas e amigas atiravam-lhes flores. Lampadários inflamados de luz policrômica cercavam todos os edifícios, assinalando-lhes as filigranas de arquitetura a jorros de beleza.

A casa festejava os dois obreiros que haviam sabido vencer, com devotamento e humildade, os tropeços iniciais do levantamento de bem-aventurado futuro!...

Rodeado de assessores, Ribas saudou-os no limiar e, tomando-os nos braços, como a filhos queridos, ergueu os olhos para o Alto e rogou, comovidamente:
— Senhor Jesus, abençoa os Teus servos que se consagram hoje um ao outro em sublime união!... ilumina-lhes, cada vez mais, os anseios transfigurados para o Teu reino, através da abnegação com que souberam esquecer dificuldades e agravos para se deterem tão somente no auxílio aos companheiros de caminhada, ainda mesmo quando esses companheiros lhes apunhalassem os corações!... Ensina-lhes, oh! Mestre, que a felicidade é uma obra de construção progressiva no tempo e que o matrimônio deve ser realizado, de novo, todos os dias, na intimidade do lar, de maneira que os nossos defeitos se extingam, nas fontes da tolerância recíproca, a fim de que as nossas almas encontrem a perfeita fusão, diante de Ti, aos clarões do amor eterno!...

4
ÍNDICE GERAL CONSOLIDADO[7]

---

7 N.E.: As letras maiúsculas correspondem à indicação do título do livro; e os números arábicos, à página do livro na edição em formato especial.

Índice Geral

ABASTECIMENTO
  atividade de * em Nosso Lar – NL, p. 55
Abelardo Martins ver Martins, Abelardo
ABISMO
  expedição de resgate em – OVE, p. 88
  queda moral e permanência no – AR, p. 147
  serviços intercessórios em regiões de – OVE, p. 69
ABNEGAÇÃO
  conceito de – AR, p. 234
  insensatez e – OVE, p. 124
  intercessão com – ML, p. 137
  regeneração e – EVC, p. 132
ABORTO
  apelo contra – NMM, p. 150
  casamento e – EVC, p. 162
  Cecília e – NMM, p. 148
  centro genésico e – EDM, p. 223
  conluio de entidades perversas para provocação de – ML, p. 271
  desequilíbrio do centro genésico e – NDM, p. 89
  feto, mãe e – NMM, p. 156
  gravidez de risco e probabilidade de – ML, p. 359
  inconsciente e excesso de leviandades – ML, p. 270
  leviandade, inconsciência de mães e provocação de – ML, p. 256
  obsessão e – NMM, p. 156; EDM, p. 226
  perispírito e – EDM, p. 223, 225
  realização do – NMM, p. 155
  remorso e – EDM, p. 223
  reparação do – EDM, p. 221, 226
  suicida e – ETC, p. 193
ABORTO DELITUOSO
  lei de causa e efeito e – AR, p. 228
  reforma íntima e – AR, p. 228
ABRIGO DE BENEMERÊNCIA
  espaço aéreo e movimento no – OVE, p. 58
ABRIGO DE MENORES
  trabalhadores desencarnados em – OVE, p. 210
ABUSO
  autoridade e – NMM, p. 103

AÇÃO
  doutrinador encarnado e * de dirigente espiritual – ML, p. 316
  maléfica inconsciente – ML, p. 309
AÇÃO ESPIRITUAL
  oposição ao exercício da mediunidade e – ML, p. 290
ACASO
  desígnios superiores e – NDM, p. 82
  menor esforço do homem e – NDM, p. 154
ACELINO
  narrativa de – OM, p. 56
ACIDENTE
  aéreo e pedido de socorro e – AR, p. 261
  remoção de recém-desencarnados e – AR, p. 262
ACRÉSCIMO DE MISERICÓRDIA
  fidelidade ao Senhor e – ML, p. 212
  socorro ao invigilante e – ML, p. 71
ACUSAÇÃO
  falseamento de – AR, p. 202
ADELAIDE
  devotamento materno aos necessitados e – OVE, p. 203
  dificuldade no desprendimento físico de – OVE, p. 317
  esclarecimentos de Jerônimo e – OVE, p. 325
  lar coletivo de – OVE, p. 205
  perseverança, dificuldades e – OVE, p. 203
  resistência ao mal, recompensa e – OVE, p. 204
ADELINO
  necessidade da prece no tratamento do mal de – ML, p. 202
  posição espiritual de – ML, p. 220
ADELINO CORREIA
  ajuda no plano espiritual e – AR, p. 232
  Maria Emília e – AR, p. 237
  passado de – AR, p. 235-240
  pensamento no bem e – AR, p. 232
  sofrimento de – AR, p. 231
ADELINO, RAQUEL E SEGISMUNDO, ESPÍRITO
  estudo de caso de reencarnação e – ML, p. 195

ADIÇÃO DE FORÇA
   operação utilizada por André Luiz – SD, p. 198
ADMINISTRAÇÃO
   mundo espiritual e – AR, p. 83
   previsão e controle em – OVE, p. 89
   trabalho de benemerência e – OVE, p. 68
ADOÇÃO
   influência espiritual e – EVC, p. 190, 252
ADORAÇÃO
   adoradores e – LI, p. 125
   imagens e – LI, p. 124, 125
   intenção e – LI, p. 125
   primitiva – LI, p. 125
   recíproca – ML, p. 370
ADUBO
   fertilidade do solo e – SD, p. 64
ADULTÉRIO
   ciúme e – OM, p. 34
   homicídio e – ML, p. 168
   incentivo à prática do – AR, p. 131
   narrativa de – OM, p. 34
   pensamento e – AR, p. 202
   perdão e – EVC, p. 86
   sedução e – OVE, p. 105
ADVERSÁRIO
   aprendizado com – ML, p. 210
   compreensão do – OVE, p. 49
AERÓBUS
   descrição de – NL, p. 61, nota
   serviço de trânsito e transporte e – NL, p. 61
   volitação e – NL, p. 307
AFINIDADE
   amor e – EVC, p. 144
   capacidade de – MM, p. 50
   companhia espiritual e – LI, p. 71
   comunidade espiritual e – EVC, p. 72
   esfera carnal e – OVE, p. 79
   fenômeno mediúnico e – MM, p. 50
   matéria mental e – MM, p. 50
   onda mental e – MM, p. 87
   pai, filha e – ETC, p. 211
   percepção e – LI, p. 196
   plano espiritual e – EVC, p. 109
   vampirismo e – LI, p. 43

AFLIÇÃO(ÕES)
   atitude recomendável nos momentos de –
      ML, p. 136
   criações mentais e causa de – OVE, p. 76
   recurso para socorro na hora da – ML, p. 95
   causas passadas das – NDM, p. 230
AGABO
   incorporação e – MM, p. 15
   premonição e – MM, p. 15
AGIOTA VER AVARENTO
AGOSTINHO
   espírita amigo de Salomão – SD, p. 207
   ministra passes em Marita – SD, p. 208
   oração de – SD, p. 208
AGRADECIMENTO
   mundo físico e cântico de – OVE, p. 333
AGRESSÃO
   ectoplasma e impedimento de – ML, p. 320
   habitantes de regiões inferiores e tentativa
      de – OVE, p. 93
AGRESSIVIDADE
   vibração de apoio e – EVC, p. 126
ÁGUA
   densidade da * em Nosso Lar – NL, p. 63
   Francisco, enfermo, e * magnetizada –
      NL, p. 174
   importância da – NL, p. 64
   magnetização da – NL, p. 63
   manipulação da – NL, p. 63
   Ministério do Auxílio e – NL, p. 63
   procedência do corpo físico e – NL, p. 64
ÁGUA FLUIDIFICADA
   equilíbrio psicofísico pela – NDM, p. 105
   lesões físicas e – NDM, p. 106
   medicação espiritual e – AR, p. 191
ÁGUA MAGNETIZADA
   preparação para desencarnação com –
      OVE, p. 272
AÍDA
   Druso e – AR, p. 287
   Silas e – AR, p. 287
AJUDA
   indignação e – LI, p. 196

Índice Geral

AJUDA ESPIRITUAL
capacitação e – EVC, p. 194
dinheiro e – EVC, p. 199
ALBÉRIO(ESPÍRITO)
instrutor do Nosso Lar – NDM, p. 13
ALBINA
adiamento da desencarnação da – OVE, p. 285
ÁLCOOL
organismo humano e funções do – ML, p. 125
ALCOÓLATRA
Espírito permanece – NDM, p. 201
ALCOOLISMO
Antídio e – NMM, p. 199
aparelho gastrintestinal e – ML, p. 31
hereditariedade e – ETC, p. 86
obsessão e – NDM, p. 135; NMM, p. 203
obsessor e – LI, p. 230
vampirismo e – NDM, p. 136
ALEGRIA
alimentação e – NL, p. 109
cristão e conservação da – OVE, p. 52
educação e * de André Luiz – NL, p. 166
Espírito comunicante e demonstração de – ML, p. 18
estabilidade da – NL, p. 109
excesso de – NL, p. 90
herança de Deus e – NMM, p. 201
presença da * em qualquer situação – OVE, p. 52
ALÉM-TÚMULO
amor e – SD, p. 23
continuação da vida no – SD, p. 124
realidade do – OVE, p. 74
tragédias conjugais com transferências para – ML, p. 226
vida humana no – SD, p. 13
ALENCAR
conhecimento da causa de choque de vibrações e providências de – ML, p. 124
materialização de – ML, p. 128
ALEXANDRE
civilização e o conquistador – LI, p. 15
ALEXANDRE, ESPÍRITO
explicações de * sobre enfermidades – ML, p. 40

ALEXANDRE, INSTRUTOR
alcance das preleções de – ML, p. 99
alimentação humana e reflexões de – ML, p. 43
comentário de * sobre extensão de auxílio no processo reencarnatório – ML, p. 235
conselhos de * em situações de angústia – ML, p. 136
contágio de afecções psíquicas no corpo físico e esclarecimentos de – ML, p. 39
convite à prece e oração de júbilo e gratidão ao Cristo Jesus por – ML, p. 373
crescimento mental e enriquecimento da alma, objeto de análise por – ML, p. 20
descumprimento de compromisso de re--conciliação e intervenção de – ML, p. 170
desencanto de reencarnante e encoraja--mento por – ML, p. 221
desencarnados à mesa familiar de refeições e explicações de – ML, p. 138
educação da mediunidade e colocações de – ML, p. 34
esperança e ânimo contra receios de reen--carnante e – ML, p. 230
exercício de mandato mediúnico e preleção de – ML, p. 103
explicação de * sobre semblante de paz e luz em frequentador de templo espírita – ML, p. 52
explicação de * sobre uso imoderado de alcoólicos – ML, p. 32
explicações de * sobre enfermidades estra--nhas – ML, p. 65
explicações de * sobre preparação física e espiritual do médium – ML, p. 16
fortalecimento de energia na região do cérebro de médium de materialização, por – ML, p. 123
inconveniência de comparecimento de recém-desencarnado a grupo mediúnico – ML, p. 282
indagações de * sobre conduta cristã – ML, p. 208
informações de * sobre conhecimentos adquiridos durante o sono – ML, p. 86
interesse na própria libertação e aceitação de assistência espiritual – ML, p. 57

583

manifestações sexuais nos círculos da carne e dissertação de – ML, p. 213
missão do sexo e esclarecimentos de – ML, p. 180
modificação de vibrações harmoniosas para antagônicas e – ML, p. 49
moléstias do corpo, degenerescências psíquicas, comportamento humano e – ML, p. 41
moribundo e orientação clínica de – ML, p. 76
obsidiado na esfera invisível e pedido maternal de cooperação a – ML, p. 301
oração de * em favor do reencarnante, seus futuros pais – ML, p. 246
orientação e conselhos a Dionísio Fernandes (Espírito) – ML, p. 284
participação da humanidade em quaisquer atos para o bem ou para o mal conforme – ML, p. 131
participação de André Luiz (Espírito) em estudos da mediunidade a convite de – ML, p. 11
poder da prece na conceituação de – ML, p. 70
preleção de * sobre idolatria – ML, p. 368
qualidades de – ML, p. 367
reaproximação de inimigos e colaboração de – ML, p. 168
recomendação de * sobre designação de desencarnado comunicante – ML, p. 17
relacionamento entre sexo e espiritualidade na apreciação de – ML, p. 30
requisitos para ocorrência de materialização e explicações de – ML, p. 120
respeito ao livre-arbítrio do próximo e pensamento de – ML, p. 204
resposta de * sobre inconveniência da imposição no processo educativo – ML, p. 35
revelação de * sobre formação de legiões das trevas – ML, p. 144
revelações de * sofrimento no mundo espiritual e presença de Misericórdia divina – ML, p. 134
situação de religiosos desencarnados sem vocação e – ML, p. 306
tendência da casa espírita ao desprezo do estudo da mediunidade no entendimento de – ML, p. 27

término da operação inicial de ligação com a matéria orgânica e – ML, p. 252
trabalhos de materialização e observações de – ML, p. 115
turnos de Espíritos socorristas e informações de – ML, p. 78

ALFREDO
calúnia, ciúme e – OM, p. 111
união de Ismália e – OM, p. 111

ALGAS
formação das – EDM, p. 34
mônada e – EDM, p. 35
mutacionismo e – EDM, p. 52
plantas e – EDM, p. 54
reprodução e – EDM, p. 35

ALIENAÇÃO MENTAL
afecção cutânea e – AR, p. 238
circunstâncias e – MM, p. 118
definição de – MM, p. 134
desencarnado e – NDM, p. 189; AR, p. 134
egoísmo e – AR, p. 197
Espírito acometido de – NDM, p. 86
influência entre encarnados e – NDM, p. 186
Margarida e – LI, p. 118
obsessão e – LI, p. 117
ociosidade e – LI, p. 98
suicídio e – AR, p. 184

ALIGHIERI, DANTE
inferno e – NMM, p. 229

ALIMENTAÇÃO
ascensão individual e – NL, p. 108
base do sistema de – NL, p. 108
desencarnado e – EVC, p. 44, 56
estabilidade da alegria e – NL, p. 109
excessos na – ML, p. 33
mesa de refeições familiar e desencarnados em busca de – ML, p. 137
Ministério do Auxílio e – NL, p. 63
neurastenia, inquietação e – NL, p. 113
processo de – NL, p. 61
serviço de * em Nosso Lar – NL, p. 58
sistema de * deficiente – NL, p. 56
sutilização da – NL, p. 108
vícios de – NL, p. 57
vontade e – LI, p. 32

Índice Geral

ALIMENTO
alma e – NL, p. 108
dependência do – NL, p. 107
desencarnados e – OM, p. 229
Nosso Lar e * físico – NL, p. 108
valor do * espiritual – NL, p. 305
ALIMENTO ESPIRITUAL
amor e – EDM, p. 189
ALIMENTO MENTAL
ser humano e recebimento de – ML, p. 258
ALMA(S)
alimento da – NL, p. 108
aprendizado da * feminina – NL, p. 122
bônus-hora e * operosa – NL, p. 132
caminhos e etapas da – NL, p. 11
comportamento da – NL, p. 43
conduta afetiva da – EDM, p. 215
consequências da paixão do fenômeno para a – ML, p. 109
contágio de moléstias da – ML, p. 39
corpo físico e – OVE, p. 73
corpo físico e engrandecimento da – ML, p. 175
desequilíbrio da * e anomalia mental – OVE, p. 33
dor e – NL, p. 43
esporte da – ML, p. 24
estado pré-agônico e a – ML, p. 75
evolução morfológica e moral da – EDM, p. 85
feminilidade, masculinidade e – NMM, p. 162
fluidos carnais e – NL, p. 89
germes psíquicos na esfera da – ML, p. 40
integração de alma com – ML, p. 219
Laerte e compreensão da – NL, p. 96
lei de causa e efeito e – ML, p. 9
necessidades da – NL, p. 11
obrigações da * feminina – NL, p. 119
parasitismo da – EDM, p. 134
ponto sombrio na – NL, p. 29
processo reencarnacionista e – ML, p. 171
purificação da * no campo e cidade – OVE, p. 78
quedas, viciações e impressões na – ML, p. 342
requisitos para edificação da – ML, p. 28
sexo e – NMM, p. 160, 168
simbologia de * nobre – NL, p. 305
sofrimento e renovação da – OVE, p. 181

virtudes da – EVC, p. 151
aperfeiçoamento da – AR, p. 220
cérebro, físico e – NDM, p. 31
conceito de – AR, p. 96
enfermidades da – AR, p. 124
libertação da – AR, p. 263
necessidades da – AR, p. 169
sentidos fisiológicos e – NDM, p. 108
zonas inferiores e – AR, p. 13
ALMAS DECAÍDAS
união das – LI, p. 62
ALMAS GÊMEAS
uniões de * na Terra – NL, p. 122
ALUCINAÇÃO
definição de – MM, p. 134
fascinação e – NDM, p. 223
hipnotismo e – MM, p. 96; LI, p. 122, 131
ALVORADA NOVA
Nosso Lar e departamentos de – NL, p. 66
visita aos serviços de – NL, p. 66
ALZIRA
Antônio Olímpio e – AR, p. 85
assistência a familiares – AR, p. 107
Leonel, Clarindo e – AR, p. 160-161
oração de – AR, p. 108-109
reconhecimento e – AR, p. 85
solidariedade e – AR, p. 85
AMÂNCIO
confissão do padre – NL, p. 205
escravos e padre – NL, p. 205
AMANTINO, JUIZ
Casa da Providência e serviço de – SD, p. 309
AMARO
enfermeiro desencarnado – SD, p. 22
Júlio e – ETC, p. 130
Mário e – ETC, p. 223
Nemésio e assistência de – SD, p. 364
Odila – ETC, p. 15, 167
passado de – ETC, p. 17, 26, 123, 235
reclamações de – ETC, p. 167
reflexões de – ETC, p. 229
AMBIÇÃO
fratricídio e – AR, p. 44
resultado de – AR, p. 258

AMBIENTE
atitudes desaconselháveis e perturbação vibratória do – ML, p. 127
ave e vegetação em * de desolação – OVE, p. 91
cuidados com o * na realização de sessões de materialização – ML, p. 117
diferenciação do – ML, p. 49
entidades viciadas e – ML, p. 163
isolamento e – ML, p. 117
observação do * para reencarnação de Segismundo – ML, p. 198
pensamento e – LI, p. 162
preparação de – ML, p. 119
reunião mediúnica e – ML, p. 12
trabalhadores do plano espiritual e equilíbrio vibratório do – ML, p. 293

AMBIENTE ESPIRITUAL
cuidados com o – NDM, p. 260
materialização e – NDM, p. 260
música de Beethoven e – AR, p. 157-158
pensamentos, preces e – NDM, p. 161

AMBROSINA, MÉDIUM
a serviço do amor e do ideal – NDM, p. 146
ajuda os outros a se ajudarem – NDM, p. 147
mandato mediúnico e – NDM, p. 146

AMÉRICO, ESPÍRITO
desdobrado procura o pai – NDM, p. 228

AMIZADE
cooperação com os Espíritos e – NDM, p. 172
espiritual – ETC, p. 280
prática da caridade e – AR, p. 233
reencarnação e – ETC, p. 186, 188

AMNÉSIA
espírito acometido de – NDM, p. 39
fixação mental e – NDM, p. 237
sugestão pós-hipnótica e – NDM, p. 39

AMOR
afinidade e – EVC, p. 144
caridade e – LI, p. 14
carinho mútuo e – EVC, p. 143
casamento e – EVC, p. 142, 144
conceito de – NL, p. 111; AR, p. 27
conhecimento e – ETC, p. 91
consequências do – ETC, p. 159
construção do – ML, p. 338

corpo, Espírito e – OM, p. 188
débito e – AR, p. 27
decepção e – EVC, p. 143
destino e – LI, p. 274
diferenças morais e – NDM, p. 127
dons de monopólio do – ML, p. 214
egoísmo e – EVC, p. 143, 155
egoísmo, ilusão e – AR, p. 212-213
eterno – EVC, p. 142
evolução e – LI, p. 181
excessivo de mãe – AR, p. 28
exclusivismo e – LI, p. 220
faculdades do – AR, p. 221
garantia de redenção pelo – NDM, p. 280
hesitação e – EVC, p. 26
inimigo e – EVC, p. 159
inquietação e – ETC, p. 236
Justiça divina e – ML, p. 212
justiça e – EVC, p. 131; LI, p. 109
laços do – ML, p. 9
lei da causa e efeito e – AR, p. 155
libertação do ser e – NMM, p. 63
maternidade e – ETC, p. 198
necessidade da prática do – ML, p. 214
obsessão por – NDM, p. 57
Odila e – ETC, p. 293
ódio e – LI, p. 279
patrimônios do – NL, p. 109
pecados e – LI, p. 111
poder do – NMM, p. 80
provas, expiações e – NMM, p. 166
pulsação do coração e – EVC, p. 148
reencarnação e – LI, p. 92, 161
Reino de Deus e – LI, p. 84
renovação e – ETC, p. 187, 284
renúncia cristã e – NMM, p. 166
renúncia, perdão e – NDM, p. 194
salvação e – LI, p. 174
segundo a Lei do Senhor – NDM, p. 128
serviço fraternal e – NMM, p. 33
sexo e – EVC, p. 143; ML, p. 218
simpatia, vidas passadas e – NMM, p. 95
sublimação e – LI, p. 38
tempo e – EVC, p. 226
Terra e – NL, p. 274
transitoriedade e – EVC, p. 126

união e – LI, p. 20
união sexual e raridade da presença do –
   ML, p. 215
vampirismo e – LI, p. 160
AMOR-PRÓPRIO
   amplexo fluídico
   obsidiado e – NDM, p. 86
   falência do – NL, p. 21
ANACLETA
   declarações de * sobre guia e orientação a
   filhos imprevidentes – ML, p. 187
ANACLETO
   convite de * para aplicação de passe magnético – ML, p. 352
ANAMNESE
   equipamento espiritual e – NDM, p. 62
ANANIAS
   clarividência e – MM, p. 14
ANATOMIA
   obra de * em substância luminosa do corpo
   físico – ML, p. 175
ANDRADE, BELINO
   amigo de André Luiz – SD, p. 293
ANDRÉ LUIZ
   alegria e educação de – NL, p. 166
   anonimato e – NL, p. 7
   Antonina e – NMM, p. 189
   arrependimento, remorso e – NL, p. 32
   aspectos da natureza e – NL, p. 45
   atendimento fraterno e – LI, p. 231
   atuação na Mansão Paz e – AR, p. 284
   auscultação psíquica e – LI, p. 179
   bônus-hora e – NL, p. 169, 215
   Câmaras de Retificação e – NL, p. 158, 243
   cargo de aprendiz e – NL, p. 86
   Casa Transitória de Fabiano e tarefa de –
      OVE, p. 205
   caso Tobias e – NL, p. 229, 241
   cidadão de Nosso Lar e – NL, p. 310
   Cipriana e – NMM, p. 259, 262
   clamores de – NL, p. 15
   Cláudio e – NMM, p. 238
   conceito próprio e – NL, p. 17
   Crescina e – SD, p. 161
   curiosidades sobre Umbral e – NL, p. 71

desânimo e – NL, p. 15, 20
desencarnação de – SD, p. 30
divórcio e – SD, p. 311
doutrinação de – NL, p. 205
egoísmo e – NL, p. 17
Elisa e – NL, p. 243
encerramento da tarefa e despedidas –
   AR, p. 294
erros de – SD, p. 199
escola contra o medo e – NL, p. 261
esforço de – LI, p. 12
esperança de – ETC, p. 294
Espíritos maus e – LI, p. 28
estudo e – MM, p. 16
Eusébio e – NMM, p. 36
excursão às cavernas e – NMM, p. 228
excursão de adestramento e – OVE, p. 205
existência terrestre e – NL, p. 17
extinção de vibração da cólera e – OVE, p. 141
Fabrício e – NMM, p. 176
fantasmas e – NL, p. 199
Félix reencarnado e – SD, p. 386
fidelidade e – NL, p. 276
fígado, rins e – NL, p. 31
fraternidade e – NL, p. 17
Governador espiritual e – NL, p. 256
Henrique de Luna, médico, e – NL, p. 29
hipnotismo e – MM, p. 16
história familiar de – NMM, p. 239
homem velho e – OVE, p. 141
impedido de ajudar acidentados – AR, p. 263
indignação e – LI, p. 122, 136
Instituto Almas Irmãs e – SD, p. 383
joguete de forças irresistíveis e – NL, p. 15
Laerte, pai, e – NL, p. 96
lamentações de – NL, p. 41, 43
lar, esposa, filhos e – NL, p. 15
Lísias, enfermeiro, e – NL, p. 35
mãe de – NL, p. 47, 48, 86, 91, 156, 216, 217
Marcelo e – NMM, p. 120
Márcia e – SD, p. 193
Marina e – SD, p. 226
Marita e – SD, p. 162, 193
martírio moral de – NL, p. 245
mecanismo dos passes e – NL, p. 215
Ministério do Auxílio e – NL, p. 51

missão de – NMM, p. 9
Moreira e – SD, p. 202
necessidade de sono – NL, p. 216
Nosso Lar e – SD, p. 141
notas de – NL, p. 83
observações de – NL, p. 197
oclusão intestinal e – NL, p. 30
oração de – SD, p. 104
ovoides e – LI, p. 101
prisão e – LI, p. 83
razões de não poder ajudar – AR, p. 265
receio, pavor e – NL, p. 16
recordações de – OVE, p. 222; LI, p. 28
reencarnação da mãe de – NL, p. 280
reencontro com o avô – NMM, p. 244
reflexões de – ETC, p. 275
regresso da existência terrestre e – SD, p. 310
religiões no mundo – NL, p. 21
retorno à cidade terrestre e – NL, p. 279, 299
semana de licença – NL, p. 297, 299, 309
sentimento de – ETC, p. 195, 295
sentimento de revide e – OVE, p. 141
seres animalescos e – NL, p. 21
serviço especializado e – NL, p. 83
serviço noturno e – NL, p. 169
sífilis e – NL, p. 30, 31
Sol e – NL, p. 24
sonho e – NL, p. 217
suicídio e – NL, p. 30
tempo de trabalho e – NL, p. 279
teorias do sexo e – NL, p. 109
terceiro dia de trabalho de – NL, p. 229
término do tratamento de – NL, p. 101
transfiguração de – SD, p. 158, 198
Umbral e – NL, p. 79
viagem e – NL, p. 15
vibrações desconcertantes e – SD, p. 87
visita à família e – NL, p. 299
vítimas de flagelação de – OVE, p. 144
viuvez, orfandade e – NL, p. 198
Zélia, esposa, e – NL, p. 42, 300, 303
ANDRÉ LUIZ, ESPÍRITO
 ver LUIZ, ANDRÉ, ESPÍRITO
ANÉLIO ARAÚJO
 ver ARAÚJO, ANÉLIO

ANÉSIA, MÉDIUM
dificuldades com a família – NDM, p. 179
formas-pensamentos perturbam – NDM, p. 183
ANGELIZAÇÃO
ser humano e – ML, p. 110
ANICETO
apresentação de – OM, p. 19
ANIMAIS
conduta humana e comportamento dos – ML, p. 45
confiança dos * domésticos – ML, p. 45
identificação dos * domésticos – NL, p. 46
mundo espiritual e – AR, p. 49
sons e – MM, p. 25
tentativa de sugação de sangue de – ML, p. 146
ANIMALIDADE
campo vibratório da mente humana e – ML, p. 107
emoções que levam à – NDM, p. 136
ANIMISMO
acusação da prática de – ML, p. 298
alienação mental e – MM, p. 162
compreensão e – MM, p. 162
conceito de – MM, p. 159
criminalidade e – MM, p. 163
desobsessão e – MM, p. 162
doutrinador e – MM, p. 162; NDM, p. 213
dupla personalidade e – NDM, p. 214
emersão do passado e – MM, p. 161; NDM, p. 212
EULÁLIA E – NMM, P. 140
fenômenos mediúnicos e – MM, p. 159
hipnotismo e – MM, p. 161
mediunidade e – MM, p. 159; NMM, p. 128
mistificação e – MM, p. 162
mistificação inconsciente e – NDM, p. 212
obsessão e – MM, p. 161
opositores do Espiritismo e – MM, p. 159
passado culposo e – MM, p. 163
perispírito e – MM, p. 159
psicografia e – NMM, p. 140
reflexo condicionado e – NMM, p. 127
reunião mediúnica e – NMM, p. 135

ÂNIMO
   apelo às próprias energias e fortalecimento
   de – ML, p. 197
ANJO DE GUARDA
   ajuda do – ETC, p. 239
   amigo e – ETC, p. 238
   condição espiritual do – ETC, p. 239
   considerações sobre – ETC, p. 236
   Espírito familiar e – ETC, p. 238
   história do – ETC, p. 238
   mãe e – ETC, p. 238
   presença do – ETC, p. 237
ANONIMATO
   André Luiz e – NL, p. 7
   caridade e – NL, p. 12
   preconceito e – ETC, p. 263
ANTENAS ESPIRITUAIS
   proteção a Marita e – SD, p. 162
ANTICONCEPCIONAL
   acolhimento a novos filhos e – AR, p. 227
ANTÍDIO
   alcoolismo e – NMM, p. 199
ANTIGUIDADE
   sacrifícios de sangue de animais na –
   ML, p. 146
ANTIGUIDADE ORIENTAL
   mundo espiritual e – AR, p. 10
   preocupação com o após-morte – AR, p. 11
ANTIPATIA
   remédio contra a – NDM, p. 187
ANTONINA
   André Luiz e – NMM, p. 189
   confissão de – ETC, p. 254
   culto do Evangelho e – ETC, p. 39
   dados sobre – ETC, p. 38
   Gustavo e – NMM, p. 188
   história de – NMM, p. 187
   lembranças de – ETC, p. 286
   Marcos e – ETC, p. 61
   Mário e – ETC, p. 217
   núpcias de – ETC, p. 286
   oração de – ETC, p. 290
   passado de – ETC, p. 93, 96
   regressão de – ETC, p. 93

ANTÔNIO CASTRO *VER* CASTRO,
   Antônio
ANTÔNIO OLÍMPIO
   Alzira e – AR, p. 85
   confissões de – AR, p. 44-46
   egolatria e – AR, p. 84
APARELHO DIGESTIVO
   mediunidade de incorporação e – ML, p. 32
APARELHO ESPIRITUAL
   ondas mentais e – LI, p. 82
   telégrafo de Morse e – AR, p. 261
   televisor e – AR, p. 261
APARELHO GÁSTRICO
   destruição do – NL, p. 31
APARELHO GENITAL
   estado clínico de – ML, p. 30
APARELHOS
   uso de * no mundo espiritual – OM, p. 139, 143
APARÊNCIA
   degenerescência da * física – NMM, p. 103
   estabelecimento da comunicação e * física
   do médium – ML, p. 17
APEGO
   desencarnação e * à parentela sobrevivente
   – ML, p. 138
APERFEIÇOAMENTO
   Espíritos maus e – LI, p. 35
   reencarnação e – AR, p. 16
   vontade e – MM, p. 86
Aposentadoria
   indébita – LI, p. 80
   ociosidade e – LI, p. 80
APÓSTOLOS
   obra dos – AR, p. 221
APRENDIZ
   André Luiz e cargo de – NL, p. 86
   Arnaldo, noivo de Eloísa, aprendiz do amor
   espiritual – NL, p. 115
   lição do – NL, p. 8
   Maria da Luz e – NL, p. 116
   surpresa e perplexidade do – NL, p. 8
   união conjugal e – NL, p. 115
APRENDIZADO
   aproveitamento das lições e – ML, p. 366

conhecimento e – ML, p. 371
discípulo, instrutor e – OM, p. 23
formulação prévia de perguntas e técnica de – ML, p. 101
queda e – ML, p. 172
APRIMORAMENTO
grupo humano e – ETC, p. 132
trabalho e – ETC, p. 56
APROVEITAMENTO
auxílio a obsidiado e – ML, p. 334
sono físico e – ML, p. 101
APULEIO (ESPÍRITO CONSTRUTOR)
afastamento voluntário de Cesarina e esclarecimentos de – ML, p. 273
esclarecimentos de * sobre responsabilidade dos Espíritos construtores no desenvolvimento do feto – ML, p. 256
opinião de * sobre a possibilidade de proteção nos casos de influência maligna – ML, p. 270
AQUISIÇÃO ESPIRITUAL
qualificações e exigências implícitas na – OVE, p. 62
AR
percepção espiritual do – OM, p. 248
ARACÉLIA
angústias da filha de – SD, p. 125
Cláudio e – SD, p. 168
mãe de * em encarnação última – SD, p. 125
mãe suicida de Marita – SD, p. 66
morte de – SD, p. 68
oração de – SD, p. 125
ARAÚJO, ANÉLIO
faculdades mediúnicas de – NDM, p. 27
ARCO REFLEXO VISCERAL
vibrações do – MM, p. 80
ARISTÓTELES
princípios de – NDM, p. 7
ARMAS
mundo espiritual e – OM, p. 129
ARNULFO
auxiliar de Félix – SD, p. 218
ARREPENDIMENTO
Cavalcante e pedido de perdão e – OVE, p. 301

lembrança da vítima e – AR, p. 258
ARTE
inspiração, mundo espiritual e – OM, p. 106
Nosso Lar e – NL, p. 276
ÁRVORES
coeficiente de produção das – NDM, p. 16
ASCÂNIO
acidente aéreo e – AR, p. 269
exército de Joana d´Arc e – AR, p. 269
história de – AR, p. 268-272
ASCENSÃO ESPIRITUAL
desconhecimento do passado e – AR, p. 268
ASCLÉPIOS
conduta cristã e explicação de – OVE, p. 50
Espírito e entendimento de – OVE, p. 52
lição do Evangelho, caridade e – OVE, p. 51
perseguição de adversário e – OVE, p. 49
ASILO
Espíritos desamparados e – LI, p. 97
ASSASSINATO
ciúme e – AR, p. 211
confissão de – AR, p. 132
frustração de tentativa de – AR, p. 206
impedimento de – AR, p. 206
lei de causa e efeito e – AR, p. 69
ASSASSÍNIO
corrosão mental – EVC, p. 26
ideação e – EVC, p. 174
omissão e – ETC, p. 27
ASSASSINO
caridade e – EVC, p. 200
oração e – EVC, p. 200
ASSEMBLEIA
composição e frequência da – ML, p. 12
ASSISTÊNCIA
composição e comportamento da * de encarnados em reunião espírita – ML, p. 126
desencarnados e – OM, p. 140
dever de – ML, p. 338
obsidiados e perseguidores no recebimento de recursos de – ML, p. 334
ASSISTÊNCIA À DISTÂNCIA
médium treinado para fazer – NDM, p. 101

Índice Geral

ASSISTÊNCIA ESPIRITUAL
  abrigo móvel de apoio para – OVE, p. 58
  acidente e – AR, p. 263
  adiamento de – ETC, p. 53
  afastamento de obsessores e – AR, p. 205
  André Luiz impedido de prestar – AR, p. 263
  arquivos mentais e – ETC, p. 90
  coletivização e – LI, p. 241
  condição do necessitado para receber – AR, p. 178, 263
  crédito para receber – NDM, p. 180
  culto do Evangelho no lar e – EVC, p. 112
  dificuldades para dar – AR, p. 107
  encarnado em desdobramento e – AR, p. 232
  enfermidade e – ETC, p. 208
  esforço e devotamento em – ML, p. 162
  especialização em tarefa de – OVE, p. 61
  ex-habitantes de colônia espiritual e – OVE, p. 24
  filiação religiosa e imparcialidade na – ML, p. 355
  firmeza e humildade da médium na – NDM, p. 55
  gravidez e – ETC, p. 209
  Hilário impedido de prestar – AR, p. 263
  impedimentos e – LI, p. 96, 140
  instituições religiosas de todos os matizes e – ML, p. 354
  juiz e – LI, p. 183
  médico e – LI, p. 138
  merecimento e – LI, p. 129
  momento certo e – LI, p. 223
  moribundo e – AR, p. 249
  mulher cadaverizada e – AR, p. 285
  oração e – AR, p. 182
  passe e – AR, p. 234
  prevenção contra homicídio e – AR, p. 205
  prova coletiva e – AR, p. 263
  proveito nas atividades de – ML, p. 341
  recém-desencarnados e – AR, p. 48
  sofrimento e missões de – OVE, p. 23
  solidariedade e – LI, p. 39
  templos religiosos e – LI, p. 127
ASSISTENTES
  petições absurdas dos – NDM, p. 268

ASSOCIAÇÃO
  correntes mentais e – NDM, p. 142
  influenciação recíproca e – NDM, p. 142
ASSOCIAÇÃO MENTAL
  halo psíquico e – MM, p. 117
ATENÇÃO
  agentes mentais e – MM, p. 109
  cargas de pensamentos e – MM, p. 109
  êxito e – NDM, p. 22
ATENDIMENTO FRATERNO
  ação fluídica de Espírito benfeitor em – ML, p. 160
  André Luiz e – LI, p. 231
  Gúbio e – LI, p. 230
  instrutor Alexandre e – ML, p. 137
  lar de Margarida e – LI, p. 229
  transformação para o bem e – OVE, p. 176
ATITUDE
  modificação da * mental – NL, p. 92
ATMOSFERA
  ação da vontade na – OM, p. 266
  amanhecer e – OM, p. 254
  ionização da – ML, p. 119
  prece e purificação da – ML, p. 49
ÁTOMO
  composição do – MM, p. 39, 43
  inteligências superiores e – EDM, p. 22
  luz e – EDM, p. 22
  mônada celeste e – EDM, p. 22
  ondas eletromagnéticas e – EDM, p. 22
  vida do – MM, p. 31
ATRAÇÃO
  ambientes malignos e – ML, p. 54
  semelhança e – MM, p. 171
  vampiros e – ML, p. 58
ATUALIDADE
  desafios e – ML, p. 9
AUDIÇÃO
  cóclea e – MM, p. 131
  raios mentais e – MM, p. 130
AUDIÇÃO ESPIRITUAL
  harpistas e – NL, p. 103
AUDIÊNCIA VER TAMBÉM
  Clariaudiência

centro cerebral e – ETC, p. 140
Clarêncio e processo de – NL, p. 78
costume cristalizado e – NDM, p. 108
indiferença mental bloqueia a – NDM, p. 110
AUGUSTO, IMPERADOR ROMANO
　unificação do Império e – LI, p. 15
AULAS
　mundo espiritual e – OM, p. 28
ÁULUS, MENTOR ESPIRITUAL
　conheceu a Codificação de Allan Kardec – NDM, p. 12
　conheceu Mesmer em Paris – NDM, p. 12
　despede-se de André Luiz e de Hilário – NDM, p. 286
　estudo intracraniano por – NDM, p. 30
　privou com personalidades dos século XVIII e XIX – NDM, p. 12
　profissionais desencarnados e – NDM, p. 149
　psicofonia consciente explicada por – NDM, p. 53-54
　questões da humanidade e – NDM, p. 11
　visita o museu – NDM, p. 242
AURA
　conceito de – EDM, p. 148
　conversação e – LI, p. 83
　corrente mental e – MM, p. 73
　dos objetos – NDM, p. 242
　Espírito mau e – LI, p. 70
　espiritualidade e – LI, p. 126
　expressão da * e falsa conversão – OVE, p. 179
　infinitude da – MM, p. 81
　influência e – MM, p. 81
　magnetizador e – MM, p. 102
　mecânica ondulatória e – MM, p. 43
　mediunidade e – EDM, p. 148
　mundo íntimo e – MM, p. 81
　onde mental e – MM, p. 102
　peculiaridades do ser e – MM, p. 80
　pensamento e – MM, p. 43
AUTOAVALIAÇÃO
　felicidade – EVC, p. 98
AUTODOMÍNIO
　curso de – ML, p. 260
　tarefa da conquista do – ML, p. 357

AUTOENCONTRO
　Evelina e – EVC, p. 82
　realidades da alma e – EVC, p. 84
AUTOEXAME
　compreensão do mal e – LI, p. 23
AUTOILUMINAÇÃO
　Broca, Paul, psiquiatra, e – NMM, p. 47
　necessidade da – NMM, p. 30
AUTOMAGNETIZAÇÃO
　desdobramento por – MM, p. 106
　faquirismo e – MM, p. 106
　progresso espiritual e – MM, p. 105
AUTOMÓVEL
　companhia espiritual e – EVC, p. 151
AUTO-OBSESSÃO
　ilusões e – LI, p. 36
　renovação mental e – LI, p. 148
　Túlio e – EVC, p. 138
AUTOPIEDADE
　egoísmo e – ETC, p. 256
　Isaura e – LI, p. 220
AUTOSSUGESTÃO
　hábito e – MM, p. 92
AUXÍLIO
　familiar desencarnado e condições para – OM, p. 291
　gradação do * espiritual – OM, p. 154
　ignorância do encarnado e * espiritual – OM, p. 178
　merecimento e – OM, p. 143
　receptividade ao – OM, p. 292
　reforma íntima e – OM, p. 73
　requisitos para * nas oficinas – OM, p. 244
AVALIAÇÃO
　comunicação psicofônica e – ML, p. 295
　desencarnados e * de reunião de desenvolvimento mediúnico – ML, p. 37
　reunião de desenvolvimento mediúnico e – ML, p. 28
AVARENTO
　durante o sono – AR, p. 113
　obsessão e – AR, p. 112
　paixões e – AR, p. 113

AVAREZA
auto-obsessão e – AR, p. 106
conhecimento e – LI, p. 79
desencarnado e – AR, p. 112
desencarnado, loucura e – OVE, p. 261
literatura e – LI, p. 79
Luís e – AR, p. 106
reencarnação e tentação da – AR, p. 127
AVERSÃO
filho e – AR, p. 203
BACTÉRIA
água e – EDM, p. 51
Espírito e – EDM, p. 52
instrutores espirituais e – EDM, p. 52
matéria mental e – OM, p. 248
monoideísmo e – EDM, p. 99
reprodução e – EDM, p. 34, 52
sexo e – EDM, p. 52
BARCELOS, ASSISTENTE
loucura, assistência espiritual e – OVE, p. 32
BARNABÉ
voz direta e – MM, p. 15
BATALHA INTERIOR
adversários da – SD, p. 88
BATERIAS DE EXAUSTÃO
agulha de vigilância e – AR, p. 37
BEATRIZ
afastamento de * do corpo sob hipnose do sono – SD, p. 54
desencarnação de – SD, p. 142, 238
desencarnada deseja rever o esposo e o filho – SD, p. 367
encarnação anterior de – SD, p. 377
enfermidade de – SD, p. 21
filha de Pedro Neves – SD, p. 18
hábito da oração e – SD, p. 60
prazo de estada na Terra e – SD, p. 86
renovação íntima de – SD, p. 291
sonoterapia e – SD, p. 372
BECQUEREL
urânio e – MM, p. 31
BECQUEREL, HENRI
radiações do urânio e – NDM, p. 7

BEETHOVEN, LUDWIG VON
Leonel e – AR, p. 151
preparação de ambiente e música de – AR, p. 157
BELARMINO
narrativa de – OM, p. 74
BELEZA FÍSICA
criminalidade e – AR, p. 143
provação e – LI, p. 251
BEM
beneficiado e recebimento do auxílio do – ML, p. 71
conceito de – AR, p. 94, 275
defesa contra o mal e prática do – OM, p. 128
desvio do – ML, p. 148
importância da prática do – AR, p. 145
mal e – ML, p. 271
negação dos revoltados à prática do – OVE, p. 129
planejamento do – LI, p. 47
prática do – ML, p. 351
prática do * exterior e interior – NL, p. 218
resultados e prática do – OM, p. 161
socorro aos Espíritos das sombras e adesão voluntária ao – ML, p. 320
valor da prática no – AR, p. 84
BENEFICÊNCIA
condições de recém-desencarnados e – OVE, p. 57
desapego e – AR, p. 232
intercessão e – AR, p. 233
tolerância e solidariedade na – AR, p. 208
vontade na prestação de – ML, p. 112
BENEFÍCIO SECUNDÁRIO
obsessão e – NDM, p. 132
BENEVENUTO, MINISTRO
Ministério da Regeneração e – NL, p. 262
Polônia e – NL, p. 262
BENFEITORES ESPIRITUAIS
carinho dos – OVE, p. 153
BENS TERRENOS
Silas e – AR, p. 126
BERÇO
acesso a experiência – NDM, p. 9

BEZERRA DE MENEZES, ADOLFO
   apóstolo do Espiritismo Cristão no Brasil –
   AR, p. 173, nota
BEZERRA DE MENEZES, ESPÍRITO
   atuação de – AR, p. 175
   equipe de caridade e – AR, p. 174
   súplica a – AR, p. 173-174
   ubiquidade e – AR, p. 175
BLANDINA, ESPÍRITO
   amor de mãe e – ETC, p. 73
   Júlio e – ETC, p. 62
   tarefa de – ETC, p. 63, 75
BLASFÊMIA
   acusações e – OVE, p. 101
BOHR, NIELS
   luz e – MM, p. 29
BOM ÂNIMO
   necessidade de – AR, p. 24
BOM SENSO
   sutileza e – ML, p. 332
BONDADE
   trabalho, compreensão e – OM, p. 39
BONDADE DIVINA
   mal e – LI, p. 110
   sofrimento e – AR, p. 89
BÔNUS
   representação do – NL, p. 218
BÔNUS-HORA
   almas operosas e – NL, p. 132
   André Luiz e – NL, p. 215
   casa própria e – NL, p. 131
   compensação dos – NL, p. 169
   conceito de – NL, p. 79, nota, 125, 131
   contagem de tempo de serviço e – NL, p. 134
   emprego do – NL, p. 125, 131, 134, 135
   esclarecimentos sobre – NL, p. 221
   lar e – NL, p. 125
   Ministérios e – NL, p. 134
   modificação do – NL, p. 134
   natureza do serviço e – NL, p. 132
   prerrogativas do – NL, p. 131
   remuneração e – NL, p. 132, 218
   representação do bônus – NL, p. 218
   transferência de – NL, p. 135
   utilização de * na Terra – NL, p. 126
   valor da hora e – NL, p. 219
BOSQUE DAS ÁGUAS
   Grande Parque e – NL, p. 191
   Nosso Lar e – NL, p. 62
   Veneranda, ministra, e – NL, p. 192
BROGLIE, LUIZ DE
   difração dos elétrons e – MM, p. 38
   mecânica ondulatória e – MM, p. 38
   ondas de luz e – MM, p. 38
BRUTO
   obsessão e – MM, p. 13
CADÁVER
   encomendação de – OVE, p. 76
   Espírito recém-desencarnado preso ao –
   AR, p. 262
   morte e permanência na – AR, p. 263
   passe magnético em – OVE, p. 255
CALAFRIO
   sensibilidade mediúnica e – NDM, p. 246
   visita ao museu e – NDM, p. 246
CALDERARO
   Antídio sob passes de – NMM, p. 205
   Antonina sob passes de – NMM, p. 190
   Cecília e a intervenção de – NMM, p. 149
   Cláudio sob passes de – NMM, p. 240
   criança paralítica e – NMM, p. 109
   enfermidade e – NMM, p. 205
   Eulália sob passes de – NMM, p. 140
   Eusébio e – NMM, p. 13
   Fabrício sob passes de – NMM, p. 178
   Julieta sob passes de – NMM, p. 92
   Marcelo sob passes de – NMM, p. 121
   música inferior e – NMM, p. 201
   Pedro sob passes de – NMM, p. 64
   tarefa de – NMM, p. 14
CALÍGULA
   obsessão e – MM, p. 13
CALIMÉRIO
   ação de * no transe de desdobramento –
   ML, p. 126
   trabalhos de materialização a cargo de –
   ML, p. 116

Índice Geral

CALÚNIA
    consequências da – OM, p. 171
CÂMARAS DE RETIFICAÇÃO
    André Luiz nas – NL, p. 158
    Assistente Gonçalves e – NL, p. 162
    campos de cultura e – NL, p. 185
    carga de trabalho nas – NL, p. 170
    crentes negativos e – NL, p. 165
    departamento feminino das – NL, p. 243
    descrição das – NL, p. 161
    Elisa e – NL, p. 246
    exalação desagradável e – NL, p. 163
    Francisco, enfermo, e – NL, p. 174
    licença de André Luiz e – NL, p. 297, 309
    localização das – NL, p. 159
    ministro Flácus e – NL, p. 161
    núcleos de esforço ativo e – NL, p. 261
    origem das lágrimas nas – NL, p. 164
    pontos negros e – NL, p. 186
    renovação mental e trabalho nas – OM, p. 15
    samaritanos e – NL, p. 197
    sentinelas das – NL, p. 185
    serviço noturno na – NL, p. 169
    Tobias e – NL, p. 158
    toques de clarim em – NL, p. 250
    Umbral e – NL, p. 164
    usuários da – NL, p. 163
CAMILO
    Cipriana, doutrinação e – NMM, p. 73
    Pedro e – NMM, p. 42, 51
    sofrimento de – NMM, p. 77
    transformação de – NMM, p. 79
CAMINHO DO AUXÍLIO
    trabalho, humildade e – NL, p. 80
CAMPO
    atmosfera e – OM, p. 254
    conceito de – MM, p. 40
    intensidade do – MM, p. 40
    matéria e – MM, p. 40
    princípios vitais e – OM, p. 254
    purificação da alma e vivência no – OVE, p. 78
CAMPO DA PAZ
    características de serviço de – OM, p. 190
    histórico do núcleo espiritual – OM, p. 184
    Nosso Lar e – OM, p. 182

CAMPO DE MÚSICA
    André Luiz e – NL, p. 273
    arte e – NL, p. 276
    compositores terrestres e – NL, p. 278
    descrição do – NL, p. 275
    excursão ao – NL, p. 110
CAMPO ENERGÉTICO
    intercâmbio mediúnico e – MM, p. 48
CAMPO MAGNÉTICO
    condição espiritual e – MM, p. 69
    constituição do – MM, p. 77
    criaturas e – MM, p. 70
    domínios e – MM, p. 67
    expiação e – MM, p. 70
    missão e – MM, p. 70
    pensamento e – MM, p. 110
    vibração e – MM, p. 70
CAMPO MENTAL
    conhecimento e – MM, p. 151
    Lei do – MM, p. 123, 151
    mediunidade e – MM, p. 151
CAMPOS DE SAÍDA
    significado da expressão – LI, p. 52, nota; 264
CÂNDIDA
    despedida de – NMM, p. 83
    história de – NMM, p. 86
    Julieta e – NMM, p. 84, 91
    Paulino, Julieta e a desencarnação de – NMM, p. 96
CÂNTICO
    mundo físico e * de agradecimento – OVE, p. 333
    prece em forma de – OVE, p. 13
CAPACETE
    controla a atenção do médium desdobrado – NDM, p. 99-100
CARÁTER
    mascaramento de – OVE, p. 110
CARAVANA
    pedido de socorro e * de André Luiz – OVE, p. 92
    preparação para desencarnação e * espiri--tual – OVE, p. 211

regiões da atmosfera e * de enfermos – OVE, p. 213
volitação e * espiritual – OVE, p. 211
CARAVANA ESPIRITUAL
cães de guarda e – AR, p. 49
organização de tarefas e – AR, p. 48
recém-desencarnados e – AR, p. 48
CARIDADE
adiamento da morte e – EVC, p. 201
ajuda espiritual e – ETC, p. 244
amigos espirituais e – AR, p. 233
anonimato e – NL, p. 12
assassino e – EVC, p. 200
benefícios precipitados e – OVE, p. 182
débito atenuado e – AR, p. 240
desobsessão e – LI, p. 88
dever da – NL, p. 109
dinheiro e – EVC, p. 206
equipe de Bezerra de Menezes e – AR, p. 174
exercício da paciência e – AR, p. 158
fraternidade e – OVE, p. 52
fraternidade e * divina – NL, p. 241
inferioridade e – LI, p. 112
instrução e – LI, p. 14
mediunidade e – LI, p. 145
prática da * moral – OVE, p. 145
psiquismo e – LI, p. 145
reeducação e – AR, p. 64
renovação e – LI, p. 236
sentimentos contrários à – ML, p. 208
trabalho e – OM, p. 244
CARMA
casamento e – EVC, p. 132
conceito de – AR, p. 91
eczema e – AR, p. 242
endemias e – EDM, p. 243
mecanismos do – AR, p. 91
subordinação ao – AR, p. 92
CARNE
sedução da – ML, p. 190
tentações da – ML, p. 190
CASA DA PROVIDÊNCIA
Instituto Almas Irmãs – SD, p. 308
reencarnação e – SD, p. 308
serviço junto à família e decisão da – SD, p. 361

CASA DE ASSISTÊNCIA
permanência na – NL, p. 43
CASA ESPÍRITA
aplicação de passe magnético por desencar-
-nados na – ML, p. 352
atividade educativa na – ML, p. 88
comentários de frequentadores após a saída
da – ML, p. 51
doutrinação e – ML, p. 303
frequência espiritual e – AR, p. 231
ingresso em reunião mediúnica na – ML, p. 11
princípios evangélicos e – OVE, p. 50
pronto socorro e – EVC, p. 183
trabalhadores espirituais na – ML, p. 105
trazimento de Marinho (Espírito) à –
ML, p. 313
vigilância e – LI, p. 217
CASA PRÓPRIA
aquisição da – NL, p. 131
CASA TRANSITÓRIA DE FABIANO
ambiente de desolação na – OVE, p. 87
André Luiz e tarefa na – OVE, p. 205
deslocamento no espaço aéreo da – OVE, p. 70
emissões magnético-mentais e – OVE, p. 184
história e fundação da – OVE, p. 57
movimentação do edifício da – OVE, p. 69
CASAIS TERRESTRES
comportamento dos – NL, p. 120
CASAL
perda do gosto de conversação em – ML, p. 199
sem filhos – ML, p. 257
CASAMENTO VER TAMBÉM
Matrimônio
aborto de – EVC, p. 162
almas e verdadeiro – NL, p. 231
almas gêmeas, irmãs e – NL, p. 122
amizade e – ETC, p. 278
amor e – EVC, p. 142, 144
arruinado e lei de causa e efeito – AR, p. 240
carma e – EVC, p. 132
comportamento após – NL, p. 120
desencarnados e – EVC, p. 146, 255
espiritual – NL, p. 234
experiência do – NL, p. 240
fidelidade e – EVC, p. 147

Índice Geral

ligações de resgate e – NL, p. 122
mundo espiritual e – EVC, p. 144
obstinação e – ETC, p. 236
passado espiritual e – AR, p. 210; ETC, p. 236
processo de – NL, p. 234
recapitulação e – EVC, p. 144
regeneração e – ETC, p. 131
separação e – EVC, p. 144
tipos de – NL, p. 234
CÁSSIO, ESPÍRITO
solidão espiritual de – NDM, p. 251
CASTANHEIRA, BRITES
esposa de Teodoro, mãe de Virgínia – SD, p. 374
reencarna como Márcia – SD, p. 378
CASTANHEIRA, TEODORO
Brites e – SD, p. 374
Cláudio e reencarnação de – SD, p. 378
Virgínia e – SD, p. 374
CASTANHEIRA, VIRGÍNIA
filha de Brites e Teodoro – SD, p. 374
Marina e reencarnação de – SD, p. 378
CASTRO, ANTÔNIO
cautela no desdobramento de – NDM, p. 28
desdobrado agradece a prece – NDM, p. 100
médium sonâmbulo – NDM, p. 28
CASTRO, MARIANA DE
Naninha, Marita e – SD, p. 375, 378
CATALEPSIA
hipnotismo e – MM, p. 96
CATOLICISMO
boa-fé de seguidor do – OVE, p. 313
cooperação com – ETC, p. 77
desencarnado e – EVC, p. 60
mundo moderno e – ETC, p. 80
CATÓLICO
desencarnado – ETC, p. 80
renovação espiritual do – ETC, p. 80
CAUSA E EFEITO, LEI DE
aborto provocado e – AR, p. 228
abrandamento da – AR, p. 101
acumulação de amor e – AR, p. 155
antiguidade oriental e – AR, p. 10
caráter compensatório da – AR, p. 155
casamento arruinado e – AR, p. 240

criação mental e – AR, p. 72
crime no século XV e – AR, p. 269
criminosos, vitimas e – AR, p. 135
débito agravado e – AR, p. 185
desarmonia e – LI, p. 35
desastre aéreo e – AR, p. 266
devedores e – AR, p. 214-215
encarnados e – AR, p. 164
envenenamento acidental e – AR, p. 133
flagelação compreensível e – AR, p. 63
homicídio e – AR, p. 69
ilustrações de Silas sobre – AR, p. 146-150
limitações do corpo físico e – AR, p. 196
Justiça divina e – LI, p. 198
mecanismos da – AR, p. 155
mudança de sexo e – AR, p. 226
obsessão e – AR, p. 101
ônus da lei de – AR, p. 154
prazer dos sentidos e – AR, p. 224
presença da justiça na – AR, p. 290
princípios de compensação e – AR, p. 164
quitação com a – AR, p. 259
reabilitação do ofendido de – AR, p. 289
recém-desencarnados e – AR, p. 59
SOFRIMENTO E LEI DE – NDM, P. 279
utilização dos recursos da vida e – AR, p. 93
CAVALCANTE
aparelho gastrintestinal e caso de – OVE, p. 295
apego ao corpo físico e – OVE, p. 295
cenas de vampirismo e – OVE, p. 303
concepção de * sobre purgatório e inferno – OVE, p. 300
delírios do coma e – OVE, p. 305
eutanásia e morte aparente e – OVE, p. 308
fanatismo religioso e – OVE, p. 297
medo da morte e – OVE, p. 308
medo de * no desprendimento – OVE, p. 212
morte e desencarnação de – OVE, p. 308
perdão e arrependimento de – OVE, p. 301
poder da mente em * moribundo – OVE, p. 296
sacerdote ouve confissão de – OVE, p. 296
sacramentos da Igreja Católica e – OVE, p. 313
trabalho de vigilância e – OVE, p. 201
CAVERNA
Umbral e – NMM, p. 227

CECÍLIA
aborto e – NMM, p. 148, 156
acusação à própria mãe e – NMM, p. 153
apelo da mãe de – NMM, p. 150
canto de amor de – OM, p. 195
comparsa do passado e – NMM, p. 146, 148
desencarnação de – NMM, p. 158
CENTRO CARDÍACO
emoção e – ETC, p. 140
CENTRO CEREBRAL
audiência e – ETC, p. 140
percepções e – ETC, p. 140
poderes psíquicos e – ETC, p. 140
vidência e – ETC, p. 140
CENTRO CORONÁRIO
células do pensamento e – ETC, p. 140
energia solar e – ETC, p. 140
espiritualidade e – ETC, p. 140
mente e – EDM, p. 27, 28, 109; ETC, p. 141
obsessão e – ETC, p. 23
CENTRO DE MENSAGEIROS
descrição do – OM, p. 25
edificação do – OM, p. 25
formação de médiuns e – OM, p. 26
funções do – OM, p. 25
instruções aos encarnados e – OM, p. 26
Jesus e programas do – OM, p. 27
preparação para reencarnação e – OM, p. 26
CENTRO ESPÍRITA
adversários da passado e – NDM, p. 186
cordão luminoso na mesa do – NDM, p. 145
defesa magnética no – NDM, p. 145
proteção espiritual no – NDM, p. 145
CENTRO ESPLÊNICO
baço e – EDM, p. 195
sangue e – ETC, p. 140
CENTRO GÁSTRICO
alimentação e – ETC, p. 140
CENTRO GENÉSICO
aborto e desequilíbrio do – NDM, p. 88-89
perturbação e – ETC, p. 29
sexo e – ETC, p. 140
CENTRO LARÍNGEO
Júlio e – ETC, p. 141
passes e – LI, p. 169

CENTROS DE FORÇA
desarmonia dos – ML, p. 353
equilíbrio dos – ETC, p. 158
harmonia e – ETC, p. 144
mente e – ETC, p. 141, 139
perispírito e – ETC, p. 138, 139
plexos nervosos e – ETC, p. 138
reencarnação e – ETC, p. 141
sangue e – ETC, p. 267
CENTROS VITAIS
exteriorização dos – EDM, p. 29, 195
glândulas endócrinas e – AR, p. 274
hipnotismo e – MM, p. 140
ovoides – EDM, p. 195
perispírito e – EDM, p. 195
plexos nervosos e – AR, p. 274
vitalização dos – AR, p. 2743
CÉREBRO
visão, audição e – NDM, p. 108
autoexcitação e – MM, p. 72
campos de ação do – NMM, p. 62
Cecília e perturbações no – NMM, p. 148
choques psíquicos no – NMM, p. 123
comando mental e – MM, p. 153
consciência e – EDM, p. 142
convulsão e atividade do – NMM, p. 121
corrente mental e – MM, p. 79
desencarnação, raciocínio e – OM, p. 9
doenças do – NMM, p. 47
emissão e recepção de onda e – MM, p. 83
energias negativas e – NMM, p. 181
esquizofrenia e – NMM, p. 176
essência dos elementos do – NL, p. 271
exame por André Luiz (Espírito) de órgãos do – ML, p. 15
físico e perispiritual – NMM, p. 42
formação do – EDM, p. 69
função do – EDM, p. 76; MM, p. 73
função fisiológica do – NDM, p. 31
inteligência e – EDM, p. 70
lembrança do sonho e – LI, p. 184
lembranças e – NMM, p. 60
manifestação da mente – NDM, p. 30
mente e – NMM, p. 45, 59
neurônios e – EDM, p. 71, 75
onda hertziana e – MM, p. 83

ovoides e – LI, p. 121
passe e – LI, p. 253; NMM, p. 141
pensamento contínuo e – MM, p. 79
perispírito e – NMM, p. 54, 143; EDM, p. 142
recursos do – MM, p. 85
regiões do – NMM, p. 43, 45
subconsciente, consciente, superconsciente e – NMM, p. 46
televisão e – MM, p. 85
usinas microscópicas e – MM, p. 73
vibrações inferiores no – NMM, p. 105
CESARINA, ENCARNADA
  obsessores e gestante – ML, p. 272
CÉU
  promessa religiosa e entrada no – OVE, p.76
  religiões e localização do – AR, p. 92
CÉU TEOLÓGICO
  após a desencarnação – SD, p. 14
CHOQUE ANÍMICO
  incorporação e – LI, p. 213
CHOQUE BIOLÓGICO
  cristalização mental e – NDM, p. 211
CHOQUE DE VIBRAÇÕES
  quebra de harmonização nas tarefas e – ML, p. 124
CIDADE ESPIRITUAL
  passeio e – EVC, p. 58
CIÊNCIA
  civilização e – NMM, p. 17
  curiosidade e – ML, p. 109
  espíritas e – MM, p. 18
  fé e – EVC, p. 66
  heroísmo da fé e – NDM, p. 276
CIÊNCIA DO RECOMEÇO
  compreensão da – NL, p. 152
  Paulo de Tarso e – NL, p. 152
CIÊNCIA ESPÍRITA
  ciência oficial e – OVE, p. 34
CINEMATÓGRAFO TERRESTRE
  Ministério do Esclarecimento e – NL, p.192
  parques de educação e – NL, p. 192
CINESCÓPIO
  funcionamento do – MM, p. 85
  iconoscópio e – MM, p. 85

CIPRIANA
  André Luiz e – NMM, p. 259, 262
  Calderaro, André Luiz e – NMM, p. 227
  Cláudio e – NMM, p. 246
  desencarnados no Lar de – NMM, p. 256
  expiação e – NMM, p. 78
  instituição socorrista de – NMM, p. 256
  irradiações de – NMM, p. 68
  Ismênia e – NMM, p. 249
  Lar de – NMM, p. 255
  oração e – NMM, p. 260
  Paulino, Julieta e – NMM, p. 93
  Pedro, Camilo e – NMM, p. 68
  presença de – NMM, p. 66
  reencarnação e – NMM, p. 246
CIRCUITO ELÉTRICO
  acumulação de energia e – MM, p. 56
  campo magnético e – MM, p. 55
  capacitância e – MM, p. 56
  circuito mediúnico e – MM, p. 53, 55, 60
  conceito de – MM, p. 53
  hidráulica e – MM, p. 59
  indutância e – MM, p. 55
  peculiaridades do – MM, p. 54
Circuito magnético
  ideoplastia e – MM, p. 133
  magnetizado e – MM, p. 133
CIRCUITO MEDIÚNICO
  analogias com – MM, p. 62
  associação mental e – MM, p. 55
  circuitos elétrico, hidráulico e – MM, p.53, 60
  condição do médium e – MM, p. 56
  corrente mental e – MM, p. 53, 63
  energia mental e – MM, p. 55
  Espírito-guia e – MM, p. 57
  família e – MM, p. 114
  hipnotizador, hipnotizado e – MM, p. 105
  interrupção do – MM, p. 56
  médium, Espírito, – MM, p. 63
  pensamento e – MM, p. 54
  vontade e – MM, p. 53
CIRCUITOS
  analogias de – MM, p. 59
CIRCUITOS OSCILANTES
  condensadores e – MM, p. 24

599

CIRCUNSTÂNCIAS REFLEXAS
  suicídio e – AR, p. 98
CIRURGIA PSÍQUICA
  corpo físico e – ETC, p. 90
CIÚME
  assassinato e – AR, p. 211; EVC, p. 176
  desencarnado e – EVC, p. 154
  enfermidade e – ETC, p. 29
  Evelina e – EVC, p. 154
  injustiça e – EVC, p. 176
  libertação do – NL, p. 234
  mundo espiritual e – ETC, p. 160
  sintonia e – LI, p. 224
  sofrimento e – EVC, p. 154
CIVILIZAÇÃO
  ciência e – NMM, p. 17
  violência e – LI, p. 17
CLARA, ESPÍRITO
  aura e – ETC, p. 157
  moradia da – ETC, p. 150
  sofrimento de – ETC, p. 162
  Clara, irmã de André Luiz
  Umbral e – NL, p. 97
CLARA, MÉDIUM PASSISTA
  prece de preparação íntima – NDM, p. 163
CLARÊNCIO, MINISTRO
  audiência de – NL, p. 78
  cajado de – NL, p. 23
  convite à André Luiz e – NL, p. 296
  emissário dos céus e – NL, p. 22
  intercessão e – NL, p. 32
  Ministério do Auxílio e – NL, p. 52
  Nosso Lar e – NL, p. 22
  operações magnéticas e – ETC, p. 142, 227
  oração e – ETC, p. 9, 195
  palavras de – NL, p. 292
  responsabilidade por André Luiz e – NL, p.279
  sentimento, inteligência e – ETC, p. 150
  socorros de emergência e – NL, p. 22, 78
CLARIAUDIÊNCIA
  passes para controlar a – NDM, p. 106
  percepção mental e – NDM, p. 107
CLARIM
  Câmaras de Retificação e – NL, p. 250
  Espíritos vigilantes e – NL, p. 251
  guerra e toque de – NL, p. 252
  Jesus e toque de – NL, p. 251
  Ministério da Regeneração e – NL, p. 251
  serviços de socorro e – NL, p. 250
CLARINDO, ESPÍRITO OBSESSOR
  Alzira, Leonel e – AR, p. 160-161
  Leonel e – AR, p. 150-151
  motivos da perseguição e – AR, p. 114-115
CLARIVIDÊNCIA
  Ananias e – MM, p. 14
  benefícios da – OVE, p. 63
  consciência culpada e – OVE, p. 102
  diencéfalo e – MM, p. 131
  emprego da – OVE, p. 62
  Espírito desencarnado portador de – OVE, p. 60
  Luciana e exercício da – OVE, p. 103
  passado e – OVE, p. 103
  prece e informes da – OVE, p. 97
  raios mentais e – MM, p. 130
  Saulo de Tarso e – MM, p. 14
CLÁUDIO
  André Luiz e seu avô – NMM, p. 238
  auxílio à * avô de André Luiz – NMM, p.240
  Ismênia e * avô de André Luiz – NMM, p.241, 246
  lembranças de * avô de André Luiz – NMM, p. 241
  organização socorrista e * avô de André Luiz – NMM, p. 247
  reencarnação de * avô de André Luiz – NMM, p. 246
CLÁUDIO, ESPÍRITO
  delitos de – LI, p. 44
CLÁUDIO, SÉRGIO
  Félix e reencarnação de – SD, p. 387
  oração de – SD, p. 389
CLEMENTINO, ESPÍRITO
  baixa seu teor vibratório – NDM, p. 44
  dirigente espiritual do Centro – NDM, p.43
  efeitos da prece feita por – NDM, p. 111
  estuda o sonambulismo torturado – NDM, p. 85
  médiuns sob comando magnético de – NDM, p. 110
CLIMA PSÍQUICO
  fadiga, irritação e – MM, p. 174

Índice Geral

CO-CRIAÇÃO
Espírito criado e – EDM, p. 19
lugares entenebrecidos e – EDM, p. 23
plano maior e – EDM, p. 19
plano menor e – EDM, p. 23
CO-CRIADOR
homem é um – NDM, p. 14
CODIFICAÇÃO KARDEQUIANA
centenário da – AR, p. 7
CÓLERA
comportamento rixento e facilidade na instalação da – ML, p. 363
consequências da – OM, p. 256
forças negativas e – NL, p. 30
indignação e – ETC, p. 152
sistema nervoso e – NMM, p. 124
voz e – ETC, p. 152
COLÔNIA(S) ESPIRITUAL(IS)
amparo a encarnado na – OVE, p. 192
dominação da Terra e – LI, p. 20
liberdade controlada e – EVC, p. 95
matéria e – LI, p. 34
oficina das * na Terra – OM, p. 243
preparação de desencarnado para regresso a – OVE, p. 314
renúncia aos bens materiais e – OVE, p.200
trevas e – LI, p. 27
vida na – NMM, p. 37
COLÔNIAS
bacilos de natureza psíquica e formação de – ML, p. 37
emanações de natureza psíquica e – ML, p.70
COMA
Cavalcante no estado de – OVE, p. 305
desatamento de laços do desencarnante e – OVE, p. 232
COMBATE
vampirismo e – ML, p. 66
COMENTÁRIOS EVANGÉLICOS
assembleia espiritual e – NDM, p. 191
Espírito inspira o conteúdo dos – NDM, p.191
COMPAIXÃO
justiça e – OVE, p. 152
melhor represália é – NDM, p. 195

COMPANHIA ESPIRITUAL
mente, afinidade e – LI, p. 71
COMPLETISTA
título de – ML, p. 183
COMPLEXO DE CULPA
enfermidade e – ETC, p. 248
maternidade e – EVC, p. 129, 130
COMPLEXO DE ÉDIPO
Freud e – AR, p. 217
pais e filhos e – AR, p. 217
reencarnação e – AR, p. 217
COMPORTAMENTO
doentes graves, enfermos incuráveis, moribundos e surpreendente – ML, p. 83
enfermo em busca da cura e – ML, p. 335
fixação mental e – NMM, p. 106
reunião mediúnica e * de encarnados – ML, p. 126
reunião mediúnica e * de encarnados e desencarnados – ML, p. 295
situação de perigo e – OVE, p. 66
COMPREENSÃO
homem do futuro e sua – ML, p. 240
COMPROMISSO
desequilíbrio e fuga ao – OM, p. 53
leito de morte e – OVE, p. 111
médium e – ML, p. 105
reencarnação e tarefas edificantes por – ML, p. 246
COMUNHÃO DE ALMAS
fenômenos de monição e – NDM, p. 206
COMUNICAÇÃO
aparelho de * urbana – NL, p. 173
baixa do teor vibratório e – NDM, p. 44
correntes mentais e – NDM, p. 47
dúvidas do médium dificulta a – NDM, p.58
dúvidas sobre a veracidade da – ML, p. 296
feita a longa distância – NDM, p. 116
fluidos teledinâmicos e – NDM, p. 115
linguagem humana e inexprimível – OVE, p. 47
papel dos médiuns na – NDM, p. 15
passa antes pelo mentor – NDM, p.153-154
pensamento e expressão na – NDM, p. 45
plexo solar e – NDM, p. 45

COMUNICAÇÃO MEDIÚNICA
　filtragem da – MM, p. 130
　fluidos e – MM, p. 11
　interpretação da – MM, p. 130
　interrupção da – MM, p. 56
　médium e – MM, p. 130
　sonambulismo e – MM, p. 11
COMUNICANTES
　auxílio do mentor aos Espíritos – NDM, p.154
COMUNIDADE ESPIRITUAL
　afinidade e – EVC, p. 73
CONCENTRAÇÃO
　condições para a boa – OM, p. 290
　dificuldades da – OM, p. 289
　energias mentais e – LI, p. 153
　pensamento e – MM, p. 110
　psicometria e – MM, p. 139
CONCORDÂNCIA
　negativa pela certeza de malogro de experiência – ML, p. 282
CONDENADOS
　obsessores e – LI, p. 183
CONDENSADOR ECTOPLASMÁTICO
　doutrinador é auxiliado pelo – NDM, p. 65
　participantes e o funcionamento do – NDM, p. 66
　propriedades e função do – NDM, p. 65
CONDIÇÃO ESPIRITUAL
　prazer e – AR, p. 220
CONDUTA
　modificação da – OVE, p. 95
CONDUTA SEXUAL
　loucura e – NMM, p. 160
CONFISSÃO
　absolvição pela – OVE, p. 104
　crime, suicídio e – ML, p. 153
　Ernesto e – EVC, p. 137
　estagnação mental no remorso e – AR, p.52
　Evelina e – EVC, p. 25
　paixão, crime, suicídio e – ML, p. 153
　testemunha espiritual e – EVC, p. 162
　vacina moral e – EVC, p. 27
CONFORTO
　preparação espiritual para o * físico – OM, p. 40

CONFRATERNIZAÇÃO
　perda de tempo na obra de – OVE, p. 142
CONHECIMENTO
　amor e – ETC, p. 91
　aprendizado e – ML, p. 371
　avareza e – LI, p. 79
　Ernesto e * do passado – EVC, p. 243
　evolução humana e – MM, p. 19
　prática e – OM, p. 75
　responsabilidade e – AR, p. 94
　superação do – MM, p. 19
CONJUGAÇÃO COMPLETA
　fenômeno da – SD, p. 58
CONJUGAÇÃO DE ONDAS
　vidência, audição e – MM, p. 131
CÔNJUGE(S)
　desencarnado e permanência nociva no antigo lar – ML, p. 57
　influência mútua entre – NDM, p. 186
　lar terrestre e – NL, p. 119
　separação entre * espirituais – EDM, p. 211
CONRADO, ESPÍRITO
　assistente espiritual da Casa – NDM, p. 162
　responde inquirições de Hilário – NDM, p.162
CONSANGUINIDADE
　esquecimento do passado e – NL, p. 239
　fraternidade e – NL, p. 239
　ódio, incompreensão e – NL, p. 239
CONSCIÊNCIA
　acusação da – NL, p. 17
　aprovação da – LI, p. 258
　chamado da * profunda – NL, p. 89
　crisálida de – EDM, p. 59, 64, 81
　culpa e interrogação da – NDM, p. 56
　desperta – EDM, p. 86
　despertamento da – OVE, p. 73, 163
　destino e – ETC, p. 205
　dignificada e sublime – AR, p. 215
　Espírito e – EDM, p. 121
　exercício de profissões e fracassos da – ML, p. 304
　falseamento da verdade perante a – ML, p.96
　Julieta e o conflito de – NMM, p. 90
　justificação de imperfeições e – ML, p. 96
　lei divina e – EDM, p. 83

liberdade e – EDM, p. 87
morte carnal e – NL, p. 9
mundo espiritual e – EDM, p. 101, 108, 115
oração e iluminação da – AR, p. 199
pensamento e – EDM, p. 109
perispírito e – EDM, p. 178
poder mental e – MM, p. 110
prática do mal e – AR, p. 279
recuperação da – ML, p. 156
remorso e – EDM, p. 167
responsabilidade e – EDM, p. 87, 177
sentimento de culpa e – ETC, p. 21
sexo e – NMM, p. 168
sono e – EDM, p. 150
tormentos da – NL, p. 16
vingança e – ML, p. 330
CONSCIÊNCIA DE SI MESMO
desligamento do último laço e – OVE, p.249
CONSERVAÇÃO
benefícios do mundo espiritual e – ML, p.62
CONSOLAÇÃO
carinho, esperança e – ML, p. 160
desesperança de desencarnado e – ML, p.196
fé, amor e – NMM, p. 34
mensagens dos amigos espirituais e –
ML, p. 7
verdade e – ML, p. 157
CONSTANTINO, O GRANDE
Cristianismo e – LI, p. 15
CONSTELAÇÃO DE HÉRCULES
corpos celestes, Terra e – OVE, p. 54
CONSULTA
respostas dos Espíritos à * dos encarnados –
OM, p. 286
CONTÁGIO
ambiente propício e – ML, p. 40, 41
CONTROLE
médium coopera exercendo o – NDM, p.58
CONVENÇÕES
despojamento das – NL, p. 7
CONVERSAÇÃO
ajuda pela – ML, p. 55
aura e – LI, p. 83
consequências da – OVE, p. 29

construtiva à mesa familiar – ML, p. 139
criação de imagens vivas na – OVE, p. 29
desperdício do tempo em inútil – OVE, p.29
doença e – MM, p. 117
emprego adequado da palavra e – OVE, p.28
formas-pensamentos e – MM, p. 127
leviana – ML, p. 93
má utilização da – OVE, p. 30
prejuízos da inconsequente – OM, p. 47
prévia entre médium e comunicante –
ML, p. 290
reflexo condicionado e – MM, p. 117
utilidade da sadia – OM, p. 47
CONVERSAÇÃO MENTAL
Narcisa e – NL, p. 307
oração e – NL, p. 307
sintonia de pensamentos e – NL, p. 307
CONVERSÃO
obsessores e – AR, p. 159
CONVIVÊNCIA ESPIRITUAL
dona Celina e Abelardo e – NDM, p.126-127
COOPERAÇÃO
caravana de Espíritos socorristas e – ML, p.76
desencarnados infelizes e – OVE, p. 11
necessidades intransferíveis e – NDM, p.177
passividade e – ML, p. 258
renovação espiritual e – NMM, p. 258
tarefa salvadora e – NDM, p. 280
COOPERAÇÃO MAGNÉTICA
enfermeiro e – NL, p. 29
CORA
cliente de Marita – SD, p. 172
CORDÃO FLUÍDICO
absorção de princípios vitais e – OVE, p.249
cérebro físico, perispiritual e – OVE, p. 232
desatamento de – OVE, p. 108, 280
desencarnação de Dimas e – OVE, p. 233
desligamento do – AR, p. 260
Espírito reencarnante e – ML, p. 266
mundo espiritual e liberação do – OVE, p.326
recém-desencarnados e desligamento do –
AR, p. 262
CORDÃO PRATEADO
cooperação no desatamento do – OVE, p.326

CORDÃO VAPOROSO
  ver também LAÇO FLUÍDICO
  Espírito preso ao corpo pelo – NDM, p. 95
CORES
  efeitos psíquicos e – MM, p. 26
CORNÉLIO, INSTRUTOR
  aproveitamento do tempo e comentário do
    – OVE, p. 28
  informações sobre Asclépios pelo – OVE, p. 53
  materialização e – OVE, p. 42
  rogativa do * e inspiração divina – OVE, p.45
  sacrifício de Espíritos superiores e – OVE, p. 41
CORPO
  desencarnado flutua sobre seu – NDM, p.206
  desequilíbrio da alma e o – NDM, p. 227
  irradiações da alma e reflexos no – NDM, p. 90
  médium desdobrado retorna ao – NDM, p.96
  medo de se afastar do – NDM, p. 101
  obsessão e duas almas em um só – NDM, p.88
CORPO ASTRAL
  eflúvios vitais e – NDM, p. 96
CORPO CAUSAL
  experiências anteriores e – NL, p. 72
CORPO FÍSICO
  abandono do – NL, p. 19
  água salgada na composição do – ML, p.240
  alma após a morte do – NL, p. 96
  antecessores na morte do – NL, p. 46
  apego ao – NL, p. 175, 176
  atenuantes pelo descuido do – OVE, p. 222
  cadaverização e – EDM, p. 91
  campo bendito do – NL, p. 38
  cárcere necessário – AR, p. 199
  ciência e – EVC, p. 89
  cirurgia psíquica e – ETC, p. 90
  completista e escolha do – ML, p. 184
  concepção do sexo e órgãos de reprodução
    no – ML, p. 216
  consciência e – AR, p. 274
  construção do – ML, p. 255
  corpo fluídico e – OVE, p. 274
  criatura reencarnada e responsabilidade
    perante o – ML, p. 239
  criaturas que se afastam do – SD, p. 14
  culto ao – NL, p. 176

desencarnação e – EVC, p. 18
desligamento parcial do – ML, p. 76
despedida do * e lágrimas – OVE, p. 253
desprendimento do – EDM, p. 81
eliminação do – NL, p. 37
encarnado moribundo e volta do perispírito
  ao – ML, p. 79
enfermidade e – EDM, p. 167; ETC, p. 186
Espírito e – ETC, p. 205
Espírito exilado e – EDM, p. 180
Espíritos elevados e desvelo pelo – ML, p.175
evolução do – ETC, p. 145
existência no – OVE, p. 21
formação do – ETC, p. 204; EDM, p. 23
fragilidade do – LI, p. 17
função do – ETC, p. 72
futuras complicações no – ML, p. 212
gratidão ao – OVE, p. 253; ML, p. 175
Jesus e classificação do – ML, p. 186
mente e – OM, p. 303; EDM, p. 100
morte do – ML, p. 228
morte e – ETC, p. 204
perispírito e – ETC, p. 92, 143, 231; LI, p.69, 142
perispírito e – AR, p. 274
permuta do – NL, p. 11
possessão e – ML, p. 330
preparação para regresso ao – OVE, p. 84
raios cósmicos e raios gama em órgãos do –
  ML, p. 70
recursos para preservação do – ML, p. 343
reeducação e – ML, p. 245
reencarnação e – ETC, p. 201
reencarnante e forma futura do – ML, p.244
relação entre perispírito e – ML, p. 30
responsabilidade pelo recebimento de –
  ML, p. 23
sensação de dor e – AR, p. 41
sistema defensivo do – MM, p. 173
Sol e – NL, p. 24
sono e – EVC, p. 19
tratamento perispiritual e – AR, p. 194
valorização do – AR, p. 275
visão limitada e – SD, p. 273
CORPO FLUÍDICO
  corpo físico e – OVE, p. 274
  flagelação e dilaceração do – NDM, p. 56

CORREÇÃO
  homem mau e – LI, p. 23
  mal e – LI, p. 59
  pedido de * com dispensa da harmonia
    física – ML, p. 189
CORRENTE ELÉTRICA
  calor, luz, magnetismo e – MM, p. 77
  circuitos e – MM, p. 54
  condutores de – MM, p. 65
  corrente mental e – MM, p. 66
  elétrons e – MM, p. 60
  frustração da – MM, p. 72
  magnetismo e – MM, p. 66
  matéria mental e – MM, p. 47
  origem da – MM, p. 65
CORRENTE MENTAL
  apego ao objeto e – NDM, p. 243
  aura e – MM, p. 73
  ausência da – MM, p. 75
  campo de Einstein e – MM, p. 44
  cérebro humano e – MM, p. 79
  chama e – MM, p. 44
  circuito mediúnico e – MM, p. 63
  comunicação e circuito da – NDM, p. 47
  concentração, persistência e – MM, p. 44
  corrente elétrica e – NDM, p. 243
  desejo e – MM, p. 75
  eletromagnetismo e – MM, p. 78
  emoções, desejos e – MM, p. 78
  Espírito, corpo e – MM, p. 80
  extinção da * de retenção – OVE, p. 325
  irradiações e – MM, p. 78
  máquina shunt e – MM, p. 75
  monoideísmo e – MM, p. 112
  ondas e – MM, p. 45
  permuta de – MM, p. 50
  perturbação e – MM, p. 112
  proteção à direção do trabalho mediúnico
    e – ML, p. 313
  reflexão e – MM, p. 89
  reino subumano e – MM, p. 78
  sintonia e – MM, p. 45
  término da reunião de desobsessão e inter-
    -rupção da – ML, p. 340
  trabalho e – MM, p. 111
  vida espiritual e – MM, p. 92

vontade e – MM, p. 86
CORRENTES CIRCULANTES
  analogia das – MM, p. 62
  velocidade das – MM, p. 62
CORRIGENDA
  dor e – ML, p. 145
CORRUPÇÃO
  percentagem de coparticipação na – ML, p. 327
CÓRTEX CEREBRAL
  possessão e – NDM, p. 77
COSMO
  ondas e – MM, p. 23
COULOMB, LEI DE
  atração de forças e – MM, p. 49
CRENÇA(S)
  interesses mesquinhos e – ML, p. 92
  prática do bem e – ETC, p. 248
  súplicas em diferentes – OVE, p. 144
CRENTES NEGATIVOS
  descrição dos – NL, p. 165
  fluidos venenosos e – NL, p. 165
  passes de fortalecimento e – NL, p. 165
CRESCIMENTO ESPIRITUAL
  renovação em Cristo e – OVE, p. 149
CRESCINA
  negócio dos prazeres e – SD, p. 149
CRIAÇÃO DIVINA
  amor feminino e – AR, p. 180
CRIAÇÃO MENTAL
  inferior – AR, p. 264
  influência da – AR, p. 72
  lei da causa e efeito e – AR, p. 723
  vida e – NDM, p. 118
CRIAÇÃO(ÕES)
  ausência de privilégios na – ML, p. 62
  desequilíbrio interior e * mental – ML, p.74
  energia mental e – LI, p. 31
  fecundação e – ML, p. 219
  inferiores e vida íntima – ML, p. 39
  objetivos sagrados da – ML, p. 214
  ordem absoluta e * divina – LI, p. 109
  raios solares e * mental – ML, p. 81
  responsabilidade pela * mental – ETC, p. 12
  sopro divino e – OM, p. 124

vampirísticas e personalidade espiritual –
    ML, p. 40
CRIANÇA
    assistência espiritual à – OM, p. 191
    babás e – ETC, p. 69
    clima psíquico do lar e – ETC, p. 69
    com retardo mental – MM, p. 168
    desencarnada – ETC, p. 70, 71, 203
    efeitos físicos e – MM, p. 119
    enfermidades congeniais e – ETC, p.71, 213
    forma fetal semelhante à – ML, p. 232
    inclinações e – MM, p. 113
    influenciação de Espírito elevado em –
    ML, p. 199
    leite materno e – ETC, p. 69
    limbo e – ETC, p. 70
    morte prematura e – ETC, p. 69
    pais e – MM, p. 113
    purgatório e – LI, p. 65
    reeducação e – LI, p. 262
    resgate cármico de * paralítica – NMM, p.102
    sofrimento e – ETC, p. 62, 65, 67, 185
    trabalho e – MM, p. 115
CRIATURA
    leito de morte e humanização da – ML, p.83
CRIME
    aparências de suicídio e possibilidade de –
    ML, p. 134
    casa paroquial e – OVE, p. 106
    dinheiro e – LI, p. 199
    interpretação de – NL, p. 259
    médium percebe a cena mental do –
    NDM, p. 147
    reeducação e – OVE, p. 65
    relato de paixão, suicídio – ML, p. 153
CRIMINALIDADE
    animismo e – MM, p. 163
    beleza física e – AR, p. 143
    cumplicidade com a – AR, p. 146
    débito estacionário e – AR, p. 197
    enfermidades congênitas e – AR, p. 196
    pensamento e – AR, p. 130
    planejamento da – AR, p. 204
CRIMINOSO
    compaixão pelo – OM, p. 148

contato maternal e – OVE, p. 117
local do crime e – ETC, p. 243
oração e – OVE, p. 67
CRISTALIZAÇÃO MENTAL
    choque biológico e – NDM, p. 211
    desencarnados e – LI, p. 33
    Odila e – ETC, p. 48
    permanência no século XVIII e – NDM, p.68
CRISTÃO(S)
    comportamento dos antigos – NMM, p.209
    passos do – NL, p. 9
    Cristianismo
    Espiritismo e – EDM, p. 185
    fraternidade e – NMM, p. 215
    função restauradora do – NL, p. 8
    mediunidade e – NL, p. 8
    punição do culpado e – OVE, p. 145
    revivescência do – EDM, p. 185
    sectarismo e – NMM, p. 211
CRÍTICA
    humildade e – EVC, p. 206
CROMOSSOMO(S)
    epífise e – ML, p. 21
    exame de mapas de – ML, p. 220
    genes e – EDM, p. 61
    hereditariedade e – EDM, p. 61
    organização dos – EDM, p. 58
CROOKES, WILLIAM
    radiação elétrica e – MM, p. 30
    raios catódicos e – NDM, p. 7
CROSTA DA TERRA
    desencarnados apegados à – NMM, p. 38
CRUZ
    simbolismo da – AR, p. 169
    templo de oração da Mansão Paz e – AR, p.167
CULPA
    atração magnética e – LI, p. 105
    complexo de – ETC, p. 242
    conceito de – AR, p. 30
    consciência e – OM, p. 88
    enfermidade e – ETC, p. 248
    esperança e – AR, p. 152
    ideia fixa em punição e descuido com a
    própria – ML, p. 164
    imagens mentais e – OM, p. 171

penas reparadoras e – AR, p. 286
reciprocidade e reparação – AR, p. 214
remorso e – ETC, p. 95
sintonia mental e – ETC, p. 27
sofrimento e – AR, p. 42
sono e – OM, p. 147; ETC, p. 25
suicídio e – ETC, p. 137
Culto do Evangelho no Lar
Abelardo participa com dona Celina do – NDM, p. 127
água magnetizada e – ETC, p. 43, 218
Antonina e – ETC, p. 39, 218
assistência espiritual e – EVC, p. 112
comentários no – ETC, p. 219
descuido na prática do – OVE, p. 246
equipe médico-espiritual e – OVE, p. 288
Espíritos amigos e – OM, p. 217
estudo do Evangelho e – OVE, p. 273
força do – ETC, p. 224, 225
interferência dos Espíritos no – OM, p. 218
instituição do – OVE, p. 196
leitura e – ETC, p. 219
Marina e – SD, p. 319
mundo espiritual e – EVC, p. 112
CULTO EVANGÉLICO
canção e – NL, p. 293
coro familiar e – NL, p. 293
Governador espiritual e – NL, p. 255
ingresso no – NL, p. 256
local do – NL, p. 256
Ministério da Regeneração e – NL, p. 255
objetivos do – NL, p. 255
Ricardo e – NL, p. 295
CULTURA
importância da – ETC, p. 76
reforma íntima e – MM, p. 115
Cura
adesão dos interessados na – ML, p. 323
ajuda espiritual, medicação e – ML, p. 334
atitude de segurança íntima e – NDM, p.168
causa e efeito e – ETC, p. 33
crédito do paciente e – NDM, p. 165
desejo da * espiritual – NL, p. 42
doente médico de si mesmo e – ML, p. 335
fatores variáveis no processo de – NDM, p.169
hipnotismo e – MM, p. 104

Jesus e a razão da – MM, p. 182
magnetizador e – MM, p. 104
mente-corpo e – MM, p. 182
paciente e – MM, p. 104
passistas profissionais da – NDM, p. 165
recursos mentais na – MM, p. 182
renovação mental e – ETC, p. 249
sono e – AR, p. 194
trabalho de – NL, p. 38
CURIE, CASAL
elemento químico rádio e o – NDM, p. 8
CURIOSIDADE
abandono da – NL, p. 150
ciência e – ML, p. 109
perigo da – NL, p. 150
CURSO DE ESPIRITUALIZAÇÃO
escolas religiosas e – NL, p. 225
CURSO DE OBSERVAÇÕES
caderneta de – NL, p. 102
duração do – NL, p. 102
estágio de serviço e – NL, p. 156
DÁDIVA
recebimento do corpo físico por – ML, p.268
DALTON
teoria corpuscular da matéria e – NDM, p.7
DAMIANA
contato com a verdade e irmã – SD, p. 298
novo renascimento de Félix e irmã – SD, p.386
DANÇA
benefício da – NMM, p. 202
DÉBITO
amor e – AR, p. 27
atenuado pela prática do bem e – AR, p.240
compreensão do * no planeta – NL, p. 128
estacionário – AR, p. 198 3
pagamento indireto e – EVC, p. 131
retificação do * no planeta – NL, p. 37
DECISÃO
influência espiritual e – EVC, p. 238
DECOMPOSIÇÃO CADAVÉRICA
mulher desencarnada e fenômeno de – OVE, p. 256
DEFESA
Evangelho no lar e * fluídica – OM, p. 232

repulsão energética e – LI, p. 269
DEFICIÊNCIA MENTAL
causas da – NMM, p. 224
DEFICIÊNCIAS
superação das – AR, p. 100
DÉJÀ VU
Evelina, Ernesto e – EVC, p. 23
DELINQUÊNCIA
abuso do sexo e – AR, p. 225
prazeres sexuais e – AR, p. 2233
REENCARNAÇÃO E – 35
DELÍRIO
Antídio e – NMM, p. 204
aproximação da morte e – NDM, p. 200
DELITO
lei de retorno e – ETC, p. 147
DEMÊNCIA
casos de * no mundo espiritual – OM, p.133
encarnados, desencarnados e – NMM, p.48
DEMÓCRITO
partículas atômicas e – NDM, p. 7
DEPARTAMENTO DE CONTAS
dona Laura e – NL, p. 285
tempo de serviço e – NL, p. 285
DEPARTAMENTO DE REGENERAÇÃO
transformação do – NL, p. 57, 58
DEPARTAMENTO FEMININO
André Luiz e – NL, p. 243
Câmaras de Retificação e – NL, p. 243
Elisa e – NL, p. 244
Nemésia e – NL, p. 243
orientação de Narcisa e – NL, p. 245
DESAPARECIMENTO
psicometria e – MM, p. 142
DESARMONIA
causa e efeito e – LI, p. 35
conceito de – ML, p. 357
Elói e – LI, p. 35
reajustamento moral e – ETC, p. 12
DESCARTES, RENÉ
elétrons e – MM, p. 27
DESCASCADOS
gíria dos planos inferiores – SD, p. 160

DESCOBERTA
divindade dentro de nós e – ML, p. 371
DESDOBRAMENTO
Américo em * busca o pai – NDM, p. 228
Anésia em * encontra o marido – NDM, p.193
assistência espiritual a encarnado em –
AR, p. 232
automagnetização e – MM, p. 106
Castro provoca o seu próprio – NDM, p. 111
convivência espiritual e – MM, p. 160
corpo do médium e – MM, p. 146
cuidados com o médium em – NDM, p.267
dificuldades do médium no seu – NDM, p.96
duplicada imperfeita do médium em –
NDM, p. 95
Espírito e corpo em – MM, p. 145
faquirismo e – MM, p. 161
hipnotismo e – MM, p. 145
ideia fixa e – LI, p. 217
individualidade e – MM, p. 146
interesses e – MM, p. 149
lucidez do médium em – NDM, p. 267
Mariana e – EVC, p. 250
médium de efeitos físicos e – NDM, p. 261
mediunidade e – MM, p. 150
notícias – MM, p. 145
obsessão e – ETC, p. 25
ondas mentais e – MM, p. 150
passe magnético e transe de – ML, p. 124
pensamento em – MM, p. 156
percurso do médium em – NDM, p. 100
Poliana auxiliada em – AR, p. 191
psicometria e – MM, p. 141
sono e – MM, p. 145, 149; ETC, p. 190; LI, p. 217
sono induzido e – AR, p. 186
suprimento ao médium de energias durante
o – ML, p. 126
Zulmira em – ETC, p. 267
DESEJO
ao próximo o mesmo que para si próprio –
ML, p. 209
corrente mental e – MM, p. 75
energia espiritual e – ETC, p. 11
DESEJO CENTRAL
pensamentos e – AR, p. 117

Índice Geral

DESENCARNAÇÃO
ação de Espíritos familiares na – OM, p.309
adiamento da – EVC, p. 201
adiamento de – OVE, p. 285
alma e – EDM, p. 97
após a – SD, p. 27
aprendizado e ocupações após a – AR, p. 12
cadáver e – EVC, p. 215
caridade e – EVC, p. 200
colaboração de parentes na – OVE, p. 265
condição após a – EVC, p. 90
consciência e – EDM, p. 102
corpo físico e – EVC, p. 18
crença religiosa e – OM, p. 298
curso da existência e processo da – OM, p.308
desconhecimento da própria – ML, p. 222
desligamento do corpo e – OM, p. 310
desligamento do obsessor e – EVC, p. 212
dívida expirante e – AR, p. 255
educação da mente e – OM, p. 305
Elisa e – EVC, p. 199
enigma da vida e – EVC, p. 184
esforço pessoal e – OVE, p. 326
Espírito e – EVC, p. 18; EDM, p. 236; ETC, p. 201
espoliação e – EVC, p. 199
esquecimento do passado e – AR, p. 30
excursão de aprendizado e treinamento na – OVE, p. 210
familiares encarnados e – OM, p. 309
fixação mental e – LI, p. 161
fortuna, herança e – EVC, p. 197, 199
habilitação para a – ETC, p. 33
herança e – AR, p. 67
homem primitivo e – EDM, p. 97, 99
infância e – EDM, p. 233
inferno depois da – SD, p. 50
letargia e – EDM, p. 96
lucidez após a – EDM, p. 236
mamíferos e – EDM, p. 95
maneiras diferentes de – ML, p. 233
melhora súbita anterior à – OM, p. 309
mente e interesses materiais na – NDM, p.36-37
metamorfose e – EDM, p. 95
modificações do corpo físico e – ML, p. 233
morte de Cavalcante e – OVE, p. 308

morte física e – AR, p. 2643 obsessão e – 40
mudanças e – EVC, p. 73
natural – EDM, p. 101
Neves e – SD, p. 303
obsessor e – EVC, p. 215
perispírito e – EDM, p. 189, 233
personalidade humana e – EDM, p. 92
perturbações circulatórias e proximidade da – ML, p. 75
preparação de Fábio para – OVE, p. 265
preparativos para – OVE, p. 211
primeiros socorros à – OM, p. 310
processo destrutivo na – EDM, p. 91
proteção magnética e – EVC, p. 214
purgação e – EDM, p. 167
purgatório e – ETC, p. 146
raciocínio, cérebro e – OM, p. 9
renovação e – ETC, p. 173
santificação e – ML, p. 104
tempo prefixado para – OVE, p. 219
trabalhador dedicado ao bem e – OVE, p.24
tuberculose e * de Eloísa – NL, p. 114
último desejo e – EVC, p. 215
vampirismo e – EVC, p. 215
violenta – ML, p. 134
DESENCARNADO(S)
aceitação da morte e – OM, p. 268
acolhimento ao – NMM, p. 8
adaptação ao mundo espiritual e – OM, p.295
alcoólatra desconhece que está – NDM, p.202
alienação mental e – AR, p. 134
alimentação e – EVC, p. 44
apego à vida física e – NMM, p. 38
assalariado – LI, p. 150
assistência à família encarnada e – OM, p.14
assistência espiritual a familiares – AR, p.107
associação de * para o mal – OM, p. 241
autocrítica e – NMM, p. 7
autoimagem e – EVC, p. 108
automóvel e – EVC, p. 161
auxílio espiritual para esclarecimento de – OM, p. 137
avarentos – AR, p. 112
benefícios da prece de Anésia aos – NDM, p. 191
casamento e – EVC, p. 146, 255

catolicismo e – EVC, p. 60
comparecimento à reunião espírita e PERMISSÃO A – ML, P. 50
condição espiritual e recém – NMM, p. 132
condições para auxílio a – OM, p. 244
cristalização mental e – LI, p. 33
Deus e – EVC, p. 66
doença mental e – NMM, p. 46
dúvidas e – EVC, p. 59
encarnado e – EVC, p. 92
enfermidades da alma e – EVC, p. 74
entes queridos e – EVC, p. 147
esposa viva e – EVC, p. 146
fidelidade conjugal e – EVC, p. 146
fixação mental e – AR, p. 58
harmonização de idade e – EVC, p. 242
igreja e – LI, p. 124
inconsciente da sua situação – NDM, p. 51
indigência e – LI, p. 230
individualidade e – EVC, p. 88
inferioridade, aparência e – NMM, p. 40
irresponsável – LI, p. 150
leveza do corpo e – EVC, p. 62
loucura e – EVC, p. 52
mãe atrai o filho – NDM, p. 189
magnetismo humano e – OM, p. 296
materialismo e – EVC, p. 87
medo da morte – EVC, p. 59
morte e – OM, p. 141
narcisismo e – EVC, p. 108
obsessão entre – LI, p. 103
percepção mental e – EVC, p. 61
perturbação e – EVC, p. 90
plano espiritual inferior e – EVC, p. 108
prazeres e – LI, p. 35
prece de encarnado e efeito nos – NDM, p.191
preocupação com bens materiais e – OM, p. 135
preocupação com família encarnada e – OM, p. 136
pressão atmosférica e – OM, p. 231
promessa de céu e – OVE, p. 76
reencontro e – EVC, p. 167
repouso e – OM, p. 247
representantes de colônia espiritual e – EVC, p. 149
reunião mediúnica e entrada de – ML, p. 11

saudades e – EVC, p. 141, 147
sensação de dor e – EVC, p. 120
sentimentos e – EVC, p. 62
sepultamento e – EVC, p. 231
sexualidade e – EVC, p. 121, 122, 134
subjugados por verdugos – AR, p. 40
surpresa no além-túmulo e – AR, p. 14
suspeita de loucura e – EVC, p. 49
suspeita de morte e – EVC, p. 47, 54
trabalho e – EVC, p. 102
trabalhos na Terra e – OM, p. 17
tradição religiosa e – EVC, p. 76
vaidade feminina e – EVC, p. 150
vampirismo e – LI, p. 36
vínculo com família encarnada e – OM, p.164
vingança e – EVC, p. 171
visita ao plano físico e – EVC, p. 136
volitação e – EVC, p. 106
zonas espirituais inferiores e – EVC, p.74, 90

DESENVOLVIMENTO ESPIRITUAL
pensamento de outrem e grau de – OVE, p.85
Terra e – OVE, p. 55

DESENVOLVIMENTO MEDIÚNICO
conceito de – NDM, p. 79
estudo de demonstrações de – ML, p. 27
ideias e – MM, p. 129
reforma íntima e – ML, p. 55
vampirismo e – ML, p. 47
vida mental e – MM, p. 129

DESEQUILÍBRIO
encarnados, desencarnados em – NMM, p.35
enfermidade e * mental – LI, p. 148
entidades femininas das sombras e INCENTIVO AO – ML, P. 97
humanidade em – NMM, p. 28

DESEQUILÍBRIO FÍSICO
pensamentos de revolta e – NDM, p. 185

DESESPERO
assédio de vampiros e – ML, p. 64
reparação e – AR, p. 15

DESIDÉRIO
desdita e obsessor – EVC, p. 179
Elisa e obsessor – EVC, p. 167, 274
Ernesto e obsessor – EVC, p. 171
Evelina e obsessor – EVC, p. 221

futura mãe de – EVC, p. 249
futuro lar e obsessor – EVC, p. 248
libertação de – EVC, p. 229
DESINTEGRADOR ETÉRICO
   emprego de – OVE, p. 69
   matéria mental e – OVE, p. 178
DESMATERIALIZAÇÃO
   penetrabilidade e – NDM, p. 270
   Sânzio e – AR, p. 103
   técnicos de – NDM, p. 270
DESOBSESSÃO
   Abelardo e dona Celina atuam na – NDM, p. 127
   caridade e – LI, p. 88
   desencarne e – ETC, p. 22
   erradicação da causa de – LI, p. 150
   estudo e ponderação na – NDM, p. 218
   evangelização do obsidiado e – NDM, p. 80
   extensão da – LI, p. 214
   força da palavra na – NDM, p. 219
   missa e – LI, p. 123
   morte e – ETC, p. 22
   obsidiado e – ETC, p. 23
   oração e – LI, p. 167
   passado espiritual e – ETC, p. 37
   psiquiatria e – NDM, p. 212
   reforma íntima e – LI, p. 88, 150
   Salomão e – SD, p. 285
   tempo e – LI, p. 104
DESONESTIDADE
   ilusão e – EVC, p. 198
DESPEDIDA
   reunião de – ML, p. 368
DESPERTAMENTO
   consciência e – OVE, p. 73
   reencarnação compulsória e – NDM, p. 237
   técnica gradativa de – AR, p. 43
   valores afetivos e – ML, p. 214
DESPRENDIMENTO
   distribuição de tarefas no fenômeno de – OVE, p. 228
   equipe especializada e – NDM, p. 207
   melhoras fictícias no processo de – OVE, p.226
   precauções durante o – OVE, p. 223
   prece e * do obsessor – NDM, p. 79

realizações no plano espiritual e necessidade de – ML, p. 230
regiões orgânicas e – OVE, p. 230
DESTINO
   ação e – ETC, p. 182
   amor e – LI, p. 274
   consciência e – ETC, p. 205
   construção do – EDM, p. 59
   criação e renovação do próprio – AR, p.164
   Espírito e – EDM, p. 60
   expiação e – EDM, p. 237
   livre-arbítrio e – LI, p. 218
   mal e – EDM, p. 237
   pensamento e – ETC, p. 28
   plantio do – ETC, p. 292
   prática da caridade e – AR, p. 267
   provação e – EDM, p. 238
   responsabilidade do Espírito e – AR, p. 97
   vontade e – LI, p. 31
DESTRUIÇÃO
   institutos de benemerência e – OVE, p. 64
DETERMINISMO
   esferas primárias da evolução e – AR, p. 97
   evolução e – AR, p. 97
DEUS
   adoração primitiva e – LI, p. 125
   ascensão a – MM, p. 116
   criaturas e – LI, p. 18
   dádivas de – OVE, p. 266
   desencarnados e – EVC, p. 66
   desordem e – EVC, p. 107
   domínio do mal e – LI, p. 111
   equilíbrio em – NMM, p. 162
   evolução e conceito de – LI, p. 82
   humanidade e – EVC, p. 66
   individualidade e – EVC, p. 107
   justiça e – EVC, p. 107
   nossas penitências e – NL, p. 47
   posição receptiva ante – NL, p. 47
   recordação de – NL, p. 21
   servidor e – LI, p. 51
   trevas e – LI, p. 59
   vontade de – NMM, p. 24
DEVASTAÇÃO
   conceito de – AR, p. 62

purificadora e reforma íntima – AR, p. 62
DEVER
  assistência fraterna e – ML, p. 338
  direito e – EVC, p. 99
DEZ MANDAMENTOS
  antropomorfismo e – EDM, p. 183
DIAGNÓSTICO ESPIRITUAL
  equívocos no – NDM, p. 157
  leitura do pensamento permite o – NDM, p. 152
DIÁLOGO
  Caio, Evelina e * mental – EVC, p. 232
  esclarecimento a sofredor e – OVE, p. 103
  perceptível apenas na esfera dos
DESENCARNADOS – ML, P. 314
DIGNIDADE
  disciplina e – EVC, p. 127
DIMAS
  abstenção de resposta e – OVE, p. 253
  aflição de * e carinho materno – OVE, p.247
  análise do cadáver de – OVE, p. 250
  André Luiz consulta – OVE, p. 262
  caráter de * segundo Fabriciano – OVE, p.236
  desencarnação de * e assistência maternal – OVE, p. 250
  desespero da esposa de – OVE, p. 247
  Jerônimo confia * à mãe – OVE, p. 233
  lágrimas de – OVE, p. 253
  mérito e patrimônio de – OVE, p. 266
  recordações de – OVE, p. 229
  rogativa de paz e – OVE, p. 247
  sacrifício de * e prazer de ser útil – OVE, p.221
  saudades do lar e – OVE, p. 265
  testemunha de crime e – OVE, p. 243
DINHEIRO
  ajuda espiritual e – EVC, p. 199
  caridade e – EVC, p. 206
  crime – LI, p. 199
  dívidas morais e – LI, p. 199
  escravização e – EVC, p. 198
  família e – LI, p. 184; EVC, p. 177
  felicidade e – LI, p. 199; EVC, p. 198
  obsessão e – LI, p. 193
  sedução do – AR, p. 126

DIREÇÃO
  cuidados da * na ausência de encarnados em curso de mediunidade – ML, p. 90
  preenchimento de cargo de – OVE, p. 77
DIREITO
  deveres e – EVC, p. 99
  merecimento e – NMM, p. 34
  noção do – EDM, p. 86
DIRETRIZES DE JESUS
  compreensão dos deveres das – OVE, p.137
DIRIGENTE
  atuação da palavra inspirada de – ML, p.339
  cautelas de – OVE, p. 94
DISCÍPULO
  instrutor e comportamento do – ML, p. 370
DISCUSSÃO
  palavras, fluidos e – OM, p. 62
DIVERSIDADE ESPIRITUAL
  Justiça divina e – NMM, p. 8
DÍVIDA
  agravada – AR, p. 183-185
  aliviada por adoção de filhos e – AR, p. 235
  estacionária por reincidência – AR, p. 197
  expirante – AR, p. 250, 255, 255
  lei de ação e reação e – OM, p. 149
  lei de causa e efeito e extinção da – ML, p.345
  oração e moratória de – AR, p. 267
  pagamento de – AR, p. 125
  pagamento parcelado da – AR, p. 147
DIVINDADE
  descoberta da * dentro de nós – ML, p. 371
  localização da – OVE, p. 139
DIVÓRCIO
  abandono de um dos cônjuges e – AR, p.210
  Jesus e o instituto do – AR, p. 209
  recurso preventivo de crime – AR, p. 210
  visão espírita do – EDM, p. 209
DOAÇÃO
  fluídos de encarnado e – ML, p. 77
  imparcialidade e – ML, p. 355
  planejamento espiritual e * de filho – EVC, p. 249
DOENÇA
  apego e acomodação à – NDM, p. 132

Índice Geral

desarmonia da mente e – MM, p. 166
evolução moral e – MM, p. 166
mediunidade e – MM, p. 169
passado delituoso e – MM, p. 166
pensamento, conversa e – MM, p. 117
DOENTES
   raios curativos ajudam os – NDM, p. 269
DOGMA
   sectarismo e – NMM, p. 214
DOMENICO, PADRE
   arrependimento do – OVE, p. 121
   confissão do – OVE, p. 77
   conforto, amor maternal e – OVE, p. 118
   conselho materno e – OVE, p. 120
   desencarnação do – OVE, p. 106
   influenciação materna e – OVE, p. 117
   justificação do – OVE, p. 123
   oração do * quando criança – OVE, p. 121
   revolta contra Justiça divina e – OVE, p.101
   Zenóbia, casamento frustrado e – OVE, p.123
DOMINAÇÃO TELEPÁTICA
   Jovino obsidiado por – NDM, p. 185
DOMÍNIOS
   ímãs e – MM, p. 67
   orientação dos – MM, p. 67
DONS DA VIDA
   abuso e – LI, p. 98
DOR
   alma e – NL, p. 43
   auxílio – AR, p. 282
   cérebro e – AR, p. 41
   coletiva – AR, p. 271
   corpo físico e – AR, p. 41
   edificação pela – NL, p. 92
   evolução – AR, p. 281
   expiação – AR, p. 281
   Félix e – SD, p. 365
   pensamento e – SD, p. 22
   renovação mental e – OM, p. 13
   significado da – NL, p. 43
DOUTRINA
   princípios da – SD, p. 211
   sentimento livre e – SD, p. 214
DOUTRINA ESPÍRITA
   ver ESPIRITISMO

DOUTRINAÇÃO
   agrupamentos no plano espiritual e
   SERVIÇOS DE – ML, P. 303
   característica da – ML, p. 336
   corrente mental protetora e tarefa de – ML, p. 313
   Espíritos oram durante a – NDM, p. 60
   estacionamento no mal e – OVE, p. 135
   experiência de – OM, p. 75
   impacto da – NDM, p. 93
   imposição de ideias e – OM, p. 80
   inspiração e – NDM, p. 59
   moral e – OM, p. 80
   prova para convencimento da desencar--nação e – ML, p. 319
   sofredor de desencarnado e * inaudível a encarnados – ML, p. 317
   serviço de programado e – ML, p. 319
   sono e – LI, p. 197
   transformação e – ETC, p. 149
   valimento e oportunidade da – ML, p. 141
DOUTRINADOR
   animismo e – NDM, p. 213
   encarnado e apresentação de palavra
   ESCLARECEDORA – ML, P. 335
   imperfeições humanas e – OVE, p. 137
   qualificação para o desempenho do
   ENCARGO DE – ML, P. 336
   raciocínio, sentimento – OM, p. 79
DROGA
   usuário de – ML, p. 96
DRUSO, INSTRUTOR
   Aída e – AR, p. 287
   civilizações passadas e – AR, p. 11
   oração de – AR, p. 79-80, 245-246, 288
   perfil do orientador – AR, p. 283
   reencarnação de – AR, p. 289
   reencontra com ex-esposa – AR, p. 286
   renovação dia a dia – AR, p. 22-26
   reunião mediúnica e – AR, p. 79
   severidade com as próprias imperfeições e – AR, p. 22-26
   Silas e – AR, p. 287
   surpresa de – AR, p. 286

DUPLA PERSONALIDADE
animismo e – NDM, p. 214
DUPLO ETÉRICO
emanações neuropsíquica e – NDM, p. 96
morte e desintegração do – NDM, p. 96-97
DÚVIDA
dificuldade de comunicação e – NDM, p.58
ECTOPLASMA
composição do – MM, p. 121
condição física do – NDM, p. 272
elementos do – NDM, p. 265-266
exteriorização de – ML, p. 127; 129
fins do emprego de – ML, p. 315
maleabilidade e sensibilidade do – NDM, p.272
materialização mediúnica e – EDM, p. 50
médium e – MM, p. 120, 121
moral e – MM, p. 121
preservação da pureza do – ML, p. 120
recolhimento de – ML, p. 315
reunião mediúnica e emprego variado do –
  ML, p. 320
tratamento e – LI, p. 213
ECTOPLASMIA
conversação de desencarnado por voz
  direta e – ML, p. 128
esfera dos desencarnados e fenômeno de –
  ML, p. 316
exteriorização de – ML, p. 127
pneumatofonia e – ML, p. 127
recursos energéticos e – NDM, p. 97
voz direta e – LI, p. 273
ECZEMA
carma e – AR, p. 242
provação e – AR, p. 2313
EDELBERTO
Paulina e – NL, p. 180
Edificação espiritual
sentimentos e – SD, p. 53
EDUCAÇÃO
harmonia mental e – MM, p. 116
pais e * dos filhos – ML, p. 41
reflexo condicionado e – MM, p. 116
sugestão e – MM, p. 116
EDUCAÇÃO ESPIRITUAL
materialização da bondade e – OVE, p. 207

EDUCAÇÃO RELIGIOSA
Eloísa e – NL, p. 114
EDUCADOR
autoridade de – SD, p. 136
EFEITOS FÍSICOS
ambiente da reunião de – NDM, p. 259
assistentes e – MM, p. 122, 136
automagnetização e – MM, p. 106
cessação dos – MM, p. 120
ciência e – MM, p. 124
delicadeza dos – MM, p. 121
dificuldades nos – MM, p. 122
ectoplasma e – MM, p. 120
ectoplasma e – NDM, p. 272
encarnados e – MM, p. 124
enganos, fraudes e – MM, p. 136
Espírito – MM, p. 120, 122, 124, 135
fatores dos – MM, p. 120
finalidade dos – MM, p. 120
força anímica e – MM, p. 119
formas-pensamentos e – MM, p. 121
fraudes em – MM, p. 122
futuro dos – MM, p. 124
grupos de estudo e – MM, p. 122
idade do médium e – MM, p. 120
imortalidade e – MM, p. 124
interferência nos – MM, p. 135
jovem e – MM, p. 119
médium e – MM, p. 120
mediunidade e – MM, p. 119, 120
mente viciada e – MM, p. 136
oração e – EVC, p. 103
Paulo, Barnabé e – MM, p. 999
pesquisadores e – MM, p. 135
petitórios em – MM, p. 136
proveito dos – MM, p. 124
raps e – MM, p. 121
responsabilidade e – MM, p. 136
sacerdote e – EVC, p. 98
telecinesia e – MM, p. 121
teor dos – MM, p. 136
visibilidade dos – MM, p. 121
EFEITOS INTELECTUAIS
ideoplastia e – MM, p. 137
Jesus e – MM, p. 181
mecanismo dos – MM, p. 127

ondas e – MM, p. 127, 137
reflexo condicionado e – MM, p. 125
EFEITOS MAGNÉTICOS
   atividade espiritual e – MM, p. 69
   pensamento e – MM, p. 69
   spins e – MM, p. 68
EFLÚVIOS VITAIS
   alma, corpo e – NDM, p. 96
EGO
   importância do – NMM, p. 171
EGOÍSMO
   alienação mental e – AR, p. 197
   amor e – AR, p. 212-213; EVC, p. 143, 155
   André Luiz e – NL, p. 17
   Antônio Olímpio e – AR, p. 84
   ascensão isolada e – OVE, p. 17
   autopiedade e – ETC, p. 256
   mágoa e – ETC, p. 256
   mal e – AR, p. 95
   repúdio à vaidade e ao – ML, p. 113
   sofrimento alheio e – ETC, p. 256
   tortura mental e – NMM, p. 195
   viuvez e – OVE, p. 82, 167
EINSTEIN, ALBERT
   peso da luz e – MM, p. 35
   teoria da relatividade e – MM, p. 35
ELEMENTOS ATÔMICOS
   spins e – MM, p. 68
ELETRICIDADE
   fontes de – MM, p. 51
   intercâmbio mediúnico e – MM, p. 59
   microcosmo e – MM, p. 66
ELETRÔNICA
   Descartes e – MM, p. 27
   Herão de Alexandria e – MM, p. 27
   Tales de Mileto e – MM, p. 27
ELÉTRONS
   atmosfera e – MM, p. 108
   campo terrestre e – MM, p. 109
   caneta-tinteiro e – MM, p. 107
   carga dos – MM, p. 66
   disco de ebonite e – MM, p. 108
   Jean Perrin e os – MM, p. 30
   mentais – MM, p. 109
   movimentos dos – MM, p. 66

propagação dos – MM, p. 107
temperatura e – MM, p. 36
tempestades magnéticas e – MM, p. 109
velocidade dos – MM, p. 59
ELETROSTÁTICA
   indução mental e – MM, p. 110
   máquina – MM, p. 107
ELISA
   André Luiz e lembranças de – NL, p. 243
   história de – NL, p. 246
   obsidia o filho desencarnado – NDM, p.189
   razões do sofrimento de – NDM, p.202-203
   sífilis e – NL, p. 247
ELÓI, ESPÍRITO
   ameaça de – LI, p. 200
   desarmonia e – LI, p. 35
   Felício e – LI, p. 196
ELOÍSA, NETA DE DONA LAURA
   alimentação de – NL, p. 113
   amor-próprio e – NL, p. 117
   Arnaldo, noivo, e – NL, p. 115
   desencarnação de – NL, p. 115
   educação religiosa e – NL, p. 114
   Teresa, mãe, e – NL, p. 117
   tuberculose e – NL, p. 114
   Umbral e – NL, p. 113
EMANAÇÃO MENTAL
   desagradável exalação da – NL, p. 163
EMANAÇÃO ÓDICA
   Reichenbach e – LI, p. 154
EMANAÇÕES MENTAIS
   sexolatria e – AR, p. 71
EMANCIPAÇÃO DA ALMA
   poder da oração e – ML, p. 68
EMBRIÃO
   desenvolvimento do – ML, p. 265
   formação do – ETC, p. 204
   fortalecimento do – ML, p. 360
   modelagem fetal e desenvolvimento do – ML, p. 223
   proximidade de aborto pela precariedade do estado do – ML, p. 275
EMBRIOLOGIA
   plano espiritual e estudos de – ML, p. 253

EMERSÃO DO PASSADO
causa e efeito e – ETC, p. 52
culpa e – ETC, p. 52
EMMANUEL
prefácio de – NMM, p. 7
EMOÇÃO
equilíbrio e – ML, p. 350
erotismo e – AR, p. 219
EMOÇÕES INFERIORES
importância do desapego às – OVE, p. 313
ENCARGO
Jesus e delegação de – OVE, p. 204
ENCARNAÇÃO
aprendizado na – NMM, p. 24
aproveitamento do tempo na – OVE, p. 219
importância da * na Terra – NL, p. 89
manutenção de – ML, p. 77
serviço e – OM, p. 64
ENCARNADO
atividades durante o sono e – OM, p. 236
auxílio espiritual a – OM, p. 91, 177, 243
avaliação de reunião de desenvolvimento mediúnico por – ML, p. 28
cooperação do * com a Espiritualidade – OM, p. 179
cultura, uso do tempo e – EVC, p. 8
desculpismo e – OM, p. 179
desencarnado e – EVC, p. 92
desenvolvimento espiritual, morte e – OM, p. 141
enfermidades da alma e – EVC, p. 74
Espírito se apresenta como – NDM, p. 38
hipnose e – LI, p. 254
ilusão e – LI, p. 17
lucidez espiritual e – OM, p. 236
planos de vida e – LI, p. 85
programação do mundo espiritual para esclarecimentos a – ML, p. 73
qualidades predominantes no ser humano – ML, p. 299
recordação de outras vidas e – NMM, p. 60
reunião no mundo espiritual e – NMM, p.17
reuniões espíritas e comportamento de – ML, p. 126
seleção e emprego de fluídos de – ML, p. 77

significado do trabalho de materialização para – ML, p. 130
solidão e – LI, p. 248
sono e – LI, p. 39
trabalho do passe magnético e – ML, p. 348
tutela da Mansão Paz e – AR, p. 254
vampirismo e – LI, p. 36
ENEDINA
desencarnação de – SD, p. 17
esposa de Pedro Neves – SD, p. 16
ENERGIA
campos de – MM, p. 48
difusão de – MM, p. 77
processo de exteriorização de – OVE, p.158
transferência de – MM, p. 48
ENERGIA ESPIRITUAL
agente imunológico e – EDM, p. 67
mitocôndrio e – EDM, p. 67
ENERGIA MENTAL
atenção, desatenção e – MM, p. 71, 74
criação e – LI, p. 31
focalização da – MM, p. 117
magnetismo residual e – MM, p. 74
pensamento e – EDM, p. 80
reflexão e – MM, p. 117
vontade e – MM, p. 117
ENERGIA(S)
contato com o trabalho espiritual e – NDM, p. 174-175
substâncias vivas da Terra e – NDM, p. 25
ENERGIAS ELETROMAGNÉTICAS
ação do remédio e – OVE, p. 311
ENFERMAGEM DOS PERTURBADOS
cooperação na – NL, p. 80
ENFERMEIRO
conhecimentos de – NL, p. 77
cooperação magnética e – NL, p. 29
ENFERMIDADE
alma e – ML, p. 39; NMM, p. 117
alma e – AR, p. 124
assistência espiritual e – ETC, p. 208
atividade mental e – ETC, p. 147
atuação dos familiares e – OVE, p. 211
auxílio da – NMM, p. 205
benefícios da * incurável – ML, p. 83

busca do Espiritismo e – AR, p. 239
ciúme e – ETC, p. 29
complexo de culpa e – ETC, p. 248
conceito de – ML, p. 357
congenial – ETC, p. 215, 232
corpo físico e – NMM, p. 117; ETC, p. 186
criança e – ETC, p. 213
cultivo da – OM, p. 268
cutânea e suposta alienação mental – AR, p. 238
deficiências do Espírito e – AR, p. 280
desencarnados e – EVC, p. 74
desequilíbrio mental e – LI, p. 148
encarnados e – EVC, p. 74
espiritual – LI, p. 105
gravidez e – ETC, p. 209
lembranças e – EVC, p. 50
otimismo e – LI, p. 32
papel da – ETC, p. 144
passe e – LI, p. 177
pensamento e – ETC, p. 147; EVC, p. 43
perispírito e – ETC, p. 64, 147
preservação da saúde e – ML, p. 271
prolongada – ETC, p. 34
provação e – LI, p. 31
psiquismo e – ETC, p. 146
recém-desencarnados e – AR, p. 50
reflexão e – EVC, p. 32; LI, p. 177
sono e – ETC, p. 133
utilidade da – OVE, p. 211
vícios mentais e – ETC, p. 146
viuvez e fidelidade durante a – OVE, p. 80
vontade e – LI, p. 31
ENFERMIDADE CONGENIAL
conveniência da – AR, p. 241
reencarnação e – AR, p. 241, 277
ENFERMO
acompanhamento de – OVE, p. 200
conceito de – ML, p. 193
condicionamento do – MM, p. 104
desrespeito de profissionais e – OVE, p. 298
hospedagem temporária de – OVE, p. 70
magnetizador e – MM, p. 104
mundo espiritual e respeito ao – OVE, p.298
ENIGMAS
prece e solução para os – NDM, p. 198

ENSINO
ambiente doméstico e recebimento de – ML, p. 89
diferentes escolas religiosas de – ML, p. 306
humanidade e – NMM, p. 25
serviço e – OM, p. 74
ENSINO-APRENDIZAGEM
fenômeno mediúnico e – MM, p. 115
ENTENDIMENTO
nível de percepção e – OM, p. 223
ENVELHECIMENTO
obsessão, tratamentos dolorosos e – NDM, p. 226
ENXERTIA FLUÍDICA
Cláudio e – SD, p. 57
ENXERTIA PSÍQUICA
médium e – LI, p. 213
EPAMINONDAS, ESPÍRITO
palavra de agradecimento de * na despedida do instrutor Alexandre – ML, p. 373
EPÍFISE
atribuições essenciais da – ML, p. 21
conhecimento clássico das funções da – ML, p. 19
emissão de raios azulados e intensos pela – ML, p. 15
estudo pelo instrutor Alexandre sobre a – ML, p. 20
fluxo energético – MM, p. 102
glândulas genitais e – ML, p. 21
luminosidade da – ML, p. 19
mediunidade e – ML, p. 16
nota – MM, p. 102
posição estacionária da – ML, p. 20
viciação de energias criadoras e – ML, p. 22
vida mental e – ML, p. 20
EPILEPSIA
dramas passados e – NMM, p. 113
enfermidade da alma e – NMM, p. 117
Marcelo e – NMM, p. 124
obsessão e – NDM, p. 76
perispírito e – NMM, p. 124
sintomas da – NDM, p. 76-77
transe mediúnico e – NDM, p. 78

EQUILÍBRIO
   combate ao desânimo e convite ao – ML, p.197
   emoção e – ML, p. 350
   renúncia a excessos e – ML, p. 34
EQUILÍBRIO VIBRACIONAL
   hinos evangélicos e – NDM, p. 261
EQUIPAMENTO ESPIRITUAL
   anamnese feita com ajuda de – NDM, p. 62
   atenção concentrada com – NDM, p. 100
   contato com os mentores e – NDM, p. 146
   diagnóstico feito por meio de – NDM, p.152
   televisão e – NDM, p. 156-157
EQUIPE
   ausência de membros e desajuste na – NDM, p. 163-164
   divisão de trabalho e – OVE, p. 63
   interdependência e – ETC, p. 251
   pessoa má na – NDM, p. 21
ERNESTINA
   aconselhamento de – OVE, p. 119
ERNESTO
   filho de Pedro Neves – SD, p. 17, 18
   fratricídio e – AR, p. 257
   reencarnação regeneradora de – AR, p. 258
   sofrimento no além-túmulo e – AR, p.257-258
ERNESTO, DR.
   tratamento de – NL, p. 309
   Zélia, esposa de André Luiz, e – NL, p. 300
EROTISMO
   emoção e – AR, p. 219
   prazer e – AR, p. 220
ERRATICIDADE
   estacionamento na – OVE, p. 9
   notícias das zonas de – OVE, p. 10
   tempo na – ETC, p. 232
ERRO
   aprendizagem e – LI, p. 218
   conhecimento da verdade e – OM, p. 49
   religiosos e – ML, p. 30
   retificações e – ML, p. 230
ERRO JURÍDICO
   vidas passadas e – LI, p. 185
ESCÂNDALO
   sentido evangélico de – ML, p. 172

ESCLARECIMENTO
   desencarnada de mente perturbada e – OVE, p. 256
   prestação de * a encarnados sobre mediunidade e psiquismo – ML, p. 85
   serviço e – LI, p. 53
ESCOLA
   frequência de encarnados à * no mundo espiritual – ML, p. 101
   plano letivo e – ML, p. 102
ESCOLAS RELIGIOSAS
   materialização da bondade e – OVE, p. 207
ESCOLHA
   carreira dos filhos e – ML, p. 307
   célula masculina de fecundação e – ML, p.260
ESCOLHIDO
   chamado e – ML, p. 92
   conceito de – ML, p. 92
ESCRAVIDÃO
   Jesus e – ML, p. 331
   obsessão e – LI, p. 101, 102
   obsessão mútua e – NDM, p. 131
   ódio e – LI, p. 102
ESCRAVOS
   Amâncio, padre, e – NL, p. 205
ESCRITOR
   criações mentais e – LI, p. 235
   mundo espiritual e – LI, p. 234
   obsessão e – LI, p. 235
   personagens e – LI, p. 235
   sono e – MM, p. 149
ESCRITORES DE MÁ-FÉ
   Umbral e – NL, p. 104
ESFERA SUPERIOR
   alternância na direção para contato com – OVE, p. 78
   efeito da palavra de mensageiro da – OVE, p. 47
   Espírito e – OVE, p. 53
   objetivos fundamentais dos planos de REENCARNAÇÃO NA – ML, P. 246
   prêmio de viagens à – OVE, p. 54
ESFERAS INFERIORES
   ver PLANOS INFERIORES

Índice Geral

ESPAÇO
   formas sólidas e – NDM, p. 270
ESPECTROSCÓPIO
   psicoscópio e – NDM, p. 20
ESPELHO
   jovem desencarnada e – NDM, p. 246
ESPELHO FLUÍDICO
   diagnóstico feito por meio do – NDM, p.152
   silhueta dos doentes surge no – NDM, p.152
ESPERANÇA
   infelicidade e – EVC, p. 28
   licor da * no coração – NL, p. 27
ESPERIDIÃO, MINISTRO
   Ministério da Comunicação e – NL, p. 254
ESPINHOS
   abuso da generosidade e colheita de – NDM, p. 158
ESPÍRITA
   condições para ser verdadeiramente – NDM, p. 119
   desencarnado em abrigo nas regiões INFERIORES – ML, P. 283
   reforma íntima e – MM, p. 19
ESPIRITISMO
   altar vivo no templo da fé – NDM, p. 178
   assistência espiritual – MM, p. 170
   Benevenuto, ministro, e – NL, p. 264
   boa vontade, disciplina e – NDM, p. 255
   ciência, fraudes e – OM, p. 280
   cientificismo e – OM, p. 278
   cientistas e – MM, p. 17
   conceito de – ML, p. 111
   consolador da humanidade e – NL, p. 264
   culto familiar e – NL, p. 291
   desajustados morais e – MM, p. 169
   desequilibrados, enfermos e – NDM, p. 317
   disciplina e – AR, p. 8
   divulgação do – LI, p. 139
   dúvidas sobre o – OM, p. 278
   enfermidade e busca do – AR, p. 239
   esclarecimento e consolação pelo – ML, p.59
   Evangelho e – AR, p. 9
   fenomenismo e – NL, p. 265
   função do – EDM, p. 154

   interesse pelo – NL, p. 302
   interesse pessoal e – OM, p. 45
   labirintos da morte e – NDM, p. 178
   Leis divinas e – NDM, p. 178
   liberdade disciplinada e – AR, p. 8
   médico e – LI, p. 137
   médium perturbado e – MM, p. 169
   mediunidade, ciência e – OM, p. 76
   médiuns e – NL, p. 265; OM, p. 280
   metapsíquica e – OM, p. 280; MM, p. 17
   oportunidade de trabalho no – OM, p. 75
   pensamento puro do Cristo e – NDM, p. 178
   pesquisa científica e prática do – OM, p. 76
   prática do * com Jesus – OM, p. 83
   práticas exteriores e – OM, p. 81
   psiquismo transformador e – LI, p. 156
   razão, sentimento e – OM, p. 279
   Reencarnação e – AR, p. 9
   reforma íntima e – AR, p. 239
   religiões e – NMM, p. 208
   renovação pelo – OM, p. 11
   responsabilidade dos adeptos do – AR, p.241
   retorno de Jesus e – NDM, p. 177
   tarefa do – MM, p. 163
   verdades eternas e – NL, p. 264
   vícios religiosos e – NL, p. 265
   vida além da morte física e estudo do – OVE, p. 9
ESPÍRITO COMPLETISTA
   reencarnação e – ML, p. 183
ESPÍRITO ENCARNADO
   equilíbrio do corpo físico e – ML, p. 66
ESPÍRITO FAMILIAR
   paixões e – ETC, p. 239
ESPÍRITO IMPERFEITO
   renovação e – LI, p. 250
ESPÍRITO INFERIOR
   baixo padrão vibratório de – ML, p. 271
   divertimento e – NMM, p. 201
   mundo espiritual e – LI, p. 19
   oração e – LI, p. 86
   plano físico e – LI, p. 19
   reencarnação e – LI, p. 21
   trabalho e – LI, p. 236
   vestimenta e – ML, p. 73

ESPÍRITO INTÉRPRETE
  doutrinação de obsessor por – ML, p. 326
  esclarecimentos de * sobre diálogo na esfera dos desencarnados – ML, p. 330
ESPÍRITO MAU
  dona Celina desdobrada abraça um – NDM, p. 70
  desespero e remorso do – NDM, p. 69
ESPÍRITO PROTETOR
  homem mau e – LI, p. 24
ESPÍRITO SOFREDOR
  aparência no mundo espiritual do – NDM, p. 38
  compromisso para ascensão do – OVE, p.132
  incorporação favorece – NDM, p. 38
  vala comum e – LI, p. 98, 99
ESPÍRITO VISITADOR
  função de – ML, p. 142
ESPÍRITO(S)
  afinidade e reunião de – OM, p. 239
  aglutinação de matéria pelo – ETC, p. 203
  agressores e isolação magnética – EVC, p.114
  alienação mental e – EDM, p. 137
  alimentação do – EDM, p. 187
  aranha e – LI, p. 245
  associações inteligentes e – MM, p. 47
  ciência terrena e – LI, p. 17
  cientistas sacerdotes do – NDM, p. 8
  co-criação e – MM, p. 41
  conceitos de Asclépios sobre o – OVE, p. 52
  conquistas do – ML, p. 35
  conservação de qualidades e – ML, p. 107
  corpo físico e – ETC, p. 205; EDM, p. 175
  correntes mentais – MM, p. 47
  desencarnação e – ETC, p. 201; EVC, p. 18
  deslocamento do – ETC, p. 54
  desordeiros – EVC, p. 113
  dínamo e – MM, p. 47
  enfermos e o mar – EVC, p. 181
  falsa ideia dos encarnados sobre os – ML, p. 136
  forma individual do – EDM, p. 197
  gênese do – EDM, p. 42, 56
  geração de vida e – MM, p. 83
  imperfeições e faculdades do – AR, p. 281
  individualidade e – EVC, p. 67
  inferior e caridade – AR, p. 64
  Infinito e – MM, p. 12
  linguagem do – EDM, p. 191
  mente e – EDM, p. 152
  neutralidade nos domínios do – NDM, p.117
  perturbação e – EVC, p. 90
  progresso mental do – EDM, p. 198
  reencarnação do – EDM, p. 100
  regenerados e regiões inferiores e – AR, p.62
  registro mental da presença de – NDM, p.229
  responsabilidade do – ML, p. 40
  responsabilidade e – EDM, p. 81
  sofredores e Mansão Paz – AR, p. 60
  sono e – EVC, p. 19; ETC, p. 84
  vingadores – AR, p. 117
ESPÍRITO(S) MAU(S)
  André Luiz e – LI, p. 28
  aperfeiçoamento e – LI, p. 35
  aura e – LI, p. 70
  Casa Transitória de Fabiano e ataque de – OVE, p. 64
  combate aos – LI, p. 24
  delitos e – LI, p. 110
  entendimento com – LI, p. 117
  juízes e – LI, p. 71, 72
  justiça e – LI, p. 109
  lógica do – LI, p. 112
  reencarnação e – NMM, p. 234
  regeneração e – LI, p. 25
  respeito e – LI, p. 115
  trevas e – LI, p. 27
  umbral e – NMM, p. 232
ESPÍRITO(S) SUPERIOR(ES)
  amparo dos – NMM, p. 38
  humanidade e – LI, p. 40
  percalços no desempenho do trabalho de – OVE, p. 41
  reencarnação de – ML, p. 233
  reencarnação e convivência com o próximo por – OVE, p. 18
  vidas passadas e – LI, p. 59
ESPÍRITO-MÉDIUM
  fenômeno de incorporação em – OVE, p.160
  Espíritos animais
  teoria dos – EDM, p. 40

ESPÍRITOS BONS
igreja e – LI, p. 125
missa e – LI, p. 126
plano espiritual inferior e – LI, p. 57
ESPÍRITOS CONSTRUTORES
colaboração dos – ML, p. 215
forma física futura e contribuição dos –
ML, p. 244
formação fetal do reencarnante e cooperação
de – ML, p. 220
momentos de oração e abnegação no trabalho
dos – ML, p. 265
tarefas de auxílio na reencarnação e –
ML, p. 273
trabalho e – ML, p. 213
ESPÍRITOS ENFERMOS
transformação em médico de – NL, p. 85
ESPÍRITOS PERTURBADOS
presença de * no cemitério – OVE, p. 255
ESPÍRITOS SUBUMANOS
atuação dos – LI, p. 64
passividade e – LI, p. 64
regeneração e – LI, p. 64
responsabilidade com – LI, p. 64
ESPIRITUAL
objeto usado e acompanhante – NDM, p.247
tempo do relógio e o tempo – NDM, p. 235-236
ESPIRITUALIDADE
aura e – LI, p. 126
missa e – LI, p. 128
sexo e – ML, p. 30
trabalho de esclarecimento da – ML, p. 9
vida na – EDM, p. 106
ESPIRITUALIDADE SUPERIOR
símbolos da – NL, p. 25
ESPIRITUALISMO
expectativa de morte e – EVC, p. 20
fraudes, misticismo e – NDM, p. 278
interpretações da mediunidade e –
NDM, p. 277
manifestações primitivas e – NDM, p. 277
mundo espiritual e – OM, p. 39
ESPORTE
epífise e prática do – ML, p. 24

ESQUECIMENTO
bênção do – LI, p. 238
consanguinidade e * do passado – NL, p.239
destino e * do passado – ETC, p. 58
divina misericórdia e – NL, p. 7
egoísmo e * do passado – ETC, p. 57
fraternidade e * do passado – NL, p. 239
paixão, amor e * do passado – ETC, p.57, 58
temporário e lembrança do passado – ML, p. 181
temporário e situações necessárias ao seu
emprego – ML, p. 273
vidas passadas e – NMM, p. 61
ESQUECIMENTO DO PASSADO
razões do – AR, p. 30
reencarnação e – AR, p. 218
ESQUIZOFRENIA
fixação mental e – NDM, p. 238
obsessão e – NMM, p. 221
psicologia, fisiologia e – NMM, p. 176
ESTÁCIO, SERVIDOR
Ministério do Esclarecimento e – NL, p.110
ESTER, VIÚVA
desconfiança de crime na morte do esposo
da – ML, p. 134
ESTEVES
envenenamento de – ETC, p. 137
Leonardo e – ETC, p. 100
Mário e – ETC, p. 104
sonho de – ETC, p. 104
ESTÍMULOS NERVOSOS
mediadores químicos e – MM, p. 79
ESTUDO
conhecimento superior e – AR, p. 2733
desdobramento e – MM, p. 150
estagnação na ignorância por falta de –
NDM, p. 122
estagnação pela ausência do – NDM, p. 166
frequência de encarnados a * durante o sono
– ML, p. 87
importância do – MM, p. 150
instrutor Alexandre e * da glândula pineal
– ML, p. 20
mediunidade e fenômenos, matérias de –
ML, p. 102
mundo espiritual e – EVC, p. 133

pesquisa da vida e – LI, p. 8
ÉTER
   campo e – MM, p. 40
   definição de – MM, p. 39
ETERNA SEPARAÇÃO
   terror da – NL, p. 20
ETERNIDADE
   amigo e irmão na – NL, p. 7
   ideia da – NL, p. 12
EUCLIDES
   apelo de * para comparecimento de desencarnado em grupo Mediúnico – ML, p. 281
   explicações de * sobre exercício da
MEDIUNIDADE – ML, P. 286
EUGÊNIA
   incorporação na médium – NDM, p. 52
   médium dócil e consciente – NDM, p. 27
EULÁLIA
   animismo e – NMM, p. 140
   Calderaro e – NMM, p. 141
   psicografia e – NMM, p. 138
   sintonia mediúnica e – NMM, p. 136
EUSÉBIO
   atividades de – NMM, p. 12
   católicos, protestantes e – NMM, p. 209
   oração e – NMM, p. 19
   preleção de – NMM, p. 23, 209
   reunião de encarnados com – NMM, p. 15
EUTANÁSIA
   Cavalcante e – OVE, p. 308
   doente terminal e – OVE, p. 298
   Edelberto e – NL, p. 183
   efeito da * no perispírito – OVE, p. 308
   expiação e – NMM, p. 111
EVANGELHO
   academia do * do Cristo – NL, p. 12
   ajuda espiritual na interpretação do – OM, p. 219
   amor e – NMM, p. 212
   amor e * de Mateus – OVE, p. 49
   Código de Princípios Morais do universo – MM, p. 183
   combate ao tédio e – OM, p. 16
   conhecimento do – NL, p. 16

conversão de servos do – NMM, p. 26
críticas de escritores e – NL, p. 16
culto doméstico do – NL, p. 295
dar, receber e * do Cristo – NL, p. 218
divulgação do – OVE, p. 197
educação dos filhos e prática do – OM, p.227
Espiritismo e – AR, p. 9
Espiritismo e revivência do – NDM, p. 279
exemplos de Jesus e – OVE, p. 50
filiação religiosa e prática do – OVE, p. 200
governador espiritual e * do Cristo – NL, p.257
mediunidade e – ML, p. 34
médiuns preparadores e – MM, p. 178
mentira e – LI, p. 58
negação do – OM, p. 77
recursos do bem com a aplicação do – OVE, p. 51
resposta e esclarecimento do – OVE, p. 49
sacerdócio organizado e – NL, p. 16
Evangelho segundo o Espiritismo, O
   Cláudio e – SD, p. 209, 212, 215
   Marita e – SD, p. 265
EVANGELIZAÇÃO
   programa de – OVE, p. 207
EVELINA
   Amaro – ETC, p. 15
   laços afetivos de – ETC, p. 17
   luta moral de – ETC, p. 15
   Odila e – ETC, p. 175
   tarefa de – ETC, p. 17
EVOCAÇÃO MENTAL
   Zenóbia e – OVE, p. 115
EVOLUÇÃO
   abrangência da – NMM, p. 44
   amor, dor e – LI, p. 181
   ascensão gradativa e – AR, p. 272
   cérebro e – NMM, p. 45
   combate à – LI, p. 29, 66
   comportamento humano nos degraus
INFERIORES DA – ML, P. 147
   conceito de Deus e – LI, p. 82
   consciência e – EDM, p. 37
   corpo e alma em – ML, p. 240
   desinteresse e – LI, p. 99
   determinismo e – AR, p. 97

doenças mentais e – MM, p. 166
domínio das ideias e – LI, p. 92
elos desconhecidos da – EDM, p. 37
empenho na obra da – OVE, p. 163
encadeamento da – LI, p. 18
esforço e – ML, p. 8; OM, p. 46
Espíritos propulsores da – LI, p. 33
graduação da – NMM, p. 163
hierarquia e – LI, p. 33
idealismo superior e – NMM, p. 171
influenciação e – LI, p. 20, 85
insulamento egoístico e – OVE, p. 15-16
irracionalidade e – LI, p. 30
leitura do pensamento e – NDM, p. 244
mecanismos da – LI, p. 19
mente e – MM, p. 46
morte física e – ML, p. 8
natural – LI, p. 93
paciência e – LI, p. 99
perispírito e – ETC, p. 84, 144, 145
princípios cosmocinéticos e – EDM, p. 42
razão e – EDM, p. 38
reforma íntima e – ML, p. 29
regressão e – NMM, p. 104
requisitos para a – AR, p. 273
resistência à – LI, p. 29
sacrifício e – ML, p. 25
sexo e – NMM, p. 162
sofrimento e – ETC, p. 232, 233
solidariedade e – LI, p. 34, 37
tempo e – EDM, p. 37; ETC, p. 70
trabalho e – EVC, p. 102
virtudes e – LI, p. 35
vontade e – LI, p. 62

EXCURSÃO
   concepções religiosas e * de adestramento – OVE, p. 215
   diversidade de sentimentos na * de adestramento – OVE, p. 216
   grupo de desencarnados e * em jardim na Crosta – ML, p. 267
   lar coletivo de Adelaide e * de adestramento – OVE, p. 205

EXISTÊNCIA
   conceito de – AR, p. 223

EXISTÊNCIA HUMANA
   apego à – NL, p. 9
   verdade e – NL, p. 12

EXISTÊNCIA TERRENA
   menosprezo à – NL, p. 72

EXPEDIÇÃO DE SOCORRO
   orientação na – OVE, p. 27

EXPERIÊNCIA HUMANA
   reconhecimento da – NL, p. 89
   vaidades da – NL, p. 21

EXPERIÊNCIAS CONSANGUÍNEAS
   objetivo das – NL, p. 180

EXPERIMENTAÇÃO
   necessidade de – ML, p. 109

EXPIAÇÃO
   adiamento da – AR, p. 269; LI, p. 116
   conversão ao bem e tempo de – NDM, p.82
   desencarnação e – NMM, p. 185
   doenças crônicas e congeniais e – NDM, p.137
   eutanásia e – NMM, p. 111
   livre-arbítrio e – AR, p. 97
   maternidade e – AR, p. 150; EVC, p. 130
   morte prematura e – ETC, p. 231
   mundo físico e – AR, p. 101
   purgatório e – LI, p. 13
   reencarnação e – AR, p. 150

EXPOSITOR
   comentários do Evangelho e – AR, p. 231
   tomadas mentais e – NDM, p. 37

ÊXTASE
   dona Celina entra em – NDM, p. 115
   imperativos do – NMM, p. 163

FABIANO, ASILO DE
   modificação de comportamento no – OVE, p. 148
   oferta de ajuda no – OVE, p. 148

FÁBIO
   beijo amoroso nos filhos e – OVE, p. 278
   despedida de * aos familiares – OVE, p. 274
   matrimônio da viúva e compreensão de – OVE, p. 276
   Mercedes visita * no mundo espiritual – OVE, p. 282
   palavras de * à esposa – OVE, p. 275

FABRICIANO
grupos socorristas na desencarnação segundo – OVE, p. 238
hierarquia no desempenho de tarefas e – OVE, p. 237
FABRÍCIO
André Luiz e – NMM, p. 176
esquizofrenia e – NMM, p. 175
história de – NMM, p. 178
reminiscências de – NMM, p. 177
FACULDADES CRIADORAS
depositários de – NMM, p. 170
FAFÁ
porteiro da pensão de Crescina – SD, p. 163
FALIBILIDADE
médiuns iluminados e – NDM, p. 32
FALSIDADE
pregação de princípios e – ML, p. 92
FALTA
reparação e – AR, p. 223-234
FALTAS COMETIDAS
verificação das – NL, p. 31
FAMÍLIA
adversários do passado e – NDM, p. 186
afeições transviadas e – ETC, p. 268
almas em evolução e – NDM, p. 284-285
amizade e – ETC, p. 189
apego à * consanguínea – EVC, p. 197
culto do Evangelho no lar e – OM, p. 217
dedicação à – NMM, p. 182
dinheiro e – LI, p. 184; EVC, p. 177
duelo mental e – LI, p. 139
elos na formação da – AR, p. 235
Ernesto e – EVC, p. 178
Espírito desencarnado e – OVE, p. 79
exercício do bem e – OVE, p. 134
felicidade e – ETC, p. 56
Ildeu, Marcela e – AR, p. 201
influenciação entre os membros da – NDM, p. 231
inquietações com a – NL, p. 98
instituição da * humana – NL, p. 120
obsessão em – AR, p. 106
preferências e aversões em – AR, p.203, 213
reajuste e – ETC, p. 132, 249
reencarnação e – OVE, p. 164
relações afetivas na – ETC, p. 211
reunião espiritual e – NMM, p. 114
Ribeiro, enfermo, e influência da – NL, p.162
seções da * universal – NL, p. 43
trabalhador e expiação de membros da própria – OVE, p. 23
FANTINI, ERNESTO
complexo de culpa e – EVC, p. 91
confissão de – EVC, p. 137, 92
conhecimento do passado e – EVC, p. 243
desespero de – EVC, p. 180
Desidério e – EVC, p. 171
família de – EVC, p. 137, 178
humildade, arrependimento e – EVC, p.172
pai desnaturado e – EVC, p. 164
passado de – EVC, p. 183
reconstituição de crime e – EVC, p. 175
Vera Celina e – EVC, p. 159, 164
vida além da morte e – EVC, p. 28
visita o antigo lar e – EVC, p. 166
FAQUIRISMO
automagnetização e – MM, p. 106
desdobramento e – MM, p. 161
FASCINAÇÃO
alucinações e – NDM, p. 223
encarnados e desencarnados e mútua – NDM, p. 132
hipnotização por desencarnado e – NDM, p. 217
Jovino vítima de – NDM, p. 179
mediunidade e – LI, p. 153, 155
psicografia e – NDM, p. 139
FATALIDADE
livre-arbítrio e – LI, p. 111
relativismo e – ETC, p. 14
FATALISMO
plano construtivo e – ML, p. 244
FAVORITISMO
esforço e – NMM, p. 10
FÉ
aquisição da – LI, p. 127
ciência e – EVC, p. 66
contradições aparentes e – NDM, p. 158
deficiência de educação da – OVE, p. 201

Índice Geral

dever decorrente da – NMM, p. 31
exercício da – OM, p. 142
fome de – ETC, p. 273
linguagem da – ETC, p. 262
manifestação divina e – NL, p. 16
necessidade da – OM, p. 250
realização espiritual e – ML, p. 103
recurso da – ETC, p. 49
trabalho e – LI, p. 127
trabalho, vontade e – OM, p. 41
utilização da – NMM, p. 209
FÉ EM DEUS
  Cláudio pergunta pela – SD, p. 212
FEALDADE
  opção pela – ML, p. 190
FECUNDAÇÃO
  criação e – ML, p. 219
  escolha do elemento masculino de – ML, p.250
  observação do fenômeno da – ML, p. 250
  óvulo materno e – ML, p. 224
FECUNDAÇÕES FÍSICAS
  conceito de – ML, p. 217
FECUNDAÇÕES PSÍQUICAS
  conceito de – ML, p. 217
FELICIDADE
  autoavaliação e – EVC, p. 98
  dinheiro e – LI, p. 199; EVC, p. 198
  divisão do amor e – NDM, p. 129
  entes queridos e – LI, p. 44
  escândalo e ruína da – NDM, p. 197
  laços afetivos e – LI, p. 48
  laços familiares e – ETC, p. 56
  oportunidade de resgate e – OVE, p. 126
  paixão e – ETC, p. 278
  perdão e – ETC, p. 221
  resignação e – OM, p. 233
  sacrifício e – ETC, p. 173
  sexo e – NMM, p. 167
  sublimação e – ETC, p. 55
FELÍCIO
  Elói e – LI, p. 196
FÉLIX
  acupuntura magnética e – SD, p. 181
  amigo espiritual – SD, p. 40, 41

André Luiz, Cláudio desencarnado e – SD, p. 359
desencarnação de Cláudio e – SD, p. 355
despedida de – SD, p. 139
encarnação anterior de – SD, p. 379
família Nogueira e – SD, p. 140
Gilberto e – SD, p. 380
Marina e – SD, p. 238
Marita e – SD, p. 135, 183
Moreira e – SD, p. 234
oração de – SD, p. 166, 184, 268, 385
superintendente de casa socorrista – SD, p.22
trabalhos preparatórios do renascimento e – SD, p. 379
transfiguração de – SD, p. 195
FEMINISMO
  ação do movimento – NL, p. 122
FENÔMENO
  ciência e – ML, p. 108
  de transfiguração – ML, p. 113
  desenvolvimento de percepções mediúnicas e – ML, p. 103
  intuitivo e – ML, p. 61
  mediúnico e busca de provas – OM, p. 76
  radioso – ML, p. 247
FENÔMENO EPILEPTÓIDE
  enfermidade da alma e – NMM, p. 117
FENÔMENO MEDIÚNICO
  circuito elétrico e – MM, p. 48
  conjugação de ondas – MM, p. 130
  ensino-aprendizagem e – MM, p. 115
  Espíritos superiores e – MM, p. 136
  ideoplastia – MM, p. 136
  interferência no – MM, p. 134
  metapsiquistas – MM, p. 123
  oscilações mentais e – MM, p. 136
  Pentecostes e – MM, p. 14
  pesquisadores e – MM, p. 134
  psiquismo e – LI, p. 145
  todas as crenças e – NDM, p. 255
  variedade dos – NDM, p. 49
FENÔMENOS PSÍQUICOS
  mediunidade e – EVC, p. 196
FERNANDES, DIONÍSIO, ESPÍRITO
  confissão de * sobre mensagens de difícil identificação – ML, p. 284
  instituição de socorro, em região inferior da Crosta – ML, p. 283

625

pedido para comunicação de * com a família no grupo mediúnico – ML, p. 281
FERNANDO
Ernesto e – AR, p. 256
idiotia e – AR, p. 256
sofrimento de – AR, p. 257
FETO
efeitos do aborto no – NMM, p. 155
mente materna, amigos e benfeitores espirituais na organização do – ML, p. 222
redução do sono e – ML, p. 255
FÍGADO
insuficiência cardíaca e – NDM, p. 168
FILHO(S)
aversão a – AR, p. 203
educação dos – ML, p. 41
educação e – NMM, p. 153
excesso de conforto e – AR, p. 28
pais e – ETC, p. 69
recusa ao nascimento de – AR, p. 227
sustentação espiritual e – LI, p. 46
FILHOS DO DESESPERO
blasfêmia e acusação dos – OVE, p. 139
manifestações de rebeldia e – OVE, p. 139
permanência no mal e – OVE, p. 142
FILOSOFIA
razão, desencarnação e – OM, p. 9
FIXAÇÃO MENTAL
amnésia causada por – NDM, p. 237-238
cristalização do Espírito e – NDM, p. 233
desencarnação e – AR, p. 58
desencarnação e – LI, p. 161
formas-pensamentos e – AR, p. 67
mágoa e – ETC, p. 111
odor putrefato e – AR, p. 66
parada do tempo e – NDM, p. 233
pensamento e – AR, p. 57
perturbações congeniais da mente e – NDM, p. 238
recém-desencarnados e – AR, p. 56
simbiose espiritual e – ML, p. 58
sonho e – AR, p. 113
FLÁCUS, MINISTRO
Ministério da Regeneração e – NL, p. 161
palestra de – LI, p. 13

FLAGELAÇÃO
compreensível pela causa e efeito e – AR, p.6
vastação purificadora e – AR, p. 62
FLOR(ES)
matéria, energia e – OM, p. 230
materialização e transporte de – NDM, p.269
modelação de – NDM, p. 271
FLORESTA
atmosfera e – OM, p. 254
FLUIDO CÓSMICO
arquitetos maiores e – EDM, p. 20
conceito de – EDM, p. 19, 24
elemento primordial e – EDM, p. 19
engenharia celeste e – EDM, p. 20
Espírito criado e – EDM, p. 19
hálito espiritual e – EDM, p. 19
inteligência divina e – EDM, p. 19
nossa galáxia e – EDM, p. 20
respiração e – MM, p. 154
FLUIDO ELEMENTAR
Deus e – MM, p. 41
formas do – MM, p. 41
FLUIDO MAGNÉTICO
atuação do – EDM, p. 228
conceito de – EDM, p. 227
Mesmer e – LI, p. 154
FLUIDO UNIVERSAL
reinos da natureza e – LI, p. 154
FLUIDO VITAL
extinção do * e decomposição física – OVE, p. 250
ilusões e esgotamento do – AR, p. 264
suplementação de * a recém-desencarnado – OVE, p. 249
FLUIDO(S)
ação dos – MM, p. 12
alma e * carnais – NL, p. 89
animalização dos – AR, p. 2633
combinação de – ML, p. 12
crentes negativos e * venenosos – NL, p. 165
definição de – EDM, p. 105
desencarnados, encarnados e doação de – ML, p. 77
moral e – ETC, p. 144
natureza e – NL, p. 308

obsessão e – LI, p. 120
tipos de – EDM, p. 105
transferência de – ML, p. 78
FLUIDOS DELETÉRIOS
   luz espiritual fustiga os – NDM, p. 70
FLUIDOS ENFERMIÇOS
   apego instintivo aos – NDM, p. 132
FLUIDOS TELEDINÂMICOS
   comunicação por meio de – NDM, p. 115
FLUIDOTERAPIA
   recursos da natureza e – AR, p. 193
   sangue e – MM, p. 154
FOBIA
   obsessão e – NDM, p. 52
FOGO PURIFICADOR
   paisagem desoladora e – OVE, p. 178
FORÇA ANÍMICA
   desarticulação de – MM, p. 119
   efeitos físicos e – MM, p. 119
FORÇA ELETROMOTRIZ
   força magnetomotriz e – MM, p. 72
   magnetismo residual e – MM, p. 71, 72
FORÇA MENTAL
   volitação e – NMM, p. 231
FORÇAS
   atração de – MM, p. 49
   Coulomb e – MM, p. 49
   equilíbrio de – MM, p. 49
FORÇAS ATÔMICAS
   mente e – EDM, p. 21
FORÇAS IRRESISTÍVEIS
   joguete de – NL, p. 15
FORÇAS PERVERSAS
   assédio incessante de – NL, p. 19
FORMAÇÃO
   do corpo físico do reencarnante célula a
   célula – ML, p. 264
FORMAS DO PLANO ESPIRITUAL
   Marita e – SD, p. 262
FORMAS-PENSAMENTO
   amante projeta sua – NDM, p. 183
   associação de – MM, p. 126
   campo íntimo e – MM, p. 84
   desarmonia da mente e – AR, p. 54

dominação telepática e – NDM, p. 183
fixação mental e – AR, p. 67
hipnotismo e – MM, p. 96, 99
irradiação de – MM, p. 84
literatura feiticista e – AR, p. 54
mecanismos de criação de – AR, p. 120-121
miragens técnicas e – AR, p. 121
persistência e – MM, p. 45
pessoa se denuncia pela – NDM, p. 151
princípios mentais e – MM, p. 45
psicometria e – MM, p. 141
reações em cadeia de – MM, p. 126
revelação de – AR, p. 205
violência e – MM, p. 126
FORTALECIMENTO
   embrião e necessário – ML, p. 360
FOTONS
   energia dos – MM, p. 36
   luz e – MM, p. 37
   ondas e – MM, p. 37
FRACASSO
   motivos que levam médiuns – NDM, p.155
FRANCISCO, ENFERMO
   água magnetizada e – NL, p. 174
   Câmaras de Retificação e – NL, p. 174
   passe e – NL, p. 174
   samaritanos e – NL, p. 175
   sensação de vermes e – NL, p. 174, 175
   tormento do próprio cadáver e – NL, p.175
   Umbral e – NL, p. 175
   visão do cadáver e – NL, p. 176
FRANCISCO, IRMÃO
   explicações de * sobre caravanas em mis-
   -sões na Crosta – ML, p. 81
   informações de * sobre tarefas de amparo
   fraternal – ML, p. 83
FRANKLIN, BENJAMIN
   eletricidade atômica e – MM, p. 28
FRATERNIDADE
   André Luiz e – NL, p. 17
   antipatia, perturbação e – NDM, p. 187
   caridade divina e – NL, p. 241
   conceito de * legítima e – ML, p. 340
   fluxo energético e – ETC, p. 174
   insultos e – EVC, p. 206

laços de consanguinidade e – NL, p. 239
lei da – NL, p. 239
paternidade, maternidade e – NL, p. 181
princípios de – NL, p. 139
trabalho e – OM, p. 20
vida superior e – OVE, p. 198
vingança e – LI, p. 268
FRATERNIDADE DA LUZ
    cristãos da América e – NL, p. 194
    Veneranda, ministra, e – NL, p. 194
FRATRICÍDIO
    ambição e – AR, p. 44
FREUD, SIGMUND
    complexo de Édipo e – AR, p. 217
    contribuição de – OM, p. 238
    impulso sexual e – NMM, p. 170
    instinto sexual e – AR, p. 218
    pontos ignorados nas teorias de – OVE, p.35
    psicanálise e – NMM, p. 169
    verdade e – ETC, p. 91
FRIVOLIDADES
    mediunidade a serviço de – NDM, p. 252
FRONTEIRAS VIBRATÓRIAS
    despreparo moral e rompimento de – ML, p. 118
    estabelecimento de – ML, p. 117
FUGA
    instinto primário e – NMM, p. 63
FUNIL DE LUZ
    Dona Ambrosina usa um – NDM, p. 146
    equipamento espiritual em forma de – NDM, p. 146
GAMA, INSTRUTOR
    materialização e – LI, p. 41
GARCEZ, ESPÍRITO
    técnico de materialização – NDM, p. 266
GASPAR MARTIM
    obsessor do próprio filho – AR, p. 238
GAUTAMA, SIDARTA
    amor universal e – NMM, p. 25
GENES
    gestação frustrada e – EDM, p. 219
    hereditariedade e – EDM, p. 58
GENÉSIO, MINISTRO
    ensinamentos de – NL, p. 157

Ministério da Regeneração e – NL, p.149, 155
GENÉTICA
    incompatibilidade – MM, p. 115
GÊNIOS INFERNAIS
    tempo de comando e – AR, p. 18
GERAÇÃO
    processo de – ML, p. 21
GERADOR
    autoexcitação e – MM, p. 71
    força eletromotriz e – MM, p. 71
    shunt e – MM, p. 71
GILBERTO
    Cláudio e – SD, p. 152, 320
    filho de Beatriz – SD, p. 81
    Marina e – SD, p. 277, 328, 334, 321, 346
    Marita e – SD, p. 155, 173
    suicídio e – SD, p. 318
GLÂNDULA PINEAL
    características da – EDM, p. 69
    instrutor Alexandre e *estudo da – ML, p.20
GLOBO CRISTALINO
    energias mentais e – NL, p. 292
    Ricardo e – NL, p. 292
GOTUZO
    acompanhamento de * na próxima
ENCARNAÇÃO – OVE, P. 170
    entendimento entre Marília e – OVE, p.169
    Marília e conciliação com – OVE, p. 166
    reencontro com adversário e – OVE, p. 165
    relacionamento com futuro pai e – OVE, p.165
    vida após a morte do corpo físico e – OVE, p. 73
GOVERNADOR ESPIRITUAL
    André Luiz e – NL, p. 256
    apelo do – NL, p. 254
    assistência de mentores e – NL, p. 57
    colaboradores do – NL, p. 52
    culto evangélico e – NL, p. 255
    Evangelho de Jesus e – NL, p. 257
    Jesus e – NL, p. 194
    oração com o – NL, p. 26
    palavras do – NL, p. 258
    perfil do – NL, p. 53, 257
    processo nas palestras e – NL, p. 223

salão de palestras do – NL, p. 193
Templo da Governadoria, oração e – NL, p.68
GOVERNADORIA
assuntos administrativos e – NL, p. 67
características da – NL, p. 53
convergência dos Ministérios e – NL, p. 53
funcionários da – NL, p. 53
instrutores e – NL, p. 56
GRANDE PARQUE
caminhos para o Umbral e – NL, p. 191
Ministra Veneranda e – NL, p. 191
salões verdes e – NL, p. 191
sucos alimentícios e – NL, p. 191
GRANDES TREVAS
expedições de pesquisa e – AR, p. 33
GRÃO DE MOSTARDA
simbolismo do – OM, p. 220
GRATIDÃO
ligações anteriores e – OVE, p. 95
manifestações de entusiasmo e – ML, p. 51
GRAVIDEZ
assistência espiritual e – ETC, p. 209
aversão ao marido e – ETC, p. 210
consequências da * indesejada – NMM, p.151
desequilíbrio e falsos prazeres na – ML, p.270
dificuldades na – ETC, p. 208
enfermidades na – ETC, p. 209
enjoos na – ETC, p. 212
hipnotismo e – ETC, p. 210
impedimentos à – NDM, p. 89
indisposições da – ML, p. 255
justaposição mental e – ETC, p. 209
mediunidade e – ETC, p. 210
menosprezo pela – OVE, p. 259
organismo materno e – ETC, p. 212
planificação superior e – NDM, p. 88
psiquismo e – ETC, p. 210
reencarnante e – EVC, p. 246; ETC, p.208, 209
sensações na – ETC, p. 209
sensibilidade e – ETC, p. 210
sinais de nascença e – ETC, p. 209
sonho e – EVC, p. 252
subalimentação e – ML, p. 358
GRAY, DORIAN
retrato de – LI, p. 142

GREGÓRIO, OBSESSOR
ataque de – LI, p. 272
falange de – LI, p. 271
Gúbio e – LI, p. 67
libertação de – LI, p. 47
Matilde e – LI, p. 49, 278
obsessão e – LI, p. 48
palácio e – LI, p. 69
trevas e – LI, p. 48
GROSSERIA
incompreensão e – LI, p. 268
sofrimento e – LI, p. 268
GRUPO FAMILIAR
peças diferentes e – SD, p. 85
GRUPO MEDIÚNICO
trabalho dos Espíritos do bem e dos
COMPONENTES DO – ML, P. 319
GÚBIO
atendimento fraterno e – LI, p. 230
confiança em Deus e – LI, p. 113
confissão de – LI, p. 189
Gregório e – LI, p. 67
oração de – LI, p. 163, 241
perispírito de – LI, p. 119
Sidônio e – LI, p. 212
GUERRA
ação do mundo espiritual na Segunda Grande – OM, p. 116
desequilíbrio dos desencarnados na – OM, p. 117
oração e – OM, p. 119
planetas vizinhos e Segunda Grande – OM, p. 118
preço pela – NL, p. 250
responsabilidade pela – OM, p. 118
tempestades magnéticas e – OM, p. 115
GUERRA EUROPEIA
Grandes Fraternidades do Oriente e – NL, p. 249
Nosso Lar e – NL, p. 249
Portugal e – NL, p. 253
GUIA ESPIRITUAL
atuação e – EVC, p. 202
planejamento de vidas e – EVC, p. 202
GULA
obsessão e – ML, p. 33

GUSTAVO
Antonina e – NMM, p. 188
HÁBITO
autossugestão e – MM, p. 92
indesejável – MM, p. 117
reflexo condicionado e – MM, p. 125
HÁLITO MENTAL
alma e seu – NDM, p. 14
HALO MAGNÉTICO
aura e – MM, p. 110
HALO PSÍQUICO
ações delituosas e – MM, p. 117
violência e – MM, p. 117
HARMONIA
canto, música e necessidade de – ML, p.127
eletromecânica e – MM, p. 49
mal e restabelecimento da – AR, p. 139
renovação mental e – NDM, p. 118
universal e individual – OM, p. 203
HARMONIZAÇÃO
serviço de – ML, p. 285
HENRIQUE, MÉDIUM PASSISTA
obedece o comando de Conrado – NDM, p. 164
prece de preparação íntima – NDM, p. 163
HEPATITE
irritação doméstica e – NDM, p. 169
HERANÇA
automatismo e – EDM, p. 41
casos de – NL, p. 183
desencarnação e – AR, p. 67
infanticídio e – LI, p. 194
lar e – NL, p. 135
problema da – NL, p. 135
reencarnação e – AR, p. 29
HERÃO DE ALEXANDRIA
emanações luminosas e – MM, p. 27
HERCULANO, ESPÍRITO
dificuldades para localização de pretendente à reencarnação e solicitação de – ML, p. 168
HEREDITARIEDADE
alcoolismo e – ETC, p. 86
mente e – EDM, p. 62
natureza espiritual e – ETC, p. 86
necessidades do Espírito e – ETC, p. 204

plano físico, extrafísico e – EDM, p. 61
reencarnação e – ETC, p. 204
seres em evolução e a lei de * fisiológica – ML, p. 174
tendência e a lei de – ML, p. 237
HERSTZ, HENRIQUE
ondulações elétricas e – AR, p. 56
HERTZ
ondas e – MM, p. 24
HIGIENE ESPIRITUAL
trabalho de – NL, p. 143
HILÁRIO
atuação na Mansão Paz e – AR, p. 284
impedido de ajudar acidentados – AR, p.263
insatisfação de – AR, p. 113
preocupação em ajudar e – AR, p. 65
razões de não poder ajudar – AR, p. 265
HILÁRIO, ESPÍRITO
bem e o mal e – NDM, p. 21
dominação do mal após a morte e – NDM, p. 39
integra-se à equipe de serviço – NDM, p.19
morte prematura e – ETC, p. 72
palavras do comunicante – NDM, p. 57-58
HILDA
desencarne de – NL, p. 232
primeira esposa de Tobias – NL, p. 229
Tobias e casamento com – NL, p. 232
Umbral e – NL, p. 232
HINO
equilíbrio vibracional e – NDM, p. 261
louvor, súplicas ao Senhor e – OVE, p. 13
HIPNOSE
delírio psíquico, obsessão e – AR, p. 117
recordação torturante e – AR, p. 42
regressão de memória e – AR, p. 31
HIPNOTERAPIA
efeito da – MM, p. 103
enfermo e – MM, p. 103, 104
HIPNOTISMO
afinidade moral e – MM, p. 100
alucinação e – MM, p. 96; LI, p. 122, 131
animismo e – MM, p. 161
campo magnético e – MM, p. 102

catalepsia e – MM, p. 96
células e – MM, p. 155
centros sensoriais e – MM, p. 98
conceito de – MM, p. 95
confissão e – LI, p. 75
conhecimento e – MM, p. 98
cura pelo – MM, p. 104
desprendimento e – MM, p. 98
distância e – MM, p. 95
doença e – MM, p. 101
duração do – MM, p. 95
efeito do – MM, p. 95
epífise e – MM, p. 102
formas-pensamentos e – MM, p. 96, 99
hipnotizador e – MM, p. 103
ideias comuns e – MM, p. 96
ideia-tipo e – MM, p. 98
imaginação e – MM, p. 99
lar e – MM, p. 113
letargia e – MM, p. 96
licantropia e – LI, p. 76
Liébeault e – MM, p. 102
mecanismos do – MM, p. 97
método de – MM, p. 102, 103
notícias e – MM, p. 145
passividade e – MM, p. 96, 97, 98, 105, 146
perispírito e – LI, p. 76
personalidade – MM, p. 98
poder curativo do – MM, p. 104
prostração e – LI, p. 131
psicometria e – MM, p. 139
relações humanas e – MM, p. 113
representação e – MM, p. 99
serpente e – NDM, p. 166
sintonia e – MM, p. 95
sonambulismo e – MM, p. 96
sugestão e – MM, p. 99, 100
teatro e – MM, p. 95
técnica de – MM, p. 102
telementação e – MM, p. 99
uso do – MM, p. 101, nota

HIPNOTIZADOR
    submissão ao – MM, p. 105

HIPOCRISIA
    paternidade e vítimas da – OVE, p. 113

HIPÓLITO, PADRE
    anúncio de auxílio e – OVE, p. 101
    características da matéria e – OVE, p. 174
    comentários de – OVE, p. 115
    defesa de desencarnado no cemitério e – OVE, p. 254
    parábola do rico e Lázaro e comentários de – OVE, p. 132

HISTERIA
    aversão pelo marido e – NDM, p. 89
    obsessão e – NDM, p. 225
    passado delituoso e – NDM, p. 227
    renovação mental e – NDM, p. 232

HISTOGÊNESE ESPIRITUAL
    animais e – EDM, p. 95
    características da – EDM, p. 90
    perispírito e – EDM, p. 92
    princípio inteligente e – EDM, p. 96

HISTÓRIA
    psicometria e reconstrução da – NDM, p.244

HOMEM
    alimentação antinatural e – ML, p. 46
    árvore e – LI, p. 85, 92
    capacidade sensorial e – ML, p. 86
    co-criador divino – NDM, p. 13
    compreensão do * do futuro – ML, p. 240
    conceito de – ML, p. 9
    conhecimento da vida eterna e – OM, p. 38
    correção do * mau – LI, p. 23
    desdita da mulher e – AR, p. 223
    entendimento da Ciência e criação do – OVE, p. 74
    Espírito protetor e * mau – LI, p. 24
    força eletromagnética e o – NDM, p. 25
    luta humana e * terrestre – NL, p. 8
    melhoria do homem pelo próprio – AR, p.148
    mundo espiritual e progresso do – OM, p.41
    nitrogênio e – OM, p. 263
    nuvem de testemunhas e – OM, p. 311
    planta e – AR, p. 96, 99
    preparação para a evolução da Terra e – OM, p. 39
    reino animal e – OM, p. 264
    resgate legítimo e – ML, p. 212
    tríplice aspecto do – EVC, p. 18

HOMENAGEM
    amigos do plano espiritual e * na despedida de Segismundo – ML, p. 242
HOMICÍDIO
    adultério e – ML, p. 168
HOMOGENEIDADE
    materialização e – ML, p. 118
HOMOSSEXUAL
    Neves e – SD, p. 301
HOMOSSEXUALIDADE
    experiência reencarnatória e – AR, p. 226
    lei da causa e efeito e – AR, p. 226
    reencarnação e – AR, p. 226
HORMÔNIOS
    glândulas sexuais e – EDM, p. 159
    mente e – EDM, p. 159
    perispírito e – EDM, p. 159
    sexo e segregação de – ML, p. 21
HOSPEDEIRO
    transformação do – EDM, p. 128
HOSPÍCIO
    desencarnados e – NMM, p. 218
    excursão ao – NMM, p. 218
HOSPITAL
    defesa espiritual de – OVE, p. 200
    segurança espiritual e – EVC, p. 210
    vigilância espiritual e – AR, p. 142
    volante, de emergência, próximo à Crosta – ML, p. 151
HÓSTIA
    luminescência e – LI, p. 129
    sacerdote e – LI, p. 128
HUMANIDADE
    angelitude e – EVC, p. 127
    animalidade e – EVC, p. 127
    bem, mal e participação da – ML, p. 131
    composição da – ML, p. 104
    constituição da – NL, p. 16
    crise orgânica e * carnal – NL, p. 147
    densidade vibratória da – OM, p. 206
    Deus e – EVC, p. 66
    Espírito superior e – LI, p. 40
    imediatismo e – LI, p. 15
    inferioridade e fracassos da – OM, p. 119
    intercâmbio mediúnico e – NDM, p. 142
    pedido de perdão e – ML, p. 211
    processo de redenção da – OM, p. 41

    terrestre – NDM, p. 14
    terrestre e angelitude – NDM, p. 281
    tolerância e – LI, p. 114
    universal – NDM, p. 14
    vitória da – NMM, p. 59
HUMILDADE
    coragem e – ETC, p. 257
    crítica e – EVC, p. 206
    ganhos com a – AR, p. 278
    luz espiritual e – OM, p. 101
    renovação e – LI, p. 258
    serviço e – OM, p. 274
    sofrimento e – AR, p. 187
HUYGHENS
    teoria ondulatória e – MM, p. 28
ÍBIS VIAJORES
    função das – NL, p. 201
    Samaritanos e – NL, p. 201
    Umbral e – NL, p. 201
ICONOSCÓPIO
    cinescópio e – MM, p. 85
    funcionamento do – MM, p. 84
ICTERÍCIA
    acesso colérico e – NDM, p. 169
IDEAL
    consequências de oposição a – ML, p. 307
IDEIA FIXA
    estagnação do progresso e – NDM, p. 234
    negligência e – LI, p. 96
IDEIAS
    circunstâncias e – EVC, p. 28
    conjugação de – MM, p. 45
    incorporação de – MM, p. 125
    intercâmbio de – MM, p. 45
    projeção de – MM, p. 110
IDEIAS-FRAGMENTOS
    evolução e – EDM, p. 239
IDENTIDADE
    Espírito desesperado e – NDM, p. 57
    instituição de benemerência e * de tutelado – OVE, p. 95
IDENTIFICAÇÃO
    lei de domínio emotivo e modo de – ML, p.259
    oferecimento pelo comunicante de possíveis elementos da própria – ML, p. 295
IDEOPLASTIA
    bem, mal e – MM, p. 137

duração da – MM, p. 133
efeitos intelectuais e – MM, p. 137
intercâmbio mediúnico e – MM, p. 133
magia e – MM, p. 137
mecanismos da – MM, p. 134
médium e – MM, p. 133
IDOLATRIA
combate à – ML, p. 371
erro da – ML, p. 369
Félix e – SD, p. 315
morte e – OVE, p. 318
vítimas voluntárias da – ML, p. 372
IGNORÂNCIA
ausência de estudo e estagnação na – NDM, p. 122
conhecimento alheio e – ML, p. 20
grau de – ML, p. 42
mediunidade e – NDM, p. 254
IGREJA CATÓLICA
formação de crianças espirituais e – OVE, p. 313
valor dos sacramentos da – OVE, p. 313
IGREJA(S)
altares e – LI, p. 124, 125
aura dos crentes e – LI, p. 125
canonização e – ETC, p. 79
composição da comunidade de aspecto criminoso no recinto da – ML, p. 308
Cristianismo e – ETC, p. 81
culto a Jesus e – EVC, p. 97
desencarnados e – LI, p. 124
ensino comum da – OVE, p. 104
Espíritos bons e – LI, p. 125
espiritualidade e – ETC, p. 79
Jesus e – LI, p. 275
missa e – ETC, p. 77
mundo espiritual e – EVC, p. 76
patrocínio e – ETC, p. 79
personalidades religiosas e – NL, p. 264
sacerdócio e – NL, p. 264
vibrações mentais e – LI, p. 124
ILDEU
caráter de – AR, p. 201
história de – AR, p. 210-2123
Marcela e – 2013
ÍMÃ
domínios e – MM, p. 67

formação do – MM, p. 67
magnetismo e – MM, p. 65
microscópico – MM, p. 67
pólos da Terra e – MM, p. 66
propriedades do – MM, p. 66
IMAGEM
oração e criação mental de – AR, p. 171
IMAGINAÇÃO
fixação mental e – AR, p. 2383
IMANIZAÇÃO
intercâmbio mediúnico e – NDM, p. 41
IMANTAÇÃO
processo obsessivo por – NDM, p. 87
IMORTALIDADE
condição espiritual inferior e – NDM, p. 120
IMPRENSA
obsessor atinge sua vítima pela – NDM, p. 140
IMPRESSÕES FÍSICAS
despojamento das – NL, p. 127
IMPULSOS INFERIORES
intercâmbio de – NDM, p. 117-118
IMPULSOS MENTAIS
animais superiores e – MM, p. 78
INATIVOS
Campo de Repouso e – NL, p. 132
INCONSCIÊNCIA
angústia e – ML, p. 333
sucção de energias vitais e estado de – ML, p. 149
INCONSCIENTE
atividade reflexa do – EDM, p. 39
INCORPORAÇÃO
choque anímico e – LI, p. 213
devoção do médium durante a – NDM, p. 71
distanciamento da alma durante a – NDM, p. 54
enxertia neuropsíquica e – NDM, p. 53
fenômeno de – ML, p. 315; OVE, p. 160
lembranças do sofredor na – NDM, p. 202
ligação cérebro a cérebro na – NDM, p. 53
mecanismo operacional da mediunidade de – ML, p. 294
obsessor ligado aos cérebro do médium na – NDM, p. 71
qualidades morais e controle na – NDM, p.71
retomada dos sentidos e – LI, p. 213

633

semelhança com a morte na – NDM, p.202
sofredor sente e alívio durante a – NDM, p.54
sofrimento do Espírito na – NDM, p. 202
sofrimento do médium durante a – NDM, p. 56
INCORPORAÇÃO MEDIANÍMICA
  plenitude da – SD, p. 90
INCREDULIDADE
  revelação de sonho e – ML, p. 163
INDIFERENÇA
  desventura alheia e – ML, p. 209
INDIGNAÇÃO
  ajuda e – LI, p. 196
  razão da – ETC, p. 153
  violência e – ETC, p. 153
INDIVIDUALIDADE
  ondas e – MM, p. 23
  províncias-fulcros e – MM, p. 74
INDIVIDUALISMO
  procura da justiça e – ML, p. 328
INDUÇÃO
  eletrostática e – MM, p. 110
  oração e – MM, p. 172
  razão e – MM, p. 92
  reflexo psíquico e – MM, p. 91
INDUÇÃO MAGNÉTICA
  atividade e – ETC, p. 153
  exemplo e – ETC, p. 153
INDUTÂNCIA
  corrente elétrica e – MM, p. 55
INÉRCIA
  tempo e – NDM, p. 254-255
INFALIBILIDADE
  sublimação absoluta e – NDM, p. 149
INFÂNCIA
  construção da fortaleza moral e – AR, p.1003
  obsessão na – NDM, p. 92, 225, 227; MM, p. 115
INFANTICÍDIO
  herança e – LI, p. 194
INFECÇÃO FLUÍDICA
  conceito de – EDM, p. 131
  monoideísmo e – EDM, p. 131

INFELICIDADE
  esperança e – EVC, p. 28
INFERIOR
  superior e – ML, p. 44
INFERIORIDADE
  aperfeiçoamento e – LI, p. 114
  caridade e – LI, p. 112
  lógica da – LI, p. 62
INFERNO
  conceito de – AR, p. 17, 148; EDM, p. 168
  desespero e – LI, p. 38
  exterior – AR, p. 7
  governo do – LI, p. 30
  ideia de – LI, p. 21
  mente e – LI, p. 14, 97
  quadros mentais e – EVC, p. 91
  religiões e localização do – AR, p. 92
  zonas de tormento e – LI, p. 14
INFERNO INDIVIDUAL
  criação do – NL, p. 184
INFIDELIDADE
  conjugal – ML, p. 225
INFLUÊNCIA
  agentes da – MM, p. 92
  ambiente doméstico e – MM, p. 114
  artistas e – MM, p. 128
  astros e – NDM, p. 14
  aura e – MM, p. 81
  conveniência e – MM, p. 113
  distância e – MM, p. 92
  encarnados exercem mútua – NDM, p. 185
  entre os encarnados – NDM, p. 231
  Espíritos malignos e * nociva no processo reencarnatório – ML, p. 270
  ideias e – MM, p. 91
  lar e – MM, p. 113
  livre-arbítrio e – MM, p. 92
  marido e mulher e – NDM, p. 186
  médium pode selecionar a – NDM, p. 106
  mundos e a * entre si – NDM, p. 46
  mútua entre as pessoas – NDM, p. 46
  obrigatória e constante entre as almas – NDM, p. 232
  oscilações mentais e – MM, p. 86
  padrão moral e – MM, p. 114

palestrantes e – MM, p. 128
pensamentos e – MM, p. 84
reflexão de imagem e – NDM, p. 16
reflexão e – MM, p. 89
INFLUÊNCIA ESPIRITUAL
  adoção e – EVC, p. 190, 252
  decisão e – EVC, p. 238
  percepção e – EVC, p. 188
  reflexões e – EVC, p. 232
  socorro médico e – ETC, p. 207
  vida física e – EVC, p. 202
INFLUENCIAÇÃO
  assistência e conselhos a Cesarina mediante
  * espiritual a encarnado – ML, p. 275
  Espírito elevado e criança sob – ML, p. 199
  espiritual oculta – AR, p. 181
  evolução e – LI, p. 20
  homicidas desencarnados e – AR, p. 205
  neutralização de – ML, p. 125
  percepção e – ML, p. 54
  renovação e – LI, p. 192
  vontade e – LI, p. 32
INGRATIDÃO
  filial e orgulho – AR, p. 50
INIMIGO
  amor e – OVE, p. 49; EVC, p. 159
  passado e o nosso atual – NDM, p. 195
  recusa de aproximação com – ML, p. 168
  utilidade do – LI, p. 256
INJUSTIÇA
  justiça e – LI, p. 23
INSENSATEZ
  abnegação e – OVE, p. 124
INSETO
  metamorfose do – EDM, p. 88
INSPIRAÇÃO
  docilidade e – AR, p. 231
  médicos humanitários e recebimento de –
  OVE, p. 36
  meditação e – LI, p. 146
  sono e – MM, p. 149
INSTINTO
  amor e – NMM, p. 165
  força sexual e – NMM, p. 171
  inteligência e – ETC, p. 145

  mente e – NMM, p. 167
INSTINTO SEXUAL
  afinidade e – EDM, p. 163
  alimento espiritual e – EDM, p. 164
  amor e – EDM, p. 162
  carma e – EDM, p. 165
  enfermidades do – EDM, p. 165
  inteligência artesanal – EDM, p. 111
  mente e – EDM, p. 161
  monogamia e – EDM, p. 163
  origem do – EDM, p. 160, 161
  poligamia e – EDM, p. 163
  sede do – EDM, p. 161
  sofrimento e – EDM, p. 166
  Instituição Espírita-Cristã
  Percília e – SD, p. 134
INSTITUTO ALMAS IRMÃS
  André Luiz conhece minudências do –
  SD, p. 303
  aproveitamento no – SD, p. 295
  candidatos à reencarnação e – SD, p. 293
  centros de cultura superior e – SD, p. 294
  conhecimento, reencarnação e – SD, p. 294
  Félix e – SD, p. 291
  histórico de cada individualidade no –
  SD, p. 295
  internação de Marita no – SD, p. 303
  matérias de especialização no – SD, p. 297
  Percília e – SD, p. 361
  posto avançado da espiritualidade construtiva – SD, p. 295
  reeducação sexual no – SD, p. 292
  reencarnação de Cláudio e – SD, p. 360
  restabelecimento de Beatriz no – SD, p. 291, 304
INSTITUTO DE PROTEÇÃO ESPIRITUAL
  instrutor Ribas e – EVC, p. 79
  psiquiatria e – EVC, p. 79
INSTRUÇÃO
  caridade e – LI, p. 14
INSTRUTOR
  discípulo pronto e – NL, p. 157
INSTRUTORES DE ESFERA ELEVADA
  princípios vitais e – NL, p. 56
INTELIGÊNCIA
  amor e – NMM, p. 231

desvarios da – ETC, p. 67
dominação e – LI, p. 34
instinto e – ETC, p. 145
obsessão e perturbações da – NDM, p. 228
ortodoxia e – LI, p. 37
pensamento e – NDM, p. 15
subumana – LI, p. 63
verdade e – ETC, p. 246
INTENÇÃO
  assassínio e – EVC, p. 174
  Justiça divina e – EVC, p. 190
INTERCÂMBIO
  altas formas de vida e – NDM, p. 120
  condições para estabelecimento de – ML, p.13
  estudiosos orgulhosos e – NDM, p. 277-278
  Hilário questiona o motivo do – NDM, p.172
  inferioridade moral e – NDM, p. 120
  menor esforço e – NDM, p. 253-254
  ultraje ao – NDM, p. 254
INTERCÂMBIO MEDIÚNICO
  ajuste mental e – MM, p. 160
  encarnados, desencarnados e – MM, p. 160; LI, p. 84
  equilíbrio no – MM, p. 49
  finalidades do – MM, p. 121
  ideoplastia e – MM, p. 133
  oscilações mentais e – MM, p. 121
  pensamento e – MM, p. 48, 61
  reflexo condicionado e – MM, p. 171
  símbolos e – MM, p. 171
  sintonia e – LI, p. 88
  sublimação e – LI, p. 154
  vacilações, dúvidas e – MM, p. 128
INTERCESSÃO
  bônus-hora e – NL, p. 135
  conjunto de circunstâncias nos serviços de – ML, p. 150
  desespero e pedido de – ML, p. 135
  esforço próprio e * espiritual – OVE, p. 216
  extensão e complexidade nos serviços de – ML, p. 157
  Iolanda, irmã de Lísias, e – NL, p. 104
  mãe de André Luiz e – NL, p. 47, 156
  oração, merecimento e – NMM, p. 91
  processamento de reencarnação e – ML, p.174
  sofrimento de mãe desencarnada por filho obsidiado e – ML, p. 304

tempo de trabalho e – NL, p. 135
INTERCESSÃO ESPIRITUAL
  beneficência e – AR, p. 233
  internação na Mansão Paz e – AR, p. 87
  saúde e – AR, p. 232
INTERDEPENDÊNCIA
  fenômenos da vida e – NDM, p. 281
INTERESSE
  aquisições do bem e – ML, p. 349
INTOLERÂNCIA
  encarnados, desencarnados e – LI, p. 87
INTUIÇÃO
  gradação da intuição – NDM, p. 109
  mediunidade e – NMM, p. 130
INVASÃO MICROBIANA
  carma e – EDM, p. 247
  imunologia e – EDM, p. 248
  mente e – EDM, p. 246
  origem da – EDM, p. 245
INVIGILÂNCIA
  resíduos mentais e – OM, p. 115
INVOCAÇÃO
  conceito de – ETC, p. 11
  consequências da – ETC, p. 11
  lembrança e – ETC, p. 96
  oração e – ETC, p. 11
  sono e – ETC, p. 100, 110
INVOCAÇÃO MENTAL
  obsessão e – EVC, p. 177
IRACEMA, ESPÍRITO
  revolta de – LI, p. 172
IRIA VELETRI
  filha de Jovelina – SD, p. 315
IRMÃO
  título de – NL, p. 181
IRRADIAÇÃO
  átomo e – MM, p. 22
IRRADIAÇÕES LUMINOSAS
  tutores espirituais e – EDM, p. 22
IRRITAÇÃO
  lembranças e – ETC, p. 40
ISAURA, ESPÍRITO
  autopiedade e – LI, p. 220
ISMÁLIA
  canto de – OM, p. 199
  oração de – OM, p. 151
  perdão e – OM, p. 113

união de Alfredo e – OM, p. 111
ISMÊNIA
   Cipriana e – NMM, p. 249
   Cláudio e – NMM, p. 241, 246, 250
   reencarnação e – NMM, p. 247
ISOLAMENTO
   ambiente e – ML, p. 117
JACOB
   escada de – ETC, p. 10
JARDIM
   emprego de plantas e flores de * no plano espiritual – ML, p. 267
JERÔNIMO, ASSISTENTE
   Adelaide e esclarecimentos do – OVE, p.325
   adiamento de desencarnação e – OVE, p.286
   advertência do – OVE, p. 316
   André Luiz e – OVE, p. 141
   clarividência e explicações do – OVE, p. 61
   desapego construtivo e explicações do – OVE, p. 267
   desencarnação e providências do – OVE, p.302
   histórico da Casa Transitória de Fabiano e – OVE, p. 57
   médicos do futuro e – OVE, p. 311
   morte e elucidação do – OVE, p. 189
   prece intercessória e – OVE, p. 291
JESUS
   amor aos inimigos e – NMM, p. 63
   amor e – EVC, p. 131
   amor, fé e – NMM, p. 213
   aprendizado humano e – OVE, p. 162
   auxílio sem isenção de responsabilidade e – NDM, p. 173
   cântico de louvor e – LI, p. 267
   compaixão e – NMM, p. 208
   consciência elevada e – NMM, p. 132
   convívio com – NMM, p. 213
   cooperação humana e – LI, p. 200
   corpo humano e a classificação por – ML, p. 186
   culto a – EVC, p. 97
   curas e – MM, p. 181
   defesa e – LI, p. 269
   Deus e – EVC, p. 107
   divórcio e – AR, p. 209

doutores de Israel e – MM, p. 179
efeitos físicos e – MM, p. 179
efeitos intelectuais e – MM, p. 181
escravidão e – ML, p. 331
esquecimento dos ensinamentos de – NMM, p. 26
Eterno Bem e – AR, p. 95
exemplificação de – OM, p. 74; LI, p. 16
faculdades anímicas e – MM, p. 181
Governador espiritual e – NL, p. 194
Governo oculto da Planeta – NDM, p. 175
Igrejas e – LI, p. 275
Lei de causa e efeito – EDM, p. 102
lembranças de – NL, p. 278
magnitude moral de – MM, p. 178
mediunidade e – NDM, p. 276; MM, p. 177; LI, p. 150; NMN, p. 131
médiuns preparadores e – MM, p. 178
organização harmoniosa do feto e – ML, p.263
participação na tarefa de – OVE, p. 204
perdão e – ETC, p. 40, 220
pérolas aos porcos e – LI, p. 111
precauções e estabelecimento de fronteiras vibratórias e – ML, p. 117
Redentor da Alma Humana – NDM, p. 175
religião e – EDM, P. 184; NMM, p. 211
revolta contra – LI, p. 272
sacrifício de – LI, p. 25
sacrifício e exemplo de – OM, p. 43
sofrimento e visitação de – OVE, p. 17
tolerância e – LI, p. 44
trabalho com – OVE, p. 22
utilizou da mediunidade – NDM, p. 175
Veneranda, ministra, e – NL, p. 194
JOEL
   narrativa de – OM, p. 67
JOGUETE
   André Luiz, * de forças irresistíveis – NL, p.15
JOIA
   eutanásia e – SD, p. 73, 177
JOLIOT-CURIE, CASAL
   radioatividade e – MM, p. 32
JORGE
   filho de Pedro Neves – SD, p. 17, 18
   história de – LI, p. 186

637

historia de Marina e – AR, p. 183-185
JORNALISMO
influência obsessiva no – NDM, p. 140
JORNALISTA
obsessor influi o – NDM, p. 139-140
JOSINO, ASSISTENTE
expressões de * em respeito ao corpo físico – ML, p. 175
JOVELINA
Félix e – SD, p. 315
JOVEM
efeitos físicos e – MM, p. 119
JOVINO, ESPÍRITO
família de – NDM, p. 181-182
marido de Anésia – NDM, p. 179
JUIZ
amor, justiça e – LI, p. 182
assistência espiritual e – LI, p. 183
destino humano e – LI, p. 182
missão elevada e – LI, p. 182
sentimento e – LI, p. 182
JULGAMENTO
abstenção de – AR, p. 253
irreflexão e – OVE, p. 206
JULIETA
distúrbio psicofísico de – NMM, p. 89
orientações de Cândida a – NMM, p. 84
Paulino e – NMM, p. 87
problemas de consciência de – NMM, p. 88
JÚLIO, ESPÍRITO
Amaro e – ETC, p. 130
Blandina e – ETC, p. 62
morte de – ETC, p. 15, 62, 230
Odila e – ETC, p. 181
passado de – ETC, p. 65
provação de – ETC, p. 28
sofrimento de – ETC, p. 215
suicídio de – ETC, p. 121, 126
JÚPITER E SATURNO
progresso das comunidades espirituais de – OVE, p. 54
JUSTA, D.
desencarnação de Marita e – SD, p. 275
Marina e – SD, p. 320

JUSTIÇA
amor e – LI, p. 109
auxílio com – NL, p. 140
compaixão e – OVE, p. 152
delitos e – LI, p. 110
Espíritos maus e – LI, p. 109
injustiça aparente e – LI, p. 23
JUSTIÇA DIVINA
amor e – ML, p. 212
aplicação da – OVE, p. 118; ML, p. 319
aproveitamento de valores na – OVE, p.190
consciência e – AR, p. 275; OVE, p. 101
criança desencarnada e – ETC, p. 67
desencarnado e – NMM, p. 8
Domenico e revolta contra a – OVE, p. 101
egípcios, hindus e – AR, p. 10
foro íntimo e – EVC, p. 91
indiferença e – LI, p. 29
intenção e – EVC, p. 190
justiça humana e – LI, p. 41
lei de causa e efeito e – LI, p. 198
mecanismos da – ML, p. 193, 206
meios de escapar da – AR, p. 98
mérito e – ML, p. 193
misericórdia e – ML, p. 192
morte prematura e – ETC, p. 42, 161
possibilidade de engano dos homens e – ML, p. 152
respeito e – LI, p. 116
sofrimento e – ETC, p. 65
JUSTINO
sentinela das Câmaras de Retificação e – NL, p. 185
JUSTINO, ESPÍRITO
diretor do hospital de emergência – NDM, p. 130
JUVENTUDE
casamento e – ETC, p. 235
construção da fortaleza moral e – AR, p.1003
paternidade e – ETC, p. 235
reconciliação e – ETC, p. 235
KRISHABER
doença de – NMM, p. 176
KRISHNA
imortalidade e – NMM, p. 25

Índice Geral

LAÇO FLUÍDICO *VER TAMBÉM* CORDÃO
VAPOROSO
    desprendimento e liberação do – OVE, p.260
    perispírito e – NDM, p. 97
LAÇO MAGNÉTICO
    fluidos teledinâmicos e – NDM, p. 211
LAÇO PRATEADO
    corpo, perispírito e – NDM, p. 207
    reequilíbrio da alma e – NDM, p. 207
    saída do corpo e – 205
LAÇOS DE AMOR
    segundo casamento e – NDM, p. 127
LAÇOS FÍSICOS
    desprendimento dos – NL, p. 16
LAERTE, PAI DE ANDRÉ LUIZ
    adesão mental de – NL, p. 97
    compreensão da alma e – NL, p. 96
    lágrimas de arrependimento e – NL, p. 97
    mãe de André Luiz e – NL, p. 96, 281
    preceitos religiosos e – NL, p. 97
    reencarnação de – NL, p. 282
    Umbral e – NL, p. 96
    visão espiritual e – NL, p. 96
LÁGRIMAS
    Laerte e * de arrependimento – NL, p. 97
    oração e – NL, p. 47
    remédio depurador e – NL, p. 39
    sentimentos humanos e – NL, p. 92
LAMENTAÇÃO
    André Luiz e – NL, p. 41
    conselho para renúncia à – NL, p. 91
    enfermidade mental e – NL, p. 42
    zonas estéreis da – NL, p. 43
LANÇA-CHOQUES
    defesa contra o mal e – OVE, p. 89
LAR
    adversários do passado e o, – NDM, p. 186
    almas em regeneração e – NDM, p. 194
    conceito de – AR, p. 221
    manifestação da mediunidade e o –
      NDM, p. 285
    paraíso pode ser o – NDM, p. 127
LAR DA BÊNÇÃO
    condição do – ETC, p. 75
    crianças desencarnadas no – ETC, p. 61
    direção do – ETC, p. 75
    escola de mães – ETC, p. 182
    visita das mães no – ETC, p. 61
    Zulmira no – ETC, p. 268
LAR DE MARGARIDA
    atendimento fraterno e – LI, p. 229
    proteção espiritual e – LI, p. 227
    sinais luminosos e – LI, p. 229
LAR
    ver também ORGANIZAÇÃO DOMÉSTICA
    ansiedade de rever o * terreno – NL, p. 89
    bônus-hora e – NL, p. 125
    conceito de – OVE, p. 164; ML, p. 67; NL, p. 120
    cônjuges no * terreno – NL, p. 119
    desequilíbrio de desencarnado e saudades
      do – OVE, p. 265
    equilibrado – OM, p. 229
    equilíbrio religioso no – ML, p. 138
    herança e – NL, p. 135
    paternidade, maternidade e * terreno –
      NL, p. 181
    serviços de extensão do – NL, p. 122
    simbologia de – NL, p. 120
LARVAS MENTAIS
    mente enferma e – OM, p. 249
LASCÍNIA
    Lísias e – NL, p. 110, 274
LAUDEMIRA
    sacerdócio materno e – AR, p. 150
LAURA
    cuida do pai durante o sono – NDM, p. 231
LAURA, MÃE DE LÍSIAS
    bônus-hora e – NL, p. 135
    caso Tobias e – NL, p. 237
    compreensão do débito – NL, p. 128
    Couceiro, assistente, e – NL, p. 117
    Departamento de Contas e – NL, p. 285
    egoísmo e – NL, p. 287
    existência laboriosa e – NL, p. 126
    impressões físicas e – NL, p. 127
    lei da hereditariedade e – NL, p. 288
    leitura das memórias e – NL, p. 128
    Longobardo, assistente, e – NL, p. 127
    novo encontro na Terra e – NL, p. 128
    operações psíquicas e – NL, p. 128

oração e – NL, p. 104
receio do esquecimento e – NL, p. 287
reencarnação de – NL, p. 128, 152, 286
reunião dos filhos e – NL, p. 126
Ricardo, esposo, e – NL, p. 125
socorro espiritual e – NL, p. 286
sugestões de – NL, p. 150
teorias do sexo e – NL, p. 109
Teresa, filha, e – NL, p. 117
trabalhos de enfermagem e – NL, p. 123
visão interior e – NL, p. 127

LAWRENCE
cíclotron e – MM, p. 32

LÁZARO
parábola do homem rico e – OVE, p. 131

LÁZARO, O RESSUSCITADO
desafio da morte e – NDM, p. 173

LEI
obediência à – ML, p. 26

LEI DE CAUSA E EFEITO
aplicação da – OVE, p. 270
divida e – ML, p. 345
enfermidade do coração e – ML, p. 212
reencarnação e – ML, p. 191

LEI DIVINA
cativeiro, escravidão e – ML, p. 106
conformação perante a – OVE, p. 136
desordenados desejos da criatura humana e – ML, p. 104
dificuldade de compreensão das – AR, p. 96
irrevogável e continuidade da vida – ML, p.8
isonomia na aplicação da – OVE, p. 267
leis humanas e – EVC, p. 145
livre-arbítrio e ação da – OM, p. 54
preceitos da – AR, p. 254

LEI DO PROGRESSO
sofrimento e – OVE, p. 259

LEI NATURAL
experiência humana e exercício da – ML, p.218

LEIS HUMANAS
leis divinas e – EVC, p. 145

LEITURA
recordações de * mental – OVE, p. 108
reflexo condicionado e – MM, p. 117, 125

LEITURA PREPARATÓRIA
Espírito inspira a escolha da – NDM, p.191, 150-151

LEMBRANÇA
desdobramento e – NMM, p. 23
enfermidade e – EVC, p. 50
equipamento que provoca – NDM, p. 63
passado e – ML, p. 181
retomada de – OVE, p. 284
sonambulismo perfeito e – NDM, p. 72
vidas passadas e – NMM, p. 60

LEMBRANÇA DO PASSADO
Espíritos em regiões inferiores e – AR, p.138
vida espiritual e – AR, p. 102

LENDA
peixinho vermelho – LI, p. 7

LEONARDO, ESPÍRITO
Antonina – ETC, p. 89
Clarêncio e – ETC, p. 89

LEÔNCIO, OBSESSOR
confissão de – LI, p. 193

LEONEL
Alzira, Clarindo e – AR, p. 160-161
avareza e – AR, p. 163
Beethoven e – AR, p. 151
Clarindo e – 150-151
tendência musical de – AR, p. 151

LETARGIA
hipnotismo e – MM, p. 96

LETÍCIA, MENSAGEIRA
conselho de * ao filho Gotuzo – OVE, p.161
despertamento da consciência e – OVE, p.161

LEUCEMIA
descrição de processo de – OM, p. 303

LEUCIPO
teoria de – NDM, p. 7

LIBERDADE
alma e * irrestrita – NL, p. 282
conhecimento e – MM, p. 116
leis sociais e – NL, p. 275
mulheres e – NL, p. 275
obediência e – NL, p. 275
sexo masculino e – NL, p. 275

LIBERDADE DE CONSCIÊNCIA
   colaboração do mundo espiritual e – ML, p.165
LIBERTAÇÃO
   habilitação para a – AR, p. 99
   influenciação nociva e – ML, p. 57
   preço da – AR, p. 99
   solidariedade e – LI, p. 45
LIBIDO
   instinto sexual e – AR, p. 2183
LIBÓRIO, ESPÍRITO
   obsidia a mulher por amor – NDM, p. 57
LICANTROPIA
   Espíritos pervertidos no crime e – NDM, p.218
   hipnotismo e – LI, p. 76
   Nabucodonosor e – LI, p. 77
   patologias mentais e – NDM, p. 218
   processos expiatórios e – NDM, p. 218
   remorso e – LI, p. 76
LIÇÃO
   aprendiz e – NL, p. 8
   compreensão, fraternidade e – NL, p. 309
LIDERANÇA
   austeridade e – LI, p. 151
   inimizade e – LI, p. 151
   probidade e – LI, p. 151
LIGAÇÃO TELEPÁTICA
   características do obsessor e – NDM, p.210-211
LIGAÇÕES MENTAIS
   reflexo psíquico e – MM, p. 91
LINGUAGEM ANIMAL
   princípio inteligente e – EDM, p. 77
LÍSIAS, ENFERMEIRO
   aerôbus e – NL, p. 61
   André Luiz e – NL, p. 35
   assistência diária e – NL, p. 36
   aviso de * sobre reunião nas esferas elevadas –
      ML, p. 365
   casa, residência de – NL, p. 101, 274
   Henrique de Luna e – NL, p. 35
   Lascínia, noiva, e – NL, p. 274, 275
   passes magnéticos e – NL, p. 38
   tempo de * em Nosso Lar – NL, p. 54
LISZT, VON
   Estado, ordem judiciária e – AR, p. 7

LITERATURA
   avareza e – LI, p. 79
   concepção do demônio e – AR, p. 55
   criações mentais e – LI, p. 234
   feiticista e forma-pensamento e – AR, p. 54
   mediunidade e – LI, p. 234
LIVRE-ARBÍTRIO
   abuso do – OVE, p. 150; EVC, p. 107
   advertência e respeito ao – ML, p. 292, 342
   consciência de si mesmo e – ML, p. 145
   destino e – LI, p. 218
   Deus e – NL, p. 282
   direitos inerentes ao – AR, p. 97
   escolha de carreira e violentação do –
      ML, p. 307
   fatalidade e – LI, p. 111
   mandato mediúnico e – NDM, p. 154
   mentor espiritual não violenta o – NDM, p.155
   redenção e – OVE, p. 115
   reencarnação compulsória e – NDM, p.237-238
   Reino de Deus e – LI, p. 84
   relativismo e – ETC, p. 14
   responsabilidade e – ETC, p. 184
   tendências e – EVC, p. 107
LIVRO
   progresso espiritual do mundo e – NDM, p.121
   substância deste – MM, p. 19
LIVROS
LOBO FRONTAL *VER* CÉREBRO
LOCALIZAÇÃO
   busca de suicida e – ML, p. 145
LONGOBARDO, ASSISTENTE
   exame das impressões de dona Laura e –
      NL, p. 127
LOUCURA
   causas da – NMM, p. 217
   conduta sexual e – NMM, p. 160
   desencarnado e – EVC, p. 49, 52
   desencarnado, avareza e – OVE, p. 261
   impaciência, tristeza e – NMM, p. 221
   obsessão e – LI, p. 135
   ódio e – ETC, p. 134
   perversidade e – NMM, p. 40
   rebeldia – NMM, p. 218
   redenção humana e – OVE, p. 32

restabelecimento integral do alienado e – OVE, p. 36
satisfações ilusórias e – NMM, p. 225
sexo, crimes e – NMM, p. 160, 164
telepatia alucinatória e – AR, p. 33
temporária – MM, p. 118
umbral e – NMM, p. 224

LUCAS
avareza e – AR, p. 106
história de – AR, p. 268-272
inferioridade espiritual e – AR, p. 178
sinais de renovação e – AR, p. 140

LUCIANA
assistência espiritual e – OVE, p. 51
casamento com Tobias – NL, p. 233
clarividência e revelações de – OVE, p. 103
noivado espiritual de – NL, p. 235
segunda esposa de Tobias – NL, p. 229
união fraternal e – NL, p. 234
vidência, clarividência e – OVE, p. 159

LUCIDEZ
médium em desdobramento e – NDM, p.267

LUÍSA, IRMÃ DE ANDRÉ LUIZ
reencarnação de – NL, p. 97, 281

LUIZ, ANDRÉ, ESPÍRITO
ação do vampirismo e indagações de – ML, p. 40
desejo de socorro a enfermo portador de moléstia desconhecida por – ML, p. 64
estágio no Serviço de Planejamento de Reencarnação por – ML, p. 171
estudos mediúnicos feitos por – NDM, p.275
exame de aparelho genital por – ML, p. 29
exame minucioso nos modelos anatômicos de corpo físico por – ML, p. 177
experiência psicométrica e – NDM, p. 242
gradua o psicoscópio por – NDM, p. 43
imersão da entidade desencarnada no CAMPO DA MATÉRIA DENSA E – ML, P. 195
indagações atinentes à fecundação e INTERESSE DE – ML, P. 257
observações clínicas e registros médicos por parte de – ML, p. 15
prática da medicina e – ML, p. 63
prece de – NDM, p. 286

relata o que vê pelo psicoscópio – NDM, p. 24
usa o psicoscópio – NDM, p. 23

LUNA, HENRIQUE DE, MÉDICO
André Luiz e – NL, p. 29, 101
Lísias, enfermeiro, e – NL, p. 35

LUTA
necessidade da – ML, p. 172

LUTA JUDICIAL
patrimônio material e – NL, p. 181

LUZ
Clementino e irradiação de – NDM, p. 111
Bohr e – MM, p. 35
Clerk Maxwell e – MM, p. 35
deslocamento da – MM, p. 39
Einstein e – MM, p. 35
Espírito e emissão de – OM, p. 98
Niels Bohr e a – MM, p. 29
Planck e – MM, p. 35
Terra e – MM, p. 36

MADALENA
Jesus e – NMM, p. 213

MÃE
ajuda da – NL, p. 47
amor de – ETC, p. 132
conceito de * na Terra – NL, p. 91
excesso de meiguice desarrazoada em – ML, p. 188
filho suicida e sofrimento da – NDM, p. 174
intercessão de – NL, p. 47, 156
Laerte, pai de André Luiz, e – NL, p.96, 281
localização da * de André Luiz – NL, p. 48
obsidia o filho suicida – NDM, p. 174
Olímpio parasita a – NDM, p. 201
reencarnação da * de André Luiz – NL, p.280
rejeição de futura – AR, p. 343
ternura de – 52

MAGIA
ideoplastia e – MM, p. 137
mediunidade e – MM, p. 137

MAGNETISMO
cooperação do * humano – ML, p. 303
estímulos ao * animal – SD, p. 41
ímã e – MM, p. 65
mal e – ML, p. 149
mar e – ETC, p. 31

maternidade e – ETC, p. 198
Mesmer – NMM, p. 222
reencarnação e – ETC, p. 197
uso indevido do – NMM, p. 222
MAGNETIZAÇÃO
   aura e – MM, p. 102
   moribundo e serviço de – OVE, p. 230
MÁGOA
   sofrimento e – OVE, p. 81
MAL
   ação do – ETC, p. 12
   armas e combate ao – OM, p. 131
   autoexame e compreensão do – LI, p. 23
   Bondade divina e – LI, p. 110
   combate ao – LI, p. 206
   conceito de – AR, p. 94, 275
   controle e correção do – AR, p. 19
   correção do – LI, p. 59
   defesa contra o – OVE, p. 66; LI, p. 269
   defesas magnéticas e entidades do – OVE, p. 58
   equipamentos de defesa contra o – AR, p.373
   escravidão pelo – AR, p. 225
   função do – LI, p. 85
   ignorância e – OM, p. 35
   inteligência para o – ETC, p. 68
   interpretação de – NL, p. 259
   magnetismo do – ML, p. 149
   melhora e – LI, p. 194
   pensamento de André Luiz e – SD, p. 322
   prática do – ML, p. 309; AR, p. 215; OM, p. 129
   sabedoria divina – LI, p. 85
   salvação e – LI, p. 194
   tédio e – LI, p. 48
   transitoriedade do – OVE, p. 65
MALEDICÊNCIA
   avaliação e – ML, p. 298
   efeitos da conversação descaridosa e – ML, p. 139
MANASSÉS
   diálogo de * com futuro reencarnante – ML, p. 181
   informações de * sobre candidata a recapi-
   -tulação – ML, p. 186
MANCINI, TÚLIO
   auto-obsessão e – EVC, p. 138

Evelina e – EVC, p. 114
isolamento e – EVC, p. 133
paixão e – EVC, p. 138
reencarnação e – EVC, p. 241
revelações de – EVC, p. 118
sexualidade e – EVC, p. 123, 134
terapia e – EVC, p. 134
MANDADO MEDIÚNICO
   credito moral e – NDM, p. 156
   falibilidade no – NDM, p. 156
   reclama ordem e disciplina – NDM, p. 154
   requisitos para receber um – NDM, p. 146
MANDATO MEDIÚNICO
   qualificações exigíveis para o exercício do – ML, p. 103
MANIFESTAÇÃO
   cósmica e sexo – ML, p. 219
MANSÃO PAZ
   acompanhamento de tutelado e – AR, p.234
   administração da – AR, p. 333
   atendimento fraterno e – AR, p. 165
   atuações de André Luiz, Hilário na – AR, p.284
   cruz no templo de oração da – AR, p. 167
   encarnados tutelados da – AR, p. 2543
   equipamentos de defesa e – 38
   Espíritos sofredores e – AR, p. 60
   localização, história e objetivos da – AR, p.12
   nova direção da – AR, p. 2913
   Orzil, cães de guarda e – AR, p. 64
   paisagem de sofrimento e – AR, p. 1633
   prontuário dos assistidos e – AR, p. 82
   transmissão do conhecimento e – AR, p. 12
MAR
   magnetismo do – ETC, p. 31
MARCELA
   história de – AR, p. 210-212
   Ildeu e – AR, p. 201
MARCELO
   André Luiz e – NMM, p. 120
   antídoto espiritual e – NMM, p. 118
   autocura e – NMM, p. 119
   choques psíquicos e – NMM, p. 123
   convulsão e – NMM, p. 118, 121
   encarnação e – NMM, p. 117
   espiritualidade e – NMM, p. 115

hipnóticos e – NMM, p. 125
inimigos e – NMM, p. 122
ligação perispiritual e – NMM, p. 118
obsessores e – NMM, p. 120
vivências passadas e – NMM, p. 116

MÁRCIA
pesadelo preventivo e – AR, p. 206

MÁRCIA, D.
Aracélia e – SD, p. 192
Cláudio e – SD, p. 107, 251
Crescina e – SD, p. 167
desquite e – SD, p. 283
encarnação anterior de Brites e – SD, p. 378
Espiritismo e – SD, p. 283
esposa de Cláudio – SD, p. 66
Nemésio confessa a * romance com Marina – SD, p. 246
Nemésio e – SD, p. 249, 253, 320, 334, 344
obsessão e – SD, p. 283
Sérgio Cláudio e – SD, p. 390
vampirizadores desencarnados e – SD, p. 280

MÁRCIO
Antonina e – NMM, p. 192, 197
Marcos, Espírito
Antonina e – ETC, p. 61

MARGARIDA
alienação mental e – LI, p. 118
Matilde e – LI, p. 255
obsessão e – LI, p. 120
perispírito e – LI, p. 121
Margarida, d.
Márcia e – SD, p. 109

MARIA
rogativa a * mãe dos céus – OVE, p. 229

MARIA DE MAGDALA
renovação interior e – NDM, p. 173

MARIA EMÍLIA
Adelino e – AR, p. 237
Maria, mãe de Jesus
templo e imagem de – AR, p. 1703

MARIANA
desdobramento de * mãe doadora – EVC, p. 250
Ribas e * mãe doadora – EVC, p. 250

MARIANA, ESPÍRITO
catolicismo e – ETC, p. 76

tarefa da – ETC, p. 76

MARIDO
imprevidente e mulher nobre – ML, p. 226

MARINA
anamnese psicológica e – SD, p. 25
Beatriz desencarnada e perdão de – SD, p.240
casa de saúde e – SD, p. 276
casamento com Gilberto e – SD, p. 288
desarmonia e – SD, p. 226
dualidade afetiva e – SD, p. 279
encarnação anterior de Virgínia e – SD, p.378
enfermeira improvisada – SD, p. 24
formas-pensamentos de – SD, p. 25
gestação de – SD, p. 341
Gilberto e – SD, p. 83, 118, 120, 326
história de Jorge e – AR, p. 183-1853
interrogatório de Moreira e – SD, p. 227
lembranças de – SD, p. 231
Nemésio e – SD, p. 28, 33, 35, 36, 113, 115, 120, 232, 242, 287
pensamentos de – SD, p. 228
personalidade dúplice de – SD, p. 26
remorso de – SD, p. 230, 238
sanatório e – SD, p. 281
telas mentais de – SD, p. 38

MARINHO, ESPÍRITO
presença de genitora desencarnada visível para – ML, p. 316

MÁRIO
Amaro e – ETC, p. 223
Antonina e – ETC, p. 217
confissão de – ETC, p. 253
Esteves e – ETC, p. 104
Minervina e – ETC, p. 108
passado de – ETC, p. 118, 123
pesadelo de – ETC, p. 243
reflexões de – ETC, p. 221, 224
sentimentos de – ETC, p. 109
Zulmira e – ETC, p. 120

MARITA
arrependimento e – SD, p. 220
atropelamento de – SD, p. 183
centros cerebrais de – SD, p. 219
Cláudio e – SD, p. 268, 275
coma de – SD, p. 194

corpo físico e – SD, p. 127
Crescina e – SD, p. 161
desafogo de – SD, p. 145
desencarnação de – SD, p. 137, 184, 201, 221, 272
encarnação anterior de Naninha e – SD, p.378
Félix e – SD, p. 65, 260
Gilberto e – SD, p. 81, 93, 99, 118, 119, 128, 173
Gilberto, Marina e a reencarnação de – SD, p. 335
infortúnios de – SD, p. 221
lembranças de – SD, p. 220
Marina e – SD, p. 171
Nogueiras e – SD, p. 66
oração de – SD, p. 125
órfã e – SD, p. 71, 72
perdão e – SD, p. 267
saúde de – SD, p. 248
sexo e – SD, p. 73
suicídio e – SD, p. 122, 169
ultrajada pelo pai – SD, p. 168
verdade e – SD, p. 85

MARTIM
parricídio e – AR, p. 237

MARTINS, ABELARDO
condição espiritual de – NDM, p. 125
esposo desencarnado de dona Celina – NDM, p.125

MASCULINIDADE E FEMINILIDADE
psicologia e – SD, p. 300

MATADOURO
alojamento de Espíritos inferiores em – ML, p. 146
operação de limpeza magnética em – ML, p. 149

MATÉRIA
colônias espirituais e – LI, p. 34
diferenciação nas leis da – OVE, p. 87
energia e – EDM, p. 24
energia, luz e – EVC, p. 65
escala vibratória da – EDM, p. 106
existência da – MM, p. 40
luz coagulada e – EVC, p. 72
mundo espiritual e – EVC, p. 62
ondas e – MM, p. 39
operários divinos e – EDM, p. 52
passividade da – LI, p. 34
pensamento e – MM, p. 42
sistema solar e – EDM, p. 33
teoria corpuscular da – NDM, p. 7

MATÉRIA MENTAL
associações atômicas e – MM, p. 44
eletromagnetismo e – MM, p. 74
equilíbrio humano e – OM, p. 249
impulso espiritual e – MM, p. 73
mediunidade e – MM, p. 47
sentimentos, emoções e – MM, p. 45

MATERIALISMO
desencarnado e – EVC, p. 87
sacerdote e – LI, p. 129

MATERIALIZAÇÃO
Alencar, irmão, e – ML, p. 128
conjugação de forças nervosas do médium – ML, p. 129
cooperação dos participantes na – NDM, p.262
elementos necessários à – NDM, p. 266
emanações etílicas e experiência de – ML, p. 125
encarnados dificultam a – NDM, p. 268
Espíritos superiores e – AR, p. 75
finalidade nobre da – NDM, p. 260
Gama e – LI, p. 41
influência dos assistentes na – NDM, p. 264
interferência do médium na – NDM, p. 268, 264
Matilde e – LI, p. 42, 244, 247
mensageiro Asclépios e – OVE, p. 46
oração e – AR, p. 75
pensamento do médium e – NDM, p. 263
qualidades morais e – NDM, p. 264
recursos precisos e – NDM, p. 267
restrições aos participantes da reunião de – NDM, p. 260
Sânzio e – AR, p. 82
significado da – NDM, p. 263
templo de – LI, p. 41
tratamento de enfermos e – NDM, p. 260

MATERNIDADE
abuso dos prazeres e – LI, p. 250
amor, sacrifício e – ETC, p. 68, 198

anseio de expiação e – EVC, p. 130
atormentada – LI, p. 106
atração mental e – EVC, p. 129
circunstância da – ETC, p. 270
complexo de culpa e – EVC, p. 129, 130
compromissos com a – AR, p. 150
defesa da – NMM, p. 151
excesso de amor e – LI, p. 261
expiação e – AR, p. 150
finalidade da – NL, p. 181
infanticídio e – ETC, p. 68
Lar da Bênção e – ETC, p. 182
Laudemira e – AR, p. 150
magnetismo e – ETC, p. 198
missão e – LI, p. 50
obsessores e – LI, p. 104
organismo da mulher e – ETC, p. 200
prefigurações da – EVC, p. 242
preparo para a – ETC, p. 75
psiquismo e – ETC, p. 202, 287
purificação do amor pela – NDM, p. 81
redenção e – EVC, p. 129
redenção espiritual pela – NDM, p. 223
renovação e – ETC, p. 262
responsabilidade e – AR, p. 283; OVE, p. 259
restauradora – AR, p. 143
sacrifício e – LI, p. 45, 49
sentimento e – ETC, p. 271
transfusão fluídica e – ETC, p. 200
MATEUS, O EVANGELISTA
julgamento e – EVC, p. 97
MATILDE, ESPÍRITO
Gregório e – LI, p. 49, 278
Margarida e – LI, p. 255
materialização de – LI, p. 42, 244, 467
maternidade espiritual e – LI, p. 276
MATRIMÔNIO VER TAMBÉM CASAMENTO
escola de amor e trabalho – NDM, p. 285
excursão no jardim da carne e – NDM, p.194
Lei do Amor e – NDM, p. 92
mediunidade e – OM, p. 51
mundo espiritual e – OM, p. 187; EDM, p. 216
preparação para * no mundo espiritual – OM, p. 188
provação redentora pelo – NDM, p. 85

serviço redentor na Terra e – NDM, p. 128
visão espírita do – EDM, p. 207
MAXWELL, CLERK
inércia da luz e – MM, p. 35
teoria eletromagnética e – MM, p. 28
MEDICINA
André Luiz e prática de – ML, p. 63
corpo, alma e – OM, p. 249
do futuro – ETC, p. 91
escopo da * no futuro – OVE, p. 311
exercício da – OVE, p. 162
humana no futuro – ML, p. 190
Jesus e – OM, p. 87
morte do corpo físico e – ML, p. 65
responsabilidade e prática da – OM, p. 88
sacerdócio e – OM, p. 87
saúde e – LI, p. 138
sexo e – NMM, p. 165
vantagens materiais e – AR, p. 128
MEDICINA TERRESTRE
futuro da – SD, p. 25
MÉDICO
André Luiz e * de enfermos – NL, p. 85
assistência espiritual e – LI, p. 138
diagnósticos, terminologias e – NL, p. 85
enfermo, enfermidade da alma e – OVE, p. 36
Espiritismo e – LI, p. 137
Félix e * desencarnado – SD, p. 194
medicina futura – ML, p. 191
obrigações na esfera espiritual e – OVE, p. 85
responsabilidade e – LI, p. 141
técnica do * espiritual – NL, p. 77
MÉDICO DIVINO
mediunidade e – NMM, p. 131
religião e – NMM, p. 211
MEDITAÇÃO
faixa do pensamento e – NDM, p. 49
inspiração e – LI, p. 146
MÉDIUM
acompanhamento espiritual de – ML, p. 121
amnésia cerebral no – MM, p. 123
apresentação do Espírito ao – EDM, p. 201
aprimoramento do – NMM, p. 131
assistência espiritual e – ML, p. 287; LI, p.210
cautela e – LI, p. 216

Índice Geral

circuito mediúnico e – MM, p. 56
ciúme e – LI, p. 215, 216
comportamento distinto em cada – NDM, p. 72
compromisso do – ML, p. 105
conceito de – ML, p. 321
condições para ser verdadeiramente – NDM, p. 119
cooperação do – MM, p. 62
cuidados fisiológicos com o – NDM, p. 260
desdobramento e duplicata imperfeita do – NDM, p. 95
desencarnados candidatos à comunicação e – ML, p. 13
dificuldades de doação do – NDM, p. 267
doutrinação e revigoramento do – NDM, p. 60
dúvidas e – LI, p. 211, 225
egoísmo e fracasso do – OM, p. 27
enferma classificada como – NDM, p. 93
enxertia psíquica e – LI, p. 213
Espiritismo e – NL, p. 265
Espírito-guia e – MM, p. 57
exclusivismo no amor e – LI, p. 216
imperfeição do – MM, p. 11
inconsciência do – MM, p. 123
insegurança e – LI, p. 211
livre-arbítrio do – MM, p. 61
mediunidade, serviço e – OM, p. 27
nova conceituação de – NDM, p. 176-177
obsessão e – LI, p. 212
obsessão e reajustamento como – NDM, p.93
ondas mentais viciadas e – MM, p. 169
orientador mediúnico e – ML, p. 121
pensamento dos Espíritos e – MM, p. 11
pensamentos descabidos e – NDM, p. 267
pessoas comuns e – NDM, p. 25
possibilidade de transporte do – NDM, p.270
postura do Espírito comunicante junto ao – ML, p. 18
preparação e ambientação do – ML, p. 16
preparação espiritual do – ML, p. 289
primeiro socorrista na desobsessão – NDM, p. 54
qualidades necessárias ao – ML, p. 13
recursos cerebrais do – MM, p. 54
renunciação do – ML, p. 14
retorno de * ao mundo espiritual – OVE, p.192

reunião mediúnica e – LI, p. 210
riscos nas sessões de materialização e – ML, p. 115
seleciona influência espiritual – NDM, p.106
sintonia do – EDM, p. 191
sofredor e organização física do – NDM, p.71
sofrimento do Espírito e reflexo no – NDM, P. 41
sofrimento e fracasso do – NDM, p. 33
sono e – LI, p. 212
valioso não se improvisa – NDM, p. 80
voluntariedade do – MM, p. 62
vontade do – MM, p. 61
Médium de efeitos físicos
cuidados especiais com o – NDM, p. 262
MÉDIUM DEVOTADO
cooperação do mundo espiritual e – OVE, p. 236
MÉDIUM ESPECIAL
faculdades de psicofonia e auditiva em – OVE, p. 160
MÉDIUM INTUITIVO
transmissão do pensamento em trabalho de espiritualização e – ML, p. 61
MÉDIUM LEVIANO
explicações de Fabriciano sobre – OVE, p. 236
MEDIUNATO
passado espiritual e – NDM, p. 33
MEDIUNIDADE
abençoados valores humanos e – NDM, p.143
ação construtiva e – MM, p. 62
ações delituosas e – MM, p. 117
afloramento da – ML, p. 112
ajustamento à vida superior e – NDM, p.176
alicerces da mente e – NDM, p. 26
altar vivo no templo da fé – NDM, p. 177
animismo e – NMM, p. 128
aperfeiçoamento da – NDM, p. 17
artistas e – MM, p. 128
assimilação de onda mental e – NDM, p. 18
atividades profissionais e – NDM, p. 283-284
atormentada – NDM, p. 279
ausência de educação e responsabilidade para o exercício da – ML, p. 108
ausência de privilégios no exercício da – ML, p. 111

647

aviltamento da – OM, p. 58
bem coletivo e – OVE, p. 221
capacitação e – LI, p. 212
caridade e – LI, p. 145
cientistas e – MM, p. 17
combate à – LI, p. 221
comércio da – LI, p. 156
compreensão da essência da – ML, p. 35
comunhão de forças interiores e – NDM, p.138
conceito de – EDM, p. 149, 156; ML, p. 106
Cristianismo e – NL, p. 8
curas feitas por Jesus e – MM, p. 181, 182
curso, no mundo espiritual, de estudos da – ML, p. 85
dedicação e – LI, p. 211
denominações científicas da – NDM, p. 249
desconfiança e – OM, p. 63
desdobramento e – MM, p. 150
dificuldades na – NMM, p. 136
dificuldades para bem conduzir a – NDM, p. 34
discussões estéreis em torno da – NDM, p.277
diversidade na prática da – NDM, p. 72
doentes mentais e – MM, p. 169
dom inerente a todos – NDM, p. 49
doutrina do Espiritismo e – NDM, p.138-139
é uma concessão do Senhor – NDM, p. 175
educação da – MM, p. 65
em Jesus – MM, p. 177, nota
emprego particular da – NDM, p. 107
encarnados e avaliação do desenvolvimento da – ML, p. 28
equilíbrio, tentação e – OM, p. 65
espíritas e – MM, p. 17
Espírito e – MM, p. 11; ML, p. 110
espontânea – EDM, p. 152
estuante – MM, p. 65
Evangelho e – MM, p. 182; ML, p. 34
exercício da – ML, p. 15
fascinação e – LI, p. 153, 155
fenômenos psíquicos e – EVC, p. 196
força eletromotriz e – MM, p. 50
força peculiar a todos os seres – NDM, p.143
História e – MM, p. 171
ideias e – MM, p. 91
importância da – NMM, p. 133
inconsciente e – MM, p. 91

inspiração e – AR, p. 231
instituições terrenas e – MM, p. 50
intelectuais e – MM, p. 17
interesses materiais e – OM, p. 76
intuição e – NMM, p. 130; EDM, p. 149
Jesus e – LI, p. 150; MM, p. 20, 177
lei de causa e efeito e mau uso da – OM, p. 58
lei do uso e – LI, p. 210
literatura e – LI, p. 234
magnetismo e – MM, p. 69
mártires cristãos e – MM, p. 15
matéria mental e – MM, p. 47
matrimônio e – OM, p. 51
Moisés e – NMM, p. 130
moral e – LI, p. 154
obsessão e – MM, p. 165, 169
obsidiado e – ML, p. 321
oração e – MM, p. 175
oração, sacrifício e – LI, p. 156
palestrantes e – MM, p. 128
Parapsicologia e – MM, p. 20
passista e – OVE, p. 196
perispírito e – EDM, p. 156
personalidades católicas e – MM, p. 15
princípios superiores e – NMM, p. 130
problemas familiares e – OM, p. 61
Psiquiatria e – MM, p. 20
pura e espontânea – MM, p. 183
reflexos e – MM, p. 91, 113
regiões infernais e – AR, p. 77
religião – MM, p. 171, 183
remuneração pela – OM, p. 57
renúncia e – MM, p. 69
responsabilidade da – OM, p. 50
responsabilidade e – OM, p. 44
sacrifício, boa vontade e – OM, p. 61
sexualidade e – OM, p. 53
simbiose e – EDM, p. 121
simonia e – MM, p. 183
tema de conversação no mundo espiritual – ML, p. 11
vaidade, esquecimento do passado e – OM, p. 53
vida e – EDM, p. 155
vidência e – OVE, p. 158

MEDIUNIDADE COM JESUS
    caminho para exercício da – ML, p. 106

Índice Geral

MEDIUNISMO
  capacidade e – MM, p. 51
  diversidade do – MM, p. 51
MÉDIUNS DESENCARNADOS
  regiões infernais e – AR, p. 78
  reuniões mediúnicas e – AR, p. 78
MÉDIUNS PREPARADORES
  Jesus e os – MM, p. 178
MEDO
  afastamento do corpo e – NDM, p. 101
  André Luiz e escola contra o – NL, p. 261
  calma e – NL, p. 255
  classificação do – NL, p. 255
  treinamento e exercícios contra o – NL, p.255
MEDULA
  desencarnação e – EDM, p. 138
  insensibilidade e – EDM, p. 138
  perispírito e – EDM, p. 138, 140
MEMÓRIA(S)
  autojulgamento e – LI, p. 148
  dona Laura, Ricardo e leitura das – NL, p. 128
  espiritual e regiões inferiores – AR, p. 149
  esquecimento do passado e – NMM, p. 56
  evolução e – ETC, p. 57
  fichas de observações e registro na – AR, p.269
  funcionamento da – ETC, p. 90
  leitura da – EVC, p. 189
  objetos usados e – NDM, p. 245
  poderes da – MM, p. 73
  seção do arquivo e – NL, p. 128
  sofrimento e * espiritual – ETC, p. 122
  vontade e – MM, p. 86
MENDIGA, VAMPIRO
  céu, paraíso e – NL, p. 190
  consciência e – NL, p. 189
  inferno e – NL, p. 190
  pontos negros e – NL, p. 185
  recém-chegada do Umbral e – NL, p. 187
  situação da – NL, p. 188
  vampiro e – NL, p. 187, 190
MENEZES, BEZERRA DE
  abrigo de menores e – OVE, p. 202
  narrativas de – OVE, p. 315
  trabalho de Jesus na palavra de – OVE, p.203

MENSAGEIROS DA LUZ
  tarefa dos – AR, p. 36
MENSAGEM
  mundo espiritual e – OM, p. 12
  transmissão da – ML, p. 15
MENSAGEM MEDIÚNICA
  fidelidade e – MM, p. 57
  médium e – MM, p. 57
MENSAGENS ESPIRITUAIS
  objetivos das – NDM, p. 171-172
MENSAGENS PESSOAIS
  Ambrosina psicografa – NDM, p. 171
  solução de problemas e – NDM, p. 172
MENTAL
  pensamento de revide e contenda – NDM, p. 185
MENTALIZAÇÃO
  desarmonia, sofrimento e – NDM, p. 118
MENTE
  ação, reação e – NMM, p. 225
  amparo espiritual à – NMM, p. 99
  anticorpos e – MM, p. 154
  apresentação do Espírito e – EDM, p. 202
  atenção e – MM, p. 74
  átomos e – MM, p. 43
  atração, repulsão e – LI, p. 30
  auxílio e avanço da – NDM, p. 172
  campos de fixação da – NMM, p. 62
  centro cerebral e – EDM, p. 109
  centro coronário e – ETC, p. 139
  cérebro e – NMM, p. 45, 59
  coagulação da – LI, p. 161
  comando da – AR, p. 274-276
  companhia espiritual e – LI, p. 71
  conceito de – ML, p. 60
  corpo físico e – EDM, p. 137
  criação para o bem ou para o mal e – ML, p. 213
  criações da – ML, p. 65
  criações da – AR, p. 147
  criatividade e – MM, p. 74
  cristalização da – ETC, p. 46
  defesa da – MM, p. 174
  dependência da – AR, p. 275
  desejos e – LI, p. 97
  desencarnação e educação da – OM, p. 305

desencarnado e – EVC, p. 61
elétrons e – MM, p. 43
enfermidades do corpo físico e – ML, p.340
espaço, tempo e – ETC, p. 141
estacionamento, ilusões e – AR, p. 147
evolução e – MM, p. 46
exposição da – MM, p. 174
fenômenos mediúnicos e – NDM, p. 12
força inteligente e – NDM, p. 15
função da – NMM, p. 55
governo do corpo e – OM, p. 303
importância da – OM, p. 304
impulsos determinantes da – EDM, p. 67
indisciplinada, doença nervosa e –
    NMM, p. 124
individualidade e – AR, p. 274; MM, p. 123
inferno e – EVC, p. 91; LI, p. 14, 97
intervenção na – ETC, p. 90
manifestações mediúnicas e – NDM, p. 16
mecanismos da – ETC, p. 98
medicina e – ETC, p. 91
metabolismo e – MM, p. 153
mundo espiritual e – EVC, p. 7; NMM, p. 61
natureza e – MM, p. 42
obsessão e – NMM, p. 103
oração e – MM, p. 173
pensamento e – EDM, p. 145, 149
pensamentos e – MM, p. 174
perispírito e – MM, p. 153; EVC, p. 89;
    EDM, p. 151, 152, 197; ETC, p. 87; LI, p. 62
plasma criador da – EDM, p. 112
poder da * sobre órgãos físicos – OVE, p.296
propósitos sábios e iluminação da – NDM,
    p. 116-117
regressão e – ETC, p. 98
remorso e – EDM, p. 145
responsabilidade e – MM, p. 123
saúde e – MM, p. 154
sexo e – AR, p. 2263
sonhos e – EDM, p. 151
sono e – EDM, p. 151
subjugação e – EDM, p. 122
tempo e a nossa – NDM, p. 235
transições da * humana – NMM, p. 32
trevas interiores e – OVE, p. 96
vício e – NMM, p. 62

vida e – ETC, p. 110
zonas purgatoriais e – EVC, p. 74
MENTE DIVINA
    substância viva da – NDM, p. 13
    universo e – NDM, p. 122
MENTES HUMANAS
    Umbral e ligação das – NL, p. 74, 270
MENTIRA
    ajuda anônima e – LI, p. 58
    Evangelho e – LI, p. 58
    fascinação e – NDM, p. 183
MENTOR
    comunicação passa antes pelo – NDM,
        p.153-154
    Espíritos perversos e controle do – NDM, p.74
    influência branda do – NDM, p. 110
MENTOR ESPIRITUAL
    atuação de – ML, p. 12
MENTOSSÍNTESE
    princípio inteligente e – EDM, p. 116
MERCEDES
    Fábio e novo matrimônio de – OVE, p. 276
    visita de * a Fábio no mundo espiritual –
        OVE, p. 282
MÉRITO
    Justiça divina e – ML, p. 193
MESA DE TRABALHO
    catorze pessoas na – NDM, p. 150
MESMER
    fluido magnético e – LI, p. 154
    magnetismo e – NMM, p. 222
METABOLISMO
    corpo, alma e – EDM, p. 68
    força mental e – MM, p. 153
    mente e – EDM, p. 65
    princípio inteligente e – EDM, p. 63
METAPSÍQUICA
    fenômenos mediúnicos e – NDM, p. 275
METAPSIQUISTAS
    efeitos físicos e – MM, p. 123
    inconsciente e – MM, p. 123
METELO, ALBANO, INSTRUTOR
    identidade e testemunhos da experiência de –
        OVE, p. 13

Índice Geral

MILAGRE
 derrogação das leis divinas e – NDM, p.150
 morte do corpo e – NL, p. 37
MILITARES AGRESSORES
 condição dos – NL, p. 263
MINERVINA
 Mário e – ETC, p. 108
MINIATURIZAÇÃO
 Espírito reencarnante e * perispiritual – ML, p. 251
 perispírito e – ML, p. 232
 significado da palavra – EVC, p. 139, nota
MINISTÉRIO DA COMUNICAÇÃO
 atividades do – OM, p. 38
 auxílio ao encarnado e – OM, p. 38
 Célio, ministro, e – NL, p. 99
 cursos de serviço no – OM, p. 17
 intercâmbio e – NL, p. 141
 Pádua, ministro, e – NL, p. 176
 trabalhos no – NL, p. 67
 turma de vigilância e – NL, p. 79
MINISTÉRIO DA REGENERAÇÃO
 clarim e – NL, p. 251
 culto evangélico no – NL, p. 255
 Departamento de Contas e – NL, p. 285
 Departamento de Regeneração e – NL, p.57, 58
 deveres do – NL, p. 67
 Flácus, ministro do – NL, p. 161
 Genésio, ministro do – NL, p. 149, 155
 legião especial de defesa e – NL, p. 259
 localização do – NL, p. 151
 núcleos de adestramento e – NL, p. 255
 Rafael, funcionário do – NL, p. 149
 recém-chegados do Umbral e – NL, p. 67
 samaritanos e – NL, p. 167
 sintonia com Umbral e – NL, p. 68
 tratamento no – NL, p. 129
 Veneranda, ministra, e – NL, p. 170
MINISTÉRIO DA REGENERAÇÃO E DO AUXÍLIO
 autoridades do – SD, p. 309
MINISTÉRIO DA UNIÃO DIVINA
 atividades no – NL, p. 67
 características do – NL, p. 52, 55
 distribuição da água e – NL, p. 63
 ingresso no – NL, p. 66
 magnetização da água e – NL, p. 63
 mentores do – NL, p. 57
MINISTÉRIO DO AUXÍLIO
 alimentação e – NL, p. 63
 André Luiz e – NL, p. 51
 Clarêncio e – NL, p. 52
 concentrados fluídicos e – NL, p. 107
 escolas de assistência e – NL, p. 255
 intercessões chegadas ao – NL, p. 86
 manipulação da água e – NL, p. 63
 missão do – NL, p. 51
 Nosso Lar e – NL, p. 51
 recém-chegados do Umbral e – NL, p. 67
 refeições no – NL, p. 107
 residência de Lísias e – NL, p. 274
 servidores do * no Umbral – NL, p. 74
 sistema de alimentação e – NL, p. 63
 tarefas no – NL, p. 67
MINISTÉRIO DO ESCLARECIMENTO
 arquivos do – NL, p. 53
 atuação do – OM, p. 85
 cinematógrafo terrestre e – NL, p. 192
 Estácio, servidor do – NL, p. 110
 Gabinetes de Investigações e Pesquisas e – NL, p. 80
 magnetizadores do – NL, p. 127
 meninos cantores e – NL, p. 256
 parques de educação e – NL, p. 208
 Polidoro, servidor do – NL, p. 119
 seção do arquivo no – NL, p. 136
 Serviço de Preparação e – NL, p. 286
 simbologia de lar e – NL, p. 120
MINISTÉRIOS DE NOSSO LAR
 ministros e – NL, p. 52
 missão dos – NL, p. 52
 origem dos – NL, p. 66
 ponto de convergência dos – NL, p. 53
 recém-chegados do Umbral e – NL, p. 67
MINISTRO DA REGENERAÇÃO
 Governador e – SD, p. 384
MIOCÁRDIO
 influxo magnético e – NDM, p. 204
MISERICÓRDIA
 beleza e manifestação da * divina – OVE, p.193

Justiça divina e – ML, p. 192
MISSA
    celebração de – NL, p. 204
    convenção social e – ETC, p. 78
    desobsessão e – LI, p. 123
    Espíritos bons e – LI, p. 126
    Espiritualidade e – LI, p. 128
    fluidificação de água e – LI, p. 126
    igreja e – ETC, p. 77
    influência espiritual e – LI, p. 126
    influência perturbadora e – LI, p. 128
    matinal – ETC, p. 79
    pagamento pela – NL, p. 206
    tipos de – ETC, p. 78
MISSÃO
    ônus do trabalhador da * do bem – OVE, p.202
    reencarnação, desencarnação e *
AUXILIADORA – OVE, P. 189
    regiões inferiores e * de assistência – OVE, p. 27
MISSIONÁRIOS DA LUZ, NOTA
    materialização em – NDM, p. 261
MISTIFICAÇÃO
    acusações a médium e dúvidas de – ML, p.296
MITOLOGIA
    formação da – EDM, p. 154
MOBILIÁRIO NATURAL
    constituição e conservação do – NL, p. 193
MODERNIDADE
    harmonia mental na – NMM, p. 27
MOISÉS
    mediunidade e – NMM, p. 130
    missão de – EDM, p. 181
MÔNADA
    consciência e – EDM, p. 35
    princípio inteligente e – EDM, p. 34
    protoplasma e – EDM, p. 34
    razão e – EDM, p. 36
MONGOLISMO
    causas fisiológicas do – NMM, p. 107
MONIÇÃO
    comunicação da própria morte e – NDM, p. 206
    ondas telepáticas e – NDM, p. 206
MONOIDEÍSMO
    corrente mental e – MM, p. 112

instinto e – MM, p. 86
mecanismos do – EDM, p. 143
mediunidade e – EDM, p. 144
obsessão e – MM, p. 112
reencarnação e – EDM, p. 98
MONTEIRO
    narrativa de – OM, p. 79
MORADIA TERRESTRE
    Espíritos na – SD, p. 13
MORADIA, COLÔNIA
    apelo de paz e – NL, p. 143
    emissora do Posto Dois e – NL, p. 143
    linguagem na – NL, p. 144
    localização de – NL, p. 144
    Nosso Lar e comunicação com – NL, p. 143
MORATÓRIA
    consequências de – OVE, p. 286
    Marita e – SD, p. 196
    permanência na Crosta e – OVE, p. 199
MOREIRA, RICARDO
    André Luiz e – SD, p. 201
    Cláudio e – SD, p. 159,160, 199, 217
    desforço e – SD, p. 222
    Félix e – SD, p. 195, 272
    Márcia e – SD, p. 324
    Marina e – SD, p. 225, 362
    Marita e – SD, p. 202, 205, 212, 237
    passes e – SD, p. 218
    sentimento de – SD, p. 219, 237
MORIBUNDO
    corpo físico e – AR, p. 250
    diálogo telepático – AR, p. 251
    Moreira e – SD, p. 226
    recordação do passado e – AR, p. 252
    solilóquio mental e – AR, p. 252
MORTE
    aceitação resignada da – AR, p. 2513
    desencarnação e – 264
    busca de alguém no momento da – NDM, p. 205
    caso de temor da – OM, p. 297
    Cavalcante e medo da – OVE, p. 308
    certeza da – NL, p. 164
    céu, inferno e – OM, p. 103
    compreensão da – LI, p. 21
    conceito de – NL, p. 11

Índice Geral

consciência e – NL, p. 9
conselhos sobre a – OVE, p. 194
delírios que antecedem à – NDM, p. 199
desencarnação de Cavalcante e – OVE, p.308
desencarnado e – OM, p. 141
desencarnado e medo da – EVC, p. 59
desobsessão e – ETC, p. 22
domínio do mal após a – NDM, p. 39
Elisa tenta comunicar a sua – NDM, p. 205
encorajamento para – EVC, p. 147
ensinamentos sobre a * na infância – OVE, p. 195
Espírito comunica a sua – NDM, p. 205
estatística e – EVC, p. 73
idolatria e – OVE, p. 318
impressões da – NL, p. 163
indícios da proximidade da – AR, p. 249
intimação ao entendimento fraterno – NDM, p. 128
milagre e – OVE, p. 284
moral e – ETC, p. 261
nascimento e – NMM, p. 61
pensamentos depois da – NDM, p. 233
perispírito e – LI, p. 35
progressão espiritual e – NMM, p. 9
realização de um desejo após a – NDM, p.205
retrospecção e – EVC, p. 39, 48
revisão do passado no momento da – NDM, p. 204
sintomas do momento da – NDM, p. 204
situação delituoso no momento da – NDM, p. 136-137
surpresa da – NL, p. 9
venenos magnéticos e – NDM, p. 186
violenta e participação – AR, p. 269
violenta pelo progresso – AR, p. 270
visão após a – NL, p. 176
visão do filho no momento da – NDM, p.201

MORTE PREMATURA
 criança e – ETC, p. 69
 expiação e – ETC, p. 231
 função da – ETC, p. 71
 Hilário e – ETC, p. 72
 Justiça divina e – ETC, p. 42, 161
 reajuste e – ETC, p. 72, 231
 suicida e – ETC, p. 234
 valorização da vida e – ETC, p. 193

MORTO
 promessas de céu a – OVE, p. 76
 razão do amparo dado pelo – NDM, p. 172

MOVIMENTO ESPÍRITA
 necessidades educativas na esfera da Crosta e – ML, p. 33

MULHER
 amor de – AR, p. 180
 aviltamento da – ETC, p. 96
 desdita da – AR, p. 223
 missão da – ETC, p. 284
 seviciada e carente de socorro – AR, p. 285

MUNDO
 aperfeiçoamento do – LI, p. 40
 tensão eletromagnética de cada – NDM, p.14

MUNDO ESPIRITUAL
 ação mental no – NMM, p. 61
 aceitação de descrição do – OM, p. 10
 afinidade – EDM, p. 106
 animais e – AR, p. 49
 arquitetura e – EVC, p. 75
 arte e ciência no – NDM, p. 99
 auxílio espiritual e compreensão do – OM, p. 13
 cântico e – LI, p. 237
 casamento e – EVC, p. 144
 catolicismo e – ETC, p. 246
 chegada de recém-desencarnado no – OVE, p. 252
 ciúme e – ETC, p. 160
 clarividência no – OVE, p. 103
 condição mental e – EVC, p. 7
 continuidade da vida e – EVC, p. 100
 convivência e – LI, p. 18
 crimes, tragédias e – LI, p. 84
 culto do Evangelho no lar e – EVC, p. 112
 definição de – EDM, p. 106
 desarmonia na Terra e – LI, p. 41
 descrição de posto de socorro no – OM, p.127
 desencarnação e percepção do – OM, p. 10
 deslumbramento no – ETC, p. 55
 despertamento no – EVC, p. 39
 divergências e – LI, p. 21
 Egito e – AR, p. 10
 encarnados e desencarnados no – OVE, p.152
 escravocrata no – NDM, p. 68

escritor e – LI, p. 234
Espíritos inferiores e – LI, p. 19
estudo e – EVC, p. 133
expiação no – AR, p. 101
flores no – OVE, p. 13
forças do Espírito e – EVC, p. 213
fundação da Casa Transitória de Fabiano no – OVE, p. 57
hábitos carnais e – EVC, p. 99
harmonização para abordar o – NDM, p.23
ideias próprias e – ETC, p. 247
igreja e – EVC, p. 76, 97
imagem irreal do – OVE, p. 20
incontinência sexual no – EDM, p. 213
intercâmbio de encarnados com – ML, p.105
justiça no – EDM, p. 203
mãe adotiva no – ETC, p. 63
matéria e – EVC, p. 62
matéria e leis no – OVE, p. 175
matéria quintessenciada e – OVE, p. 173
materialização e ações do – ML, p. 119
materialização no – AR, p. 75
médium de materialização e – LI, p. 42
meios de comunicação no – AR, p. 2613
Mercedes visita Fábio no – OVE, p. 282
natureza do – ETC, p. 170
obrigações do médico no – OVE, p. 85
Oliveira dá notícias do – NDM, p. 101-102
paisagens do * junto à Crosta terrestre – OM, p. 99
peculiaridade nos trabalhos de socorro ou de organização no – ML, p. 213
percentual de tempo no – EDM, p. 238
pintura no – OVE, p. 42
prestações de ajuda e – ML, p. 42
presteza dos serviços administrativos no – AR, p. 833
privilégio e – LI, p. 266
programação de esclarecimentos a encarnados e – ML, p. 73
progresso no – OM, p. 10
promessa de reencontro no – EVC, p. 29
promessa e – SD, p. 140
reencontro no – EVC, p. 46
reforma íntima e percepção do – OM, p. 14
regeneração e – EVC, p. 132

regiões distintas e – LI, p. 55
repercussão dos conflitos humanos no – OM, p. 109
respeito aos enfermos e – OVE, p. 298
retorno de médium ao – OVE, p. 192
sede e – EVC, p. 56
servidor fiel no – OVE, p. 190
sociedades, instituições e construções no – OVE, p. 10
sofrimento no – ML, p. 134; SD, p. 13
solidariedade e – LI, p. 40
sono e consciência no – LI, p. 180
tempestade magnética e – AR, p. 14
trabalho e – EVC, p. 102
união matrimonial no – OM, p. 110
valor do trabalho no – OM, p. 19
veículos para locomoção no – OM, p. 121
vibrações da humanidade e – OM, p. 97
vida social no – OM, p. 175; EDM, p. 205
vínculos terrestres e entendimento do – OM, p. 13
visita ao – OVE, p. 20
MUNDO FÍSICO
presença de desencarnados no – OM, p.211
MUNDO MATERIAL
cântico de agradecimento ao – OVE, p. 333
definição de – EDM, p. 111
efeitos das reminiscências do – OVE, p. 41
matéria densa e – OVE, p. 173
MUNDO MENTAL
agente, recipiente e – NDM, p. 15
MUNDO SUPERIOR
desprezo da ascensão a – OVE, p. 132
visitação de trabalhador a – OVE, p. 46
MUSEU
encarnados e desencarnados no – NDM, p.241-242
MÚSICA
barulhenta e estonteadora – ML, p. 278
Calderaro e * inferior – NMM, p. 201
energia vibratória da – OM, p. 202
estímulo da * em Nosso Lar – NL, p. 68
harmonia pela influência da – ML, p. 127
influência da – ML, p. 127
mundo espiritual e – OM, p. 194

oração e vibrações da – OM, p. 199
papel moralizador da – ML, p. 127
sensibilidade dos Espíritos para a – AR,
p.157-158
NABUCODONOSOR
  licantropia e – LI, p. 77
NAPOLEÃO
  progresso material e ditador – LI, p. 15
NARCISA
  água magnetizada e – NL, p. 174
  Câmaras de Retificação e – NL, p. 161
  conversação mental e – NL, p. 307
  desequilíbrios do sentimento – NL, p. 170
  explicações de * sobre renovação mental –
  OM, p. 15
  Francisco, enfermo, e – NL, p. 174
  operação magnética e – NL, p. 174
  passes e – NL, p. 162, 307
  pontos negros e – NL, p. 186
  Ribeiro, enfermo, e – NL, p. 162
  tempo de serviço e – NL, p. 170
  comparecimento de amigos espirituais na
    véspera do – ML, p. 268
  morte e – NMM, p. 61
NATIMORTO
  Cesarina e parto de – ML, p. 279
NATUREZA
  aspectos da * e André Luiz – NL, p. 45
  equilíbrio da – OM, p. 263
  Evangelho e – OM, p. 259
  fluido universal e – LI, p. 154
  fluidos e – NL, p. 308
  inteligências subumanas e – LI, p. 63
  mundo espiritual e – ETC, p. 170
  objetos e fatos da – NDM, p. 245
  recursos da – ML, p. 120
  remédios da – NL, p. 308
  trabalho e – ETC, p. 57
NECÉSIO, ESPÍRITO INTÉRPRETE
  diálogo com Marinho, Espírito, sobre
    dificuldades íntimas e convite de –
    ML, P. 311
  qualificações de – ML, p. 308
NECESSIDADES FISIOLÓGICAS
  persistência das – NL, p. 20

NÉLI
  Marita e – SD, p. 176
NEMÉSIO
  André Luiz e – SD, p. 364
  Cláudio e – SD, p. 331
  deficiências de – SD, p. 43
  encarnação anterior de Justiniano e – SD, p. 378
  Gilberto e – SD, p. 257, 328, 329
  Márcia e – SD, p. 254, 255, 289
  Marina e – SD, p. 246, 257, 289, 317,
    342, 347, 348
  mundo espiritual e – SD, p. 387
  organismo de – SD, p. 42
  Pedro Neves e – SD, p. 28, 31
  pensamento de – SD, p. 32
  perdão e – SD, p. 366
  suicídio e – SD, p. 343
NEURÔNIOS
  impulso nervoso e – MM, p. 79
NEUTRALIDADE
  domínios de Espírito e – NDM, p. 117
  Neves, Pedro
  Beatriz e – SD, p. 18, 27
  comissões socorristas e – SD, p. 29
  desafogo de – SD, p. 49
  Enedina e – SD, p. 16, 17
  Jorge, Ernesto e – SD, p. 17, 18
  Ministério do Auxílio e – SD, p. 15
  pensamento de – SD, p. 49
  sentimento de – SD, p. 86
  submissão e – SD, p. 88
NEWTON
  spiritus subitilissimus e – LI, p. 154
NEWTON, ISAAC
  decomposição da luz e – MM, p. 999
NICOLAS
  Ministério do Auxílio e servidor – NL, p.291
NITROGÊNIO
  alimentação e – OM, p. 262
  organismo terrestre e – OM, p. 262
NOGUEIRA, CLÁUDIO
  abalo sentimental de – SD, p. 103
  Agostinho e – SD, p. 237
  Aracélia e – SD, p. 205
  arrependimento e – SD, p. 207

atropelamento de – SD, p. 351
coma de – SD, p. 357
complexo de culpa e – SD, p. 359
consciência de – SD, p. 198
Crescina e – SD, p. 163
débitos de – SD, p. 215
enfermidade da alma e – SD, p. 212
Espiritismo e – SD, p. 213, 250, 282
existência de Deus e – SD, p. 214
familiares e – SD, p. 361
Félix e desencarnação de – SD, p. 357
Gilberto e – SD, p. 152
hipnotizador e – SD, p. 89, 96
homem antigo ressurge em – SD, p. 284
Marina e – SD, p. 55
Marita e – SD, p. 266, 285, 338, 357
obsessor e – SD, p. 57, 60, 89, 91, 151
oração a Jesus e – SD, p. 338, 352
passe e – SD, p. 263
personalidades distintas de – SD, p. 93
suicídio e – SD, p. 205
trabalho e – SD, p. 360
tribunal invisível e – SD, p. 213
ultraja a própria filha – SD, p. 168

NOITE
atividades espirituais e – OM, p. 253
concurso dos bons Espíritos no período da –
ML, p. 73
encarnados e – OM, p. 253

NOIVADO
espiritualidade e – NL, p. 274
recursos do Espírito e – NL, p. 121

NOSSO LAR
abastecimento em – NL, p. 55
aeróbus e – NL, p. 61, 307, 309
água em – NL, p. 63
alimentação em – NL, p. 58, 108
André Luiz, cidadão de – NL, p. 310
antecessores em – NL, p. 66
apelo de paz em – NL, p. 143
arte e – NL, p. 276
bênção do estágio em – OM, p. 86
bônus-hora e – NL, p. 79, 125, 131
Bosque das Águas e – NL, p. 62
Campo da Paz e – OM, p. 182

Campo de Repouso e – NL, p. 80
carga horária de trabalho em – NL, p. 132
Clarêncio e – NL, p. 22
comunicação com a colônia Moradia e –
NL, p. 143
conhecimento de enfermeiro em – NL, p.77
crepúsculo em – NL, p. 25
densidade da água em – NL, p. 63
departamento do Umbral e – NL, p. 139
divina melodia em – NL, p. 25
escola diferente e – NL, p. 92, 101
Espíritos vitoriosos e – NL, p. 36
estrada entre a Crosta e – OM, p. 94
exemplos edificantes e – NL, p. 305
exigência de recém-chegados ao – NL, p. 55
fábricas de – NL, p. 159
finalidades de – NL, p. 119
flores em – NL, p. 229
função de – NL, p. 226
fundadores de – NL, p. 53
guerra europeia e – NL, p. 249
herança e – NL, p. 135
história de – NL, p. 52
identificação das criaturas em – NL, p. 65
importância da água em – NL, p. 63
inativos e – NL, p. 132
intercessão em – NL, p. 47
laços afetivos em – NL, p. 111
lei do descanso e – NL, p. 67
lei do trabalho e – NL, p. 68
mal, crime e – NL, p. 259
medicina em – NL, p. 77
Ministério da Regeneração e – NL, p. 151
Ministério do Auxílio e – NL, p. 51
ministérios de – NL, p. 52
ministros de – NL, p. 52
música em – NL, p. 68
nível espiritual de – OM, p. 182
notícias da Terra em – NL, p. 138
nutrição espiritual em – NL, p. 108
oficina de * na Terra – OM, p. 212
oração coletiva em – NL, p. 27
oração da Governadoria e – NL, p. 25
oração em – NL, p. 26
organização doméstica em – NL, p. 119
parque hospitalar e – NL, p. 35
população de – NL, p. 259

Índice Geral

preocupação no parque de saúde – NL, p.46
preparação para reencarnação em – NL, p.134
primórdios de – NL, p. 139
processo de casamento em – NL, p. 234
programa de trabalho em – NL, p. 132
proibição de intercâmbio em – NL, p. 139
propriedades em – NL, p. 125
provisões dos habitantes em – NL, p. 131
refeições em – NL, p. 107
regiões de limites vibratórios e – NL, p. 258
segundas núpcias e – NL, p. 238
serviço de alimentação em – NL, p. 58
serviço defensivo e – NL, p. 258
serviço e aprendizado em – NL, p. 67
Setor Planejamento de Reencarnações da colônia espiritual – ML, p. 171
tarefa essencial de – NL, p. 259
tempo de Lísias em – NL, p. 54
tempo de trabalho em – NL, p. 279
trabalho na Terra e – OM, p. 43
Veneranda, ministra, e – NL, p. 194
vestuário e alimentação em – NL, p. 131
vibrações de trabalho em – NL, p. 198
vínculos terrestres e vida em – OM, p. 15
volitação e – NL, p. 307
zona de transição e – NL, p. 52, 226

NOVA ERA
servidores fiéis e – ML, p. 9

NUTRIÇÃO ESPIRITUAL
ensinamentos sobre – NL, p. 108

OBEDIÊNCIA
lei e – ML, p. 26

OBJETO
conta história do seu dono – NDM, p. 247
Espírito fascinado pelo – NDM, p. 246

OBJETO ALHEIO
sensibilidade psíquica e uso de – NDM, p.248-249

OBJETO ENFEITIÇADO
forças mentais e – NDM, p. 247

OBJETO USADO
companhia espiritual do – NDM, p. 247
vidas passadas e interesse por – NDM, p.248

OBRA DIVINA
ódio, vingança e – EVC, p. 238

OBRAS
verbalismo sem – ML, p. 112

OBSESSÃO
aborto e – NMM, p. 156, 158
abuso de poder e – LI, p. 147
afinidade psíquica e – ML, p. 43
ajustamento do obsessor ao corpo por – NDM, p. 88
alcoolismo e – NMM, p. 203
alegação de motivos para a – AR, p. 114
alienação mental e – LI, p. 117
alucinações e – MM, p. 165
avarento e – AR, p. 112
avareza e – AR, p. 106
Bruto, Calígula e – MM, p. 13
Camilo, Pedro e – NMM, p. 42
causa e efeito e – AR, p. 101
centro coronário e – ETC, p. 19
cérebro e – MM, p. 165
concurso direto das vítimas da – ML, p. 343
conduta cristã e – AR, p. 242-243
conquista da confiança de – AR, p. 114
controle mental e – LI, p. 149
conúbio mental e – NDM, p. 117
criança paralítica e – NMM, p. 102
dardos mentais e – LI, p. 151
desdobramento e – ETC, p. 25
desencarnados – LI, p. 103
dinheiro e – LI, p. 193
dona Celina não se submete à – NDM, p.126
efeitos crônicos da – NMM, p. 106
encarnado, desencarnado e – OVE, p. 38
enfermidade mental – NDM, p. 180
enigma da – LI, p. 40
escravidão e – LI, p. 101, 102
escravidão mútua por – NDM, p. 131
escritor e – LI, p. 235
especialização em – LI, p. 48
esposa e – LI, p. 87
esquizofrenia e – NMM, p. 221
expedição espiritual e – LI, p. 39
falange e – LI, p. 117
família e – AR, p. 106
fascinação hipnótica e – AR, p. 62
final da infância e – NDM, p. 227
fluidos e – LI, p. 120
gradação da – MM, p. 117
Gregório e – LI, p. 48

gula e – ML, p. 33
hipnose, delírio psíquico e – AR, p. 117
humanidade e – MM, p. 165
inconscientes – AR, p. 116
incursão no passado e – NDM, p. 220
indignação das vítimas e – LI, p. 147
infância e – MM, p. 115
iniciação do processo de – OVE, p. 33
invocação mental e – EVC, p. 177
loucura e – LI, p. 135
mãe, filhos e – LI, p. 139
Margarida e – LI, p. 120
Marina e – SD, p. 257
Marinho, Espírito desencarnado, vítima de – ML, p. 301
médium e – LI, p. 212
mediunidade e – MM, p. 165, 169
metabolismo e – ETC, p. 20; LI, p. 121
monoideísmo e – MM, p. 112
motivos conducentes à – ML, p. 335
mudança de atitude e – AR, p. 150
obsessor(s) alega motivos para perseguir – AR, p. 114
obsessor, obsidiado e – ML, p. 345
obsidiado e – ML, p. 337
obsidiado se compraz com a – NDM, p. 132
paixão e – EVC, p. 211; ETC, p. 236
passado delituoso e – LI, p. 149
perispírito e – ETC, p. 20
personagens e comparsas no processo de – OVE, p. 34
perturbações da inteligência e – NDM, p.228
planejamento e – LI, p. 121
prática do bem influência – AR, p. 150
prazer e – EVC, p. 219
prejulgamento e – NDM, p. 219
psiquiatras espíritas e – ML, p. 337
reciprocidade mental e – NDM, p. 218
recursos na luta contra – ML, p. 324
rede fluídica e – NMM, p. 42
renovação e – AR, p. 153
restabelecimento de vítimas da – ML, p.344
sensibilidade psíquica e – NDM, p. 226
sentimento e – ETC, p. 234
simbiose e – EVC, p. 211
sintonia mental e – ETC, p. 20, 28

sono e – LI, p. 87; ETC, p. 34, 135
vampirismo e – EVC, p. 177
vidência e – EVC, p. 168, 169
viuvez e – LI, p. 139
OBSESSOR(ES)
alcoolismo e – LI, p. 230
aliciamento de – LI, p. 152
alimento psíquico e – LI, p. 116
argumento sincero e simples vence o – NDM, p. 60
cadáver e – EVC, p. 215
conduzido por guardas espirituais – NDM, p. 51
criança paralítica e – NMM, p. 104
dependência mental do – NDM, p. 203
desencarnação e – EVC, p. 212, 215
dúvidas e – LI, p. 221
Espírito intérprete e palestra com – ML, p.326
excitação mental do obsidiado e – NDM, p.203
filha tem o pai como seu – NDM, p. 87
guerra entre – LI, p. 214
hipnotizados – LI, p. 204
maledicência e – LI, p. 220
Marcelo e – NMM, p. 119
maternidade e – LI, p. 104
médium controla os caprichos do – NDM, p. 53
médium e controle do – NDM, p. 73
mediunidade e – LI, p. 221
neurônio e – EDM, p. 131
obsidiada procura seu – NDM, p. 132
obsidiado e – ML, p. 322
oração a favor do – NDM, p. 61-62
passe na região cortical e – NDM, p. 167
prece e desprendimento do – NDM, p. 79
prisão de que se queixa o – NDM, p. 55
reconhecimento e – LI, p. 168
salário e – LI, p. 152
segurança espiritual e – EVC, p. 210
sentidos e – LI, p. 204
sentimento bom e – LI, p. 168
simbiose e – EDM, p. 133
sono e – LI, p. 219
táxi e – LI, p. 123
vampirismo e – EDM, p. 132
vigilância e – ML, p. 73
vírus fluídico e – LI, p. 232

OBSIDIADO
  desequilíbrio nas condições orgânicas e –
    ML, p. 339
  doutrinadores e – NDM, p. 93
  mediunidade e – ML, p. 321
  melhora e esforço próprio do – ML, p. 323
  obsessão e – ML, p. 337
  obsessor e – ML, p. 322
  obsessor excita mentalmente o – NDM, p.203
  separação de obsessores invisíveis e atitude
    de – ML, p. 336
OBSTÁCULOS E BARREIRAS
TERRESTRES
  desencarnação e – SD, p. 57
OCIOSIDADE
  alienação mental e – LI, p. 98
  aposentadoria e – LI, p. 80
  ignorância e – NMM, p. 168
  paraíso e – ML, p. 232
OCLUSÃO INTESTINAL
  causas profundas da – NL, p. 30
ODILA, ESPÍRITO
  Amaro e – ETC, p. 167
  amor de – ETC, p. 293
  ciúme e – ETC, p. 15
  Clara e – ETC, p. 159
  cristalização mental e – ETC, p. 48
  doutrinação de – ETC, p. 159
  Evelina e – ETC, p. 175
  Júlio e – ETC, p. 181
  vampirismo e – ETC, p. 157
  Zulmira e – ETC, p. 157
ÓDIO
  consequências de pensamentos de – ML, p.326
  efeito do – ETC, p. 227
  laços do – ML, p. 9
  loucura e – ETC, p. 134
  passado espiritual e – ETC, p. 225
  perispírito e – ETC, p. 133
  permuta de – NL, p. 181
  recíproco e suas conseqUências – ML, p.191
  servidor competente e – LI, p. 135
  tédio e – LI, p. 238
  vingança e – LI, p. 135
ODOR
  fixação mental no cadáver e – AR, p. 66

OLÍMPIA
  Nemésio e – SD, p. 31
OLIVEIRA
  abnegado trabalhador desencarnado –
    NDM, p. 102
  encontro de Raul Silva com – NDM, p. 102
ONDA MENTAL
  afinidade e – MM, p. 87
  alterações da – MM, p. 163
  aura e – MM, p. 102
  coeficientes de força da – NDM, p. 46
  personalidade e – MM, p. 86
  produção de – MM, p. 171, 172
  professor, aluno e – MM, p. 115
  sacerdote, professor, médico e – MM, p.172
  vontade e – MM, p. 87
ONDAS
  afinidade das – MM, p. 23
  agitação e – MM, p. 21
  aparelho espiritual e * mentais – LI, p. 82
  átomos e – MM, p. 999
  audição, visão e – MM, p. 23
  calor, som, raios e – MM, p. 22
  comprimento das – MM, p. 22, 24, 38
  conjugação de – MM, p. 126
  cores e – MM, p. 25
  homem e – MM, p. 23
  matéria e – MM, p. 39
  olho humano e – MM, p. 25
  pensamento e – MM, p. 44
  permuta de ideias – MM, p. 126
  personalidade e – MM, p. 86
  raios – MM, p. 26
  substância das – MM, p. 22
  tipos e definições de – MM, p. 21
ÔNUS CÁRMICO
  desregramentos passionais e – SD, p. 300
ONZENÁRIO VER AVARENTO
OPERAÇÃO
  delicada * dos intestinos – NL, p. 20
OPERAÇÕES PSÍQUICAS
  dona Laura e – NL, p. 128
  objetivo das – NL, p. 128
ORAÇÃO
  abençoada luz – NDM, p. 197
  abrandamento de sofrimento e – OVE, p.100

ação e – ETC, p. 176
ação, reação e – ETC, p. 10
acompanhamento e aprendizado de – OVE, p. 122
ajuda ao médium desdobrado com – NDM, p. 100-101
ajuda da – ML, p. 145, 357; ETC, p. 49, 63
ajuda superior e – AR, p. 75
Alzira e – AR, p. 108-109
amigos espirituais e companhia na – ML, p.204
André Luiz e – NL, p. 155
André Luiz faz comovente – NDM, p. 286
Antonina e – ETC, p. 290
apoio da – ML, p. 75
arrependimento e – NMM, p. 71
assassino e – EVC, p. 200
assistência espiritual e – AR, p. 182
auxílio da – OM, p. 155; NL, p. 48; OVE, p.289
belezas da – NL, p. 21
benefícios da * no lar – OM, p. 232
cântico e – OVE, p. 13
Clarêncio e – ETC, p. 9
Clementino pede mais atenção na – NDM, p. 109
coletiva – OM, p. 152
combate ao vampirismo e – ML, p. 69
compromisso com Deus e – OM, p. 92
constrangimento e – LI, p. 60
conteúdo da * vertical – ML, p. 71
conversação mental e – NL, p. 307
cooperadora – ML, p. 205
criminoso e – OVE, p. 67
culto da – ETC, p. 77
culto da * no velório – OVE, p. 248
desobsessão e – LI, p. 167
diretrizes superiores e – MM, p. 174
dominical – AR, p. 16
dona Laura e – NL, p. 104
dores íntimas e – ETC, p. 221
Druso e – AR, p. 79-80, 288
duelo espiritual e – LI, p. 268
efeitos da – EVC, p. 103; OM, p. 158; ML, p.361; OVE, p. 287
eficácia da – LI, p. 9, 167, 243; EVC, p. 221; OVE, p. 45
endereço da – AR, p. 172

entes queridos e – EVC, p. 63
Espírito inferior e – LI, p. 86
Espíritos e – MM, p. 174
esposa abnegada e – AR, p. 108
Evelina e – EVC, p. 229
força intercessória da – NMM, p. 101
fortalecimento pela – AR, p. 245, 280
futuro espiritual de criança e * intercessória – OVE, p. 294
gratulatória – OVE, p. 330
Gúbio e – LI, p. 163, 241
guerra e – OM, p. 119
iluminação da consciência e – AR, p. 199
imagem mental e – AR, p. 171
indução e – MM, p. 172
início de atividade escolar e – ML, p. 102
invocação e – ETC, p. 11
Jerônimo e * silenciosa – OVE, p. 103
Jesus e – MM, p. 175
lágrimas e – NL, p. 47
leito de morte e – OVE, p. 228
limpeza de sentimentos e – NDM, p. 167
luz e – EVC, p. 221
magnetismo pessoal e – OM, p. 159
maneiras de se fazer a – AR, p. 169
mansidão e – LI, p. 86
materialização e – AR, p. 75
matinal – ETC, p. 134
medicação espiritual pela – ML, p. 67
mediunidade e – MM, p. 175; LI, p. 156
mente e – MM, p. 173
Moisés e – MM, p. 175
moratória e – AR, p. 267
Narcisa e – NL, p. 307
natureza da – ETC, p. 10
Nosso Lar e – NL, p. 26
obsessão e desinteresse pela – NDM, p. 182
passe e – LI, p. 163, 167
pelos mortos – AR, p. 73
pensamentos e – MM, p. 175
perturbação e – LI, p. 127
petição e – MM, p. 175
planta e – ETC, p. 9
poder da – OVE, p. 286; ETC, p. 10; AR, p. 108; OM, p. 159
povos antigos e – MM, p. 175

pranto diferente e – NL, p. 47
preparação íntima dos passistas pela – NDM, p. 163
psicopictografia e – OVE, p. 44
raio de ação da – NDM, p. 191
raios expedidos pela – ML, p. 71
Raul Silva faz – NDM, p. 61-62
recém-desencarnado e – OVE, p. 253
recolhimento e – AR, p. 78
reflexo condicionado e – MM, p. 175
reflexo do Espírito e – MM, p. 173
refratada – ETC, p. 14, 16
regeneração do corpo e – MM, p. 174
renovação mental e – MM, p. 174, 175
reservas mentais e – LI, p. 60
resgate, ascensão e – NDM, p. 197
Ribas e – EVC, p. 255
rogativa de compadecimento e – AR, p. 208
sarcasmo e – LI, p. 207
sentimentos na – NL, p. 21
sentimentos, emoções e – MM, p. 173
Silas e – AR, p. 192-193
trabalho e – NMM, p. 33
tranquilidade doméstica e – NDM, p. 183
transfiguração pela – OM, p. 153
união de almas e – ETC, p. 288
uso ultrajante da – NDM, p. 254
vibrações da – OM, p. 157

ORDENS RELIGIOSAS
 desvios e desvarios de membros de – ML, p. 305
ORGANISMO FÍSICO
 desenho de peças do * humano – ML, p.185
 moribundo e sintomas do – OVE, p. 225
ORGANIZAÇÃO
 governo da vida e – AR, p. 91
ORGANIZAÇÃO DOMÉSTICA
 lar terrestre e – NL, p. 119
 Nosso Lar e – NL, p. 119
 Terra e – NL, p. 120
ORGANIZAÇÃO SOCORRISTA
 cooperação e – OVE, p. 173
ÓRGÃOS PSICOSSOMÁTICOS
 gênese dos – EDM, p. 43
ORGULHO
 amor-próprio e – ETC, p. 157

discussões estéreis e – NDM, p. 277
ferido e sofrimento – AR, p. 187
fraqueza e – EVC, p. 181
ingratidão filial e – AR, p. 50
vaidade e – ETC, p. 257

ORIENTAÇÃO
 centro espírita e substituição temporária na tarefa de – ML, p. 365
 indireta do plano espiritual superior – ML, p. 348
 pensamento e * no mundo espiritual – OM, p. 209
 reencarnante e recebimento de – ML, p.204
ORIENTAÇÃO ESPIRITUAL
 grupo de oração e – AR, p. 753
ORIENTADOR MEDIÚNICO
 médium e – ML, p. 121
ORSINO, RECÉM-DESENCARNADO
 confissões de – AR, p. 68-69
ORTODOXIA
 obstrução da inteligência e – LI, p. 37
 revelação e – LI, p. 37
ORZIL
 preocupação com bens materiais e – AR, p.673
OTÁVIA, MÉDIUM PSICOFÔNICO
 aplicação de passes magnéticos em – ML, p.314
OTÁVIO
 narrativa de – OM, p. 50
 tarefa mediúnica de – OM, p. 50
OTIMISMO
 enfermidade e – LI, p. 32
OVOIDE(S)
 amebas mentais e – LI, p. 93
 André Luiz e – LI, p. 101
 células nervosas e – LI, p. 121
 cérebro e – LI, p. 121
 comunicação com – LI, p. 92
 conceito de – EDM, p. 99
 forma dos – LI, p. 88, 100
 passe e – LI, p. 212
 perispírito e – EDM, p. 132
 vampirismo e – LI, p. 121
 vingança e – LI, p. 100
 vozes de – LI, p. 101

PACIÊNCIA
  caridade no exercício da – AR, p. 158-159
PADRÃO VIBRATÓRIO
  dilatação do – NL, p. 48
  restrição do – NL, p. 96
PÁDUA, MINISTRO
  Ministério da Comunicação e – NL, p. 176
PAI(S)
  aproximação fluídica de reencarnante com futuros – ML, p. 227
  autoridade dos – MM, p. 115
  dívida com os – ETC, p. 42
  educação de filhos e – ML, p. 41
  filhos e – ETC, p. 69
  Laura durante o sono cuida do – NDM, p.231
  médiuns da própria vida – NDM, p. 285
PAISAGEM ESPIRITUAL
  condição íntima e – EVC, p. 90
  pensamento e – EVC, p. 106
PAIXÃO
  auto-obsessão e – EVC, p. 138
  avarento e – AR, p. 113
  Espírito familiar e – ETC, p. 239
  exploradores da * humana – SD, p. 97
  felicidade e – ETC, p. 278
  inferioridade espiritual e – NDM, p. 255
  obsessão e – ETC, p. 236; EVC, p. 211
  peso espiritual e – ETC, p. 179
  posse e – AR, p. 126
  relato de crime, suicídio e – ML, p. 153
  simbiose e – EVC, p. 211
  sonho e – AR, p. 113
  vampirismo e – EVC, p. 171
  ventania da * humana – NL, p. 287
PALAVRA(S)
  autorrecuperação e – NDM, p. 279
  circunstâncias e – EVC, p. 28
  exame das – EVC, p. 80
  indignação e – ETC, p. 153
  mecanismo da – EDM, p. 78
  oportunidade da – ML, p. 158
  papel da – NDM, p. 36
  propriedades da – ETC, p. 151
  uso da – ETC, p. 153
PALESTRA
  encarnados sonolentos durante a – NDM, p. 171

PANORAMA MENTAL
  sofrimento e – NDM, p. 22
PARÁBOLA DO RICO E DE LÁZARO
  estudo e comentário da – OVE, p. 132
PARAÍSO
  imposição e – LI, p. 112
  ingratidão e – LI, p. 44
  lar terrestre e – ETC, p. 293
  ociosidade e – ML, p. 232
  Terra e – ETC, p. 56
PARANOIA
  fixação mental e – NDM, p. 238
PARASITAS
  hereditariedade e – EDM, p. 126
  natureza e – EDM, p. 125
  transformação dos – EDM, p. 126
PARASITISMO
  mãe, filho e – NDM, p. 201
PARASITOSE ESPIRITUAL
  inquietações do sexo e – ML, p. 54
PARENTE
  contato com * terreno – NL, p. 140
  Ribeiro e * encarnado – NL, p. 162
  tolerância e – ETC, p. 286
PARENTELA FÍSICA
  influência da * no moribundo – OVE, p.225
PARQUE DE SAÚDE
  preocupação no – NL, p. 46
PARQUES DE EDUCAÇÃO
  cinematógrafo terrestre e – NL, p. 192
  Ministério do Esclarecimento e – NL, p.192
PARRICÍDIO
  filhos adotivos e – AR, p. 241
  obsessão como consequência de – NDM, p.91
PARTO
  assistência espiritual e – AR, p. 143
  complicações e passe no – AR, p. 144
  Silas e assistência ao – AR, p. 143
PASSADO
  clarividência e – OVE, p. 103
  culpas do – ML, p. 167
  desafeto espiritual e volta ao – NDM, p. 210
  dificuldade de romper com o – NDM, p.201
  lembrança do mal e retorno ao – 214
  momento da morte e revisão do – NDM, p.204
  perdão recíproco e – ML, p. 331

revelação do – ETC, p. 184
uso das lembranças do – OM, p. 69
verdade e – ETC, p. 184
PASSADO ESPIRITUAL
   casamento e – AR, p. 210
   conhecimento do – AR, p. 149
   desejo de ascensão e desconhecimento do –
     AR, p. 268
   enfermidades congeniais e – AR, p. 196
   quitação em ações – AR, p. 271-272
   razões do desconhecimento do – AR, p.138
   Sabino e – 195
PASSE
   alteração do campo celular e – NDM, p.170
   amnésia e – ETC, p. 89
   amor e cura pelo – OM, p. 273
   Antídio e – NMM, p. 205
   Antonina e – NMM, p. 190
   aplicação de – ML, p. 121
   aplicado a reduzida distância – NDM, p.164
   aplicador de – MM, p. 155
   assistência espiritual e – AR, p. 234
   boa vontade e aplicação do – OM, p. 271
   Calderaro e – NMM, p. 64, 92, 121, 140,
     178, 190, 205, 240
   centro laríngeo e – LI, p. 169
   cérebro e – LI, p. 253
   circuito da energia durante o – NDM, p.165
   Cláudio e – NMM, p. 240
   clima de confiança e – MM, p. 156
   complicação no parto e – AR, p. 144
   contraindicação e – MM, p. 157
   crianças e – MM, p. 157
   desdobramento após o – NDM, p. 192
   desdobramento e – NMM, p. 197
   desobstrução da garganta com – NDM, p. 219
   dispersivo em desencarnado – AR, p. 43
   doente inconsciente e – MM, p. 157
   efeitos do – AR, p. 285
   elemento moral e – NDM, p. 165
   enfermidade e – LI, p. 177
   enfermo e – MM, p. 156
   Espíritos e – MM, p. 156
   estudo do corpo humano e – MM, p. 155
   Eulália e – NMM, p. 140
   Fabrício e – NMM, p. 178, 183

   fé e eficácia do – NDM, p. 167
   força nêurica e – LI, p. 212
   higiene espiritual e – MM, p. 155
   hipnose pelo – NDM, p. 192
   inspiração no – MM, p. 155
   Julieta e – NMM, p. 92
   limpeza fluídica e – LI, p. 254
   magnético – MM, p. 156
   Marcelo e – NMM, p. 121
   mecanismos do – MM, p. 156
   mediunidade e – OVE, p. 196
   merecimento e – MM, p. 156
   obsessor retorna à vitima após o – NDM, p.167
   oração e – LI, p. 163, 167; MM, p. 157
   ovoides e – LI, p. 212
   Pedro e – NMM, p. 64
   pensamento e eficácia do – NDM, p. 165
   recursos magnéticos do – NDM, p. 217
   retomada dos sentidos e – LI, p. 204
   revitalização pelo – ETC, p. 23
   sangue e – MM, p. 156
   sintonia recíproca e eficácia do – NDM, p.170
   sistema endócrino e – LI, p. 254
   transmissão de benefícios pelo – NDM, p.167
   tratamento a distância pelo – NDM, p. 170
   vontade e – MM, p. 156
PASSE DE FORTALECIMENTO
   crentes negativos e – NL, p. 165
   Tobias e – NL, p. 165
PASSE ESPÍRITA
   corpo físico e – EDM, p. 227
   oração e – EDM, p. 229
   perispírito e – EDM, p. 227, 228
PASSE LONGITUDINAL
   aplicação por desencarnado de – ML, p.358
   Conrado inspira a médium a aplicar o –
     NDM, p. 169
   emprego de – OVE, p. 225
   Gabriel aplica em dona Ambrosina – NDM,
     p. 150
   matéria mental fulminante em torno dos
     rins e – ML, p. 361
PASSE MAGNÉTICO
   aplicação de * de desencarnado para encar-
     nado – ML, p. 347
   aplicação de * em cadáver – OVE, p. 255

beneficiários do – ML, p. 355
coração e retirada de maligna influência oculta por – ML, p. 353
esfera dos desencarnados e esquema de trabalho do – ML, p. 347
frequentador de casa espírita e – ML, p. 347
Lísias e – NL, p. 38
preparação do organismo do médium de materialização e – ML, p. 123
PASSE ROTATÓRIO
aplicação de * por desencarnado – ML, p.360
PASSISTA
chispas irradiam-se das mãos dos – NDM, p. 164-165
médium e desencarnado * nas reuniões mediúnicas – ML, p. 348
pilhas humanas e – NDM, p. 164
plano espiritual e a função de – ML, p.347, 348
plano físico e o requisito da boa vontade do – ML, p. 348
preparação e qualificações de * no plano físico – ML, p. 349
PASSIVIDADE
cooperação e – ML, p. 258
PASSIVIDADE MEDIÚNICA
abnegação, cultura e – MM, p. 129
cérebro e – MM, p. 129
magnetismo e – MM, p. 129
PASTEUR, CIENTISTA
saúde do corpo e – LI, p. 15
PATERNIDADE
finalidade da – NL, p. 181
fuga aos deveres da – ML, p. 256
sublimação de amor e – EVC, p. 242
vítimas da hipocrisia e – OVE, p. 113
PATRIMÔNIO
permanência do – NL, p. 145
PAULA, ESPÍRITO
missionária católica – ETC, p. 245
PAULINA, ENFERMA
irmãos de – NL, p. 181
reconciliação familiar e – NL, p. 179
socorro espiritual e – NL, p. 182
PAULINO
Cipriana e – NMM, p. 93
Julieta e – NMM, p. 88

PAULINO, ESPÍRITO
região umbralina e – AR, p. 156
PAULO DE TARSO
ciência do recomeço e – NL, p. 152
sacrifícios, missão e – NDM, p. 173
PAULO, IRMÃO
pontos negros e – NL, p. 187
vigilante-chefe e – NL, p. 187
PAUSÂNIAS
monoideísmo e – MM, p. 13
PAVLOV
experiências de – MM, p. 89, 90
reflexo condicionado e – NMM, p. 122, 129
PAZ
ambiente doméstico e – ML, p. 67
apelo de – NL, p. 143
Dimas (desencarnado) e rogativa de – OVE, p. 247
interior e dificuldade na obtenção – ML, p.59
Moradia, colônia, e – NL, p. 143
pintura representativa da – OVE, p. 42
semeadura e merecimento da – OVE, p.240
PEDIDOS
assistência espiritual e * aos encarnados – OM, p. 284
respostas dos Espíritos aos – OM, p. 285
PEDRO
Calderaro e – NMM, p. 64
Camilo e – NMM, p. 42, 51
Cipriana e – NMM, p. 70
confissão de – NMM, p. 69
esforço de – NMM, p. 76
PEDRO, O OBSIDIADO
médico que abusou da missão de curar – NDM, p. 81
PENETRABILIDADE
ectoplasma e – NDM, p. 270-271
PENITÊNCIA
serviço da – NL, p. 47
PENSAMENTO
ação e – MM, p. 83
adultério pelo – AR, p. 202
afinidade de – MM, p. 92
ambiente e – LI, p. 162
animais e – EDM, p. 95; MM, p. 91
aura e – MM, p. 43
campo cerebral e – NDM, p. 48

Índice Geral

campo magnético e – MM, p. 110
cargas de – MM, p. 109
cenas do crime projetadas pelo – NDM, p.147
centros de força e – ETC, p. 139
circulação de – MM, p. 110
comunicação e – EVC, p. 118
conceito de – EDM, p. 105; LI, p. 233; NL, p. 224
concentração de – MM, p. 110
condições de vida e – NDM, p. 118
conduta reta e – MM, p. 172
corrente do – MM, p. 74
correntes mentais e – NDM, p. 142
criaturas e – MM, p. 42
crime e – AR, p. 130
cuidados com – NL, p. 249
danos ao fígado com a produção de *
débito contraído e – EDM, p. 167
desejo-central e – AR, p. 117
destino e – ETC, p. 28
distúrbios do – NL, p. 254
doença e – MM, p. 117
efeitos magnéticos e – MM, p. 69
encarnados, desencarnados e – MM, p. 92
enfermidade e – ETC, p. 147; EVC, p. 43
envenenamento por – ETC, p. 240
exteriorização do – MM, p. 89
exteriorização do – AR, p. 206
fixação mental e – AR, p. 57
força de exteriorização do – NDM, p. 186
força operante do – NDM, p. 123
fotografia do – NL, p. 189
fragmentário – MM cia do – MM, p. 84; NMM, p. 74
influência recíproca e – NDM, p. 142
influxo pernicioso e – NDM, p. 202
intercâmbio mediúnico e – MM, p. 61, 84
lei do retorno e – ETC, p. 240
limpeza interna e – OVE, p. 31
matéria e – MM, p. 42
mente e – EDM, p. 110
modificação do ambiente e – ML, p. 49
mundo espiritual e – SD, p. 27, 323
natureza e características do – NDM, p. 46
novas diretrizes ao – NL, p. 19
ondas e – MM, p. 43, 44
orientação no mundo espiritual e – OM, p.209
paisagem espiritual e – EVC, p. 106

partícula de – EDM, p. 110
perispírito e – LI, p. 142
perispírito e * inferior – NMM, p. 103
permuta de – NL, p. 145
poder criador do – AR, p. 56, 72
preconceitos, pontos de vista e – NDM, p.48
psicometria e – MM, p. 143
quimismo do – MM, p. 86
rastros espirituais e – NDM, p. 243
reflexão e – MM, p. 89
remorso e – EDM, p. 145
responsabilidade e – ETC, p. 28
reunião mediúnica e – LI, p. 241
sentimento e – EDM, p. 111
televisão e – MM, p. 83
terrível e destruidor – ML, p. 357
velocidade do – AR, p. 57
Veneranda, ministra, e – NL, p. 224
vida e – EVC, p. 72; LI, p. 77
PENTECOSTES
　fenômenos mediúnicos no – MM, p. 14, 182
PERCEPÇÃO
　baixo padrão vibratório e capacidade de – ML, p. 137
　influenciação e – ML, p. 54
　limitação dos órgãos de * humana – OVE, p. 174
　limites da * humana – OM, p. 99
　reforma íntima e * do mundo espiritual – OM, p. 15
PERCÍLIA
　André Luiz e – SD, p. 350
　Cláudio e – SD, p. 353, 361
　mensageira desencarnada – SD, p. 134
PERDA
　elementos próprios de vida no mundo espiritual e necessidade de – ML, p. 227
PERDÃO
　adultério e – EVC, p. 86
　autoconhecimento e – ETC, p. 222
　Cavalcante e pedido de arrependimento e – OVE, p. 301
　ciência do – SD, p. 50
　dissipação das sombras do ódio pelo – ML, p. 211
　Espírito perturbado e – ETC, p. 45
　esquecimento de ofensa e compromisso de – ML, p. 170

felicidade – ETC, p. 220
Jesus e – ETC, p. 40, 220
lei de Talião e – LI, p. 115
necessidade do – ETC, p. 121
pedido recíproco de – OVE, p. 306
problema do – NL, p. 240
reciprocidade do – ML, p. 332
recomposição da alma e – NDM, p. 209
tolerância e – EVC, p. 215
vítima, algoz e pedido de – AR, p. 1603
PERFEIÇÃO
amor, sabedoria e – NDM, p. 122
PERGUNTA
inesperada e socorro magnético – ML, p.161
PÉRICLES, ESTADISTA GREGO
trabalho educativo e – LI, p. 15
PERISPÍRITO *VER TAMBÉM* PSICOSSOMA
absorção de elementos de degradação de –
  ML, p. 353
ação de anestésico no – OVE, p. 311
ações do – NL, p. 30
acrisolamento do – EDM, p. 178
afastamento irregular do – NDM, p. 96
ajustamento do perispírito do reencarnante
  ao * materno – ML, p. 251
alterações do – EDM, p. 25
automatismo e – EDM, p. 39
características do – EDM, p. 26, 42
células do – EDM, p. 194
centros de força e – ETC, p. 138
centros vitais e – EDM, p. 26, 64
coma e – EDM, p. 243
conceito de – EDM, p. 25; ML, p. 9
conflitos e – LI, p. 35
consciência e – EDM, p. 25, 65; NMM,
  p.132; LI, p. 61
constituição e função do – EDM, p. 25
corpo físico durante o sono e – ML, p. 93
corpo físico e – ETC, p. 92, 143, 231; LI,
  p.69, 142
corpo mental e – EDM, p. 25
cromossomos e – EDM, p. 53
culpa e – EDM, p. 242
deformação e – LI, p. 61
deformidade e aspecto do – AR, p. 40, 41

densidade do – ETC, p. 45; LI, p. 57
depois da desencarnação – EDM, p. 30
desencarnado e – EVC, p. 62
desequilíbrio moral e – NDM, p. 38
diversidade de – ETC, p. 86
ectoplasma e brilho do – NDM, p. 268
efeito da eutanásia no – OVE, p. 308
emoções e – OVE, p. 325
enfermidade no – EDM, p. 165, 169, 241;
  ETC, p. 64, 147
epífise e – ML, p. 20, 21
espaço ocupado pelo – NDM, p. 97
espelho fluídico projeta o – NDM, p. 157
Espíritos inferiores e densidade do – ML, p. 137
evolução e – ETC, p. 84, 144, 145
evolução espiritual e – NMM, p. 48
exteriorização do – EDM, p. 29
fixação no mal e – LI, p. 90
força mental forma do – NDM, p. 98
forma de bruxa e – LI, p. 143
forma preexistente do – ML, p. 243
formas mentais e capacidade de absorção
  do – ML, p. 258
gênese dos órgãos do – EDM, p. 43
Gúbio e – LI, p. 119
hipnotismo e – LI, p. 76
lesões do – EDM, p. 243
libertação gradual do – OVE, p. 232
ligação com a matéria orgânica e magnetização do – ML, p. 231
Margarida e – LI, p. 121
mente culpada e deformação no – NDM, p. 40
mente e – MM, p. 153; LI, p. 62; EVC, p.89;
  ETC, p. 87
morte e – LI, p. 35
nutrição do – EDM, p. 189
ódio e – ETC, p. 133
orientação clínica a moribundo através do
  – ML, p. 75
palavra articulada e – EDM, p. 78
pensamento e – LI, p. 142; ETC, p. 147
pensamentos inferiores e – NMM, p. 103
perda do – LI, p. 89, 90
predisposições mórbidas do – EDM, p. 241
preparação para o desencarne e – OVE, p.214
primórdios da vida e – EDM, p. 33

processo metabólico do – EDM, p. 188
propriedades do – EDM, p. 194
recondução do * ao corpo físico – ML, p. 79
redução do – ETC, p. 200
reencarnação e – ETC, p. 200
regiões inferiores e deformação do – AR, p.177
registros do – LI, p. 142
regressão e – ETC, p. 92
religião e – EDM, p. 179, 182
remorso e – EDM, p. 242
respiração celular do – EDM, p. 187
retomada de plasticidade pelo – ML, p. 227
sangue e – ML, p. 238
separação do * do corpo físico – OVE, p.279
sistema nervoso e – EDM, p. 59, 140
suicida e danos ao – ML, p. 162
transformação do – LI, p. 89
tratamento no – AR, p. 194
vampirismo e – LI, p. 121
vibrações afetuosas e ligação do * com a matéria orgânica – ML, p. 241
vida superior e – LI, p. 90
vivência, no plano espiritual, e modificações no – ML, p. 227
vontade e densidade do – OM, p. 130
PERRIN, JEAN
elétrons e – MM, p. 30
PERSEGUIÇÃO
astúcia, deslealdade e implacável – OVE, p. 112
PERSEVERANÇA
prática do bem e – OVE, p. 300
PERSONALIDADE
ficha espiritual e – AR, p. 150
fluxo energético e – MM, p. 86
reflexo dominante e – AR, p. 117
PERSONALIDADES-LEGENDAS
censura e – EVC, p. 205
Ribas e – EVC, p. 206
PERTURBAÇÃO
ao despertar – ETC, p. 134
PERTURBAÇÃO MENTAL
sono e – LI, p. 177
viuvez e – EVC, p. 165
PERVERSIDADE
causa e efeito de * contra si próprio – ML, p. 41

loucura e – NMM, p. 40
orgulho ferido e – LI, p. 268
PESADELO
preventivo de Márcia – AR, p. 2063
PESQUISA INTELECTUAL
princípios de elevação moral necessários à condução de – ML, p. 115
PESSIMISMO
companheiros de viciação e – NDM, p. 227
PINTURA FLUÍDICA
manutenção de paisagem viva de – OVE, p.44
PINTURA MENTAL
operações magnéticas e extinção de – OVE, p. 53
PIRES, LEONARDO, ESPÍRITO
Antonina e – ETC, p. 51
passado de – ETC, p. 51
PLANCK, MAX
energia quântica e – MM, p. 29
PLANCY, COLLIN DE
descrição do demônio e – AR, p. 55
PLANEJAMENTO
organização de serviços e – OVE, p. 90
organização e funcionamento do instituto de * de reencarnação – ML, p. 173
reencarnações fora do comum e – ML, p. 181
PLANO ELEVADO
requisitos do – NL, p. 95
PLANO ESPIRITUAL *VER TAMBÉM* MUNDO ESPIRITUAL AFINIDADE E – EVC, P. 109
fronteira e – EVC, p. 105
hospital de emergência no – NDM, p. 129
mentor supervisiona a médium no contato com o – NDM, p. 153
organização de serviço no – NDM, p. 163
periferia e – EVC, p. 109
preocupações terrenas e visão do – NDM, p. 192-193
PLANO ESPIRITUAL INFERIOR
desencarnados e – EVC, p. 74, 90
Espírito benfazejo e – LI, p. 57
Espíritos abnegados e – EVC, p. 110
Espíritos desordeiros e – EVC, p. 113
flora, fauna e – LI, p. 55

habitantes e – LI, p. 56; EVC, p. 108
mente e – EVC, p. 74
perversão e – EVC, p. 109
sexualidade e – EVC, p. 123
terra da liberdade e – EVC, p. 123
Terra e – LI, p. 57
PLANO ESPIRITUAL SUPERIOR
trabalho e valores morais no – NL, p. 134
PLANO FÍSICO
Espíritos inferiores e – LI, p. 19
PLANOS INFERIORES
notícias dos – NL, p. 140
permanência nos – NL, p. 47
serviços divinos nos – NL, p. 217
PLANTA
homem e – AR, p. 96, 993
oração da – ETC, p. 9
PLEXO SOLAR
comunicação e – NDM, p. 45
PLEXOS NERVOSOS
centros vitais e – AR, p. 2743
PLOTINO, ENFERMEIRO ESPIRITUAL
desligamento e – EVC, p. 220
PNEUMATOFONIA
ectoplasmia e – ML, p. 127
POBREZA
conceito de – OM, p. 225
PODER DIVINO
fins justos e – NDM, p. 92
POLIANA
desdobramento de – AR, p. 1913
tratamento perispiritual em – AR, p. 193
POLIDORO, SERVIDOR
Ministério do Esclarecimento e – NL, p.110
POLIGAMIA
Amantino e – SD, p. 312
PÓLO MAGNÉTICO
intensidade do – MM, p. 68
oersted e – MM, p. 68
POLÔNIA
Benevenuto, ministro, e – NL, p. 262
militares agressores e – NL, p. 263
socorro espiritual e – NL, p. 262

PONTOS NEGROS
André Luiz e – NL, p. 186
descrição dos – NL, p. 188
Narcisa e – NL, p. 186
Paulo, vigilante-chefe, e – NL, p. 187
vampiro e – NL, p. 187
PONTUALIDADE
trabalho espiritual e – ML, p. 90
PORTAS DO LAR
morte e – SD, p. 35
POSSE
paixão da – AR, p. 1263
POSSESSÃO
Cláudio e – SD, p. 89
dupla Espírito possessor/obsidiada e – ML, p. 332
epilepsia e – NDM, p. 77
Marita e – SD, p. 137
sintonia mental e – EVC, p. 209
sonambulismo puro – NDM, p. 74
um caso de – ML, p. 330
POSTO DE SOCORRO
aspecto e defesas do – OM, p. 103
descrição do – OM, p. 104
estado mental dos habitantes e ambiente do – OM, p. 104
fortificação e defesa do – OM, p. 127
POSTO DE VIGILÂNCIA
faixa de defesa do – OVE, p. 176
POTENCIAL
conhecimento do – NL, p. 8
diferença de – MM, p. 48
PRAGA
mente culpada e efeito de – NDM, p. 40
PRAIA
atividade espiritual na – ETC, p. 31
sono e – ETC, p. 31
PRÁTICA
conhecimento e – OM, p. 75
PRAZER
aperfeiçoamento e – MM, p. 87
desencarnado e – LI, p. 35
erotismo e – AR, p. 220
estágio espiritual e – AR, p. 220

monomania do – MM, p. 86
serviço e – MM, p. 87
PRECE VER ORAÇÃO
PRECEITOS
    comuns à religião e à ciência – ML, p. 22
PRECONCEITO
    antagonismo e – ETC, p. 263
PRECONCEITOS E DOGMAS RELIGIOSOS
    elevação espiritual e – OVE, p. 216
    imagens da mente e – OVE, p. 215
    intercessão espiritual e – OVE, p. 216
PREGAÇÃO
    contradição na * de profitente espiritualista – ML, p. 92
    prova da riqueza e – OVE, p. 134
PRESENÇA MATERNAL
    reconforto da – NL, p. 90
PRESENTE
    sombra do passado e – AR, p. 9
PRESENTE, TEMPO
    passado e comunicação com o – NDM, p.212
    passado redivivo no – NDM, p. 214-215
PRETÉRITO DOLOROSO
    clarificando a visão do – NL, p. 126
PRIMITIVISMO
    tirania e – LI, p. 28
PRINCÍPIO ESPIRITUAL
    evolução do – NMM, p. 57
PRINCÍPIO INTELIGENTE
    células e – EDM, p. 45
    chegada e expansão do * no mundo – EDM, p. 63
    clorofila e – EDM, p. 34
    evolução do – EDM, p. 56, 239
    excitações químicas e – EDM, p. 65
    filtros de transformismo e – EDM, p. 54
    hereditariedade e – EDM, p. 57
    hermafroditismo e – EDM, p. 157
    marcha do – EDM, p. 43
    matéria e – EDM, p. 52
    organização do – EDM, p. 54
    origem do – EDM, p. 33, 36
    pensamento e – EDM, p. 56
    reino animal e – EDM, p. 64

reino vegetal e – EDM, p. 64
reprodução e – EDM, p. 53
responsabilidade do – EDM, p. 60
ser humano e – EDM, p. 41
tato e – EDM, p. 43
PRINCÍPIOS MENTAIS
    mensuração futura dos – NDM, p. 30
PRINCÍPIOS RELIGIOSOS
    Cláudio e – SD, p. 209, 211
PRINCÍPIOS VITAIS
    instrutores e * da atmosfera – NL, p. 56
    Nosso Lar e * da atmosfera – NL, p. 58
PRISÃO REGENERADORA
    reencarnação como – NDM, p. 137
PRISCILA
    Felix e – SD, p. 302
    reencarnação de – SD, p. 380
PRISCILA, IRMÃ DE ANDRÉ LUIZ
    Umbral e – NL, p. 97, 281
PROBLEMA RELIGIOSO
    surgimento do – NL, p. 16
PROBLEMAS
    merecimento para solucionamento de – ML, p. 161
    temas edificantes dos * da vida – OVE, p.187
PROCRIAÇÃO
    objetivos sagrados da Criação e – ML, p.215
PROFISSIONAL
    influência espiritual sobre o – NDM, p. 143
PROGRESSO
    combate ao – LI, p. 28
    material e espiritual – OM, p. 40
    mundo espiritual e – OM, p. 10
    transformação natural e – LI, p. 22
    vibrações inferiores e * da Terra – OM, p.40
PROGRESSO ESPIRITUAL
    automagnetização e – MM, p. 105
PROMESSA
    máxima do "ajuda-te a ti mesmo" e – ML, p. 52
    sofrimento, * e desencarnação – OVE, p. 99
    tentativa de suborno por meio de – OVE, p.30
PROPRIEDADE DIVINA
    utilização da – AR, p. 943

PROPRIEDADES
  problema das – NL, p. 125
PROSTITUIÇÃO
  frequência a casas de – ML, p. 57
  reencarnação em ambiente de paixões,
    desvarios e – ML, p. 235
PROTEÇÃO ESPIRITUAL
  desencarnação e – EVC, p. 214
  hospital e – EVC, p. 210
  lar de Margarida e – LI, p. 227
  médium a serviço do bem e – NDM, p. 153
  petitórios de – NDM, p. 152
  sofredor atravessa a – NDM, p. 75
PROVA(S)
  aquisição da fortaleza moral e – OVE, p.237
  organização de mapa de – ML, p. 245
PROVAÇÃO
  afecção cutânea e – AR, p. 231
  beleza física e – LI, p. 251
  calúnia pela imprensa e – NDM, p. 141
  enfermidade e – LI, p. 31
  escolha da – AR, p. 270
  mudança de sexo e – AR, p. 226
  riqueza e – LI, p. 49
  situação doméstica e – NDM, p. 198
PROVIDÊNCIA
  extinção de conflito de vibrações e – ML, p.127
  proteção e – ML, p. 44
PROVIDÊNCIA DIVINA
  atributos da – AR, p. 92
  auxílio às criaturas e – OM, p. 160
  bens terrenos e – AR, p. 93-94
  Cláudio e – SD, p. 215
  compreensão do socorro da – OVE, p. 191
  exortação à – AR, p. 208
  melhoria do homem e – AR, p. 148
  mérito e – OM, p. 160
  sofrimento e – OVE, p. 129
PRÓXIMO
  desejando ao * o mesmo que para si próprio
    – ML, p. 209
  sentimentalismo doentio e o – ML, p. 342
PRUDÊNCIA
  tarefas e – NMM, p. 34
PSICANÁLISE
  enigmas da pessoa humana e estudo da –
    OVE, p. 34

PSICOFONIA
  censura das palavras na – NDM, p. 53
  consciente e controle – NDM, p. 73
  valores morais do médium e – NDM, p. 74
  variação vocabular na – NDM, p. 44
PSICOGRAFIA
  animismo e – NMM, p. 140
  Eulália e – NMM, p. 138
  mecanismo da – NDM, p. 176
  médium analfabeto e – NDM, p. 222
  mediunidade de incorporação e – ML, p.283
PSICÓGRAFO
  caráter do médium – ML, p. 13
  obsessor e jornalista – NDM, p. 140
  proteção à saúde orgânica de – ML, p. 15
PSICOLOGIA
  reencarnação e – NMM, p. 170
PSICOMETRIA
  afetividade e – MM, p. 142
  centros vitais e – MM, p. 140
  circuito mental e – MM, p. 139
  conceito de – MM, p. 139
  concentração e – MM, p. 139
  condições evolutivas e – NDM, p. 244
  criptestesia e – NDM, p. 249
  desaparecimento e – MM, p. 142
  desdobramento e – MM, p. 141
  Espíritos e – MM, p. 143, 144
  fluido nervoso e – MM, p. 140
  formas-pensamentos e – MM, p. 141
  fracasso em – MM, p. 143
  hipnotismo e – MM, p. 139, 140
  história dos objetos e – NDM, p. 244
  indução e – MM, p. 142
  interferência na – MM, p. 141
  mecanismos da – MM, p. 139
  médium de – MM, p. 141
  merecimento e – MM, p. 143
  metagnomia tátil e – NDM, p. 249
  moral – MM, p. 143
  objeto esquecido e – NDM, p. 245
  objeto pessoal e – MM, p. 142
  outras faculdades e – MM, p. 144
  pensamento e – MM, p. 143
  percepção e – MM, p. 139
  pessoas desaparecidas e – NDM, p. 243
  Psicologia experimental e – NDM, p. 241

Índice Geral

reflexo condicionado e – MM, p. 140
sensibilidade e – MM, p. 140
seres da natureza e – MM, p. 144
simpatia e – MM, p. 140
telestesia e – NDM, p. 249
toque no objeto e – NDM, p. 242
trabalhos mediúnicos e – NDM, p. 241
visão e audição em – MM, p. 141
PSICOPATIA
  tipos de – MM, p. 168
PSICOPICTOGRAFIA
  retoques em trabalho de – OVE, p. 43
PSICOSCÓPIO
  características e finalidades do – NDM, p.20
  equipe mediúnica e – NDM, p. 20
  espectros dos médiuns pelo – NDM, p. 44
  função do – NDM, p. 22
  pensamentos e – NDM, p. 30
  revelações do – NDM, p. 23
PSICOSE
  tipos de – OVE, p. 37
PSICOSFERA
  enfermo e revelações de sua – AR, p. 67
PSICOSSOMA *VER TAMBÉM* PERISPÍRITO
  origem da palavra – ETC, p. 86, nota
PSICOTRÓPICO
  Marcelo e – NMM, p. 126
PSIQUIATRA
  Marina e – SD, p. 277, 281, 285
  Marita e – SD, p. 146
PSIQUIATRIA
  demências e – MM, p. 165
  desobsessão e – NDM, p. 212
  obsessão e – ML, p. 337
  psicoses e – MM, p. 165
  tratamento preventivo da loucura e – OVE, p. 36
PSIQUISMO
  caridade e – LI, p. 145
  estudo do – NMM, p. 170
  fenômenos mediúnicos e – LI, p. 145
  perversão do – ML, p. 22
PSIQUISMO DINÂMICO
  vida orgânica e – NDM, p. 15
PUBERDADE
  assédio espiritual durante a – NDM, p. 92

PUNIÇÃO
  consciência culpada e – AR, p. 8
  ordem e – AR, p. 8
PUREZA
  afinidade e * mental – NL, p. 226
  falsa – ML, p. 92
PURGATÓRIO
  arquitetura e – LI, p. 96
  comunidade e – LI, p. 63
  criança e – LI, p. 65
  delinquência e – MM, p. 166
  desencarnação e – ETC, p. 146
  Espírito cria o seu – NDM, p. 38-39
  governo do – LI, p. 30
  guardas do – MM, p. 167
  localização do – MM, p. 167
  ondas mentais e – MM, p. 167
  panorama do – LI, p. 63
  população do – MM, p. 167
  prisão-manicômio e – MM, p. 167
  remorso e – MM, p. 166
  sensações físicas e – LI, p. 34
  supervisão do – MM, p. 167
  vampirismo e – LI, p. 65
QUADRO FLUÍDICO
  preparação de – OVE, p. 42
QUALIDADE
  conceito de – ML, p. 237
QUALIDADES DIVINAS
  aquisição de – NMM, p. 162
QUEDA
  aprendizado e – ML, p. 172
RACIOCÍNIO
  cérebro, desencarnação e – OM, p. 9
RÁDIO
  elemento químico – NDM, p. 22
RÁDIO, SUBSTÂNCIA
  fragmentação do – MM, p. 31
RADIOATIVIDADE
  casal Joliot e Curie e – MM, p. 32
RAFAEL
  André Luiz e – NL, p. 149, 153
  Ministério da Regeneração e – NL, p. 149
RAIMUNDO
  conduta leviana de Espíritos e irmão – OVE, p. 49

671

RAIOS
    procedência vertical e horizontal dos –
        ML, p. 70
    vibração de médiuns e – ML, p. 12
RAIOS CÓSMICOS
    fronte humana e ação de – ML, p. 70
RAIOS GAMA
    pés e ação de – ML, p. 70
RAIOS MAGNÉTICOS
    benfeitor espiritual e emissão de – ML, p.207
    homem e ação de – ML, p. 70
RAIOS MENTAIS
    intercâmbio mediúnico e – MM, p. 126
    vidência, audição e – MM, p. 130
RAIOS VITAIS
    raios ectoplasmáticos e – NDM, p. 26
RAIOS X
    Roentgen e – MM, p. 30
RAQUEL, ENCARNADA
    humildade de – ML, p. 246
    sentimento, pela segunda vez, de maternidade por – ML, p. 249
RAUL SILVA VER SILVA, RAUL
RAUL, SUICIDA
    aplicação de passes magnéticos em – ML, p.151
    Espíritos inferiores, passe magnético e –
        ML, p. 148
RAZÃO
    indução e – MM, p. 92
    sentimento e – OM, p. 82
REAJUSTE
    Gotuso e circunstâncias de – OVE, p. 77
    processos de – NDM, p. 137
REALIDADE DA VIDA
    alteração da – NL, p. 20
REALIDADES DA ALMA
    Cláudio e – SD, p. 360
REALIZAÇÃO NOBRE
    requisitos para – NL, p. 48
REBELDIA
    lei de concessão a cada um segundo suas obras e – ML, p. 305
    renovação e – AR, p. 71
RECÉM-CHEGADA DO UMBRAL
    Amâncio, padre, e – NL, p. 205
    escravos e – NL, p. 204
    missas e – NL, p. 204

religião e – NL, p. 205
RECÉM-DESENCARNADO(S)
    assistência espiritual a – AR, p. 48, 61
    católica e confissão – AR, p. 50-51
    fixação mental e – AR, p. 56
    inteligências perversas e – AR, p. 264
    lei de causa e efeito e – AR, p. 59
    Mansão Paz e – AR, p. 61
    remoção de Espíritos de – AR, p. 262
    sinais de enfermidade e – AR, p. 50
    umbral e – AR, p. 59
RECEPTOR
    aparelho de comunicação e – NL, p.138, 143, 167
RECLAMAÇÃO
    descumprimento de compromisso e –
        OVE, p. 112
    trabalho, serviço e – OM, p. 21
RECONCILIAÇÃO
    mandamento cristão e – AR, p. 139
    Paulina e * familiar – NL, p. 179
    prática do amor e – ML, p. 210
RECONHECIMENTO
    prestação de ajuda em busca de – ML, p. 82
RECONSIDERAÇÃO
    valor da – SD, p. 273
RECORDAÇÃO
    capacidade para – ML, p. 86
RECUPERAÇÃO MORAL
    doenças mentais e – MM, p. 168
    mundo espiritual e – MM, p. 168
RECURSOS ANESTESIANTES
    Beatriz desencarnada e – SD, p. 241
    recursos psíquicos emprego dos –
        NDM, p. 138
REDENÇÃO
    livre-arbítrio e – OVE, p. 115
    maternidade e – EVC, p. 129
REDES DE DEFESA
    emprego de – OVE, p. 131
REEDUCAÇÃO
    corpo físico e – ML, p. 245
    crime e – OVE, p. 65
    trabalho e * própria – SD, p. 14
REENCARNAÇÃO
    afinidade e – MM, p. 114; ETC, p. 86
    agravamento de débitos e – AR, p. 148

Índice Geral

almas endividadas e * expiatória – OVE, p.82
amizade e – ETC, p. 186, 188
amor, sabedoria e – LI, p. 92, 161
animais e – ETC, p. 202
aperfeiçoamento e – NDM, p. 234; NL, p. 67; AR, p. 16
aprendizado antes da – AR, p. 255
aproveitamento das oportunidades da – OM, p. 45
ascendentes biológicos e técnicos da – NL, p. 288
aspiração de candidato à – AR, p. 136
autocontrole da – ETC, p. 203
automatismo e – ETC, p. 197
autopunição e – EVC, p. 111
autorreajustamento para – AR, p. 101
bênção divina e – LI, p. 244
biologia e – ETC, p. 13, 71, 200, 201
carma e – EDM, p. 242
centros de força – ETC, p. 141
choque de longa duração e – NDM, p. 237
colônias espirituais e – ML, p. 176
companhia espiritual na – MM, p. 119
completa após os sete anos de idade – ML, p. 268
comportamento de candidato à – ML, p.168
comportamento de reencarnante com a proximidade da – ML, p. 221
compromisso, livre-arbítrio e – OM, p. 53
compromissos e – ETC, p. 54
compulsória – LI, p. 104
compulsória e resgate coletivo – AR, p.270-271
conceito de – ML, p. 233
concurso valioso dos amigos espirituais no processo de – ML, p. 231
condicionamento magnético e – EVC, p. 87
condições diversas e – EVC, p. 245
conquista de gratidão e harmonia na – ML, p. 268
consciência e – EDM, p. 55, 102
conservação da pureza de ensinamentos preparatórios da recente – ML, p. 61
corpo físico e – ETC, p. 201
corpo monstruoso e – AR, p. 200
correção do amor e – EVC, p. 228
cromossomos e – ETC, p. 197
cuidados especiais e – ETC, p. 197

defeitos físicos e – EVC, p. 111
delinquência e – AR, p. 35
desafios da – LI, p. 246
dificuldades da – OM, p. 28
divulgação de noções sobre – OVE, p. 37
doenças congeniais e – MM, p. 168
dona Laura e – NL, p. 128, 152, 286
egoísmo e – LI, p. 36
embriogenia e – ETC, p. 197
enfermidade congenial e – AR, p. 241, 277
esfera do recomeço e – LI, p. 244
especial – EDM, p. 170
espíritas e – OM, p. 45
Espiritismo e – AR, p. 9
Espírito inconsciente e – LI, p. 36
Espírito superior e – ML, p. 233; OVE, p. 54
Espíritos e – EDM, p. 173
Espíritos inferiores e – LI, p. 21
esquecimento do objetivo da – NL, p. 72
estágio educativo e – LI, p. 91
evolução e – EDM, p. 171
expiação e – AR, p. 150
faltas remanescentes e – AR, p. 280
família e – OVE, p. 163
fenômenos teratológicos, moléstias congê--nitas e – ML, p. 235
finalidade da – EVC, p. 101
função da * expiatória – OVE, p. 96
futura de Silas – AR, p. 136
futura mãe e – ETC, p. 194
futuro lar e – ETC, p. 194
habilitação para – ETC, p. 75
herança e – AR, p. 29
hereditariedade e – EDM, p. 171; ETC, p.204
hermafroditismo e – EDM, p. 158
homossexualidade e – AR, p. 226
idade de 7 anos para consolidação de – ML, p. 236
importância da – LI, p. 93, 248
imposição de infortúnios a outros e – AR, p. 258
inconsciência da – ML, p. 222
inferioridade e – LI, p. 91
inibições e – EVC, p. 111
instituições-hospitais e – EDM, p. 175
intercessão e – AR, p. 147

intervalos de cinco a oito séculos para – OVE, p. 54
inversão sexual e – AR, p. 226
irresponsabilidade e – LI, p. 246
justiça espiritual e – EDM, p. 174
Laerte e – NL, p. 282
lei de causa e efeito e – ML, p. 191
Luísa e – NL, p. 97
mãe de André Luiz e – NL, p. 280
mãe e – ETC, p. 199
magnetismo e – ETC, p. 197
mediunidade e êxito na – OM, p. 43
mediunidade, lembrança do passado e – OM, p. 69
mente enfermiça e – ETC, p. 67
merecimento e – AR, p. 29
mesmos pais e – ETC, p. 232
missão e – ETC, p. 197
moldes padronizados para maioria dos processos de – ML, p. 171
natureza superior e * expiatória – OVE, p.83
obstáculos à – ETC, p. 211
obstáculos, oportunidades e – OM, p. 28
ocultação e – EVC, p. 110
pagamento de débito e – AR, p. 269
parasitismo e – EDM, p. 133
perigo de frustração e – AR, p. 34
período da infância e – ML, p. 236
perispírito e – ETC, p. 199, 200
planejamento e – EVC, p. 187
planos e projetos de * fora do comum – ML, p. 181
planos espirituais distintos e – AR, p. 35
potências da alma e – EVC, p. 88
preparação moral antes da – AR, p. 238-239
preparação para – ETC, p. 196
preparo de almas para – OVE, p. 147
processos de evolução ou de retificação e – ML, p. 252
processos diferente de – ML, p. 233
profissão e – ETC, p. 197
programa de – ETC, p. 13
programas de serviço e – NL, p. 71
projetos e mapas de formas orgânicas no processamento de – ML, p. 174
proteção indireta e * expiatória – OVE, p.60

prova da usura e – AR, p. 127
psicologia analítica e – NMM, p. 170, 172
psicopatias e – MM, p. 168
recapitulação da vida e – ETC, p. 255
recapitulação e – NMM, p. 60
recebimento de herança pela – ML, p. 240
reconciliação e – ETC, p. 233
recuperação pela – MM, p. 69, 168
redenção e – LI, p. 46
reencontro de adversário e – AR, p.246-247
regeneração e – LI, p. 261
regiões inferiores e – AR, p. 275
reinos inferiores e – ETC, p. 188
renovação e – ETC, p. 71, 198
resgate e – EDM, p. 164; AR, p. 212
resgate, serviço, sucesso e – OM, p. 43
resignação por aceitar a – NDM, p. 229-230
retificadora – AR, p. 276
retorno à experiência corporal e processamento da – ML, p. 222
seguimento de diretivas pela – ML, p. 9
seleção de prova coletiva e – AR, p. 270
seres primitivos e – LI, p. 247
serviço à coletividade e – LI, p. 91
sete anos de idade e término do serviço de – ML, p. 239
sintonia magnética e – ETC, p. 188
solicitação de – EDM, p. 170
solução para importantes problemas da felicidade humana na lei de – ML, p. 169
sublimação e – LI, p. 99
suicida e – ETC, p. 193
suicida, dívida agravada e – AR, p. 185
tarefas, dívidas e – MM, p. 119
técnicos da – NL, p. 288
tempo de preparação para – AR, p. 155
teoria freudiana – OVE, p. 35
trabalho para a concessão da benção da * para si própria e filhos – ML, p. 188
Túlio e – EVC, p. 241
urgência e – EVC, p. 139

REENCARNAÇÃO EXPIATÓRIA
aborto delituoso e – AR, p. 228
destino e – AR, p. 267
enfermidades congeniais e – AR, p. 279
Espiritismo e – AR, p. 239

ligação com planos inferiores e – AR, p. 147
personalidade e – AR, p. 117
regime de sansões e – AR, p. 277-279
REENCARNANTE
futura mãe e – EVC, p. 241
gravidez e – EVC, p. 246
lucidez e – EVC, p. 246
miniaturização e – EVC, p. 248
pais desconhecidos e – EVC, p. 247
REENCONTRO
influência espiritual e – ETC, p. 252
Marinho (Espírito) e visão de sua mãe em – ML, p. 316
REFEIÇÕES
Ministério do Auxílio e – NL, p. 107
Nosso Lar e – NL, p. 107
REFLEXÃO
correntes mentais e – MM, p. 89
energia mental e – MM, p. 117
enfermidade e – EVC, p. 32, 42
importância da – MM, p. 89
influência e – MM, p. 89
influência espiritual e – EVC, p. 232
sintonia e – MM, p. 89
REFLEXO CONDICIONADO
arquivo do – EDM, p. 58
conversação e – MM, p. 117
definição de – MM, p. 172
fenômenos mediúnicos – MM, p. 125
hábitos e – MM, p. 117, 125
intercâmbio mediúnico e – MM, p.126, 171
leitura e – MM, p. 117, 125
mediunidade – MM, p. 128
mente e – MM, p. 172
mistificação e – NMM, p. 127
oração e – MM, p. 128, 130, 175
passividade mediúnica e – MM, p. 128, 129
psicometria e – MM, p. 140
raios mentais e – MM, p. 126
Reflexos-tipos – EDM, p. 72
vícios e – MM, p. 127
vicioso – MM, p. 118
REFLEXO PSÍQUICO
indução e – MM, p. 91
ligações mentais e – MM, p. 91

REFLEXOS
condicionados – MM, p. 90
congênitos – MM, p. 89
córtex cerebral e – MM, p. 90
desenvolvimento dos – MM, p. 90
estímulos e – MM, p. 90
incondicionados – MM, p. 89
Pavlov e – MM, p. 89
psiquismo e – MM, p. 90, 91
recuperação dos – EDM, p. 139
REFLEXOS MENTAIS
missões santificantes, guerras e – NDM, p.18
realizações na vida e – NDM, p. 17
REFORMA ÍNTIMA
cultura e – MM, p. 115
demonstrações de interesse por – ML, p.302
desenvolvimento mediúnico e – ML, p. 55
desobsessão e – LI, p. 88, 150
elevação moral e – MM, p. 115
esforço pela – OVE, p. 177
evolução e – ML, p. 29
força da prece e – NDM, p. 190
percepção do mundo espiritual e – OM, p.14
predisposições mórbidas e – MM, p. 163
suor, disciplina e – MM, p. 116
vida espiritual e – ML, p. 59
REGENERAÇÃO
abnegação e – EVC, p. 132
aborto delituoso e – AR, p. 2283
mundo espiritual e – EVC, p. 132
tédio na prática do mal e – NDM, p. 236
usura – AR, p. 127
REGIÕES INFERIORES
cães de guarda e – AR, p. 64
composição e procedência de habitante de – AR, p. 16
deformações do perispírito nas – AR, p.177
dificuldades de lembranças do passado em – AR, p. 138
espírita desencarnado interno em instituição socorrista nas – ML, p. 283
estágio em – AR, p. 18
habitantes e vida nas – AR, p. 17
lembrança do passado e – AR, p. 149
possibilidade de recuperação – AR, p. 18

reencarnação e – AR, p. 275
reencarnado e ligação com – AR, p. 147
regenerados e assistência fraterna em – AR, p. 62
trabalho assistencial em – AR, p. 177
REGIÕES INFERNAIS
   formas de sofrimento e – AR, p. 163
   médiuns desencarnados e – AR, p. 78
   sofrimento e – AR, p. 40
RÉGIS
   Félix e irmão – SD, p. 297, 380
REGRESSÃO
   emotividade e – ETC, p. 93
   enfermidade e – ETC, p. 98
   mente e – ETC, p. 98
   obsessor submetido a – NDM, p. 63
   perispírito e – ETC, p. 92
   técnica de – ETC, p. 91
REGRESSÃO DE MEMÓRIA
   hipnose e – AR, p. 31
REGULAMENTO
   trabalho no mundo espiritual e – OM, p.29
REICHENBACH
   emanação ódica e – LI, p. 154
REINO DE DEUS
   livre-arbítrio e – LI, p. 84
   renúncia e – LI, p. 25
   sabedoria, amor e – LI, p. 84
REINO VEGETAL
   bactéria e – EDM, p. 34
   nascimento do – EDM, p. 34
   religião egípcia – EDM, p. 180
   serviço dos Espíritos no – OM, p. 255
   servidores do – NL, p. 308
RELAÇÕES PESSOAIS
   objeto mediador das – NDM, p. 245
RELÂMPAGOS
   elétrons e – MM, p. 108
   nuvens e – MM, p. 108
RELIGIÃO
   ciência e – NMM, p. 100
   criação e destino da alma segundo a – OVE, p. 74
   dignidade da – NDM, p. 280
   domingueira – AR, p. 125
   Espiritismo e – NMM, p. 208
   estagnação espiritual e – OVE, p. 140
Evelina e – EVC, p. 31
fé e – NMM, p. 207
função da – NMM, p. 212
ideia de Deus e – ML, p. 41
importância da – OM, p. 275
localização do céu e inferno e – AR, p. 92
paz de espírito e – ETC, p. 261
prática da – ETC, p. 80
prática do bem e – OM, p. 27
respeito e – EVC, p. 66
revelação progressiva e – OM, p. 39
ser humano e – ETC, p. 246
RELIGIÕES NO MUNDO
   André Luiz e – NL, p. 21
REMÉDIO
   Jesus e * para a alma – OVE, p. 119
   princípio elétrico e – OVE, p. 311
REMORSO
   controle do – LI, p. 147
   culpa e – ETC, p. 95
   efeito mental do – NMM, p. 53
   Fabrício e – NMM, p. 180
   fixação de – AR, p. 69
   fobias e – NMM, p. 180
   maldade e – AR, p. 2233
   Marcelo e – NMM, p. 122
   mecanismo de fuga e – EVC, p. 177
   mente, constante visão da vítima de criminoso, propósito e – ML, p. 155
   propósito de regeneração e – ML, p. 156
   sintonia e – NMM, p. 116
   subjugação da mente pelo – NDM, p. 41
   traição e – ETC, p. 126
   velhice e – LI, p. 147
REMUNERAÇÃO
   atenção à * na Terra – NL, p. 133
   bônus-hora – NL, p. 132, 218
RENOVAÇÃO
   acréscimo de visão e – NDM, p. 117
   alavanca da vontade e – NDM, p. 138
   amadurecimento espiritual e – AR, p. 198
   amor ao filho e – LI, p. 200
   amor e – ETC, p. 187, 284
   anseio e – LI, p. 238
   boa vontade e – LI, p. 236
   caridade e – LI, p. 236, 249
   desencarnação e – ETC, p. 173

esforço e – LI, p. 207
Espírito imperfeito e – LI, p. 250
Espírito mau e – LI, p. 25
Espíritos subumanos e – LI, p. 64
exemplo do bem e – LI, p. 208
favoritismo e – LI, p. 266
ganho de tempo pela – NDM, p. 138
humildade e – LI, p. 258
indisciplina, orgulho e – NDM, p. 286
influenciação e – LI, p. 192
maternidade e – ETC, p. 262
mecanismos da – LI, p. 14
obsessores e – AR, p. 153
perseguição e – LI, p. 208
prazo para ajuda na – OVE, p. 148
programa de – LI, p. 258
rebeldia e – AR, p. 71
recuperação da harmonia e – NDM, p. 118
reencarnação e – LI, p. 261; ETC, p. 198
rejeição à proposta de – OVE, p. 131
resistência e – LI, p. 28, 207, 216
retrato espiritual e – EVC, p. 8
trabalho e – ETC, p. 284
trabalho, renúncia e – LI, p. 258
virtudes e – LI, p. 207
vontade e – LI, p. 77
RENOVAÇÃO ESPIRITUAL
trabalho pela – NL, p. 95
RENOVAÇÃO MENTAL
cura e – ETC, p. 249
desencarnado e – OM, p. 247
dificuldades da – OM, p. 15
oração e – MM, p. 174
trabalho e – ETC, p. 87, 111
RENÚNCIA
médium e – ML, p. 14
Reino de Deus e – LI, p. 25
sublimação e – ETC, p. 285
suicídio moral e – EVC, p. 228
trabalho e – ETC, p. 293
REPARAÇÃO
culpas recíprocas e – AR, p. 214
desespero e – AR, p. 153
falta e – AR, p. 223-234
reencarnação e – AR, p. 290
regeneração e – AR, p. 224
solidariedade na tarefa de – AR, p. 85

REPOUSO
extravasamento de impulsos durante o * noturno – ML, p. 92
preocupações excessivas e – ML, p. 79
REPRODUÇÃO
união dos sexos e – ML, p. 214
RESGATE
consciência da necessidade de – AR, p. 98
desvios e – ML, p. 230
esforço próprio e – NMM, p. 181
impossibilidade de transferência de – AR, p. 137
legítimo e ser humano – ML, p. 212
passado e reencarnação para – ML, p. 167
pessoalidade do – AR, p. 137
reencarnação e – AR, p. 212
RESIGNAÇÃO
dívida expirante e – AR, p. 259
enfermo sem assistência familiar e – AR, p.252
sofrimento e – OM, p. 224
RESPIRAÇÃO
fluido cósmico e – MM, p. 154
RESPONSABILIDADE
adeptos do Espiritismo e – AR, p. 241
adeptos religiosos e fuga da – OVE, p. 144
Cláudio e – SD, p. 59
compreensão da – NL, p. 157
conhecimento e – SD, p. 62, 63
destino e – AR, p. 97
discernimento e grau de – AR, p. 222
Espírito e – ML, p. 40
livre-arbítrio e – ETC, p. 184
maternidade e – OVE, p. 259
nascimento da – EDM, p. 83, 85
participação em queda alheia e – AR, p. 214
revelação de – NL, p. 95
serviço cristão e * do servo – OVE, p. 209
sonambulismo perfeito e – NDM, p. 72
tarefa mediúnica e * dos Espíritos – ML, p.14
RESTAURANTE
emanações deletérias e – NDM, p. 136
RETARDO MENTAL
fixação mental e – NDM, p. 238
REUNIÃO
equilíbrio e assistência espiritual na – OM, p. 245
espírita e defesa contra o vampirismo – ML, p. 35

Espíritos desesperados e preguiçosos, depois
    da morte física, em – ML, p. 309
estudos no mundo espiritual e presença de
    encarnados em – ML, p. 101
REUNIÃO DE DESENVOLVIMENTO ME-
DIÚNICO
    exterior do recinto de – ML, p. 47
    prestação de assistência espiritual em –
    ML, p. 37
REUNIÃO DE DESOBSESSÃO
    Espíritos intérpretes e demais componentes
    da – ML, p. 325
    seleção de componentes da – ML, p. 321
REUNIÃO DE TRABALHOS ESPIRITUAIS
    desencarnados sofredores e – OM, p. 267
    magnetismo e – OM, p. 266
    preparação para – OM, p. 265
REUNIÃO ESPÍRITA
    desserviço pela emissão de solicitações
    pessoais em – ML, p. 126
    sono durante a – OM, p. 296
REUNIÃO MEDIÚNICA
    ambiente em – ML, p. 12
    defesa contra o mal e – LI, p. 222
    entrada de desencarnados em – ML, p. 11
    esclarecimentos a sofredores desencarnados
    presentes em – ML, p. 314
    Eulália e – NMM, p. 136
    frivolidades em – NDM, p. 252
    funções dos componentes de – AR, p. 76
    grupo doméstico e – LI, p. 210
    médium e – LI, p. 210
    médium obsidiado e – LI, p. 215
    médiuns desencarnados em – AR, p. 78
    pensamento e – LI, p. 241
    prece na abertura da – ML, p. 293
REUNIÃO PÚBLICA
    assistência espiritual na – NDM, p. 36
    assistentes que nada aproveitam na –
    NDM, p. 36
    condições dos sofredores na – NDM, p. 35
    Espíritos que fogem da – NDM, p. 36
    proteção dos colaboradores da – OVE, p.206
    proteção magnética na – NDM, p. 35
    sono durante a – NDM, p. 37
REVELAÇÃO
    ângulos da vida espiritual e – ML, p. 7

ortodoxia e – LI, p. 37
tempo para – ML, p. 158
REVIGORAMENTO ESPIRITUAL
    contato com o trabalho e – NDM, p.174-175
REVOLTA
    desequilíbrio orgânico e – NDM, p. 185
    doutrinação do amor materno ante o
    ESTADO DE – ML, P. 317
RIBAS
    família espiritual e – EVC, p. 243
    Instituto de Proteção Espiritual e – EVC, p.79
    Mariana e – EVC, p. 250
    oração de – EVC, p. 255
    personalidade-legenda e – EVC, p. 206
RIBEIRO, ENFERMO
    aparição de – NL, p. 295
    Câmaras de Retificação e – NL, p. 162
    compreensão do débito e – NL, p. 128
    desprendimento dos elos físicos e – NL, p.291
    globo cristalino e – NL, p. 292
    leitura das memórias e – NL, p. 128
    novo encontro na Terra e – NL, p. 128
    operações psíquicas e – NL, p. 128
    passes de prostração e – NL, p. 162
    pedido de – NL, p. 296
    reencarnação de – NL, p. 128
    Ricardo, esposo de dona Laura, e – NL, p. 125
    visita a Nosso Lar e – NL, p. 289
RIO AZUL
    magnetização das águas do – NL, p. 63
    qualidades espirituais do – NL, p. 64
    reservatório da colônia e – NL, p. 62
RIQUEZA
    desencarnação e – EVC, p. 197
    desencarnado e apego à – NMM, p. 237
    escravização à – NMM, p. 235
    progresso social e – EVC, p. 200
    provação e – LI, p. 49
ROENTGEN
    raios X e – MM, p. 30
ROMUALDA, IRMÃ
    preparação espiritual e concurso de – ML, p. 158
RONDANTES DESENCARNADOS
    Marita e – SD, p. 181
RÖNTGEN
    raios X e – NDM, p. 7

678

RUTHERFORD
    química nuclear e – MM, p. 32
    radioatividade e – NDM, p. 8
SABEDORIA DIVINA
    criação, vida e sexo e – AR, p. 219
    mal e – LI, p. 85
SABINO
    aura verde-trevosa e – AR, p. 198
    condições físicas e orgânicas de – AR, p.194
    razões da difícil reencarnação – AR, p. 195
SACERDÓCIO
    promessas ao – ML, p. 312
SACERDOTE
    diálogo com Espírito de – OVE, p. 99
    diálogo com Espírito de * recalcitrante – OVE, p. 99
    hóstias e – LI, p. 128
    materialismo e – LI, p. 129
    privilégios de – OVE, p. 99
    visita ao sepulcro do – OVE, p. 108
SACRIFÍCIO
    evolução e – ML, p. 25
SAL
    criatura humana e a importância do – ML, p. 240
SALÃO NATURAL
    Bosque das Águas e – NL, p. 192
    Grande Parque e – NL, p. 191
    mobiliário do – NL, p. 192
    Veneranda, ministra, e – NL, p. 192
SALÁRIO
    médium e – ML, p. 14
    recebimento do – ML, p. 206
SALDANHA, OBSESSOR
    falange e – LI, p. 120
    história de – LI, p. 132
    transformação de – LI, p. 176
SALÕES VERDES
    Grande Parque e – NL, p. 191
    mobiliário dos – NL, p. 192
    Veneranda, ministra, e – NL, p. 191
SALOMÃO
    André Luiz e – SD, p. 178
    Cláudio e – SD, p. 206
    Espiritismo e – SD, p. 207
    Félix e – SD, p. 178
    Marita e – SD, p. 176, 206

SALTO QUÂNTICO
    potenciação do – MM, p. 36
    teoria do – MM, p. 36
SALVAÇÃO
    amor, fé e – LI, p. 174
    desejo de – AR, p. 14
    mal e – LI, p. 194
    roteiros de – LI, p. 14
    solidariedade e – LI, p. 51
    teorias e – LI, p. 208
    vontade firme para afastamento do erro e – ML, p. 358
SAMARITANOS
    cães, muares, aves e – NL, p. 200
    Câmaras de Retificação e – NL, p. 197, 197
    conceito de – NL, p. 161, nota
    Francisco, enfermo, e – NL, p. 175
    íbis viajores e – NL, p. 201
    Ministério da Regeneração e – NL, p. 167
    Umbral e – NL, p. 161, 167
SANGUE
    elementos do – MM, p. 154
    Espíritos na tentativa de sugação de – ML, p. 146
    fluidoterapia e – MM, p. 154
    órgãos do corpo e – MM, p. 154
    perispírito e – ML, p. 238
SANTIFICAÇÃO
    desencarnação e – ML, p. 104
SANTUÁRIOS
    almas e a busca dos diversos – NDM, p. 37
SÂNZIO, MINISTRO DA REGENERAÇÃO
    conciliação de adversários e – AR, p. 86-87
    deveres e atribuições do – AR, p. 83
    dissertação sobre a dor e – AR, p. 89
    materialização de – AR, p. 82
SARA
    Félix e – SD, p. 302
    reencarnação de – SD, p. 380
SATANISMO
    encarnados, desencarnados e – LI, p. 22
SAÚDE
    aniquilamento consciente da – OVE, p. 222
    corpo, mente e – OM, p. 269
    desregramentos e – MM, p. 154
    encorajamento e – EVC, p. 79
    intercessão espiritual e – AR, p. 231
    medicina e – LI, p. 138

negligência e – LI, p. 138
repetidos desequilíbrios orgânicos e
DESLEIXOS COM A – ML, P. 361
vontade e – MM, p. 153
SAULO DE TARSO
clarividência e – MM, p. 14
SEÇÃO DO ARQUIVO
anotações particulares e – NL, p. 128
leitura das memórias em – NL, p. 128
SECTARISMO
Cristianismo e – NMM, p. 211
SEDUÇÃO
dinheiro e – AR, p. 126
promessa e – OVE, p. 105
sensualidade e – ML, p. 190
SEGISMUNDO, ESPÍRITO
necessidade da reencarnação para – ML, p.167
obra assistencial e necessidade de resgate
por – ML, p. 229
proximidade da reencarnação e temores de –
ML, p. 221
SEGUNDAS NÚPCIAS
espiritualidade eterna e – NL, p. 231
Nosso Lar e – NL, p. 238
SEGURANÇA
humildade, perdão e – NDM, p. 196
SELMA
Márcia e – SD, p. 194, 285
SELVAGENS
floresta e – AR, p. 17
SEMPRÔNIA
ação diante de ataques e perseguições e –
OVE, p. 48
SENILIDADE
infantilidade espiritual e – NMM, p. 223
SENSAÇÃO
lições no plano espiritual e * no
DESPERTAMENTO NA CROSTA – ML, P. 87
obsessor, obsidiado e – NDM, p. 88
SENSIBILIDADE PSÍQUICA
uso de objeto alheio e – NDM, p. 248-249
SENTIDOS
córtex cerebral e – MM, p. 73
formação dos – EDM, p. 73

limites e * físicos – EVC, p. 154
SENTIMENTO
culpa – ETC, p. 25
evolução do – NMM, p. 163
obsessão e – ETC, p. 234
progresso nas virtudes e aprimoramento do –
ML, p. 112
razão e – OM, p. 82
sentimentalismo piegas e * de piedade –
ML, p. 99
SENTIMENTOS HUMANOS
características dos – NL, p. 119
hipertrofia dos – NL, p. 139
lágrimas e – NL, p. 92
SEPULTAMENTO
espera voluntária para * dos despojos –
OVE, p. 327
finalidade de cortejo fúnebre em – OVE, p. 255
posição de recém-desencarnado antes do –
OVE, p. 235
prisão ao corpo após – OVE, p. 108
recém-desencarnado no próprio – OVE, p. 280
sensações no – OVE, p. 108
SER
angelização do – ML, p. 110
SERENIDADE
prece, fé, paciência e – NDM, p. 200
SERES
escala dos – ETC, p. 10
SERPA, CAIO
caráter e – EVC, p. 34
confissão de – EVC, p. 162
diálogo mental e – EVC, p. 232
reflexões de – EVC, p. 232
sarcasmo e – EVC, p. 162
SERPA, ELISA
desencarnação e – EVC, p. 199
Desidério e – EVC, p. 16, 247
desligamento de – EVC, p. 219, 220, 229
obsessão e – EVC, p. 167
sepultamento de – EVC, p. 231
SERPA, EVELINA
autoencontro e – EVC, p. 82
catolicismo e – EVC, p. 81
ciúme e – EVC, p. 154
confissão de – EVC, p. 25

Desidério e – EVC, p. 221
diálogo mental e – EVC, p. 232
hesitação no amor e – EVC, p. 142
ingenuidade e – EVC, p. 150
lar dos pais e – EVC, p. 187
memórias de – EVC, p. 84
oração e – EVC, p. 229
religião e – EVC, p. 31
terapia e – EVC, p. 134
Túlio Mancini e – EVC, p. 114
visita o antigo lar – EVC, p. 153
SERPENTE
    poder hipnótico da – NDM, p. 166
SERTÓRIO, AUXILIAR
    desconhecimento pelos encarnados de trabalhos durante o sono e – ML, p. 91
    explicações de * sobre discípulos
PERMANENTES – ML, P. 101
    ponderações de * e atitude perante
PROVOCAÇÃO – ML, P. 98
    recomendação de * para tolerância e
CARIDADE – ML, P. 95
SERVIÇO
    aptidão, sucesso e – OM, p. 26
    assédio do mal e * no bem – OM, p. 64
    bônus-hora e natureza do – NL, p. 132
    depois da morte do corpo físico – ML, p.310
    dificuldades do * no mundo espiritual – OM, p. 184
    ensino e – OM, p. 74
    importância da natureza do – NL, p. 133
    paz interior e dificuldades do – OM, p. 190
    programação de – OVE, p. 90
    trabalho, reclamação e – OM, p. 21
SERVIÇO DE TRÂNSITO E TRANSPORTE
    aeróbus e – NL, p. 61
SERVIÇO MATERNAL
    importância do – NL, p. 123
SERVIDOR ESPIRITUAL
    pré-requisitos do – NDM, p. 163
SEXO
    acompanhantes espirituais e inquietações do – ML, p. 53
    alma e – NMM, p. 160, 168

altar de amor e – AR, p. 222
amor e – ML, p. 218; NMM, p. 166
aparecimento do – EDM, p. 51
automatismo inferior e – NMM, p. 164
aviltamento do – ML, p. 215
centro genésico e – ETC, p. 140
círculos carnais e – NMM, p. 170
compreensão do – NL, p. 238
conceito de – AR, p. 219
concepção humana de – AR, p. 222
crime passional e abuso do – AR, p. 225
delinquentes do – AR, p. 225
desequilibrados do – NL, p. 185
desequilíbrio e – NMM, p. 164
determinação de * na gestação – EDM, p.231
diferenciação do – EDM, p. 217
diferenciação física e – SD, p. 300
distinção do – NMM, p. 161
dona Laura e teorias do – NL, p. 109
emanações mentais e – AR, p. 71
energia do – EDM, p. 162
Espíritos desencarnados e – SD, p. 299
espiritualidade e – ML, p. 30
Espiritualidade superior e – SD, p. 299
evolução e – NMM, p. 162
experiência do – NL, p. 240
felicidade e – NMM, p. 167
finalidade do – AR, p. 225
Freud e – NMM, p. 170
importância individual do – NMM, p. 171
liberdade e * masculino – NL, p. 275
loucura e – NMM, p. 160
manifestação cósmica pertinente ao – ML, p. 219
menosprezo às faculdades criativas do – ML, p. 217
mente e – EDM, p. 166; AR, p. 226
moral e – EDM, p. 165
morte e – AR, p. 226
perda dos característicos do – EDM, p. 217
prévia determinação do – ML, p. 250
responsabilidades e – SD, p. 300
Sabedoria divina e – AR, p. 219
sede do – NMM, p. 161
sublimação e – SD, p. 51
tese da libido e – AR, p. 218

vontade e – LI, p. 32
sexo e maternidade
  ajustes do * na Terra – SD, p. 297
SEXO E PENALOGIA
  inibição de hábitos deprimentes e – SD, p. 297
SEXUALIDADE
  amor e – EVC, p. 143
  desencarnado e – EVC, p. 121, 122, 134
  evolução da – NMM, p. 162
  mediunidade e – OM, p. 53
  monogamia e – EVC, p. 127
  plano espiritual inferior e – EVC, p. 123
  poligamia e – EVC, p. 127
  Túlio Mancini e – EVC, p. 123, 134
SIDÔNIO, ESPÍRITO
  Gúbio e – LI, p. 212
SÍFILIS
  André Luiz e – NL, p. 30, 31
  Elisa e – NL, p. 247
  procedimento mental e – NL, p. 30
SILAS
  Aída e – AR, p. 287
  apego aos bens terrenos e – AR, p. 126
  convoca Márcia durante o sono – AR, p. 206
  desobsessão e – AR, p. 205
  Druso e – AR, p. 287
  entendimento com obsessores e – AR, p.114
  futura reencarnação de – AR, p. 136
  história de – AR, p. 123-124
  lei de causa e efeito e – AR, p. 146-150
  oração de – AR, p. 192-193
SILVA, ÁLVARO DE AGUIAR E
  encarnação anterior de Félix e – SD, p. 379
  filho de Leonor e Domingos – SD, p. 373
SILVA, DOMINGOS DE AGUIAR E
  primeiro esposo de Leonor, pai de Álvaro – SD, p. 373
SILVA, RAUL
  dirigente do núcleo espírita – NDM, p. 27
  encontro de Oliveira com – NDM, p. 101
  impõe as mãos e faze prece – NDM, p. 62
  retorna ao corpo – NDM, p. 103
SILVEIRA, IRMÃO
  constituição física e explicações do – OVE, p. 269

culto cristão no lar e – OVE, p. 271
SILVEIRA, SAMARITANO
  André Luiz e – NL, p. 209
  falência e – NL, p. 209
SIMBIOSE
  ancianidade da * espiritual – EDM, p. 122
  hábitos cristalizados e – NDM, p. 131
  intuição e – MM, p. 119
  mente e – EDM, p. 119
  moléstia nervosa e – EDM, p. 121
  obsessor, obsidiado e – NDM, p. 131
  vegetais e – EDM, p. 117
SIMPATIA
  construção do círculo de – NL, p. 151
  semente da – NL, p. 86
SIMPLICIDADE
  ato de fé e – NDM, p. 191
  regeneração da própria vida e – NDM, p.191
SINCERIDADE
  força da – ETC, p. 174
  relações sociais no mundo espiritual e – OM, p. 181
SINTONIA
  afinidade e – ETC, p. 158
  cargas de pensamentos e – MM, p. 109
  crise obsessiva e * mental – EVC, p. 209
  culpa e – ETC, p. 27
  diversidade de – NDM, p. 109
  Espíritos obsessores e – ML, p. 54
  família e – MM, p. 114
  harmonia e – MM, p. 114
  hipnotismo e – MM, p. 95
  influenciação e necessidade de – OVE, p.201
  intercâmbio e – LI, p. 88
  médium e comunicante em – ML, p. 289
  médiuns e * espiritual – NMM, p. 137
  obsessão e – ETC, p. 28
  possessão e * mental – EVC, p. 209
  preocupações e – MM, p. 61
  radiofonia, televisão e – NDM, p. 115-116
  reflexão e – MM, p. 89
  vontade e – MM, p. 61
SISTEMA NERVOSO
  autônomo – EDM, p. 75
  campo de ação do – NMM, p. 62

Índice Geral

energias negativas e – NMM, p. 180
ensaio do – EDM, p. 36
lembranças e – NMM, p. 60
técnica de limpeza do * e dos centros vitais –
    ML, p. 123
SISTEMA PLANETÁRIO
    comunidades de Espíritos do – OVE, p. 51
SISTEMA VASCULAR
    ensaio do – EDM, p. 36
SOCORRISTAS ESPECIALIZADOS
    tratamento de imperfeições e – OVE, p. 23
SOCORRO DIVINO
    distorção humana do – OVE, p. 191
SOCORRO ESPIRITUAL
    carro voador e – EVC, p. 182
    casa espírita e – EVC, p. 183
SOCORRO MAGNÉTICO
    Marita e – SD, p. 134, 136, 137, 144, 197
SÓCRATES
    guia de – MM, p. 13
SOFREDORES
    auxílio aos * encarnados – OM, p. 243
    prece de Anésia atrai – NDM, p. 190
    superiores da Espiritualidade e – NDM, p.278
SOFRIMENTO
    além-túmulo e – MM, p. 168
    anônimo – LI, p. 257
    associação para alívio de – OVE, p. 147
    atitudes com relação ao – AR, p. 176
    Bondade divina e – AR, p. 89
    caráter e – ETC, p. 254
    causas do – NDM, p. 90
    ciúme e – EVC, p. 154
    criança desencarnada e – ETC, p. 62, 65
    criança e – ETC, p. 185
    culpa e – AR, p. 42; MM, p. 167
    efeitos educativos do – ML, p. 362
    esperança e – LI, p. 16
    estrutura psicológica e – EVC, p. 91
    evolução e – LI, p. 181; ETC, p. 232, 233
    grosseria e – LI, p. 268
    humildade e – AR, p. 187
    imperativo de * benéfico – OVE, p. 258
    incorporação e alívio do – NDM, p. 38
    Justiça divina e – ETC, p. 65

justiça e a função do – ML, p. 363
memória espiritual e – ETC, p. 122
mundo espiritual e existência de – ML, p. 134
orgulho ferido e – AR, p. 187
passado, futuro e – OM, p. 28
Providência divina e – OVE, p. 129
raciocínio para o bem e – AR, p. 186
reencarnação, livre-arbítrio e – OM, p. 54, 71
regiões infernais e – AR, p. 40, 163-164
reincidência e – OVE, p. 94
renovação e – OM, p. 170
renovação para o bem e – OVE, p. 181
séquito do – OVE, p. 81
sintonia com o obsessor e – NDM, p. 202
sofrimento e visita de – OVE, p. 17
suicida e – ETC, p. 234
tempo e – ETC, p. 95
vale de treva e – OVE, p. 129
zonas de – MM, p. 167
SOL
    ação purificadora do – OM, p. 251
    André Luiz e recordações do – NL, p. 24
    aparência do * nos diversos pontos do siste-
        ma solar – OM, p. 207
    corpo físico e – NL, p. 24
SOLIDARIEDADE
    Alzira e – AR, p. 85
    ascensão individual e – OVE, p. 18
    assistência espiritual e – LI, p. 39
    encarnados, desencarnados e – AR, p. 73
    Espíritos e – ETC, p. 280
    evolução e – LI, p. 34, 37
    exercício da – AR, p. 145
    libertação e – LI, p. 45
    mundo espiritual e – LI, p. 40
    reparação e – AR, p. 85
    salvação e – LI, p. 51
SONAMBULISMO
    características do perfeito – NDM, p. 85
    hipnotismo e – MM, p. 96
    torturado – NDM, p. 85
SONHO
    André Luiz e – NL, p. 217
    atividades e – MM, p. 147, 148
    condição espiritual e – MM, p. 148

683

encontro com desencarnados no – OM, p.242
entendimento do – OM, p. 237
Espíritos no – MM, p. 148
fisiologia e – MM, p. 147
fixação da mente e – NDM, p. 133
fixação mental e – AR, p. 113
gravidez e – EVC, p. 252
hipnose e – AR, p. 119
hipnose natural e – MM, p. 147
interesses e – MM, p. 148
lembrança e – ETC, p. 84-85, 104, 177, 272; LI, p. 262; MM, p. 148, 150
lembranças fragmentárias do – NDM, p.196
Mário e – ETC, p. 243
paixão e – AR, p. 113
recordação do – OM, p. 237
reflexo fundamental e – AR, p. 119
reminiscências de – ML, p. 140
rogativas e – MM, p. 150
saúde, alegria e – ETC, p. 267
sentimento de ódio e repugnância em – ML, p. 202
simbologia do – MM, p. 150
sugestões e – MM, p. 148

SONO
acusações e prestação de esclarecimentos durante o – ML, p. 93
aglutinina mental e – MM, p. 102
André Luiz e – NL, p. 216
atividade durante o – OM, p. 233; NDM, p. 231
atividade espiritual durante o – ML, p. 86
ativo e passivo – MM, p. 149
busca de amparo durante o – ML, p. 133
ciúme e – LI, p. 219
conceito de – EDM, p. 150
conselhos recebidos durante o – OM, p. 242
corpo durante o – MM, p. 146
corpo físico e – EVC, p. 19
culpa e – ETC, p. 25
desdobramento e – ETC, p. 190
desdobramento induzido e – AR, p. 186
desejos e – MM, p. 146
desencarnação e – OM, p. 140
desprendimento e – EDM, p. 150
diencéfalo e – MM, p. 147
dispneia e – ETC, p. 36

doutrinação e – LI, p. 197
emersão do passado no – ETC, p. 112
encarnado e serviços de assistência durante o – ML, p. 78
encarnados durante o – OM, p. 235; OVE, p. 152
encarnados e – LI, p. 39
enfermidade e – ETC, p. 133
escritor e – MM, p. 149
Espírito e – ETC, p. 84; EVC, p. 19
espiritual e pesadelos – AR, p. 199
feto e redução do – ML, p. 255
fluidos anestesiantes e – AR, p. 142
ideia fixa e – LI, p. 217
indução obsessiva durante o – NDM, p.151-152
inquietação mental e – LI, p. 177
inspiração e – MM, p. 149
intercâmbio espiritual durante o – OM, p.230
invocação e – ETC, p. 100, 110, 111
médium e – LI, p. 212
meio eficiente de cura – AR, p. 194
mundo espiritual e – OM, p. 145; LI, p. 180
narcisismo e – MM, p. 146
natural – MM, p. 146
obsessão e – ETC, p. 34, 36, 135; LI, p. 87
obsessores e – LI, p. 219
onda mental e – MM, p. 146, 147
perseguição obsessiva e – AR, p. 142
pesadelo e dificuldade de respiração DURANTE O – ML, P. 93
preparação para desencarne e – OVE, p.189
preparo espiritual para o – ML, p. 91
reencontro e – LI, p. 180; ETC, p. 111
refazimento físico e – MM, p. 147
remorso e – MM, p. 147
retorno do – ETC, p. 83
sentimento inferior e – LI, p. 218
seres monstruosos e – NL, p. 16
telas mentais e – MM, p. 147
terapia do * curativo – OM, p. 123
transformação e – ETC, p. 177
tratamento espiritual e – ETC, p. 32
visão profunda e – MM, p. 147
vísceras e – MM, p. 147

SONS
animais e – MM, p. 25

homens e – MM, p. 25
SPINS
   efeitos magnéticos e – MM, p. 68
   elementos atômicos e – MM, p. 68
SUBCONSCIÊNCIA
   conceito de – OVE, p. 35
   consequência de choques sucessivos da – OVE, p. 38
SUBLIMAÇÃO
   renúncia e – ETC, p. 285
SUGESTÃO
   afinidade e – MM, p. 99
   destino e – MM, p. 138
   mecanismo da – MM, p. 84
   mútua – MM, p. 118
   poder da – MM, p. 138
   televisão e – MM, p. 84
SUICIDA
   aborto e – ETC, p. 193
   aflição do – OVE, p. 312
   André Luiz e * inconsciente – NL, p. 32
   despojos cadavéricos, por tempo INDETERMINADO, JUNTO AO – ML, P. 153
   duração de ferimentos no perispírito de – ML, p. 162
   enfermidades congeniais e – ETC, p. 65
   exceções na classificação de * inconsciente – OVE, p. 220
   gritos de – NL, p. 19
   inconsciência da morte e – LI, p. 170
   internação de * em posto de socorro URGENTE – ML, P. 150
   morte prematura e – ETC, p. 234
   mundo espiritual e – ETC, p. 65
   reencarnação e – ETC, p. 193
   sofrimento do – ETC, p. 234
   vestimenta de – ML, p. 147
   vítima de assassínio e – ML, p. 144
SUICÍDIO
   alienação mental e – AR, p. 184
   amor e – OM, p. 219
   André Luiz, Dimas e * indireto – OVE, p.220
   circunstâncias reflexas e – AR, p. 98
   compaixão pelo * indireto – OVE, p. 77
   complexo de culpa e – ETC, p. 137

corrosão mental – EVC, p. 26
decomposição orgânica e ataque de vermes com a prática de – ML, p. 153
desconfiança de assassínio e aparências de – ML, p. 134
dificuldade no socorro à vítima de – ML, p.143
dissimulação e – ML, p. 142
Domênico é causa de – OVE, p. 109
embriaguez provoca – NDM, p. 64
enfermidades congeniais e – AR, p. 185
Espírito impede – AR, p. 181
falta de fé e – LI, p. 171
ideia de – ML, p. 155
indagações de Ernesto e – EVC, p. 114
indireto – AR, p. 198, 277
intenção e – EVC, p. 130
Júlio e – ETC, p. 121, 126
luta contra o – AR, p. 179
meios de fugir ao desejo de – AR, p. 98
pecha de – NL, p. 20
relato de paixão, crime e – ML, p. 153
revolta e – LI, p. 171
SUPERAÇÃO
   reencarnação, experiência e – NMM, p. 172
SUPERIOR
   inferior e – ML, p. 44
   missão do – ML, p. 46
TABAGISMO
   obsessão e – NDM, p. 139
   vampirismo e – NDM, p. 136
TALENTOS
   uso dos – EVC, p. 100
TALES DE MILETO
   eletrônica e – MM, p. 27
TALIÃO, PENA DE
   Espíritos maus e – LI, p. 73
   perdão, renúncia – LI, p. 115
TALISMÃ
   condicionamento e – MM, p. 104
   poder do – MM, p. 104
TAREFA RESTAURATIVA
   Marita e – SD, p. 181
TARTINI
   tons de combinação e – MM, p. 25

TECIDOS DE FORÇA
conceito de – EDM, p. 147
TÉCNICOS DA REENCARNAÇÃO
ascendentes biológicos e – NL, p. 288
TÉDIO
Evangelho e combate ao – OM, p. 16
ódio e – LI, p. 238
prática do mal e – LI, p. 48
TEIXEIRA LOPES
templo e escultura de – AR, p. 170
TELEMENTAÇÃO
exercícios de – MM, p. 99
hipnotismo e – MM, p. 99
processos de – MM, p. 105
TELEPATIA
comunicação e – EVC, p. 118
TELES, JUSTINIANO DA FONSECA
Nemésio e reencarnação de – SD, p. 378
padrasto de Álvaro – SD, p. 373
segundo esposo de Leonor – SD, p. 373
TELES, LEONOR DA FONSECA
Beatriz e reencarnação de – SD, p. 373
mãe de Álvaro – SD, p. 373
TELÉSFORO
preleção de – OM, p. 43
TELEVISÃO
sugestão e – MM, p. 84
TELMO
Félix e – SD, p. 218
Marita e – SD, p. 234, 272
TEMPESTADE MAGNÉTICA
comentários de Druso e – AR, p. 14
consequências da – MM, p. 109
regiões inferiores e – AR, p. 143
TEMPESTADES
Espíritos inferiores e – OM, p. 231
TEMPLO
elevação espiritual e valorização do – ML, p. 167
multiuso do recinto de – ML, p. 89
palestras em * no mundo espiritual – OVE, p. 11
revelação e – ML, p. 158
trabalhadores do bem e urgência no emprego do – ML, p. 73

TEMPLO DA GOVERNADORIA
Governador espiritual, oração e – NL, p. 68
grande coro e – NL, p. 256
TEMPLO DOMÉSTICO
desencarnado convive no – NDM, p.126-127
TEMPLOS RELIGIOSOS
assistência espiritual e – LI, p. 127
TEMPO
alienação no além-túmulo e o – NDM, p. 236
considerações inúteis e – LI, p. 257
destino e – MM, p. 23
evolução e – MM, p. 23
felicidade e o – NDM, p. 235
fixação da alma e o – NDM, p. 234-235
fonte do amor e – EVC, p. 226
método de aproveitamento do – OVE, p. 30
nós fazemos o – NDM, p. 234
óbices ao aproveitamento do – OVE, p. 219
peso do – NDM, p. 235
preparação de reencarnação e – OM, p. 51
rebeldia à marcha do bem e o – NDM, p. 235
reminiscências e o – NDM, p. 235
sofrimento e o – NDM, p. 235
trabalho e – LI, p. 257
uso do – EVC, p. 101
valor do – NL, p. 222
Tendência(s)
conceito de – ML, p. 237
elementos morais e – MM, p. 163
TENSÃO FAVORÁVEL
vantagens espirituais e – NDM, p. 168
TEOLOGIA
emoção do crente e – OVE, p. 7
TEÓLOGO
problema da humanidade e interrogações ao – OVE, p. 9
TEONÍLIA, ESPÍRITO
solicita ajuda de Áulus – NDM, p. 179
TERAPIA
choque e – NMM, p. 106
diálogo e – EVC, p. 134
Evelina e – EVC, p. 134
Túlio Mancini e – EVC, p. 134
TERESA, FILHA DE DONA LAURA
chegada de – NL, p. 128
Eloísa, filha, e – NL, p. 117

Índice Geral

tratamento no Ministério da Regeneração – NL, p. 129
Umbral e – NL, p. 129
TERNURA
aspereza e – LI, p. 261
TERRA
almas em processo de sublimação ligadas à – NDM, p. 149
almas gêmeas e – NL, p. 122
almas irmãs e – NL, p. 122
animalidade e – LI, p. 110
atmosfera psíquica da – MM, p. 110
bônus-hora na – NL, p. 126
campo de batalha evolutiva – NDM, p. 172
célula de carne e – NL, p. 39
colônias espirituais e – LI, p. 20
como oficina de trabalho – OM, p. 44
conceito de amor na – NL, p. 274
concepção espiritual da – AR, p. 13
concepções humanas da – AR, p. 13
condições para aprimoramento e redenção na – OVE, p. 21
esferas espirituais da – NL, p. 24
explosões solares e a – MM, p. 109
importância da encarnação na – NL, p. 89
leis da – NL, p. 271
ligações de resgate e – NL, p. 122
luz da – MM, p. 36
luz solar e nuvens infecciosas da – NDM, p.70
magnetismo da – MM, p. 21
menosprezo à – NL, p. 9
mundo espiritual e – LI, p. 41
natureza do serviço na – NL, p. 133
Nosso Lar e notícias da – NL, p. 138, 139
novo encontro na – NL, p. 128
organização doméstico na – NL, p. 120
paraíso na – ETC, p. 56
patrimônio nos planos da – NL, p. 16
plano espiritual inferior e – LI, p. 57
princípios de gravitação e – NL, p. 271
problema do ambiente e – NL, p. 267
proibição de intercâmbio e – NL, p. 139
remuneração na – NL, p. 133
Tobias e – OM, p. 19
trabalho dos desencarnados na – OM, p. 17
trevas e – NL, p. 268

universo e – EVC, p. 65; LI, p. 16
Veneranda, ministra, e – NL, p. 194
THOMSON, JOSÉ
massa do elétron e – MM, p. 31
TIRANIA
primitivismo e – LI, p. 28
TIREOIDE
sintomas por disfunção da – NDM, p. 88
TÍTULO ACADÊMICO
interpretação do – NL, p. 85, 86
TOBIAS
Câmaras de Retificação e – NL, p. 158
caso familiar de – NL, p. 229
passes de fortalecimento e – NL, p. 165
segundas núpcias e – NL, p. 231, 238
TOLERÂNCIA
diversidade e – ETC, p. 248
envolvimento e – EVC, p. 197
humanidade e – LI, p. 114
parente e – ETC, p. 286
perdão e – EVC, p. 215
recomendação a prece e – OVE, p. 149
sexualidade e – NMM, p. 166
TORTURA MENTAL
abuso da paciência dos amigos espirituais e – NDM, p. 158
TRABALHADOR
conceito de – ML, p. 171
formação de – LI, p. 55
TRABALHO
aperfeiçoamento e – ETC, p. 56
assistencial em regiões inferiores – AR, p.177
autoaperfeiçoamento e – OM, p. 11
bênção de realização e – NL, p. 43
bênçãos de * espiritual – NL, p. 217
bondade, compreensão e – OM, p. 39
bonificação pelo – OM, p. 23
carga horária em Nosso Lar e – NL, p. 132
conceito de – NL, p. 217; ML, p. 299
continuidade do * após o túmulo – OVE, p.119
criança e – MM, p. 115
criminoso e – LI, p. 236
desencarnados e – EVC, p. 102, 243
eficiência e especialização do – OM, p. 22
elementos na programação de – OVE, p.189

687

Espírito inferior e – LI, p. 236
Espíritos e * assistencial – OVE, p. 23
evolução e – EVC, p. 102
fraternidade e – OM, p. 20
higiene espiritual e – NL, p. 143
importância social do – NMM, p. 35
intercessão e tempo de – NL, p. 135
lei do * e Nosso Lar – NL, p. 68
lição de – ETC, p. 38
mundo espiritual e – EVC, p. 102; OM, p.17
natureza e – ETC, p. 57
necessidade prévia de conhecimentos para execução útil de – ML, p. 171
oficinas de * espiritual – OM, p. 235
organização de * no mundo espiritual – OM, p. 21
plano espiritual superior e – NL, p. 134
plano físico e – EVC, p. 102
programa de * em Nosso Lar – NL, p. 132
recursos materiais mediante indicação para – ML, p. 165
referências sobre – ETC, p. 76
remuneração e – NL, p. 132
renovação e – NL, p. 95; ETC, p. 87, 284
renúncia e – ETC, p. 293
serviço, boa vontade e – OM, p. 42
serviço, reclamação e – OM, p. 21
servidor pronto e – NL, p. 157
vaidade e – OM, p. 21
valor do * no mundo espiritual – OM, p. 19
valores morais e – NL, p. 134
Veneranda, ministra, e * pela Terra – NL, p. 195
vibrações novas de – NL, p. 198
vocação e – MM, p. 115
vontade, fé e – OM, p. 41
TRABALHO ESPIRITUAL
oficinas de – OM, p. 235
TRABALHO SALVACIONISTA
religião e – NMM, p. 28
TRABALHO SOCORRISTA
convocação de – OVE, p. 19
TRANSE MEDIÚNICO
ataque epiléptico e – NDM, p. 78
passe longitudinal e – NDM, p. 95
TRANSFIGURAÇÃO
fenômeno de – ML, p. 113

TRANSFORMAÇÃO
sono e – ETC, p. 177
TRANSIÇÃO
passagem para o plano físico e – ML, p. 229
TRANSMISSÕES TELEPÁTICAS
comunicação da própria morte e – NDM, p. 205-206
TRANSPORTE
de conchas marinhas – NDM, p. 271
TRANSPORTE EM MASSA
explicação sobre – NL, p. 167
TRATAMENTO A DISTÂNCIA
condições para o – NDM, p. 170
TRATAMENTO ESPIRITUAL
extensão do – LI, p. 214
sono e – ETC, p. 32
TRATAMENTO PERISPIRITUAL
corpo físico e – AR, p. 194
Espírito em desdobramento e – AR, p. 193
TREVAS
afinidade e – LI, p. 27
aristocracia e – LI, p. 59
colônias espirituais e – LI, p. 27, 61
comunidade das – LI, p. 61
conceito de – NL, p. 268
desencarnados rebelados e organização de legiões das – ML, p. 144
Deus e – LI, p. 59
Espíritos maus – LI, p. 27
Espíritos revoltados e – LI, p. 27
Governador espiritual e – NL, p. 259
governo e – LI, p. 58
hipnotizadores das – NDM, p. 227
juízes e – LI, p. 73
Lísias e – NL, p. 268
localização das – NL, p. 270
longa permanência nas – AR, p. 143
prejuízo de permanência nas – NDM, p. 227
princípios de gravitação e – NL, p. 271
Terra e – NL, p. 269
Umbral e – NL, p. 269
TÚMULO
porta de renovação – NDM, p. 9
UBIQUIDADE
explicações sobre a – AR, p. 174-175
UMBRAL
aeróbus no – NL, p. 200

André Luiz no – NL, p. 71
cães, muares, aves e – NL, p. 200
Câmaras de Retificação e – NL, p. 159, 164
característica dos fluidos no – NL, p.75, 168
cavernas no – NMM, p. 227
Clara, irmã de André Luiz, e – NL, p. 97
criminosos no – NMM, p. 232
Eloísa, neta de dona Laura, e – NL, p. 113
escritores de má-fé e – NL, p. 104
existência laboriosa e – NL, p. 126
forças tenebrosas do – NL, p. 145
Francisco, enfermo, e – NL, p. 175
funcionamento do – NL, p. 72
íbis viajores e – NL, p. 201
Laerte, pai de André Luiz, e – NL, p. 96
leis da fraternidade e – NL, p. 239
ligação das mentes humanas e – NL, p. 74
localização do – NL, p. 73; AR, p. 276
mendiga recém-chegada do – NL, p. 187
mente humana e – NL, p. 270
Ministério da Regeneração e – NL, p. 68
multidões obscuras do – NL, p. 57
Nosso Lar e departamento do – NL, p. 139
notícias do – NL, p. 71
pensamento, afinidade e – NL, p. 74
postos de socorro no – NMM, p. 230
primórdios de Nosso Lar e – NL, p. 139
Priscila, irmã de André Luiz, e – NL, p. 97
proteção divina e – NL, p. 74
recém-chegados do – NL, p. 67
recém-desencarnados e – AR, p. 59
samaritanos e – NL, p. 161, 167
Teresa e – NL, p. 129
trevas e – NL, p. 268
zona purgatorial e – NL, p. 72
UNIÃO
  amor e – LI, p. 20
UNIÃO DE QUALIDADES
  união sexual e – ML, p. 216
UNIÃO ESPIRITUAL
  necessidades individuais e – OM, p. 113
UNIÃO SEXUAL
  lares em bases retas e inviolabilidade da – ML, p. 224
  participação de desvairadas testemunhas na – ML, p. 224

união de qualidades e – ML, p. 216
UNIVERSO
  atração e – LI, p. 105
  conceito de – MM, p. 41
  lei divina e – ML, p. 23
  milhões de sóis do – NDM, p. 13
  ondulação do – MM, p. 27
  oscilações e – MM, p. 39
  problemas do – EDM, p. 21
  raios cósmicos e o, os – NDM, p. 8
  ser humano e – AR, p. 274
  Terra e – LI, p. 16; EVC, p. 65
URÂNIO, SUBSTÂNCIA
  Becquerel e – MM, p. 31
USURA
  desencarnados e – NMM, p. 237
USURÁRIO VER AVARENTO
ÚTERO
  atração de vibrações dissolventes para o – ML, p. 359
  reencarnação e adaptação das energias criativas no * materno – ML, p. 258
VAIDADE
  culpas imaginárias e – ETC, p. 256
  escolha da forma física e – ML, p. 182
  Evelina e – EVC, p. 150
  orgulho e – ETC, p. 257
  profissionais da medicina e – NL, p. 85
VALE DE TREVA
  sofrimento e – OVE, p. 129
VALORES
  vivência e catalogação de – ML, p. 110
VALORES ESPIRITUAIS
  vontade e aquisição de – AR, p. 1003
VAMPIRISMO
  ação do – ML, p. 42
  afinidade e – LI, p. 43
  ajuda e – LI, p. 160
  amor e – LI, p. 160
  aspecto de recém-desencarnado vítima de – ML, p. 148
  clube noturno e – NDM, p. 193
  combate ao – ML, p. 37, 66
  desânimo, pavor e – LI, p. 161
  desencarnados, encarnados e – ML, p. 65; LI, p. 36

desenvolvimento mediúnico e – ML, p. 47
encarnados, desencarnados e – NDM, p.256
Espíritos desencarnados e – ML, p. 310
espiritual – EDM, p. 125
interesse mútuo e – LI, p. 36
mediunismo e – EDM, p. 123
obsessão – EVC, p. 177
obsessão e – EDM, p. 130; ML, p. 43; NDM, p. 52
ovoides e – EDM, p. 243
paixão e – EVC, p. 171
perdão e – EDM, p. 130
perispírito e – LI, p. 121; EDM, p. 120, 122
prazeres materiais e – NDM, p. 52
purgatório e – LI, p. 65
recíproco – ML, p. 140
rejeição ao auxílio e – LI, p. 43
remorso e – LI, p. 147
restaurante e – NDM, p. 136
sensações do campo físico e – NDM, p. 121 suicídio e – ML, p. 143
tabagismo, alcoolismo e – NDM, p. 136

VAMPIRIZADOR
Espírito ignorante e – SD, p. 271

VAMPIRO
conceituação de – ML, p. 38
Paulo, vigilante-chefe, e – NL, p. 187
pontos negros e – NL, p. 187
recém-chegada do Umbral e – NL, p. 187

VEÍCULO
locomoção no mundo espiritual por – OM, p. 121, 175, 205

VEÍCULO ESPIRITUAL
comissão de trabalho e – EVC, p. 105
socorro e – EVC, p. 182
Via Anchieta e – EVC, p. 149

VELHICE
remorso e – LI, p. 147

VELHO TESTAMENTO
conhecimento do – NL, p. 16
críticas de escritores e – NL, p. 16
sacerdócio organizado e – NL, p. 16

VELÓRIO
Beatriz e – SD, p. 241
comportamento durante o – OVE, p.241, 248

culto da oração no – OVE, p. 248
narração da tragédia de Dimas no – OVE, p. 243
observações de Fabriciano no – OVE, p.247
presença de desencarnado no – OVE, p.245

VENERANDA, MINISTRA
Bosque das Águas e – NL, p. 192
conferência da – NL, p. 221
Fraternidade da Luz e – NL, p. 194
Grande Parque e – NL, p. 191
homenagem à – NL, p. 194
Jesus e – NL, p. 194
Ministério da Regeneração e – NL, p. 170
notícias de – NL, p. 191
permanência em Nosso Lar e – NL, p. 195
preleções evangélicas e – NL, p. 227
salão da – NL, p. 194
salão natural e – NL, p. 192
salões verdes e – NL, p. 191
tempo, horas de serviço e – NL, p. 194
trabalho pela Terra e – NL, p. 195

VENTURA ESPIRITUAL
transportes da – NL, p. 90

VERBO
utilização do – NL, p. 43

VERDADE
busca da – NL, p. 18
busca de ilusão e fuga da – NDM, p. 137
busca pessoa da – NDM, p. 280
concepção da – OVE, p. 19
enfrentamento da – EVC, p. 157
erro e conhecimento da – OM, p. 49
Espiritismo e * eterna – NL, p. 264
existência humana e – NL, p. 12
Freud e – ETC, p. 91
ilusão e – EVC, p. 75
inimigo e – EVC, p. 178
inteligência e – ETC, p. 246
nomes dos aspectos da – NDM, p. 276
paixões e – ML, p. 157
realidades fragmentárias e a – NDM, p. 281
tirania e – LI, p. 74

VERDADES ETERNAS
semeadura das – OVE, p. 151

VERDUGO
humanidade e – NL, p. 270

Índice Geral

VERDUGOS DE NAÇÕES
　Félix e – SD, p. 63
VERÔNICA, ENFERMEIRA DESENCARNADA
　passes de limpeza do sistema digestivo para preparação do médium e o concurso de – ML, p. 122
VESTIMENTA
　Espíritos e a excelência da – NDM, p. 99
　Espíritos e sua – NDM, p. 98-99
　Espíritos inferiores e – ML, p. 73
　suicídio e – ML, p. 147
VESTUÁRIO
　Espírito evoluído e – OVE, p. 41
VIA PÚBLICA
　companhia espiritual na – NDM, p. 142
　conceito de – ML, p. 49
VIAGEM
　André Luiz e – NL, p. 15
　merecimento e * às esferas superiores – OVE, p. 54
VIBRAÇÃO
　compensação de – MM, p. 49
VIBRAÇÕES COMPENSADAS
　convivência feliz e – NDM, p. 16
VIBRAÇÕES ELÉTRICAS
　volume de voz e – NL, p. 257
VIBRAÇÕES MENTAIS
　igreja e – LI, p. 124
VICENTE
　experiência reencarnatória de – OM, p. 32
VICIAÇÃO
　consequências da – ML, p. 41
　suicídio indireto por – AR, p. 198
VIDA
　além da morte e Ernesto – EVC, p. 28
　aproveitamento da – ETC, p. 292
　centralização da * do homem – NL, p. 164
　coisas e memórias da, as – NDM, p. 245
　conceito de – NL, p. 11
　coroa da * eterna – NL, p. 73
　corpo físico e continuação da – OVE, p. 73
　criação mental adquire – NDM, p. 118
　Espírito e – MM, p. 83
　impulso mental e – MM, p. 83

　interdependência e – ETC, p. 14
　leis imutáveis da – ML, p. 7
　mental e epífise – ML, p. 25
　mente e – ETC, p. 110
　órgãos para * nova – NL, p. 17
　pensamento e – LI, p. 77; EVC, p. 72
　pensamento na * eterna – NL, p. 175
　prática e – ML, p. 371
　sofrimento e – ETC, p. 292
VIDA ALÉM-TÚMULO
　realidade da – OVE, p. 74
VIDA CEREBRAL
　regiões da – NMM, p. 62
VIDA DE SONHO
　durante o sono e – NDM, p. 108
VIDA ESPIRITUAL
　aproveitamento da – NL, p. 102
　cônjuges e singularidades da – ML, p. 207
　correntes mentais e – MM, p. 92
　dúvida sobre a – EVC, p. 81
　esquecimento e – EVC, p. 87
　reforma íntima e – ML, p. 59
　revelação de ângulos da – ML, p. 7
　surpresa e – EVC, p. 81
VIDA FÍSICA
　arquivo espiritual e – EVC, p. 186
　céu, inferno – AR, p. 164
　divina misericórdia e – AR, p. 7
　fases da – EVC, p. 80
　hipnose e – EVC, p. 88
　influência espiritual e – EVC, p. 202
　programação e – EVC, p. 201
　Providência divina e recursos da – AR, p.93
VIDA FUTURA
　auxílio dos Espíritos e a – NDM, p. 172
　certeza da – OM, p. 224
　compreensão infantil da – ML, p. 7
　preparação para – AR, p. 102
VIDA MENTAL
　amor, ódio e – NDM, p. 211
VIDA PSÍQUICA
　origem da * americana – NL, p. 251
VIDAS PASSADAS
　erro jurídico e – LI, p. 185
　Espírito superior e – LI, p. 59
　esquecimento e – EVC, p. 88

691

VIDÊNCIA
  ampliação da – ETC, p. 158
  centro cerebral e – ETC, p. 140
  costume cristalizado e – NDM, p. 108
  encarnado e possibilidades da – OM, p. 214
  imagens sugeridas e – NDM, p. 112
  leitura da mente do mentor e – NDM, p.112-113
  médiuns relatam a sua – NDM, p. 112
  obsessão e – EVC, p. 168, 169
  passes na região frontal e – NDM, p. 106
  percepção mental e – NDM, p. 107
  percepções distintas da – NDM, p. 107
  sugestão mental de encarnado e – NDM, p. 113
  várias origens da – NDM, p. 113-114
VIGILÂNCIA
  malfeitores da esfera invisível e – OVE, p. 205
  Moreira e – SD, p. 226
VIGILÂNCIA ESPIRITUAL
  assistência espiritual e – AR, p. 56
  hospital da Terra e – AR, p. 142
VIGÍLIA
  sono e – ETC, p. 83
VINGADORES
  vítimas se tornam – NDM, p. 69
VINGANÇA
  alma da magia negra e – NDM, p. 195
  consciência e – ML, p. 330
  desequilíbrio e sentimento de – NDM, p. 184
  fraternidade e – LI, p. 268
  homicídio e – OVE, p. 105
  instinto primário e – NMM, p. 63
  ovoide e – LI, p. 100
  vítima de parricídio e – AR, p. 238
  vítima de traição e – AR, p. 114
VIOLÊNCIA
  civilização e – LI, p. 17
  indignação e – ETC, p. 153
  mágoa, revide e – LI, p. 268
VIRCHOW
  corpo humano e afirmações de – ML, p. 39
VIRTUDE
  aquisição de – LI, p. 245
  conceito de – ML, p. 24
  construção da – OVE, p. 62

trabalho em busca de – OM, p. 173
  visão espiritual e – OM, p. 92, 146
VISÃO
  André Luiz e * espiritual – NL, p. 186
  clarificando a * interior – NL, p. 127
  criação mental e * do cadáver – NL, p. 176
  especialização e * espiritual – OVE, p. 61
  Laerte e * espiritual – NL, p. 96
  Marita e * espiritual – SD, p. 259
  viciamento da * espiritual – NL, p. 96
VISÃO DIVINA
  existência humana na – OVE, p. 222
VISÃO HUMANA
  existência humana na – OVE, p. 222
VISITA
  Áulus sem tempo para fazer – NDM, p. 180
  condições do reencarnante e prazo para recebimento de – ML, p. 262
  desencarnado e * ao lar – OVE, p. 80
  faltas a curso de mediunidade e * do plano espiritual inferior – ML, p. 93
  mãe, pai e ausência de – NL, p. 47
  permissão de * para amigos do reencarnante – ML, p. 266
VÍTIMA E ALGOZ
  razões para ligação entre – OVE, p. 143
VÍTIMA(S)
  doente se compraz na condição de – NDM, p. 132
  Espírito prisioneiro de suas – NDM, p. 69
VIÚVA
  segundas núpcias de Marília – OVE, p. 167
VIUVEZ
  compromisso – EVC, p. 146
  perturbação mental e – EVC, p. 165
VOCAÇÃO INATA
  vontade de aprender e – AR, p. 150
VOLITAÇÃO
  aeróbus e – NL, p. 307
  André Luiz e – NL, p. 309
  aparelho de voo individual e – OVE, p. 193
  caravana espiritual e – OVE, p. 211
  desencarnação e – EDM, p. 193
  encarnação e – EDM, p. 193
  Espíritos inferiores e – NMM, p. 231

força mental e – NMM, p. 231
fuga e – LI, p. 270
Nosso Lar e – NL, p. 307
perispírito e – EDM, p. 193
prática da – OM, p. 208
VOLPINI, ESPÍRITO
 Espíritos construtores e proteção a – ML, p. 274
 passes magnéticos na região uterina e
 RETIRADA DE – ML, p. 278
VONTADE
 alimentação e – LI, p. 32
 aperfeiçoamento e – MM, p. 86
 corrente mental e – MM, p. 86
 criação mental e – MM, p. 87
 cumprimento da última – OVE, p. 110
 desequilibrada – ML, p. 22
 destino e – LI, p. 31
 energia mental e – MM, p. 117
 enfermidade e – LI, p. 31
 evolução e – LI, p. 62
 imaginação e – MM, p. 86
 influenciação e – LI, p. 32
 memória e – MM, p. 86
 onda mental e – MM, p. 87
 papel da – MM, p. 87
 prazer e – MM, p. 87
 renovação e – LI, p. 77
 saúde e – MM, p. 153
 serviço e – MM, p. 87
 sexo e – LI, p. 32
 trabalho, fé e – OM, p. 41
VOZ
 cólera e – ETC, p. 151
 evolução da – EDM, p. 78
 importância da – ETC, p. 151
 mente e – EDM, p. 79
 palavra e – ETC, p. 151
 perturbação da – ETC, p. 154
 trabalho e – ETC, p. 151
VOZ DIRETA
 Matilde e – LI, p. 273
VULTOS ESTRANHOS
 Marina e – SD, p. 242
WEIER, JEAN
 literatura demoníaca e – AR, p. 55

XENOGLOSSIA
 afinidade mediúnica e – NDM, p. 221
 forças do passado e – NDM, p. 221
 mediunidade poliglota e – NDM, p. 221
ZAQUEU, O PUBLICANO
 mudança de atitude e – NDM, p. 173
ZECA
 atropelamento de Marita e – SD, p. 191
ZÉLIA, ESPOSA DE ANDRÉ LUIZ
 condenação do procedimento de – NL, p. 303
 Ernesto, dr., e – NL, p. 300
 indagações sobre – NL, p. 98, 300
ZENÓBIA, IRMÃ
 acolhida por parte de – OVE, p. 59
 consequência de ataque e – OVE, p. 67
 egoísmo e vaidade na opinião de – OVE, p. 65
 esclarecimentos de – OVE, p. 94
 excursão em região abismal e – OVE, p. 151
 exortação de – OVE, p. 147
 idolatria da morte e – OVE, p. 320
 luta do bem contra o mal e – OVE, p. 148
 oração gratulatória e – OVE, p. 155
 recomendações da – OVE, p. 145
 socorro da Providência divina e – OVE, p. 129
 trabalho de salvação e – OVE, p. 146
 vale de treva e sofrimento e – OVE, p. 129
ZILDA
 história de Jorge, Marina e – AR, p. 183-185
ZOANTROPIA
 teratologia e – OVE, p. 67
ZONAS INFERIORES
 fotografia de trabalho assistencial em – OVE, p. 22
 organizações do mal e – ML, p. 310
 promessa de reconciliação quando sob padecimentos em – ML, p. 170
 reencarnação e – ML, p. 176
ZONAS PURGATORIAIS
 chegada de desencarnados às – AR, p. 276
 encarnado e a proximidade das – OVE, p. 15
 paisagem das – OVE, p. 87
 reencarnação e retorno às – AR, p. 148
ZULMIRA
 Amaro e – ETC, p. 15, 107
 desdobramento de – ETC, p. 267

Júlio e – ETC, p. 230
Lar da Bênção e – ETC, p. 268
Mário e – ETC, p. 120
missão de – ETC, p. 190
morte de – ETC, p. 127
oração de – ETC, p. 230
passado de – ETC, p. 20, 26, 121
pesadelo de – ETC, p. 34, 35
transformação e – ETC, p. 166

5
GLOSSÁRIO[8]

---

[8] N.E.: Foram anotados 1.483 vocábulos. As letras maiúsculas indicam o título do livro e os números arábicos, o capítulo da obra.

Glossário

ABEBERAR – Dar de beber a; matar a sede de. Regar, banhar; ensopar, embeber, encharcar. (EVC, 8)
ABEMOLAR – Suavizar; abrandar. Abrandar-se, suavizar-se. (SD, 2ª/6)
ABJURAR – Renunciar a (opinião, doutrina, etc.); perjurar. Desdizer-se ou retratar-se de (uma opinião). (OVE, 8)
ABLAÇÃO – Ação de tirar por força. Remoção de uma estrutura orgânica, principalmente por seção dela. (EDM,1ª/16)
ABLUIR – Purificar por meio da água. Limpar-se. (NMM, 8)
ABOLETADO – Alojar, acomodar, instalar. (NL, 10)
ABSINTO – Pesar, mágoa, amargura. (OM, 11)
ABÚLICO – Que, ou aquele que não tem, ou quase não tem vontade. (MM, 24)
ACEDER – Conformar-se, aprovando; concordar, assentir, aquiescer, anuir. Juntar-se, ajuntar-se, acrescer. (AR, 9)
ACENDRADO – Apurado, acrisolado, purificado. (NMM, 1)
ACEPIPE – Petisco (iguaria saborosa, preparada com esmero) a. (ML, 11)
ACHINCALHE – Ridicularizar, ridicularizar; escarnecer. Rebaixar, aviltar. (EVC, 23)
ACICATADO – Estimular, incentivar, excitar. (OVE, 16)
ACIRRAR – Fazer crescer; estimular, excitar. Irritar, exasperar. Incitar, instigar; provocar, açular. (NMM, 15)
AÇODADO – Apressado, diligente. (NMM, 14)
ACOIMAR – Acusar, incriminar. Censurar, tachar. (NDM, 29)
ACÓLICO – Referente à acolia (supressão ou suspensão da secreção biliar). (LI, 5)
ACÓLITO – Aquele que acompanha e serve, na Igreja Católica, aos ministros superiores. Aquele que acompanha, que ajuda; ajudante, assistente. (LI, 9)
ACRISOLAR – Depurar, purificar. Aperfeiçoar, sublimar. Purificar-se, submetendo-se a provas. (NDM, 1)
ACÚLEO – Ponta aguçada; pua, espinho. Incentivo, estímulo. Ponta aguçada. (OVE, 1)
ACURAR – Aperfeiçoar, aprimorar. Tratar de (pessoa ou coisa) com cuidado, com desvelo ou interesse. (NDM, 2)
ADELGAÇAR – Fazer delgado, fino. Tornar fino ou agudo; aguçar. Tornar menos denso; tornar tênue. (ETC, 28)

ÁDITO – Câmara secreta, nos templos antigos; santuário onde só os sacerdotes podiam entrar. Compartimento reservado. (MM, 26)
ADSTRITO – Apertado, unido, ligado. Contraído, constrito. Cingido, limitado, restrito. (ETC, 34)
ADUANA – Alfândega. Local de reunião de ministros ou administradores. (NMM, Na jornada evolutiva)
ADUNCO – Curvo ou recurvado em forma de garra ou gancho. Recurvado. (LI, 4)
ADVENTÍCIO – Chegado de fora; estrangeiro, forasteiro, ádvena. Casual, fortuito, inesperado. (OVE, 17)
AERÓBUS – Carro aéreo espiritual para transporte de Espíritos que não podem se locomover. Conforme André Luiz, seria na Terra um grande funicular, isto é, veículo com tração por cabos acionados por motor estacionário e que frequentemente se utiliza para vencer grandes diferenças de nível – um tipo de teleférico. (NL, 10)
AFERENTE – Que conduz; que leva. (EDM, 1ª/ 9)
AFOGADILHO – Pressa, precipitação, açodamento, afogadela. Apressadamente; à pressa, às pressas. (NDM, 28)
AFOGUEAR – Pôr fogo a; queimar. Submeter a muito fogo ou a muito calor. Aquecer muito; esbrasear. Fazer corar muito. (NMM, 5)
AFORISMO – Sentença moral breve e conceituosa; apotegma, máxima. (AR, 5)
AGALOAR – Glorificar, enaltecer, exaltar, exalçar. (SD, 1ª/ 8)
AGÂMICO – Que não produz gametas diferenciados para a reprodução; de reprodução assexuada. (EDM, 1ª/ 6)
ÁGAPE – Refeição que os primitivos cristãos tomavam em comum. Banquete, almoço ou outra refeição de confraternização por motivos políticos, sociais, comerciais. (AR, 9)
AGOUREIRO – Que agoura; agourento. Que vaticina ou anuncia, infortúnios. (LI, 4)
AGRESTE – Relativo ao campo ou agro, sobretudo quando não cultivado; campestre. Tosco, rude. (NL, 8)
AGRILHOAR – Prender com grilhões; pôr grilhões em; acorrentar. Constranger; reprimir, refrear. (NL, 48)
AGRISALHAR – Tornar(-se) grisalho. (SD, 1ª/14)

AGRURA – Dificuldade, obstáculo, óbice, impedimento, empecilho. Dissabor, amargura, aflição, agro. (NDM, 10)

AGUILHÃO – Ponta aguçada; bico. Estímulo, incitamento, incentivo. Sofrimento pungente. (LI, 4)

AJOUJAR – Prender ou ligar com ajoujo. Juntar. Unir ou ligar moralmente. Prender, atar, ligar. Oprimir, vexar. (NMM, 2)

ÁLACRE – Alegre, animado, entusiasmado. (ML, 20)

ALANCEAR – Ferir com lança; lancear. Ferir, pungir. Atormentar, afligir. Espicaçar, estimular. (NMM, 10)

ALCANDORAR – Pousar em alcândora (poleiro das aves, especialmente de papagaio ou de falcão). Guindar-se, elevar-se. Sublimar-se, exaltar-se. (NMM, 6)

ALCANTILADA – Sucessão de alcantis (rocha escarpada, talhada a pique. Despenhadeiro escarpado). (AR, 18)

ALCATIFADO – Coberto com alcatifa; atapetado, tapetado, tapeçado. (NMM, 1)

ALCOICE – Lugar de prostituição. (AR, 5)

ALEIVE – Traição, perfídia, deslealdade. Dolo, fraude. Falsa acusação; calúnia. (SD, 2ª/ 12)

ALGARAVIA – Linguagem confusa e ininteligível. Coisa difícil de perceber. (OVE, 10)

ÁLGIDO – Muito frio; gélido, glacial, algente. No qual, ou durante o qual se observa algidez. (NMM, 14)

ALHEAR – Tornar alheio; transferir para outrem o direito de alienar; alhear uma propriedade. Desviar. (SD, 1ª/ 7)

ALHURES – Noutro lugar, noutra parte. (NL, 12)

ALMENARA – Facho ou farol que outrora se acendia nas torres ou castelos para dar sinal ao longe. (SD, 2ª/ 9)

ALVIÃO – Enxadão ou picareta. (OM, 1)

ALVINITENTE – De alvura imaculada. (OVE, 3)

ALVITRE – Aquilo que é sugerido ou lembrado; proposta, conselho. (NL, 39)

AMITOSE – Divisão de núcleo em dois, sem as figuras de mitose e, por via de regra, sem divisão de citoplasma. (EDM, 1ª/ 7)

AMOLGAR – Deformar, deprimindo ou esmagando; achatar. Acomodar, conformar, amoldar, ajeitar. (EDM, 1ª/ 5)

AMPLEXO – Abraço. (ETC, 35)

AMURADO – Amuralhado. Preso, encurralado. (NMM, 13)

ANAMNESE – Informação acerca do princípio e evolução duma doença até a primeira observação do médico. (SD, 1ª/ 2)

ANDOR – Padiola portátil e ornamentada, sobre a qual se conduzem imagens nas procissões. (LI, 5)

ANDRAJO – Vestes esfarrapadas. (NL, 31)

ANDROGÊNICO – Relativo a androgenia (produção de machos, em uma partenogênese). (EDM, 1ª/ 18)

ANELAR – Desejar ardentemente; aspirar a. Ansiar, almejar. Respirar com dificuldade; ofegar. (ML, 9)

ANTOLHO – Pôr diante dos olhos. Representar na imaginação; figurar. Desejar, apetecer. Oferecer-se à vista, à imaginação, ao desejo. (NMM, 2)

ANTRO – Casa ou lugar de perdição, corrupção, vícios. (ML, 17)

ANTROPÓIDE – Semelhante ao homem quanto à forma; antropomórfico. (NMM, 4)

ANÚBIS – Gênio com cabeça de chacal, no Egito antigo. (AR, 1)

ANUIR – Dar consentimento, aprovação; estar de acordo; condescender, assentir, consentir. (NL, 45)

APANÁGIO – Propriedade característica; atributo. (NL, 19)

APARVALHADO – Desorientado, desnorteado. (NDM, 9)

APINHAR – Dar forma de pinha a. Unir-se muito e apertadamente; aglomerar-se. Estar ou ficar inteiramente cheio. (OVE, 15)

APLAINAR – Alisar com plaina; aparelhar. Aplanar. Aplainar aspereza. Assentar.(AR, 10)

APODO – Zombaria, mofa, motejo. Comparação, em geral depreciativa. Epíteto zombeteiro, apelido. (OVE, 10)

APOQUENTAR – Aborrecer(-se) com poucas ou pequenas coisas; com certa insistência, impacientando(-se). (NL, 39)

APOR – Aplicar ou dar (assinatura). Acrescentar, juntar. Justapor; sobrepor; aplicar. (AR, 6)

APRAZER – Causar prazer; ser aprazível; agradar, deleitar. (NL, 48)

APRESTO – Preparativo para realização de alguma coisa; organização, aprestamento. (EVC, 26)

APRISCO – Curral (particularmente o que se destina às ovelhas); redil. Covil, toca. Abegoaria. A casa; o lar. (OVE, 6)

ARABESCO – Ornato de origem árabe, no qual se entrelaçam linhas, ramagens, grinaldas, flores, frutos. (ML, 13)

ARAUTO – Emissário, mensageiro; pregoeiro; núncio. Defensor, lutador. (OVE, 3)

ARCHOTE – Facho breado que se acende para iluminar, em geral ao ar livre. (NMM, 2)

ARENGAR – Discutir, altercar, disputar. Fazer intriga; mexericar. (SD, 1ª/7)

Glossário

ARESTO – Decisão de um tribunal que serve de paradigma para solução de casos análogos; acórdão. (LI, 8)
ARFAR – Respirar com dificuldade; ansiar, ofegar, arquejar. Balançar, balancear, balouçar. (SD, 2ª/7)
ARGÊNTEO – Prateado, argentino. Feito de prata. (AR, 11)
ARGENTINA – De timbre fino como o da prata (voz, som); argênteo. (NL, 3)
ARGUEIRO – Partícula leve, separada de qualquer corpo; grânulo, cisco. Coisa insignificante. (EVC, 12)
ARQUÉTIPO – Modelo de seres criados. Padrão, exemplar, modelo, protótipo. (EDM, 1ª/ 3)
ARRABALDE – Cercanias de uma cidade ou povoação; subúrbio. (EVC, 13)
ARREFECER – Tornar-se frio; perder o calor; esfriar. Perder a energia, o zelo, o fervor, o entusiasmo, desanimar. (NMM, 4)
ARROLADO – Meter em rol ou lista. Fazer relação de; inventariar. Classificar. (NDM, 26)
ARROSTAR – Olhar de frente, encarar, sem medo; afrontar; fazer face a. (LI, 17)
ARROTEAR – Cultivar (terreno inculto). Educar; instruir; cultivar. (NMM, 10)
ARRUFO – Ressentimento passageiro entre pessoas que se querem bem. (SD, 1ª/ 10)
ARVORAR – Elevar ou levantar perpendicularmente. Hastear, içar (bandeira, insígnia, pavilhão, etc.). Assumir por autoridade própria qualquer título, ofício, encargo. (OVE, 3)
ASCENDENTE – Predomínio, preponderância, ascendência. (ML, 1)
ASCESE – Exercício prático que leva à efetiva realização da virtude, à plenitude da vida moral. (MM, 25)
ASCO – Sentimento ou sensação de repulsa ou nojo; repugnância, asca. Tédio, enjoo. (SD, 1ª/9)
ASSENTIR – Dar consentimento ou aprovação; permitir, consentir. Concordar, anuir, aquiescer. (OM, 36)
ASSERÇÃO – Afirmação, asseveração. Alegação, argumento. (EDM, 1ª/12)
ASSERTIVA – Proposição afirmativa; asserção. (NDM, 18)
ASSOBERBAR – Abarbar, sobrecarregar de serviço. (OM, 5)
ASSOMAR – Mostrar-se, manifestar-se, revelar-se; aparecer. Começar a mostrar-se; aparecer, surgir. (NL, 2)
ASTÊNICO – Relativo à, ou que sofre de astenia (fraqueza orgânica; debilidade, fraqueza). (MM, 24)

ATALAIAR – Vigiar, guardar. Ficar de atalaia, à espreita. (EVC, 18)
ATARANTAR – Aturdido, atrapalhado, estonteado. (SD, 1ª/ 7)
ATASCAR – Meter-se em atoleiro; enlamear-se. Degradar-se no vício. (SD, 2ª/ 12)
ATAÚDE – Caixão, sepulcro. (OVE, 15)
ATAVIADO – Ornado, enfeitado. (LI, 5)
ATENAZADO – Apertar com tenaz. Torturar; mortificar. Apoquentar. (ETC, 7)
ÁTIMO – Instante; momento. Em curto espaço de tempo; num abrir e fechar de olhos. (OVE, 16)
ATINAR – Lembrar-se de, acertar (com uma coisa que escapara da memória). Encontrar. Dar com o que se procura. (NL, 7)
ATOLEIMADO – Que diz ou pratica tolices; sem inteligência ou sem juízo. Tonto, simplório, ingênuo. Boquiaberto. (NMM, 16)
ATREITO – Sujeito; propenso. Acostumado, costumado, habituado. (EDM, 1ª/6)
ÁTRIO – Grande sala central, de distribuição da circulação, num edifício; vestíbulo. Pátio, interno, de acesso a um edifício; vestíbulo. Espaço defeso, situado na frente de edifício. (OM, 3)
ATRO – Negro, escuro. Tenebroso, lúgubre, medonho. Aziago, infausto. (NMM, 2)
ATROZ – Que não tem piedade; desumano, bárbaro, cruel. Pungente, intolerável. (OM, 27)
ATULHADO – Encher até não caber mais; abarrotar, entupir. Acumular, amontoar, atulhar. (OM, 28)
AUGURAR – Predizer; pressagiar; prognosticar. Deixar entrever; dar indício ou sinal de. (AR, 14)
AUGUSTO – Respeitável, venerando. Elevado, sublime. Magnífico, majestoso. (OVE, 7)
ÁULICO – Relativo ou pertencente à aula. Próprio de cortesão. Cortesão, palaciano. (OVE, 1)
AURA humana – Considerando-se toda célula em ação por unidade viva qual motor microscópico, em conexão com a usina mental, é claramente compreensível que todas as agregações celulares emitam radiações e que essas radiações se articulem, através de sinergias funcionais, a se constituírem de recursos que podemos nomear por "tecidos de força", em torno dos corpos que as exteriorizam. Todos os seres vivos, por isso, dos mais rudimentares aos mais complexos se revestem de um "halo energético" que lhes corresponde à natureza. No homem contudo, semelhante projeção surge profundamente enriquecida e modificada pelos

fatores do pensamento continuo que, em se justando às emanações do campo celular, lhe modelam, em derredor personalidade, o conhecido corpo vital ou duplo etéreo. Através desta aura, somos vistos e examinados pelas inteligências superiores, sentidos e reconhecidos pelos nossos afins, e temidos e hostilizados ou amados e auxiliados pelos irmãos que caminham em posição inferior à nossa. (EDM, 1ª/17)

AURÉOLA – Brilho ou esplendor moral; prestígio, glória, halo. (OM, Os Mensageiros)

AUSCULTAR – Aplicar o ouvido ou o estetoscópio a (o tórax, o abdome, etc.) para conhecer ruídos que se produzem dentro do organismo de. (NL, 4)

AUSPÍCIO – Ato ou efeito de prometer. Oferta, dádiva. Compromisso. Voto, juramento. (AR, 17)

AUTÓTROFO – Diz-se de, ou organismo que, a partir de compostos inorgânicos, fabrica seu próprio alimento mediante fotossíntese ou quimiossíntese. Ex.: as plantas verdes, as algas. (EDM, 1ª/ 7)

AVASSALAR – Causar destruição a; arrasar. (ML, 4)

AVATAR – Reencarnação de um deus, e, especialmente, no hinduísmo, reencarnação do deus Vixnu. (EVC, 12)

AVELHANTADO – Que se tornou velho. De aspecto envelhecido. (ML, 5)

AVEZADO – Costumado, habituado. (AR, 8)

AVIAR – Executar, concluir. Preparar medicamento prescrito em (receita). Ajustar, concluir. (SD, 1ª/ 13)

AVILTADO – Que se aviltou; desvalorizado, envilecido. Humilhado, rebaixado. Desonrado, desacreditado. (ML, 13)

AVOCAR – Chamar; atrair. Atribuir-se, arrogar-se. Fazer voltar; fazer tornar. (EDM, 1ª/ 17)

AZADO – Propício, oportuno, próprio. (ML, 11)

AZÁFAMA – Muita pressa; urgência. Grande afã; trabalho muito ativo. Atrapalhação, agitação. (ML, 7)

AZINHAVRE – Camada verde de carbonato de cobre que se forma nos objetos de cobre expostos ao ar e à umidade. azebre, cardenilho, verdete. (AR, 11)

AZO – Motivo, ensejo, pretexto, ocasião. (NL, 10)

AZORRAGUE – Flagelo, castigo, suplício. (NDM, 8)

BAFEJAR – Acalentar, acariciar. Estimular, incitar, incentivar; encorajar. Favorecer, ajudar, proteger. (OVE, 12)

BAILA – Ser chamado ou citado frequentemente; estar em evidência; estar na baila. (OM, 8)

BAJULATÓRIO – Que encerra ou envolve bajulação (lisonjear, adular servilmente; sorrabar, sabujar). (ETC, 11)

BALÁZIO – Grande bala. Tiro de bala. (EVC, 20)

BALDADO – Frustrado, malogrado, inútil, vão, baldo. (LI, 12)

BALDO – Falto, falho, carecido, carente. (OVE, 19)

BALHA – Ser chamado ou citado frequentemente; estar em evidência; estar na baila. Fazer que se manifeste. (NMM, 9)

BALOFO – Que tem volume desmedido em relação ao peso. Sem consistência. Muito grande; volumoso. (NMM, 11)

BALOUÇAR – Fazer oscilar; balangar, balançar. Equilibrar, contrapesar; contrabalançar; abalançar. (SD, 1ª/ 14)

BÁLSAMO – Medicamento que tem qualidades balsâmicas. Perfume, aroma, fragrância. Conforto, lenitivo. (OM, 31)

BALUARTE – Fortaleza inexpugnável. Lugar seguro. Suporte, apoio, sustentáculo. (OM, 20)

BANCARROTA – Falência fraudulenta. Ruína, decadência. (OM, 8)

BARBACÃS – Muro avançado, construído diante de muralhas, e mais baixo do que elas; antemuro. (OM, 20)

BASTO – Numeroso, copioso. (NMM, 20)

BATRÁQUIO – Sem cauda. Espécime dos anuros. (LI, 5)

BEATICE – Devoção afetada e fingida; hipocrisia religiosa; beataria, beatério. (NDM, 19)

BELETRISTA – Pessoa que cultiva as belas-letras. (LI, 17)

BELFEGOR – Figura animalesca de um homem agigantado, de longa cauda, com fisionomia de um caprino degenerado, exibindo pés em forma de garras e ostentando dois chifres. (AR, 4)

BENEPLÁCITO – Consentimento, licença, aprovação, aprazimento. (AR, 20)

BENIGNIDADE – Qualidade de benigno (suave, brando, agradável. Não perigoso nem maligno). (OVE, 20)

BIBELÔ – Pequeno objeto de adorno que se põe sobre a mesa, aparador. (LI, 9)

BILONTRA – Velhaco, patife, espertalhão. (SD, 1ª/ 3)

BILTRE – Homem vil, abjeto, infame. (SD, 1ª/ 9)

BIOGENÉTICAS – Relativo à biogênese (princípio segundo o qual todo ser vivo provém de outro ser vivo). (ML, 13)

BISCA – Pessoa de mau caráter e dissimulada. Meretriz. (SD, 2ª/ 4)

Glossário

BISONHO – Pouco adestrado em qualquer mister; inexperiente, inexperto; inábil. Novato, principiante. (NL, 14)

BITOLA – Medida reguladora; padrão, estalão, modelo, norma, craveira. (NMM, Na jornada evolutiva)

BLANDÍCIA – Meiguice, brandura. Afago, mimo, carícia. Palavra afetuosa, carinhosa. (NMM, 7)

BLASONAR – Apregoar, proclamar. Jactar-se, fanfarronar-se, vangloriar-se, bravatear. (LI, 6)

BOJO – A parte mais íntima de uma coisa; âmago, cerne. (LI, Ante as portas livres)

BOLÇAR – Lançar fora; arrojar. (OM, 12)

BOLEEIRO – Aquele que dirige à boleia, montando a besta da sela. (EVC, 2)

BOLOTA – Caroço (fruto do gênero Quercus (carvalho), conhecido vulgarmente como abelota). (ML, 9)

BONACHÃO – Que, ou aquele que tem bondade natural e é simples, ingênuo e paciente. (SD, 2ª/ 3)

BONANÇA – Bom tempo no mar; tempo favorável à navegação. Sossego, tranquilidade, serenidade. (NMM, 10)

BONOMIA – Qualidade de quem é bom, simples, crédulo, ou pachorrento, fleumático. (EVC, 26)

BÔNUS-HORA – Ficha de serviço individual, funcionando como valor aquisitivo. Moeda simbólica. (NL, 21)

BORBOTAR – Sair em borbotões; jorrar com ímpeto. (NL, 49)

BORCO – De barriga para baixo. (SD, 2ª/13)

BORDÃO – Pau grosso, de arrimo; cajado, báculo, bastão, vara, vara-pau. (NL, 42)

BORDEJAR – Andar ao redor de. Situar-se, ou estar à borda ou margem de. (NL, 38)

BOROCOXÔ – Diz-se de, ou pessoa sem coragem, mole, fraca, ou envelhecida. (SD, 1ª/14)

BREJEIRO – Indivíduo travesso, patusco, brincalhão. (OVE, 14)

BRUNIR – Tornar brilhante, luzidio; polir, lustrar. Dar lustre a (roupa engomada). Aprimorar, esmerar (NMM, 1)

BRUXULEANTE – Oscilar frouxamente (chama ou luz). Brilhar fracamente; lançar trêmulas cintilações; tremeluzir. (NL, 47)

BUBÃO – Íngua. Adenite (inflamação de glândula, ou de gânglio linfático). (NMM, 11)

BULHA – Gritaria confusa; vozearia. (ML, 7)

BULÍCIO – Rumor contínuo e indefinido de coisas ou de vozes; burburinho. Sussurro ou murmúrio contínuo. (EVC, 1)

BULHENTO – Aquele que faz ou é dado a bulhas; desordeiro; arruaceiro, bulhão. (NL, 33)

BURILAMENTO – Apurar, retocar, esmerar; aprimorar, aperfeiçoar. (ML, 2)

BURLAR – Praticar burla contra; fraudar, defraudar, lesar. Lograr, enganar, ludibriar. (ML, 11)

CABAL – Completo, pleno, inteiro, perfeito. Rigoroso, severo. (NMM, 2)

CADUCIDADE – Qualidade ou estado de caduco; velhice, caduquez, caduquice. Estado de decadência. (EDM, 1ª/ 11)

CAIPORA – Indivíduo que pela simples presença provoca infelicidade, azar. Indivíduo azarado, infeliz. (SD, 2ª/ 11)

CAIREL – Fita ou galão estreito para debruar; debrum. Borda, beira. (AR, 18)

CAJADO – Bordão de pastor, com a extremidade superior arqueada. (NL, 2)

CALCINAR – Submeter a temperatura muito elevada; aquecer em altíssimo grau; abrasar. Reduzir a cinzas. (SD, 2ª/ 3)

CÁLIDO – Quente. Ardente, apaixonado. Sagaz, astuto, fino. (NMM, 1)

CALIGINOSA – Muito escuro e denso; tenebroso. (OM, 33)

CAMPEAR – Andar pelo campo, pelo mato, à procura de (o gado). Procurar, buscar. Ostentar. Levar vantagem. (OVE, 18)

CAMPOS de saída – Expressão que define lugares-limites, entre as esferas inferiores e superiores. (LI, 3)

CANÍCULA – Grande calor atmosférico. (LI, Ante as portas livres)

CAÓTICO – Que está em caos; confuso, desordenado. (MM, 21)

CAPITULAÇÃO – Ato ou efeito de capitular (render-se, entregar-se, mediante capitulação). (OVE, 7)

CAQUEXIA – Estado de desnutrição profunda produzida por diversas causas. (EDM, 1ª/ 11)

CARANTONHA – Cara grande e feia; caraça, carão, cariz, carranca, esgar. (NL, 31)

CARNICÃO – Zona central, purulenta e endurecida, de furúnculos. (SD, 1ª/ 1)

CARRASPANA – Estado de bêbedo, de quem se embriagou. (SD, 2ª/ 1)

CARREAR – Causar, ocasionar; acarretar. Levar arrastar. Ocasionar; acarretar. (NL, 20)

CARREIRO – Caminho estreito; atalho, vereda, carreira. (LI, 3)

CARROCIM – Carroça pequena. Pequeno coche. (SD, 2ª/13)

CASULO – Invólucro filamentoso, construído pela larva do bicho-da-seda ou por outras. (NL, 7)

CATA – Escavação mais ou menos profunda, conforme a natureza do terreno, para mineração. (EVC, 17)
CATADURA – Semblante, aspecto, aparência. Disposição de ânimo. (OM, 21)
CATRE – Cama de viagem, dobrável, de lona. Leito tosco e pobre; grabato. Espécie de jangada. (OVE, 18)
CAUSÍDICO – Defensor de causas; advogado. (EVC, 4)
CAVAQUEAR – Conversar singelamente, em intimidade. (AR, 10)
CELERADO – Criminoso; facinoroso. Perverso, mau. (OVE, 7)
CELIBATO – O estado de uma pessoa que se mantém solteira. (OVE, 7)
CENÁCULO – Sala em que se comia a ceia. Refeitório. Lugar onde Cristo teve a última ceia com seus discípulos. (ML, 8)
CÊNICO – Relativo à cena (a arte teatral; a arte do espetáculo; o drama). (OVE, 5)
CENTRÍPETA – Que se dirige para o centro; que procura aproximar-se do centro. (OM, 33)
CERCEAR – Cortar, suprimir, desfazer, destruir. Restringir, limitar, diminuir. (SD, 1ª/ 6)
CERVIZ – A parte posterior do pescoço; nuca. Dobrar a cerviz. Submeter-se à autoridade, à escravidão. (ETC, 5)
CEVA – Alimentar, nutrir. Tornar gordo; engordar. Satisfazer, saciar, fartar. (ML, 4)
CHAFURDAR – Revolver-se, atolar-se em (chafurda). Atolar-se em (vícios); perverter-se. Macular; enodoar. (NMM, 16)
CHASQUEASTE – Dizer chascos (dito satírico; zombaria) a; zombar de; escarnecer. Fazer chasco; escarnecer. (NMM, 6)
CHAVASCAL – Lugar imundo; chiqueiro. Terra estéril. Mata de espinheiros e outras plantas silvestres. (NMM, 2)
CHÁVENA – Xícara ou taça para chá, café e outras bebidas, quentes ou frias. (SD, 1ª/ 3)
CHILREANTE – Que chilreia (Exprimir em gorjeios; cantar). Palrador, tagarela. (EVC, 1)
CHISTE – Dito gracioso; facécia, piada, pilhéria, gracejo. (LI, 17)
CHISTOSO – Que tem chiste; engraçado, espirituoso. (SD, 1ª/ 9)
CHOCARRICE – Gracejo atrevido; truanice (impostura, embuste). (SD, 1ª/ 6)
CHOFRE – De repente; de súbito; repentinamente. (NDM, 9)
CHULO – Grosseiro, baixo, rude. Usado pela ralé; ordinário. (SD, 2ª/ 4)

CHUSMA – Grande quantidade (de pessoas ou coisas); magote. (SD, 2ª/ 8)
CICIAR – Pronunciar as palavras em cicio. Rumorejar levemente. Dizer em voz baixa. (NDM, 28)
CICIO – Rumor brando, como o da viração nos ramos das árvores. Murmúrio de palavras em voz baixa. (LI, 5)
CICLÓPICO – Extraordinário, colossal, gigantesco. (OVE, 10)
CICUTA – Veneno extraído da cicuta-da-europa. (ML, 9)
CIMO – A parte superior de um objeto elevado; o alto das coisas. (NDM, Raios, Ondas, Médiuns, Mentes...)
CINDIR – Separar, dividir. Desavir. Cortar, cruzar. (NL, 8)
CINGIR – Envolver, circundar. Rodear, cercar. Limitar, restringir, circunscrever. (EDM, 1ª/ 5)
CIOSO – Que tem ciúme, ciumento. Zeloso, cuidadoso. Interessado em virtude de afeição extrema. (NMM, 18)
CIPOAL – Mato abundante de cipós tão enredados que dificultam o trânsito. Situação difícil; dificuldade. (OM, 5)
CIRCUNDANTE – Que circunda (andar à volta de; rondar. Estar ou ficar em volta de). (OM, 41)
CIRCUNSPECTO – Que olha à volta de si. Que procede com circunspeção; ponderado, prudente. Sério, sisudo, grave. (NL, 47)
CIRENEU – Aquele que auxilia, principalmente em trabalho penoso. (AR, 4)
CÍRIO – Vela grande de cera. Procissão que, partindo de determinado lugar, vai levar um círio a outro lugar. (OVE, 7)
CISSURA – Fissura, fenda. Incisão, talho. Rompimento de relações de paz ou amizade. (NMM, 3)
CITADINA – Que ou aquele que habita a cidade. (OM, 40)
CIZÂNIA – Desarmonia, rixa, discórdia. (AR, 6)
CLANGOR – Som rijo e estridente como o de certos instrumentos metálicos de sopro, como, p. ex., trompa. (NMM, 2)
CLARIVIDENTE – Que vê com clareza. Atilado, esperto. Prudente, cauteloso. (OVE, 7)
CLAUDICAR – Ter imperfeição, falha ou deficiência; falhar; manquejar. Cometer falta; falhar; errar. (OVE, 17)
CLAUSTRO – Clausura, recinto fechado: claustrofobia. (MM, 21)
COAÇÃO – Constrangimento, violência física ou moral imposta a alguém para que faça, deixe

Glossário

de fazer ou permita que se faça alguma coisa. (ETC, 22)
COADJUVAR – Ajudar, auxiliar. Ajudar-se mutuamente. (OVE, 13)
COADUNAR – Juntar, incorporar, reunir, para a formação de um todo. Conformar, combinar, harmonizar. (NL, 15)
COAXAR – Fazer ouvir a sua voz (a rã, o sapo). Gritar como a rã ou o sapo. (EDM, 1ª/ 10)
COBRO – Termo, fim. Dar fim a; pôr termo em. (NDM, 16)
CÓCLEA – Parte anterior do labirinto, ou orelha interna; caracol. (MM, 18)
COESO – Ligado ou unido; intimamente ligado; conexo. Concorde, harmônico. Coerente, lógico. (OM, 29)
COGITAÇÃO – Ação de cogitar, pensar. Ação de cogitar; tenção, intenção, projeto, plano. (NL, 3)
COIBIR – Obstar à continuação de; reprimir, refrear. Impedir de fazer alguma coisa. (ML, 10)
COLEAR – Andar ou mover-se sinuosamente, aos ziguezagues; serpear, serpentear, cobrejar. (NDM, 23)
COLÉDOCO – Cavidade ou tubo que dá passagem a gases ou líquidos, nos corpos organizados; conduto. (NDM, 17)
COLEIO – Ação de colear; movimento sinuoso; coleamento (andar ou mover-se sinuosamente, aos ziguezagues; serpear, serpentear, cobrejar). (SD, 1ª/3)
COLIGIR – Reunir em coleção, massa ou feixe; ajuntar (o que está esparso). (AR, 11)
COLÓQUIO – Conversação ou palestra entre duas ou mais pessoas. (OVE, 11)
COMETIMENTO – Acometimento. Empreendimento, tentativa ou empresa difícil, arriscada e/ou de grande vulto. (NDM, 6)
COMEZINHO – Bom para se comer. Fácil de entender; evidente, simples. Caseiro, doméstico. (NL, 1)
COMISERAÇÃO – Ato de comiserar-se; piedade, pena, dó, compaixão, amiseração, miseração. (OVE, 8)
COMOÇÃO – Perturbação, abalo Revolta, motim. Perturbação orgânica. (NL, 29)
COMPADECER – Ter compaixão de; lastimar. Inspirar, ou causar, compaixão. (ML, 10)
COMPLETISTA – É o título que designa os raros irmãos que aproveitaram todas as possibilidades construtivas que o corpo terrestre lhes oferecia. Pode escolher, à vontade o corpo físico futuro. (ML, 12)

COMPRAZER – Fazer o gosto, a vontade; ser agradável. Ser do agrado de (pessoa), ou da sua preferência. (SD, 1ª/ 1)
COMPULSAR – Examinar, lendo. Manusear, percorrer, folhear (livros, documentos), consultando. (AR, 6)
COMPUNÇÃO – Pesar de haver cometido pecado ou ação má. Pesar profundo. (LI, 12)
COMPUNGIR – Afligir; atormentar. Enternecer; sensibilizar. Ter compunção; arrepender-se. Magoar-se. (OVE, 4)
COMUNGAR – Pertencer a grupo ou sociedade que tem as mesmas ideias religiosas, políticas, literárias, científicas, etc. Tomar parte em; participar. (ML, 5)
CONCATENAR – Estabelecer conexão entre; encadear, ligar. Estabelecer relação entre; relacionar. (NL, 2)
CONCÍLIO – Assembleia de prelados católicos em que se tratam assuntos dogmáticos, doutrinários ou disciplinares. (ML, 17)
CONCLUDENTE – Que conclui, ou merece fé; terminante, categórico. (OM, 20)
CONCOMITANTE – Que se manifesta simultaneamente com outro. Que acompanha. (LI, 5)
CONCRETIZAR – Tornar(-se) concreto, possível; realizar(-se), efetivar(-se). (NL, 45)
CONDESCENDENTE – Que condescende (transigir espontaneamente; ceder, anuir), transige, transigente. (NDM, 6)
CONDIZENTE – Que condiz; bem combinado, harmônico. (NDM, 18)
CONFITEOR – Oração que principia por essa palavra, e recitada pelos católicos antes de confessarem os seus pecados ao padre. (LI, 5)
CONFLAGRAR – Incendiar totalmente. Excitar vivamente; abrasar. Pôr em convulsão, agitação. (EVC, 13)
CONFRANGER – Oprimir, afligir, angustiar. Moer, esmigalhar. Contorcer-se, contrair-se. (NMM, 3)
CONGÊNERE – Pertencente ao mesmo gênero; congenérico. Idêntico, semelhante, similar. (OVE, 4)
CONGÊNITO – Gerado ao mesmo tempo. Nascido como indivíduo; conatural, inato. Apropriado, acomodado. (ML, 13)
CONGESTO – Que sofreu, ou em que se produziu congestão. Rubro, afogueado. (NDM, 10)
CONJETURA – Julgar por conjetura; supor; presumir. Prever, entrever. (NL, 8)

CONSAGRAÇÃO – Exaltação, glorificação; louvor, elogio. (OM, 14)

CÔNSCIO – Que sabe bem o que faz ou o que deve fazer; ciente, consciente. (OVE, 15)

CONSENTÂNEO – Apropriado, adequado: O ambiente era consentâneo a seu temperamento artístico. (MM, 13)

CONSORTE – Companheiro na mesma sorte, estado ou encargo(s). Cônjuge. (ML, 13)

CONSPURCADOR – Aquele que vier a: Sujar; macular. Manchar, macular; infamar. Corromper, perverter. (OM, 17)

CONSTRINGENTE – Que constringe (contrair-se; apertar-se); constritor. (NDM, 8)

CONSUBSTANCIAR – Unir para formar uma substância; ligar, unificar. Unir-se, ligar-se intimamente; identificar-se. (OM, 48)

CONTÍGUO – Que está em contato; unido. Próximo, vizinho, adjacente. (SD, 1ª/ 2)

CONTINGÊNCIA – Qualidade do que é contingente. Incerteza sobre se uma coisa acontecerá ou não. (NL, 46)

CONTRASSENSO – Dito ou fato contrário ao bom senso; absurdo, disparate, despautério. (OM, 46)

CONTRISTAR – Tornar muito triste; causar tristeza a; afligir; penalizar. Causar tristeza. (NL, 43)

CONTRITO – Que tem contrição; pesaroso, arrependido. (OVE, 7)

CONÚBIO – Casamento, matrimônio, núpcias. União, ligação, aliança. (NDM, 13)

CONVULSO – Em que há convulsão. (ML, 7)

COONESTAR – Dar aparência de honestidade a; fazer que pareça honesto, honrado, decente. (AR, 15)

CORDURA – Qualidade ou caráter de cordato (que se põe de acordo. Que tem bom senso; prudente). (SD, 1ª/8)

CORNUCÓPIA – Vaso corniforme que se representa cheio de flores e frutos. (OVE, 1)

COROLA – Verticilo interno do perianto da flor, quase sempre vistoso de coloração viva. (NL, 3)

CORROBORAR – Dar força a; fortificar, fortalecer, roborar. Confirmar, comprovar. (LI, 12)

CORUSCANTE – Que corusca (fulgurar; reluzir; relampaguear; rutilar), cintilante. (ETC, 17)

COTEJAR – Confrontar. Comparar para assinalar-lhes as variantes textuai. Pôr em paralelo; confrontar. (OVE, 6)

CRASSA – Espesso, denso, grosso. Grosseiro, desmarcado. rude, bronco. (ML, 3)

CRAVEIRA – Estofo, jaez, laia. Medida, padrão. (NMM, 9)

CREMASTERIANO – Relativo ao músculo que se insere na bolsa escrotal, e que age suspendendo o testículo. (EDM, 1ª/ 16)

CRENA – Espaço entre os dentes duma roda ou duma peça denteada. (EVC, 17)

CREPE – Tecido fino, transparente ou não, de aspecto ondulado, feito com fio muito torcido de seda ou lã natural ou sintética. Fita ou tecido negro que se usa em sinal de luto. (ML, 19)

CRESTAR – Queimar à superfície, de leve; tostar. Dar a cor de queimado a; secar, queimar, por efeito do frio intenso, ou do calor. (LI, 16)

CRIPTESTESIA – Sensibilidade oculta, críptica. (NDM, 29)

CRÍPTICO – Pertencente, ou relativo, ou semelhante a cripta. Cifrado. Secreto, oculto. (MM, 20)

CRÍVEL – Que se pode crer; acreditável. (NL, 41)

CROCITAR – Soltar a sua voz (o corvo); corvejar. Imitar a voz do corvo. (LI, 4)

CROMATINA – Substância fundamental de cromossomo de organismo eucarioto existente no núcleo celular. (ML, 3)

CRUPE – Obstrução laríngea aguda devida a processo inflamatório, corpo estranho, levando à sufocação. (ML, 6)

CUMULAR – Afligir muito; torturar, mortificar, atormentar, martirizar, cruciar. (NMM, 4)

CÚMULO – Reunião de coisas sobrepostas; montão. O ponto mais alto; o mais alto grau; auge, máximo. (OM, 17)

CÚPIDO – Ávido de dinheiro ou bens materiais; cobiçoso. Possuído de, ou que revela desejos amorosos. (NMM, 17)

CURATO – Cargo de cura. Residência de cura. Povoação pastoreada por um cura. (OVE, 7)

CURIAL – Próprio, conveniente. (NDM, 12)

CUSPINHAR – Cuspir amiúde, e pouco de cada vez; cuspilhar. (NDM, 4)

CUSTODIAR – Ter ou manter em custódia; guardar; proteger. (LI, 9)

DÁDIVA – Aquilo que se dá; presente, oferta, donativo, dom. Doação. (NL, 10)

DEBALDE – Inutilmente, em vão; baldadamente, embalde. (NL, 25)

DEBELAÇÃO – Ato ou efeito de debelar. (ETC, 30)

DEBUXO – Desenho dum objeto em suas linhas gerais; esboço, risco, bosquejo, delineamento. (AR, 4)

DECESSO – Morte, óbito, passamento. Diminuição, rebaixamento. (OVE, 12)

DECREPITUDE – Estado ou condição de decrépito; velhice extrema. Decadência física e/ou metal; decrepidez. (NMM, 5)

Glossário

DEDAL – Porção muito pequena. (OM, 45)
DEGRADAR – Privar, rebaixar. Envilecer-se, aviltar-se. (ML, 6)
DEJEÇÃO – Conjunto de matérias fecais expelidas por vez. Evacuação. (ML, 19)
DELEITOSO – Que deleita, que é muito agradável, que dá prazer; delicioso, deleitoso, deleitante. (SD, 2ª/ 5)
DELETÉRIA – Nocivo à saúde: germes deletérios. Que corrompe ou desmoraliza. (NDM, 8)
DELIBERAR – Meditar no que se há de fazer; consultar a si mesmo, ou a outrem; ponderar, refletir. Decidir, resolver. (NL, 16)
DELINQUIR – Cometer falta, crime, delito. (NMM, 16)
DELÍQUIO – Perda temporária de consciência devida a má perfusão sanguínea encefálica, e que pode ser em razão de causas diversas. (SD, 1ª/5)
DELIVRANÇA – Processo de nascimento, no qual o feto, a placenta e as membranas fetais são expelidos do aparelho reprodutor materno. (OVE, 17)
DEPAUPERADO – Que se depauperou; que sofre depauperamento (esgotar as forças de; extenuar, debilitar). (OVE, 19)
DEPERECIMENTO – Ato de deperecer; desfalecimento ou consunção gradual; desperecimento. (SD, 2ª/9)
DEPRECAR – Pedir com instância e submissão; rogar, suplicar, implorar. (OM, 24)
DEPRIMENTE – Que deprime (debilitar, enfraquecer. Causar angústia, ou penosa sensação moral, em). (AR, Ante o Centenário)
DEPUTAÇÃO – Reunião de pessoas encarregadas de missão especial. Mandar em comissão; incumbir, delegar. (NL, 43)
DERIVANTE – Que deriva ou se deriva. Diz-se do elemento que serve de base a uma derivação. Palavra que dá origem a outra por derivação. (NMM, 7)
DERREAR – Curvar-se, vergar-se. Prostrar-se, cansar-se, extenuar-se. Perder o ânimo; esmorecer, desanimar. (SD, 2ª/11)
DERROCADA – Desmoronamento; ruína. (NMM, 11)
DERRUIR – Desmoronar; derribar. Destruir, anular. Desmoronar-se, ruir. (NMM, 9)
DESABONAR – Desacreditar; depreciar. (NDM, 29)
DESABRIDO – Rude, grosseiro. Áspero, violento. Insolente, inconveniente. (NDM, 6)
DESABROCHAR – Principiar a abrir, abrir-se (a flor); desabotoar(-se), desabrochar-se. Desenvolver-se; crescer. (ML, 11)

DESACOROÇOADO – Diz-se de, ou indivíduo sem coragem, sem ânimo; desanimado, desalentado. (ETC, 35)
DESARRAZOADA – Que não tem razão; que procede sem razão ou bom senso; disparatado. (ML, 5)
DESASSISADO – Que ou aquele que não tem siso (bom senso;juízo, tino, prudência); louco, desatinado. (OM, 46)
DESATAVIAR – Tirar os atavios a; desadornar, desornar, desenfeitar; despir: desataviar o estilo. (ETC, 6)
DESBRIADO – Diz-se de, ou indivíduo sem brio; desavergonhado. (NDM, 27)
DESCOROÇOAR – Tirar o ânimo ou a coragem. Perder a coragem; desanimar. (NMM, 6)
DESCORTICAR – Tirar o córtice, a cortiça, a casca a; descascar, descortiçar; descorticar. (EDM, 1ª/ 16)
DESCORTINAR – Enxergar, avistar. Descobrir, notar, distinguir. Tornar manifesto; patentear, revelar. (NDM, 18)
DESCURAR – Não curar; desleixar, descuidar. Não fazer caso de; abandonar, descuidar. Tornar descuidoso. (NL, Novo amigo)
DESDENHAR – Mostrar ou ter desdém a; desprezar com altivez. Motejar, escarnecer. Não fazer caso. (AR, 5)
DESDITA – Falta de dita; infelicidade, desventura. (LI, 18)
DESENXABIDO – Sem sabor; insípido, insulso. Sem graça ou sem animação; monótono. (SD, 1ª/6)
DESERÇÃO – Perecimento de um recurso por falta de preparo, de pagamento das custas (ML, 5)
DESFALECIMENTO – Estado do que desfalece; desmaio, fraqueza, vertigem. Diminuição gradual de atividade. (OM, 26)
DESFASTIO – Falta de fastio; apetite. Graça, bom humor, jovialidade. Para entreter; por graça. (EVC, 2)
DESFORÇO – Vingança, desforra, desafronta, desagravo. (LI, 7)
DESFRALDAR – Soltar ao vento, desferir, largar (as velas). Abrir, soltar. Agitar-se, tremular (a bandeira). (NL, 50)
DESIDERATO – Aquilo que se deseja, a que se aspira; aspiração. (OVE, 12)
DESÍDIA – Preguiça, indolência, inércia, negligência. Desleixo, descaso, incúria. (AR, 8)
DESÍGNIO – Intento, intenção, plano, projeto, propósito. (ML, 7)

DESLEIXO – Descurar, descuidar. Tornar-se negligente; descuidar. (OVE, 3)
DESLUSTRAR – Infamar, macular, desonrar; desacreditar. Perder o lustre ou o brilho. Poluir-se; macular-se. (ML, 17)
DESNUDAR – Pôr nu; despir. Pôr a descoberto; mostrar, revelar, patentear. (LI, 5)
DESPENDER – Fazer despesa de; gastar. Espalhar com liberalidade; prodigalizar. Gastar; consumir. (ML, 4)
DESPOJAR – Roubar; saquear; defraudar. Privar da posse; espoliar, desapossar, despir. (NL, Novo amigo)
DESREGRADO – Que não é conforme à regra. Irregular, desordenado. Dissipador. Devasso, libertino. (ML, 7)
DESSARTE – Por esta forma; deste modo; assim. Assim sendo; assim; diante disto (destarte). (NDM, 1)
DESSEDENTAR – Matar a sede. Saciar, matar a própria sede. (OVE, 3)
DESSERVIR – Fazer desserviço a; servir mal. Não servir. (ETC, 8)
DESTARTE – Por esta forma; deste modo; assim. Assim sendo; assim; diante disto. (NL, 43)
DESTRA – A mão direita. OBS: sinistra (a mão esquerda). (NL, 50)
DESVARIO – Ato de loucura; delírio, alucinação, desacerto; desatino, extravagância; desvairamento. (OM, 9)
DESVELAR – Encher-se de zelo; ter muito cuidado; diligenciar. (NL, 2)
DEVA – No hinduísmo e no budismo, cada uma das diversas divindades que se situam entre os seres divinos superiores e os homens. (EDM, 1ª/1)
DEVANEAR – Pensar em (coisas vãs); fantasiar. Imaginar, sonhar: Devaneava façanhas absurdas que o levassem à glória. Pensar, meditar vagamente em. (EVC, 6)
DEVASSADO – Diz-se de casa, lugar aberto ou franqueado à vista. Que foi objeto de devassa; investigado. (OM, 15)
DIAFANEIDADE – Qualidade do que é diáfano (que, sendo compacto, dá passagem à luz; transparente). (SD, 1ª/9)
DIÁFANO – Que, sendo compacto, dá passagem à luz; transparente. Muito magro; macérrimo. (OVE, 9)
DIAPASÃO – Timbre ou registro. Padrão, medida. (OVE, 14)
DIATRIBE – Crítica acerba; escrito ou discurso violento e injurioso. (EVC, 23)

DIFUSO – Em que há difusão; disseminado, divulgado. Prolixo, redundante. (OVE, 6)
DIGLADIAR – Combater com espada, corpo a corpo. Discutir com calor; disputar, combater, contender. (ETC, 3)
DIGRESSÃO – Desvio de rumo ou de assunto. Excursão, passeio. Subterfúgio, evasiva. Recurso literário utilizado com o fim de esclarecer ou criticar o assunto em questão. (NMM, 18)
DILAÇÃO – Adiamento, prorrogação. Demora, tardança, delonga. Prazo. (SD, 2ª/ 1)
DILACERAÇÃO – Ação ou efeito de dilacerar (-se); despedaçamento, dilaceramento. (NL, 6)
DILEÇÃO – Afeição especial; estima. (MM, 20)
DILIGENCIAR – Esforçar-se por; empregar os meios para; empenhar-se por, forcejar, empenhar-se. (EDM, 1ª/ 4)
DIPLOFONIA – Perturbação da voz, caracterizada pela formação simultânea de dois sons na laringe. (ETC, 2)
DIPSOMANIA – Impulso mórbido periódico e irresistível que leva a ingerir grande porção de bebidas alcoólicas. (EDM, 2ª/18)
DISCREPÂNCIA – Desacordo, divergência, discórdia. Disparidade, desigualdade. Incompatibilidade. (AR, 5)
DISCRETEAR – Discorrer com discrição, discernimento sobre um assunto; falar a propósito, com circunspeção. (NMM, 3)
DISCRICIONÁRIO – Que procede, ou se exerce, à discrição, sem restrições, sem condições; arbitrário, caprichoso. (LI, 14)
DISFUNÇÃO – Função que se efetua de maneira anormal. (MM, 15)
DÍSPAR – Desigual, diferente, dessemelhante. (ETC, 20)
DISPARATE – Dito ou ação desarrazoada; absurdo. Asneira. Desvario, desatino, despropósito. (NL, 14)
DISPLICÊNCIA – Descuido, ou mesmo desleixo, nas maneiras, no vestir, no proceder; descaso, negligência. (NL, 22)
DISPNEIA – Dificuldade na respiração. (NL, 50)
DISSEMINAR – Semear ou espalhar por muitas partes. Difundir, divulgar, propagar; espalhar. (OM, 5)
DITAME – O que a consciência e a razão dizem que se deve ser. Regra, aviso, ordem, doutrina. (OVE, 15)
DITÉRIO – Troça, zombaria, motejo, escárnio, chufa; dichote. (OVE, 15)
DITIRAMBO – Composição lírica que exprime entusiasmo ou delírio. (EVC, 16)

Glossário

DIVAGAÇÃO – Ato de divagar, de andar sem rumo certo. (OVE, 5)
DIVISAR – Avistar, distinguir. Notar, observar; descobrir. Marcar, delimitar. (OVE, 1)
DOBAR – Voltear; revolutear. Fazer novelos. Cair dando voltas; rodopiar. (EDM, 1ª/ 6)
DOESTO – Acusação desonrosa; vitupério, insulto, injúria. (LI, 20)
DOGMA – Ponto fundamental e indiscutível duma doutrina religiosa, de qualquer doutrina ou sistema. (OVE, 19)
DOIDIVANO – Indivíduo leviano, imprudente, estouvado; adoidado, doidelo, girolas. (SD, 1ª/8)
DÚBIA – Duvidoso, incerto; ambíguo. Vacilante, indeciso, vago, hesitante. Difícil de definir ou explicar. (AR, 8)
DÚCTIL – Que se pode reduzir a fios, distender, sem se romper; flexível, elástico. Dócil, amoldável. (NDM, 28)
DUENDE – Entidade fantástica ou espírito sobrenatural que se acreditava aparecer de noite nas casas. (NL, 1)
DUPLO etérico – Eflúvios vitais formado por emanações neuropsíquicas que pertencem ao campo fisiológico e que, por isso mesmo, não conseguem maior afastamento da organização terrestre, destinando-se à desintegração, tanto quanto ocorre ao instrumento carnal, por ocasião da morte renovadora. (NDM, 11)
ÉBRIO – Que se embriaga habitualmente; que é dado ao vício de beber; bêbedo ou bêbado. (NMM, 14)
ECLESIÁSTICO – Membro do clero; sacerdote, clérigo, padre. (ML, 17)
ECLIPSE – Obscurecimento intelectual ou moral. Ausência, desaparecimento. (OVE, 13)
ECLOSÃO – Ato de vir à luz, de surgir; aparecimento. Desabrochar, brotar. Crescimento, desenvolvimento. (ML, 3)
EFÊMERA – De pouca duração; passageiro, transitório. (ML, 20)
EFERENTE – Que conduz, que transporta. Que tira e conduz de dentro para fora. (EDM, 1ª/ 9)
EFUSIVO – Expansivo, comunicativo. Fervoroso, veemente. (NL, 25)
ÉGIDE – Escudo; defesa, proteção. Abrigo, amparo, arrimo. (LI, 6)
EGÓLATRA – Pessoa que tem o culto de si mesma, que pratica a egolatria. (NMM, 2)
EGRESSO – Que saiu, que se afastou. Que deixou de pertencer a uma comunidade. (EDM, 2ª/7)
EIVADO – Produzir mancha em. Contaminar, infectar (física ou moralmente. (EDM, 1ª/ 14)

ELETIVO – Relativo a, ou que envolve eleição, escolha. (EDM, 2ª/8)
ELUCUBRAÇÃO – Trabalho prolongado e paciente feito à noite e à luz. Meditação grave; cogitação profunda. (NL, 6)
EMALHAR – Prender ou colher em malhas. Cobrir com armadura de malha. Enredar, emaranhar. (NMM, 4)
EMANCIPAR – Tornar independente; dar liberdade. Tornar livre; livrar, libertar (de jugo, tutela. (EDM, 2ª/5)
EMBAIR – Enganar, iludir; seduzir. (SD, 1ª/8)
EMBALDE – Inutilmente, em vão; baldadamente, embalde. (NL, Novo amigo)
EMBALSAMAR – Impregnar de aromas; perfumar. (NL, 3)
EMBARGAR – Pôr embargo. Pôr obstáculos a; estorvar; tolher. Reprimir, conter. (OM, 2)
EMBATUCAR – Não poder falar; calar-se; embuchar, emperrar. Confundir-se, embaraçar-se; enrolar-se. (NDM, 27)
EMBEVECIDO – Extasiado, extático, enlevado. (NL, 10)
EMBIOCADO – Escondido por bioco ou capuz. Recôndito. Tímido, retraído, desconfiado. (SD, 2ª/3)
EMBOLIA – Obliteração dum vaso sanguíneo por um êmbolo; embolismo. (ML, 6)
EMBOTAR – Perder a energia; enfraquecer(-se). Perder a sensibilidade; insensibilizar(-se). (NL, 44)
EMBRIOGÊNICO – Relativo à embriogenia (A produção ou origem do embrião; embriogênese). (EDM, 1ª/ 6)
EMBUÇADO – Escondido, oculto. (AR, 8)
EMBUSTEIRO – Que ou aquele que usa de embustes; mentiroso, intrujão, impostor. (OM, 12)
EMPALMAR – Esconder na palma da mão; escamotear. Furtar com destreza; surripiar, abafar. (EDM, 1ª/ 4)
EMPECER – Causar dano a; prejudicar; transtornar. Impedir, estorvar. Dificultar.(NMM, 6)
EMPECILHO – Aquilo que empece ou estorva; impedimento, estorvo, obstáculo, empecimento, empeço. (ML, 11)
EMPEDERNIDO – Que se tornou duro como pedra; petrificado; endurecido. Insensível, duro. (NL, 2)
EMPESTAR – Infetar com peste; tornar pestilento; pestear. Infeccionar; contaminar. (AR, 5)
EMPÓRIO – Centro de comércio internacional. Mercado. Loja de secos e molhados; armazém. (LI, 4)

EMPÓS – Após, atrás. Empós de. Depois de. No encalço de. (NMM, 5)
ENCEGUECER – Ficar cego; cegar. (LI, 7)
ENCETADO – Começar, principiar, iniciar. Começar a gastar ou a cortar. (ML, 13)
ENCETAR – Começar, principiar, iniciar. Começar a gastar ou a cortar. (OM, 50)
ENCIMAR – Colocar em cima de. Estar situado acima de. (AR, 8)
ENCLAVINHAR – Meter, enlaçar (os dedos das mãos) uns por entre os outros. (SD, 1ª/7)
ENCOMIÁSTICO – Referente a encômio (louvor, elogio, gabo). (ML, 5)
ENFADAR – Causar aborrecimento a; enfastiar; entediar. Cansar, incomodar, molestar; irritar. (NL, 49)
ENFASTIAR – Causar fastio (aversão a alimento. Falta de apetite. Repugnância, aversão) ou aborrecimento a. (SD, 1ª/ 7)
ENFATUAR – Tornar fátuo; encher de vaidade. Tornar imprudente, ignorante. Envaidecer-se, orgulhar-se. (AR, 9)
ENFEIXAR – Atar em feixe; faxinar: enfeixar gravetos. Ajuntar, juntar, reunir. Entrouxar, embrulhar. (EDM, 1ª/ 5)
ENGASTAR – Embutir ou encravar em ouro, prata, etc. Encaixar, encastoar. Intercalar, inserir. (SD, 1ª/ 4)
ENGELHADO – Que tem gelhas (ruga na pele, especialmente na do rosto). Enrugado. Encolhido. (NMM, 18)
ENGENHAR – Traçar, maquinar, armar: engenhar um levante. Fabricar ou construir artificiosamente. (EVC, 11)
ENGENHOSO – Que tem engenho (habilidade, destreza. Sutileza, argúcia). (ML, 17)
ENGODAR – Atrair com engodo. Enganar com promessas vãs; engabelar. (OVE, 7)
ENGOLFAR – Penetrar, meter-se em, entranhar-se. Mergulhar(-se), embeber-se. (NL, 2)
ENGRAZAR – Enganchar, encadear. Endentar, engrenar. Enganar, lograr, embair, iludir. (NMM, 12)
ENGULHO – Ânsia, náusea. Desejo, tentação. (ETC, 30)
ENIGMA – Enunciado ambíguo ou velado. Coisa inexplicável, aquilo que é difícil compreender; mistério. (NL, 25)
ENLANGUESCER – Tornar-se lânguido; perder as forças; enfraquecer(-se), debilitar(-se); languescer. (NMM, 1)
ENLEVADA – Causar arroubamento ou êxtase a; encantar; arrebatar, arroubar. Deliciar, deleitar. Cativar. (OVE, 9)

ENLEVO – Encanto, deleite; êxtase, arroubamento, arroubo. (OM, 32)
ENREDADO – Emaranhado, embaraçado, enleado, implexo. Confuso, complicado, enrolado; enredoso. (NL, 16)
ENSANCHA – Oportunidade, ensejo. (NDM, 5)
ENSANDECER – Tornar sandeu; apatetar, emparvoecer, emparvecer. Enlouquecer, endoidecer. (ETC, 5)
ENSÔFREGO – Tornar sôfrego (ávido, sequioso, ambicioso. Impaciente, insofrido, malsofrido). (EVC, 24)
ENTABULAR – Preparar, dispor, pôr em ordem. Encetar, iniciar (conversa, entendimento). (OVE, 2)
ENTARAMELAR – Embaraçar-se (a língua ou a fala). Enredar-se, emaranhar-se, enlear-se. (SD, 1ª/ 5)
ENTONO – Altivez, majestade. Soberba, arrogância; orgulho; vaidade. (ETC, 21)
ENTOUÇADO – Criar touça (Moita). Espessar-se; engrossar. Tornar-se forte, robusto; robustecer(-se). (SD, 1ª/ 13)
ENTRANHAR – Cravar profundamente; fazer penetrar; enfiar. Penetrar; embrenhar-se; avançar. (NDM, 9)
ENTRECHOCAR – Embate entre duas ou mais pessoas ou animais, ou entre dois ou mais grupos. (ML, 4)
ENTRETECER – Armar, urdir, tramar, entecer: entretecer uma intriga. Meter, intercalar, inserir. (EDM, Nota ao leitor)
EPIZOOTIA – Doença, contagiosa ou não, que ataca numerosos animais ao mesmo tempo e no mesmo lugar. (AR, 9)
EQUIDADE – Igualdade, retidão, equanimidade. (LI, 5)
EQUINÓCIO – Instante em que o Sol, no seu movimento anual aparente, corta o equador celeste. (EDM, 1ª/ 13)
EQUÓREO – Relativo ou pertencente ao mar alto, ou ao mar. (OVE, 10)
ÉREBO – Região tenebrosa que ficava por baixo da Terra e por cima do inferno. O inferno. (NMM, 17)
ERRANTE – Que erra, que vagueia; vagabundo; erradio; errabundo, nômade, vagante. (NL, 49)
ESBARRONDAR – Romper, desmoronar, esboroar. Dar com ímpeto; investir. (LI, 11)
ESBATER – Atenuar os contrastes de cor ou tom de, passando gradualmente do mais forte ao mais fraco, ou vice-versa. Apresentar-se com as cores ou tons esbatidos. (EDM, 1ª/ 7)

Glossário

ESBATIDO – Desmaiado, atenuado, suavizado. (ETC, 12)

ESBULHADO – Privado da posse, por fraude ou violência; espoliado, despojado. (AR, 10)

ESCABELO – Banco com espaldar, comprido e largo, e cujo assento serve de tampa a uma caixa formada pelo mesmo móvel; escano. Pequeno banco. (EVC, 8)

ESCABIOSE – Afecção cutânea contagiosa, parasitária, provocada no homem pelo *Sarcoptes Scabiei* e nos animais, por ácaros que variam com a espécie. (NDM, 13)

ESCABROSO – Difícil, árduo. Oposto às conveniências, ou ao decoro. (LI, 1)

ESCACHOANTE – Que escachoa (rebentar ou ferver em cachão; borbotar, borbulhar, acachoar). (OVE, 10)

ESCALDAVAR – Queimar com líquido quente ou vapor. Causar excessivo calor a; aquecer muito. (NL, 2)

ESCALPELAR – Rasgar ou dissecar com escalpelo; dissecar. Analisar profundamente; criticar; escalpelizar. (ML, 12)

ESCALRACHO – Gramínea nociva às searas. Agitação que o navio produz na água ao movimentar-se. (ML, 4)

ESCANINHOS – Pequeno compartimento num móvel; nicho. Pequeno compartimento, secreto, em caixa, gaveta. (OVE, 13)

ESCARMENTO – Correção, castigo, punição; escaldadura. (OM, 27)

ESCARNECER – Fazer escárnio de; troçar de; zombar de; ludibriar. Zombar, mofar. (ML, 18)

ESCARNINHO – Escarnecedor (fazer escárnio de; troçar de; zombar de; ludibriar), trocista, sarcástico. (OM, 39)

ESCARRAPACHAR – Abrir demasiado as pernas. Sentar-se muito à vontade, geralmente com descompostura. (SD, 1ª/6)

ESCASSEIA – Fazer-se escasso; tornar-se diminuto; minguar, rarear. (OM, 15)

ESCAVEIRADO – Tornar semelhante a caveira; tornar magro; descarnar; escavacar. (NL, 27)

ESCOICEAR – Dar coice em. Tratar brutalmente; insultar. (SD, 1ª/8)

ESCOIMAR – Livrar (de impurezas ou de falhas); limpar. Furtar-se; livrar-se; escapar. (ML, 8)

ESCOL – De alta qualidade. (OVE, 20)

ESCOLHO – Dificuldade, obstáculo. Perigo, risco. (OM, 31)

ESCOMBRO – Entulhos, destroços, ruína. (NMM, 2)

ESCOPO – Alvo, mira, intuito; intenção. (NMM, 7)

ESCORIA – A camada mais baixa da sociedade. Coisa desprezível. (ETC, 8)

ESCRÍNIO – Escrivaninha. Pequeno cofre estofado, para guardar joias; guarda-joias; estojo. (OM, 17)

ESCRÚPULO – Hesitação ou dúvida de consciência; inquietação de consciência; remorso. Cuidado, zelo. (NL, 31)

ESCULÁPIO – Médico. (OVE, 13)

ESCUMILHA – Tecido muito fino e transparente, de lã ou de seda; gaza, gaze. (OVE, 9)

ESCUSO – Esconso; escondido, recôndito. Suspeito, misterioso; ilícito. (AR, 13)

ESFAIMADO – Que tem fome; afaimado, esfomeado, famélico, famulento: Ávido, insaciável, famélico. (EDM, 1ª/18)

ESFUZIANTE – Muito alegre; muito vivo e comunicativo; muito vivaz; radiante, irradiante. (SD, 2ª/2)

ESGAR – Gesto de escárnio (menosprezo, desprezo, desdém). (OVE, 7)

ESGUELHA – Soslaio, través, viés; obliquidade. (SD, 2ª/4)

ESMERO – Grande apuro no acabamento; perfeição, requinte. Correção e elegância na aparência; apuro. (NL, 7)

ESMO – Cálculo aproximado; estimativa, conjetura. Ao acaso; à toa; sem rumo. (NDM, 26)

ESMORECER – Perder o ânimo, as forças, o entusiasmo, a coragem; desanimar(-se). Perder os sentidos. (NL, 32)

ESPARGIR – Espalhar ou derramar (um líquido). Irradiar, difundir. Disseminar, espalhar. (OVE, 19)

ESPARSO – Derramado, entornado, espalhado, espargido. Solto, disperso. (AR, 5)

ESPARZIR – Espalhar ou derramar (um líquido). Irradiar, difundir. (NMM, 1)

ESPEZINHADO – Oprimido, tiranizado. Tratado com desprezo ou desdém; humilhado, rebaixado. (OVE, 6)

ESPICAÇAR – Esburacar, furar. Instigar, animar, estimular, incitar, afligir, magoar, torturar. (NL, 46)

ESPLENDER – Brilhar ou luzir muito; rutilar. Manifestar-se com brilhantismo. (NMM, 11)

ESPOLIAR – Privar de alguma coisa ilegitimamente, por fraude ou violência; roubar, despojar. (NMM, 19)

ESPÓLIO – Bens que alguém, morrendo, deixou. Despojos, restos. (AR, 5)

ESPONSAL – Contrato, promessa recíproca de casamento; noivado. Cerimônia ou convenções antenupciais. (ETC, 37)

ESPONSALÍCIA – Contrato ou promessa recíproca de casamento; noivado. Cerimônia ou convenções antenupciais. (NL, 45)

ESPORÁDICO – Disperso, espalhado. Acidental, casual, raro. (SD, 1ª/12)

ESPRAIAR – Derramar, estender, alastrar. Irradiar. Desenvolver, dilatar. Alongar (os olhos, a vista). (ML, 19)

ESQUIFE – Caixa comprida de tampa, para depositar o corpo dos mortos e conduzi-los à sepultura. (SD, 1ª/1)

ESTACATO – Parar de repente; ficar parado, imóvel. Ficar perplexo, confuso, embasbacado; hesitar, vacilar. (OM, 4)

ESTAFANTE – Que estafa ou fatiga; fatigante, fadigoso, cansativo. (OVE, 13)

ESTALÃO – Padrão adotado como base de valor ou de medida. (OM, 28)

ESTATUÁRIA – Arte de fazer estátuas; escultura. (ML, 12)

ESTENTÓRICA – Relativo a estentor. Que tem a voz muito forte. Diz-se de voz ou ruído muito forte. (NL, 1)

ESTEREOTIPAÇÃO – Que se estereotipou. Que é sempre o mesmo, não varia; invariável, fixo, inalterável. (NMM, 3)

ESTÉRIL – Que não produz; árido, improdutivo, improlífero, infecundo, infrutífero, infrutuoso. (NL, 6)

ESTERTOROSO – Diz-se da respiração de quem está em estertor; estertorante (ruído respiratório anormal). (ML, 11)

ESTIGMA – Cicatriz, marca, sinal. Sinal natural no corpo. As marcas das cinco chagas de Cristo. (AR, 7)

ESTIRPE – Raiz . Origem, tronco, linhagem, raça, ascendência, cepa. (NMM, 3)

ESTIVAL – Referente ao, ou próprio do estio; calmoso, estivo, estio. (MM, 15)

ESTO – Grande calor. Ardor, paixão. Enchente preamar. Ondulação ruidosa, agitação, ruído. (SD, 1ª/4)

ESTOMAGAR – Que estomagou; irritado, escandalizado. (EVC, 22)

ESTONTEADOR – Que estonteia (fazer perder o tino, o acordo; tornar tonto; aturdir, perturbar, atontar). (ML, 15)

ESTREMUNHADO – Que se estremunhou (despertar de repente, ainda estonteado de sono); mal acordado. (OVE, 15)

ESTREMEÇÃO – Tremor rápido; estremecimento. Sacudidura, abalo. Convulsão. (OM, 50)

ESTRÊNUA – Valente, corajoso, denodado. Ativo, diligente, zeloso. (NMM, 20)

ESTREPITOSO – Que produz estrépito: ovação estrepitosa. Que dá brado; muito notório; sensacional. (NDM, 19)

ESTRIBAR – Suster-se, firmar-se, fundamentar-se. Firmar-se ou apoiar-se nos estribos. Apoiar-se, basear-se. (OVE, 7)

ESTRILAR – Vociferar, deblaterar, bradar, por zanga, exasperação, enfurecimento. Protestar, reclamar. (SD, 2ª/ 11)

ESTROINA – Extravagante, doidivanas, boêmio. Gastador, dissipador, perdulário. (AR, 14)

ESTUANTE – Que estua (agitar-se, vibrar, pulsar); que ferve; ardente, febril; estuoso. (EDM, 1ª/13)

ESTUGAR – Apressar, aligeirar (o passo). Instigar, incitar. (LI, 16)

ESTUPEFATO – Entorpecido. Pasmado, assombrado, atônito. (OM, 20)

ESVURMAR – Limpar (a ferida) do vurmo ou pus, espremendo-a. (AR, 5)

ETÁRIO – Relativo à idade; etático. (MM, 24)

ETIOLOGIA – A parte da medicina que trata da causa de cada doença. (EDM, 1ª/17)

EUTÓPTICA – Referente a fenômenos visuais cuja sede é intraocular. (MM, 21)

EVANESCENTE – Que se esvaece, se esvai; que desaparece. (OVE, 20)

EXACERBADO – Tornar-se mais acerbo, mais áspero. Tornar-se mais intenso; agravar-se. (NL, 15)

EXALÇAR – Tornar alto; erguer, levantar, elevar. (NMM, 17)

EXANGUE – Sem sangue. Sem forças; débil, exausto. (ML, 11)

EXASPERADO – Muito irritado; enfurecido, encolerizado. (ML, 17)

EXCELSO – Alto, elevado; sublime. Excelente, admirável. (OVE, 1)

EXCRUCIAR – Afligir muito; torturar, martirizar, cruciar. (AR, 12)

EXCULPAR – Eliminar ou atenuar a culpa de; justificar. Absolver, perdoar. (NMM, 9)

EXECRANDA – Que merece execração (maldição, imprecação); abominável, abominando, execrando. (NMM, 15)

EXECRÁVEL – Que merece execração; abominável, abominando, execrando. (OVE, 1)

EXÉQUIA – Cerimônias ou honras fúnebres. (OVE, 5)

EXONERAR – Desobrigar, isentar, dispensar, desonerar. (OM, 7)

Glossário

EXORAR – Pedir com instância; implorar ansiosamente; invocar. (NMM, 3)
EXORBITAR – Desviar-se (de norma, regra, razão). Sair fora da órbita. Exceder os justos limites, o razoável. (SD, 1ª/4)
EXORTAÇÃO – Ato de exortar, animar, estimular (animar, incitar, encorajar, estimular). (ML, 5)
EXÓTICO – Esquisito, excêntrico, esdrúxulo, extravagante: indivíduo. Malfeito; desajeitado. (LI, 8)
EXPECTAÇÃO – Esperança fundada em supostos direitos, probabilidades ou promessas. (OM, 42)
EXPEDITO – Desembaraçado, ativo, diligente, lesto; expeditivo. (LI, 11)
EXPENDIR – Expor minuciosamente. Expor, explicar, ponderando ou analisando. Gastar, despender. (MM, 7)
EXPIAR – Remir (a culpa), cumprindo pena; pagar. Sofrer as consequências de. (OM, 9)
EXPROBAR – Fazer censuras a; repreender, vituperar: Exprobramos sua indecisão. Criticar (exprobrar). (NMM, 5)
EXPUNGIR – Fazer desaparecer (uma escrita) para substituí-la por outra; apagar, eliminar. Limpar, isentar. (NMM, 10)
EXTASIAR – Causar êxtase a; enlevar, encantar, arrebatar. Encher-se de entusiasmo; cair em êxtase. (NL, 45)
EXTIRPAÇÃO – Ato ou efeito de extirpar (arrancar pela raiz; desarraigar, desenraizar). (ML, 19)
EXTROVERSÃO – Qualidade ou estado de extrovertido (que se expande, que desabafa; comunicativo, sociável). (SD, 1ª/1)
EXULTAR – Sentir e manifestar grande júbilo, ou alvoroço; jubilar-se; alegrar-se ou regozijar-se ao extremo. (NL, 29)
FABULAÇÃO – Narrativa fabulosa. Entrecho de poema, romance ou drama. Lição moral contida na fábula. (SD, 1ª/ 12)
FACHO – Tudo o que emite luz, clarão; luzeiro, farol, lanterna. (ML, 9)
FAGUEIRO – Agradável, aprazível, ameno. Satisfeito, contente. (OM, 16)
FAINA – Qualquer trabalho aturado; lida, azáfama (grande afã; trabalho muito ativo). (OM, 39)
FALACIOSO – Que tem ou denota falácia (qualidade de falaz – Intencionalmente enganador; ardiloso. (EDM, 1ª/14)
FAMÉLICO – Que tem fome devoradora. (ML, 3)
FAMULENTO – Que consome com violência; voraz. (ML, 9)
FARFALHANTE – Que farfalha (falar sem tino; parolar. Fazer ostentação; blasonar). (NMM, 1)

FARPEAR – Meter farpa(s) em; ferir com farpa(s); farpar. Dirigir farpa(s) a; farpar. (SD, 1ª/ 7)
FASTÍGIO – O ponto mais elevado; cume, cumeada, pico. Posição eminente, relevante. (NMM, 2)
FATÍDICO – Sinistro; trágico. (AR, 8)
FATUIDADE – Qualidade daquilo que é fátuo, passageiro, fugaz. (OM, 20)
FEÉRICA – Que pertence ao mundo das fadas, ou é próprio de fadas; mágico, maravilhoso, deslumbrante. (NL, 3)
FEITA – Ato, obra, ação. Ocasião, vez. (OVE, 19)
FERRETOAR – Dar ferretoadas em; aguilhoar; picar. Dirigir palavras picantes a; censurar. (LI, 4)
FESCENINO – Diz-se de certo gênero de versos licenciosos da antiga Roma, dos quais se acredita ter provindo a sátira. Obsceno, licencioso. (SD, 1ª/6)
FIAR – Esperar, acreditar, confiar. (NMM, Na jornada evolutiva)
FIDALGUIA – A classe dos fidalgos; a nobreza. Nobreza, bizarria, generosidade. (OM, 16)
FIDEDIGNO – Digno de fé; merecedor de crédito. (OVE, 2)
FILICIDA – Pessoa que pratica filicídio (ato de matar o próprio filho). (SD, 2ª/3)
FILOGENÉTICO – Relativo a filogênese (evolução das unidades taxonômicas; história evolucionária das espécies; filogênese. Evolução) ou filogenia; filogênico. Opõe-se a ontogenia. (EDM, 1ª/12)
FLAGELAÇÃO – Ato ou efeito de flagelar(-se). Tortura; suplício. Sofrimento, tormento, aflição. (ML, 4)
FLAGICIAR – Cobrir de opróbrio (ignomínia, desonra. Afronta infamante; injúria), infamar. (NMM, 6)
FLAMA – Chama, labareda. Calor, abrasamento, ardor. Vivacidade, entusiasmo. (EDM, Nota ao leitor)
FLEUMÁTICO – Que tem fleuma (frieza de ânimo; serenidade, impassibilidade); sereno, impassível. (LI, 12)
FLUIDO magnético – Constitui por si emanação controlada de força mental sob a alavanca da vontade. (EDM, 2ª/15)
FLUX – A jorros; em grande quantidade, em profusão; abundantemente. (NMM, 13)
FONFONAR – Tocar buzina; buzinar. (OM, 33)
FORCEJAR – Empregar esforços; fazer diligência; esforçar-se, empenhar-se. (SD, 2ª/3)
FORRAR – Livrar de; evitar. Poupar, economizar, aforrar. (NDM, 18)
FORTUITO – Casual, acidental, eventual. (NMM, 3)
FRAGMENTÁRIO – Que se encontra em fragmentos (parte de um todo; pedaço, fração). (OM, 38)

FRAGOSA – Penhascoso, escabroso, áspero, agreste. Difícil de transpor, de acesso difícil. (NMM, 9)
FRANJA – Conversa fiada; mentira. (NMM, 8)
FRENÉTICO – Que tem frenesi; delirante, desvairado, furioso. Arrebatado, veemente. Impaciente. (NDM, 6)
FRIOLEIRA – Tolice, parvoíce. (NL, 33)
FRONDE – A copa das árvores. Folhas de pteridófitos e palmeiras. Ramo ou ramagem de árvore. (NL, 38)
FRONDEJANTE – Cobrir-se de folhas; ser frondoso que tem muitas folhas ou frondes. Abundante em ramos. (NL, 32)
FRUGALIDADE – Qualidade de quem ou do que é frugal (que se contenta com pouco para a sua alimentação). (OM, 36)
FRUIR – Tirar todo o proveito, todas as vantagens possíveis. Gozar, desfrutar. (ML, 5)
FRUTESCER – Dar frutos; frutear. Produzir resultado vantajoso. Dar utilidade, benefício. (ETC, 8)
FRUTÍFERO – Que dá frutos; frugífero, frutígero, frutificativo, fruteiro. Útil, proveitoso, frutificativo. (ML, 3)
FULCRO – Sustentáculo, suporte, apoio. Base, fundamento, alicerce. (ETC, 21)
FULGENTE – Que tem fulgor; que fulge; luzente, brilhante, cintilante, fúlgido, fulgurante, fulguroso. (NDM, 2)
FULGIR – Ter fulgor; brilhar, resplandecer. Tornar-se distinto; distinguir-se, salientar-se, sobressair. (NDM, 13)
FUMARENTA – Que lança fumo ou fumaça. (OM, 15)
FURNA – Caverna ou gruta, ger. formada de blocos de pedra; fojo, antro, cova, lapa. (OM, Os Mensageiros)
FURTIVO – Praticado a furto, às ocultas. Oculto, escondido. Disfarçado, dissimulado. (ML, 13)
FUSTIGAR – Castigar, maltratar. Excitar, incitar, estimular. (ML, 19)
GALARDOAR – Premiar, compensar. Consolar, adoçar, aliviar, mitigar. (ML, 9)
GALARIM – O ponto mais alto; a posição de maior evidência; cúmulo, fastígio, fausto, valimento. (LI, 17)
GALGAR – Transpor, alargando as pernas. Saltar por cima de; transpor. Passar além de; transpor. Subir. (OM, 3)
GALHARDO – Garboso, elegante, bizarro, bem-apessoado. Generoso, gentil. Bravo, esforçado. (OM, 34)

GALHOFEIRO – Que ou aquele que é dado à galhofa; gracejador, brincalhão, zombeteiro. (OM, 9)
GARRIDICE – Requinte excessivo no vestir; janotismo, garridismo. Brilho, cintilação; elegância. (LI, 19)
GARRIDO – Muito enfeitado. Alegre, vivo. Elegante, gracioso. Que dá na vista, que chama a atenção; vistoso. (SD, 1ª/7)
GÁRRULO – Que canta muito. Que fala muito; palrador, tagarela. (ETC, 8)
GENUFLEXÃO – Ato de genuflectir (dobrar o joelho; ajoelhar(-se). (OM, 3)
GLÁDIO – Espada de dois gumes. Punhal. Poder, força. Combate, luta. (NMM, 2)
GÔNADA – Glândula sexual que produz gametas e segrega hormônios. (EDM, 1ª/8)
GORGOMILO – O princípio do esôfago; garganta, goela. (SD, 1ª/6)
GRABATO – Leito pequeno e pobre; catre. (NMM, 6)
GRADO – Bem desenvolvido; graúdo. Importante, notável. (OVE, 15)
GRANEL – Em grande quantidade; a rodo. (NL, 27)
GRANJEAR – Conquistar ou obter com trabalho ou com esforço. Atrair. (SD, 1ª/1)
GRAVAME – Ato ou efeito de molestar; incômodo; vexame, gravação. Imposto; ônus, encargo pesado. (AR, 13)
GREGARISMO – Instinto gregário (que faz parte de grei ou rebanho; que vive em bando). (EDM, 1ª/20)
GUANTE – Autoridade despótica; mão de ferro. (NMM, 3)
GUARIDA – Abrigo, asilo, refúgio, proteção. (ML, 4)
GUIRLANDA – Festão ornamental de flores, frutos ou ramagens. (NL, 3)
GUISA – À maneira de; ao modo de; à feição de. (ML, 1)
HALO – Auréola. Hálux. Glória, prestígio, honra, auréola. Efeito indesejável, que consiste no surgimento de uma auréola negra ao redor de um objeto claro e brilhante, em função. (ML, 5)
HAURIR – Tirar para fora de lugar profundo. Esgotar, consumir. Beber; sorver, aspirar. (EDM, 1ª/ 8)
HAUSTO – Ato de haurir. Trago, gole; sorvo. Sorvo, aspiração. (NL, 1)
HECATOMBE – Sacrifício de numerosas vítimas. Matança humana; mortandade, carnificina. (OM, 49)
HEMIPLÉGICO – Aquele que sofre de hemiplegia (paralisia de um dos lados do corpo). (SD, 2ª/ 3)
HEMOPTISE – Expectoração sanguínea ou sanguinolenta. (AR, 17)

Glossário

HERA – Designação comum a diversas plantas trepadeiras especialmente a *Hedera helix*. (NL, 7)

HERDADE – Grande propriedade rural, composta, em geral, de terras de semeadura, montados e casa de habitação. Herança. (AR, 6)

HERMAFRODITISMO – Presença, no mesmo indivíduo, de tecidos ovariano e testicular, com caracterização sexual imprecisa. (EDM, 1ª/18)

HETEROGENEIDADE – Qualidade de heterogêneo (de diferente natureza. Composto de partes de diferente natureza). (ML, 18)

HETEROSSEXUAL – Relativo à afinidade, atração e/ou comportamento sexuais entre indivíduos de sexo diferente. (EDM, 1ª/18)

HIANTE – Que tem a boca aberta. Que tem grande fenda. Faminto, famélico, esfomeado. (NMM, 2)

HIBERNAÇÃO – Entorpecimento ou estado letárgico de certos animais e vegetais, durante o inverno, quando o seu metabolismo diminui bastante e são utilizadas as reservas alimentares; sono hibernal. (NDM, 25)

HIEROFANTE – Na antiga Roma, o grão-pontífice. Cultor de ciências ocultas; adivinho. (ML, 10)

HIPERTROFIA – Aumento de tamanho de órgão, ou de parte de órgão. (NL, 23)

HIRSUTO – De pelos longos, duros e espessos; cerdoso. (OVE, 8)

HIRTO – Teso, retesado, inteiriçado, híspido. Que parou ou estacou; parado, estacado, imóvel. (NL, 29)

HISTOGÊNESE – Formação e desenvolvimento dos tecidos orgânicos. (EDM, 1ª/11)

HISTÓLISE – Destruição ou dissolução de tecido(s). (EDM, 1ª/ 11)

HOMIZIAR – Dar guarida, abrigo, refúgio, ou homizio a; esconder à vigilância da justiça: Homiziou o criminoso em sua casa. Esconder, encobrir: homiziar riquezas. (NMM, 19)

HOMOGENEIDADE – Qualidade de homogêneo; homogenia. (NL, 48)

HONORABILIDADE – Qualidade de honorável, honradez. Merecimento, benemerência. (AR, 18)

HONORIFICAR – Dar honras ou mercês a; honrar, agraciar. (SD, Prece no limiar)

HORDA – Tribo nômade. Bando indisciplinado, malfazejo. (OVE, 4)

HORMONIOTERAPIA – Tratamento (de); tipo de tratamento que tem certo princípio nos hormônios, meio ou fundamento. (OVE, 2)

HORRÍFICO – Que causa horror; horrente, hórrido, horrífico, horripilante, horrível, horrorífico, horroroso. (OM, 44)

HORRIPILANTE – Que horripila (causar arrepios a. Horrorizar, apavorar, aterrar). (OM, 15)

HÓRUS – Gênio com cabeça de gavião, no Egito antigo. (AR, 1)

HOSANA – Hino eclesiástico que se canta em domingo de Ramos. Saudação, aclamação, louvor. Salve. (OVE, 1)

HOTENTOTE – Indivíduo dos hotentotes, povo da África do Sul. (NMM, 11)

ÍBIS – Aves, excelentes auxiliares dos samaritanos por devorarem as formas mentais odiosas e perversas, entrando em luta franca com as trevas umbralinas. (NL, 33)

IDEAÇÃO – Formação da ideia; concepção. (EDM, 1ª/13)

IDEOLOGIA – Ciência da formação das ideias; tratado. (ML, Ante os tempos novos)

IDOLATRIA – Culto prestado a ídolos. Amor ou paixão exagerada, excessiva. (ML, 20)

IDOS – Os tempos, os dias idos, passados, decorridos. (OM, 24)

IGNÓBIL – Que não tem nobreza; baixo, desprezível, vil, abjeto. (AR, 13)

IGNOMINIOSO – Que provoca ignomínia (grande desonra; opróbrio, infâmia); que merece repulsão. (NMM, 2)

IGNOTO – Não sabido; desconhecido. Obscuro, humilde. (NL, 1)

ILAÇÃO – Aquilo que se conclui de certos fatos; dedução, conclusão. (OM, 49)

IMANIZAR – Comunicar a (um metal) a propriedade do ímã; magnetizar; imanar, imantar. (EDM, 1ª/14)

IMARCESCÍVEL – Que não murcha. Incorruptível, inalterável. (NMM, Na jornada evolutiva)

IMINENTE – Que ameaça acontecer breve; que está sobranceiro; que está em via de efetivação imediata. (OM, 19)

IMISCUIR – Intrometer-se, ingerir-se: É dado a imiscuir-se na vida alheia. Tomar parte em algo. (NDM, 27)

IMO – Que está no lugar mais fundo; íntimo. O âmago, o íntimo. (NL, 29)

IMOLADO – Que sofreu imolação. Sacrificado, prejudicado. (NMM, 2)

IMPERTINÊNCIA – Qualidade de impertinente (que fala ou age de maneira ofensiva, inconveniente; importuno). (MM, 19)

ÍMPETO – Manifestação súbita e violenta; impulso, ataque. Pressa irrefletida; precipitação. (NL, 49)
IMPETRAR – Interpor (recurso). Rogar, suplicar, pedir, requerer. Obter mediante súplicas. (SD, 2ª/ 13)
IMPOSITIVO – Que impõe ou se impõe; que tem o caráter de imposição. (ML, 10)
IMPRECAÇÃO – Rogo, súplica. Praga, maldição. (OVE, 8)
IMPREGNAR – Infiltrar-se em; penetrar, repassar, imbuir. Fazer que uma substância penetre em (um corpo). (ML, 5)
IMPRESCINDÍVEL – Não prescindível (de que se pode prescindir = pôr de lado; renunciar; abrir mão de; dispensar). (OM, 19)
IMPRESSIVO – Que impressiona. Que imprime. Que tem influência moral. (OVE, 12)
IMPROFÍCUO – Não profícuo; que não dá proveito. Baldado, vão, inútil. (NL, 46)
IMPROPÉRIO – Ato ou palavra repreensível, ofensiva, vergonhosa; vitupério. Repreensão injuriosa; afronta. (OVE, 8)
IMUNE – Não atreito, não sujeito; isento, livre. (NL, 9)
INAÇÃO – Falta de ação; inércia. Irresolução, indecisão. (NL, 14)
INALIENÁVEL – Não alienável; intransferível. (OM, 37)
INANIÇÃO – Enfraquecimento extremo por falta de alimentação. (NL, 28)
INANIDADE – Vazio, oco. Fútil, frívolo, vão. (NMM, 4)
INÂNIME – Sem ânimo; morto. Sem sentidos; desfalecido. Sem vivacidade ou animação. (NMM, 8)
INCAUTO – Não acautelado; imprudente. Crédulo, ingênuo. (OM, 5)
INCENSASTE – Fazer bajulações; proceder como bajulador. (LI, 20)
INCIPIENTE – Que está no começo; principiante. (ML, 4)
INCISIVO – Decisivo, pronto, direto, sem rodeios. (OM, 20)
INCOERCÍVEL – Que não pode ser coagido. Que não se pode coibir; irreprimível. (OVE, 5)
INCÓGNITA – Aquilo que é desconhecido e se procura saber. (ML, 3)
INCÓLUME – Livre de perigo; são e salvo; intato, ileso. (NMM, 5)
INCONTESTE – Que não é conteste (concorde em depoimento. Comprovativo, afirmativo). (MM, 17)
INCONTINENTI – Sem demora; sem intervalo; sem interrupção; sem detença; imediatamente. (NL, 33)

INCORRUPTÍVEL – Não suscetível de corrupção; inalterável. Que não se deixa subornar. Íntegro, reto, austero. (ML, 6)
INCREMENTAR – Dar incremento. desenvolver, aumentar. Tornar mais apurado, mais elaborado. (NL, 23)
INCREPAÇÃO – Ato ou efeito de increpar (repreender asperamente; admoestar com energia. Acusar, censurar). (NL, 2)
INCUMBÊNCIA – Missão ou negócio que se incumbe a alguém. (OM, 39)
INCÚRIA – Falta de cuidado; desleixo, negligência. Inércia, inação. (NDM, 25)
INCUTIR – Inspirar, infundir: A figura do herói incutia respeito. Infundir no ânimo de; insinuar, sugerir. (MM, 13)
INDEFECTÍVEL – Que não falha; infalível, certo. Imperecedouro, imperecível; indestrutível. (NMM, 2)
INDEFESSO – Não cansado; incansável. (NMM, 1)
INDELÉVEL – Que não se pode delir (apagar, desvanecer, esvanecer); que não se dissipa; indestrutível. (OVE, 16)
INDENE – Que não sofreu dano ou prejuízo; íntegro, ileso, incólume. (ML, 9)
INDIFUSÍVEL – Não difusível (que se pode difundir – Irradiar, emitir. Espalhar, disseminar. Propagar, divulgar. (EDM, 2ª/1)
INDIGÊNCIA – Falta do necessário para viver; pobreza extrema; penúria, miséria. A mendicância. Carência. (OVE, 7)
INDIGITADO – Apontado, indicado. Que está apontado como (culpado de crime ou de falta). (NMM, 9)
INDÔMITO – Indomado. Não vencido; invencível, indomável. (LI, 8)
INDUMENTO – História do vestuário; uso do vestuário em relação às épocas ou povos. Traje, vestuário. (MM, 23)
INEBRIANTE – Tornar ébrio; embriagar, embebedar. Causar enlevo a; deliciar, entusiasmar, extasiar. (NL, 10)
INEBRIAR – Tornar ébrio; embriagar, embebedar. Causar enlevo a; deliciar, entusiasmar, extasiar. (NMM, 13)
INERENTE – Que está por natureza inseparavelmente ligado a alguma coisa ou pessoa. (OVE, 1)
INERME – Não armado; sem meios de defesa. (NMM, 9)
INESTANCÁVEL – Não estancável (pôr fim a; fazer cessar. Saciar, satisfazer, matar). (EDM, 1ª/13)
INEXCEDÍVEL – Que não pode ser excedido. (NL, 3)

Glossário

INFENSA – Inimigo, contrário, adverso. Irritado, irado, encarniçado. (ML, 19)
INFERIR – Tirar por conclusão; deduzir pelo raciocínio. (NDM, 5)
INFLEXÃO – Ato ou efeito de inflectir(-se). Inclinação de uma linha; desvio. Tom de voz; modulação. (ML, 13)
INFRENE – Sem freio; desenfreado, desordenado, descomedido. (NMM, 10)
INGENTE – Muito grande; enorme, desmedido. Estrondoso, retumbante. (ML, 12)
ÍNGREME – Difícil de subir; que tem forte declive; abrupto, escarpado, alcantilado. Árduo, custoso, difícil. (OVE, 8)
INILUDÍVEL – Que não admite dúvidas. Que não se pode iludir. (OM, 45)
INÍQUO – Contrário à equidade. Perverso, malévolo; extremamente injusto. (NL, 35)
INJUNÇÃO – Pressão das circunstâncias. Imposição; exigência. (ML, 8)
INOCULAR – Transmitir, propagar, espalhar, difundir, disseminar. Transmitir-se, por contágio. (LI, 8)
INOLVIDÁVEL – Não olvidável, inesquecível. (OVE, 10)
INOMINÁVEL – Que não se pode designar por um nome. Vil; intolerável; revoltante. (OM, 41)
INOPINADA – Não esperado; imprevisto. Extraordinário, singular. (OVE, 17)
INQUINAR – Cobrir de manchas, sujar. Poluir, corromper. Perturbar a pureza de; corromper. (NMM, 12)
INSCIENTE – Não ciente; ignorante. Inapto, inábil, imperito. (OM, 8)
INSIDIOSO – Que é dado a armar insídias (emboscada, cilada). Traiçoeiro, pérfido. (ETC, 10)
INSIPIÊNCIA – Não sapiente; ignorante. Insensato. Sem cautela; imprudente. Que está no começo; principiante. (NL, 37)
INSOFREÁVEL – Não sofreável (que pode ser sofreado = Reprimir, conter, refrear). (OM, 22)
INSÓLITO – Não sólito; desusado; contrário ao costume, ao uso, às regras; inabitual. Anormal; incomum. (OM, 12)
INSTAR – Ser necessário ou urgente; urgir. Pedir com insistência; solicitar reiteradamente. (NMM, 2)
INSTILAR – Introduzir gota a gota; deitar às gotas. Insuflar; insinuar. Induzir, persuadir. (SD, 2ª/ 2)
INSUFLAR – Soprar, assoprar; bafejar. Insinuar, inspirar, sugerir. (ML, 11)
INSULADO – Separado, ilhado, isolado. (NL, 37)
INTEMPÉRIE – Os rigores das variações das condições atmosféricas (temperatura, chuvas, ventos, umidade). (NL, 46)

INTERCESSÃO – Ato de interceder (pedir, rogar, suplicar – por outrem; intervir (a favor de alguém/algo). (NL, 16)
ÍNTERIM – Entrementes, entretanto; neste comenos (neste entretempo). (NL, 6)
INTERPELAR – Dirigir a palavra a (alguém) para perguntar alguma coisa. (NL, 32)
INTERPOR – Pôr de permeio, entremeter. Fazer intervir; expor. Opor, contrapor. (ML, 15)
INTERREGNO – Tempo que medeia entre dois reinados. Interrupção, intervalo. (OVE, 11)
INTERSTÍCIO – Pequeno intervalo, espaço ou fenda em tecido ou em estrutura. Lapso de tempo prescrito entre a recepção de uma ordem sacra e a da seguinte. (NL, 17)
INTIMORATO – Sem temor; destemido. (NMM, 9)
INTRANSIGENTE – Que, ou pessoa que não transige (chegar a acordo; ceder, condescender, contemporizar). (ML, 7)
INTRÉPIDA – Que ou aquele que não trepida; audaz, denodado. Que não tem medo; destemido, firme. (OVE, 8)
INTRINCADO – Obscuro, confuso. Enredado, emaranhado. Custoso de perceber. (ML, 1)
INTRÍNSECO – Que está dentro de uma coisa ou pessoa e lhe é próprio; interior, íntimo. Que está inseparavelmente ligado a uma pessoa ou coisa; inerente; peculiar. (NL, 16)
INTUIÇÃO – Do lat. *intuitione*, 'imagem refletida por um espelho'. Ato de ver, perceber, discernir; percepção clara e imediata; discernimento instantâneo; visão. Ato ou capacidade de pressentir; pressentimento. (NL, 38)
INUMAÇÃO – Ato de inumar; enterramento, enterro, sepultamento. (OVE, 15)
INUSITADO – Não usado; não usual; incomum, estranho. (SD, 2ª/5)
INVEROSSÍMIL – Sem verossimilhança; que não parece, não tem visos de verdadeiro; inacreditável. (EVC, 9)
INVETERADO – Muito antigo; de velha data. Radicado profundamente; entranhado, arraigado. (OVE, 13)
INVOCAÇÃO – Ato ou efeito de invocar; invocatória. Pedido de proteção divina para a fundação duma igreja ou de qualquer instituição. (ML, 5)
IRASCÍVEL – Que se ira com facilidade; iracundo, irritável. (OVE, 5)
IRISADO – Iriado (que tem as cores do arco-íris; matizado). (OM, 32)
IRRADIANTE – Que irradia; irradiador. Que projeta em diversas direções raios ou coisas comparáveis a raios. (ML, 19)

IRRESOLUTA – Não resoluto; hesitante, indeciso. Que não teve resolução; não resolvido. (NL, 12)
IRREVERENTE – Falto de reverência; desatencioso, incivil; irreverencioso. (NDM, 14)
IRRISÃO – Zombaria, mofa, motejo, escárnio. (NDM, 7)
ITINERANTE – Que viaja, que percorre itinerários. (NL, 44)
JAÇA – Substância heterogênea em pedra preciosa. Mancha, falha. Chulo. Prisão, calabouço. Cama. (ML, 20)
JADE – Designação comum a diversos minerais duros, compactos e esverdeados, ger. empregados em objetos de adorno, em estatuetas. (EVC, 7)
JAEZ – Qualidade, espécie, sorte, laia. (LI, 10)
JAGUAR – Carnívoro fissípede, felídeo, de coloração amarelo-avermelhada, com manchas pretas arredondadas ou irregulares, porém simétricas, em todo o corpo, encontrado. (NMM, 7)
JAZER – Estar deitado, estendido, no chão ou em leito. Estar morto, sepultado, inumado, sereno. (OVE, 3)
JOCOSO – Que provoca o riso; chistoso, faceto, alegre. (OM, 14)
JOEIRAR – Passar pela joeira ou pelo crivo; cirandar, peneirar. Examinar ou averiguar minuciosamente. Escolher, separando com cuidado; selecionar criteriosamente. (NMM, 3)
JOGRALIDADE – Ato ou dito de jogral (farsista, truão, chocarreiro, histrião). (MM, 13)
JÚBILO – Grande contentamento; alegria intensa. (NL, 1)
JUGO – Submissão, obediência. Autoridade, domínio. (LI, 2)
JUNGIR – Ligar por jugo; emparelhar, juntar.Unir, atar, ligar, prender. Submeter, subjugar. (NL, 46)
JUSTAPOR – Pôr ao lado; pôr junto; aproximar: justapor pedras; justapor uma pedra a outra. (EDM, 1ª/6)
LACERAR – Rasgar em pedaços; despedaçar com violência. Afligir muito; torturar, mortificar. (NMM, 13)
LACÔNICO – Conciso, breve, resumido. (OM, 17)
LADINO – Intelectualmente fino. Astuto, manhoso, esperto; finório. (SD, 2ª/11)
LAIA – Qualidade; jaez; casta; feitio; estofa. (NL, 34)
LAIVO – Mancha, nódoa. (NL, 45)
LANCINANTE – Que lancina ou golpeia. Que se faz sentir por fisgadas. Muito doloroso; pungente, aflitivo. (NL, 40)
LAPIDAÇÃO – Suplício que consistia em apedrejar o criminoso. Ato ou efeito de lapidar (dar educação a; polir, aperfeiçoar; cultivar, educar. Aperfeiçoar, polir). (NL, 30)
LASCÍVIA – Qualidade ou modos de lascivo. Luxúria, libidinagem, sensualidade, cabritismo. (LI, 16)
LASTIMAR – Deplorar, lamentar, compadecer. Causar dor a; afligir, angustiar. (NL, 24)
LASTREAR – Carregar com lastro, deitar ou pôr lastro em; ornar mais firme, aumentando o peso. Espalhar-se ou alastrar-se por; cobrir, juncar. (SD, 2ª/ 12)
LATROCÍNIO – Crime que consiste em apossar-se de coisa alheia com violência resultando na morte da vítima. (NL, 44)
LAUREL – Coroa de louros. Galardão, prêmio, láurea, lauréola. (OVE, 1)
LAUTO – Suntuoso, magnificente; abundante; opíparo. (NL, 9)
LAVOR – Qualquer trabalho manual. Lavor de caráter artístico ou artesanal, executado com cuidado e habilidade. (NL, 8)
LEGATÁRIO – Aquele a quem se deixou um legado. Herdeiro testamentário. (NL, 30)
LEIRA – Sulco aberto na terra para receber a semente. Canteiro entre dois regos, por onde corre água; alfobre, tabuleiro. Pequeno campo cultivado. (AR, 5)
LETAL – Que produz a morte; mortal, mortífero, fatal, letífero, letífico. Referente à morte; lúgubre. (OM, 49)
LÉU – Vagar, ocasião. À vontade; à toa. A descoberto; à mostra. (OVE, 18)
LEVIANO – Que julga ou procede irrefletidamente; precipitado, imprudente. Sem seriedade; inconstante. (NL, 30)
LHANEZA – Franqueza, sinceridade, lisura. Singeleza, candura. Afabilidade, amabilidade, delicadeza. (OVE, 12)
LIAME – Aquilo que prende ou liga uma coisa a outra; ligação. (EDM, 2ª/7)
LIBAÇÃO – Entre os pagãos, ritual religioso que consistia em derramar um líquido de origem orgânica (vinho, óleo, etc.) como oferenda a qualquer divindade. Ato de libar ou de beber, mais por prazer que por necessidade. (OM, 45)
LIBELO – Exposição articulada daquilo que se pretende provar contra um réu, apresentada após a sentença de pronúncia, à qual se deve conformar. (SD, 2ª/4)
LIBERTINO – Livre de qualquer peia moral; devasso, dissoluto, depravado, licencioso. (SD, 2ª/5)

Glossário

LIBIDO – Instinto ou desejo sexual. Energia motriz dos instintos de vida, de toda a conduta ativa e criadora do homem. (ML, 2)
LIBRAR – Elevar, erguer, suspender. Suspender-se, sustentar-se (no ar); alar-se. (NDM, 26)
LIDE – Trabalho. Contenda, combate, luta. Questão judicial; litígio, pendência. (AR, 5)
LÍDIMO – Legítimo, autêntico. Vernáculo, puro, genuíno. (NMM, 9)
LIMBO – Lugar onde, segundo a teologia católica posterior ao séc. XIII, se encontram as almas das crianças muito novas que, embora não tivessem alguma culpa pessoal, morreram sem o batismo que as livrasse do pecado original. (OVE, 19)
LIMIAR – Soleira da porta. Patamar junto à porta. Entrada, começo, início. (ML, 12)
LISONJEAR – Procurar agradar com lisonjas; elogiar com excesso de afetação; adular, incensar. (LI, 19)
LITEIRA – Espécie de cadeirinha coberta, sustentada por dois longos varais e conduzida por duas bestas ou dois homens, um colocado à frente e outro colocado atrás. (LI, 4)
LITURGIA – O culto público e oficial instituído por uma igreja; ritual. (LI, 9)
LÍVIDO - De cor entre o branco e o preto, aproximadamente plúmbea. Azul desmaiado; azulado; tirante a violáceo. Diz-se de qualquer dessas cores. (ML, 11)
LOBRIGAR – Ver a custo; ver indistintamente; entrever; perceber. Ver por acaso. Notar, perceber, entender. (SD, 1ª/ 11)
LOCA – Gruta pequena; furna, lapa. (LI, Ante as portas livres)
LOCUPLETAR – Tornar rico; enriquecer. Encher em demasia; saciar; fartar. Encher completamente. (NMM, 18)
LOGRAR – Gozar; obter; fruir, desfrutar, desfruir. Tirar lucro de; aproveitar. Conseguir, alcançar. (NMM, 12)
LOGRO – Engano propositado contra alguém; artifício ou manobra ardilosa para iludir. (ML, 17)
LOQUAZ – Falador, palrador; palavroso, verboso. Facundo, eloquente. (ETC, 7)
LÓTUS – Designação comum a várias plantas aquáticas. Flor de qualquer dessas plantas. (ML, 2)
LÚCIDO – Claro, conciso, preciso. Que tem clareza e penetração de inteligência: que mostra uso de razão. (OM, 26)
LÚGUBRE – Triste, soturno, fúnebre, funesto. Escuro, sombrio, sinistro, medonho, lôbrego. (OM, 23)
LUPANAR – Lugar de prostituição. (SD, 1ª/8)
LUSTRO – Período de cinco anos. (OVE, 8)
LUTUOSO – Coberto de luto. Fúnebre, lúgubre, triste. (NMM, 13)
LUZIR – Fazer brilhar; irradiar. (ETC, 7)
LUXÚRIA – Incontinência, lascívia; sensualidade. Dissolução, libertinagem. (EDM, 1ª/6)
MAÂT – Deusa da justiça, no Egito antigo. (AR, 1)
MAÇAR – Bater ou golpear com pau ou com outro instrumento. Enfadar, repetindo assuntos, conversas, importunar, aborrecer, amolar, chatear. (SD, 1ª/8)
MÁCULA – Nódoa, mancha. (OM, 29)
MADRAÇO – Preguiçoso, ocioso, indolente; vadio, madraço, mandrana. Indivíduo preguiçoso. (EDM, 1ª/15)
MAESTRIA – Qualidade de mestre; grande saber; sabedoria. Perícia, habilidade, destreza. (NL, 44)
MAGOTE – Número de unidades, ou medida, que determina um conjunto de coisas consideradas como equivalentes e suscetíveis de aumento ou diminuição. (OM, 43)
MALEÁVEL – Que pode ser maleado ou malhado. Flexível, dobrável, dócil. (ML, 5)
MALEDICENTE – Que ou quem fala mal dos outros, tem má língua; maledico, malfalante. (ML, 8)
MALFADAR – Vaticinar má sorte a; profetizar mau fado a. Destinar à desgraça. Tornar infeliz; infelicitar. (NDM, 8)
MALGACHE – Da, ou pertencente ou relativo à República de Madagascar ou Madagáscar. O natural ou habitante de Madagascar. (NMM, Na jornada evolutiva)
MALGRADO – Desagrado, desprazer, mau grado. Não obstante; apesar de; a despeito de. (OVE, 9)
MALOGRO – Efeito de malograr-se; falta de êxito; insucesso, fracasso. (LI, 15)
MALSINAR – Denunciar; delatar. Descobrir, denunciar. Torcer o sentido de; tomar em mau sentido. (OM, 5)
MALTA – Conjunto ou reunião de gente de condição inferior. Bando, grupo, súcia. (NMM, 7)
MALVERSAR – Administrar mal. Fazer subtrações ou desvios abusivos de; dilapidar. (AR, 19)
MANANCIAL – Fonte perene e abundante. Origem, princípio, fonte. (NL, 47)
MANAR – Verter, ressumar, destilar. Brotar, irromper. Emanar, proceder, provir. (OM, 32)
MANCHEIA – Em grande quantidade; abundantemente; à farta. Prodigamente; à larga. (AR, 4)
MANCOMUNAR – Ajustar, combinar, convencionar, contratar. Pôr-se de acordo. (LI, 2)
MANDRÁGORA – Qualquer espécie desse gênero, como, p. ex., a *Mandragora officinarum*,

717

dotada de folhas elípticas, flores esbranquiçadas ou purpúreas, frutos globosos, amarelos e que, supunha-se, tinham propriedades afrodisíacas, e grande raiz ramificada que era objeto de muitas superstições. (MM, 25)
MANITU - Gênio tutelar, ou demônio, entre índios americanos. (MM, 25)
MAQUIAVÉLICO - Que tem, ou em que há perfídia, dolo, má-fé; astuto, velhaco, ardiloso. (SD, 2ª/ 13)
MAREJADO - Cobrir-se, encher-se (de lágrimas). (NL, 48)
MARTÍRIO - Sofrimento ou suplício de mártir. Tormento ou grande sofrimento. (OM, 7)
MARTIROLÓGIO - Lista dos mártires, com a narração dos seus martírios. Relação de vítimas. (OM, 17)
MATERIALONA - Feminino de materialão (que ou aquele que é grosseiramente materialista; brutal, bestial). (EDM, 1ª/ 17)
MATIZ – Conjunto de cores diversas bem combinadas. Cada uma das gradações de uma cor. Variedade de colorido. Diferença ou gradação pequena.
MATREIRO - Muito experiente; astuto, sabido, experimentado, matraqueado. Esquivo, arisco. (SD, 1ª/9)
MATRONA - Mulher respeitável por idade, estado e procedimento. (NL, 17)
MEDRAR - Crescer, vegetando; desenvolver-se. Ganhar corpo. (EDM, 1ª/13)
MEGALOMANIA - Mania de grandeza; superestima patológica de si mesmo, das próprias qualidades. (ETC, 10)
MEIRINHO - Antigo funcionário judicial, correspondente ao oficial de justiça de hoje. (SD, 2ª/11)
MELÍFICO - Que dá, ou produz mel. Próprio de mel. (NMM, Na jornada evolutiva)
MELÍFLUO - Suave, doce; brando; harmonioso, méleo. (SD, 2ª/12)
MELINDRAR - Suscetibilizar. Ofender, magoar. (NMM, 17)
MENOSCABAR - Reduzir a menos; deixar incompleto; tornar imperfeito. Fazer pouco de; ter em pouca consideração. (LI, 2)
MENOSPREZAR - Ter em menos conta ou em pouco apreço; não fazer caso de; depreciar; desprezar; desdenhar. (ML, 8)
MENTAÇÃO – Ação de mentalizar. (EDM, 1ª/13)
MENTALIZAR - Operar mentalmente. Conceber, fantasiar, imaginar. (MM, 4)
MENTECAPTO - Que perdeu o uso da razão; alienado, louco, idiota. Néscio, tolo, tonto. (NMM, 16)

MERA - Sem mistura; puro, simples, estreme. Comum, vulgar. (NL, 25)
MERCÊ - Graças a; em virtude de. (NMM, 4)
MERETRÍCIO - Relativo a, ou próprio de meretriz. Profissão de meretriz; prostituição. (ML, 5)
MERITÓRIO - Que merece prêmio ou louvor; louvável. (OM, 29)
MESSE - Seara em bom estado de se ceifar. Colheita. Aquisição, conquista. Conversão de almas. (NMM, 4)
MESURA - Cortesia, cumprimento, reverência. (SD, 1ª/9)
METAGNOMIA - Conhecimento de fatos sem o concurso dos sentidos carnais. (NDM, 29)
METAMORFOSE - Transformação de um ser em outro. Mudança, transformação. (LI, 4)
MICÇÃO – Emissão de urina; micturição. (SD, 2ª/2)
MILITANTE - Que milita; combatente. Que atua; participante. (ML, 17)
MIMETISMO - Fenômeno que consiste em tomarem diversos animais a cor e configuração dos objetos em cujo meio vivem, ou de outros animais de grupos diferentes. Ocorre no camaleão, em borboletas, etc. (EDM, 1ª/10)
MIRÍADE - Número de dez mil. Quantidade indeterminada, porém grandíssima. (NDM, 2)
MIRÍFICO - Emanação mefítica do solo, supostamente nociva, tida como causa de várias doenças endêmicas, como, p. ex., em certos locais, a malária, até que se viesse a conhecer a verdadeira etiologia destas. Influência deletéria; corrupção; podridão. (NMM, 8)
MIRRADO - Seco, ressequido, murcho. Muito magro; definhado. (NMM, 6)
MISANTROPIA - Aversão à sociedade, aos homens; antropofobia. Melancolia, hipocondria. (AR, 8)
MISTER - Incumbência, comissão. Intuito, propósito, meta, Precisão, necessidade. Aquilo que é necessário. (NL, Mensagem de André Luiz)
MISTIFICAR – Abusar da credulidade de; enganar, iludir, burlar, lograr, embair, embaçar. (OM, 9)
MITIGAR - Abrandar, amansar: Tentava mitigar a raiva do outro. Suavizar, aliviar. (NMM, 4)
MITO - Narrativa dos tempos fabulosos ou heroicos. Narrativa na qual aparecem seres e acontecimentos imaginários, que simbolizam forças da natureza, aspectos da vida humana, etc. (NMM, 17)
MITOLÓGICO – Relativo à, ou próprio da mitologia (história fabulosa dos deuses, semideuses). (OVE, 1)

Glossário

MITOMANIA – Tendência mórbida para a mentira. (OVE, 2)
MITOSE – Processo mediante o qual o material genético é duplicado com precisão, gerando dois novos conjuntos de cromossomos iguais ao original; cariocinese. (EDM, 1ª/ 7)
MNEMÔNICA – Arte e técnica de desenvolver e fortalecer a memória mediante processos artificiais. (NMM, 9)
MODORRAR – Causar modorra a; tornar sonolento, ou manter em estado de sonolência. (NMM, 16)
MOLAMBO – Pedaço de pano velho, rasgado e sujo; farrapo. Roupa velha ou esfarrapada. Indivíduo fraco, pusilânime, sem firmeza de caráter. (AR, 13)
MÔNADA – No leibnizianismo, átomo inextenso com atividade espiritual, componente básico de toda e qualquer realidade física ou anímica, e que apresenta as características de imaterialidade, indivisibilidade e eternidade. (EDM, 1ª/1)
MONOLOGAR – Falar consigo só. Dizer de si para si. (NL, 50)
MONOSSÍLABO – Meias palavras; expressões incompletas. (ML, 13)
MORATÓRIA – Dilação de prazo concedida pelo credor ao devedor para pagamento de uma dívida. (SD, 2ª/1)
MÓRBIDO – Enfermo, doente. Relativo a doença. (OM, 43)
MORBO – Estado patológico; doença. (NMM, 3)
MORDACIDADE – Qualidade de mordaz. Propriedade de corrosivo. Maledicência. (LI, Ante as portas livres)
MORDAZ – Corrosivo, destrutivo (que morde; mordaz. Provocador, provocante, excitante). (OM, 47)
MORFINÔMANO – Morfinomaníaco (que tem morfinomania – Psicose devida a mau uso, ou a abuso de morfina). (EDM, 1ª/19)
MORGUE – Lugar onde se expõem os cadáveres que vão ser autopsiados ou identificados (necrotério). (SD, 2ª/1)
MOTE – Divisa, lema. Tema, assunto. (MM, 18)
MOUREJAR – Trabalhar muito, sem descanso (como um mouro); lidar constantemente. (NMM, 13)
MUAR – Diz-se de, ou animal pertencente à raça do mulo, espécime dos mus. (NL, 33)
MULTIFÁRIO – Que tem muitos aspectos; variado; multímodo. (EDM, 1ª/14)
MULTIFORME – Que tem muitas formas ou se apresenta de muitas maneiras; polimorfo. (OM, 30)

MUTAÇÃO – Mudança; alteração, modificação, transformação. Volubilidade, inconstância. (EDM, 1ª/13)
MUTISMO – Mudez. Estado ou condição de mudo. Silêncio, sossego. (NL, 24)
NABABESCO – Luxuoso, ostentoso, pomposo. (NMM, 18)
NADIR – Interseção inferior da vertical do lugar com a esfera celeste, e que é o ponto diametralmente oposto ao zênite. O ponto mais baixo, o tempo ou lugar onde ocorre a maior depressão. (NMM, 9)
NARCISISMO – O estado em que a libido é dirigida ao próprio ego; amor excessivo a si mesmo. (MM, 21)
NASCITURO – O ser humano já concebido, cujo nascimento se espera como fato futuro certo. (ML, 13)
NAUTA – Aquele que navega; navegante, navegador, marinheiro. (NDM, 29)
NECROSE – O conjunto de alterações morfológicas que indicam morte celular, a qual pode variar, em extensão, de alguma células a porção de órgão. (OVE, 18)
NÉDIO – Luzidio, brilhante, nítido. De pele lustrosa. (LI, Ante as portas livres)
NEFANDO – Indigno de se nomear; abominável, execrável, execrando, aborrecível, infando. Sacrílego, ímpio. (NL, 31)
NEFASTO – Que causa desgraça. De mau agouro; agourento, infausto. Trágico, sinistro, funesto. (OM, 35)
NÉFRON – Unidade funcional de rim. (ML, 3)
NEGROR – Escuridão, trevas, negror, negridão, negrura. (NMM, 5)
NEÓFITO – Noviço. Indivíduo admitido há pouco em uma corporação. Principiante, novato. (ML, 9)
NEOPLASMA – Qualquer tumor, benigno ou maligno; neoplasia, blastoma. (EDM, 2ª/ 20)
NESGA – Pequeno espaço de terreno entre terrenos extensos. Pequena porção de qualquer espaço. (OVE, 3)
NICHO – Pequena habitação. Lugar afastado. Porção restrita de um hábitat onde vigem condições especiais de ambiente. (LI, Ante as portas livres)
NICTOFOBIA – Medo da noite, da escuridão. (SD, 1ª/12)
NIMBADO – Cercar de nimbo ou auréola; auréolar. Aureolar, gloriar, enaltecer, sublimar. (OVE, 3)

NIMBO – Nuvem densa e cinzenta, de baixa altitude e contornos mal definidos, que facilmente se precipita em chuva ou neve. Chuva ligeira, auréola. (OVE, 3)
NÍMIA – Excessivo, demasiado, sobejo. (OM, 4)
NOSOCÔMIO – Hospital. (AR, 13)
NOTÁRIO – Escrivão público; tabelião. (SD, 2ª/ 14)
NUBENTE – Que é noivo ou noiva. Pessoa que se vai casar. (ETC, 38)
NUME – Deidade. Divindade mitológica. Gênio. Influxo divino; inspiração. (NMM, 1)
ÓBICE – Impedimento, embaraço, empecilho, obstáculo, estorvo. (OVE, 1)
OBJEÇÃO – Ato ou efeito de objetar; réplica; contestação. Oposição. Obstáculo; óbice. (ML, 12)
OBJURGATÓRIA – Ato de objurgar; censura; repreensão violenta; objurgatória. (NL, 2)
OBNUBILADO – Obscurecer, escurecer. Produzir obnubilação em. Pôr-se em trevas. (OVE, 13)
OBSÉQUIO – Ato de obsequiar. Favor, serviço; benefício; benevolência. (OM, 10)
OBSIDENTE – Que causa, ou em que há obsessão; obsedante, obsediante, obsidiante, obsessor. (NL, 39)
OBSOLETO – Que caiu em desuso; arcaico. antiquado. Mal desenvolvido; atrofiado, rudimentar. (OVE, 12)
OBTEMPERAR – Dizer em resposta com humildade e modéstia; ponderar. (NL, 26)
OCLUSÃO – Ato de fechar; cerramento, fechamento. Estado daquilo que se acha fechado. Obliteração. (EDM, 1ª/ 12)
OLENTE – Que exala odor. Cheiroso, aromático, perfumado; odorífero, odorífico, odoroso, odoro, oloroso. (NL, 32)
OLEOGRAFIA – Cópia dum quadro a óleo, transmitida de uma tela para outra. Quadro feito por esse processo. (LI, 5)
OLVIDE – Perder de memória; não se lembrar de; deixar cair no esquecimento; esquecer. (NL, 25)
OMINOSO – Agourento, nefasto, funesto. Detestável, execrável. (AR, 17)
ONERADO – Sujeito a ônus; que se onerou; sobrecarregado. (MM, 8)
ONTOGENÉTICO – Relativo à ontogênese ou ontogenia; ontogênico (desenvolvimento do indivíduo desde a fecundação até a maturidade de para a reprodução; ontogênese). Opõe-se à filogenia. (EDM, 1ª/12)
OPÍPARO – Esplêndido, pomposo, suntuoso, faustoso, lauto. (AR) – 13
OPRESSIVO – Que oprime (exercer violência contra; violentar, coagir. Vexar, humilhar) ou serve para oprimir. (SD, 1ª/1)

OPRESSO – Que sofre opressão; vexado, humilhado, opresso. (ML, 9)
OPRIMIR – Causar opressão a; carregar ou sobrecarregar com peso. Apertar, comprimir. Prostração a; afligir. (NL, 4)
ORÁCULO – Resposta de um deus a quem o consultava. Divindade que responde a consultas e orienta o crente: o oráculo de Delfos. Palavra, sentença ou decisão inspirada, infalível, ou que tem grande autoridade: os oráculos dos profetas; os oráculos da ciência. Pessoa cuja palavra ou conselho tem muito peso ou inspira absoluta confiança. (NDM, 18)
ORBE – Esfera, globo, redondeza. Corpo celeste; planeta, astro. (EDM, 1ª/13)
ÓSCULO – Beijo. Beijo de paz e amizade. (NL, 5)
OSTRACISMO – Afastamento (imposto ou voluntário) das funções políticas. Exclusão, banimento. (AR, 19)
OUTONIÇO – Que está no outono da vida. (SD, 2ª/11)
OUTORGA – Ato ou efeito de outorgar; consentimento, concessão, aprovação, beneplácito. (NMM, Na jornada evolutiva)
PÁBULO – Pasto; sustento. (NL, 18)
PACTUAR – Combinar, ajustar, contratar, estipular, convencionar. Fazer pacto. (LI, 20)
PALADINO – Cavaleiro andante. Homem de grande bravura; defensor estrênuo; campeão. (NMM, 1)
PALEOLÍTICO – Relativo ou pertencente ao período paleolítico. (EDM, 1ª/10)
PALEONTOLOGISTA – Especialista em paleontologia (ciência que estuda animais e vegetais fósseis); paleontólogo. (NDM, 26)
PALIÇADA – Tapume feito com estacas fincadas na terra. Obstáculo feito para defesa militar. (OM, 20)
PALMILHAR – Pôr palmilha(s) em. Percorrer a pé; palmear. Calcar com os pés, ao andar. Andar a pé. (NL, 1)
PALPITAR – Ondular; agitar-se. Renovar-se; renascer. (NL, 44)
PALUSTRE – Alagadiço, pantanoso. (LI, 7)
PANACÉIA – Remédio para todos os males. (LI, 12)
PANDEMÔNIO – Reunião ou conluio de pessoas com o fito de fazer mal ou armar desordens. Tumulto, balbúrdia. (NMM, 17)
PANTOMINA – Arte ou ato de expressão por meio de gestos; mímica. Logro, embuste. (AR, 14)
PAQUETE – Embarcação ligeira, para transmissão de ordens e correspondência. Navio veloz e luxuoso, ordinariamente a vapor, para

Glossário

transporte rápido e regular de passageiros entre certos portos. (OM, 17)
PARABIOSE – União de indivíduos vivos, quer natural, quer provocada por ato cirúrgico. (EDM, 1ª/10)
PARAPLASMA – A parte líquida coagulável do sangue, na qual se acham, em suspensão, os glóbulos sanguíneos. (EDM, 1ª/7)
PARASITISMO – Qualidade ou condição de parasito (indivíduo que não trabalha, habituado a viver, à custa alheia). (OM, 38)
PARCA – Cada uma das três deusas (Cloto, Láquesis e Átropos) que, consoante a mitologia, fiavam, dobavam ecortavam o fio da vida. A morte. (OVE, 13)
PARCO – Que poupa ou economiza; econômico, poupado; simples, frugal, sóbrio. (ML, 19)
PARDACENTO – Tirante a pardo; pardaço, pardento, pardilho, pardusco. (OM, 40)
PAROXISMO – A exaltação máxima de uma sensação ou de um sentimento; auge, apogeu. (NL, 2)
PAROXÍSTICO – Relativo a paroxismo (estágio duma doença, ou dum estado mórbido, em que os sintomas se manifestam com maior intensidade. A exaltação máxima de uma sensação ou de um sentimento; auge, apogeu). (NDM, 24)
PARRICÍDIO – Crime de parricida (pessoa que matou o pai, mãe ou qualquer dos ascendentes). (NDM, 10)
PASTO – Alimento, comida. Alimento espiritual. Regozijo, satisfação. (OVE, 20)
PATENTEAR – Tornar patente, manifesto; franquear, mostrar, evidenciar. Tornar claro, evidente. (EVC, 13)
PATÉTICO – Que comove a alma, despertando um sentimento de piedade ou tristeza; confrangedor, tocante. Que revela forte emoção; apaixonado. Trágico, sinistro, cruel. (OVE, 10)
PATIBULAR – Que tem aspecto de criminoso ou dá a impressão de o ser. Que traz à ideia o crime ou o remorso. (NL, 27)
PATOGÊNESE – Estudo dos mecanismos por que se desenvolvem as moléstias; patogenesia. (ML, 4)
PECHA – Defeito, falha, imperfeição; balda. (NL, 2)
PEGUREIRO – Guardador de gado; pastor. Cão de gado. Cão de caça. (LI, 8)
PEIA – Embaraço, impedimento, estorvo, empecilho. (EVC, 25)
PEJAR – Causar pejo, vergonha ou vexame. (NMM, 14)

PENDOR – Declive ou aclive; inclinação, rampa. Propensão, inclinação, tendência. (OM, 7)
PENHORADO – Tomado em penhor. Apreendido por penhora. Grato, reconhecido. (NL, 6)
PENITENTE – Que se arrepende. Que faz penitência ou confissão de seus pecados. (ML, 6)
PENTECOSTES – Festa católica celebrada 50 dias depois da Páscoa em comemoração da descida do Espírito Santo sobre os apóstolos. (MM, Mediunidade)
PEPLO – Túnica sem mangas que os antigos traziam presa ao ombro por fivela. (LI, 3)
PERAMBULAR – Andar ao acaso, à toa, sem destino; errar, vagar, vagabundear. (OM, 37)
PERCALÇO – Transtorno, dificuldade. Estorvo próprio de uma profissão. (NMM, 9)
PERCUCIENTE – Que percute. Agudo, penetrante, profundo. (OVE, 1)
PERDULÁRIO – Que, ou aquele que gasta em excesso; dissipador, esbanjador, gastador; extravagante. (OVE, 9)
PEREGRINAÇÃO – Ato de peregrinar. Viagem a lugares santos ou de devoção; romaria. (ML, 12)
PEREMPTÓRIO – Que perime (pôr termo a, extinguir). Terminante, decisivo. (NMM, 10)
PERFILHAR – Adotar, defender, abraçar, filhar (uma teoria, um princípio). Emitir rebentos. (LI, 14)
PERICLITANTE – Que periclita, que corre perigo. (ML, 13)
PERLAR – Dar forma ou aparência de pérola a. Tornar como que revestido de pérolas. (EVC, 4)
PERLUSTRAR – Percorrer com a vista, observando, examinando; observar diligentemente. (NMM, 4)
PERNICIOSO – Mau, nocivo, ruinoso; perigoso. (OM, 8)
PERORAR – Terminar um discurso. Discursar pretensiosamente. Falar com afetação. (NMM, 2)
PERPASSAR – Passar junto ou ao longo. Seguir certa direção; percorrer caminho sem se deter; passar. (EVC, 1)
PERQUIRIÇÃO – Ato ou efeito de perquirir (inquirir; pesquisar, indagar, perscrutar, esquadrinhar). (ML, 18)
PERSIGNAR – Fazer com o polegar da mão direita três cruzes, uma na testa, outra na boca e outra no peito, pronunciando a fórmula litúrgica. Persignar-se e benzer-se, fazendo o sinal-dacruz. (AR, 4)
PERSPIRAÇÃO – Ato ou efeito de perspirar (Transpirar, de forma sensível ou não). (EDM, 1ª/20)

PRESTIGIOSA – Que exerce prestígio (influência exercida por pessoa,instituição, que provocam admiração ou respeito). (ML, 1)
PRÉSTIMO – Qualidade do que tem mérito ou capacidade de ser útil. Obséquio, favor. Amparo, auxílio. (ML, 17)
PRÉSTITO – Agrupamento de numerosas pessoas em marcha; cortejo, procissão. (OVE, 7)
PRESTO – Que se faz com rapidez; ligeiro, prestes. (ETC, 5)
PRETERIÇÃO – Ato ou efeito de preterir (deixar de parte; desprezar; rejeitar). (SD, 1ª/7)
PRIMAZIA – Dignidade de primaz; primado. Prioridade. Excelência, superioridade. (NMM, 10)
PRIMÓRDIO – Aquilo que se organiza ou ordena primeiro. Fonte, origem, princípio. (OM, 19)
PROBO – De caráter íntegro; honesto, honrado, reto, justo. (ML, 12)
PROCER – Ter origem; originar-se, derivar (-se). Provir por geração; descender. Instaurar processo. (EDM, 1ª/5)
PROCRASTINAR – Transferir para outro dia; adiar, delongar, demorar, protrair. Usar de delongas, de adiamentos. (NL, 49)
PRODIGALIZAR – Gastar excessivamente; dissipar, esbanjar. Expor a perigos; arriscar. Conceder ou empregar com profusão; despender com generosidade. (OVE, 1)
PROFÍCUO – Útil, proveitoso, vantajoso, proficiente. (LI, 11)
PROFLIGAR – Lançar por terra; abater, prostrar, destruir, derrotar. Procurar destruir com argumentos; atacar ou cambater com palavras; reprovar energicamente; verberar. (EVC, 20)
PROFUSO – Que se espalha em abundância. Muito gastador; pródigo. Copioso, abundante, exuberante. (ETC, 8)
PROGENITOR – Aquele que procria antes do pai; avô, ascendente. (ETC, 29)
PROLIFERAÇÃO – Ter prole ou geração; reproduzir-se, prolificar, Reproduzir-se (o micróbio). (OM, 37)
PROMISCUIDADE – Qualidade de promíscuo; mistura desordenada e confusa (diz-se de pessoa que se entrega sexualmente com facilidade). (ML, 4)
PROPINAR – Dar a beber; ministrar, administrar. (ML, 11)
PROSÁPIA – Altivez, orgulho, soberba. (EVC, 20)
PROSCRIÇÃO – Ação ou efeito de proscrever (desterrar; expulsar). Banimento. (NMM, 10)
PROSELITISMO – Atividade diligente em fazer prosélitos (indivíduo que abraçou religião diferente da sua. Indivíduo convertido a uma doutrina, ideia ou sistema; sectário, adepto, partidário). (NL, Novo amigo)
PROSTERNAR – Abater, dominar, subjugar. Curvar-se até ao chão. Mostrar humilde respeito. (OVE, 7)
PROSTÍBULO – Lugar de prostituição (comércio habitual ou profissional do amor sexual). (ML, 12)
PROSTRAÇÃO – Grande debilidade, resultante de doença ou cansaço; enfraquecimento, abatimento. (ML, 11)
PROVECTA – Avançado em anos. Avançado, adiantado (idade). (NMM, 9)
PROVISÃO – Abastecimento, fornecimento, sortimento, provimento. Mantimentos, víveres. Abundância. (ML, 9)
PSICASTENIA – Fraqueza intelectual. Afecção mental caracterizada por depressão, ansiedade, tendência a manias e obsessões, e perda do sentido da realidade. (LI, 4)
PSICÓGRAFO – Especialista em psicografia. O médium que escreve por sugestao ou ação dos Espíritos. (ML, 1)
PSICOMETRIA – Faculdade de ler impressões e recordações ao contato de objetos comuns. (NDM, 25)
PSICÓSICO – De, ou relativo a psicoses: surto psicótico. Que sofre psicose: doente psicótico. (NDM, 25)
PSICOSSOMA – Do grego: *psykché* – alma, espírito e soma – corpo = perispírito. (ETC, 12)
PSICOTERAPIA – Forma de tratamento em que se empregam meios mentais, visando restabelecer o equilíbrio emocional perturbado de um indivíduo. (EDM, 2ª/19)
PUERIL – Próprio de crianças; meninil, infantil. Ingênuo, fútil, frívolo. (EDM, 1ª/15)
PUGNAR – Tomar a defesa de; punir por. Tomar parte em (luta, batalha); travar. Combater, brigar, pelejar. (OVE, 28)
PULCRITUDE – Qualidade de pulcro; beleza, formosura (gentil, belo, formoso). (OVE, 20)
PULHA – Indivíduo sem caráter, sem dignidade, sem brio; pelintra, biltre, patife. (EVC, 23)
PÚLPITO – Tribuna para pregadores, nos templos religiosos. (EVC, 12)
PUNGENTE – Comovente, doloroso, lancinante. (ML, 7)
PUPA – Estado intermediário entre a larva e a imago, nos insetos holometabólicos. (EDM, 1ª/11)
PURGAÇÃO – Ato ou efeito de purgar (-se); purificação. (NL, 46)

Glossário

PURGATORIAL – Lugar de purificação das almas dos justos antes de admitidas na bem-aventurança. Qualquer lugar onde se sofre por algum tempo. Expiação, padecimento, sofrimento. (OM, 11)
PÚTRIDO – Podre, putrefato, corrupto. Pestilento, pestilente, infetuoso. (NDM, 13)
QUADRAR – Adaptar-se, ajustar-se, amoldar-se. Ser satisfatório, conveniente; convir. (AR, 7)
QUEDAR – Ato ou efeito de cair; caída. Trambolhão, tombo. Declive, descida. Decadência, declínio, ruína. (LI, 1)
QUEFAZER – Ocupações, faina, negócios; afazeres. (OM, 19)
QUILATE – Grau de excelência, valor, superioridade, perfeição. (AR, 7)
QUIMERA – Produto da imaginação; fantasia, utopia, sonho. Incoerência, incongruência, absurdo. (OVE, 6)
QUIMIOSSÍNTESE – Síntese da matéria orgânica efetuada por meio da energia química. (EDM, 1ª/14)
QUINHÃO – A parte de um todo que cabe a cada um dos indivíduos pelos quais se divide; partilha, cota. (NL, 44)
QUINQUILHARIA – Brinquedos de criança. Joias de fantasia, ou outras miudezas. (NMM, 4)
RABECADA – Maledicência, difamação, murmuração. (SD, 2ª/ 4)
RÁBULA – Advogado de limitada cultura e chicaneiro (que ou aquele que é dado a chicanas forenses; trapaceiro), leguleio, pegas. Indivíduo que fala muito, mas não conclui nem prova nada. (AR, 5)
RAIAR – Despontar no horizonte; começar a aparecer. Surgir. Radiar, irradiar. (ML, 1)
RALHO – Ato ou efeito de ralha (repreender em voz alta; desabafar a cólera com repreensões, ameaças vãs); ralhação. Repreensão. Discussão violenta; altercação. (AR, 5)
RAMA – Sem aprofundar ou particularizar; superficialmente. (SD, 1ª/12)
RAMERRÃO – Repetição monótona, enfadonha. Uso continuado e costumeiro; rotina. (NMM, 8)
RASGO – Ação nobre, exemplar. Arroubo, ímpeto. (ML, 12)
RATIFICAR – Confirmar autenticamente, validar (o que foi feito ou prometido). Comprovar, corroborar. (OM, 51)
REBOLCAR – Fazer mover como uma bola; fazer rebolar; lançar, fazendo rolar. Revolver, virando. Lançar. (OM, 23)

REBOTALHO – Coisa sem valor; ninharia, insignificância. Restos inúteis. Pedacinho, migalha, cigalho. Pessoa reles. (LI, 5)
REBUÇO – Falta de sinceridade; fingimento. Disfarce, dissimulação. (AR, 5)
REBUSCAR – Tornar a buscar. Buscar com toda a minúcia. Ataviar com excesso; requintar. (ML, 12)
RECALCAR – Calcar outra vez; repisar. Insistir em. Impedir a expansão de; conter, reprimir, refrear. (NL, 16)
RECALCITRANTE – Resistir, desobedecendo; não ceder; teimar; obstinar-se. Insurgir-se, revoltar-se; teimoso. (ML, 6)
RECEPTÁCULO – Lugar ou objeto onde se recolhe ou guarda alguma coisa; recipiente. Abrigo, refúgio. (ML, 11)
RECIPROCAR – Tornar recíproco; dar e receber em troca. Compensar, substituir. Mutuar, trocar. (NMM, 4)
RECOLTA – Colheita, recolha, compilação, recolhença. (LI, 10)
RECÔNCAVO – Cavidade funda; gruta, antro, lapa. A terra circunvizinha duma cidade ou dum porto; enseada. (OVE, 8)
RECÔNDITO – Oculto, escondido. Ignorado, desconhecido. Íntimo, profundo. (OVE, 1)
REDARGUIR – Replicar argumentando; responder arguindo; replicar. Acusar, recriminar. (NL, 46)
REDENTOR – Aquele que redime (livrar, libertar, resgatar). (OM, 5)
REDIMIR – Indenizar, compensar, reparar, ressarcir. Salvar. Fazer esquecer; expiar, pagar. (ML, 13)
REDUNDANTE – Que redunda (trazer como resultado; reverter, converter-se); excessivo. (ML, 1)
REDUNDAR – Advir, acontecer. Vir a dar; reverter, converter-se. Trazer como resultado, converter-se. (OM, 43)
REFERTO – Muito cheio; pleno. Abundante, volumoso. (AR, 5)
REFESTELAR – Comprazer-se, deleitar-se, regozijar-se. Estirar-se comodamente. (LI, Ante as portas livres)
REFLUXO – Ato ou efeito de refluir. Movimento contrário e sucessivo a outro. (MM, 13)
REFOCILAR – Restaurar, reforçar, revigorar. Dar descanso, recreio. Recobrar as forças, o vigor. (ML, 2)
REFOLHO – A parte mais íntima ou secreta da alma; âmago, íntimo, imo. (AR, 7)
REFRATAR – Causar refração. Quebrar ou desviar a direção de. Sofrer refração; refletir-se. (ETC, 1)

REFREGA – Combate entre forças ou indivíduos inimigos entre si; luta, confronto. (SD, 2ª/ 9)
REFREIAR – Conter com freio; frear, enfrear: O cavaleiro refreou bruscamente o cavalo. Reprimir, conter, suster. Palavras e armas não bastaram para refrear a turba. Dominar, sujeitar, subjugar, vencer. (EDM, 1ª/ 5)
REFULGIR – Brilhar intensamente; resplandecer; refulgurar. (NMM, 2)
REFUNDIR – Desaparecer, sumir-se, perder-se. Transformar-se, transfazer-se, converter-se. (ML, 5)
REGAÇO – Colo. Lugar de repouso ou abrigo. (ML, 6)
REGALO – Prazer causado pelo bom tratamento. Prazer, gosto, alegria. Vida tranquila. (LI, 11)
REGICIDA – Pessoa que assassina um rei ou rainha. (NDM, 8)
REGOZIJAR – Causar regozijo a; alegrar muito. Alegrar-se, contentar-se, congratular-se. (NL, 15)
REGURGITAR – Expelir (o que há em excesso numa cavidade, especialmente no estômago); vomitar, lançar. Estar ou ficar muito cheio; transbordar. (NMM, 1)
REIVINDICAR – Intentar demanda para reaver (propriedade que está na posse de outrem); vindicar. Reaver. (MM, 16)
RELANCEAR – Olhar de relance. (NDM, 15)
RELEGAR – Afastar com desdém ou desprezo. Pôr em segundo plano; desprezar. (LI, 6)
RELUTAR – Oferecer resistência; opor forças; resistir; obstinar-se. Oferecer resistência; opor força; resistir. (ML, 11)
RELVADO – Terreno coberto de relva ou de grama; gramado, relva, relvedo. (OM, 41)
REMATAR – Findar, terminar, acabar. (OM, 31)
REMEDIAR – Evitar, atalhar, obstar, prevenir. Minorar, atenuar, diminuir. (OM, 14)
REMOQUE – Apreciar com remoque; censurar, exprobrar (censurar, criticar). (ML, 8)
RENITENTE – Que renite; teimoso, obstinado, pertinaz, contumaz. (ML, 4)
RENTEAR – Cortar cerce ou rente: rentear as unhas. Passar rente a; roçar. (NMM, 17)
REPASTO – Abundância de pasto, de alimento. Refeição. (OM, 37)
REPIQUETE – Recaída de doenças. (EVC, 4)
REPLETAR – Tornar repleto; encher muito. (SD, 2ª/ 11)
REPLICAR – Combater com argumentos; contestar, refutar, redarguir. Dizer como réplica. Cópia, reprodução de; reproduzir. (NL, 45)

REPOSITÓRIO – Lugar próprio para guardar alguma coisa; depósito. Repertório, coleção. (OM, 49)
RÉPROBO – Condenado, precito, danado. Mau, perverso, malvado. (OVE, 7)
REPROCHAR – Lançar em rosto a; censurar, exprobrar (censurar, criticar). (SD, 1ª/ 7)
REPTILIANO – Relativo ou pertencente a réptil. (NDM, 28)
REPTO – Ato ou efeito de reptar. Estar em oposição a; opor-se. Desafiar, provocar; provocação. (OVE, 8)
REPUDIAR – Rejeitar, repelir, recusar. Abandonar, desamparar. (NL, 30)
REPUGNÂNCIA – Hesitação de consciência para levar a cabo certo procedimento; escrúpulo, relutância, repulsa. (ML, 8)
REQUESTAR – Pedir com insistência; solicitar, instar, rogar. Pretender o amor de (uma mulher); namorar. (LI, 7)
RESMELENGO – Resmungão, rabugento. (SD, 2ª/ 6)
RESOLUTO – Audaz, corajoso, decidido, afoito. Determinado, desembaraçado, ativo, expedito. (NL, 44)
RESPIGAR – Apanhar aquém e além; coligir, compilar. (EVC, 12)
RESPLANDECER – Brilhar ou luzir muito. Manifestar-se com brilhantismo. Notabilizar-se, relevar-se, sobressair. (ML, 10)
RESSAIBO – Indício, sinal, vestígio. Mágoa, ressentimento, desgosto que fica de ofensa ou prejuízo sofrido. (OVE, 8)
RESSARCIR – Indenizar, compensar, reparar. Abastecer, prover. (OVE, 7)
RESSOLDAR – Soldar de novo: Ressoldou a peça partida. Soldar bem. (NMM, 5)
RESSUMBRAR – Deixar-se transparecer; mostrar-se, patentear-se (ressumar). (NMM, 3)
RESTRINGIR – Tornar mais estreito ou apertado; estreitar, apertar. Tornar menor; diminuir, encurtar, reduzir. Conter dentro de certos limites; limitar, delimitar. (OM, 3)
RETÁBULO – Construção de madeira, de mármore, ou de outro material, com lavores, que fica por trás e/ou acima do altar e que, normalmente, encerra um ou mais painéis pintados ou em baixo-relevo. (SD, 1ª/ 7)
RETICENCIOSA – Que demonstra reticência ou reserva; reservado. Em que há reserva ou reticência. (NL, 5)
RETIFICAR – Tornar reto; dispor em linha reta; alinhar. Corrigir, emendar. Compor, endireitar; arranjar. (ML, 2)

Glossário

RETRATAR – Mostrar-se, transparecer, revelar-se, patentear-se. Retirar (o que disse); dar como não dito. (EDM, 1ª/ 6)

RETROSPECÇÃO – Observação, ou análise, de tempos ou coisas passadas. Vista de olhos para o passado. (EVC, 6)

RETRUCAR – Replicar, redarguir, retorquir. (NL, 42)

REVEL – Que se revolta; insurgente, rebelde. Teimoso, obstinado, contumaz, rebelão. Que recusa afeto ou carinho; esquivo, esquivoso. (NMM, 15)

REVELIA – Sem conhecimento ou sem audiência da parte revel, do réu. Despercebidamente. (OM, 30)

REVÉRBERO – Luz, ou o efeito da luz refletida; reflexo. Claridade intensa, brilhante; resplendor. (OM, 31)

REVÉS – Acidente desfavorável; vicissitude. Desgraça, infortúnio, insucesso. (OM, 3)

REVIGORAR – Dar novo vigor a; avigorar; robustecer-se. (OM, 32)

RIBOMBAR – Estrondear, estrondar (trovão). Soar fortemente; ressoar, retumbar. (OVE, 7)

RIJO – Que não é flexível ou friável; duro, rígido; resistente. Rigoroso. Robusto, vigoroso, forte. (AR, 7)

RÍSPIDO – Rude no trato; intratável, severo, áspero, grosseiro. (NL, 15)

ROCIAR – Cobrir, encher, espalhando. Orvalhar. Cair em forma de orvalho. (NMM, 5)

ROGO – Ato ou efeito de rogar; rogação, rogativa, rogatória, pedido, petição, súplica. (OM, 17)

ROJAR – Lançar, arremessar, atirar, arrojar. (SD, 2ª/ 13)

ROLDÃO – Confusão, baralhada, barafunda. Arremessão, precipitação. Em tropel; atropeladamente. (NL, 1)

ROMAGEM – Peregrinação a algum local religioso. Reunião de devotos que participam de uma festa religiosa. Festa que se realiza em arraial. Aglomeração de pessoas em jornada. (NDM, 7)

ROUFENHO – Que tem som anasalado; fanhoso, rouquenho. (NDM, 10)

RUIR – Cair com ímpeto e depressa; desmoronar-se, despenhar-se; desabar. (NMM, 2)

RUMINAR – Pensar muito em; refletir, matutar, parafusar em. (EVC, 7)

SACIEDADE – Estado de quem se saciou; fartura. Satisfação plena do apetite; repleção. Aborrecimento. (NMM, 3)

SACRÁRIO – Lugar onde se guardam coisas sagradas. Lugar onde se guardam as hóstias consagradas. Vida íntima, particular; intimidade. (LI, 9)

SACRILÉGIO – Uso profano de pessoa, lugar ou objeto sagrado; profanação. Ato de impiedade; profanação. (ETC, 11)

SACROSSANTO – Sagrado e santo. Inviolável, sagrado. (NL, 46)

SAGACIDADE – Qualidade ou procedimento de sagaz. Agudeza ou sutileza de espírito; perspicácia. (NMM, 3)

SAGAZ – Que tem agudeza de espírito; perspicaz, arguto. Astuto, manhoso, malicioso. (LI, 14)

SANAR – Tornar são; curar, sarar: os medicamentos sanaram o doente. Remediar, atalhar, desfazer. (EDM, 2ª/ 1)

SANGUISSEDENTO – Que se compraz em ver derramar sangue; sanguinolento, sanguíneo. Feroz, cruel. (NMM, 2)

SANTARRÃO – Que ou aquele que finge santidade; falso devoto; santão, santilão, patamaz. (EVC, 13)

SARACOTEIO – Ato ou efeito de saracotear, (menear (o corpo, os quadris, etc.) com desenvoltura e graça). (SD, 1ª/ 14)

SARAU – Festa noturna, em casa particular, clube ou teatro. Concerto musical noturno. Festa literária noturna, especialmente em casas particulares. (AR, 17)

SARÇAL – Moita de silvas ou de outras plantas congêneres. (NDM, 13)

SARCÓFAGO – Túmulo calcário onde os antigos punham os cadáveres que não desejavam queimar. Parte de um monumento fúnebre que representa o ataúde, conquanto não encerre o corpo do defunto. (ML, 10)

SÁTRAPA – Governador de província, na Pérsia antiga. Homem poderoso, dominador; déspota. (OVE, 11)

SATURADO – Impregnado, embebido, no mais alto grau. Farto, cheio, repleto. (NL, 43)

SÁURIO – Subordem de répteis escamados, que compreende os lagartos, com cerca de 3.700 espécies., encontradas em todo o mundo, em regiões tropicais e temperadas. São os lagartos em geral. (OVE, 6)

SAZONAR – Tornar-se maduro. Tornar-se perfeito; aperfeiçoar-se. (SD, 1ª/ 5)

SEBE – Cerca de arbustos, ramos, estacas ou ripas entrelaçadas, para vedar terrenos. (EVC, 14)

SECTÁRIO – Relativo ou pertencente a seita. Intolerante, intransigente. Partidário ferrenho; prosélito. (OM, 51)

SEGREGAR – Desligar, afastar, isolar. Afastar-se, isolar-se. (OM, 9)

SELETA – Escolhido, selecionado. Especial, excelente, distinto. (OM, 28)
SENDA – Caminho estreito; vereda. Praxe, usança, hábito, rotina. (EDM, 1ª/10)
SENECTUDE – Decrepitude, senilidade, velhice; senescência. (AR, 7)
SENHOREAR – Exercer mando, domínio. Exercer domínio; fazer-se de senhor. Assenhorear-se. (NL, 1)
SENIL – Da velhice, ou relativo a ela ou aos velhos. Senilidade. (NMM, 16)
SEPULCRO – Lugar onde morre muita gente; ataúde, sepultura. Aquilo que oculta como um túmulo. (ML, 4)
SEQUELA – Resultado, consequência. Qualquer lesão anatômica ou funcional que permaneça depois de encerrada a evolução clínica de uma doença, inclusive de um traumatismo. (EDM, 1ª/ 19)
SEQUIOSO – Que tem sede ou intenso desejo de beber; sedento, extremamente desejoso; cobiçoso, ávido. (NL, 2)
SERPE – Serpente. (NMM, 5)
SERVIL – Vil, torpe, ignóbil. Adulador, bajulador, subserviente. (AR, 16)
SERVILISMO – Qualidade, ação, dito ou modos de quem é servil (adulador, bajulador, subserviente). (ML, 20)
SESMARIA – Antiga medida de comprimento, equivalente à terça parte do côvado = antiga unidade de medida de comprimento equivalente a três palmos, ou seja, 0,66m. (EVC, 13)
SESTA – Hora em que se descansa ou dorme após o almoço. O sono ou descanso nessa hora. (LI, 10)
SEVICIAR – Praticar sevícias em; maltratar fisicamente. (ML, 18)
SIBILANTE – Assobiar, assoviar, silvar. Produzir som agudo e prolongado, assoprando. (ETC, 31)
SIBILINO – De compreensão difícil; enigmático. (SD, 1ª/ 9)
SICÁRIO – Assassino pago para cometer toda a sorte de crimes. (NL, 2)
SÍLEX – Pedra muito dura, que produz faíscas, quando ferida com um fragmento de aço; pedra-de-fogo. (LI, 1)
SILVÍCOLA – Que nasce ou vive nas selvas; selvagem, selvático. Aquele que nasce ou vive na selvas; selvagem. (NL, 8)
SILVO – Qualquer som agudo e relativamente prolongado produzido pela passagem do ar comprimido entre membranas que vibram; apito. O assobio das serpentes. (EDM, 1ª/ 10)
SIMBIOSE – Associação entre dois seres vivos que vivem em comum. (NDM, 6)

SIMIESCO – Relativo, pertencente ou semelhante ao, ou próprio do símio; macacal, macaqueiro, macaco, símio. (LI, 5)
SÍMILE – Qualidade do que é semelhante. Comparação de coisas semelhantes. Análogo, semelhante. (ML, 14)
SIMONISMO – Tráfico de coisas sagradas ou espirituais, tais como sacramentos, dignidades, benefícios eclesiásticos. (MM, 26)
SINGELO – Simples. (ML, 14)
SINONÍMIA – Qualidade ou caráter de sinônimo. Relação entre palavras sinônimas. (NDM, 9)
SISUDEZ – Seriedade, gravidade, circunspeção. Juízo, bom senso. Gravidade de porte. (SD, 2ª/ 6)
SÍTIO – Lugar que um objeto ocupa. Chão descoberto; espaço de terra; terreno. Lugar, local, ponto. (ML, 8)
SOBEJO – Que sobeja; demasiado, excessivo. Enorme, inumerável, imenso. Sobra, resto. (AR, 15)
SOBERBO – Orgulhoso ao extremo; arrogante, altivo, presunçoso, sobranceiro. (NL, 23)
SOBRECENHO – Semblante severo, carrancudo; má catadura. (LI, 12)
SOBREPOR – Pôr em cima ou por cima. Colocar sobre (em geral para ocultar). Acrescentar. (OM, 6)
SOBREVIR – Vir sobre ou depois de alguma coisa; vir ou ocorrer em seguida ou depois. Chegar ou suceder inopinadamente: Acontecer, ocorrer, depois de outra coisa. (OVE, 4)
SOCAVÃO – Grande socava. Esconderijo, abrigo. Lapa, gruta. (NMM, 11)
SOÇOBRO – Ato ou efeito de soçobrar. Naufrágio. Desastre, sinistro. Desânimo, desalento. (NMM, 2)
SOER – Ser comum, frequente, vulgar; ocorrer ou acontecer geralmente; costumar. Ter por costume ou hábito; fazer ou praticar com frequência. (NMM, 5)
SOEZ – Vil, torpe, reles. (AR, 13)
SOFISMA – Argumento que parte de premissas verdadeiras, ou tidas como verdadeiras, e chega a uma conclusão inadmissível, que não pode enganar ninguém, mas que se apresenta como resultante das regras formais do raciocínio; falácia. (NMM, 15)
SOFREAR – Reprimir, conter, refrear. Emendar, corrigir. (OM, 34)
SÔFREGO – Apressado no comer e/ou no beber. Ávido, sequioso, ambicioso. Impaciente, insofrido. (EVC, 18)

Glossário

SOLAPAR – Arruinar, destruir, demolir. Ocultar, esconder, encobrir. (NMM, 2)
SOLARENGA – Relativo ou pertencente a, ou próprio de solar. Que tem aspecto ou feitio de solar. (AR, 9)
SOLEDADE – Lugar ermo, deserto; solidão. Tristeza característica de quem se acha só ou abandonado. (OM, 26)
SOLERTE – Diz-se de pessoa sagaz, manhosa ou velhaca. (OM, 10)
SOLÍCITO – Cuidadoso, diligente, zeloso. Prestimoso, prestativo, prestadio. (NL, 26)
SOLILÓQUIO – Forma dramática ou literária do discurso em que a personagem extravasa de maneira ordenada e lógica os seus pensamentos e emoções em monólogos, sem dirigir-se especificamente a qualquer ouvinte. (ETC, 36)
SOLVER – Explicar, resolver. (ETC, 33)
SONATINA – Pequena sonata de caráter leve ou fácil. (SD, 2ª/ 13)
SONDAR – Avaliar, calcular, estimar. Procurar, conhecer. (OM, 24)
SOPESA – Contrapesar; contrabalançar. Repartir metódica ou parcimoniosamente. (AR, 14)
SOPITAR – Conter, dominar, vencer, sopear. Acalmar, abrandar, serenar. (NL, 38)
SORRELFA – Disfarce para enganar; fantasia, socapa. Pessoa manhosa ou astuta. (NMM, 18)
SORTILÉGIO – Suposto exercício de poderes sobrenaturais. Acontecimento que se atribui a artes diabólicas ou a Espíritos sobrenaturais. (LI, 20)
SORUMBÁTICO – Sombrio, triste, tristonho, macambúzio. (EVC, 16)
SORVER – Haurir ou beber, aspirando. Beber aos poucos. Embeber-se ou impregnar-se de, sugar; absorver. (NL, 4)
SOTURNO – Triste, sombrio, lúgubre. Silencioso, taciturno. Que infunde pavor; medonho, lúgubre, funesto. (OVE, 1)
SOVINICE – Qualidade de sovina (que tem avareza, que é sórdido e excessivamente apegado ao dinheiro). (NMM, 19)
SUASÓRIO – Que persuade; persuasível, persuasório, persuasor, suasivo. (OVE, 7)
SUBALTERNO – Diz-se daquele que está sob as ordens de outro; inferior, subordinado. (OM, 46)
SUBIDO – Que está em posição mais elevada; alto, elevado, erguido, levantado. Alto, elevado. (NDM, 12)
SUBJUGAR – Submeter pela força das armas. Dominar moralmente. impressionar ao extremo. Dominar. (NL, 46)

SUBLEVAÇÃO – Ato ou efeito de sublevar (-se); rebelião, revolta; levante. (ETC, 35)
SUBORNAR – Dar dinheiro ou outros valores a, para conseguir vantagens, coisa oposta à justiça, ao dever ou à moral. (OM, 17)
SUBSERVIENTE – Que serve às ordens de outrem, servil. Condescendente em demasia. (NDM, 27)
SUCATA – Estrutura, objeto ou peça metálica inutilizada pelo uso ou pela oxidação, e que pode ser refundida para utilização posterior. Qualquer obra metálica inutilizada; ferro-velho. Depósito de ferro-velho. (LI, 11)
SÚCIA – Agrupamento de pessoas de má índole e/ou mal-afamadas; matula, corja. (LI, 9)
SUCINTO – Que consta de poucas palavras; breve, resumido, condensado. (NDM, 3)
SÚDITO – Aquele que está submetido à vontade de outrem; vassalo. (OM, 24)
SUPLICIAR – Infligir suplício. Aplicar a pena de morte a. Torturar, afligir, molestar, magoar. (NMM, 17)
SURRIPIAR – Subtrair às escondidas; furtar, roubar. (SD, 1ª/ 10)
SUSCETÍVEL – Passível de receber impressões, modificações ou adquirir qualidades. Que se ofende com facilidade. (NL, 48)
SUSTAR – Fazer parar; interromper, suspender, sobrestar. (OVE, 8)
SUTIL – Feito com delicadeza. Que anda sem fazer rumor. Perspicaz, hábil, engenhoso, talentoso. (OM, 15)
TABERNÁCULO – Tenda portátil, que foi o santuário do deus dos hebreus, durante a peregrinação destes pelo deserto, símbolo da convivência ou encontro entre Deus e o homem. A parte do templo de Jerusalém onde ficava a arca da aliança. Residência, habitação. (LI, 2)
TABU – Que tem caráter sagrado, sendo interdito a qualquer contato. Que é proibido, perigoso, por ser considerado impuro, impudico. Que é objeto de forte censura. (NDM, 19)
TACITURNO – Que fala pouco; silencioso, calado. Triste, tristonho. (ML, 13)
TAFULICE – Ação de taful (Alegre, festivo. Janota, peralta, casquilho.). (SD, 1ª/ 1)
TÁLAMO – Leito conjugal. Casamento, núpcias, bodas. (ML, 13)
TALANTE – Vontade, desejo, arbítrio. Empenho, diligência. (AR, 16)

TAMBORILAR – Tocar com os dedos ou com um objeto em qualquer superfície, imitando o rufar do tambor. (EVC, 6)
TANGER – Soar, ressoar, ecoar. Tocar qualquer instrumento. Dizer respeito; referir-se, concernir. (MM, 26)
TANGIR – Tocar (instrumentos). (OM, 31)
TAPIZAR – Cobrir com tapete(s); alfombrar, alcatifar. Cobrir-se, revestir-se, como que de um tapete. (ETC, 21)
TARTAMUDEAR – Gaguejar, entaramelar-se, tartarear, tartamelar, tartamelear. Falar com tremura na voz, por susto, medo ou surpresa; tartamelar. (ETC, 32)
TARTUFO – Homem hipócrita. Devoto falso. (EVC, 14)
TECNOCRACIA – Sistema de organização política e social baseado na predominância dos técnicos. (LI, 1)
TENAZ – Pertinaz, aferrado, obstinado. Constante, firme. (OVE, 7)
TENRO – Mole, brando; macio. Delicado, mimoso. (NL, 21)
TENTAME – Ensaio, tentativa. (LI, 8)
TÊNUE – Delgado, fino, sutil. Débil, frágil, grácil. (ML, 1)
TEPIDEZ – Que tem pouco calor; morno, tíbio. Frouxo, fraco. (OVE, 7)
TERATOLÓGICO – Relativo a teratologia (estudo das monstruosidades). (ML, 13)
TERGIVERSAÇÃO – Ato ou efeito de tergiversar (procurar rodeios, evasivas; usar de subterfúgios). Rodeio, evasiva. (LI, 11)
TERTÚLIA – Reunião familiar. Agrupamento de amigos. Assembleia literária. (EVC, 8)
TESSITURA – Organização; contextura. (AR, 13)
TEZ – Epiderme do rosto. Cútis, pele. (SD, 1ª/ 7)
TIGRINO – Relativo, pertencente ou semelhante ao tigre, ou próprio dele. Sanguinário como o tigre. (NDM, 23)
TIJUCO – Charco, pântano, atoleiro. Lama, lodo. (NMM, 11)
TIMBRAR – Abrir ou pôr timbre em; marcar com timbre. Qualificar, chamar. Jactar-se. (EVC, 1)
TIRANETE – Aquele que vexa ou oprime os que dele dependem. (EDM, 1ª/ 19)
TIRANIZA – Tratar ou governar com tirania; oprimir. Tratar com excessivo rigor ou severidade. (NL, 20)
TISNAR – Manchar, macular. Tornar-se negro; enegrecer(-se). Sujar-se, macular-se. (ML, 11)
TITÂNICA – Relativo ou pertencente aos titãs. Que revela ou denota grande força. (ML, 19)

TOCHEIRO – Castiçal para tocha. (LI, 5)
TOLDAR – Tapar, cobrir, anuviar, nublar. Tornar ininteligível; obscurecer. (ETC, 16)
TOLHER – Embaraçar, estorvar, dificultar. Causar paralisia a, entorpecer. Pôr obstáculo a; opor-se. (ML, 11)
TONEL – Vasilha grande para líquidos, formada de aduelas, tampos e arcos. (ML, 3)
TOPE – Cimo, sumidade, topo (ô). O mais alto grau. (EDM, 1ª/ 13)
TORVA – Confundir-se, perturbar-se. Irritar-se, agastar-se. Tornar-se torvo, carrancudo, sombrio. (ML, 11)
TORVELINHO – Remoinho, redemoinho; torvelino. (NL, 34)
TOSCA – Não lapidado nem polido. Bronco, grosseiro, rude. Malfeito; informe. (OM, 34)
TRACOMA – Oftalmopatia crônica, de origem bacteriana, e que compromete córnea e conjuntiva. (OM, 44)
TRAMA – Conluio, conspiração. Procedimento ardiloso. (OM, 4)
TRÂMITES – Meios apropriados à consecução de um fim. Curso de um processo, segundo as regras. (NL, 15)
TRÂNSFUGA – Pessoa que em tempo de guerra deserta de suas fileiras para passar às do inimigo; desertor. (NMM, 14)
TRANSIR – Assombrar, assustar, aterrar. Estar ou ficar hirto, gelado, de frio, dor, medo, susto. (NMM, 4)
TRANSLUZIR – Deduzir-se, concluir-se. Sua bondade transluz de seus atos. Manifestar-se, refletir-se. (NMM, 5)
TRANSMUTAÇÃO – Formação de nova espécie por meio de mutações. Mudança dum elemento químico em outro. (EDM, 1ª/ 6)
TRANSUDAR – Transpirar, exsudar. Transparecer, manifestar-se, revelar-se. Introduzir-se, penetrar. (NDM, 11)
TRANSVIADO – Diz-se de, ou aquele que se desviou dos padrões éticos e sociais vigentes. (ML, 7)
TRASPASSAR – Passar além de; transpor, atravessar. Passar através de; penetrar. Furar de lado a lado. (MM, 8)
TRAVE – Grande tronco ou madeiro grosso, usado para sustentar o sobrado ou o teto de uma construção. (EVC, 12)
TRÊFEGO – Turbulento, irrequieto, traquina(s). Astuto, sagaz, ardiloso, manhoso. (NMM, 13)
TRÉPLICA – Ato de treplicar. Resposta a uma réplica. O que se replica; contestação, objeção, contrarréplica. (LI, 5)

Glossário

TRESANDAR – Exalar (mau cheiro). Cheirar mal. (AR, 13)
TRESLOUCADA – Tornar louco; desvairar, enlouquecer. Tornar-se imprudente. (OVE, 7)
TRESMALHAR – Dispersar-se, extraviar-se, perder-se. (AR, 8)
TRICA – Chicana, trapaça, tramoia. Enredo, intriga, mexerico. (SD, 1ª/ 1)
TRIPUDIAR – Levar ou pretender levar vantagem sobre alguém humilhando-o, escarnecendo-o. (NMM, 2)
TRIVIAL – Sabido de todos; notório, comum, vulgar, corriqueiro. Usado, corrente. (NL, 20)
TROAR – Fazer estremecer com o estrondo; fazer retumbar. Aturdir, atordoar. (EVC, 13)
TROMBOSE – Coagulação do sangue processada, durante a vida, dentro do aparelho circulatório. (ML, 7)
TROPEL – Grande confusão; desordem, balbúrdia. (NL, 49)
TUFO – Porção de plantas, flores, penas, pelos, juntos, de per si. (OVE, 3)
TUGÚRIO – Refúgio, abrigo. (AR, 5)
TUMEFACTO – Inchado, intumescido, tumente. (OVE, 15)
TÚMIDO – Saliente, proeminente. (NMM, 20)
TURBA – Multidão em desordem. Muitas pessoas reunidas; povo, multidão. (NL, 42)
TURBILHÃO – Redemoinho de vento. Movimento forte e giratório de águas; sorvedouro, voragem. Aquilo que excita ou impele violentamente. (ML, 11)
TÚRGIDO – Dilatado, por conter grande porção de humores. Túmido, inchado, intumescente. (NMM, 6)
TURÍBULO – Vaso onde se queima incenso nos templos; incensório, incensário. (LI, 8)
TURVAÇÃO – Ato ou efeito de turvar(-se); turvamento, turvo. Doença dos vinhos. (NDM, 4)
TUTELADO – Protegido, amparado, defendido. (OM, 30)
UFANIA – Qualidade de ufano. Que se orgulha de algo. Que se vangloria e se arroga méritos. (NMM, 18)
ULULANTE – Evidente, claríssimo, insofismável; gritante; verdade. (NMM, 2)
UMBRAL – Zona obscura de quantos no mundo não se resolveram a atravessar as portas dos deveres sagrados, a fim de cumpri-los, demorando-se no vale da indecisão ou no pântano dos erros numerosos. Funciona como região destinada a esgotamento de resíduos mentais. (NL, 12)

URDIR – Preparar cavilosamente; enredar, tramar, maquinar. Imaginar, fantasiar. (LI, 14)
URGIR – Ser necessário sem demora; ser urgente. Estar iminente; instar. Não permitir demora. Perseguir de perto; apertar o cerco de. Tornar imediatamente necessário; exigir, reclamar, clamar. (NL, 1)
ÚSNEA – Gênero de liquens da família das usneáceas, dotadas de talos livremente ramificados. (EVC, 19)
USUFRUTUÁRIO – Que usufrui; desfrutador. Aquele que usufrui; desfrutador. (OM, 20)
USURA – Mesquinhez, mesquinharia, avareza. Ambição. (OVE, 1)
USURÁRIO – Que ou aquele que usura. Lucro exagerado. Mesquinhez, mesquinharia, avareza. Agiota. (AR, 8)
USURPAR – Apossar-se violentamente de. Alcançar sem direito. (AR, 6)
UXORICIDA – Aquele que comete uxoricídio (assassinato da mulher pelo próprio marido). (NMM, 17)
VAGO (O) – Nervo pneumogástrico (comum ao pulmão e ao estômago). (ML, 1)
VAGUIDADE – Qualidade ou estado de vago. Que vagueia; errante. Inconstante, instável, versátil, volúvel. Irresoluto. (NMM,2)
VALETUDINÁRIO – Diz-se de, ou indivíduo de compleição muito fraca, doentio, enfermiço. (ETC, 7)
VALHACOUTO – Refúgio, abrigo, asilo. Proteção, amparo. (SD, 2ª/ 13)
VALIMENTO – Qualidade ou condição de válido. Legitimidade, valência, valimento, valor. (SD, 1ª/ 7)
VAMPIRO – Entidade lendária que, segundo superstição popular, sai das sepulturas, à noite, para sugar o sangue dos vivos; estrige. Aquele que enriquece à custa alheia e/ou por meios ilícitos. (ML, 4)
VARÃO – Indivíduo do sexo masculino. Homem adulto. Homem corajoso, esforçado. Homem respeitável. (LI, 6)
VARIEGADO – Diversificado, sortido, variado. Alternado, revezado. Que apresenta variegações. (ETC, 33)
VARUNA – Gênio das águas, dos hindus. (AR, 1)
VÃS – Vazio, oco. Sem valor; fútil, insignificante. Que só existe na fantasia; fantástico, incrível. (ML, 17)
VASCOLEJAR – Agitar (um líquido em um vaso, ou um vaso que contenha um líquido).

Revolver, agitar. Perturbar, turbar, inquietar, desassossegar. (LI, 2)

VATICÍNIO – Ato ou efeito de vaticinar; predição, profecia, vaticinação. (SD, 1ª/ 5)

VAU – Trecho raso do rio ou do mar, onde se pode transitar a pé ou a cavalo. (OM, 14)

VAZAR – Tornar vazio; esvaziar. Entornar, despejar, verter. Ser transparente. Tornar-se conhecida (notícia) por descuido, indiscrição, inadvertência. (ETC, 34)

VENÁBULO – Espécie de lança ou dardo para caça de feras. Meio de defesa. Expediente, recurso. (NMM, 5)

VENAL – Que se deixa peitar; subornável, corrupto. (AR, 5)

VENERAÇÃO – Ato ou efeito de venerar; reverência; respeito, admiração, devoção, culto, adoração. (OM, 42)

VENERANDA – Digno de veneração; respeitável; venerando. (ML, 9)

VENIAL – Digno de vênia ou desculpa; perdoável, desculpável. Diz-se das faltas ou pecados leves. (NL, 34)

VERACÍSSIMO – Que diz a verdade; que fala verdade. Em que há verdade. (ML, 3)

VERDOR – Inexperiência da juventude; verdura. (OVE, 13)

VERDUGO – Indivíduo que inflige maus-tratos. (NL, 44)

VEREDA – Caminho estreito; senda, atalho. Rumo, direção. Ocasião, momento, oportunidade. (EVC, 1)

VERGASTAR – Golpear com vergasta; chicotear, fustigar, zurzir, varejar chibatar, açoitar. (OVE, 8)

VERTER – Fazer transbordar; entornar, derramar. Fazer sair com ímpeto; jorrar. Espalhar, difundir, deitar. (NL, 15)

VESTALINO – Puro como uma vestal; imaculado. (LI, 20)

VETUSTO – Muito velho; antiquíssimo; antigo, deteriorado pelo tempo. Respeitável pela idade. (NL, 33)

VEXADO – Envergonhado. Apressado, azafamado. (SD, 2ª/ 13)

VEXAR – Causar tormento a; atormentar, molestar, maltratar. Humilhar, afligir, afrontar. (NMM, 6)

VIÁTICO – Provisão de dinheiro e/ou de gêneros para viagem; farnel. Sacramento da Eucaristia administrado aos enfermos impossibilitados de sair de casa. (OVE, 12)

VICEJAR – Fazer brotar exuberantemente. Brotar, produzir, lançar. (ML, 9)

VIÇO – Exuberância de vida; vigor, verdor, frescura. Carinho em excesso; mimo. Braveza, ardor, de certos animais, oriundos de bom tratamento. (NDM, 26)

VIGER – Ter vigor, ou estar em vigor ou em execução; vigorar. (EDM, 2ª/ 6)

VIGÍLIA – Privação ou falta de sono; insônia, lucubração. Estado de quem, durante a noite, vela, permanecendo acordado. Desvelo; cuidado, dedicação. (ML, 19)

VILEZA – Qualidade de vil (mesquinho, miserável, insignificante) ou vilão; vilanagem. (NMM, 12)

VILIPÊNDIO – Desprezo, menoscabo; aviltamento. (LI, 3)

VINDICATIVO – Apropriado para vindicar. Que defende, que vinga. (EDM, 2ª/ 19)

VINDITA – Punição legal, vingança. (NMM, 2)

VIRAÇÃO – Vento brando e fresco que, à tarde, costuma soprar do mar para a terra; aragem. (EVC, 1)

VIRENTE – Que verdeja; verdejante, viridente, viridante, verde. Próspero, florescente, magnífico. (NL, 32)

VISCERAL – Profundo, entranhado. (LI, 4)

VISCO – Suco vegetal glutinoso no qual se envolvem varinhas para apanhar pássaros; visgo. (ETC, 35)

VISGO – Suco vegetal glutinoso no qual se envolvem varinhas para apanhar pássaros. (OM, 26)

VISLUMBRAR – Alumiar frouxamente. Entrever, lobrigar. (OM, 33)

VITICULTOR – Que cultiva vinhas. Vitícola. (OVE, 19)

VITRIFICADO – A que se deu a aparência de vidro; convertido em vidro. (OM, 22)

VIVAZ – Forte, vigoroso, enérgico. Ligeiro, rápido, vivo. (OM, 30)

VIVIFICAR – Dar vida ou existência a; animar. Reanimar, reviver. Conservar a existência de. Tornar vívido. (NL, 3)

VOCAÇÃO – Tendência, disposição, pendor. Talento, aptidão. (MM, 16)

VOCIFERAR – Proferir em voz alta ou clamorosa; clamar, bradar. Dizer coisas desagradáveis. (OM, 17)

VOGA – Divulgação, propagação. Popularidade; grande aceitação. Uso atual; moda. Ação de remar. (EDM, 2ª/ 19)

VOLITAÇÃO – Bater as asas com força; volitar, voltear, volutear. Flutuar ao vento. Agitar-se, revolver-se. (NL, 50)

VORAGEM – Qualquer abismo. Tudo o que subverte ou consome. (SD, 2ª/ 3)

Glossário

VÓRTICE – Redemoinho, remoinho, voragem (Rajada de vento, pé-de-vento, que se movimentam em círculo(s). (ML, 13)

VULTO – Rosto, aspecto, semblante, corpo. Figura indistinta; imagem. (NL, 41)

ZELAR – Tratar com zelo. Administrar diligentemente; tomar conta de (algo) com o máximo cuidado e interesse. (NMM, 7)

ZÊNITE – Interseção da vertical superior do lugar com a esfera celeste. Opõe-se a nadir. Auge, apogeu. (NMM, 9)

ZIMBÓRIO – A parte superior, em geral convexa, que exteriormente remata a cúpula de um grande edifício, sobretudo de igrejas; domo. (LI, 3)

ZURZIR – Açoitar, espancar, maltratar, molestar, verdascar. Punir; castigar. Afligir, magoar. (OVE, 15)

6
PREVISÕES CIENTÍFICAS E TECNOLÓGICAS NA OBRA DE ANDRÉ LUIZ

ABAFADOR DE SONS (ISOLAMENTO ACÚSTICO)

Notando a quase completa quietude ambiente, indaguei de Druso quanto à tempestade que se contorcia lá fora, informando-me o generoso amigo que nos achávamos em salão interior da cidadela, exteriormente revestido de abafadores de som. (AR, cap. 2 — Comentários do Instrutor)

AERÓBUS

— Esperemos o aeróbus. (Carro aéreo, que seria na Terra um grande funicular.)

Mal me refazia da surpresa, quando surgiu grande carro, suspenso do solo a uma altura de 5 metros mais ou menos e repleto de passageiros.

Ao descer até nós, à maneira de um elevador terrestre, examinei-o com atenção. Não era máquina conhecida na Terra. Constituída de material muito flexível, tinha enorme comprimento, parecendo ligada a fios invisíveis, em virtude do grande número de antenas na tolda. Mais tarde, confirmei minhas suposições, visitando as grandes oficinas do Serviço de Trânsito e Transporte. (NL, cap. 10 — No bosque das águas)

AUSCULTAÇÃO TOMOGRÁFICA

Adivinhando que minhas observações iam descambar para o elogio espontâneo, Lísias levantou-se da poltrona a que se recolhera e começou a auscultar-me, atento, impedindo-me o agradecimento verbal.

— A zona dos seus intestinos apresenta lesões sérias com vestígios muito exatos do câncer; a região do fígado revela dilacerações; a dos rins demonstra característicos de esgotamento prematuro. (NL, cap. 5 — Recebendo assistência)

BÔNUS-HORA

Quantos bônus-hora poderá apresentar em benefício de sua pretensão? Ponto relativo a cada hora de serviço. (NL, cap. 13 — No gabinete do ministro)

CARRO ELÉTRICO VOADOR

Tomamos o carro, agradavelmente surpreendidos.

Ser-me-ia muito difícil descrever a pequena máquina, que mais se assemelhava a pequeno automóvel de asas, a deslocar-se impulsionado por fluidos elétricos acumulados.

[...] O pequeno aparelho nos conduziu por enormes distâncias, sempre no ar, mas conservando-se a reduzida altura do solo. (OM, cap. 33 — A caminho da Crosta)

CELULAR

Expedi comunicação, em despacho rápido para o irmão Félix, salientando a necessidade de nosso encontro, recolhendo-lhe a resposta, que não me alentava. Diante dos microaparelhos existentes no plano físico para emissão e recepção de mensagens, a longas distâncias, é desnecessário comentar as facilidades de intercâmbio no plano espiritual. (SD, cap. 13 — Nota do autor espiritual)

CONDENSADOR ECTOPLASMÁTICO

— Aquele aparelho — informou Áulus, gentil — é um "condensador ectoplásmico". Tem a propriedade de concentrar em si os raios de força projetados pelos componentes da reunião, reproduzindo as imagens que fluem do pensamento da entidade comunicante, não só para a nossa observação, mas também para a análise do doutrinador, que as recebe em seu campo intuitivo, agora auxiliado pelas energias magnéticas do nosso plano. (NDM, cap. 7 — Socorro espiritual)

GPS — VIDEOFONE

— Instrutor, a tela de aviso que não funcionava, em consequência da tormenta agora em declínio, acaba de transmitir aflitiva mensagem... Duas das nossas expedições de pesquisas estão em dificuldade nos desfiladeiros das Grandes Trevas...

— A posição foi precisamente indicada?

— Sim. (AR, cap. 3 — A intervenção na memória)

Previsões científicas e tecnológicas

MODELO DO CORPO HUMANO EM SUBSTÂNCIA LUMINOSA (3D)

Passei então a observar detidamente os modelos masculino e feminino, não longe de meus olhos. Muito gentil Josino pousou a destra, de leve, nos meus ombros, e falou-me:
— Aproxime-se das criações educativas. Você lucrará muito, observando de perto.
Não contive um gesto de agradecimento e afastei-me dos dois respeitáveis amigos, acercando-me das figurações ali expostas. Detive-me na contemplação do molde masculino, que apresentava absoluta harmonia de linhas, qual arte helênica de sabor antigo.
O modelo, estruturado em substância luminosa, constituía, a meu parecer, a mais primorosa obra anatômica até então sob minha análise. Semelhava-se aquela figura humana, imóvel, a qualquer coisa divinal.
Fixei-lhe as minuciosidades com espanto. Nunca vira semelhante perfeição de minudências fisiológicas. (ML, cap. 12 — Preparação de experiências)

NAVE DA CASA TRANSITÓRIA

Todo o pessoal disponível fora convocado ao trabalho dos motores e, quando me entregava a transportes admirativos, diante da maquinaria complexa [...].
[...] mas, também, de nossas emissões magnético-mentais, que atuariam como reforço no impulso inicial de subida.
[...] Decorrida quase uma hora de voo vertical, alcançamos uma região clara e brilhante. O sorriso do Sol trouxe-nos alívio. (OVE, cap. 2 — O fogo purificador)

PORTA AUTOMÁTICA COM ACESSO DIGITAL

Clarêncio, que se apoiava num cajado de substância luminosa, deteve-se à frente de grande porta encravada em altos muros, cobertos de trepadeiras floridas e graciosas. Tateando um ponto da muralha, fez-se longa abertura, através da qual penetramos, silenciosos. (NL, cap. 3 — A oração coletiva)

PROJETOR DE CINCO IMAGENS VARIADAS SIMULTÂNEAS

No centro, funciona enorme aparelho destinado a demonstrações pela imagem, à maneira do cinematógrafo terrestre, com o qual é possível levar a efeito cinco projeções variadas, simultaneamente. (NL, cap. 32 — Notícias de Veneranda)

PROJETOR MULTIMÍDIA

Contendo a custo numerosas indagações que me esfervilhavam na mente, notei que ao fundo, em tela gigantesca, desenhava-se prodigioso quadro de luz quase feérica. Obedecendo a processos adiantados de televisão, surgiu o cenário de templo maravilhoso.

Sentado em lugar de destaque, um ancião coroado de luz fixava o Alto, em atitude de prece, envergando alva túnica de irradiações resplandecentes. (NL, cap. 3 — A oração coletiva)

PSICOSCÓPIO

Psicoscópio? Que novo engenho vem a ser esse?

É um aparelho a que intuitivamente se referiu ilustre estudioso da fenomenologia espírita, em fins do século passado. Destina-se à auscultação da alma, com o poder de definir-lhe as vibrações e com capacidade para efetuar diversas observações em torno da matéria — esclareceu Áulus, com leve sorriso. — Esperemos esteja, mais tarde, entre os homens. Funciona à base de elementos radiantes, análogos na essência aos raios gama. (NDM, cap. 2 — O psicoscópio)

PSICOSCÓPIO DAS TREVAS

Alçou ele o instrumento cristalino, à frente do primeiro grupo, formado de 14 homens e mulheres de vários tipos.

[...] Ao nosso lado, aplicou o instrumento, em que se salientavam pequeninos espelhos e falou para os auxiliares, definindo-nos a posição:

— Entidades neutras.

Previsões científicas e tecnológicas

[...] — Trata-se de um captador de ondas mentais. A seleção individual exigiria longas horas. As autoridades que dominam nestas regiões preferem a apreciação em grupo, o que se faz possível pelas cores e vibrações do círculo vital que nos rodeia a cada um. (LI, cap. 5 — Operações seletivas)

REGISTROS VIBRATÓRIOS

A tardinha, pois, em virtude do programa delineado, encontrávamo-nos todos em vastíssimo salão, singularmente disposto, onde grandes aparelhos elétricos se destacavam, ao fundo, atraindo-nos a atenção.

[...] Registros vibratórios foram instalados, assinalando a natureza das palavras em movimento. Desde aí foi muito fácil identificar os infratores e barrar-lhes a entrada na Câmara de Iluminação, onde realizamos nossas preces... (OVE, cap. 2 — No Santuário da Benção)

TELETRANSPORTE

— E se fosse o médium o objeto do transporte? Transpassaria a barreira nas mesmas circunstâncias?

— Perfeitamente, desde que esteja mantido sob nosso controle, intimamente associado às nossas forças, porque dispomos entre nós de técnicos bastante competentes para desmaterializar os elementos físicos e reconstituí-los de imediato, cônscios da responsabilidade que assumem. (NDM, cap. 16 — Mandato mediúnico)

TOMOGRAFIA

Meu poder de apreensão visual superara os raios X, com características muito mais aperfeiçoadas.

[...] O cérebro mostrava fulgurações nos desenhos caprichosos. Os lobos cerebrais lembravam correntes dinâmicas. As células corticais e as fibras nervosas, com suas tênues ramificações, constituíam elementos delicadíssimos de condução das energias recônditas e imponderáveis. Nesse concerto, sob a luz mental indefinível, a epífise emitia raios azulados e intensos. (ML, cap. 1 — O psicógrafo)

VIDEOFONE

Para isso, trabalhadores das nossas linhas de atividades são distribuídos por diversas regiões, onde captam as imagens de acordo com os pedidos que nos são endereçados, sintonizando as emissões com o aparelho receptor sob nossa vista. A televisão, que começa a estender-se no mundo, pode oferecer uma ideia imediata de semelhante serviço, salientando-se que entre nós essas transmissões são muito mais simples, exatas e instantâneas. (NDM, cap. 16 — Mandato mediúnico)

Com efeito, mal terminara o apontamento e sinais algo semelhantes aos do telégrafo de Morse se fizeram notados em curioso aparelho. Druso ligou tomada próxima e vimos um pequeno televisor em ação, sob vigorosa lente, projetando imagens movimentadas em tela próxima, cuidadosamente encaixada na parede, a pequena distância. Qual se acompanhássemos curta notícia em cinema sonoro, contemplamos, surpreendidos, a paisagem terrestre. (AR, cap. 18 — Resgates coletivos)

7
REFERÊNCIAS[9]

---

[9] N.E.: Tabelas de correspondência entre capítulos e páginas das edições adotadas. Foram adotadas as edições nos formatos médio e especial, correspondente aos anos de 2005 a 2009.

NOSSO LAR

CAPÍTULO	PÁGINAS DO FORMATO ESPECIAL	MÉDIO
ANDRÉ LUIZ	11 - 13	11 - 13
1	15 - 18	15 - 18
2	19 - 22	19 - 23
3	23 - 27	25 - 30
4	29 - 33	31 - 35
5	35 - 39	37 - 42
6	41 - 44	43 - 47
7	45 - 49	49 - 53
8	51 - 54	55 - 59
9	55 - 59	61 - 65
10	61 - 64	67 - 71
11	65 - 69	73 - 77
12	71 - 75	79 - 84
13	77 - 81	85 - 90
14	83 - 87	91 - 96
15	89 - 93	97 - 102
16	95 - 99	103 - 108
17	101 - 105	109 - 113
18	107 - 111	115 - 120
19	113 - 117	121 - 126
20	119 - 123	127 - 132
21	125 - 129	133 - 137
22	131 - 136	139 - 145
23	137 - 141	147 - 152
24	143 - 147	153 - 157
25	149 - 153	159 - 163

CAPÍTULO	PÁGINAS DO FORMATO ESPECIAL	MÉDIO
26	155 - 159	165 - 170
27	161 - 166	171 - 177
28	167 - 171	179 - 184
29	173 - 177	185 - 190
30	179 - 184	191 - 197
31	185 - 190	199 - 205
32	191 - 195	207 - 212
33	197 - 201	213 - 218
34	203 - 207	219 - 224
35	209 - 213	225 - 230
36	215 - 219	231 - 236
37	221 - 227	237 - 244
38	229 - 235	245 - 252
39	237 - 241	253 - 258
40	243 - 248	259 - 265
41	249 - 254	267 - 273
42	255 - 260	275 - 281
43	261 - 265	283 - 288
44	267 - 271	289 - 294
45	273 - 278	295 - 301
46	279 - 283	303 - 308
47	285 - 289	309 - 314
48	291 - 297	315 - 321
49	299 - 304	323 - 328
50	305 - 310	329 - 335

OS MENSAGEIROS

CAPÍTULO	PÁGINAS DO FORMATO ESPECIAL	MÉDIO	CAPÍTULO	PÁGINAS DO FORMATO ESPECIAL	MÉDIO
OS MENSAGEIROS	9 - 12	7 - 10	13	85 - 89	85 - 90
1	13 - 17	42675	14	91 - 95	91 - 96
2	19 - 23	17 - 22	15	97 - 101	97 - 102
3	25 - 29	23 - 28	16	103 - 107	103 - 108
4	31 - 35	29 - 34	17	109 - 113	109 - 114
5	37 - 42	35 - 40	18	115 - 120	115 - 120
6	43 - 47	41 - 46	19	121 - 125	121 - 125
7	49 - 54	47 - 53	20	127 - 132	127 - 132
8	55 - 59	55 - 60	21	133 - 137	133 - 138
9	61 - 65	61 - 66	22	139 - 143	139 - 144
10	67 - 71	67 - 72	23	145 - 149	145 - 150
11	73 - 77	73 - 78	24	151 - 155	151 - 156
12	79 - 83	79 - 84	25	157 - 161	157 - 162

MISSIONÁRIOS DA LUZ

CAPÍTULO	PÁGINAS DO FORMATO ESPECIAL	MÉDIO	CAPÍTULO	PÁGINAS DO FORMATO ESPECIAL	MÉDIO
TEMPOS NOVOS	7 - 10	7 - 10	11	133 - 165	155 - 193
1	11 - 18	11 - 19	12	167 - 193	195 - 266
2	19 - 26	21 - 29	13	195 - 253	227 - 296
3	27 - 35	31 - 41	14	255 - 268	297 - 313
4	37 - 48	43 - 55	15	269 - 279	315 - 327
5	49 - 62	57 - 73	16	281 - 299	329 - 351
6	63 - 71	75 - 85	17	301 - 320	353 - 376
7	73 - 84	87 - 100	18	321 - 345	377 - 404
8	85 - 99	101 - 118	19	347 - 364	405 - 425
9	101 - 114	119 - 134	20	365 - 375	427 - 439
10	115 - 131	135 - 154			

OBREIROS DA VIDA ETERNA

CAPÍTULO	PÁGINAS DO FORMATO ESPECIAL	MÉDIO	CAPÍTULO	PÁGINAS DO FORMATO ESPECIAL	MÉDIO
RASGANDO VÉUS	7 - 10	7 - 10	11	189 - 204	217 - 235
1	11 - 25	11 - 28	12	205 - 217	237 - 251
2	27 - 40	29 - 44	13	219 - 233	253 - 270
3	41 - 55	45 - 62	14	235 - 248	271 - 287
4	57 - 71	63 - 79	15	249 - 263	289 - 306
5	73 - 86	81 - 96	16	265 - 280	307 - 326
6	87 - 102	97 - 114	17	281 - 294	327 - 343
7	103 - 127	115 - 143	18	295 - 309	345 - 362
8	129 - 150	145 - 170	19	311 - 327	363 - 382
9	151 - 171	171 - 195	20	329 - 335	383 - 391
10	173 - 188	197 - 215			

NO MUNDO MAIOR

CAPÍTULO	PÁGINAS DO FORMATO ESPECIAL	MÉDIO	CAPÍTULO	PÁGINAS DO FORMATO ESPECIAL	MÉDIO
RASGANDO VÉUS	7 - 10	7 - 10	11	189 - 204	217 - 235
1	11 - 25	11 - 28	12	205 - 217	237 - 251
2	27 - 40	29 - 44	13	219 - 233	253 - 270
3	41 - 55	45 - 62	14	235 - 248	271 - 287
4	57 - 71	63 - 79	15	249 - 263	289 - 306
5	73 - 86	81 - 96	16	265 - 280	307 - 326
6	87 - 102	97 - 114	17	281 - 294	327 - 343
7	103 - 127	115 - 143	18	295 - 309	345 - 362
8	129 - 150	145 - 170	19	311 - 327	363 - 382
9	151 - 171	171 - 195	20	329 - 335	383 - 391
10	173 - 188	197 - 215			

LIBERTAÇÃO

CAPÍTULO	PÁGINAS DO FORMATO ESPECIAL	MÉDIO
ANTE AS PORTAS LIVRES	7 - 12	7 - 12
1	13 - 25	13 - 28
2	27 - 38	29 - 43
3	39 - 53	45 - 62
4	55 - 67	63 - 78
5	69 - 82	79 - 95
6	83 - 93	97 - 110
7	95 - 106	111 - 124
8	107 - 118	125 - 138
9	119 - 129	139 - 152
10	131 - 143	153 - 167
11	145 - 157	169 - 184
12	159 - 174	185 - 204
13	175 - 188	205 - 221
14	189 - 201	223 - 238
15	203 - 214	239 - 252
16	215 - 225	253 - 266
17	227 - 239	267 - 281
18	241 - 252	283 - 296
19	253 - 264	297 - 310
20	265 - 279	311 - 328

ENTRE A TERRA E O CÉU

CAPÍTULO	PÁGINAS DO FORMATO ESPECIAL	MÉDIO
ENTRE A TERRA E O CÉU	7 - 8	7 - 8
1	9 - 12	9 - 13
2	13 - 17	15 - 21
3	19 - 23	23 - 28
4	25 - 29	29 - 35
5	31 - 36	37 - 43
6	37 - 43	45 - 52
7	45 - 52	53 - 61
8	53 - 59	63 - 70
9	61 - 66	71 - 77
10	67 - 73	79 - 86
11	75 - 81	87 - 94
12	83 - 88	95 - 101
13	89 - 94	103 - 109
14	95 - 101	111 - 118
15	103 - 108	119 - 126
16	109 - 115	127 - 134
17	117 - 122	135 - 142
18	123 - 128	143 - 149
19	129 - 134	151 - 158
20	135 - 142	159 - 167
21	143 - 147	169 - 174

Referências

CAPÍTULO	PÁGINAS DO FORMATO ESPECIAL	MÉDIO
22	149 - 155	175 - 182
23	157 - 163	183 - 190
24	165 - 171	191 - 198
25	173 - 178	199 - 205
26	179 - 184	207 - 214
27	185 - 191	215 - 222
28	193 - 198	223 - 229
29	199 - 205	231 - 238
30	207 - 212	239 - 246
31	213 - 222	247 - 258

CAPÍTULO	PÁGINAS DO FORMATO ESPECIAL	MÉDIO
32	223 - 230	259 - 268
33	231 - 240	269 - 280
34	241 - 250	281 - 292
35	251 - 258	293 - 301
36	259 - 266	303 - 311
37	267 - 273	313 - 320
38	275 - 281	321 - 328
39	283 - 288	329 - 335
40	289 - 295	337 - 344

NOS DOMÍNIOS DA MEDIUNIDADE

CAPÍTULO	PÁGINAS DO FORMATO ESPECIAL	MÉDIO
RAIOS, ONDAS, MÉDIUNS, MENTES...	7 - 10	7 - 10
1	11 - 18	11 - 19
2	19 - 26	21 - 30
3	27 - 34	31 - 39
4	35 - 41	41 - 49
5	43 - 49	51 - 58
6	51 - 58	59 - 67
7	59 - 66	69 - 77
8	67 - 74	79 - 88
9	75 - 83	89 - 99
10	85 - 94	101 - 112
11	95 - 103	113 - 122
12	105 - 113	123 - 133
13	115 - 123	135 - 145
14	125 - 134	147 - 157
15	135 - 144	159 - 170

CAPÍTULO	PÁGINAS DO FORMATO ESPECIAL	MÉDIO
16	145 - 159	171 - 187
17	161 - 170	189 - 200
18	171 - 178	201 - 210
19	179 - 187	211 - 220
20	189 - 198	221 - 232
21	199 - 207	233 - 242
22	209 - 215	243 - 250
23	217 - 223	251 - 258
24	225 - 232	259 - 267
25	233 - 239	269 - 276
26	241 - 249	277 - 286
27	251 - 257	287 - 294
28	259 - 273	295 - 311
29	275 - 281	313 - 321
30	283 - 287	323 - 327

AÇÃO E REAÇÃO

CAPÍTULO	PÁGINAS DO FORMATO ESPECIAL	MÉDIO
ANTE O CENTENÁRIO	7 - 9	7 - 9
1	11 - 19	11 - 21
2	21 - 32	23 - 25
3	33 - 46	37 - 53
4	47 - 58	55 - 68
5	59 - 74	69 - 86
6	75 - 87	87 - 101
7	89 - 103	102 - 119
8	105 - 122	121 - 141
9	123 - 140	143 - 163
10	141 - 161	166 - 189

CAPÍTULO	PÁGINAS DO FORMATO ESPECIAL	MÉDIO
11	163 - 176	191 - 207
12	177 - 188	209 - 222
13	189 - 200	223 - 236
14	201 - 215	237 - 254
15	217 - 229	255 - 269
16	231 - 247	271 - 290
17	249 - 260	291 - 304
18	261 - 272	305 - 318
19	273 - 282	319 - 330
20	283 - 294	331 - 344

EVOLUÇÃO EM DOIS MUNDOS

PRIMEIRA PARTE

CAPÍTULO	PÁGINAS DO FORMATO ESPECIAL	MÉDIO
CONCEITOS DE ALLAN KARDEC	13 - 14	13 - 14
ANOTAÇÃO	15 - 16	15 - 16
NOTA AO LEITOR	16 - 18	17 - 20
1	19 - 24	21 - 27
2	25 - 31	29 - 36
3	33 - 38	37 - 43
4	39 - 44	45 - 50
5	45 - 50	51 - 57
6	51 - 56	59 - 65
7	57 - 62	67 - 73
8	63 - 68	75 - 81
9	69 - 76	83 - 90

CAPÍTULO	PÁGINAS DO FORMATO ESPECIAL	MÉDIO
10	77 - 83	91 - 98
11	85 - 93	99 - 107
12	95 - 103	109 - 118
13	105 - 113	119 - 128
14	115 - 123	129 - 137
15	125 - 135	139 - 150
16	137 - 146	151 - 161
17	147 - 156	163 - 173
18	157 - 166	175 - 185
19	167 - 176	187 - 196
20	177 - 185	197 - 207

Referências

SEGUNDA PARTE

CAPÍTULO	PÁGINAS DO FORMATO ESPECIAL	MÉDIO
1	187 - 190	209 - 212
2	191 - 192	213 - 214
3	193 - 196	215 - 218
4	197 - 199	219 - 221
5	201 - 202	223 - 224
6	203 - 204	225 - 226
7	205 - 206	227 - 229
8	207 - 210	231 - 234
9	211	235
10	213 - 214	237 - 238

CAPÍTULO	PÁGINAS DO FORMATO ESPECIAL	MÉDIO
11	215 - 216	239 - 240
12	217 - 218	241 - 242
13	219	243 - 244
14	221 - 226	245 - 251
15	227 - 230	253 - 257
16	231	259
17	233 - 236	261 - 265
18	237 - 239	267 - 270
19	241 - 244	271 - 275
20	245 - 248	277 - 280

MECANISMOS DA MEDIUNIDADE

CAPÍTULO	PÁGINAS DO FORMATO ESPECIAL	MÉDIO
REGISTROS DE ALLAN KARDEC	11 - 12	13 - 14
MEDIUNIDADE ANTE A MEDIUNIDADE	13 - 16	15 - 18
	17 - 20	19 - 22
1	21 - 26	23 - 29
2	27 - 33	31 - 38
3	35 - 40	39 - 45
4	41 - 46	47 - 52
5	47 - 51	53 - 58
6	53 - 57	59 - 63
7	59 - 63	65 - 69
8	66 - 70	71 - 77
9	71 - 75	79 - 84
10	77 - 81	85 - 90
11	83 - 87	91 - 96

CAPÍTULO	PÁGINAS DO FORMATO ESPECIAL	MÉDIO
12	89 - 93	97 - 101
13	95 - 100	103 - 109
14	101 - 106	111 - 117
15	107 - 112	119 - 125
16	113 - 118	127 - 133
17	119 - 124	135 - 141
18	125 - 131	143 - 150
19	133 - 138	151 - 156
20	139 - 144	157 - 163
21	145 - 151	165 - 172
22	153 - 157	173 - 178
23	159 - 164	179 - 184
24	165 - 170	185 - 191
25	171 - 175	193 - 198
26	177 - 183	199 - 207

SEXO E DESTINO

PRIMEIRA PARTE

CAPÍTULO	PÁGINAS DO FORMATO ESPECIAL	MÉDIO
PRECE NO LIMIAR	7 - 8	7 - 8
SEXO E DESTINO	9	9
1	13 - 19	13 - 20
2	21 - 26	21 - 27
3	27 - 33	29 - 36
4	35 - 42	37 - 46
5	43 - 52	47 - 57
6	53 - 64	59 - 72
7	65 - 83	73 - 94

CAPÍTULO	PÁGINAS DO FORMATO ESPECIAL	MÉDIO
8	85 - 106	95 - 120
9	107 - 120	121 - 136
10	121 - 129	137 - 147
11	131 - 138	149 - 157
12	139 - 156	159 - 179
13	157 - 168	181 - 195
14	169 - 185	197 - 216

SEGUNDA PARTE

CAPÍTULO	PÁGINAS DO FORMATO ESPECIAL	MÉDIO
1	189 - 199	219 - 231
2	201 - 209	233 - 242
3	211 - 223	243 - 257
4	225 - 235	259 - 271
5	237 - 248	273 - 287
6	249 - 258	289 - 299
7	259 - 273	301 - 318

CAPÍTULO	PÁGINAS DO FORMATO ESPECIAL	MÉDIO
8	275 - 290	319 - 336
9	291 - 305	337 - 354
10	307 - 316	355 - 366
11	317 - 339	367 - 394
12	341 - 357	395 - 414
13	359 - 381	415 - 441
14	383 - 392	442 - 455

E A VIDA CONTINUA...

CAPÍTULO	PÁGINAS DO FORMATO ESPECIAL	MÉDIO
E A VIDA CONTINUA...	7 - 8	7 - 8
HOMENAGEM	9	9
1	11 - 16	11 - 16
2	17 - 23	17 - 24
3	25 - 29	25 - 30
4	31 - 38	31 - 40
5	39 - 46	41 - 49
6	47 - 54	51 - 59
7	55 - 60	61 - 68
8	61 - 67	69 - 77
9	69 - 77	79 - 88
10	79 - 86	89 - 97
11	87 - 94	99 - 107
12	95 - 103	109 - 119

CAPÍTULO	PÁGINAS DO FORMATO ESPECIAL	MÉDIO
13	105 - 114	121 - 131
14	115 - 124	133 - 144
15	125 - 132	145 - 154
16	133 - 139	155 - 162
17	141 - 148	163 - 171
18	149 - 159	173 - 185
19	161 - 170	187 - 197
20	171 - 180	199 - 209
21	181 - 192	211 - 223
22	193 - 204	225 - 238
23	205 - 217	239 - 253
24	219 - 230	255 - 268
25	231 - 239	269 - 278
26	241 - 256	279 - 296

FEB editora
Livro espírita para um novo mundo
www.febeditora.com.br
@febeditoraoficial
@febeditora

Conselho Editorial:
Carlos Roberto Campetti
Cirne Ferreira de Araújo
Evandro Noleto Bezerra
Geraldo Campetti Sobrinho – Coord. Editorial
Jorge Godinho Barreto Nery – Presidente
Maria de Lourdes Pereira de Oliveira
Miriam Lúcia Herrera Masotti Dusi

Produção Editorial:
Elizabete de Jesus Moreira

Revisão:
Elizabete de Jesus Moreira
Izabella Belúzio
Verônica de Souza

Projeto Gráfico, Diagramação e Capa:
Luisa Jannuzzi Fonseca

Preparação de conteúdo e indexação:
Beatriz Lopes de Andrade
Délio Nunes dos Santos
Edimilson Luiz Nogueira
Erealdo Rocelhou de Oliveira
Luiz Antônio da Silveira Lopes
Manoel Cotts de Queiroz
Waldehir Bezerra de Almeida

Foto de Capa:
Bruce Rolff

Normalização Técnica:
Biblioteca de Obras Raras e Documentos Patrimoniais do Livro

*

A VIDA NO MUNDO ESPIRITUAL
ESTUDO DA OBRA DE ANDRÉ LUIZ

EDIÇÃO	IMPRESSÃO	ANO	TIRAGEM	FORMATO
1	1	2012	5.000	16x23
1	2	2013	5.000	16x23
1	3	2015	1.500	16x23
1	4	2016	2.400	16x23
1	5	2018	2.800	16x23
1	6	2020	1.000	16x23
1	7	2021	1.000	16x23
1	8	2023	1.000	15,5x23
1	9	2024	1.000	15,5x23

Esta edição foi impressa pela Editora Vozes Ltda., Petrópolis, RJ, com tiragem de 1 mil exemplares, todas em formato fechado de 155x230 mm e com mancha de 118x186 mm. Os papéis utilizados foram o Off white slim 65 g/m² para o miolo e o Cartão 250 g/m² para a capa. O texto principal foi composto em fonte Minion Pro 11/15 e os títulos em Colaborate thin 22/24. Impresso no Brasil. *Presita en Brazilo.*